法律方法论

法律方法论

山东省社会科学规划项目

主　编	陈金钊			
副主编	焦宝乾	吴丙新		
撰稿人	陈金钊	焦宝乾	吴丙新	桑本谦
	孙光宁	侯学勇	张传新	张利春
	张志文	尹传波	东广明	

中国政法大学出版社

编写说明

这本《法律方法论》是"山东省法律方法论研究基地"集体研究的又一成果。该书系 2001 年我们申报的山东省社科规划项目的完成稿。此前我们在中国政法大学出版社出版了法律人丛书之《法律解释学》（教育部社科规划项目）一书，并在山东人民出版社的支持下编辑出版了《法律方法》（1—6 卷）。对法律方法论课题的研究得到了国家社科基金、教育部社科基金、司法部社科基金、山东省社科基金、山东大学学科发展基金的赞助。特别是霍宪丹、贺卫方、李传感、李怀德、张越诸位先生对我们研究的肯定，使我们倍受鼓舞。在此我们表示深深的谢意。

虽说学问是研究者自身努力的结果，但学术是学者与社会互动的产物。我国法学研究缺乏的是相互争鸣。如果没有学术争鸣，对某一领域的研究就不可能深入下去。现阶段我们的学者对资料的收集、理论的整理做了大量的工作，但创造性的探究还显缺乏，浅尝辄止，几乎成了法学研究的明显缺陷。我们这本《法律方法论》对资料的梳理做了一些工作，对学界同仁的一些观点进行了不同程度的评介，对法律方法论的体系及框架性理论进行了研究。法律方法的研究在中国大陆才刚刚开始，所以进行理论上的梳理性研究是必要的。理论联系实际首先要求我们掌握理论，联系实际则是我们努力的方向。同时，我们也非常欢迎学界进行反批评。如果没有各界的批评，我们的"学问"则很难变成学术。除此之外，我们想说如果没有研究团队的协作也不可能有连续不断学术作品出版。由于该书是合作的产物，书中难免有不少交叉或矛盾之处。尽管我们的研究目标一致，但对各种问题却又有不尽相同的认识。这一方面会使该书的文风及逻辑出现一些不和谐，例如，本书主编认为，法官应坚持司法克制主义，而本书作者之一的张利春就坚持司法能动主义。我们研究法律方法，但我们也对法律方法进行反思。桑本谦在本书最后一章就对法律论证方法进行了批判。我们认为，这些分歧和批评也可能是我们今后进一步研究的起点。好在，国内关于法律方法论的研究处于起步阶段，我们的失误与教训正好可以成为后来研究者的经验。我相信经过今后几年的努力，我们在法律方法论方面的研究会有一个较大的发展。

对法律方法论的研究，我们一直试图把其引向形而下，突出法学的实用性，写出对中国司法实践有实用价值的作品。但由于目前关于法律方法论的研究还没有较完整的体系，学者们基本上还都在探索基本理论问题，对实践的关注也基本上是一种姿态，深入的调查和研究并没有真正地开展。尤其是本书的作者们，基本上没有投身到司法实践中去，理论研究的进展仍然是我们关注的焦点。所以，从整体上看这本书仍属于理论作品。最多按项目申报的分类来说属于"应用理论研究"。但我们在努力——努力使我们的研究"脱离"实践但又面向实践，为司法活动提供更多的方法论选择。我们很清楚，理论与实践是社会分工不同的两个领域，并不能使二者截然分开。在人的大脑里，理论与实践都属于思维决策的同一过程。但对一个个体来说，在社会中都有自己的角色，都有自己关注的"重要"领域。法官、律师、检察官和法学家虽然都属于法律职业，但又有不同的分工。我只想使我们的研究面向并贴近司法实践，而不是代替其他法律人的活动。这种面向只要能对法律人思考法律问题有所启发，那我们的目的就算达到了。在统稿结束后，我对整篇著述进行了反思，认为最大的问题在于没有注意到读者，只注重了学者层面的思索。这也许是法学著述的共同弊端。我们往往只注意尽情地阐发自己的理论学思，而没有考虑读者的接受情绪。生硬的法学文字已经使很多人产生了厌恶，我们没有办法像畅销书那样赢得广阔的市场。这可能是法学研究者目前还没有办法解决的问题。因为我们对法律方法的理论探索还远没有完成，许多原理与具体案件的结合点，我们还没有找到。好在我们已注意到了这一问题，相信能够在不久的将来加以解决。

该书的具体分工如下：

陈金钊　导论、第二章、第三章（一）

焦宝乾　第一章、第五章

吴丙新　第七章

桑本谦　第十一章

孙光宁　第四章（二、三、四）、第八章

侯学勇　第九章

张传新　第十章

张利春　第六章

张志文　第三章（二、三）

尹传波　第四章（一）

东广明　第四章（五）

作者简介

陈金钊，男，1963 年生，山东莘县人，法学博士，山东大学威海分校副校长、山东大学关键岗位教授，山东省法理学专业泰山学者梯队骨干成员，法理学专业法律方法论方向博士生导师。先后在《法学研究》、《中国法学》、《法律科学》等杂志上发表文章 150 余篇，在中国政法大学出版社、法律出版社等出版专著、教材 10 余部。曾获中国十大青年法学家提名奖、山东省优秀教师、全国师德先进个人、山东省十大中青年法学家等称号。现任山东大学法律方法论研究所所长、山东省"法律方法论"重点人文社会科学研究基地主任、兼任中国儒学与法律文化研究会副会长、中国法理学研究会理事等。

焦宝乾，男，1976 年生，河南郑州人，法学博士，山东大学威海分校法学院副教授，吉林大学法学博士后流动站研究人员。研究方向为法律方法论。主要研究成果为：独著专著 1 部（《法律论证导论》，山东人民出版社 2006 年版）、合著专著 1 部、译作 1 部、参编教材 1 部。另外在《法学研究》、《比较法研究》、《法商研究》、《法制与社会发展》、《北大法律评论》等刊物上发表学术论文 20 余篇。

桑本谦，男，1971 年生，山东济南人，法学博士，山东大学威海分校法学院副教授。代表作为专著《私人之间的监控与惩罚——一个经济学的进路》，另在《法学研究》、《法律科学》、《现代法学》、《法学》、《法制与社会发展》等刊物发表论文 20 余篇，2006 年《法律解释的困境》获山东省社会科学优秀论著三等奖。

吴丙新，男，1972 年生，河南镇平人，法学博士，山东大学威海分校法学院副教授，研究方向为刑法基础理论、法律方法论。主要研究成果：合著《法律解释学》1 部，参编教材 2 部。在《法制与社会发展》、《国家检察官学院学报》等刊物发表学术论文 20 余篇，其中 4 篇被人大复印资料全文转载，2 篇被《高等学校文科学报文摘》论点摘编。"关于罪刑法定的再思考"一文获 2004 年山东省社会科学优秀成果三等奖。

张利春，男，1978 年生，山东沂源人，山东大学法学博士研究生。现任山东大学威海分校法学院助教，日本东京大学大学院法学政治学研究科客座研究员。研究方向为民法解释学。主要研究成果为：在《法制与社会发展》、《苏州大学学报》、《山东警察学院学报》等刊物发表专业论文数篇。

侯学勇，男，1977 年生，山东冠县人，山东大学法学院博士研究生，山东政法学院教师。研究方向法理学、法学方法论。主要研究成果为：在《法律方法》、《河南省政法管理干部学院学报》、《山东警察学院学报》等刊物发表学术论文数篇，参与编写人民出版社 2005 年出版的"社会科学与您同行"丛书法学卷《权利之学》。

张传新，男，1969 年生，河南濮阳人，南开大学哲学院博士研究生，山东大学威海分校副教授。研究方向为法律逻辑学、法学方法论。编著 6 部，学术论文 20 余篇。

孙光宁，男，1981 年生，山东枣庄人，山东大学威海分校法学院 2004 级法理学硕士研究生，研究方向为法律方法论。先后在《政法论丛》、《河南政法干部管理学院学报》、《法律方法》等杂志上发表文章数篇。

东广明，1981 年生，男，山东济南人，山东大学威海分校法学院 2004 级法理学研究生，研究方向为法律方法论。

尹传波，男，1980 年生，山东沂南人，法学硕士，山东大学威海分校助教。

张志文，男，1980 年生，山东临清人，法学硕士，山东交通学院助教。

目 录

导论：法治与法律方法论

一、法律方法论的意义

在中国法学界，关于法律方法论的研究刚刚起步，法律方法论自身的"合法性"问题还没有解决，却又遇到了"内外交困"的情景。从外部环境来看，西方法学界正在对传统的形式主义的法律方法论进行围攻。许多学者提出不存在独立的法律方法命题，认为所谓法律方法并没有什么特别之处，只不过是一般的方法在法律场景中的应用，如逻辑的方法、经济学的方法或伦理学的方法等。即使是法律思维，许多学者也都认为那不过是日常思维在司法中的应用。甚至有学者还认为，法律方法对法治没有起到正面的作用反而走到了法治的反面，成了破坏和瓦解法治的方法。从内部环境看，在中国的法学界，甚至在中国的律学传统中，法律方法论一直不受重视，很少有著述专门研究法律方法论。在大学的法科教育中，知识和原理的传授构成了法学的主干内容，而司法伦理学、法律方法论这样一些职业必修课至今在绝大多数法学院中还没有一席之地。法律方法论在我国主流法学中倍受冷落。尽管这几年在许多学者中萌动了法律方法论意识（如部分大学开设了法律方法论课程，法律思想网中也有了法律方法论的栏目，有一些学者开始研究法律方法论的课题），并且很多学者相信，规则（包括程序）、理念和方法是法治实现不可或缺的因素。但从总体上看，法律方法论仍然处在学界的边缘，甚至连法官及其法院系统的研究机构也没有正视法律方法论的应有地位。法官们研究的课题多围绕完善立法展开，而所谓培训工作大多是对新法规的宣传。

（一）法律方法论的积极意义（功能）

德国法学家伯恩·魏德士在其所著的《法理学》第20章中叙说了法学方法论的功能，主要内容包括：

1. 法律约束力作为宪法要求，使得法律方法论有利于权力的分立。宪法将法律应用归结到国家组织的基本原则中，宣布一切活动都要受到法律的约束。在基本法的效力领域，都有法律原则明示：法律应用的方法不能由解释者任意选择。法官等法律人只能是根据已公布的法律阐释规范的意义及事实的法律意义。

这样立法者就成了一般规范的创立者，而法官等法律人就成了法律的应用者，立法与司法有了明显的分工。但也有相反的观点，有学者就认为，"司法披着'解释'的外衣，篡夺了立法的功能"〔1〕任何解释都程度不同地带有"任意"或恣意，因而在很大程度上也是在立法，起码可以称之为准立法活动。现实主义法学或后现代法学的理论都带有这种倾向。德国法学家拉伦茨指出："如果大家追随这种见解，并且认为对价值判断本身不能作合理论证，那么法学可以有助于推衍出'正确'裁判的希望可以说是完全破碎了。……法官受法律约束，根本无法实现，所谓法律支配，只是一种幻想。"〔2〕法律方法论的重点是司法方法论，重点要解决法律规则向判决的转换过程。而要研究司法问题，首先得弄清楚司法与立法的界限，明确立法与司法的不同分工。立法向社会输入一般的法律规范，而司法则为当下的案件寻找规范。立法者与司法者的权力明显分开，针对个案的规范不单纯由一般规范的涵盖来完成。但是，司法者的"立法"权实际上是针对个案的"立法"，不属于向社会输入法律规则式的立法，法律方法论在这里只是为立法与司法权的详细划分提供了帮助。这一结论在大陆法系表现得尤为典型。另外我们还可以根据立法与司法活动的特点来进一步区分司法与立法权力的界限。比如在法律解释的问题上，立法机关和司法机关都享有该项权力，对二者的区分可以就权力行使的主动性与被动性以及解释对象的一般性和个别性上来区分。还有法律方法的多样性也在一定程度上可以防止法官的专权。当法官能用一种方法解释清楚法律的含义时，他还可以用其他方法进行辅助证明。但实际情况往往是，用一种方法难以叙说清楚具体案件中的法律意义，这时法官就必须运用其他方法继续他的解释，"除非有严重的法律不法之情形，其不得动辄基于法理念修改实证法"〔3〕

2. 法律方法论加强了法官的自我监督与法的安全性。按法治的原则要求，司法者对于同样情况应同样对待，而要做到这一点就需要运用法律方法进行评析。为检验法官是否在事实上对同样情况也做出了相同的裁判，方法论要求法官在判决前提与推论之间建立一种可检验的推导关系。所以，法官必须尽可能准确地表达出他对法律规定的解释以及对事实的法律意义的认定。现在我们看到各种形式的司法改革措施，都是在制度体制方面做文章，而这些都属于外在于主体的因素。这些因素在一定程度上确实也起了有限的作用，但是，由于没有深入到法律的深层思维，所以只能起到制度所能起的作用。法律方法论对权力任意行使的

---

〔1〕〔德〕魏德士：《法理学》，丁小春、吴越译，法律出版社2003年版，第292页。
〔2〕〔德〕拉伦茨：《法学方法论》，陈爱娥译，商务印书馆2003年版，第3页。
〔3〕〔德〕拉伦茨：《法学方法论》，陈爱娥译，商务印书馆2003年版，第10页。

限制，主要发生在法律思维过程。它要求法官在说服别人之前，首先得说服自己。而这种说服不是凭感觉，而是靠方法支撑的理性。法官行为一旦受方法论制约，判决的理性成分就会增加，法律自身的安全性也会得到提升。

3. 法律方法论还有利于对法院裁决进行批评性研究。对某一个案件，观察者站在不同的角度用不同的方法，会有不同的结论，但是，任何看法并不能完全从感觉得出，都需要更一般或更高规则的支撑。法律方法论正好提供了观察问题、解决问题的各种方法。正是在各种方法的竞争中，"正确"的结论才能涌出。所以法官公开判决理由和论证的义务能够检验被使用前提与从中得出的结论是否令人信服，而判决理由的做出是一系列法律方法的综合应用的结果。法律方法论具有总结法律经验、解释司法过程和对法律判决进行反思批判的功能。美国法学家庞德认为，经验与理性构成了完整的法理学。经验与理性亦是人类知识的两种途径。法律方法是法律人生的经验总结，是建立在概括技巧基础上的经验智慧，但这种智慧被总结出来并不是仅停留在理论层面，它同时又以"前见"的角色去重新阐释、解读司法过程。同时，这种理论化的经验又可能成为一种标准，去评判司法实践。掌握法律方法的法律家的思维是一种批判性思维。

4. 对法律工作者而言，对方法的忠诚起着自我监督的作用。当法律适用的"精神和目标"毫无约束地横行时，方法发挥着报警器的作用，反之，如果赋予法律适用自身以单独的"精神"，那么则意味着踏上了非理性的道路。也许只有具体的法律适用者的精神在起作用。如果法律适用者不打算用其自身的法政策愿望与目标来代替立法地位的话，那么，方法上的自我约束是有益的。由于法律方法论的应用，因而法官则没有被捆在制定法规则或判例法规则上，他可以较为自由地选择方法。但是，法官也不能任意地应用法律方法，每一种法律方法都有其应用的大致条件，法官对法律的忠诚包括对法律方法谨慎使用。对法律方法，法官也不能自由取舍。如同法官必须忠实地执行宪法和法律一样，法官不能"像一个立法者那样可以自由地运用他认为最佳的社会命题，或者基于道德和政治的信念自由地确立他认为的最佳准则。相反，法官有义务只使用那些满足一定标准的社会命题，有义务只确立那些由于适用审判的制度性原则而产生的规则"〔1〕这种对法律与法律方法的忠诚是法律人的职业道德的内容，因而对法律人的行为起着自我监督的作用。

5. 法律方法论对"法的内在道德属性"而言是不可缺少的前提。该概念来自美国法学家富勒，他借助这一概念强调了法的规则特征以及规则的重要性。但是，如果没有法律方法论，这种价值就得不到实现。在分析具体问题时，魏德士

---

〔1〕　〔美〕艾森伯格：《普通法的本质》，张曙光等译，法律出版社 2004 年版，第 3 页。

认为，德国历史在 1933 年以后，"倘若（当时）及时地研究法律方法论，可能非常有帮助，倘若注重了方法问题，那么参与其中的法学家可能就不会对民族社会主义中整个法律秩序通过解释而发生的嬗变那么狂热了。如果（当时）对他们的行为进行方法上的分析，就能使他们明白，'民族法律更新'只不过是将新的世界观添加到现行的法律秩序中的做法"〔1〕法治需要法律方法。法治理论要求法官尽力根据法律回答所有的问题，尽可能用法律思维去填堵实证法的种种漏洞，去消除各种冲突的法律，去说明各种规范的模糊界限，去协调一般规范的共性与具体案件的个性之间的紧张关系。而法律方法论能在这些方面为法律人提供理论上的帮助。郑永流说："法律似可归结为法律者的饭碗之一。""没有方法论的自觉训练，的确也可凭借职权断案，但常断不明案，当事人每每不服。这固然有时是判断者的价值观出了问题，如徇私枉法，如因循守旧，却也大量表现为技艺不行。法学是一门充满实践理性的学科，魅力主要不在于坐而论道，构建价值，因为其他学科也共担这种使命，而在于通过规范把价值作用于事实，做出外有约束力，内有说服力的制断技艺。"〔2〕

无论是制定法还是判例法，其发展趋势是：随着社会关系越来越复杂，社会就拥有越来越多的规则，人们似乎想从复杂的法网规范中获得法律的确定性，并最终收获法治，但"英国《防止欺诈法》的历史表明，详尽具体的法律只是激发了律师和法官的解释技巧"〔3〕这种技巧同时也是一把双刃剑，即一方面可能促进法治的实现，另一方面则可能会使有些人更容易地曲解法律。法律方法论的责任之一就是促进技巧朝着有利于法治实现的方向发展。由于法律方法论主要由法律家或法学家所掌握，而这些方法论的应用具有一种法的建构性功能，因而在司法过程中，法官的行为由于得到了方法论的支撑而具有内在的力量。由于方法论与法律规范间的理论关系得到阐述、确认和接受，因而运用方法进行裁判越来越成为法律的优势之所在。这在一定程度上促成了法官判决的权威性———一种来自慎思明辩的活动，娴熟的技艺，系统的方法运用的权威。法律家的技能构成了法官等法律人解释作品的结构性和基础性的要素。法律家基于法律方法和技巧对法律进行创造性地应用。虽然我们并不能排除法律方法论可能服务于特殊的目的，但我们应该看到，法律方法论是一种实践智慧，从其立场的出发点来看，它要尊重职业共同体的价值追求和遵循基本逻辑。它的功能不是任意地解释法律，

<hr />

〔1〕 ［德］魏德士：《法理学》，丁小春、吴越译，法律出版社 2003 年版，第 289 页。

〔2〕 ［英］恩迪科特："论法治的不可能性"，陈林林等译，载《比较法研究》2004 年第 3 期。

〔3〕 郑永流："译后小记：让规范舞动起来"，载［德］恩吉施：《法律思维导论》，郑永流译，法律出版社 2004 年版，第 284～285 页。

而是合理地、自由地对法律进行合逻辑地发展和改进，是在法律分化过程中整合法律的意义，是在人与社会、人与自然的和谐关系中完善法。那种打着法律方法论的旗帜，任意曲解法律的做法，已经背离了法律方法论——维护法治的宗旨。

法律方法论打破了司法过程的条文主义的绝对性，为法治实现提供了多元方法，因而也是在一定程度上为法律实现提供了多条途径。考夫曼指出："如果人们把方法论所称的方法单纯描述为，为了认识客体（不需要是客体）的一种合乎计划、理性的程序，那么，在法学方法论上，我们就因为'合乎计划'意指'符合体系'这个特征而陷入困难之中。"[1] 时至今日，很多法律家已经看到，制定法不完备已经不是一种缺陷。不需要解释就能应用的制定法是不存在的。法律方法论就是要解决法律规范与事实之间的天然裂缝，在复杂案件中，法官不可能只服从制定法。即使在简单案件中，法官判案也应该给出法条外的更多理由，而法律方法论正好能在这方面提供帮助。

（二）对法律方法论意义的另一种思考

"社会科学方法论的转向发生在科学主义思潮勃兴之时，至 19 世纪上半叶，自然科学、社会科学、法学形成三足鼎立之势，但法学这一足偏于贫弱；并且前两者的方法论有趋于合流之势，日益形成对法学的压倒性优势。"[2] "至 19 世纪 30 年代，法学虽然赢得了科学之名，但其代价是丧失了作为元科学的某些独立风格，法学开始依傍自然科学蹒跚行进。"[3] 但是，自上世纪 60 年代以来，哲学解释学形成流派，其主旨是要消解科学主义强调的主客之分，强调人文社会科学主要是一种理解的活动。因而，奠基于科学主义的法律方法论受到了解释哲学的冲击，许多解释哲学家认为，方法并不是获得真理的途径，在某种意义上还很可能遮蔽人们去发现新的真理。因而，从哲学解释学兴盛（乃至于更早的现实法学兴起）时起，包括法律方法在内的方法论受到质疑与批判。例如，德国法学家考夫曼说："法学方法的不具合理性，如同其实际运作一样，情形不胜枚举"[4] 他认为不存在合理的法学方法。在法律实务中，法律方法论的应用有许多不良的记录。首先在法律解释方法中，对各种解释方法没有优位确立，法官在选择解释方法时完全靠个人喜好。其次，虽然法律论证强调了判断的合理性，但论证各方并不能论证出都能接受的结果，对判决结论人们无法从最终意义上核明

---

〔1〕 ［德］考夫曼：《法律哲学》，刘幸义等译，五南图书出版公司2002年版，第55页。
〔2〕 李可等：《法学方法论》，贵州人民出版社2003年版，第155页。
〔3〕 李可等：《法学方法论》，贵州人民出版社2003年版，第157页。
〔4〕 ［德］考夫曼：《法律哲学》，刘幸义等译，五南图书出版公司2002年版，第60页。

它的正确性。许多经过论证的结论只有微弱的说服力。法律方法论的坚持者没有考虑到各种不同方法所解释和论证出来的结果的相互矛盾性。因此，"法学方法并非完全合理性的，根本是件很清楚的事。"[1] 对于这种反法律方法论的倾向我们的态度是：认真对待但不盲从。

1. 法律方法论并不能保证法治必然地实现。在反思了德国二战前后的历史以及那一阶段的法律方法论研究后，魏德士总结说："大多数关于法理学和方法论的文献都在很大程度上表现出非历史性、非政治性，对 1919 年、1933 年、1945 年、1989 年之后宪法更迭的方法论争逐渐消失，尤其是教科书中，'法律科学的方法论'这个称谓掩盖了这门学科的实践意义以及它与历史政治关系，它常常导致恶性循环法的诞生。"[2] 魏德士认为，应当抛弃那种试图非历史地、表面上非政治地对法律方法进行阐述、传授和实践的做法。无历史的法理学是危险的，非历史的法律适用是一种幻想。同样非政治的法律适用也是一种幻想。对历史经验的研究要求德国法律工作者对某些方法的思维模式保持特殊的、批判的警惕性，因为这些方法思维模式已被证明是用来使法迎合当时权力者的任何改革愿望的、惟命是从的工具。魏德士设想，在极权制度（如纳粹德国）对整个法律秩序的转义解释时，法律方法能否成为一个有效的栅栏，以阻止通过解释使法律秩序产生嬗变？他的结论是否定的。因为在很大程度上，社会变迁带动法律意义的改变。他认为："方法意识可以使人们认识到法官对法律进行转义解释的风险。但是，法律方法不是一个安全的栅栏，作为实现预先规定的实质性价值标准的形式理论，它自己并不具有将形式上有效颁布的法律规定区分为'正义'（可适用）和'非正义'（不可适用）的标准。对此，由法哲学、文化传统和宗教而不是由法律方法论建立的超越法律的实质标准是必要的。"[3] 因为，法律方法论的核心理论中，没有实质性的正义标准，因此，对法律运用者来说，就不可能成为阻止专断与任意的有效栅栏。法律方法作为工具可能在缓和法律规定的不法性，但不能阻止它。从这个角度看，法律方法论的主要作用是在司法领域。法官尤其是大陆法系的法官，在多数情况下只能在个案中衡平或协调规则与价值的紧张关系。这表明，法律方法具有法律实践的意义，方法论的运用程度决定着法律应用的质量。但我们看到，法律方法论具有价值中立性。它可以成为填充解释者所倾向的价值的有效工具。因而，"倘若将法理学简化为方法问题，那么法理学就是犹如一个领航员，尽管他拥有极好的测量计算仪器，但却找不到可靠的坐标

---

〔1〕 ［德］考夫曼：《法律哲学》，刘幸义等译，五南图书出版公司 2002 年版，第 67 页。

〔2〕 ［德］魏德士：《法理学》，丁小春、吴越译，法律出版社 2003 年版，第 219 页。

〔3〕 ［德］魏德士：《法理学》，丁小春、吴越译，法律出版社 2003 年版，第 420 页。

（无线信号发射点、灯塔和星星）来确定其立足点和目标。法学和法律实践在哪里，并且怎样发现监督其发展的法律内容与标准的可靠点，这个问题是无法避免的。这个固着点就是法律秩序的基本价值及其效力基础"[1] 因而在研究与应用过程中，基本价值不可放弃。任何法理学不研究法的价值基础，就等于失去了自身的对象。对法律价值问题的研究，本身就带有法律方法论的意义，但这只是一种方法，它不能代替我们对其他法律方法的研究。

2. 法律方法很可能背离法治宗旨。对法律方法论的不恰当运用很可能会背离法治的目的而出现异化。这种提法首先是看到了法律方法的价值中立性或者说是工具性，因而担心法律一旦被一些居心叵测的法律人所掌握，其结果是：法律方法不仅不能维护法治，反而成了瓦解法治的因素。韩德强认为，所谓法律方法论异化，"是指在司法实践活动中，司法主体基于对司法资源进行交易的目的或其他非法目的，运用法律方法，规避法律，利用法律漏洞，或因错用、误用、借用法律方法，改变或消减司法实践活动的程序公正或结果公正，致使法律方法丧失其所具有的特有属性或积极性作用的行为或现象"[2] 法律方法的异化主要表现为：①法律思维的异化，其实质是司法主体的个人价值立场及见解与案件判决结果之间的关联关系发生变异。在实际的司法过程中，"是思维主导法律而不是法律控制思维，是主体思维的价值取向决定法律思维的性质而不是法律自身的客观属性决定法律思维的性质"。②法律方法因应用对象的立场变异而产生的异化。法律方法论设计者的初衷是想通过大体一致的法律方法来规范法律人的思维，但由于法律方法多种多样，这就进一步强化了对法律含义的不同解释，因而也就为律师、法官等把司法权作为资源进行交易提供了方便。如果说不掌握法律方法时偏袒一方，法官心里还有些茫然的话，那么一旦得到法律方法的支持，这种交易或者司法腐败就变得有恃无恐了。③法律操作技巧可能服务于异化的目的。美国法官万斯庭曾讲："通过解释什么是先例，什么是附论，什么是判决理由，法官可以使法律朝着一个方向发展，也可以朝着另一个方向发展。"[3] 不同的操作技巧会产生不同的判决理由，而不同的判决理由有时会出现截然相反的判决结果。不同法律技巧的运用很可能会葬送法律方法的规范性品格。

3. 法律方法论的异化会产生许多恶果。韩德强认为，大体上有这几个方面恶果：①上诉、申诉、累诉、缠诉案件增多；②法律工具主义泛滥，法治信念丧

〔1〕 ［德］魏德士：《法理学》，丁小春、吴越译，法律出版社 2003 年版，第 422 页。
〔2〕 韩德强等："法律方法论的异化及其危害"，载陈金钊、谢晖主编：《法律方法》第 4 卷，第 21～44 页。本自然段未注明引文均见该论文。
〔3〕 宋冰主编：《程序、正义与现代化》，中国政法大学出版社 1998 年版，第 329 页。

失；③严重阻塞合法救济途径；④通过司法化解社会矛盾的功能丧失等等〔1〕如此看来，法律方法论的必然正当性观点并不能成立。

从前面的论述中，我们可以看到，法律方法论很可能存在负面功能，就是对法律活动的反思之反思，这就是对思考之再思考或者说换位思考。这种换位思考对深入进行法律方法论的研究无疑是重要的。我们认为没有这种反思，法律方法论不可能健康成长。但是，这种以后现代主义为思想背景对法律方法论的批判我们应保持清醒的认识。从整体上看后现代主义是对法治的瓦解，并不适用于法治现代化建设时期的法学。法律在技术角度得到实现，但却可能为罪恶的目的服务这一点并不能成为我们放弃法律方法论研究的理由。战后，为克服这种倾向，宏扬正义的自然法学重新得以复兴。其实对这一问题的观察还有另一个角度，就是法律不仅与正义相关，而且还有其深刻的社会根基。法律方法论只是法学的一部分。

（三）法律方法论的兴起与法律人的姿态

在《法理学》德文版前言中，魏德士说道：本世纪法学和法学者的历史表明："纯粹的法律技术对法律和社会是危险的。只有那些对法的基础和作用方式以及对可能引起法适用的原因和适用方法后果有所了解并对其思考的人，才能在法律职业的领域内尽到职责的要求。行为人必须知道他们的行为导致什么样的后果。对此他们必须认识到其行为应遵守法律，此外还必须认识到历史和社会的联系。"〔2〕魏德士的说法，实际上是对希特勒法西斯统治的总结。因为希特勒的统治是典型的法西斯统治。但奇怪的是希特勒上台与统治却也打着法治的旗帜。法西斯主义的法学抛开了法律的正义价值，专注命令的执行，这种情况说明，一个社会的发展或倒退，并不是由法律形式所决定的。法律方法即使是对防止专断有功效，但也不可能把其绝对化。比如针对文学文本，哲学解释学者说，只要有理解，理解便会不同。但针对法律文本，能否这样说，尤其能不能都去追求不同的理解，这就是问题。如果人们都去追求不同理解，那么法治（规范之治）的优越性将丧失殆尽，人们对法治将彻底失去信心。但我们也应认识到：一种方法被否定肯定会激励我们不断地去探寻新的方法，而不会把旧的方法绝对化。因为，人们运用方法只能去发现与方法相对应的"真理"，新的真理不能完全依赖于旧

---

〔1〕 在此需要说明的是，阅读韩德强的论文时我们始终得注意到他描绘的是法律方法论异化所造成的可怕情景，而不是法律方法论的应用必然带来这些恶果。这一点正如我们评价分析法学的结论一样，并不是分析法学带来了纳粹主义，而只是在特定领域分析法学的某些结论支持了纳粹的观点。

〔2〕 ［德］魏德士：《法理学》，丁小春、吴越译，法律出版社2003年版，德文版前言第1页。

的方法。我们还应看到，法治在很大程度上是向后看的，虽然已经公布的法律要调整未来的事情，但这种调整不是用未来对照现在，而是用过去的经验来处理现在的事情。法律以规则为核心是经验的概括与总结。这样来看，法治的实现无非是用经验解决未来的问题。完全用法治的方法解决新型的案件是不可能的。法治需要的就是传统的方法。没有传统的方法就不可能有法治。从这种意义上看，我们必须珍重法律方法，而不能轻言抛弃或轻视。当然我们也会不断完善法律方法。

美国法学家庞德认为："从社会学的角度来看，分析方法——在被夸大为法律科学唯一方法的时候——导致了两种极具危害的后果：①它在19世纪导致了耶林所谓的一种概念法理学，在这种概念法理学中，新的情势始终是根据传统上确立的概念所做的推论而加以满足的，与此同时，根据应予达成的那些目的而对法律论证的前提进行批判的努力则被忽略了。②法律的命令理论——亦即把法律只视作人之意志的一种刻意产物的那种理论——不仅使法律制定者（既包括立法机构的法律制定者，亦包括司法机构的法律制定者）忽视了在制定法的情形中使法律汇编、判例汇编或学术论著中的那些规则与理性的要求和人之行为的迫切需求相符合的必要性，而且也使他们忽视了在法官造法或法学家造法的情形中使那些规则与社会进步的要求相符合的必要性。"[1] 正是从这一角度我们认为德沃金的观点是有道理的。他也认为，在疑难案件中，仅靠法官的良知、智慧以及技术寻找法律答案，而法官不受限制是无法令人接受的。[2] 这些限制不仅包括律令及其技术的约束，而且还包括正义及社会其他因素的制约。德国法学家考夫曼认为，对法律方法论而言，"什么是合理的？什么不是？为了能够回答这个问题，我们接着必须尽可能地研究，在法学方法论上逻辑的推论扮演一个如何的角色？如果法学方法论不限于逻辑推论，那么我们就应该以逻辑的方法尽力探究它们有如何的关系"[3] 我们认为，考夫曼提出的问题很重要，但对法律方法的合理性应作两个方面的理解：从客观合理性的角度看，法律方法论的应用在于阻止法官的恣意，维护法治，而要做到这一点，则需要法律自身存在的逻辑合理性，而对这种合理性我们则可以称为微观的合理性。但对法律自身的逻辑合理性我们可以用反功利论和宽容原则来衡量。实际上，"抽象概念与方法论问题非常困难而复杂"[4] 正确的判决远非逻辑意义上的法律方法论能够解决。真正意义上的

---

〔1〕 [美] 庞德：《法理学》（第1卷），邓正来译，中国政法大学出版社2004年版，第91~92页。
〔2〕 [美] 德沃金：《法律帝国》，李冠宜译，时英出版社2002年版，译序第2页。
〔3〕 [德] 考夫曼：《法律哲学》，刘幸义等译，五南图书出版公司2002年版，第70页。
〔4〕 [美] 休利复：《美国法导论》，杨佳陵译，商务印书馆2004年版，第126页。

法律方法论是一种综合学问，它要求法官在形成判决时，将制定法的因素、正义的因素、社会的因素以及案件事实的特殊性都纳入其中。但是，由于法治的要求被神化，严格法治的要求一直缠绕着法律人，所以判决的逻辑因素一直占据主导地位。比如：即使拥有司法独立或者说有相当自由裁量权的美国法官，其在形成判决时，正式法律仍然是其最重要的因素，法官们都愿意承认法律发现须受到现行法的指引，良心只是起辅助作用，非法律因素在判决过程中无足轻重。虽然这样仍不能排除某些恶劣的法官，曲解法律以迎合邪恶的目的或策略。所以，我们主张的法律方法论，不是纯技术或技巧的方法论，而是那种吸收了自然法学的价值与法社会学结论的法律方法论。我们注意到日本法律解释学的发展过程就嫁接了社会学的研究手段与结论。同时我们也发现，价值衡量方法在整个法律方法论中占有越来越重要的位置。

经过多年的研究，学者们发现了重要的问题，这就是法律的不确定性，"这种不确定性与法并存体现在有管辖权的最高法院的法律适用过程中，法律是由人来表达、'制定'和适用的，因此，法始终面临人类认识错误与滥用的危险。如果人们不愿意接受这个现实，那就必须将法移植到另一个世界，也只有在'另一个世界'才能如愿"[1] 但是，法律是人类存在必不可少的条件，否则就会造成混乱。我们不能因为法律存在这样那样的缺陷而对法采取否定或蔑视的态度。正是法律面对个案存在着这样或那样的不确定性，才彰显出法律方法的必要性。法律方法虽然并不能保证法律人对法律的正确理解，但确实能帮助我们理解法律，法律方法的多样性虽然使我们对法律的理解也呈现出多种结果。但从总的方面来看，却能使我们逐渐接近对法律的正确理解。虽然，法律方法的应用会带来一些消极的意义，有时也难以达到设计者的初衷，但法律方法可以帮助人们实现法律的目的，消除法律的不确定性。但是，也有人提出，法律外的许多目的很可能会代替法律目的，由此可能会引发法律更大的不确定性。面对这种情况，我们该怎么认识法律方法论？我们是看到其缺陷就把它丢掉，还是在保持一定警惕的情况下继续发挥其积极作用？看来答案是明确的，我们不能因噎废食，而应该以积极的态度更加缜密地研究法律方法论。我们"可以将法律方法的发展理解为一场长期的、不断变化的关于法律适用者的自由裁量权的讨论。解释的自由有时应受到限制，有时应得到扩大，其依据就是法律适用时的法政策意图和时代精神。"[2] 但在什么时候，在哪些案件中扩大或限制呢？这种扩大或限制（甚或说选择哪种法律方法）是任意的吗？面对这种问题，魏德士也感到："方法之

---

〔1〕 ［德］魏德士：《法理学》，丁小春、吴越译，法律出版社2003年版，德文版前言第2页。
〔2〕 ［德］魏德士：《法理学》，丁小春、吴越译，法律出版社2003年版，第312页。

法"的缺乏。他认为，应把法律适用列入宪法的基本原则中，在基本法的效力领域，法律适用的方法不能由解释者任意选择。法官在应用法律时是独立的，但其独立仅仅是指其服从法律的统治才是独立的。如果不是在服从法律、接受法律约束时独立，我们认为还不如不让其独立。法官是法律的侍者而不是主人。但这里的服从既不是盲从，也不是机械地服从，而是有思考地服从。遵循立法者的规范目的，忠实于方法，这是法律适用者的首要要求。规范目的是一切解释的重要目标，而方法对目的的走向有规范作用，目的需要方法。

在各种方法的争论中，主观说与客观说争论最甚。按照普赫克的说法，解释追求的是保障"法律机车的可控性"。但是怎样达到可控性呢？主观说认为，正确的方法就是对历史要求和规范目的进行研究。通过探究历史的规范目的，可以限制法律应用者自由裁量的空间。客观说认为，正确的解释方法在于探究法律的意志。但实际上，法律条文没有这种独立的意志，法律的应用者只能自己判断。法官比立法者能更好地理解法律。因而，现在人们对客观说较为重视，认为历史上立法者的意志只在法律中有足够明确的体现时才能考虑。魏德士认为，客观目的有两组要件：①法律的客观目的，如和平保障、公正裁决，根据最佳地考虑现有利益的原则对规则进行衡量；②任何法律都追求符合实质的规则，只要人们假定立法者具有这种意图，解释就可以得出对具体纠纷也同样符合实质的解决方法。拉伦茨等客观说的坚持者之所以追求客观目的，是因为他们看到立法者并非总是能够意识到他们制定的规则所具有的意义。但我们也看到了，为了防止脱离立法目的和历史因素而产生任意的解释，法学家们把有创意的这种解释设计为客观说。但客观说的证立者多论述了坚持这种方法的好处，而没有对这种方法所带来的消极意义保持高度的警惕。因为，对达到对客观目的认识，法学家们设计了许多方法，如价值衡量、利益衡量、法律发现、法律论证以及不同的法律解释等方法。方法越多，人们应用哪种方法就越带有随机性。并且对哪一种方法人们都不敢说它能保障结果的正确性，而只敢说在各种方法的综合运用或比较中可以使人们逐渐接近对法律真意或客观目的的认识。但实际上，走这条逐渐接近之路也是要付出代价的。在常人看来的许多简单的问题，或者按法条径行推论的问题经过各种法律方法的应用可能变得复杂起来，许多清晰的问题经过解释与论证显现出模糊性，许多看起来很容易实现的正义变得难以实现，很多可以消解的矛盾变得纷争迭起。在混乱中，维护法治的法律方法论可能走向它的反面，变成法治的破坏因素。法院的工作随着专业性的不断深化及技术性的提高越来越显得神秘，法律的可预测性越来越少，人们对判决结果的期待越来越不可捉摸。但是，造成这种结果并不是法律方法的错误，法律方法并不应成为被指责的对象。德国法学家考夫曼说得很有道理，他说："应受指责的是，他们对自己的前理解、价值判断、是非感不感兴趣，并因而在判决中写下虚假理由，应受指责的是，他们不是干净利落地进行论证，而是最终诉诸权力要求"[1] 我们确实应该反思的是：由于法律职业道德的缺失，而给法律方法论所带来的负面影响。

尽管客观目的论给人一种印象，即通过法律解释、法律论证等方法的应用可以达到对法律正确的、客观的理解，但根据现代解释学理论，通过解释或论证而得到的结论并不具有客观性，哲学解释学甚至已经放弃了解释的客观标准，强调只要有理解，理解便会不同。这意味着，通过以解释为核心的法律方法得到有科学保障的、有效的、客观正确的规范条文的内容是不可能的。条文如同音乐的乐谱一样，它与演奏者始终是两种东西。历史经验表明，正是客观理论为法律适用者的意志行为创造了极大的空间，并因此给法律适用的可信度造成了极大的负面影响。"因此，只有那些将 20 世纪的历史与方法实践忽略不计的人，才会认为客观——目的标准能够使法律适用具有可信性和可预见性。"[2] 这种现象表明了：哪里有智慧，哪里就有忧伤，经历越多，苦难越多，做的越多，错误就越多。因而遭受的议论就会越多。但这正好从另一个侧面说明法律方法论是一笔精神财富。

法官在应用法律时，对法律方法的选择是自由的。有学者称这种做法是原则性的丧失。因此在理论上或制度上应该对法律方法的应用给定原则：①能够查清立法者的规范目的就应积极地探寻，因为"不去查明立法者的规范目的或者不经说明就背离它的人，将使自己摆脱法律约束，从法律的仆人变成法律的主人"。[3] 法治原则要求，如果有可能就要对法律产生的历史进行研究，法律从命题的角度来看就是要在经验范围内解决当前问题。②法律的规范目的高于其他目的，除非该规范目的在个案中与法律的基本价值发生冲突。魏德士认为："如果法律适用者背离了最初的规范目的，他就不再是解释法律，而是通过自己的评价代替立法评价。"[4] 任何法律解释的目的都是为了实现立法的规范目的。③在法律存在漏洞时，世界上许多国家都赋予法官拥有补充的权力。因为法官不能因为法律没有明确的规定而拒绝审判案件。法官必须尊重现有的法律秩序，也必须尊重对其他法律领域产生影响的法律评价。填补法律漏洞最主要的工具有类推、反向推理、目的限缩、事物的本质、法官的造法等。这些方法的运用表明，法官（或法院）只是立法的助手，而不是法律秩序的主宰者。法院不能改变法律秩

〔1〕 ［德］考夫曼等主编：《当代法学哲学和法律理论导论》，郑永流译，法律出版社 2002 年版，第 179 页。
〔2〕 ［德］魏德士：《法理学》，丁小春、吴越译，法律出版社 2003 年版，第 350 页。
〔3〕 ［德］魏德士：《法理学》，丁小春、吴越译，法律出版社 2003 年版，第 351 页。
〔4〕 ［德］魏德士：《法理学》，丁小春、吴越译，法律出版社 2003 年版，第 355 页。

序，只能对法律秩序不完美之处进行补充。并且法官只能在平衡私人利益的时候进行漏洞修补，在涉及大众利益时就不能运用该方法。

法官在什么情况下可拒绝适用法律或修改法律？司法判决的功能可以分为三个领域：①解释和适用关于待解决案件的现行法律规定，在这里法官是有思考地服从法律。②法官认为存在法律漏洞并对漏洞进行认定，最后进行漏洞补充。③法官对现行法律拒绝服从，而是用自己的评价代替法律评价。这实际上是法官对法律约束力的破坏。但法官在什么情况下可以拒绝适用法律呢？法官对法律的拒绝或修正不应是随意的，法官出于正义的原因而拒绝适用法律，而法律的文义如果违背规范目的则可以对法律进行修改。但魏德士认为，事实或普遍的价值变化并不足以成为法官背离法律的理由。他认为，在做出背离法律文本或法律普遍价值标准的判决以前，法官必须考虑基本法所规定的司法判决与立法之间的界限。"在原则上，法律共同体必须能够相信，法院是执行法律的。法官受立法权的制约是民主法治国家的基本原则。做出例外判决必须有完全特定的、严格的前提。只有法官确信即使立法者面对法官所判断的具体利益状况，也会根据指导性的法律原则和调整目标做出与现有的法律规定不同的判断，那么这可以成为法官背离法律的理由。"[1] 法官对法律与法律状态的改变要受到权衡要求的制约，在法官拒绝应用法律或改变法律以前，必须权衡这种拒绝和修改对法的安定性的影响。这说明了一个问题，法律方法论并不是不负责任地说出在法律问题上只有不同答案，而没有唯一正确答案。法官要真正地运用法律方法必须掌握运用的条件，否则就会误用，出现前文所讲的法律方法论的异化。

二、法治与法律智慧

关于法律方法论的探讨已持续了一个阶段。我们的努力方向是想建构一个法律方法论体系。这种研究带有明显的理论属性。虽然我们口口声声说法律方法论是一种关于法学的"形而下"研究，但理论本身的抽象、概括性又使我们走向了（与法哲学比较）另一个层面的理论探索。按我们原初的设想，关于法律方法论的研究探索上可着天（与法哲学、伦理学相联），下可着地（与司法实践相关），但经过几年的努力，我们感觉到关于法律方法论体系的建构实际上仍然是沿着传统的法理学或法哲学的思路走的，只是研究的问题似乎聚焦到了司法过程。但是研究成果的叙说方式没有根本的改变——走的依然是抽象性的普适化路径。我们不是说这种研究没有意义，它具有重要的理论价值，关于理论体系的探

---

〔1〕 〔德〕魏德士：《法理学》，丁小春、吴越译，法律出版社2003年版，第410页。

讨是某一学科走向成熟的标志之一。但如果我们的研究仅注意理论的完善就可能脱离法学的实用性品格。就目前的研究现状看，法学的技术含量、经验品质还没有得到充分的张扬。我们知道，法治的哲学本质实际上是在经验范围内解决问题，用法律方式寻求社会秩序。然而人类的经验在理论研究中又表现为理性，表现为制度化、条文化和程序性的法律。这些抽象的法律与制度使我们能迅速地掌握被称为法律（形式化）的东西。但如果我们仅仅注意法律的形式性，就可能失去对法律"内容"的掌握。法律是丰满的主体，它也具有形式与内容两个方面。只注意抽象的理论体系可能会掩盖丰富的内容。为进一步使法学走向"形而下"，我想我们的研究姿态除了坚持司法中心主义外，在研究的内容上，我们还必须把体现个案经验与个性的法律智慧纳入法律方法论的研究。我们期望用这种探索深化法律方法论的研究。

千百年来，实现法治一直是法律学人的理想。为了这一理想的实现，实践者付出诸多辛勤与智慧，而许多理论的研究者也倾注了大量心血来论证法治的要义、可能性、必要性及实行法治的积极意义。然而不仅是在实践中法治时被摧残，即使在理论界，法治的不可能性仍然是一种有说服力的理论。在理论上系统地证成法治还是比较困难。但是后现代法学基本上是不费力气就瓦解了一个又一个关于法治的理论预设。对一个法治论者来说，我们甚至不得借用信仰来表达我们的法治姿态。对理想的法治来说，信仰的姿态还占有重要地位，所以在我国法学振兴的 20 多年中，关于法治的价值呼唤成了法学研究的主流。可以说这种呼唤取得了部分的成功。我们看到从官员到学者都在谈论法治，都试图运用法治来解决各种冲突与纠纷，尽管各个层面的人士所谈论的法治并不具有相同的含义。例如，官员们可能是在管理或治理意义上谈论法治，而学者则以限权或制约意义上叙说法治。然而我们必须看到（实际上也已经看到）法治的实现不能完全靠价值层面的呼唤，法治实现不仅要有政治、经济、文化等诸多因素，还得有其实现的途径与方法。

为了研究的方便与结论的相对准确，对法律方法的研究我们主要把其限定在司法领域。由于司法是法治的最典型领域，所以，司法方法就成了法律方法论的典范。如果我们能在司法领域方法地实现法治，那将对其他领域产生重大影响。我们认为，法律方法论的复杂性有违立法的简约精神。立法本来是用简约应对复杂，但法律方法论又使得人们以复杂应对复杂。有些人觉得各种各样的法律解释方法、论证方法、衡量方法及令人模糊的发现途径，都不如一个"依法办事"说得清晰。然而，依法办事仅仅是个法治的原则。当我们试图依法办事的时候，会发现现成的法律并不是行动方案，人们的行为并没有按照法律的规定去发生。可以说，离开法律人的创造性思维，法律自身不可能变成判决。一般的法律与个案遭遇总可能呈现出不确定性。对法律的不确定性判断，许多人进行反驳，但如果我们从法律方法论者研究的角度看，法律的不确定性不是一种理论，而是一个关于事实的判断。一般的法律与个案比较确实存在着许多的不确定性。但是我们也看到，正是一般法律与个案遭遇所呈现的不确定性，使我们看清了法官的任务：那就是要在司法过程中把不确定性的一般法律具体化（当然是合法而正当地）为针对个案的判决。在一般法律个别化过程中，法律被法官智慧地、技巧地、也可以说是方法地实现了。在各种方法的应用过程中，我们看到了法律人的能动性，我们甚至还可以说，法官在一般法律个别化的过程中几乎成了立法者。这时我们有理由担心法官可能成为司法领域的专断者。当然也正是在这时，我们能看清法律方法对法官的专断进行了哪些方面的限制。法官的判断无论是发现解释出来，还是论证衡量出来，都应当是应用法律思维方法得出来的。法律结论必须智慧地、有理由地得出，这是对专断最有效的内在限制。这也许是我们研究法律方法的目的之所在，也是法律方法成为法学的永恒主题的原因之所在。

从学者的研究中我们看到："法治的重要职能不是管理人民，而是管理政府，……因此，法治的核心机构是职业的公务员体系和独立的法院，重在执法，要求政府依法办事。"[1] 这就是说法治实际上是要通过政府法治达到对国家和社会的治理。在法治实施过程中，法律的权威应代替人的权威，要用制度和方法限制人的权力，要从人治甚或德治走向法治。法治与中华民族的复兴息息相关。建设社会主义法治国家已是我们的国策之一，但要建设什么类型的法治，人们正在探讨之中。在古代中国，管仲等法家崇尚"法治"，引领了春秋战国的繁荣以及秦统一中国的伟绩，但是自汉武帝以后法家思想则受到了种种责难。当然，这并非要为法家翻案，而只是说法家思想在秦代以后作为法治的传统中断了。有学者认为，独尊儒术以后中国的统治思想是明儒暗法，但从思想的深层看，尊崇法律的传统没有了，留下的只是法家的残酷。我想，中国的法治类型应该在吸收中西方法律主义传统的基础上，根据中国的现实进行建构。法家的严格传统在某些领域还有值得提倡的地方。当我国法律不断增多的时候，我们哀叹最多的是法律不能被遵守。

在法律方法论的问题上，还存在一个悖论，即法律方法论者常说的立法研究是一种关于法律普适化的努力，而方法论则是要为个案寻求答案，是一种关于抽象法律的具体化努力。但法律方法论一旦成为理论体系，它实际上也是一种抽象化努力。这确实是个问题。所以，我觉得关于法律方法的抽象研究，应该放在法治模型系统中进行，应该与司法实践的个案智慧结合起来。个案中的法律智慧不

---

〔1〕 潘维：《法治与"民主迷信"》，香港社会科学出版社 2003 年版，第 15 页。

具有普遍性，但智慧的得出离不开法律方法所锻造的法律思维方式，也离不开法治理论、原则、目的等系统的要素。法律智慧体现着在严格法治原则下法律人的机智。实际上，法律并不万能，不能解决所有问题，但是，各种社会纷争都希望用法律解决，在人们充满着对法律信任的场合，法官的面孔又不能生硬，无论做出什么样的决断，法官都应讲法讲理。在这种情况下，法律智慧就显得更为重要。所以，无论哪个国家，法律适用都不是机械呆板的，都必须善于运用司法智慧。尤其是在审理复杂重大案件时，运用法律智慧处理案件更显得不可缺少。孔祥俊说："在我国司法实践中，经常需要运用司法智慧，做出适当的判决决策或裁判。而且司法智慧既可以为稳妥审慎服务，又有助于积极发挥能动性。例如，对于某些具有高度敏感性的法律问题，最高法院在有明确的态度以前，往往需要进行尝试和探索，然后把握时机做出决断；对于一些具有高度政治性或者政策性的法律问题，倘若现实条件不适宜司法介入，仍不妨拒之门外……。"[1] 法律智慧在司法实践中各个环节都不可缺少。但对智慧的运用必须保持高度的警惕。因为法治的要义实际上是要求严格执法，保障法律的权威，而智慧又大多表现为对法律的灵活运用。如果过度地运用智慧的灵活性，法律的权威就可能会受到影响。所以，对于什么属于智慧，我们必须进行充分的论证，不论是法官还是律师，其所做出的决断都不能背离法治的精神。而且法律智慧不能背离法治目标，不能与法律的目的、价值等脱离，而这种结果的出现都应该在法治系统工程中来完成。

三、法律研习的智慧之窗

黄文艺认为，法律方法的研究虽然是基于司法立场，以规则作为出发点探寻事实法律意义的活动，但各种各样的法律方法仍然是以理论形态出现的。虽然坚持司法中心主义立场的学者认为基于立法中心主义的研究所得出的关于法律普适化的结论不能很好地解决具体案件。但是关于法律方法一般理论的研究实际上又陷入新的打着"司法立场"旗帜的普适性研究。而这种研究与立法中心主义倾向并无质的差别，也是要建构一种普遍主义的教条。法律方法能否制度化，能否变成必须应用的方法。这确实是一个理论难题。我们知道，任何理论不管是站在什么立场上，都是一种抽象的表述，都是思维的表达。用语言所描绘的事实需要借助人们的想象才能变得丰满，才能被理解成事实。这是由语词本身的概括性所决定的。那么，理论的研究者该怎么办，我们能否摆脱理论研究的普适性倾向，

---

[1] 孔祥俊：《司法理念与裁判方法》，法律出版社 2005 年版，第 43 页。

使法学真正走向形而下。看来问题并不是很好解决。对法律方法与法律智慧的结合，黄文艺教授认为二者的结合可以在一定程度上克服法律方法研究的过度理论化倾向。[1] 经过一段时间的思考，我们认为这种看法是有道理的。法律智慧虽然因其宽泛而难以把握，但如果我们的研究者给出它的一个具体的场景，我们一般能分辨出什么是智慧、什么是平淡，甚至什么是愚蠢。当然这种分辨也许并不具有一般性，只是特定场景中的智慧，对研习来说只能起到启发思维的作用，而不可能照搬适用，但它对累积法律人的经验有重要作用。我们认为，如果法律方法的部分内容可以上升为法条的话，法律智慧则因是具体场景中的智慧而很难上升为制度。法律智慧一旦上升为制度，面临的就是具体应用的问题，即使是智慧也仅是历史之光。法律智慧实际上是要解决法律解释过程中的创造与服从矛盾，按图索骥式的"依法办事"无所谓智慧或者愚蠢，但创造与服从也都是有正义之目的的。为了实现人类美好的目的，为了最终实现法治，法律人必须在实践中融入更多的智慧，否则就难以克服成文法律的呆板与僵化。

从思维走向的角度看，法律研究有两条路径，①抽象概括化的路径；②具体个别化的路径。抽象概括化思路是对丰富多彩的生活进行疏理与概括，对生活事实进行分类研究，用抽象化的方式表达对秩序的追求，试图用条文化的规则规范人的思维，从而达到规范行为的目的。这种表达方式实际上是立法视角的智慧。然而，用一般法律解决具体纠纷的时候会遇到很多困难，其中最主要的困难源于：法律规则越抽象，离现实生活就越远，因此也就使得一般法律难以发挥规范作用。于是，法学家则朝另一个方向努力，试图制定详细的行为规则。但是，规则再详细也不可能细化到为每一个案件立法，况且案件的发生并不都会按法律设计者的意图进行。这就使得无论粗线条的法律还是细致的法律，只要其对社会生活是概括性表达，它就不可能与现实案件完全一致。一般的法律和个案之间总存在着许多需要司法者填充的空间。如果法学家不能换位思考，进行一般法律的具体化努力，这种矛盾将无法克服。这当然不是说，法学家关于法律抽象化的努力是错误的。抽象的法律有着重要的功能，它是法律人思考法律问题的出发点和指南。所谓法律思维指的就是根据一般的法律进行思维。但根据法律思维并不是指人们要把一般的法律当成行动方案。在法治社会中，人们的行动必须考虑法律的因素。但法律因素不能代替人们对具体行动方案的设计。行动方案的设计离不开法律的指引，但也离不开设计者当下的创造。对法律抽象化、概括性的研究是一种基于立法立场的研究。在这种研究中，也有许多的法律智慧。在系统的法律条文中，各种利益的平衡、救济途径的完善、正当程序的保障、严密的逻辑结构、

---

〔1〕 黄文艺教授的观点是在讲评笔者在吉林大学法学院 2005 年的一次讲座中谈到的。

完美语言的表达，无不显示着法学家（政治家）的创造性思维。由于对这种智慧的表达都集中在了法典（或制定法）之中，而制定法又被以法学原理、知识的方式在法学著作和教材中得到了充分的展示。所以，本文不以此为重点进行叙述，而是站在张扬司法的智慧和技能的立场上进行论述。我国目前的法学研究与教学缺少对司法智慧的挖掘式探讨，而这又在很大程度上影响了法学的实用性品格的发挥和对法科学生能力的培养。

具体个别化之路是指把抽象的法律转变为具体针对个案的法律判断。这种判断的形成是把一般的法律当成思考法律问题的出发点，以法律规则为行动指南，通过规则并超越规则，设计切实可行的具体行动方案。这一方案虽然和法律并不完全一致，但总体上可视为一般法律的个别化。在法律个别化过程中，规则不是僵化的教条，而是活的甚至是富有灵性的指南。法律人遵守法律但不作法律的奴隶。他们一方面要在个别化过程中释放法律的意蕴，另一方面又创造性地把法律与事实对接，使一般法律与个案呈现出融洽的关系。这时的法律智慧主要表现为遵守法律的前提下对法律灵活运用。我们可以这样认为，没有对规则的遵守，就无所谓法律智慧。智慧主要表现为遵守规则前提下的创造性能力。试想，如果形成判断的过程可以不受任何拘束，一切都可以任意决断，那是不需要智慧的。从这个角度说，一切法律智慧皆源于对严格法制的突破，但这种突破又不以违背整体法律为依归。严格法制要求，人们的行为都应按法律的规定去发生，但现实生活的复杂性又要求人们在行动时不能完全拘泥于法律。人们必须对各种规则灵活运用，才能把握法律的智慧之光。

这样界说法律智慧也许还显得太宽泛。因而我们还有必要集中讲述法律智慧的"点睛之笔"，即究竟是在什么地方和场景显示出法律人的判断与决策属于智慧，以及为什么这样的决断属于智慧之窗而不是愚蠢之门。在莎士比亚的名著威尼斯商人中，描绘了一个著名的合同纠纷案。在这个案件中，法官的智慧被逻辑地表达。法官运用严格法律的技术解释这一特定的合同。首先法官承认了合同的有效性。这实际上是一种尊重法律的精神（但这一合同按当今法治的要求是不能成立的，属于无效合同），即合同的约定必须履行。但由于从一个活人身上割一磅肉，根据人道主义精神考虑又太残忍，所以法官就从更严格的角度解释合同，一磅肉就是一磅肉，不能做扩大解释，肉中不能带血，不多也不能少。这种严格的解释方法使得这个判决难以执行。法官在这里的智慧就表现在他充分利用了法律之严格与严肃，并通过这种严格与严肃达到避免不人道判决结果的出现。同时这样的判决结果之所以广为接受并不完全在于人们充分尊重法律的严格性，而在于人们不愿意看到不人道结果的出现。法官巧妙地把严格解释与人道主义有机结合起来，从而产生了长期被津津乐道的法官智慧。但从这一案例中我们可以看到，法律智慧并不具有普遍性，它不是一种关于法律普适化努力，而是一种站在司法立场上的具体化努力。司法智慧总是与个案情景相联系的。在这个案件中，我们可以看到合同约定很明确，法官解释紧扣字眼，从而避免了不人道结果的产生。假如我们换个合同，如果合同不是作了明确的规定，而是比较模糊的规定，或如果真的有一种技术能按准确的计量不带血地割下这块肉，这里的智慧就可能是平庸。在这一个案中，严格解释方法避免不人道结果的产生，但并不是在所有的场景下严格解释都能带来实质的公正。在许多疑难案件中，恰恰是严格的解释带来了僵化与愚蠢。

在哈特笔下，英国启德机场（军用）高耸一块"禁止在飞机场附近玩耍"的标牌。其警示的结果很少人在附近停留，但有一人却不信邪，他没有在附近玩耍，而是径行在飞机场里面蹦跳。当法官大人要给予处罚时，此人高喊冤枉。因为他认为自己确实没有在机场附近玩耍，因而就没有违犯禁令。然而，法官并没有接受他对规则的字面解释，而是拿出了当然解释的方法。法官明言，附近尚且不能玩耍，里面就更不能乱跑乱跳。这就是举重以明轻，举轻以明重的当然解释。在这一案件中，直观地进行字面解释与"立法"的目的背离，不利于特定环境中秩序的形成。在这里，法官的判断虽然超越了字面解释，但却不违背法律的目的。相反它却使法治方法地实现了。同样是这位哈特，使我们在他的《法律的概念》之书中看到了智慧之窗，给我们留下了深刻的印象。按照哈特的观点，文本中的任何概念都存在意义中心和边缘成分。法律概念的意义中心是明确的，不存在大的争议，但是在概念的边缘却可能存在许多模糊，需要在特定的情景中加以界定。这是一个法学的原理，也是一种法学智慧。但这种法学智慧要想变成法律智慧，需要我们在实践中、在特定的语境运用中才能显现。举例来说，"高等学校"的意义中心里肯定不包含国家机关。但我们如果追问，是不是"高等学校"在任何情况下都不带国家机关的性质呢？答案很清楚，国立"高等学校"起码在两种情况下行使着国家赋予的权力，这就是依照《中华人民共和国学位条例》和《高等教育法》行使着颁发毕业证、学位证和实施管理（包括惩戒，如开除等）的权力。在特定案件中，解释"高等学校"的属性，我们可以灵活地运用这一原理。因为中心与边缘在特定的语境中是角色互换的，即语词在语境中的含义不是固定不变的，在特定的语境中，语义具有流变性。法律解释者的任务实际上在很大程度上就是要确定法律语词在特定语境中的意义。我们看到，许多律师正是运用这种技巧把许多高校送上行政诉讼的被告台，使得许多死案变成了能够通过行政诉讼加以救济的"活"案。当然，这种对语词边缘意义的充分挖掘的作业方法，法学界早已有概括，学者们把其称为扩大解释，即不拘泥于字面，而是根据情景解释法律语词的含义。当然，对这种扩大解释或目的解释，法哲学家也不时发出他们的忧虑。法律本来是要用明确的行为规则来规范人类的行为，但解释者却背离文义去探寻特定情景中的含义。那么，法律究竟能约束什么？法律还能不能起到规范作用？或者上升到哲学的角度追问的话，如果我们任凭语言的含义在时空中流变，法律的可预测性将在何处显现？我们在这里重申，立法者所创设的法律虽然表现了他们在语言运用上的天才，但他们并不能控制语言意义的流变。如果真能控制的话，这个世界（按英国法学家梅因的说法）将会变成一个静止的世界，社会的发展与进步、社会的活力都将出现问题。后现代法学所言说的法律具有不确定性并不是危言耸听，而是一个事实的判断。但我们必须明确的是，法律人永恒的任务其实就是要在不同的情景中，把不确定的抽象法律意义固定化或明确化（如具体为判决中的法律）。法律人有没有智慧，关键就要看他能否在一般法律具体化的过程中做出既能体现法律规则又能体现法律精神、合理且合法的法律解释。所以，从这个角度看，法官绝不是法律的奴隶，而是活着的法律的宣示者。法官应当是法律应用的智者，而不应当仅仅是法律的适用者。立法者在完成文本以后，其作为作者的使命便已结束，成文法律的命运是读者在不同的情景中决定的。但是"读者"的决定不是任意的决断。传统法制观念、体系的法律方法、职业共同体的态度，包括理解者自身的法律"前见"都会以不同的形式作用于其当下的决断。法律智慧就是在当下与前见的碰撞中产生的。从解释哲学角度看，法律是以前见的方式通过理解者来发挥作用的。

法律智慧不仅存在于人们对规则与概念的解释过程，它也存在于诉讼程序的运用中。程序实际上也是一种规则，只不过这种规则在日常行为方式下不被应用。因而法律智慧似乎成了法律人的"专利"。法律人也正是因为比常人掌握更多的程序技巧而显示自己的才能。一般认为，打官司必须有证据，证据充分才能打赢官司。但在现实生活中，许多纷争不是没有证据，而是证据不充分，或没有形成证据链。这时按照一般人的理解，官司就没有办法打了。但法学家的智慧又显现出来。按照法律的有关规定，在部分案件中法律推定可以解决证据不足的判决问题。当然在这一领域，法律人发挥智慧的场景并不是很充分。因为能够推定只是法律事先已明确的某一类案件。但近些年来，法学家又提出了证明责任分配的方法，即在证据都不是很充分的情况下，可以通过证明责任分配来使当事人双方承担相应的法律责任。但确定证明责任的比例是需要法律人发挥聪明才智的，没有相当的智慧，证明责任是很难分配下去的。另外，诉讼过程案件合并与分离技术的应用也有许多能显示法律智慧的场景。

法律智慧实际上是在雄厚知识基础上的创新，是一个法律人具有思维创造能力的表现。当然这种创新不是死记硬背的结果，它是学与思的结合。因而我主张我们法学教育应走由"法律知识——法律思维——法律能力"的路径。提升解决法律问题的能力是法学教育的培养目标。当然，能力的提升也是与法律价值观的培养、法律职业道德的培养密切相关的。因为即使技能再突出，如果没有良好的法律价值追求与职业道德素养相结合，很容易会使法律方法异化，从而成为法治建设的阻力。所以，近些年来，我们一直主张在大学法科的必修课中应该开设法律方法论与司法伦理学，可惜这种呼唤只得到了部分学者的回应。目前我国法学关于法律方法与司法伦理的研究还不够深入，学科建设方面任重而道远。

第一章 法律方法纵论

一、"法律方法"用语辨析

我国法学方法论方面的研究成果，比较早的要推 1995 年梁慧星出版的《民法解释学》。然而法学方法论之研究也只是在近年来才获得较为直接、广泛的关注。尤其是随着我国台湾地区学者杨仁寿、德国法学家拉伦茨的以《法学方法论》命名的论著在国内出版和传播，以法律解释、漏洞补充、利益衡量等法律适用方法似乎逐渐成了"法学方法论"的主要内涵。这在一定程度上影响了我们对该词的传统理解，进而也生成了一些理论上的误解乃至某些无谓的争论。一种最为常见的误解就是将"法学方法论"跟"法学研究的方法论"相混淆。如林来梵等所论："这种混乱，部分乃肇始于对这一概念的固有误解，即不少人想当然地将'法学方法论'视同于传统教科书中所言的法学研究的方法言说……由此，'法学方法论'就被想定为'法学的方法论'，进而偷换成'法学研究的方法'……"就此确如林来梵所言："如从国际学术界的有关论说来看，法学方法论与法学研究的方法虽非风马牛不相及，然在其整体的理论框架以及言说的脉络中，法学研究的方法并未成为'法学方法论'主要关注的对象。"[1] 另如郑永流所论："国内多数人都因袭法学方法和法学方法论的提法，也有一些人用法律方法或法律思维。要紧之处不在于用什么提法，而在于各提法指向的实质立场究竟是什么，以及体现出何种法律观。"[2]

近年来，学界对上述有关概念用语及其用法已有一定的警觉和意识。学者们对法律方法及其相关概念的内涵、用法等从各种不同的角度进行了辨正和梳理。梁慧星认为："德国学者将法解释学归结为一种方法论，认为法学方法论是对法律解释适用的方法论，与法解释学为同义语。但在日本，法解释学的内容比较广泛。"[3] 可以说："在德国及我国台湾地区，称为法学方法论。但在日本，同样

---

[1] 林来梵、郑磊："法律学方法论辩说"，载《法学》2004 年第 3 期。

[2] 郑永流："法学方法抑或法律方法?"，载郑永流主编:《法哲学与法社会学论丛》(6)，中国政法大学出版社 2003 年版。

[3] 梁慧星:《民法解释学》，中国政法大学出版社 1995 年版，第 190 页。

的内容仍在民法解释学名下进行讨论。"[1] 而林来梵以为,"法律学方法论"的提法以及理论体系形成于现代日本,它与德国的法学方法论具有大致一样的内涵和结构,但又像英美国家那样,将其中有关裁判过程中法官所应用的法律适用与法律解释作为研究的起点。[2] 近年来比较有代表性的如郑永流尤其立足于德国法律文化背景的辨析。[3] 在对"法学方法论"之类的用语从语言上考证和疏义之后,郑永流尤其立足于拉伦茨的《法学方法论》对学界在相关概念上的混乱的根源进行了深刻的剖析。关于法律方法和法学方法,郑永流以为,法学方法是研究和预设法律的方法,指向的核心是何谓正确的法律,有关法学方法的学说是法学方法论。法律方法是应用法律的方法,不仅着力于实现既有正确的法律,还效命于正确地发现新法律,有关法律方法的学说是法律方法论。二者如果局限在领域上,则明晰可分,但由于后者还同时具有前者的主要功能,法律方法也可指法学方法,遂造成用名困难。[4]

王泽鉴认为:"台湾地区法学的进步有赖于法学方法的反省与创新。"[5] 还有黄茂荣的大作《法学方法与现代民法》亦用到"法学方法"。不过,也有我国台湾地区学者在不同意义上使用"法学方法论"一语,如杨奕华在对比了其跟拉伦茨与杨仁寿的"法学方法论"概念上的不同后认为:"法学方法论系以一套先设的假定为准据,确定基本的研究立场,从事法学理论之建构,进而以之探讨、诠释、批判法之存在与衍化现象,法之科学技术及法之实践功能等之研究态度之学科也。"[6] 这一看法其实是将法学方法论当作法学研究的方法。无独有偶,我国台湾地区学者杨仁寿在《法学方法论》一书中同样谈到研究法学的方法。

基于不同的法学研究传统和文化背景,人们对"法学方法论"及其相关学名采取了不同的称谓。关于"法律方法"之用语,各国的使用习惯并不一致。

---

〔1〕　梁慧星:《裁判的方法》,法律出版社2003年版,第1~2页。

〔2〕　葛洪义主编:《法理学》,中国人民大学出版社2003年版,第265页。

〔3〕　实际上,"法学方法论"之类的用语在我国的引入,很大程度上即源于近年来学界有意识的转向于对欧陆法律知识和资源的引介和传播。就此而言,在此方面的理论努力是很有价值的。

〔4〕　其实不仅法律方法和法学方法如此,即便是法学方法论亦存在用名上的困难,例如,刘水林之见:"提到法学方法论,必须涉及到两种范式的方法论,即一般科学方法论在法学研究中应用而产生的理论法学方法论及法解释学方法论"。参见刘水林:"法学方法论研究",载《法学研究》2001年第3期。在这篇文章中,刘水林所研讨的主要是理论法学的方法论问题,如规范分析和实证分析、个人主义方法论和整体主义方法论等。对"法学方法论"采用类似用法进行研究的另如季涛:"法学方法论的更新与中国法学的发展",载《浙江社会科学》2000年第5期。

〔5〕　王泽鉴:《民法总则》,中国政法大学出版社2001年版,第44页。

〔6〕　杨奕华:"法学方法论研究范畴之商榷",载《法制现代化之回顾与前瞻》,月旦出版文化有限公司1997年版。

英美法系通常采用"法律方法"（legal method 或 method of the law）。以此来指称法官在裁判过程中的法律解释和法律推理的方法和技术。如博登海默那本在我国很有影响的《法理学》标题中即采用了"法律方法"。另外出于不同的侧重，也有使用"司法方法"（judicial method）、"法律方法论"（legal methodology）这样的措词。法律方法也是美国法学教育当中的一门课程。20世纪以来曾推出一些以"法律方法"为名的案例教科书（casebook）。[1] 法律方法的课程设置的目的是，给初学法律的学生理解法律家在其各种各样的职业工作中确定或决定法律的各种方法；并培养学生运用这些方法来完成各项职业任务。[2] 法律方法的课程本身并不是目的，而被认为是提高学生在别的课程方面的能力的一种工具。[3]

无论是大陆法系国家还是英美法系国家，都存在关于法律方法的理论学说。但是从用语上，"法学方法论"一语似乎在大陆法系尤其是德国更为常见。"法律（学）方法论"则是日本学者的相应用语。而在判例法传统的英美国家，尤其是实用主义哲学传统浓厚的美国，无论是在其制度性实践中还是在法学家的论述中，法律方法的运用极其普遍，但是"法律（学）方法论"这一学理韵味十足的概念难觅踪迹。[4] 不过，可以见到法律方法论（legal methodology）。如《牛津法律大辞典》对 legal methodology 的界定是：在某个特定法律制度之内可用来发现与解决具体问题或具体争议有关的原则和规则的方法之总和。法律方法论的适用首先取决于确定引起问题的事实，并认定问题的真实所在。……一旦事实被认定，则必须对其进行分类或识别，以确定应当调查何种法理问题或法律点。《元照英美法词典》的界定和《牛津法律大辞典》如出一辙：是指在特定法律制度或法规下，用于发掘相关的原则及规则，以解决具体的难题或争议之方法的知识体系。……运用法律方法论是一种通过经验以及广泛了解、熟悉法律制度而得到拓展的技能，这对一个经验丰富的律师是至关重要的，舍此别无他径。[5] 相比之下，德国关于法律方法的理论即通常人们所谓的"法学方法论"则涵盖

---

〔1〕 《元照英美法词典》对"案例教科书"（casebook）的解释是：英美等国法学院通常使用的一种法学教材。编者将法院制作的有关某一法律领域的重要判决汇集成册，并附以评论及引导课堂讨论的问题。

〔2〕 Noel T. Dowling, Edwin W. Patterson, and Richard R. Powell, *Materials for Legal Method*, Chicago: Foundation Press, Inc., 1946, p. 1.

〔3〕 Harry W. Jones, John M. Kernochan, Arthur W. Murphy, Legal Method, Foundation Press, 1980, p. 2. 除了这本教科书外，还有20世纪上半期的一本，即 Noel T. Dowling, Edwin W. Patterson, and Richard R. Powell, *Materials for Legal Method*, Chicago: Foundation Press, Inc., 1946.

〔4〕 一本由埃利希、赫克等欧洲法学家的法律方法论文集，被翻译为英文出版时，译者将其译为"法律方法学"。*See Science of Legal Method*, Selected essays by Various Authors, The Macmillan Company, 1921.

〔5〕 薛波主编：《元照英美法词典》，法律出版社2003年版，第820页。

了十分广泛的内容：除了考察和研究法律适用和解释的技术以外，同时还研究这些具有技术性的法律方法背后的相关的法哲学问题，如法律适用的一般结构、超越法律规范的评价标准、个案裁判的正当性以及怎样通过法律方法实现正义的问题等等。[1]

其实，"方法论"一语即是个哲学抽象韵味十足的概念。《牛津哲学词典》对"方法论"的界定是："在某特定研究领域，如科学、历史学、数学、心理学、哲学和伦理学，关于方法的一般性研究。"[2] 其中，科学领域对方法论的研究颇具代表性，往往对其他学科的方法论研究产生影响，甚至于作为普遍地用于各门学科的普通方法论。[3] 法学领域中，法律科学方法论（methodology of the juridical science）是特殊科学方法论之一。[4]

对法律方法用语的使用，国内学界意见迄今依然并不一致。如"法律方法与应用法学文库"为了突出研究视角的实用性，使用了"法律方法"一词。为了突显法律观应是一种应用法律观，郑永流主张中文以采用法律方法和法律方法论的表述为宜。而林来梵和郑磊立足于日本学者的相关研究，认为所谓"法学方法论"，其实可转换为"法律学方法论"这一概念，进而主张采用"法律学方法论"的提法。[5] 不过，他们也意识到采用"法律学方法论"之概念在我国法学研究的语境中所要面临的系列难题，尤其是，在我们的法学概念体系中，迄今仍未完全确立法律学、法教义学这类的概念，因而移植这类概念就首先成为前提性的课题。不过，近年来国内更多的学者主张使用"法律方法（论）"这个用语。所以，郑永流认为，假如可寻找得到一个百分之百恰当的关于法律应用的方法的提法，那便需加括号，即法律（学）方法、法律（学）方法论。就此而言，"法律学方法论"这一概念最为准确。另外还有学者主张使用"法律技术"这一用语。[6] 这个用语和法律方法虽然有诸多相近之处，[7] 但还是应当使用"法律

〔1〕 葛洪义主编：《法理学》，中国人民大学出版社2003年版，第264~265页。
〔2〕 ［英］布莱克波思：《牛津哲学词典》，上海外语教育出版社2000年版，第242页。
〔3〕 关于西方科学方法论之研究，参见周昌忠：《西方科学方法论史》，上海人民出版社1986年版。
〔4〕 ［波］齐姆宾斯基：《法律应用逻辑》，刘圣恩等译，群众出版社1988年版，第346页。
〔5〕 林来梵、郑磊："法律学方法论辩说"，载《法学》2004年第3期。不过，林来梵对法律学方法论和法学研究方法的关系的处置，则似乎又背离了原本拟对此概念用法上的界分。他们将"法律学方法论"作为一个上位概念，认为它统合了有关法律方法的理论；对法律方法的外向性哲学探究所形成的理论；有关法学研究方法的理论。这样反而是扩充了法律学方法论的内涵，不利于对法律方法论概念的澄清。
〔6〕 胡玉鸿："方法、技术与法学方法论"，载《法学论坛》2003年第1期。
〔7〕 如《牛津法律大辞典》（第875页）对法律技术 tequniques of law 的界定是：法官和律师的实践技能，以及利用和应用他们的知识决定争议或得出其他希望结果的手段。

方法"这个称谓。理由是，"法律方法"毕竟是学界通用的用语。在西方法学史上，这个用语相沿成习，有着特定的内涵和所指，即被作为法官裁判的一个专门研究领域。因此没有必要另辟蹊径，转而使用别的名称。

从整体而言，在我国，采用"法律方法"这个用语，并来指称法律应用的方法，似乎更为妥当；而德语传统中的"法学方法论"一语则往往使人不易将其跟"法学研究的方法"相区分，故其具有一定的局限性。[1] 与此相应，可以用"法律方法论"一语来描述自上个世纪90年代以来国内学界关于法律解释、法律推理和法律论证等法律应用方面的研究旨趣。这样既可以避免如上其跟"法学研究的方法"难以区分的局面，同时也能够充分顾及"法律方法"这一学名在国外学界相应的研究旨趣和内涵。

二、"法律方法"的概念

（一）国外学者对法律方法的界定

《韦伯斯特大学词典》对方法的界定是：做某件事，或为做某件事的方式、技术或过程。阿迈纳："在给定的前提下，为达到一个目的而采用的行动、手段或方式。"[2] 马斯托拉蒂："方法是指按照确定的程式进行的有计划的过程。从逻辑的角度来看，方法根据超越特定案件的普遍标准确定，独立于结果，因为结果取决于方法。反之，即首先确定结果，然后为此确定有助于形成特定结果的方法，是非理性的典型情况，在法律上被视为任性。"[3] 可见，西语"方法"的内涵至少有三：①突出了"过程"、"程序"之义；②强调了目的或结果跟手段、行动的关系；③在限定条件下，如"给定的前提"或"确定的程序"下进行的。相比之下，中文的"方法"一语则大相径庭。有学者考察了古语"法"、"方"、"方法"后以为，这些词跟西方哲学的"方法论"不可同日而语，要害在于缺乏"规则"、"程序"等"方法"应有之义。[4] 显然，这也为"法律方法"一语的中文理解带来了文化上的障碍。

今日德国法学家所理解的法律方法乃是一种关于如何形成司法裁判的方法论（legal method as a methodical decision）。凡是关于一起法律案件的正确解决方案，

---

[1] 更何况即便在德语语境中，这一提法"隐瞒了这一学科的实践意义和其与历史—政治的交错联系"（德国学者 Rüthers 语）。

[2] ［德］阿迈纳：《方法论导论》，王路译，三联书店1991年版，第6页。

[3] ［瑞士］菲利普·马斯托拉蒂："法律思维"，高家伟译，载郑永流主编：《法哲学与法社会学论丛》（6），中国政法大学出版社2003年版，第9～10页。

[4] 周昌忠：《中国传统文化的现代性转型》，上海三联书店2002年版，第197页。

关于法律的适用和解释，关于论辩的理论，关于利益的衡估，关于司法裁判，均可在题为"法律方法"的书中找到关于这一切的指导。而关注的核心则是司法裁判。[1] 德国拉伦茨在其所著《法学方法论》一书的"引论"中一开始就提出：每一种学问都必须采用一定的方法，或者遵循特定的方式来回答其提出的问题。而法学，为一种以某个特定的、在历史中逐渐形成的法秩序为基础即界限，籍以探求法律问题之答案的学问。拉伦茨以为："法学方法，确切地说也就是在私法领域将法律规范适用于需要裁判的'案件'的方法、适用法律过程中对法律进行解释的方法以及法院发展法律的方法。"[2] 拉伦茨的这种界定突出了欧陆法学，尤其是德国法学传统。法律方法发端于私法。不过，现今的法律方法已经不仅限于私法的范围。

诺伊曼把法律方法做了狭义与广义之分。狭义的法律方法是指，法律家在适用法律的过程中认识法律和解释法律的方法。"此狭义的法律方法的内容为法律解释，具体方法也仅限于萨维尼总结的语义、逻辑、历史（主观）和体系解释四准则，结果的正义性、合目的性充其量可以在模棱两可的情况下起作用。"[3] 可见狭义的法律方法即法律解释方法。狭义的法律方法的几个预设前提是：存在一种逻辑上体系自足的封闭的成文法体系；法官在司法过程中仅仅是在机械地适用法律；如"自动售货机"那样无需发挥任何主观性；提供形式逻辑的推理方式，可以获得唯一正确裁判结果。上述观点到后来遭到了诸多理论批判和挑战，而逐渐被人放弃。广义的法律方法观点认为："应用法律不（仅）是一个将事实与规范对接的法律推论活动，毋宁说，它（还）是一个续造既有法律或发现新法律的过程。"[4]

美国法学家萨默斯认为，[5] 法律方法（legal method）问题产生于法的创制、解释、适用以及与此相伴的有效法的修改。无论是法官还是其他法律官员，无论是律师为客户提供咨询还是在法庭展开论辩，无论是法学教育者还是学者，均需面临并处理方法论方面的问题。上面提到的美国案例教科书的目的是："给人介绍我们的法律制度——包括判例法和立法方面的基本资料，并且帮助人们拓

---

[1]　[德] 约阿希姆吕克特："法律方法与法律现代性"，载《清华法学》（第9辑），清华大学出版社2006年版，第4~5页。

[2]　[德] 拉伦茨：《德国民法通论》，邵建东等译，法律出版社2003年版，第95~96页。

[3]　[德] 诺伊曼："法律教义学在德国法文化中的意义"，郑永流译，载郑永流主编：《法哲学与法社会学论丛》（5），中国政法大学出版社2002年版，第17页。

[4]　郑永流："法学方法抑或法律方法"，载郑永流主编：《法哲学与法社会学论丛》（6），中国政法大学出版社2003年版，第25页。

[5]　Robert Samuel Summers, *Instrumentalism and American Legal Theory*, Ithaca and Oxford：Cornell University Press, 1982, p. 136.

展工作能力，掌握这种方法，法律家即可利用这些资料来完成其职业实践任务。"[1]

（二）国内学者对法律方法的认识

近年来，国内学者对法律方法概念的探索也初步展开。兹将一些有代表性的观点罗列如下：

陈金钊认为，法律方法一般是指站在维护法治的立场上，根据法律分析事实，解决纠纷的方法。它包括三个方面的内容：①法律思维方式；②法律运用的各种技巧；③一般的法律方法，其中主要包括法律发现、法律推理、法律解释、价值衡量、漏洞补充以及法律论证方法等。[2] 葛洪义认为法律方法有广义和狭义之分。狭义的法律方法是解决法律问题的正确结论的方法；广义的法律方法是指法律人解决法律问题的独特的方法。法律方法包括法律思维、法律技术、法庭设置、法律程序设计等，其中法律思维是法律方法的核心内容。[3] 刘治斌对"法律方法"的界定：是联结法律实务与法律理论的桥梁和纽带，是法律职业者在特定法律制度内适用及发现有关法律规则和原则，并据此解决具体纠纷或争议问题的方法之总和。[4] 梁慧星认为，方法不限于裁判的方法，包括庭审的方法，裁判文书的写作方法。裁判的方法，实际上就是一个事实认定的方法和一个解释适用法律的方法。裁判的方法就是帮助我们法官进行正确的法律思维，最后得出公正的裁决的一套规则、技巧、方法和理论。法官掌握了裁判的方法，就可以正确地进行法律思维，保证裁判的公正。孔祥俊认为，法律方法是寻求法律答案的技术、程序和途径。它告诉我们获取法律答案的一般途径和路线，而不是告诉我们获取法律答案的具体细节。[5] 蒋惠岭认为，法律方法是法律职业者在研究、制定、适用、解释法律过程中运用的各种专门方法的泛称，是把一些法律学或法律职业中所特有的体系、逻辑、方法、观念、制度、规则等集中在一起，为法律职业者理解、实施和适用法律提供一系列动态指导。它是法律职业者工作的手段和武器。[6] 严存生认为，广义的法律方法包括立法的方法（如法律移植的方法、

---

〔1〕　Harry W. Jones, John M. Kernochan, Arthur W. Murphy, *Legal Method*, Foundation Press, 1980, p. 1.

〔2〕　陈金钊：《法治与法律方法》，山东人民出版社 2003 年版，第 198 ~ 206 页。

〔3〕　葛洪义："法律方法与法律思维中的语言问题"，载葛洪义主编：《法律方法与法律思维》（第 2 辑），中国政法大学出版社 2003 年版，第 4 页。

〔4〕　刘治斌："司法过程中的法律方法问题"，载葛洪义主编：《法律方法与法律思维》（第 2 辑），中国政法大学出版社 2003 年版，第 107 页。

〔5〕　孔祥俊：《法律规范冲突的选择适用与漏洞填补》，人民法院出版社 2004 年版，第 14 页。

〔6〕　张国香："法律方法对司法裁判的影响——访最高人民法院法官蒋惠岭"，载 http：//rmfyb. china-court. org/old/public/detail. php? id = 3251.

法规清理的方法、法典编纂的方法等）、司法的方法和关于法律教学研究的方法，即法学方法。而狭义的法律方法仅指的是司法方法。[1]

（三）法律方法论的立场与要素

我们认为，法律方法论代表着一种运用多种学科知识、方法和研究进路来寻求解决法律实践问题的探索和努力。跟当前诸多后现代法学思潮的批判、颠覆与解构的理论旨趣相比，这种理论体现了一种建设性的研究方向。法律方法的研究乃是立基于以下基本立场：

1. 以司法为中心或"司法定向的法学理论"。以司法为中心具体涉及到法学研究趋向，我们主张国内法学存在一个立法中心向司法中心转向的问题。尽管国外不少国家的法律正在经历由解释的时代向立法的时代的转换，但我国大陆的情形不同。我国台湾地区学者叶俊荣指出，在民主化的脚步迈开之后，法律的形式取得更多代议制民主的正当性，国家、社会对法律系统的需求也从单纯法律解释的司法论扩张到型塑法律内容的立法的立法论证。这样的演变也造成法学研究的转向。在早期阶段，我国台湾地区法学研究的重点在于法释义学。但近来法学已摆脱以既有法规作为权威前提的消极心态，进一步拓展至立法论的范畴，亦即如何设计出妥适的法规范。另外，国外法哲学界的研究中也出现了"立法法理学"（legisprudence）。这主要是因为，国外的法学理论研究一直以司法为中心视角，缺乏对立法理论的深入研究。而我国大陆则与之相反。所以在我国大陆则应提倡司法研究中心的法学研究。但我们在以司法为中心研究法律方法论时候，同时并不能忽视立法研究与法律方法论的协调。比如在当前民法典制定过程中，我们即应充分注意到某些法律方法论与法典的关系问题。

2. 以微观细致的研究代替宏大叙事的研究。我国台湾地区学者林端曾发现并总结出一种很有意思的现象：法理学、法学方法论与法律方法论这样的学术领域，在祖国大陆与我国台湾地区的发展，会在学术会议的议题选择上，客观反映出相当不同的问题意识与研究风貌来。粗浅说来，祖国大陆采取比较宏观且容易跨出纯法理学的角度，即称之为"见林不见树"的研究取向（宏观的法理学研究）；而我国台湾地区比较习惯集中在一个较小的题目上作研究的方式，即"见树不见林"的研究方式（微观的法理学研究）。法律方法的研究其实即采取了一种微观的研究视角，着眼于实际问题并且力图解决实际问题，从而避免祖国大陆学界既有研究中基于宏大叙事所带来的空泛、抽象等缺陷。

3. 致力于构造法律自身的知识系统。既有的法理学研究之议题往往容易完

---

[1] 严存生："作为技术的法律方法"，载《法学论坛》2003年第1期。

全超越了法理学的领域而进入法律社会学、法律文化、法律史与司法改革的各个领域，不但有强烈的科际整合性质，而且有明显的理论与实践相结合的考虑。但法律方法的研究则秉持法教义学之理念，致力于狭义的，也是真正意义上的法学知识，进入到法律规范和制度内部，谋求法律自身知识体系的构造，避免涉入关于法律的知识之领域。

根据上述立场我们认为，法律方法之概念应当具备如下几个要素：

1. 法律方法是法律共同体的职业性思维与技术。近代以来，法律职业逐渐摆脱了传统社会中政治、宗教、道德的束缚，而成为一种专门化的职业。司法职业很大程度上成为被法律精英所掌控的专门领域。法律职业者需要具备很高的智慧、审慎及理性思维能力。法学因此在很大程度上是被作为一门"技艺"而非单纯的学术。法律方法不属于"大众化"方法，而是一种专业的、需要专门训练才能掌握的职业方法。近代法治的实现在很大程度上有赖于一个法律职业共同体，而这个共同体分享了共同的法律知识、思维方法、职业技术和职业伦理。尤其是，司法实践中发展起来的一套精致的法律技术或艺术，使得法律共同体成功地捍卫了现代法律的自主性。[1] 法律方法已经融入到法官职业当中，法官裁判的方法论已成为法官职业自治乃至于整个法治的基本前提之一。职业主义要求法官"像法律家那样思维"，但是按照民主主义的要求，法官应该像民众那样思维，判决应当符合民意。在中国，传统法官采用平民化、大众式的思维方式，力求判决能够体现民众的意愿。这种传统一直延续到现代中国。[2] 因此，在当代我国法学语境中，应当协调好职业主义与平民主义之间的关系：既顾及我国的法律传统，又满足现今的法治需求；既满足裁判的合法性，又要充分顾及裁判的可接受性。

2. 法律方法所要处理的是事实与规范对立与紧张的难题，事实与规范的法哲学问题同样在法律方法论领域也有意义。如何运用法律方法，克服事实与规范之间的矛盾与紧张，从而把事实与规范有机地连接在一起，这可以说是构成了法律方法论所要研究的基本理论问题。从某种意义上说，正是事实与规范的互动，形成了不同的法律方法。事实与规范之间的不同关系便生成不同的应用方法。具体说来，在极少数情况下，事实与规范关系相适应，通过简单的演绎推理即可裁判案件。但是大多数情形下，事实与规范关系并不完全对称，如事实与规范关系

---

〔1〕 强世功："法律共同体宣言"，载张文显等主编：《法律职业共同体研究》，法律出版社 2003 年版，第 172 页。

〔2〕 孙笑侠："中国传统法官的实质性思维"，载《浙江大学学报》2005 年第 4 期；孙笑侠、熊静波："判决与民意"，载《政法论坛》2005 年第 4 期。

相对适应、事实与规范关系不相适应、事实缺乏规范标准、事实与规范关系形式相适应实质不适应。[1] 由此，便需要运用法律发现或者续造等法律方法。

事实与规范（价值）在法哲学上的观念演变，也促使了法律方法的发展。基于近代以来哲学上是与应当、事实与价值的知识传统的法律适用模式中，法官只须严格以法律要件涵摄案件事实。然而在当今的法律方法论视域中，三段论的大前提和小前提往往并不表现为既定的因素，而是需要人们去认真探索、发现的。在司法中，法官的目光将在事实与法律秩序的相关部分之间"来回穿梭"（恩吉施）。这构成了当今法律适用的普遍特征。有学者以为，法律方法是把成文法向个案判决转换的方法，从法律事实出发认识法律方法，实际上把一般方法的阐释与个案独特性的理解结合起来，方法与事实之间是互动的。[2] 事实与规范的"来回穿梭"这个法律方法观念的转变对 20 世纪后期出现的法律论证理论具有十分重要的理论意义：它凸显出法律决定是一个双向而非单向运行的过程。[3]

3. 逻辑与经验、理论与实践是法律方法的基本向度。逻辑与经验、理论与实践分别指示着法律方法的不同知识向度。西方理性主义者提出了两种知识的区分，即技术的知识和实践的知识或传统的知识。前者是可以通过学习规则、公式、条例或其他书本的东西掌握的；而后者则是类似于亚里士多德的睿智（phronēsis）或波兰尼讲的"默会之知"（tacit knowledge），无法像学交通规则和数学公式那样把它学会，而只能通过长期的实践达到心领神会，运用自如。逻辑与经验即分别代表着这两种知识。孔祥俊以为，逻辑代表了法律知识、法律训练和法律技巧，经验体现了实践积累、社会知识和社会阅历。逻辑可以在象牙塔内形成，经验则需要社会和实践的磨砺。[4] 当然，逻辑与经验又可能是相互的，逻辑往往是经验的总结，经验又可以检验逻辑的效果，"逻辑中充满着经验，而经验又要受逻辑的检验"。[5] 无论是逻辑还是经验，都是保障法律正确适用的方式。如杨仁寿曾谈到欲使认识结果具有"合理讨论之可能性"及"批判可能性"，须用到逻辑的、形式的方法和经验的、实质的方法，始能获致。[6] 应当注意的是，无论是逻辑还是经验，都不要将其绝对化，因为二者都有其自身的局限

〔1〕　郑永流："法律判断形成的模式"，载《法学研究》2004 年第 1 期。
〔2〕　杨建军："法律事实与法律方法"，载《山东大学学报》2005 年第 5 期。
〔3〕　焦宝乾："事实与规范的二分及法律论证"，载《法商研究》2005 年第 4 期。
〔4〕　孔祥俊：《司法理念与裁判方法》，法律出版社 2005 年版，第 35 页。
〔5〕　［美］布鲁尔："从霍姆斯的道路通往逻辑形式的法理学"，载［美］伯顿主编：《法律的道路及其影响》，张芝梅、陈绪刚译，北京大学出版社 2005 年版，第 123 页。
〔6〕　杨仁寿：《法学方法论》，中国政法大学出版社 1999 年版，第 26 页。

性。逻辑固然不能自我封闭和绝对灵验，经验也不可能屡试不爽。[1]

由于受到法律文化传统的影响，不同的国家地区，不同的法系，不同的法律传统中，逻辑和经验在各国的法律方法中所起的作用并不尽一致。比如我国古代司法官断案的非逻辑倾向是比较明显和普遍的，这一点可以从许多戏剧、小说、民间传说等记载当中体现出来。司法官往往并不是按照严格的形式逻辑规则来认定案件事实和分析法律。有时候，司法官甚至根本无视案件本身事实与法律之间业已存在的较为明显的逻辑关系——而这种"无视"的确又不是出自司法官自身的疏忽，而实际上是基于司法官的一种经验推理。[2] 相比之下，古希腊哲学和中世纪经院辩证法为哲学方法基础的西方法学，则形成了比较完备的、独立的法学概念体系和法律方法体系，由此形成了西方理性化程度极高的法律传统。

逻辑无疑是法律思维与法律方法的重要工具。逻辑的作用尤其体现在法律推理和论证的过程中。遵循一定的逻辑规则，人们可以便捷地认定事实和适用法律。而且，逻辑规则同样可以保证法律推理和法律论证的确定性、一致性和有效性，从而保障法官公正执法。在法学史上，概念法学与法律形式主义将逻辑的方法（尤其是三段论逻辑）推向极致的同时，也将逻辑方法在法律过程中的局限性暴露无遗：逻辑只能保证法律推理过程的有效性，但是无法保证结论的正确性；逻辑往往在处理简易案件时作用比较明显，但是在疑难案件中，逻辑并不能决定法官应当如何选择，此时法官的经验往往起到重要作用。众所周知，霍姆斯的"法律的生命不在于逻辑，而在于经验"不仅在美国，而且在国内法学界都是个流传颇广的一种说法。霍姆斯批判了在他之前法学中的"逻辑形式的谬误"，亦即认为在法律发展中唯一发挥作用的力量是逻辑。不过，当今美国法学家布鲁尔基于对霍姆斯所使用的"逻辑"概念的五个不同意义的分析，认为霍姆斯所批评的对象并不是演绎推理本身。同时认为，霍姆斯的巨大影响实际上却是误导，甚至是有害的。"由于霍姆斯不恰当地把'经验'放在'逻辑'的对立面，使得好几代的律师、法官和法学教授（不管是否沿着霍姆斯的道路）事实上没有把严格的逻辑形式研究放在法律课程中的适当位置。"[3] 结果美国的法律文化普遍地缺乏清晰的司法论证，没有能够达到更高的理性的水平。当然，这种观点似也过分夸大了霍姆斯的理论对美国法律界与法学界的（消极）影响，不过，其对霍姆斯的批判在较大程度上亦颇中要害。关于演绎逻辑在法律推理中的

---

〔1〕 孔祥俊：《司法理念与裁判方法》，法律出版社 2005 年版，第 42 页。

〔2〕 顾元：《衡平司法与中国传统法律秩序》，中国政法大学出版社 2006 年版，第 223～224 页。

〔3〕 ［美］布鲁尔："从霍姆斯的道路通往逻辑形式的法理学"，载［美］伯顿主编：《法律的道路及其影响》，张芝梅、陈绪刚译，北京大学出版社 2005 年版，第 138 页。

作用，霍姆斯在批判兰德尔的时候其实混淆了两种不同类型的逻辑推理在法律论证中的作用。

卢埃林曾说，每一个判决都要"根据生活智慧检验"[1] 法律方法中的经验方法又称经验法则、经验规则或经验则。源于德国法的 Erfahrungssätze 一词，日本学界一般译为经验则，我国台湾地区和大陆学者一般多译为经验法则。英语中的 common sense 一词与其意义最为接近。它强调人类在认知过程中，基于常识所形成的判断力。[2] 经验方法一般系指人类以经验归纳所获得事物因果关系或性质状态之法则或知识。其范围既包括属于日常生活上一般人之常识，也包括属于科学、技术、艺术等专门学问方面之知识。[3]

一般而言，各国并不在立法上明确规定法官应采用经验法则以及适用何种经验法则判案，而是借助经验法则的有关知识和内容，在立法上设置推定规则、允许法官采用司法认知以及授予法官享有自由裁量的权力，凡此种种，均与生活经验或通常习惯有关，并以此作为基础。[4] 例如，我国《合同法》在许多条文中使用了诸如"合理期限"、"合理期间"、"合理分担"等，这就要求法官在准确把握立法精神的基础上，运用司法经验和生活经验，做出合理的裁量。最高人民法院 2001 年 12 月颁布的《关于民事诉讼证据的若干规定》和 2002 年 7 月《关于行政诉讼证据若干问题的规定》先后以日常生活经验、生活经验这些中国化的术语确定了经验方法在事实认定中的地位。《关于民事诉讼证据的若干规定》第 64 条规定："审判人员应当依照法定程序，全面、客观地审核证据，依据法律的规定，遵循法官职业道德，运用逻辑推理和日常生活经验，对证据有无证明力和证明力大小独立进行判断，并公开判断的理由和结果。"该规定将日常生活经验规定为法官审查判断证据的原则之一。这既对法官对日常生活经验认知程度提出了要求，也是我国首次对经验法则作出的明确规定。[5] 可以说，经验规则不仅客观存在于每一个常人的认知范围中，更影响到法官认定事实和法律适用的全过程。

在适用法律的活动中，经验方法具有范围的广泛性与数量无限性、结论的或然性和性质的一般性与客观性等特征。经验方法的运用贯穿于司法的全过程，在事实认知和适用法律中被广为运用，对于有效及时地解决纠纷大有裨益。当然，

---

[1] 沈宗灵：《现代西方法理学》，北京大学出版社 1997 年版，第 323 页。

[2] 刘治斌："经验方法在司法中的地位、作用及其局限性"，载《山东大学学报》2005 年第 5 期。

[3] 刘春梅："论经验法则在事实认定中的作用及局限性"，载《现代法学》2003 年第 3 期。

[4] 毕玉谦："试论民事诉讼中的经验法则"，载《中国法学》2000 年第 6 期。

[5] 潘霞："民事诉讼中经验法则探析"，载 http：//www. chinacourt. org/public/detail. php？id＝99873，2004－01－16。

经验方法的易出错、易受裁判者擅断和主观情感影响等局限亦应予以克服。司法中，适用法律的方法具有多样性，具体方法的选择，应能够保障不同部门法规范特定目的及其调整方式在当下的实现。[1] 裁判者本身的生活阅历、教育背景和其他方面知识不同，如何确保裁判者在判断时所遵循的是一般的知识而不是完全凭借其本人的主观判断，就成了经验方法在运用中必须要解决的重要问题。法官审判的经验并不简单地等同于法官个人的经验，而往往是法官集体经验的结合体，集体价值观和集体经验在制约个人经验和个案裁判中具有重要意义。[2]

4. 法律方法的具体构成要素包括法律知识，法律技能、职业伦理等方面。如果说逻辑与经验、理论与实践是法律方法的基本构成，那么具体说来，法律方法的构成要素包含了法律知识、技能和伦理这三个方面的内容。近代以来，法官裁判的方法论已成为法官职业自治乃至于整个法治的基本前提之一。法律方法论不能以单一特质来加以描述，它是逻辑、经验、技艺、哲学和艺术五大要素的复合体，这些特质的整合与统一可以造就出理想的法官，塑造法官职业的辉煌。[3]

王泽鉴认为，一个人经由学习法律，通常可以获得以下能力：①法律知识：明了现行法治的体系、基本法律的内容、各种权利义务关系及救济程序。②法律思维：依循法律逻辑，以价值取向的思考、合理的论证，解释适用法律。③解决争议：依法律规定，作合乎事理的规划，预防争议发生于先，处理已发生的争议于后，协助建立、维护一个公平和谐的社会秩序。[4] 另有学者认为，法官职业要求同时具备两个方面的素质：系统的法律知识与适用法律的基本技能——诀窍、经验以及"聪明能干"。缺乏其中的任何一个方面，都不能真正满足法律职业的要求。[5] 近年来推出的"法官审判技能培训丛书"包括三大模块的课程体系：①法官基本职业素养方面。这部分课程设计的目的是使法官在掌握和熟悉法律条文和知识的基础上，进一步掌握和理解法律条文背后的法律意识、精神和价值。②职业思维训练方面的课程，其目的是使法官通过专门的职业思维方式训练，形成良好的法律思维模式来进行审判。③司法技能方面的课程，其目的在于使法官掌握司法的专门技术与技巧，以保持良好的司法传统的继承。

因此，不能因为专注于"知识"的培训，而忽略了技能、思维、心理素养（指公正、独立精神，对社会背景的认识，对人类社会的了解等）方面的培训。就此而言，经过法学院的学历教育，完成的只是法律知识的系统传授。如果不经

---

〔1〕 刘治斌："经验方法在司法中的地位、作用及其局限性"，载《山东大学学报》2005 年第 5 期。

〔2〕 孔祥俊：《司法理念与裁判方法》，法律出版社 2005 年版，第 42 页。

〔3〕 秦策："法官职业的方法论特质"，载《法学论坛》2005 年第 2 期。

〔4〕 王泽鉴：《法律思维与民法实例》，中国政法大学出版社 2001 年版，第 1 页。

〔5〕 王纳新：《法官的思维》，法律出版社 2005 年版，总序第 3 页。

过长期审理案件的经验积累，还是难以适应法官职业的要求。有法官认为："正确的思维方法既要有丰富的理论知识作为基础支撑，也要具备较为丰富的实践经验作为可上升为方法论的实践铺垫，二者缺一不可。"[1] 必须经过长期复杂的实践历练，真正做到理论与实践相结合，才能形成切实可行的法律方法论。

5. 法律方法所要追求的是法律决定与法律判断的合法性与正当性。价值与文化的多元化是当代社会的一个主要特征。社会秩序的维持越来越维系于法的安定性、可预见性和公正性。在司法层面，法的安定性与可预见性要求法官充分依据普遍化的规则进行裁判；而法的公正性则要求针对不同的情形做出不同的反应。西方近代的启蒙意识形态即曾设想，在现代的三权分立的体制下，民主与法治、正当与合法之间时常存在着一种内在的紧密联系。然而在当今现实社会中，民主与法治、正当与合法之间所设想的密切联系开始脱节，以致现代性法律意识形态始料不及的现实的自我颠覆。[2] 这种内在于现代性法律中的深刻矛盾成为当今法哲学研究的一个重要难题。同时，这也成为法律方法论研究的主要目标和任务：通过法律方法，人们希望兼顾法律判断或决定的合法性与正当性。可是这样的矛盾始终存在。比如，法律解释在个案中的妥当性和法的安定性之间即存在一定的矛盾，除了文义解释之外，大部分的法律解释都存在合法性问题，像德国民法典有一条规定，如果标的物不具有出卖人所保证的品质的话，买受人可以直接要求损害赔偿，而不要求解除合同，但是如果出卖人故意陈述标的物不具有的品质时是否适用这一条？[3] 尽管存在一些理论上的困难，当今法学家在此方面还是做出了不少探索。典型者如法律论证理论，作为当今法律方法论发展的主要潮流，即力图在新的哲学社会思想背景下，更好地处置正当与合法的二元对立，实现法的确定性、可预见性与公正性、可接受性的统一。

三、法律方法的性质与特征

（一）法律方法的自主性、自足性问题

是否存在某种为法律人所独有的法律方法？若有，其存在依据又是什么？肯定论者认为存在一套独立的法律方法知识体系。而否定论者则反对这种方法体系的存在，甚至认为法律方法完全是被虚构出来的，人们无法完全根据法律方法来

---

[1] 吴庆宝：《裁判的理念与方法》，人民法院出版社 2004 年版，第 66 页。
[2] 刘星："法律解释中的大众话语与精英话语"，载梁治平编著：《法律解释问题》，法律出版社 1998 年版，第 125 页。
[3] 段匡："日本民法解释学的启示"，载 http：//www. xhfm. com/Article/Print. asp？ArticleID = 288.

处理案件。在法学史上，法律现实主义、批判法学是方法虚无主义，而概念法学是方法万能主义。其实法律现实主义对法律方法是有一定贡献的，只是夸大了其中经验的一面，而忽略了其中应有的逻辑这个方面。

近年来，国内学界出现了一些否定法律方法的自足性的论调。这主要表现为如下观点：①否定法律方法存在的一个重要依据是不存在一套固定的排序，如由于法律解释元规则的缺位，法律解释学很难具有方法论的意义。②朱苏力认为，人们无法在逻辑层面或分析层面上提出一种完美的法律文本的解释方法，无法用一种没有内在矛盾和冲突的语言文字表述出来。因而也无法构建成为一种"客观的"、统一有效的、程序化的并因此大致可以重复的、可以传授的作为方法的解释学[1]。③司法裁判与其是追求法律真理，追求对法律的正确理解和适用，不如说是法官根据特定场域的权力话语所作的策略选择和使选择的权力话语合法化的法律技术[2]。法律解释只是法官解决问题的一种策略[3]。④认为只要法律人学会了法律解释的方法，就掌握了裁判案件的秘诀的想法，未免过于幼稚。许多的法学家也早就意识到，法官判决案件，从来不是依照这种法律方法论所提供的操作规程来操作。从思维上讲，恰恰相反，总是先有了结论，然后再寻找理由。因此，不能对法律方法抱有过高的期待。法律方法论尽管给我们提供许多有用的方法，但是这些方法还很难成为一种类似于尺牍范本大全的东西，使得法官仅凭法律方法就足以找到现成的答案[4]。

我们站在充分肯定法律方法意义的立场上，首先对法律解释方法排序问题进行回应。法律解释元规则的缺位并不足以成为否定法律方法存在的理由。有德国学者认为："'方法论'并不能预先确定那些解释者为了正确地组织思维过程而必须事先确定的步骤。因此，遵循方法论上的规则既不是保证法律发现的正确性的充分条件，也不是必要条件。所以，法官的任务在于通过理性的论证来证明其具体的裁判的正当性。"[5] 没有哪一位法律方法论者试图通过提供一套元规则来将各种解释方法绝对化。许多学者所批评的都是一种假想敌。对

---

〔1〕 苏力："解释的难题：对几种法律文本解释方法的追问"，载《中国社会科学》1997年第4期。

〔2〕 唐烈英："司法过程的逻辑与法律技术"，载《社会科学研究》2005年第3期。类似的观点亦可参见强世功、赵晓力："双重结构化下的法律解释"，载梁治平编著：《法律解释问题》，法律出版社1998年版。

〔3〕 桑本谦："法律解释的困境"，载《法学研究》2004年第5期。

〔4〕 梁迎修："法律方法的功能及其局限"，载《全国法学方法论论坛第一届学术研讨会论文集》，北京，2006年6月10～11日。

〔5〕 ［德］戈特瓦尔特、雷根斯堡："法官的裁判和理性的论证"，载［德］施蒂尔纳：《德国民事诉讼法学文萃》，赵秀举译，中国政法大学出版社2005年版，第477页。

各种解释方法给法官所提供的只是多种选择。德国学者芮沐博士即曾提到，[1]作为各种解释方法的运用，存在着一个大致的适用顺序问题，首先是文义解释，其次是体系解释，再次是历史解释，最后才用到目的解释，在所有的解释方法用尽之后，才存在法律漏洞的填补方法的运用问题。其实就这样的解释方法的排列顺序，就蕴涵着对法官在法律解释时任意性的限制，这种民法解释方法的顺序还体现了宪政原则。这样的排序实际上体现了把宪政原则贯彻到法律解释方法的运用中的价值取向，从而限制法官的任意。这种大致的法律解释步骤，往往会被法律解释共同体所接受并受其拘束。美国法学家欧文·费斯（Owen Fiss）主张，大法官作宪法解释时还是受到拘束的，其乃是来自解释社群（interpretive community，解释共同体）的拘束，亦即法律圈对解释操作方法的拘束。[2] 可见，法律方法具有限制法官恣意的功能。

是否有一套可以重复的、可以传授的法律方法？这涉及到对法律方法的功能和目的的理解。实际上，法律方法的研究并不以谋求一套可传授的法律技术为目的。批判论者所描述的"没有内在矛盾和冲突的"、"客观的"、"统一有效的"、"大致可以重复的"作为方法的解释学，实际上也隐含着对法律逻辑的规定和理解：即法律逻辑是一种形式逻辑。问题是，对法律逻辑的这一狭义理解并不准确。在恩吉施看来："法律逻辑是一种实义逻辑（materiale logik），它应一方面以形式逻辑为基础并在其框架中，另一方面在与特殊的法律方法论协同一致中显示出，人们如何获得'真实的'或'正确的'或至少是'有理的'对法律事务的判断。一种如此来理解的法律逻辑和方法论，不是传授诀窍的'技术'，借助此诀窍，人们可能容易掌握向对法律有兴趣者（Rechtsbeflissenen）提出的思维任务。"[3] 可见，法律方法与法律逻辑并未被提升到"像数学那样可以是统一有效的"、"大致可以重复的"地步，以致于"可以传授"。何况法律方法的素养可能更多地还有赖于人对司法活动的亲身经验和实践。

为什么需要一个统一的法学方法论？雷盖伯·芮姆（Gabhard Rehm）博士认为这是出于尊重法律和确保法律确定性的考虑。把方法论和保护法律的稳定性和确定性联系在一起来进行综合考虑；德国法学方法论的研究价值就在于它在长期的讨论过程中已经形成了一套行之有效的方式，对法学方法论的讨论，已经成为一个开放性的议题，而这些方法规则也为实务工作中的律师所支持、同意，而

---

〔1〕　段匡："日本民法解释学的启示"，载 http：//www. xhfm. com/Article/Print. asp？ArticleID = 288.

〔2〕　杨智杰："建构大法官实际决策行为模型"，载 http：//www. iolaw. org. cn/shownews. asp？id = 5433.

〔3〕　［德］卡尔·恩吉施：《法律思维导论》，郑永流译，法律出版社 2004 年版，德文第 7 版作者序。

这正是德国民法典长期以来如此具有活力的原因之一，也是德国民法典经历了这么长时间，还可以跟得上社会时代发展的原因。[1] 可见，从发生学角度看，法律方法作为一个知识类型的出现，与对法律的客观性、确定性的认识是分不开的。[2] 跟坚持法律的确定性，维护法治信仰的立场相一致，多数人还是认为存在法律家独有的法律方法。

第三种否定法律方法的观点，更是赤裸裸地将司法裁判理解为"法官根据特定场域的权力话语所作的策略选择"、"权力话语合法化的法律技术"，而非追求对法律的正确理解和适用。这一颇具后现代主义韵味的批判，使得裁判中的法律方法没有丝毫规范性可言，裁判活动的神圣性亦荡然无存。这种对法律方法的单纯描述社会学的理解除了剥去裁判活动最后一层外衣以外，并无其他任何意义。这一看待问题的视角是极其单一和片面的。法律方法并不能单纯（甚至是无法）从这种描述社会学的角度去理解，如恩吉施之见，[3] 法律方法"也不是法律发现的心理学或社会学，后者要考察，在实践性的日常生活中，在获取法律见解过程中，人们如何对待事实（de facto）。毋宁说，法律逻辑和方法论是对不易看清的、实质正义的（sachgerechten）法律认识程序的反思"。所以，法律方法带有很强的评价性与规范性。这一点，后文还会专门论及。

第四种否定法律方法的观点认为，法官判决案件，从来不是依照法律方法论所提供的操作规程来操作。法律方法论很难提供一种"尺牍范本大全"之类的东西。这种看法和如上第二种否定之见相仿；并且同时以为，从裁判的思维程序上，总是先有了结论，然后再寻找理由。因此呼求人们不要对法律方法抱有过高的期待。这一对法律方法的误见明显是继续沿用了 20 世纪上半期美国现实主义法学的观点。不过确实很多人都会想当然去这么理解。问题是，这种看法往往是含糊的，混淆了许多看似相同的问题。"先有了结论，然后再寻找理由"的论断，在当今的法律论证理论视域中已经微不足道。在法官对具体裁判的正当性进行论证的过程中，"说明理由的过程的作用并不在于事后为已经被认为是正确的、纯粹根据正义感而得出的解决方法寻找规范上的理由。因此，制作裁判和证明裁判的正当性是一个逐渐形成有关正确性的心证的复杂过程的组成部分。"[4] 另外，关于法律方法的任务，并不像这种批判者所预设或假定的那样，经由法律

---

〔1〕 熊谓龙："判例研究与法学方法论国际研讨会综述"，载 http: //51zy. cn/95130120. html.

〔2〕 葛洪义："法律方法的性质与作用"，载《月旦民商法研究·法学方法论》，清华大学出版社 2004 年版，第 61 页。

〔3〕 ［德］卡尔·恩吉施：《法律思维导论》，郑永流译，法律出版社 2004 年版，德文第 7 版作者序。

〔4〕 ［德］戈特瓦尔特·雷根斯堡："法官的裁判和理性的论证"，载 ［德］米夏埃尔·施蒂尔纳：《德国民事诉讼法学文萃》，赵秀举译，中国政法大学出版社 2005 年版，第 478 页。

方法，可以像自动售货机那样导出具体法律答案。法律方法毋宁在于为人们如何寻找法律答案（或者说是最佳答案）提供一种思考的路径。[1] 孔祥俊亦认为，法律方法只是对于获取具体结果给出指引，具体结果的内容则取决于法律规范的具体情况及寻找者所进行的选择。[2] 所以，具体的法律答案往往是法律适用者在个案中选择的结果。"法律方法只是对于获取具体结果给出指引，具体结果的内容则取决于法律规范的具体情况及寻找者所进行的选择。法律方法可能告诉寻找者两个以上的路径，至于在这些路径之间如何选择，则取决于执法者的逻辑推理、价值判断、政策考虑及其他相关因素。"[3] 当今社会中，法律方法具有开放性。[4] 大法官在做实际决策时，真正的决定因素是多元化的，包括诸如法官个人意识形态和出身背景、大法官内部互动、政治部门与大法官的互动、利益团体的影响、法律学界的影响等。[5] 研究美国大法官对文本与原意的关联的学者罗伯特·M·霍华德（Robert M. Howard）和杰弗里·A·西格尔（Jeffrey A. Segal），透过大量的数据回归分析，综合比较文本、原意与意识形态对大法官的影响，结果发现，文本与原意对其所研究的大法官的影响，均不显著，相对来说，意识形态对大法官的影响，16 个大法官有 12 个结果是显著的。多种因素在裁判中起作用，表明法律方法具有开放性，仍然是以法律方法的存在为前提。

　　另外，还有一种观点认为，方法论的问题相当于语言学当中的语法。语法非常重要，但语法不是目的，语言才是我们的目的。说话、写文章都是对语言的运用，一些没有学过语法的人也可以是演说家，甚至于成为作家。这同样是对法律方法的一种误解。原因在于，如果对于语言的规则仅仅是一个感性认识没有上升

---

〔1〕　第四种否定论者援引了如下卡多佐和拉伦茨的论述，其实刚好证明了否定论者所要批判的观点。照录如下：卡多佐以为："方法论提供了钥匙，却无法使我们易如反掌地发现和解开秘密。它给我们的，与其说是一把钥匙，不如说是一条线索，如果我们想汲取它的精华，必须自己逐步建立和发展它。"参见［美］卡多佐：《法律的成长、法律科学的悖论》，董炯、彭冰译，中国法制出版社 2002 年版，第 53 页。拉伦茨认为："方法论不是要列举一些确定规则，只需遵守它们即可确保可靠的法规范适用。解释及所有与解释相关的作用，它们不是仅依确定规则进行的活动：解释者具创意的想象力乃是必要的要求。""就像多数的法规范，在适用方法上的智识时当仍有相当的判断余地。方法上的提示提供方向上的协助，可以审查思考过程中是否遗漏重要的观点，可以强制解释者说明解释过程。然而，如果认为解释者应该盲目，毫无创意地服从这些指示，那就把事情看得太简单了。"参见［德］拉伦茨：《法学方法论》，陈爱娥译，商务印书馆 2003 年版，第 122 页。

〔2〕　孔祥俊：《法律规范冲突的选择适用与漏洞填补》，人民法院出版社 2004 年版，第 15 页。

〔3〕　孔祥俊：《司法理念与裁判方法》，法律出版社 2005 年版，第 235 页。

〔4〕　Ian McLeod, *Legal Method*, Palgrave Macmillan, fifth edition, 2005, preface. 法律方法具有开放性，意味着，在大多数场合，人们无法便捷给出简要的结论和可靠的规则。

〔5〕　杨智杰："建构大法官实际决策行为模型"，载 http：//www. iolaw. org. cn/shownews. asp? id = 5433.

为理性、从来不知道语法的话，语言表达的准确度、影响力方面肯定会受到非常大的影响。所以，学习语法是必要的。从法官的裁判实践来看，寻求法律答案过程中的争议恰恰多是方法论上的争议。研究的法律问题愈高深，需要解决的法律问题愈疑难，法律方法的运用愈是重要。[1]

（二）法律方法是一种规范性的研究方法

法学是以研究法规范为主要任务的一门学科。法学的特点之一在于它是一门规范性学科。这有两重含义：它一方面以规范和价值为对象，在此它是一种理解性的社会科学。另一方面，它是一个有关规范的实用学科，也就是说，它致力于规范的有效适用。它的表述不仅要真实，而且需要正确。[2] 因此，以探讨规范的意义为本旨的法学不同于自然科学处理问题的方式，也不同于纯粹描述性与经验性的社会科学。规范性的研究寻求问题解决的妥当性与否，合法与否；而不是追求真。在法学史上，真正意义上的法学知识，即法律自身的知识（of law），很大程度上是由强调规范分析的实证主义法学所提供。分析法学主张，法律研究应注重从逻辑和形式上分析实在的法律概念和规范，并形成了一套以逻辑分析和语义分析为基础的系统而精密的法律分析方法。它通过概念的分析与建构形成规则，通过逻辑系统形成超越具体问题的形式合理性。如果没有这一点，法学将不成其为法学，因为作为法学者和立法者，尽可能地将纷繁芜杂的社会现实概括至一个严谨的法律概念系统之中，这是他们的天职，也是法治的要求。

20 世纪后半期的新分析法学则对司法程序进行了更严密和更详尽的调查研究。[3] 以司法裁判为研究对象的法律方法是一种规范性的研究。传统的法律方法所关注的法律解释问题，即以规范性的法律文本为对象。就当今法律方法的主流法律论证而言，比利时法学家 Hoecke 认为，法律论证当然是规范性的。法律家并不意图对某一具体行为给出因果说明。他们是将此行为和在法律中所找到的规范模式相比较。他们是从具体案件特征的角度来分析法律规则，并且从这种规则当中推出人们应当遵循的行为。[4]

近年来，国内一些学者运用经验的、实证的和跨学科的方法，推动以中国问

---

〔1〕 孔祥俊：《法律规范冲突的选择适用与漏洞填补》，人民法院出版社 2004 年版，第 16 页。

〔2〕 ［瑞士］马斯托拉蒂："法律思维"，载高家伟译，郑永流主编：《法哲学与法社会学论丛》（6），中国政法大学出版社 2003 年版，第 13 页。

〔3〕 ［美］博登海默：《法理学——法律哲学与法律方法》，邓正来译，中国政法大学出版社 1999 年版，第 125 页。

〔4〕 Hoecke, Mark van, *Law as Communication*, Oxford：Hart, 2002, p. 127.

题为中心的研究，尤其是对中国基层司法的实际状况予以系统的分析和研究，希望以此对中国法官，尤其是基层法官在解决纠纷上所体现出来的知识和智慧予以总结。[1] 跟法律方法研究对象一样，这种研究取向同样着眼于司法，不过所采取的纯粹经验的、社会学的方法则与法律方法所应具有的规范性研究路向有根本的不同。当今社会中，社会学的知识在法律实践、法律改革、法学研究领域、社会政策方面都有应用。可以说，社会学的知识涉及到法律生活的每一角落。而且，法社会学的可应用性也说明了社会学具有越来越重要的作用。[2] 尽管如此，在法律方法研究中，规范性的趋向依然不容被纯粹描述性的社会学方法所完全取代。但是这并不排除一些社会学的研究成果与方法可被引入到法律方法的研究中。比如，在法律方法中的社会学解释方法、利益衡量、经验的法律论证理论，[3] 都体现出社会学方法的运用。

（三）从知识属性上，法律方法具有非常典型的教义学属性

在法律方法论研究中，法教义学的确居于极为重要的地位。如郑永流认为狭义的法律方法也是传统的法律教义学力倡的方法。而且由于萨维尼的影响，狭义的法律方法首先通行于民法领域。拉伦茨说他的法学是狭义的，亦即法律教义学意义上的法学，但这种法律教义学已非传统意义上的法律教义学。区别在于，前者已经突破了后者所持的封闭的法律观。[4] 在法学史上，概念法学不仅在当时主导了德国私法领域的法学思想与方法，同时也影响并型塑了公法上法学方法论的发展方向。例如，法学家拉班德（Paul Laband）即着重对实证法概念的理解和掌握，从而分外强调整个国家实证法体系的"释义学化"（Dogmatisierung）。对拉班德而言，所有非法学的观察角度，如历史、政治与哲学等的思考面向，对具体实证法资料的释义学体系建构而言，都是没有意义的。[5]

因此，法教义学对培养法律家的法律思维和法律方法十分重要。法律家思考的特点往往具有教义学的性质。法教义学对于法律家思维方式存在一定的关联。日本学者田中成明将法律思维形式首先即概括为教义学的性质。季卫东同样把法

〔1〕　苏力：《送法下乡——中国基层司法制度研究》，中国政法大学出版社 2000 年版；苏力主编：《法律和社会科学》，法律出版社 2006 年版，社会转型中的中国学术传统（序）。

〔2〕　［美］唐·布莱克：《社会学视野中的司法》，郭星华等译，法律出版社 2002 年版，第 116 页。

〔3〕　经验的法律论证理论，可参见［德］阿图尔·考夫曼、温弗里德·哈斯默尔主编：《当代法哲学和法律理论导论》，郑永流译，法律出版社 2002 年版，第 510 页。

〔4〕　郑永流："法学方法抑或法律方法"，载郑永流主编：《法哲学与法社会学论丛》（6），中国政法大学出版社 2003 年版，第 24 页。

〔5〕　黄舒芃："宪法解释的'法适用'性格"，载《政大法学评论》第 81 期。

律家的思考方式概括为"一切依法办事的卫道精神"。[1] "纯粹的法律问题自然如此，连政治经济问题乃至日常的社会问题也都尽量按照法律的普遍性和形式性的规则和程序使之转化为明确的权利义务关系来加以调整处理。"[2] 法治理论框架内的法律解释具有"教义学"特征。"教义学属性则体现法治理论对法律解释的一种原则要求，这就是法官必须接受法律的约束，这是一种带有应然属性的判断。"[3] 当然，在培养法律家的法律思维方面，法哲学的修养亦同样重要。如考夫曼所言："每位法律人并不需要都成为专业的法律哲学家，但每位法律人至少应一度有法律哲学的品味，藉以扩大他的'难题意识'。"[4]

长期以来，国内部门法学界由于研究方法和水平的局限性，往往被人批判为所谓"注释法学"或"法条主义"。我国法学研究在对过去几十年法学"注释"倾向作否定之后又走向另一个极端——冷落甚至否定了对法律进行实证地规范分析，这是不应该的。因此，重新审视和慎重看待中国法学的"法条主义"是当前我国法学上的一个重要问题。法律方法论的一般理论和原理必须结合部门法自身的具体情况展开研究，才会更为有效。以法官裁判为研究中心的法律方法论，不是表现为一些抽象的理论教条，而是天然地需要跟部门法的具体规范分析相结合。不过，随着近年来我国法学研究整体水平的不断提高，尤其是近年来法律方法论研究的影响，国内部门法学研究当中，出现了方法论意识上的明显觉醒。

（四）法律方法的实践性、应用性

可以说，实践性构成了法学学问最为明显的性格。不过长期以来国内法学往往忽略了这一点。近年来，有学者对国内长期以来盛行的将法学知识视为"科学知识"的观点进行了批判。从而彰显出法学原本具有的实践品格，将法学知识视为法律实践的组成部分。[5] 有学者寻求回归到"内在观点之法学"而不是专业法学以外的思想者的法学（"法学外的法学"）。这一"内在观点之法学"运用一套法律家创制的法律语言来完成法律实务之问题解答，以追求实践—技术的知识之旨趣。

法律方法的研究本身即构成狭义的法学，而且其所研究的对象又是和日常生

〔1〕 季卫东："法律职业的定位"，载《中国社会科学》1994 年第 3 期。

〔2〕 季卫东：《法治秩序的建构》，中国政法大学出版社 1999 年版，第 199 页。

〔3〕 陈金钊主编：《法理学》，北京大学出版社 2002 年版，第 489 页。

〔4〕 ［德］亚图·考夫曼：《法律哲学》，刘幸义等译，法律出版社 2004 年版，封底。

〔5〕 舒国滢："寻访法学的问题立场"，载《法学研究》2005 年第 3 期；刘星："法学'科学主义'的困境"，载《法学研究》2004 年第 3 期。

活息息相关的司法裁判活动，因此法律方法的实践性可谓不言自明。关于法律方法的问题首先涉及到在实践中怎样以及应当怎样适用法律规范，因此，"从方法思考的首要目的看来，这里涉及到的不是'法学方法论'，而是真正相互竞争的法律实践的方法"。[1]

---

[1] ［德］魏德士：《法理学》，丁小春、吴越译，法律出版社 2003 年版，第 301 页。

第二章　法律思维

一、法律思维的逻辑基础

自霍姆斯提出"法律的生命不是逻辑而是经验"的命题后，美国法学界就出现了反法律形式主义的风潮，法学家们一次又一次地掀起反对司法过程中被称为逻辑的东西，更多地强调公共政策、价值目标等社会效果，而不是很关心法律效果。[1] 然而，这一点却与美国司法现状并不完全相同。在司法运作中，许多法官都非常关心法律作为分析案件的工具。法律人的一生也许被称为法律推理的概念所困扰，他们都试图从不同的角度揭开其神秘面纱。但由于美国的法学家近百年来一直忙着反形式主义法学的著述，因而关于法律推理的研究，其重点移向了实质推理。形式逻辑在法学中的应用反而成为被不断批评的靶子。虽然形式逻辑的三段论仍然是司法实践中的重要工具，但在法学研究中倍受冷落。[2] 我国法学近20年来深受美国法学的影响，对法律逻辑的研究也不够重视。这已经在一定程度上影响了法律思维方式的形成。在本章中，我们试图在不贬低实质推理重要性的同时，重点强调形式推理的重要地位。借狄亚瑟之书，我们要叙明：离开形式逻辑，人们不能认清法律的逻辑。

---

〔1〕 参见林植坚："美国法律工具主义及其审判理论"，载《东吴法学学报》第14卷第2期。另见卡多佐的说法，"我发现，20世纪对法律及科学方法的这种分析——它体现了对一般性概念的轻视以及对特殊性的关注"。参见［美］卡多佐：《法学与文学》，董炯等译，中国法制出版社2005年版，第36页。

〔2〕 布瑞南法官说："有点奇怪的是，这（指《法律的逻辑》——引者注）似乎是第一本这样的书。"我开始并不明白，在美国的法学著述中关于法律推理的书很多，布瑞南法官为什么说《法律的逻辑》是第一本研究法律逻辑的书呢？后来才意识到，这是从形式逻辑学的角度研究法律推理的第一本书。当然，这本书是不是第一部美国专门研究法律逻辑的书我并不清楚，但从我能看到的美国法学家的大量法律推理的著作中，大多都在批判形式逻辑（司法三段论）的僵硬。斯科特·布鲁尔说："由于霍姆斯不恰当地把经验放到逻辑的对立面，使得好几代律师、法官和法学教授（不管是否沿着霍姆斯的道路）事实上没有把严格的逻辑形式研究放在法律课程的适当位置。结果美国的法律文化——表现在法学院、律师简报、法官司法意见的撰写、法学教授的法理学思考——普遍地缺乏清晰的司法论证，法官和律师简报既没有也不可能达到更高的、理性的、清晰的水平。事实上，法学教授甚至更加推崇理性的不清晰，把它作为法律论证的优点。"参见［美］伯顿主编：《法律的道路及其影响》，张芝梅等译，北京大学出版社2005年版，第138～139页。

（一）法律思维的逻辑基础是形式逻辑

"按传统的观点，法律被看作是一系列公理，从中可以演绎出作为推论的法律原则和作为定理的规则，然后把这些规则用到实践中，产生确定的法律后果。以这样的观念，通过一个精确的、一致的和完全的系统，已有的法律就可以演绎出每个案件的裁决。"[1] 但这种布来克斯通式的法律思维模式受到霍姆斯的批评。在霍姆斯看来，这一逻辑体系并不是一个不透风的墙，把规范性法律绝对化会带来理论与实践双重难题。从理论上讲，法律（无论是判例法还是制定法）都是用语词来表述的，语词本身的概括性不可能使法律天衣无缝。从实践的角度看，案件的特殊性无时不向法律的一般性挑战。但这是否意味着形式逻辑在法律思维中就没有地位了呢？看来问题并不是这么简单，霍姆斯当年大张旗鼓地反对"逻辑形式的谬误"，后来人们发现他主要反对的是那种把逻辑形式绝对化的作法。事实上，霍姆斯相信在多数案件中，可以用简单的演绎推理对案件做出裁决，即把特定的规则运用到已发现的事实中得出判断，法律思维离不开形式逻辑作为思维的基础。在许多被称典型的案件中（即案件与规则大体吻合），法律思维主要在运用形式逻辑的推理方式。即使在疑难案件中，法律思维也离不开形式逻辑作为思维的基础。戴维·卢班评论说："不管霍姆斯在这里对法律人职业持什么看法，他都间接表达：他所包含的观点必须通过推理挖掘出来。"[2] 不过霍姆斯的推理不是把判例法规则或制定法规则直接作为推理的前提。他强调了"一般命题不能决定具体案件。"法官的判决理由更多地取决于个人的判断力和敏锐的直觉。确实，一般的规范与案件的结合需要法律人的再思考，规则与案件自身无法直接进行逻辑的联系。有人把霍姆斯的这一观点放大，就认为他是反逻辑的，并顺着这一思路把法学引向了对事实的研究，使人们相信不能实行的规则就不是法律。霍姆斯认为，法律制度是鲜活的，尤其像美国这样的法律制度，以演绎的公理系统不能充分解释它。法律最显著的作用是通过法官"模糊"的裁量和对法律的应用来体现。这种说法明显有别于自然法学家们强调的恶法非法的观点，也不同于分析实证法学强调的规范就是法律的观点。这种要求一般性法屈从于社会关系，屈从于事实的想法，虽然使法律脚踏实地，但却扼杀了法律改造社会、促进文明建设的功能，它更加强调了法律对现有秩序的维护。实际上，强调事实，强调法律与社会现实的关系，舍弃纸上的法律，也并不能完全抛开司法中的逻辑，一味地反逻辑。当然，把法律绝对等同于逻辑也是有问题的。正确判

---

〔1〕 ［美］伯顿主编：《法律的道路及其影响》，张芝梅等译，北京大学出版社2005年版，第176页。
〔2〕 ［美］伯顿主编：《法律的道路及其影响》，张芝梅等译，北京大学出版社2005年版，第47页。

断的得出离不开逻辑，完全凭感觉或者使法官完全屈从于经验是靠不住的。

近读美国资深巡回法官鲁格罗·亚狄瑟所著的《法律的逻辑》一书，感觉受益匪浅，启示颇多。他对形式逻辑的重视超越了现实主义法学。在该书中，他对法律推理及推理中的论证进行了深入浅出的描述。美国大法官威廉·布瑞南对该书评论说："为了让我们了解'像法律人一样思考'的心智过程，他阐释逻辑的基础及在法律推理中的应用。"[1] 我们注意到，这种应用不同于逻辑学家的精深论述。亚狄瑟指出："逻辑学家们的教科书似乎陷入了奇异公式，符号逻辑、量化理论、图表技术与几率计算之中。"[2] 从我个人的体会看，严密繁杂的逻辑研究虽然可以使被称为法律逻辑的表述更为精确，但从形式上看却过于抽象，因而很难吸引律师、法官等法律人的眼球。即使是法学家，面对复杂的符号推演，也可能有如坠云雾的感觉。这当然不是说逻辑学家所设计和研究的规则、原理是错误的，而只是说高度符号化的逻辑难以达到法律论证的目标。[3] 带着对繁琐哲学的批判态度，亚狄瑟在《法律的逻辑》一书中从以下两点出发进行论述："法律如果要受人尊重，就必须提出理由，而法律论证要被人接受，就必须符合逻辑思考的规范。"[4] 通过阅读使我感觉到，亚狄瑟法官一直努力寻找简约而明白的逻辑规则来理解法律人的法律思维问题。当然，这里的简约并不简单，它是在谙熟逻辑与法律的基础上提出了简洁的法律思维模式。简约的逻辑规则（不是过度放任地任意使用逻辑规则）影响着法官对法律规则的选择，法官可以不听命于逻辑规则，他可以在逻辑规则的指导下进行思维，逻辑规则不能直接决定判决。[5]

亚狄瑟认为，法律思维就是"像法律人那样思考"的心智过程。这个心智过程我过去把它理解成根据法律进行思考（并把这里的法律作宽泛理解，认为法律包括了法律规范、原则、原理、方法、理念等）。但从《法律的逻辑》一书中，我看到作者所讲法律人的思考实际上很少涉及根据法律进行思考，更多谈论的是关于法律思考的思考。其思考不仅是形式意义上的法律思维，还包括非形式

---

〔1〕 ［美］亚狄瑟：《法律的逻辑》，唐伟欣译，商周出版社 2005 年版，专文推荐第Ⅷ页。

〔2〕 ［美］亚狄瑟：《法律的逻辑》，唐伟欣译，商周出版社 2005 年版，专文推荐第ⅩⅣ页。

〔3〕 美国学者托马斯·C. 格雷说："大部分律师及那些法律研究者，仍倾向于和霍姆斯一样不精确的方式谈论逻辑。与此相反，逻辑学家分析哲学家以专业和更加严格的术语提出一个协调的但并不通俗的狭义的'逻辑'概念。如果把其中的分歧搞清楚，这两类人对这个词的不同用法必然会产生误解。"参见 ［美］伯顿主编：《法律的道路及其影响》，张芝梅等译，北京大学出版社 2005 年版，第 172 页。

〔4〕 ［美］亚狄瑟：《法律的逻辑》，唐伟欣译，商周出版社 2005 年版，专文推荐第ⅩⅤ页。

〔5〕 "诚实的法官应该认识到'逻辑的简单工具'并不是以此做出判决。"参见 ［美］伯顿主编：《法律的道路及其影响》，张芝梅等译，北京大学出版社 2005 年版，第 193～194 页。

意义上的思考谬误；不仅包括关于法律规范的命题，还包括司法过程中对事实命题的思考。亚狄瑟认为法律思维是一种反省性思维。"反省性思考乃是法律逻辑的核心，这种思考模式就是在决定各陈述之间的关系。"[1] 反省性思考"是借由权衡一组给定的事实以觉知其间的关联，并从而解决问题。针对我们研究目的，可以将反省性思考理解成'某种操作过程，其中从现有的事实可以推断出其他事实（或真理）。该过程让我们归结出一种以事物之间的真实关系（指示的事物与被指示的事物间的关系）为基础的信念'。我们所谓清晰的法律思考就是运用反省性思考来解决法律问题。我们不可以凭借强烈的个人意愿、感情、传说、迷信或未经质疑的独断教条来获致结论。反之，我们必须为我们的结论陈述理由。一项结论不是不证自明的，而必须依靠'证人'、'证据'、'证书'或'证件'之类的其他事物来支持。我们要看见从已知到未知之间的客观联系。我们要看见'我们所信之物及其理由、保证或证据之间的真实联系'。因此，反省性思考就是经由某个客观的逻辑联系，从已知到未知的过程，这种反省性思考能力有赖于能否看出那些逻辑联系。"[2] 总之，反省性思考是指运用形式逻辑的规则对法律判断的论证与检索。这一点构成了狄亚瑟与欧洲法律论证理论的重大区别。[3] 在佩雷尔曼、哈贝马斯、阿列克西等人的论证理论中，大家都强调了论证的非形式逻辑因素，强调了法律价值等社会性因素。我个人认为，形式逻辑的论证与推演能满足人们对法律安定性的需求，而非形式逻辑的论证与推演则可以满足人们对公平正义的追求以及克服形式逻辑的机械性，二者的适度结合则可能使司法者既注意司法判决的法律效果，又可能注意到社会效果，这对构建以法治为基础的和谐社会有积极的意义。

　　反省性思维的目的是要把盲目冲动的行为变成理智的行为。在研读过程中，我们还认识到亚狄瑟清醒地注意到了逻辑的工具性。他说："没有人主张说，单凭逻辑学说便能写出答辩状、进行辩论或做出判决，否则法学专业完全可以由电脑分析所取代。因为电脑正是形式逻辑的典范。法律的重点在于能够反映辩护人或法官观点的价值判断。逻辑规则并不能做这种判断，它们只是执行工具而

---

〔1〕　[美] 亚狄瑟：《法律的逻辑》，唐伟欣译，商周出版社 2005 年版，第 35 页。

〔2〕　[美] 亚狄瑟：《法律的逻辑》，唐伟欣译，商周出版社 2005 年版，第 34 页。

〔3〕　同时，这一点也使得亚狄瑟的著述有别于霍姆斯、卢埃林等人。美国法律现实主义（或者法律社会学）的一些学者，一直在努力批判法律思维的逻辑基础，甚至霍姆斯在一定意义上还反对思维的逻辑形式。实际上，在司法过程中，法官既要勇猛，还得谨慎。勇猛表现为冲突法律形式主义创造性地应用法律，但英勇不能鲁莽，必有谨慎陪伴。谨慎就要运用理性的逻辑对法律判断（或判决理由）进行论证。

已。"[1] 逻辑在法律中所扮演的角色只是手段而不是目的，"它们只是用来帮助（即使不能保证）我们，对于构成法律规则的判决案件的结论给予可接受的理由"[2] 他再三强调："谨守逻辑形式并且避免谬误只是追求正义的工具，但它们的的确确是论证的关键工具。谨守逻辑形式并避免谬误可以说服别人，并给予司法判决正当性，将迷惑与含糊不清的事物一扫而空。"[3] 受过法律思维训练的人，更能从事正确的推理，虽然法律思维并不等于法律推理，但是，一旦人的思维能与推理及论证相联，那么，关于法律与事实的判断就能更大程度地排斥跟着感觉走的思维方式。当然，对形式逻辑的娴熟把握也可能会形成建立在形式逻辑基础上的习惯或感觉。这种感觉如果走向极端也会出现灾难。如果我们只注意形式逻辑的思维，那么我们只能看到事物的外表，而不一定能看透事物的本质。但如果我们不运用形式逻辑的思维方式，我们的思维则可能陷入混沌状态，被众多的现象和数不清的本质所迷惑。充分运用形式逻辑，我们才能区分出许多思维的谬误，所以我们赞赏美国学者斯科特·布鲁尔的观点。他说："法律的生命在于：逻辑中充满着经验，而经验又要受逻辑的检验。"[4]

我们已看到，许多国家的法律都规定了判决必须说明理由的要求。这实际上是法律论证理论对立法的一种影响。这种立法对法官和律师提出了更高的要求，也使得法学理论更接近于证成法治的可能性。对这种理论，我们把其总结为法律方法论研究的转向：即从法律感到法律论证的转向。法律解释、价值衡量、目的解释、漏洞补充属于传统的法律方法。这些方法的应用在一定范围内解决了法官判案的任意性，但并没有从理论上彻底解决判决跟着感觉走的情况。亚狄瑟似乎对此有更早的觉醒，他说："经验丰富的法官遇见许多老老少少、热情洋溢而又精力充沛的律师，旗帜鲜明地站在客户一边为其辩护，却由于在法律或逻辑上站不住脚而被无情地打断。强烈的感情或信仰是一回事。这些感情用事的人在法庭上胜诉的机会很小。……在法律论证中，我们的大前提不能基于感情或本能之上"[5] 作为法律推理的大前提，应具有权威性，这种权威性不仅是源于法律自身的规定性，更主要的是源于推理的有效性，即作为法律命题的规范与欲解决案件之间关系的恰当性。而推理的有效性是建立在规范与事实的互动互融基础上的。法官或律师对个案中法律规则的确定是在与事实情况相比较的过程中产生的。在规则和事实的类比过程中，规则常被用作推理的大前提，同时规则的含义

---

[1] [美] 亚狄瑟：《法律的逻辑》，唐伟欣译，商周出版社 2005 年版，第 4 页。
[2] [美] 亚狄瑟：《法律的逻辑》，唐伟欣译，商周出版社 2005 年版，第 18 页。
[3] [美] 亚狄瑟：《法律的逻辑》，唐伟欣译，商周出版社 2005 年版，第 22 页。
[4] [美] 伯顿主编：《法律的道路及其影响》，张芝梅等译，北京大学出版社 2005 年版，第 123 页。
[5] [美] 亚狄瑟：《法律的逻辑》，唐伟欣译，商周出版社 2005 年版，第 47 页。

也会在与事实的比照过程中变得明确，甚至规则的含义也可能在解释过程中与时俱进，更趋于合理化。

论述到此，似乎问题又出来了，在这里合理究竟是指什么？对此，人们似乎有无穷的意见。在《法律的逻辑》一书中，亚狄瑟赞同把合理和推理联系起来进行考察。推理是一种基于事实间的逻辑关系的思维过程。在推理过程中我们认识到了事物之间的关联，其中一事件或规则成为我们相信另一事件和规则的基础、保证或证据。律师或法官的办案能力就表现在能否找到事件与规则、事件与事件、规则与事物之间的逻辑关系，并辨识其异同。这意味着解决问题就要权衡一组既定事实，以认识其中的关系，并获致一项合于逻辑的结论。在审判中，法律要求法官、律师等诉诸理由，这也就是推理过程中各式各样的前提。"演绎推理乃是司法审查过程之核心理由构成了完善三段论的大小前提。"[1] 另外，亚狄瑟在《法律的逻辑》一书中似乎还告诉我们法律论证的核心方法是靠形式逻辑来支撑的。我得出这种印象主要是源于该书第三章"法律思考的要素"。在该章中，亚狄瑟只论述了法律思考的形式逻辑要素。这当然不是说，他排斥法律价值因素，相反，他还是十分重视价值对法律人的影响。在讲述演绎推理时，他还念念不忘价值判断的重要性，"在形成法律的大小前提时，还有许多逻辑规则以外的功能在运作。正如我们先前一再强调的，大小前提的选择是一种价值判断。而这也是逻辑规则运作的序曲。"[2]

（二）形式逻辑的规则是检验思维谬误的工具

在美国现实主义法学家的著述中，我们看到了行动胜于言辞的观点。霍姆斯等人认为，行动比言语更有说服力，言语根本不能说明什么，"只有在法官的行为，也仅仅在其行为中才能找到法律。原则、规则与概念之中及其本身都不是法律，从而也没有固定法律形式的强制力。它们除了可以暂时解释某个判决的实际裁定的意义之外，别无他用。他们是'问路石头'，是尝试而非终局定论。法官用来证明裁定合理的语言，如果用在新环境中达到了其逻辑边界，就会显得不合适宜或有害无益。当人们发现原则、规则或概念已成一种累赘时，就应将此无用之物抛开"[3]"不要在话语，在外在的符号中寻求确定性，而应寻求某些更深刻的东西，寻求宗旨和目的确定性。"[4] 现实主义法学的这种观点是把法学家的

---

〔1〕 ［美］亚狄瑟：《法律的逻辑》，唐伟欣译，商周出版社 2005 年版，第 51 页。
〔2〕 ［美］亚狄瑟：《法律的逻辑》，唐伟欣译，商周出版社 2005 年版，第 89 页。
〔3〕 ［美］卡多佐：《演讲录：法学与文学》，董炯等译，中国法制出版社 2005 年版，第 17 页。
〔4〕 ［美］卡多佐：《演讲录：法学与文学》，董炯等译，中国法制出版社 2005 年版，第 14 页。

目光转向了实质推理。批判司法过程的三段论，否定形式逻辑权威地位一时间成了时尚。在现实主义法学观点中，有份量的著述大多是由法官来完成的，法官身份虽然不能说明什么，但却构成了一种强大的来自实践者的话语优势。与这些现实主义法官不同，亚狄瑟法官却反其道而行之，强调了形式逻辑在司法判决中形成的积极意义，认为现实主义法学的部分学者实际上忽略了概念、原则、规则在判决形成中的再生能力，否认了形式逻辑的价值。这种再生能力一方面可以通过解释，通过重组等使法学概念衍生新的意义；另一方面则可以通过应用形式逻辑规则验证判断是否正确。从思维的运动过程来看，智慧不会光临那些睡着方法却盲然无知的人。

思维的谬误到处存在，司法领域也不例外。如果我们放任其在经验的旗帜下流淌，那么就会断送我们的法学及法治。因而对思维中的谬误，我们应运用形式逻辑这一工具进行认真的识别。在汉语中，谬误有许多用法。一种颇为贴切的用法是指一般的误会或误解。"谬误一词来自于拉丁文 fallax，意指刻意的欺骗。不过大部分的谬误未必是故意的。这才是危险的地方。谬误之所以危险，就是在于它们是错误的结论或解释，却来自被宣称看似有效却与逻辑规则不符合的思考过程。"[1] "谬误在法律上通常被当成术语，指的是三段论法的逻辑形式或内容。常被用来描述三段论法中的错误或不实的前提。"[2] 法学界常用此描述不正确的论证形式，而不只是言谈或描述有错。亚狄瑟把谬误分为两种，形式谬误与非形式谬误。"形式谬误指的是违反定言三段论法的六条规则中的任何一条或者违反假言或者选言三段论法则，即使所有的前提为真，这类论证仍可导出错误的结论。只要检验论证的形式或结构便可发现这类谬误。"[3] 形式谬误是指违背形式逻辑思维规则的谬误，如在定言三段论中的四词谬误；中词不周延的谬误；大词与小词不周延的错误；不当大词；不当小词；特称前提等。非形式谬误包括：不相关证据的谬误，分散注意力的谬误（如诉诸权威、人身攻击、诉诸群众、倚老卖老、诉诸恐惧、诉诸无知）；混杂的非形式谬误（如偶然性谬误、逆然性谬误、错误原因的谬误、不当推论、多重问题、窃取论点、找人陪错的谬误）；语言学上的谬误（模棱两可、语句暧昧的谬误、组成的谬误、分割的谬误、恶性抽象的谬误、言不及义的论证）。"非形式谬误无法单从检验论证的形式来发现，而必须透过其他形式。它指的是无法适当证明被支持结论的证据。在至少有一前提不为真，或者推论不符合规则的情况下，这个结论含有非正式谬误。萨哈金把

---

〔1〕 ［美］亚狄瑟：《法律的逻辑》，唐伟欣译，商周出版社 2005 年版，第 184 页。

〔2〕 ［美］亚狄瑟：《法律的逻辑》，唐伟欣译，商周出版社 2005 年版，第 180 页。

〔3〕 ［美］亚狄瑟：《法律的逻辑》，唐伟欣译，商周出版社 2005 年版，第 183 页。

非形式谬误定义为'错误的事实推理方式',当然这两种划分只是为了研究的方便,并不是思维的实然状态。我们应搞清楚,谬误是一种不正确的论证形态。谬误不只是一种错误,还是导致错误的方式。"谬误可定义为'某种论证,其中一般看似正确的结论,在经过检验之后,原先的结论却无法成立,或者更简单地说,谬误是看似正确却经不起检验的错误论证。'"[1] 在《法律的逻辑》一书中,亚狄瑟用了大量的篇幅列举了许多例证来说明思维谬误。这种利用逻辑对法律思维进行的整理与分类,对司法实践有很重要的价值。逻辑的应用使法律呈现出一种理性的力量,逻辑规则为法律人找出谬误提供了理性预设。在司法中,对各种可识别的思维谬误,都可以看到逻辑的影响。逻辑规则提升了法律思维的简洁性和透明度,因此有助于发现和纠正思维过程中的不协调因素或思维的迷失。一个正确的思维应该避免没有方向的缺陷。

亚狄瑟法官指出了逻辑是辨析法律判断是否正确的工具。他这样做实际上是想把法律思维拉回到传统的方式。传统法律思维要求"法律推理必须是分析的,不考虑因果关系;每一个判决必须最终从少数基本的抽象的涵盖所有案件的概念中推导出来;每一个正确的判决必须和其他的判决协调一致。"[2] 对这种观点,现实主义法学认为,这只是为法官的主张提供了逻辑的借口。卡多佐法官的提示值得我们深思。他说:"司法过程有多少成分属于推理,有多少成分属于纯粹的感情,司法方法的研究者无法达成一致。这足以令人不安,但更令人不安的是,我们会发现:无论法学家还是哲学家都无法解释推理的理性,无法使这一过程站得住脚,无法证明我们忠实于它的合理性。"[3] 这种敬告使得法律方法的研究者会在某种程度上感到惆怅或彷徨。美国学者布鲁尔在对霍姆斯的反逻辑观点进行研究后提出的观点,似乎又使我们看到一丝曙光。他认为,如果我们听从霍姆斯的教诲并且努力把先前非形式化的推理转换成形式化类型,就能保证我们使用逻辑的工具,对真正的法律问题有让人耳目一新的洞见。[4]

(三)法律的不确定性并不影响法律思维命题的成立

亚狄瑟认为,法律思维是反省性思维,其反省的最基本方法是运用形式逻辑的规则;法律逻辑与日常生活的逻辑不同,它要遵守一般数理逻辑的定律。的确,法律思维并不能完全等同于一般的逻辑思维,但这是否意味着法律逻辑没有

---

〔1〕 〔美〕亚狄瑟:《法律的逻辑》,唐伟欣译,商周出版社 2005 年版,第 184 页。
〔2〕 〔美〕伯顿主编:《法律的道路及其影响》,张芝梅等译,北京大学出版社 2005 年版,第 178 页。
〔3〕 〔美〕卡多佐:《演讲录:法学与文学》,董炯等译,中国法制出版社 2005 年版,第 52 页。
〔4〕 〔美〕伯顿主编:《法律的道路及其影响》,张芝梅等译,北京大学出版社 2005 年版,第 198 页。

自己的独特之处，或者换句话说，是不是一般的逻辑应用于司法过程就转换成法律逻辑了呢？我看问题似乎没有这么简单，法律思考的要素不能简单地等同于形式逻辑的要素，虽然法律逻辑并不能违背一般逻辑的思维规律。除一般逻辑思维要求外，法律思维应有自身的特殊要素。一般认为，法律思维的要素至少应包括：法律规则、概念、原理等构成的知识系统，还包括正义、公平、秩序等法律价值系统。法律思维从总体上看是带着有"色"的法律眼镜去观察事物的。虽然说法律是社会关系中的法律，但法律思维与道德、政治、经济思维还是有些不同。法律思考从其核心要义来看，是指那种根据法律所进行的思考。正是从这个角度，我们可以理解演绎推理是法律思维的核心方式。但我们也应该明确，作为法律推理，其演绎的前提应是法律。但这种说法也不是没有遇到难题。其中最大的难题就是近百年来许多法学家都指出的关于法律不确定性的命题。

当今对法律不确定性的论述主要集中于后现代法学的诸种观点。如果我们根据后现代法学的观点反思法律思维，可以看到一些矛盾的命题。比如说，我们界定法律思维是根据法律进行思考，那么法律和事实相遇会彰显出不确定性，据此我们可以推论：面对不确定性的法律，法官和律师该怎样进行思考？针对这种难题，亚狄瑟把法律思考又放回到了传统的形式逻辑中，指出法律思考这种反省性思考是在法律与事实的互动关系中，寻求逻辑的有效性。但这里出现的新问题在于：形式逻辑的规则受到了尊重，法律思考中的法律因素又被放置在何处呢？或者换句话说，我们究竟是用法律叙说事实的意义，还是用事实来说明法律的意义呢？从《法律的逻辑》书中的叙述来看，亚狄瑟回避了这个问题。我们认为，亚狄瑟所讲的反省性思维并没有错，在司法过程中，我们确实应该在事实与法律逻辑关系中来完成法律思维过程。但在这一过程中，我们始终不能忘记法律是一个知识、价值体系。整体性的法律是我们思考所有问题的出发点和归宿。进行法律思维就是要寻找出解决问题的法律答案。从亚狄瑟后面的论述来看，他确实也是这样写的，只是在第三章"法律思考的要素"中，没有强调法律思维的法律因素。

对于后现代法学张扬法律的不确定性，并以此来否定法律思维的可能性，甚至否定法治的可能性的观点，我们只想说，这种观点解构、瓦解法律思维及法治的能力并没有有些学者想象的那么大。[1] 从逻辑学的角度看，后现代法学者也许犯有偷换概念的错误。抽象的法律面对个案的时候，它确实具有不确定性成

---

〔1〕 写到此，我想到了卡多佐说的一句话："令人高兴的是会叫的狗不咬人，哲学家的声音也往往超过其实际意图"。参见［美］卡多佐：《演讲录：法学与文学》，董炯等译，中国法制出版社 2005 年版，第 22 页。我想许多法学理论也可能适用于这种比喻。

分。这是不言而喻的事实。一般性的法律是运用抽象思维进行高度概括的产物，而案件则是充满个性的事实。二者之间不可能是完全吻合的，即使在部分案件中有完全重合的逻辑关系，那也是法律者思考的结果，并不是二者完全一致。我们不能总在一般规范意义上谈论法律。也就是说，我们日常所说的法律也有不同的含义，起码在不同的语境中，法律有时是指一般意义上的规范性法律，有时是指特别意义上的个别法律。经过法律思维并运用法律方法所探寻出来的，用于解决个案的法律不能等同于抽象意义上的法律。它勿宁是与时俱进，并随着社会变迁而变化，随着解释者的论证而不断完善和周延的法律。[1] 对司法者来说，法律的不确定性是解释前的一种状态，而其确定性则是解释应用后的结果。我们承认一般的法律具有相对于事实的不确定性，但经过解释、论证等方法所确定的法律应该是确定的。提出法律具有不确定性的都是专家、学者，而对那些拿到判决书的当事人来说，他们一般不会讲法律具有不确定性。所以，法律确定与不确定，我们得看这里的法律究竟是指什么？是一般性的法律还是个别法律。实际上，法官的任务就是把相对不确定的法律解释为明确的法律。当然，这种说法并没有回应根据不确定的法律如何进行思考的问题。

对这一问题，前面的论述虽然没有正面回答，但也不能说没有回答。我们所说的法律具有不确定性，多数情形是指一般法律面对个案时的不确定，并不是说法律规则不具有任何确定性。可以这样说，不面对个案时，大部分法律规范是清晰的，其弹性或者法律空隙都是导源于语言本身的属性。法律只要用语词表述，其就必然带有概括性，但这种概括性恰恰是一般调整代替个别调整的优越性之所在，甚或，正是法律人进行法律思维的前提之所在。没有这些概括性语词，后现代法学就没有办法指出法律具有不确定性这样的结论。可以说，掌握大量的法律语词是法律思维的前提条件，法律人根据法律进行思考之法律是整体性的法律，是相对明确的法律，而不是凭空的思索。从总体上看，法律规定的不确定性是相对于个案事实来说的，而法律语词的不确定性则是相对更为模糊的语词而言的。在一般情形下，法律语词的含义是确定的，虽然现代语义学揭示："任何语词都会在具体的语境中有所变化，得到或失去一些内涵……在不同的语境中，语词会失去一些推理关系而得到另外一些，它们并不会因此变成同形异义词。"[2] 同义词会在一定程度上同义，虽然它们不会完全同义。从相对意义上说，法律是什

---

[1] 其实，形式主义法学和现实主义法学所谈论的法律并不是指同一性东西。形式法学中的法律指的就是规范性的法律，而现实主义法学中的法律指的针对个案中的法律。用含义不同的法律探讨同一个学术问题，难免会出现功能与特征等方面的混乱。

[2] [美] 伯顿主编：《法律的道路及其影响》，张芝梅等译，北京大学出版社 2005 年版，第 59 页。

么，人们大体是清楚的。所以，根据法律进行思维，从理论上看是可以成立的。

把法律思维定义为根据法律进行思维，虽然肯定了演绎推理形式（甚至也包括类比推理），但却否定了形式逻辑另一种思维形式——归纳推理。其实，类比推理是法律思维的补充形式，在德国法学家考夫曼看来是最重要的法律思维形式。考夫曼认为，法律是当为与存在的对应，在人们思维过程中都必须把当为与存在抽象为类型，然后才能进行同质的推理。类型（类推）思维是法律现实化的过程。法律思维最基本的模式就是类比思维。[1] 对类比推理，亚狄瑟从形式逻辑的角度也进行了论述，他认为，法律的逻辑既不全是演绎也不全是归纳，可以肯定的是，当法律清楚事实也同样清楚时，推论似乎是经常仅仅使用演绎推理。当法律清楚，问题只是案件难以处理时，归纳和演绎推理都可以使用。当法律不清楚时，用卡多佐的话说，法庭就是为未来在工作，两种方式的推理都要使用。[2] 我们注意到，亚狄瑟承认，在法律人的生活中，演绎推理乃是每天必须从事的心智操作[3] 并且，他指出："定言三段论是法律论证的核心。"[4] 选言三段论在法律思维中也存在，但其应用范围不如定言三段论。对这一三段论模式，亚狄瑟也把其称为"法律的分析的程序"。这个程序包括：①挑取或是选择某条规定（法律发现）。②诠释该规定（法律解释）。③根据诠释将该规定适用于案例当中（法律推理）[5] 这段关于法律应用三段论的描述只是理论性的，它并不是每位法律人思考问题都清楚明白地遵守这种理论程序。人的思维是一个复杂的、夹杂着许多偶然及情感因素的活动。提出这种理论只是揭示法律思维的理论进程，而不是说这三个步骤就是思维过程的全部。况且，三段论中前提的发现以及解释都肯定带有发现者或解释者的价值判断。因而我们说，演绎推理只是思维形式，而推理的有效性不仅奠基于形式，而且也取决于大小前提中的内容。但亚狄瑟法官则不这么认为，他说："有效性只处理形式的问题，与内容完全无关。……千万留意：将垃圾输入系统，出来的结果也是垃圾"[6] 这种想法实际上是把人的思维完全形式化的。实际上，就垃圾处理系统来说，输入的是垃圾，出来的却不一定就是垃圾。同样，逻辑的有效性虽然主要是形式问题，但形式与内容并不能截然分开。如果仅仅是形式上有效，但若对司法判决或者说对说服当

---

〔1〕 ［德］考夫曼：《类推与事物本质》，吴从周译，台湾学林文化事业有限公司 1999 年版，第 23～40 页。
〔2〕 ［美］亚狄瑟：《法律的逻辑》，唐伟欣译，商周出版社 2005 年版，第 60 页。
〔3〕 ［美］亚狄瑟：《法律的逻辑》，唐伟欣译，商周出版社 2005 年版，第 73 页。
〔4〕 ［美］亚狄瑟：《法律的逻辑》，唐伟欣译，商周出版社 2005 年版，第 75 页。
〔5〕 ［美］亚狄瑟：《法律的逻辑》，唐伟欣译，商周出版社 2005 年版，第 91 页。括号为本章作者所加。
〔6〕 ［美］亚狄瑟：《法律的逻辑》，唐伟欣译，商周出版社 2005 年版，第 92 页。

事人、证成有用的判断无甚意义的话，形式上的有效性反而会扼杀形式逻辑的生命。

　　"法律推理比其他任何法律程序都更需要仔细推敲。在形成论证与说服的过程中，法律是诉状与法院判决书的核心，也是证成过程的本质。"[1]"要充分评估一个法律论证中的推理，我们必须去除无关的细节与赘词。我们必须将论证缩减到三段论的组成，别管那些言之无物的答辩状或判决意见。只要把注意力完全放在三段论法的组成。很少人能做到这样。律师与法官都写得和说得太多，他们的论证都充满说明性的句子，而这些并不是我们论证的必要前提，他们植入是为了说服读者在争论不休的情况下接受该论证。不过论证最终还是由三段论法本身决定其成立与不成立。"[2]虽然论证的目的在于说服，通过逻辑的论证，对有理性的人来说似乎更能显示理论的力量，但这并不是说运用了逻辑就真的能使论证产生效果。一个相反的提法可能是：逻辑论证无论多么严密，但它能说服不讲理的人吗？大多数场合的论证实际上并不能达到说服所有人的目的，论证最基本的目标还在于限制任意与专断。对那些不用药治病的人来说，任何药物对他们来说都不起作用。但法律论证可以在一定程度上说服法官、律师等法律人。因为法律人在进行法律理解时，基本上清楚作为论证要素的各个部分。如果推理被找出破绽，思维结构就可能瓦解。归纳推理在普通法传统中至关重要，它处于司法程序的核心，是这个程序中最突出的特点。相较于其他技术，它对于从11世纪初的英格兰绵延至今的法律传统起了更大的作用。因为它是用案例来推理，它是许多事情的关键。它加强了判决先例的拘束力原则：相似的事物必须以相似的方式处理。[3]归纳推理之所以能成立，是由于判例法有足够的规律性，让我们得以发现通用的因果法则。因此我们可以依靠过去的经验来指导未来的行为。但是，适用于普通法的归纳推理，未必能适用于大陆法的情景。在大陆法系，法律被视为一般的规则，司法的主要源渊是制定法，法治主要是把制定法所设计的秩序落实到现实社会中。所以归纳推理虽然在司法中能够应用，但一般不是指在法源中发现法律，而是创建法律的过程。在大陆法系，司法过程如果运用归纳推理的话，也主要是起辅助作用。这一点在大陆法系的司法过程中表现得非常明显。对作为三段论推理大前提的法律，我们得努力在各种法源形式中去寻找。大陆法一般不承认判例是法源，这当然不是说判例对发现与论证没有影响。

---

〔1〕　〔美〕亚狄瑟：《法律的逻辑》，唐伟欣译，商周出版社2005年版，第94页。

〔2〕　〔美〕亚狄瑟：《法律的逻辑》，唐伟欣译，商周出版社2005年版，第95页。

〔3〕　〔美〕亚狄瑟：《法律的逻辑》，唐伟欣译，商周出版社2005年版，第120页。

二、法律思维与日常思维

"在我们每天的日常生活中,我们很少意识到法律的存在或运行。我们付款,认为这是应该的;我们尊重邻里的财产,是因为那是他们的;我们靠马路右边走,是因为这样做是谨慎行事。我们很少去考虑这些我们界定为'应该的'、'他们的'或'小心驾驶'的集体的判断和程序。"[1] 在一般公众的心目中,法律离我们日常生活的世界很遥远。"然而,在我们的社会生活里,随时随地渗透着一种平常而实在的法律。"[2] 诸如出生、死亡、婚姻、停车标志、警服、证书等无不显示着法律的存在。在当代社会中,"我们对法律的体验既是陌生的,又是熟悉的;既是我们生活插曲式的事件,又是一种恒常的特征;既非常严肃,又是幽默和消遣的源泉;既与我们的生活不相干,又是组织我们生活的中心方式。"[3] 法律既平常又神秘,平常是因为其到处可见,而神秘则是因为其规则数量庞杂、原理高深难测。在推进法律职业化的进程中,法律的神秘又被推到极端,出现了法律思维与日常思维的分裂。与这种分裂倾向相反,在法治社会中也出现了另外一种倾向,即日常生活中又呈现出越来越多的法律性。这样,大众的日常思维与法律人的法律思维、生活的"自然"性与法律性就经常处于矛盾之中。我们该如何认识这种矛盾呢?

(一)法律思维与日常思维都属于给定性思维

通过电视转播观看美国棒球运动员辛普森杀妻案的审判过程,普通观众大都认为是辛普森杀害了自己的妻子,但法官却不理会多数人的判断,公开宣判辛普森无罪。但在后来所进行的民事审判中法官却又认定辛普森的民事赔偿责任。这引起了包括中国观众在内的许多人的疑惑。细究其原因,可能在于大众只是依据自己的日常经验进行模糊的判断。而在法律上宣判某人有罪,是需要充分的证据以及缜密的逻辑推理过程。在这一过程中,公众可能关注的是事实是否被证据所证明? 即使被证明,法律人还要考虑所使用的证据是不是运用了合法手段获取的? 如果某种证据属于"毒树之果",[4] 就得运用证据的排除规则,这是日常思维者所不关心的。人们在日常生活中往往从自己的感情偏好出发来对人对事进行评判,这种做法与法律职业者的思维形成了鲜明的对照。不久前在成都发生了

---

[1] [美]帕特里夏·尤伊克等:《法律的公共空间》,郭星华译,商务印书馆2005年版,第31页。
[2] [美]帕特里夏·尤伊克等:《法律的公共空间》,郭星华译,商务印书馆2005年版,第32页。
[3] [美]帕特里夏·尤伊克等:《法律的公共空间》,郭星华译,商务印书馆2005年版,第33页。
[4] "毒树之果"是一种证据排除规则,强调运用非法手段获取的证据没有证明力。

见义勇为者被劫匪告上法庭的事件。此事一出,公众群情激愤,纷纷谴责劫匪的人格,甚至对受理该案件的法院也意见很大。但是作为法律人,却应当对此进行理性的分析。因为任何人,即使是被宣告有罪的人,他仍然享有最基本的人权。导致劫匪一死一伤的行为,到底是见义勇为者的故意伤害,还是阻止犯罪、捉拿嫌疑人的必要行动?这不完全是由常人们的评说就能解决的。按照法治的要求,必须交由司法机关并经认真审核才能做出最后的裁断。当然该案最后以见义勇为者胜诉告终,但如果结果相反,那也不是因为人心不古,而是因为法律思维确确实实与日常思维有许多不同之处。

日常思维是人类最普遍的一种思维活动。它具有经验性、形象性、模糊性、情感性、习惯性等特征,主要用于指导人们日常生活中的行动。当人们在处理生活中的细小问题时,往往从个体的经验出发去理解生活的意义,在通常情况下并不考虑思维的专业性质。日常思维是人们在长期的生活实践中习得的。这当然不排除具体的个人在日常生活中根据自己的专业形成独特的生活方式。所以,这里的日常思维是指那种基于自然的生活而形成的思维习惯。近代以来,科学和法律的普及对人们的日常思维产生了巨大的影响,但由于科学与法律并没有影响到社会生活的所有领域,再加上传统习惯的影响,日常思维仍然是一种支配多数人观察问题的思维形式。长期生活而形成的经验是日常思维的主要依据。当然这里面也包括法律经验,但这里的经验不只是建立在系统培养和专业基础之上的经验,它更多的是一种对法律的浅层看法。日常思维与法律思维还是有很多区别的。从总体上看,日常思维具有模糊性,即日常思维对事物属于某种性质、状态的程度一般不确定,缺乏精致的逻辑分析。这当然不是说日常思维是一种混乱的思维。实际上,"思维都是有规定的思维,没有规定的思维是不存在的"[1]"日常思维是指停留在既定思维规定的给定性思维。日常思维与人的自在性存在方式密切相关,是在日常生活中占主导地位的思维方式。在日常生活中,人们的思维活动往往不追究事物中所蕴涵的思维规定,而是直接接受关于事物的存在、属性、形式、功能等方方面面的规定,把这些规定当作理所当然的自明性存在。"[2] 日常思维与法律思维都属于有规定的思维,只不过法律思维规定性是法律。抽象的法律给定了思维的大体趋向。在一个人的头脑中,法律思维与日常思维是交织在一起的,只是为了学习与研究的方便,我们才在著述中对此加以区分。

但我们应注意到,在现代社会,日常生活中融入了越来越多的法律性。从法学家分析社会的景象中我们可以看到,纯粹的日常思维越来越少,即使很平常的

---

〔1〕 王国有:《日常思维与非日常思维》,人民出版社 2005 年版,第 15 页。
〔2〕 王国有:《日常思维与非日常思维》,人民出版社 2005 年版,第 16 页。

生活，法律人都能把其与法律联系起来。在法律人看来，法律已渗透到日常生活的各个角落。这当然带有法律扩张的"帝国主义"倾向。但是这也确实是法律影响思维方式的重要方面。我们不能把法律的边界设置在职业法律人的视野之内，要实现法治就要不断扩充法律的边界，使规范的法律变成日常生活的法律性。"'法律性'一词，用它来指称那些意义权威来源和文化实践，它们被人们普遍认为是合法的，不论谁运用它们，也不论用于何种目的。"[1] 通过法律思维渗透到日常生活，可以改变人们的日常思维，激发普通人对法律的忠诚，这样以法律为主干的和谐社会就能建立起来。当然，这其中法律及法律思维的引导在其中发挥着重要作用。法律思维与日常思维不同，但二者的内容是相互融通的。为了说明其融通，我们还得对法律思维进行必要的交待。

（二）法律思维的特点

对法律思维许多学者都做过不同的论述。我们认为可以从语词符号、价值观念、法律方法和法律职业四方面来界定。

1. 法律思维所使用的是法言法语。许多语词都有特定的含义，一般来说，只有受过系统训练的人才能理解和把握，并运用其进行思考和交流。"每一种已构建思维模式的群体都拥有只能为自己内部成员所理解的符号，这种符号是语言。"[2] 语言是思维的工具，思维通过语言来表现。语言在不同的情景中有不同的含义，只有掌握大体上共同语言的人才会有相似的思维，才能传达彼此沟通的心意。相反，如果没有大体共同知识的人，面对同一个语词，会产生不同的联想。比如对"人"这一名词理解，具有法律知识的人会首先想到"人"的概念的法律意义，即"人"是权利和义务的主体，有自然人、公民、法人的区分；而普通人则只是想到"人"的通常含义，即人是一种会思维会劳动的高级动物，有男人有女人，有老人有年轻人等。法律职业者用法学家"创造"的抽象的（包括法律概念和法律原则在内的）语言进行思考和对话。"这套以法律概念和法律格言编织成的形式化语言既为法律职业共同体提供了一种'主体间'交流的基础，又以其形式、专业化的特性把外行人（包括哲学家）排除在这一共同体之外。"[3] 于是，法言法语成了法律职业者进行沟通和交流的工具。这一方面显现了法律的专业性，形成了区别于日常思维的法律思维；但另一方面也弱化了

---

[1] ［美］帕特里夏·尤伊克等：《法律的公共空间》，郭星华译，商务印书馆2005年版，第40页。

[2] 林喆：《法律思维学导论》，山东人民出版社2001年版，第112页。

[3] 郑戈："韦伯论西方法律的独特性"，载《韦伯：法律与价值》，上海人民出版社2001年版，第9页。

普通公众进入圈内交流的能力。

2. 法律思维的特性还表现在对法治观念的确信上。正是由于对这些法治观念的确信，使得他们成为社会公平正义的维护者。这些法治观念主要有：

（1）法律至上。法律思维中的法律至上是指法律人应把法律规范放置到思考问题的出发点和评价行为标准的位置。法律思维意味着，法律人只是把法律当成设计行动方案的指南，而不是把法律直接当成行动方案。在法律职业者心目中，法律应具有最高的权威，它是法律人人生的航标。一切个人、社会团体、国家机关、政党都应尊重和服从法律，在法律之下进行活动，不允许任何个人、社会团体、国家机关、政党超越于法律之上。法律的地位尤如"国王"。法律的这一地位，决定了法律对思维的规制作用，决定了它是法律人思考与解决问题的出发点和归宿。从这一角度说，法律虽然有至上的国王地位，但对应用法律的人来说也是平常的法律。法律人是带着"有色"的法律眼镜去思考问题，法律的至上性主要体现在法律是人们思考解决问题的根据，法律思维的目的是要实现通过法律的治理。

（2）权利观念。如果说法律至上是一种方法意义上的形式选择的话，那么权利观点则是法律思维的内容和实质。法治应当促进权利的实现，人们通过行使权利实现其自我价值。并且，"在承认一个理性的政治道德的社会里，权利是必要的，它给予公民这样的信心，即法律值得享有特别的权威……在所有承认理性的政治道德的社会里，权利是使法律成为法律的东西"[1] ①就权利与义务的关系来看，权利是目的，义务是手段，法律之所以规定义务是为了保证权利的实现。权利是法律规范的重心。②就公民与国家的关系来说，国家应给予公民以平等保护，公民权利是国家权力的界限，法律无明文规定可以做出权利推定，但不能做出权力推定。国家公权不应侵犯公民的私权，同时，国家应采取积极的措施维护、保障、实现公民的基本权利。在这一点上法律职业者都主张把人权的实现作为法治最终目标。权利观念作为法律思维的价值标准，还在于法律思维与道德思维不同。法律思维强调权利与义务的对等。这一点使得强调奉献的道德思维与法律思维表现出明显的差异，也使得法治与德治在治理方式上有明显的不同。道德重在教化奉献，而法律则鼓励人们追逐利益。

（3）形式主义。在一个文化多元、道德多元的社会中，对正义的理解千差万别，各个时期的思想家对正义的解说也不相同。但是在一些基本的方面，法律职业者能够达成共识。例如，对每个人同样对待，即法律应不分人的性别、出身、年龄、职业、种族、肤色、宗教信仰，给每个人以平等的关怀和尊重；再

---

[1] ［美］德沃金：《认真对待权利》，信春鹰、吴玉章译，中国大百科全书出版社 1998 年版，第 23 页。

如，程序正义，其表现为在处理纷争时英国法中的"自然公正"概念，即任何人不能审理自己或与自己有利害关系的案件，以及任何一方的诉词都要被听取。[1] 也表现为戈尔丁所说的程序的九项标准，其中"与自身有关的人不应该是法官"、"纠纷解决者应听取双方的论据和证据"、"推理应论及所提出的论据和证据"三项标准具有特殊地位，因为它们在某种意义上规定了类法律纠纷的解决方式。[2] 法律思维的形式主义特征源于法学家对法律的抽象化努力。这种努力使得法律主要表现为原则、规则、概念或程序等。在具体丰富的事实中抽出原则、规则与概念的目的，就是要把原则、规则与概念等作为思维的工具。如果这种形式化的法律不能在思维中发挥作用，那么创设法律的立法工作将没有任何意义。但是，思维的过程恰恰能使这种抽象化努力变成规制思维的符号，所以法律思维具有形式性是先人们早已看清的事实。但是我们需要明确的是，法律思维的形式主义倾向，仅仅是思维过程中的特征，这绝不是像有些法学家所讲的，法律思维就是追求形式公正或程序公正。应该说实质公正是法律追求的最高目标，在许多案件中，由于受条件限制，实质公正难以达到，其次才把程序公正当成目标。当然追求实质正义离不开法律形式主义的保障。在法律思维中讲究形式主义，最终还是为了达到实质公正。法律思维的形式主义特征并不是说法律人没有价值追求。正义、公平、自由及人权等都是法律思维者必备的基本信念。

3. 法律思维与法律方法密切相关。"法律方法是指站在维护法治的立场上，根据法律分析事实、解决纠纷的方法。"[3] 对法律方法的运用，不仅可以使法律职业者对法律问题取得大致相同的认识，而且可以限制法官在判决中的任意性。法律方法主要包括法律发现、法律推理、法律解释、价值衡量、漏洞补充以及法律论证等方法。[4] 实际上，法律方法的具体内容可以通过法官的判决过程来确定。美国法官万斯庭说："我们总能看到法官推理。法官推理首先要决定法律规则是什么，其次决定与规则有关的事实，第三将法律适用于事实。"[5] 其中，在确定法律规则的环节，需要法官发现法律、解释法律、论证法律以确定作为判决大前提的审判规范；在确定法律事实环节，需要法官对事实进行剪裁，找寻案件

---

[1] 张文显主编：《法理学》，法律出版社 1997 年版，第 329 页。

[2] ［美］戈尔丁：《法律哲学》，齐海滨译，三联书店 1988 年版，第 241 页。

[3] 陈金钊："法律方法引论"，载陈金钊、谢晖主编：《法律方法》，山东人民出版社 2003 年版，第 153 页。

[4] 陈金钊："法律方法引论"，载陈金钊、谢晖主编：《法律方法》，山东人民出版社 2003 年版，第 158 页。

[5] 万斯庭："美国法官的工作"，载宋冰编著：《程序、正义与现代化》，中国政法大学出版社 1998 年版，第 329 页。

的关键事实。最后，法官将审判规范运用于事实，得出结论。可以说，法官的整个判决过程就是一个法律推理过程。法律思维具有独白性性格，此种性格的特征主要使用着法律逻辑学（应态逻辑学）。[1] 法律推理贯穿于案件的整个判决过程。"法律思维的形式根据定位于应态逻辑学空间的分割。"[2] 而这种分割是使用了逻辑学所设定的道义逻辑方法。但哲学解释学已经将法律思维推向新的境界。我国台湾学者张钰光"将法律思维的理解从'释义学的思考'与'探究学的思考'的视野相互切换之动态融贯过程来加以把握，从而呼吁应重新评价法学方法论考察中所失落的实践智慧。"[3] 如何智慧地实现公平、正义，这是法律思维的传统使命。

4. 法律思维是法律职业化的标志之一，它是法律人区别于"常人"的显著特征。正由于法律人掌握与众不同的思维方法与技能才使得人们承认有法律职业的存在。要想成为法律人就必须经过长期训练、掌握法律思维方式。一般来说，多数法学家都承认法律思维方式的存在，承认其具有独立性，是一种独特的调整社会关系的手段。但有些法社会学家却不承认独立的法律思维，认为法律是社会中的法律，不是独立自在的东西。法律不具有独立性，法律思维和日常思维并没有质的差别。坚持法律思维独立性的学者认为，法律思维是一种建立在法律概念、知识、规则、原理等体系基础的思维方法，其基本方法是以法律为思考问题的出发点和归宿，用法律框定法律人大体的思维走向。但坚持相反观点的学者则否认这一点，如波斯纳就认为："世界上没有'法律推理'这种东西，律师和法官以实用简单的逻辑和日常思考者所使用的各种实践推理的方法来回答法律问题"。[4] 在我们看来，法律思维是包含着法律方法的智慧。如果没有法律方法作为思维的工具，法律思维只是个心理的或文化的概念。从已有的关于法律思维的论著中，我们已能明显地感到有些学者在法律思维的外围兜圈子，如光讲法律思维的分类、法律思维的各种基础，但从其论述的内容中我们就是看不到法律者究竟是怎样思维的。可以说，各种法律方法就是法律思维的体现，法律思维的概念能够包含法律方法，但法律思维又不完全等同于各种相对独立的法律方法。法律方法是法律以外最能规制思维走向的东西。

现在许多法学的研究者认为，法律是一种活动而不是一个规则或一组概念，概念是空洞之语。这种观点的出现与哲学解释学强调理解是一种视域融合有关。

---

〔1〕 张钰光：《"法律论证"构造与程序之研究》，中国台湾辅仁大学法律学研究所博士论文，第152页。
〔2〕 张钰光：《"法律论证"构造与程序之研究》，中国台湾辅仁大学法律学研究所博士论文，第226页。
〔3〕 张钰光：《"法律论证"构造与程序之研究》，中国台湾辅仁大学法律学研究所博士论文，第226页。
〔4〕 ［美］波斯纳：《法理学问题》，苏力译，中国政法大学出版社1994年版，第576页。

在这种理解模式内，许多问题的界限被消解，一切皆成了没有标准的混沌之物。这一说法虽然符合事物的本来面目，但却抹煞了事物的相对独立性。我们承认，法律不是独立于社会之外的自在之物，人和事物都是以关系的形式交织存在于世的。从认识论的角度看，人们对错综复杂的事物之所以能够区别，原因就在于认识的过程是一个抽象、归纳与概括化的过程。人是具有逻辑思维能力的动物。人们认识事物虽然在目标上追求本真，但实际上是根本做不到的。人能够做到的只是认识事物局部特征或抽象的本质。从这一认识出发，我们认为，法律虽然是社会关系中的法律，但它也只是具有相对独立性的法律。法律概念、原则、原理等虽然是一种抽象的表达形式，但它都是有所指称的。法律人总是联想到与某种原理、概念、规范相对应的事实。在法律人思考具体案件的过程中，与抽象原则与概念等相对应，都存在有具体的行为与事件。法律经过几千年的发展，已非常明显地区别于其他事物。随着法律知识、方法、技能的不断丰富，使得法学家也只能掌握有限的法律和方法。法律虽然不能被少数职业人所垄断，但也并不是人人都能把握的东西。法律具有相对独立性和独特性，已经成为许多人谋生的手段。其原因就在于常人不能很好地理解与应用法律。但这里的矛盾也就出现了：法律本身是社会关系中的法律，法律思维本身也源自日常思维，但现在却由于职业特殊性变得和日常思维呈现出分裂的趋势。法律思维要想得到社会的认同，它就必须与日常思维有互译的可能。"任何思维规定，如何要想得到日常经验的认可，必须还原为日常经验的直觉。对于那些不能够还原或者暂时无法还原为日常经验直觉的思维规定，日常经验总是敬而远之，甚至漠然视之。"[1] 这种局面的出现使得法学家们不得不思考日常思维与法律思维的关系，不得不注意二者的相互转换。在全民中普及法律常识，使得很多人相信，如果人人都具有法律思维，就能增大日常思维的法律成分，就能使法治很好地实现。

（三）法律思维与日常思维的关系

法律思维有涵盖和类型两种模式。这两种思维模型在本质上和日常思维模型并无区别，都属于给定性思维。法律思维与日常思维相比较只是加上了一种法律形式的再规定，部分人通过对法律的熟悉与运用，形成了社会中一部分人所掌握的思维形式。但这种思维又不完全等同于日常思维。日常思维中的许多"规定"与法律规定并不完全一致。在法律知识原理体系形成以后，法律人对法律规则的不同组合，使得法律也有了自生能力。这种能力使得法律更像一种"独立"存在的东西。与日常思维相比较，法律思维超越了日常思维的规定性，因而许多法

---

[1] 王国有：《日常思维与非日常思维》，人民出版社 2005 年版，第 20 页。

学家也承认：法律思维——特别是把一般规范与个案结合而做出判决的行为——具有创造性。但是，法律思维从整体上是要在经验范围内解决问题。从法官处理案件的当下情景看，法官的判决并没有超越传统，仍然是用在社会生活中积累起来的经验来处理问题。只不过这种经验是循着法律人认可的传统被总结的，与那种自发的、存在于一般公众人物中的日常思维相比较，更能呈现法律（治）的要求。法律思维方式得到了法律人的认可，但未必能被一般公民认可。这就是说，虽然法律思维是源自日常思维，没有割断与社会的关系，但它并不等同于当下普通人的思维。我们经常看到，依据法律推断出来的决定不被大众接受的情形。法院的许多判决有时也与公众信奉的"常识"产生矛盾，并且这种矛盾随着法律职业化的发展会越来越强烈。这就出现了日常思维与法律思维的矛盾。我们该如何应对这种矛盾？停止法律职业化的进程，可能会使法治受到威胁，而加快职业化进程可能会进一步加剧这一矛盾。这种矛盾的加剧也会影响法治的进程。这确实构成了一个理论与实践的难题。

日常思维与法律思维是一种矛盾的关系。但这种矛盾是一种社会存在方式。彻底消除这一矛盾是不可能的，但如果使这种矛盾过于激化，也不利于建构和谐社会。在一个追求法治的社会中，人的思维不可能是纯粹的日常思维。对一个个体来说，日常思维与法律思维之间没有截然的界限，并且要经常交织在一起使用。而法律思维如果彻底背离日常思维，就会失去社会的根基。法治社会虽然要不断扩大法律的地盘，但永远也不可能代替日常思维。根据建构法治社会的要求，法律思维应成为法律人的最基本思维方式，只有这样，法律才能比较充分地调整社会关系。因而我们必须正视这一矛盾，厘清二者之间的关系。

1. 日常思维在日常生活中占主导地位，而法律思维则以调整性文化为主进行传播。日常思维是在人们长期生活中自发形成的，带有文化发展过程中的"自然"属性。日常思维发展到哪一步并不完全取决于立法者的主导。它"以人的自在性存在方式为基础，而人的自在性的生存论基础是人的自然性……日常思维具有浓重的自然主义倾向。"[1] 正因为此，我们看到法律思维超越了人们的生物本能欲望，超越了事物的内容，使思维形式呈现出形式主义的特征，从而获得了独立性。这种独立性的获得，使得法律思维排除了日常思维的随机性，显现出其是一种追求合理性的思维。但这种所谓独立存在的法律思维只具有相对意义，它并不能完全摆脱日常思维模式。在司法实践中，法律思维实际上要不断地回归到日常思维。二者的"分裂"只是法律思维研究过程中的问题，如果非要在实践中对它们予以割裂，实际上就意味着法律的虚化。所以，法治要想借助法律思维

---

[1] 王国有：《日常思维与非日常思维》，人民出版社 2005 年版，第 37 页。

方式予以实现，就必须逐步使其变成日常思维的组成部分，使日常思维法律化。日常思维的规定性中的法律成分越多，就能使法治的实现变得容易一些。相反，日常思维中如果没有法律思维的成分，中国法治的实现就得投入更多的成本，甚至还有可能因为社会拒绝法律使得法治成为空想。中国的现实实际上就可以印证这一判断。由西方传来的一些法律规则，由于与中国大众文化差距太大而难以贯彻的现实就是明证。

2. 日常思维表现了人们不自觉适应社会的一种状况，这种适应对一个个体来说带有一定的盲目性。一方面，日常思维是不统一的，多数个体是在其个体社会化过程中被动形成的。个体的主体性很难在日常思维中张扬，否则个体就难以得到社会的认同。所以，"日常思维主体只能靠天吃饭，被动服从和适应自然而然的规定。因此，日常思维主体缺乏主体性，被同化到自然中去，是自然界向人类延伸的重要环节。日常思维主体在变幻莫测的自然界面前，显得苍白无力，无法掌握自己的命运，经常是受到自然必然性的奴役"〔1〕但是法律思维却要张扬人（作为集合概念的人而非个体的人）的主体性，要冲破自然而然意义上的社会对人的奴役，实现法律对社会的控制与改造。这种控制与改造首先是通过把法律当成思维的根据，从而支配人在设计行动方案时更多地考虑理性的因素，扼制不法的欲望。经过几百年的锤炼，民主、自由、平等、人权、正义等所谓体现法律现代性的东西，成了法律人所追求的目标，法治成了促成这一目标的手段。当然，也有人可能会提出来，在法治社会中，个体的人虽然摆脱了日常思维的奴役，却又成了法律的奴隶。我们认为，法治虽然把法律当成了神圣之物，要求我们推崇法律至上，根据法律进行思维，但是，法律从总体上看（或者说在常态下）是有正当目的的，法律要解决的问题也是社会公众可以接受的，它不像"日常思维是以本能为基础的思维形式，……自然主义的欲望、情感在思维中起主导作用"〔2〕法律思维是以充分尊重现有法律为前提的思维方式，而现代法律中包含了当代人的价值追求，法律思维就是要排除思维中的自然主义倾向。

总之，法律思维是与日常思维相对应的思维方式，而法律思维又是与法律方法不可分割的。法律方法是法律职业者必须掌握的法律技能，它为有效解决法律问题、证明处理结果的正当性提供了方法依据。尽管有时面对同一个事实问题，法律职业者的处理结果也会大相径庭（这体现了法律职业者的个性），但相同的法律方法训练为他们相互之间的沟通和认同创造了交流的可能性。在现代社会中，法律职业者运用法律思维处理问题是使处理结果获得合法性的必要前提，但

---

〔1〕 王国有：《日常思维与非日常思维》，人民出版社 2005 年版，第 48 页。
〔2〕 王国有：《日常思维与非日常思维》，人民出版社 2005 年版，第 51 页。

如果要获得其他法律职业者的认同，则需要有同质化的法律思维和法律确信。法律职业化的过程就是使得法律职业者成为一个知识共同体、解释共同体和文化共同体的过程。惟其如此，法律决断才能具有确定性、正当性和合法性，才能使我们的行动更加接近法治的理想。我们应该看到，国家的法律引导有时也起着重要作用，但在许多情况下，这种作用也是不尽如人意的。这不仅是因为国家与公众存在着不同的利益，而且还可能是因为日常思维积久成习难以改变所致。许多正当的改革措施的落实，实际上都要求首先打破日常的惯性思维。我们必须看到法律的实际效力是与人们在日常思维中对法律的接受程度相关联的。一般来说，法律规定如果与多数人的意志大体相同，其作用力就强；反之则弱。所以，法律思维向日常思维渗透，使更多的法律思维成分转换成日常思维是法律职业化进程中必须要解决的问题。法律思维并不是日常生活之外的东西，它是人们运用法律概念和术语与社会进行互动的产物，正是这种互动把法律与其他社会现象结合起来。[1] 对日常生活注入更多的法律性，虽然会使法律与社会、法律人与公众产生矛盾，但这并不是法律职业化的缺点，相反，法律借助日常思维方式作用于社会，会使法律获得更多的来自社会的支持。但其前提是日常生活要具有更多的法律性。

三、法律思维模式

德国法学家考夫曼试图在分析实证法学与自然法学之间开辟第三条道路，认为法律是"当为与存在的对应"，而其中的"当为"包括自然法的理念与实证法的规范。任何法律模式的建构其实都要影响到法律思维方式。考夫曼的观点超越了自然法与实在法的二元对立，阐述了他关于"当为与存在对应"的一元法律观点。当其理论体系展示给读者后，我们会发现，他的这一观点所支持的是关于法律思维的类型模式。

（一）超越自然法与实证法的第三条道路

与综合法学不同，考夫曼对自然法与实证法的超越不是从观念的分析与融合开始，他没有设想用法学家的探照灯照亮"法律大厦的每一个房间"，[2] 即没有从思想统一的角度达到对法律的整体性认识。因为从分析实证法学的角度观察法律只能是越分越细，对法律的认识只能是越来越概念化，或者具有越来越强的抽象性。法律的抽象性主要涉及三个方面，"在本质上，它们乃是长期性的措

---

〔1〕 ［美］帕特里夏·尤伊斯等：《法律的公共空间》，郭星华译，商务印书馆2005年版，第52页。
〔2〕 ［美］博登海默：《法理学、法哲学及其方法》，邓正来等译，华夏出版社1987年版，第199页。

施，从指向上来讲，它们涉及的乃是未知的情形，而非任何特定的人、地点和物；再就它的效力而言，它们必须是前涉性的，而绝不能是溯及既往的"[1] 从自然法学的研究进路看，正义被一般化或概念化，人们据此对正义进行了多层次的分类。在大体相同的思维倾向驱动下，考夫曼已经认识到，正义与实在法处于相互对立的二元状态。对第二次世界大战时期法西斯法的横行，考夫曼认为"实证主义思想和自然法思想同样负有不可推卸的罪责"。因为自然法与实证法都试图建构形式意义上的正义和"真理"。为了防止有些自恃掌握"真理"与正义的人打着绝对"真理"与正义的旗帜推行其专断，考夫曼认为，"不能再有任何法哲学完全地局限于形式而忽略其内容，即听凭政治为所欲为"[2] 所以他没有向更高抽象化的方向展开其法学研究，而是从实践理性的角度来寻找超越、统一自然法与实证法的第三条道路。考夫曼在《当代法哲学和法律理论导论》中坦言："卡尔·拉伦茨早就言明了'超越自然法和实证主义'的立场。实际上，这也是我们今天的立场，然而，却有着不同于当时人们所赋予的意义。"[3] 他说："在自然法与实证主义之间寻求'第三条道路'，或超越二者，是当今世界范围内法哲学的主题，这里不包括纯形式主义和功能主义思潮。"[4] 确实，单从抽象认识论的角度统一自然法与实在法有一定的难度，如果从这一角度能够统一人们的认识，思想家们早就停止了争论。

考夫曼选择了能体现实践理性的司法视角，试图在论证司法过程中实现超越。他看到："历史已昭示，不仅古典的自然法学说，而且传统的法实证主义都不灵了。具有一成不变的规范体系的自然法，可能在一个结构非常简单的社会还转得开，之于一个带着极其敏感的经济体系的高度复杂社会，则可能显得不够用。另一方面，法实证主义等在 19 世纪末取得了很大的立法成就，因为当时的立法者受浓烈的道德意识所引导，然而，在我们这个存有各种专制的时代中，此一前提已不复存在，恶法不仅仅是课堂上的例子，而且变成了现实，那种体现形式的法律概念已不听使唤了。"[5] 第二次世界大战结束后，德国法学出现了自然法学复兴，出现对实证主义法学的批判。这两种流派都被推向了正面或反面的极

---

〔1〕 邓正来：《法律与立法的二元论》，上海三联书店 2000 年版，第 65 页。

〔2〕 ［德］考夫曼：《后现代法哲学》，米健译，法律出版社 2000 年版，第 12 页。

〔3〕 ［德］考夫曼等主编：《当代法哲学和法律理论导论》，郑永流译，法律出版社 2002 年版，第 119 页。

〔4〕 ［德］考夫曼等主编：《当代法哲学和法律理论导论》，郑永流译，法律出版社 2002 年版，第 129 页。

〔5〕 ［德］考夫曼等主编：《当代法哲学和法律理论导论》，郑永流译，法律出版社 2002 年版，第 119 页。

端。为了克服这种倾向，他选择了超越自然法与实证法的第三条道路。他认为在法律发现过程中"只要人们坚持要么选择自然，要么选择实证主义，不考虑第三者，就不可能有一个令人满意的答案。战后的讨论，恰好明确地显示这一非此即彼的思维走入死胡同"。[1] 他认为："不考虑'如何'发现法律，完全不可能讨论'什么'是法。"[2] 在《类推与事物的本质》的第一章，他撷取了似乎已经被宣告"死亡"的传统司法方法——类推加以分析，并开明宗义地指出"类推是法学上尚未解决的难题"。然后在第二章中，同样选取的是司法过程中更宏伟的理论"法律的现实化"。在提示本书中主要观点的第三章"法作为当为与存在的对应"时，他仍然是从司法过程的角度来讲的。他认为他所讲的法既不等同于以正义为核心的自然法，也不等同于以规则为核心的实在法，这里的法律是被法官等法律人所应用的法，如果没有法律应用（包括自然法与实在规则）就没有真正的法。自然法与实在法规则都属于当为的范畴。考夫曼心目中的法律超越了理念与规范，认为只有把其反映到判决中的法才是真正的法。这种法律的产生离不开司法过程（有时考夫曼把其称为法律发现），离不开法律方法的应用。如果我们不站在司法立场上去阅读，就很难理解考夫曼的理念、规则与判决的法律模式，也很难理解他为什么从类推开始探讨并展示对法律问题的认识。

（二）类推与法律思维

从严格法治的要求来看，类推似乎是一个趋于死亡的法律方法。这种观念源于一些思想家相信人的理性能力的绝对性，并把此推及到法律的认识，相信普适化的法律规则可以涵盖社会生活的各个方面。只要立法者向社会输入法律规则，司法者严格执法，公民认真遵守法律，行政机关及其工作人员依法行政，法治就可以实现，社会就会出现法律秩序状态。在这种美好的理想图景中，理性的法律被认为包含有解决各种问题、采取各种行为的标准与规范。所以，在一些极端者心目中，别说是类推，就连法律解释也是多余的。对这种观点有思想家把其概括为法律万能主义（这里的法律是指成文法）。这种观点，虽然在哲学上看难以立足，但是在法学中却有与之相适应的法律原则，如依法办事原则，罪刑法定原则等。早期法律实证主义者就有这种倾向，它对法官有两个要求：①法官不允许造

〔1〕 ［德］考夫曼等主编：《当代法哲学和法律理论导论》，郑永流译，法律出版社 2002 年版，第 122 页。

〔2〕 ［德］考夫曼等主编：《当代法哲学和法律理论导论》，郑永流译，法律出版社 2002 年版，第 155 页。

法；②法官也不允许在法律上沉默。这就意味着制定法是一个无漏洞的整体。[1]不可否认，这些原则在反对司法专断，在维护法治的权威等方面发挥着重要作用。因为，有些源自社会的法律规范确实能涵盖不少的社会关系和社会行为，在许多行为中，我们能够发现规则的作用。但我们能否据此就断定事事处处都在或都能够依法办事呢？换句话来说，法律存在不存在漏洞或者模糊的地方？如果不存在漏洞或模糊，那么就无需类推和解释，如果存在漏洞与模糊，那么依法办事者该怎么办？

在近百年的西方法学中，法律现实主义、法律社会学派以及后现代法学对严格法治进行了猛然的批评。其焦点指向法律意义的客观性、确定性，认为法律不能作为司法判决的前提，因而在法律思维方法上反对根据法律进行思考，主张用价值、文化、习惯等非正式法源来代替正式的法律。在具体的法律推理方法方面，其主张用实质推理代替演绎推理，或用归纳推理代替演绎推理，持温和态度的学者也主张形式推理为主，实质推理为辅，极端的则主张无法司法。从主流倾向上看，我国现在的刑法理论不承认法律有漏洞，因此主张罪刑法定——法无明文规定不为罪，法无明文规定不能罚，疑罪从无——刑法没有漏洞也不存在模糊的地方。但在民法和经济法领域中，有条件地承认了法律有漏洞或模糊的地方，承认类推在这一领域中有其存在的必要性。我国的法学界基本上是在消极层面上承认法律有漏洞的，即在刑法之外允许类推，但类推仅仅是作为一种补充性技术而存在的。"当获得具体法律判决的'正常'方法，即解释与涵盖，已无从达到目的时，因为法律有漏洞，才轮到这种补充性技术发挥作用。"[2] 一般人也都相信，类推除了填补法律漏洞之外，并没有其他功效。法律实证主义精神在我国法律界还大量存在，法律无漏洞的思想还比较流行。一些法律人相信，法律在任何时刻都是圆满的。"它的内在丰富性，它的逻辑延展力，在自己领域中的任何时刻都涵盖了法律判决的整体需要。"[3] 对此，考夫曼评价说：这种在今天看来很极端的观点，"是实证主义的教条整个逻辑一贯性呈现的结果"[4]。

在这里我们应注意到两个方面的问题：①传统意义上的成文法律是否真的不存在漏洞或模糊？或者说法律的规定都是明确的行为规范？法律没有规定或模糊不清是否都属于法外空间？法律的应用是否都在制定法涵摄范围内的活动，这些活动是否真的就是制定法的精确复写？任何填补法律漏洞和解释法律的行为是否

〔1〕 ［德］考夫曼等主编：《当代法哲学与法律理论导论》，郑永流译，法律出版社2002年版，第116页。
〔2〕 ［德］考夫曼：《类推与事物本质》，吴从周译，学林文化事业有限公司1999年版，第5页。
〔3〕 ［德］考夫曼：《类推与事物本质》，吴从周译，学林文化事业有限公司1999年版，第7页。
〔4〕 ［德］考夫曼：《类推与事物本质》，吴从周译，学林文化事业有限公司1999年版，第7~9页。

都是危险或多余的？②类推与解释是不是仅是一种辅助的法律应用方法？或者说，是否刑法规定禁止类推，类推真的就从司法过程中消失了？法治论者主张依法办事，是否司法过程真的就不需要解释法律了呢？

我们先回答第一个问题，即法律是否存在漏洞与模糊。这一问题实际上又涉及到对法律的不同理解。如美国法学家德沃金就认为法律没有漏洞，因为他心目中的法律，不仅包括法律规则，而且还包括法律原则、政策等多种形式[1]。法律不仅有明确的，还有隐含的，虽然隐含的法律没有在判例法或制定法中明示，但不明确不等于不确定。我们看到，德氏实际上是用扩大法律外延的方式来解决法律有无漏洞的问题。在他的思想中，只有无漏洞的法律（或者说明确的行为规范）才能解决法治的可能性问题。如果法律是不确定的，到处都存在漏洞与模糊，依法办事意义上的法治就不可能成立。但是他在这一问题上的认识与早期实证主义者不同，在他眼中，法律已不仅仅是判例法或制定法规则，而是一种整合了原则与政策等形式的整体性法律。这种整体性虽然在表达方式中（或在形式中）有不周延性、模糊性，但只要经过法官（赫拉克拉斯式）的解释与整合，就会很明晰地展现在个案面前，从而成为无漏洞的法律。由此法官也可以从中得出关于案件的唯一正确答案。我国法学界否认法律有漏洞是在没有理论论证的基础上盲目相信这一观点的。在我国法学界，"立法是唯一法律"的观点还很有市场。用立法的视角概述法律的定义在法学界还普遍存在，关于法的主流观念还停留在 18 世纪。我们是在没有考虑法律在时空中流变的情况下，简单接受罪刑法定和法律无漏洞理论的。我们应注意到在考夫曼所批评的法律无漏洞理论中的法律，不同于德氏所讲的广义、动态法律，它相当于大陆法系及我国法学家心目中的制定法。所以在我国法学界，批评制定法无漏洞理论是一件很容易的事情。

1. 制定法是关于事物的共性规定，是立法者关于法律普适化努力的结果。这种共性的法律只能概括出所欲调整对象的部分特性，它不可能为每一个具体案件立法。如果立法详细到为每一个案件立法，那么，法律史上由一般调整代替个别调和的优越性将会被彻底放弃。实际上，立法者根本没有办法为每一个案件立法。

2. 制定法既然是关于事物的共性规定，它肯定难以涵盖许多事物的个性，而这些个性相对于一般的规范性法律来说就是法律的空缺。这些空缺的存在并非

---

〔1〕 德沃金说："什么是法律？法律不可能由任何原则或规则体系阐述得淋漓尽致，每种这样的体系都有自己控制的具体行为领域。任何官员与权力也不可支配我们的生活。法律的帝国并非由疆界、权力或程序界定，而是由态度界定。"参见［美］德沃金：《法律帝国》，李常青等译，中国大百科全书出版社 1994 年版，第 336～337 页。

都是法外空间而许多正是法内空间。正是由于存在法内空间，中国古代的思想家才把法律形容成法网。"法网"一词就意味着制定法律存在大小不同的漏洞。对此，中国的思想家似乎还有更深刻的理论。比如说，网眼太小的法律，很难捕捉到"大鱼"，而网眼太大的法律则会使许多"小鱼"漏网，法律如果细密到像棉布一样的程度则根本无法"捕鱼"。所以，法律之网应该详略得当、宽严适中。

3. 法律漏洞的存在一方面是由于人的认识能力有限，对许多未来的或复杂的事情可能缺乏预见能力和概括能力；另一方面，即使是人类有较充分的预见能力，但由于语言本身涵盖能力的有限性，以及语言本身的概括性、模糊性等也可能会使法律出现漏洞。因为无论是判例法，还是制定法都是用文字来表述的法律。制定法与判例法的不同仅在于它们是用不同的书写方式所表达〔1〕凡语言本身就具有概括性。

4. 制定法存在漏洞还在于，从立法立场上看似完美无缺的法律规范，如果面对丰富多彩的社会生活以及变幻无常的个体行为，也会呈现出其不周延性。这是因为，制定法是稳定的，而其所调整的对象——人类行为则是变量。

但我们在这里须提醒的是：成文法确实存在漏洞并不意味着法律存在漏洞。因为在许多法学家心目中，法律并不等于成文法，成文法只是法律的一种形式。在成文法之外实际还存在着法律的其他形式。诸如，自然法学中的公平正义以及考夫曼所讲的事物的本质等。正是因为法官眼中的法律有多种形式，因而法源的多元性改变着司法视角的法律观念。立法者眼中的法律是规则体系，而在司法者眼中，这些规则体系仅仅是法官构建判决的"权威性"材料。当然，司法视角的法律观念实际上也向传统的法治理论提出了新的挑战。如果法官法源多到任何东西都可以成为法律源渊的程度，那么试图用法律限制权力、排除专断的目标就会被丢弃。所以，在多元的法源理论中，法学家必须给制定法以足够的权威，同时必须为法官选择法源准备好相应的法律方法。但这决不意味着："所有法律创造活动必须保留给立法，法官的'权力'仅限于'适用'立法者创造的法律。"〔2〕我们也会看到："所有的制定法外以及超越制定法的标准与衡量，特别是法官的每个法律创造活动都被视为危害依法治国及破坏权力分立原则。"〔3〕在《类推与事物的本质》一书中，考夫曼为法律类推正名，为法律解释开道的做法，奠基于他对哲学解释学的深刻理解。下面我们沿着考夫曼的思路，就类推与解释"不是填补法律漏洞的辅助方法，而是法律应用（或称法律发现）的最基

〔1〕 ［英］梅因：《古代法》，沈景一译，商务印书馆1982年版，第8页。

〔2〕 ［德］考夫曼：《类推与事物本质》，吴从周译，学林文化事业有限公司1999年版，第19页。

〔3〕 ［德］考夫曼：《类推与事物本质》，吴从周译，学林文化事业有限公司1999年版，第19页。

本形式"作一解释。

在类推与解释是不是一种辅助的法律思维方法问题上,一般认为,在英美法系国家法律思维的形式主要是类比思维,其突出的表现就是先例的拘束力原则。"法律'推理'主要是通过类比进行的,其基本要求是同类案件同样处理。"[1]在大陆法系,由于刑法上强调罪刑法定,因而类比受到一定程度的扼制,但在民法、经济法、行政法领域,类比也经常使用,是补充法律漏洞的重要手段。但实际上,无论是大陆法系还是英美法系,在考夫曼看来,法律思维都是一种类比思维。以法学家常常提起的法律三段论来说,法律是大前提,事实是小前提,判决是结论。但从逻辑的角度分析,法律与事实是不相同的两种事物,法律是共性的规则,事实是充满个性的存在,二者之间要想使推理成立就必须找到共同的联结点。法官拿着法律中的制度性事实与个案中的事实共性进行比较,才能发现其同质点,在同质的基础上才能进行推理。所以类比推理或建立在类比基础上的思维方法,是带有普遍性的法律思维方法,对这一点考夫曼进行了详细的论证。

在"法律现实化的过程"一章中,我认为考夫曼试图解决两个问题:①超越实证主义与自然法的法律二元论,指明法律一元性,找出"第三条道路";②通过对法律实现过程的描述性说明,类推和解释是渗透于整个司法过程的基本思维方法。考夫曼说:"必须清楚地说明一个基本的事实,没有任何超实证的法,如在我们的世界中极少遇见任何一种'超实证的'实在性。吾人可以把纯粹的本质性,纯粹的理念内容称为'超实证的',但它本身并非现实的,而只是具有可能性。因此,法律理念、普遍的法律原理(法律原则)是超实证的,但它们由于缺乏具体与内容的确定性,并非已完全是现实意义中的法。故而,主要是在新汤玛斯主义——当然也有在别处——将这种作法至少是误导的;也就是说,这个名称造成了一种假象,好像有两种法律程序相互并存,即实证法与自然法。然而,对真实的生活事实而言,永远是一种法,且这种法是实证法:它是具体的,而且有历史性的。"[2]从上述论述可以看出在考夫曼眼中,不管是自然法还是实证法,在法律现实化过程中都会变成应然法,会统一在人们关于法律的思维中。制定法相对于自然法而言似乎是具体的,但这只是比较级意义的具体,即相对于

---

〔1〕 解兴权:《通向正义之路——法律推理的方法论研究》,中国政法大学出版社 2000 年版,第 124 页。
〔2〕 〔德〕考夫曼:《类推与事物本质》,吴从周译,学林文化事业有限公司 1999 年版,第 23 页。

更加抽象的正义理论而言是具体的，并非是实质的具体。[1] 制定法有较为精确的定义，形成"具体"的标准与规则，在处理相同案件时避免了恣意，对判决而言，这种规则是完全不可缺少的。但是这决不意味着："规范早已完整地在自身中包含了法律判决，以至于后者尚需从前者中发掘、演绎即可得出，法律发现是一种纯粹演绎的过程。虽然这种看法广为流传，但绝非因此即是正确的。规范永远只是许多可能产生的案件之标准而已，绝非因此就是一个现实发生的案件之判决，由此可知制定法不是现实性，只是法的可能性。因此，法虽然是源自制定法，但是它需要其他附加的成分。"[2] 制定法虽然表达了普遍的法律原理，其中也可能包含着人类的正义，但我们应避免判决可以单纯地从这些相当抽象的法律规范中直接演绎得出的结论。实际上，制定法所体现的正义，只是一般的抽象正义。对这种正义，在司法过程中需要进行两个方面的校正：①某一正义需要和更高的自然正义进行平衡和协调；②需要和个案中的个别正义进行衡平。法律的现实化中的法律不仅是制定法规范而且还包括其他法源形式。只有法律与正义以及不同的正义进行循环式的衡平才能形成实质意义上的正义之法。在传统的法学理论中，许多人都认为，一般法律规范的个别化就是法律实现（即我们常讲的由成文法向判决的转变）。但在考夫曼眼中，法律的现实化可分为三个阶段："第一阶段为抽象的——普遍的，超实证的及超历史的法律原则；第二阶段为具体化的——普遍的，形式的——实证的，非超历史的，但对一个或多或少，长久的时期（法律时期）有效的制定法；第三阶段为具体的实证的有历史性的法。或者简言之：法律理念——法律规范——法律判决"。[3]

考夫曼认为，关于法律现实化的每一个阶段都是不可或缺的。无法律的理念就无法律的规范，而无法律规范就无法律判决。在这里，我们明显地感觉到，他接受了自然法的正义理念，认为正义乃是法律的基本原则，法律的本质是正义，不正义的规范就不是法律。但是正义是抽象的理念，仅从理念中得不出法律规范，而仅从公平正义的法律规范中，也得不出正当的法律判决。按自然法学说，实证的法律规范来自绝对法伦理原则，又从实证法规范中推出具体的法律判决，而分析实证法学不考虑经验纯演绎地、严守逻辑地把立法者命令当成法律。这种

---

〔1〕 对此考夫曼曾说："哲学从不关注个别，也不以个别的集合为对象，它要研究的是整体、联系和基础。"参见［德］考夫曼等主编：《当代法哲学和法律理论导论》，郑永流译，法律出版社 2002 年版，第 6 页。在这一点上，立法学与哲学几乎有共同的努力方向。即使哲学有时也谈论个案，但这并不是哲学真正的研究对象。哲学谈论个别或者把个别当成研究的起点，只是为了揭示个案背后的原理，最终直到对个别的超越，达到对某类事物的整体性认识。

〔2〕 ［德］考夫曼：《类推与事物本质》，吴从周译，学林文化事业有限公司 1999 年版，第 25 页。

〔3〕 ［德］考夫曼：《类推与事物本质》，吴从周译，学林文化事业有限公司 1999 年版，第 29 页。

法律思维模式建造的是精确封闭的知识体系。考夫曼认为，在演绎中渗入经验是十分必要的。将法律封闭在一种公理的体系中，使法律无法进入流动的生活是危险的。法律需要在敞开的体系中论证。[1] 在这里，我们亦可感受到自然法与实证法的融合。当然，我们也能体会到他对自然法和实证法的批判与赞许。他认为，自然法的理念不能放弃，这里面隐含着人类对正义的向往，它会引导、规范人类向人道、人文方向发展。但自然法本身的正义由于过度抽象而难以直接成为裁判规范。它只有与实在法融合才能显示其规范力量。而规范性法律，它不仅具有相对的明确性而且是多产和丰富的，而且规范还可以自我结合，不断创新，促成法律的不断成长。但我们应注意到这仅是问题的一个方面。另一方面对规范性法律理论来说，无论是采用凯尔逊的规范体系说，还是相信哈特的主要规则、次要规则说，都不能圆满地解决法律秩序的逻辑自足性和无漏洞性。所有制定法都有漏洞，现在已是一种常识。所以，"法律规范并非圆满地包含在普遍的法律原则（法律理念）中，法律判决（具体的法）并非圆满地包含在法律规范中"[2]"'含有法律的'事物必须在法律实现的过程中即已加入，应由此真实地产生出'法律'。"[3] 在法律现实化过程中，法官等法律人除了"进行根据法律进行思维"的形式逻辑推论外，他们还必须应用其他的思维，如对法律进行目的论解释等。

在这里，我们还能感受到，考夫曼所讲的法律现实化与我们所谈的法律个别化不同。在法律个别化中的"法律"讲的是作为行为或评判标准的法律规范。而在法律现实化中的法律，讲的是法———一种在更广泛意义上———不仅包括成文法，而且还包括公平正义观念、事物的本质以及法理学说等法律渊源意义上的法。这种法律的现实化，确实不是法官等法律人机械运用的法，而是包含着司法过程等内容的法律。在这一过程中，包含着自然法与实在法的融合、法官等应用法律方法以及法律人对法律目的与价值的整合等，同时也包含着法律规范与法律事实的互动关系。这种法律大体与德沃金所讲的整体性（整合性法）、阐释性法等意义接近。甚至，我们还可以看到，1980 年代德沃金所描述的法律模式，在考夫曼这里（1960 年代）已经在有了清晰的表述。只不过在德沃金的法律模式中强调的是政策的地位，而考夫曼则强调事物的本质，并把其作为法官法源。

---

〔1〕　［德］考夫曼等主编：《当代法哲学和法律理论导论》，郑永流译，法律出版社 2002 年版，第 121 页。

〔2〕　［德］考夫曼：《类推与事物本质》，吴从周译，学林文化事业有限公司 1999 年版，第 37 页。

〔3〕　［德］考夫曼："正义理论———一个难题史的观察"，刘幸义译，载《中兴法学》第 27 卷。

（三）法律思维方法与法律发现

考夫曼在进行了研究立场定位以后，他就开始着手解决司法过程中的法律问题，开始阐释他心目中的法律概念。在该书第三章中，他把法律命名为"作为当为与存在的对应"。考夫曼说："如同只从法律理念得不出法律规范一样，只从法律规范也得不出判决。但是，如果法律理念与制定法因而只是法的可能性，那么它完全的现实性从何得来？对此，只有一个答案：从具体生活关系，……这种关系即使或多或少仍在发展，但已经将其标准与秩序负载于自身中。如同制定法只能考虑到拟制规范可能的生活事实而实在化。规范作为一种应然，根本无法从自身产生真实的法，它必须加入存在。只有在规范与具体的生活事实——当为与存在，相互对应时才能产生真实的法。"[1] 我们应注意到考夫曼在这里所讲的真实性的法，不是规范的复合体或统一体，而是关系统一性。这种关系至少涉及法律理念或价值、法律规范和法律事实。它是一种涉及各方面关系的整体性法。对这种关系性法，传统的法律方法论有一种误解，即认为法律发现大都是一种极为简单的逻辑进程，即对某种生活的客观状况以法律规范所做的归纳。但是，"法律发现实质上表现为一种互动的复杂结构。这种结构包括着创造性的、辩证的，或许还有动议性的因素，任何情况下都不会仅仅只有形式逻辑的因素，法官从来都不是'仅仅依据法律'引出其裁判，而是始终以一种确定的先入之见，即由传统和情景确定的成见来形成其判断"[2]

这种关系性法起码意味着两个方面的问题：①真实的法是在复杂的法律发现过程中所认识到的法，是一种在司法过程中由法官等整合理念、规范与事实等因素的法，是一种"活"的法律，是在法官等人之间的"目光往返"的过程中形成的。按解释学的说法，这种法是经历了主体、规范、理念、事实间的不断循环而形成的。对这种真实的法而言，以正义为理念的自然法和以规范为核心的实证法都属于当为的范畴。而真实的法是指："在当为与存在间，在规范与生活事实间对应的统一性。"[3] ②考夫曼解决了法律推理在理论上的可能性问题，因而也在一定程度上维护了法治，他认为"法是当为与存在的对应"。当然，当为与存在既非同一亦非相异，而是相似。关于对应的观念，使我们联想起奥地利法学家魏因贝格尔对法律事实的分类。他认为，法律事实可分为法律中的事实与生活中

---

〔1〕 ［德］考夫曼：《类推与事物本质》，吴从周译，学林文化事业有限公司 1999 年版，第 41 页。

〔2〕 ［德］考夫曼：《后现代法哲学》，米健译，法律出版社 2000 年版，第 21～22 页。

〔3〕 ［德］考夫曼：《类推与事物本质》，吴从周译，学林文化事业有限公司 1999 年版，第 43 页。

的法律事实。[1] 正是因为法律中所包含的法律事实，才使得生活中的法律事实
与之相对应，才使法官等司法活动具备了法律推理的同质性。但我们必须注意到
司法过程中的法律推理仅仅是一种比喻意义上的推理。它没有形式逻辑中演绎推
理那么精确。法律推理"是一种人们认识案件事实与法律原则或规则之间联系
的技术。是一种认识工具。"[2] 其目的在于说明法律对特定案件的适用性，揭示
特定事实与法律之间的联系。法官判决案件不可能把法律与事实完全同一起来，
也不可能出现数字那样的事实和法律。法官能明确的仅是二者之间的类型关系。
考夫曼的思维与此相似，不过他使用了"对应"一词。"当为"是一种行为模
式，"存在"主要是指行为（或关系）的存在，而所谓法律思维主要是指根据当
为思考存在的法律意义。而当为与存在本不是同一事物，但法律人不能不把二者
放到一起进行思考，以便运用法律解决纠纷，要根据当为模式进行思维。因而当
为与存在就不能不是同质的东西。但我们必须注意到同质的东西并不是相同的事
物。根据当为思考实际上是一种类型的思维。法律思维的最主要内容是构建类
型。只有从这个角度，我们才能理解："法的现实性本身是根基于一种类推，因
此法律认识一直是类推性的认识。法原本即带有类推的性质"[3]。也正是在这种
意义上，我们才可以说类推不是一种补充法律的辅助方法，而是法律思维方式的
主要形式。考夫曼说："其实法与法律认识具有类推的性格这项命题，既非标新
立异，亦非陈词滥调。只是吾人在今日经常不再意识到类似事物与类推学，而来
以此名称称呼而已。"[4] 只要我们仔细分析，即可发现不论实际上或理论上，类
推之方法适用于人类生活的各个领域，如生物学、医学，似乎只有法学中，类推
被贬抑为"漏洞填补者"的角色。

　　考夫曼说："存在物之间类推的前提是：存在物的一致性与差异性，统一性
与多样性，如果没有一致性亦即在事物完全的异质性与无关系的情况下，将不会
有比较可能性，因而也不会有认识可能性。如果在一个最终的，无联系的多数中
彼此缺少多样性（存在多数主义），每个存在物将是自己分离存在的，且彼此之
间绝不含有任何联系，也不会有任何精神的、思想的联系。但如果所有的存在物
都变成同一而没有差异性，将只是一种没有认识价值之事物的不断重复而
已。"[5] 在法律中"除了少许数量概念外，各种法律概念是不清晰的，它们不
是抽象——普遍的概念而是类型概念、次序概念，在那里，它们不是非此即彼，

〔1〕 ［英］麦考密克、［奥］魏因贝格尔：《制度法论》，周叶谦译，中国政法大学出版社1994年版。
〔2〕 吴玉章：《法治的层次》，清华大学出版社2002年版，第153页。
〔3〕 ［德］考夫曼：《类推与事物本质》，吴从周译，学林文化事业有限公司1999年版，第45页。
〔4〕 ［德］考夫曼：《类推与事物本质》，吴从周译，学林文化事业有限公司1999年版，第45页。
〔5〕 ［德］考夫曼：《类推与事物本质》，吴从周译，学林文化事业有限公司1999年版，第49~51页。

而是或多或少。"[1] 在这个意义上,所有拓展我们知识的认识——永远是类推认识。

对考夫曼这种类型思维,有来自思想方面的两个冲击:①近代理性主义者,他们认为,对事物的认识可以依几何学式(或数学式)地加以清晰认识。他们相信,只有单一的,明确的概念,而不承认类推意义、类型的概念。但实际上,思想中并不存在单义的本质认识。所谓事物的本质都是用语言表述的,语义的多义性以及理解的多样性早已向这种理论提出了挑战。考夫曼已经断言法律思维多为类推思维,如对法人概念,有人认为它是一个杜撰的,拟制的构造物,根本不具有真实性。而"事实上,法人既非相同意义下的人,具有像人类一般的构造物,亦非一种欠缺真实性的单体拟制,而是一种真实的构造物——相较于人类而言——而将其描绘为类推意义下的人"。[2] 只有把法人当作类推意义下的人,才能一方面说明其现实形态,另一方面也能应付如下危险:除了自然人的类似性外,忽略了二者之差异性。规范意义上的法律与生活中的事实不是相同的事物实体,而只是"本质"上相同的关系。[3] 这种事物的本质之思维是表现法律日常经验和日常实践的恰当的方法意识。拟制是一种类推,"在一个证明为重要的观点之下,对不同事物相同处理,或者我们也可以说,是在一个以某种关系为标准的相同性中(关系相同性、关系统一性),对不同事物相同处理"。[4] 我们应注意的是:不同事物在这里并不是不同质的事物,而是同类事物中具有不同特性的事物。②后现代法学否认法律的确定性,只承认法律在时空中的流变性,而不承认其稳定性、一致性,认为法律是一种变量,随时、随地都在发生变化。在这种情况下,人们处理案件只是能区别对待而不能有相同的处理。这实际上也会使类推思维无法进行。因为类推是建立在承认区别,同时也承认事物内在的共性基础上的。如果法律没有确定性,没有共性,就不可能有类推方法的普遍应用。这是类推思维方法所面临的新的课题。主张法律思维主要是类型思维就必须对后现代法学的观点做出积极回应,以捍卫类推思维方法的理论基础。考夫曼认为法律思维是一种类型思维,而本文作者认为法律思维是一种规范性思维,因为法律的主要行为模式是法律规范。法律规范作为行为的标准,评价行为的尺度,对一般公众和法律人等有一定程度的思维导向和约束作用。当读到考夫曼关于法律思维是

---

〔1〕 [德]考夫曼等主编:《当代法哲学和法律理论导论》,郑永流译,法律出版社 2002 年版,第 186 页。

〔2〕 [德]考夫曼:《类推与事物本质》,吴从周译,学林文化事业有限公司 1999 年版,第 57 页。

〔3〕 [德]考夫曼:"正义理论——一个难题史的考察",刘幸义译,载《中兴法学》1988 年版(第 7 卷)。

〔4〕 [德]考夫曼:《类推与事物本质》,吴从周译,学林文化事业有限公司 1999 年版,第 59 页。

一种类型思维，从法律规范得不出法律判决的时候，我们就想提出疑问，制定法或判例法中的法律规范在法律思维中起什么作用，强调理念对法律形成的作用，规范究竟起什么样的作用？法律规范、理念和存在起同样的作用吗？考夫曼先生是否有贬抑规范作用的地方？另外，法律推理在类型思维中也没有足够的地位。那么，司法审判的合法性将如何获得？类推是否能导出合法性，这的确是值得我们认真思考的。[1]

的确，考夫曼先生所讲的真实法是一种由思维进行整合的产物，但法律规范在整合过程中，是否起主导作用呢？在魏因贝格尔和麦考密克所著的《制度法论》中，两位作者试图在规范与事实之间架起桥梁，强调法律中的事实（即法律规范）对认定解释生活事实的作用，同时也强调了考夫曼所讲的存在对法律规范的影响。但考夫曼先生似乎更强调作为"当为"的法中，自然正义对规范的影响，强调了当为之法与存在的对应关系，而没有强调法律规范在整合性法中的重要地位。[2] 我们认为，考夫曼先生所讲的真实的法确实是一种关系，并且只有深入到这种关系中，才能把握行动中的法——司法过程中的法。但我们同时认为，既然考夫曼先生排除了制定法是唯一法源的观点，也就意味着他承认法律渊源（或称法官法源）的多元性。而对多元的法源，我们不能等同视之，而应区别对待。我们应看到立法权、司法权、行政权等权力分立的现实。立法活动的最主要成果是向社会输入法律规则。而这种规则不能在各种法源中处于无足轻重的地位。在法官等法律人"目光往返"以构建真实的法律的过程中，法律规范属于真实法律中的核心位置，起着规范和引导作用，因而也在多元法律形式中占据最重要地位。"法律人的才能主要不在认识制定法，而正是在于有能力能够在法律的—规范的观点之下分析生活事实。"[3] 一般说来，法律规范如不与公平正义观念发生重大冲突，法官对法律规范中的意义就不能轻易放弃。如果正式法律规范能调整社会关系，就不能轻言用非正式法源来代替，这是维护法治的严肃性所需要的。

法律思维也许是法学研究中最重大的课题，当然是一个永恒的课题。我们必须承认，由规范思维向类型思维的转向是法律思维方式的演进。这对克服严格法

---

[1]　解决判决的合法性问题，从理论上看是由三段论式法律推理来实现的，类推思维所解决的是法律推理的大小前提问题。

[2]　值得注意的是考夫曼先生仅仅是在本章中对此问题没有言语。但到该书第五章我们发现考夫曼先生对法律规范在法律发现过程中的作用还是十分重视的。他说："如果没有一个普遍的规范，自由的法官的法律发现将不是法律发现，而只是恣意行为。"参见［德］考夫曼：《类推与事物本质》，吴从周译，学林文化事业有限公司1999年版，第49页。

[3]　［德］考夫曼：《类推与事物本质》，吴从周译，学林文化事业有限公司1999年版，第89页。

制所带来的弊端有积极意义。而这种积极意义对法律发现理论的发展有推动作用。我们认为，法律发现是一种法律方法，是一种针对个案寻找相应法律的活动，是法律应用的第一步。没有法律发现，法律解释、法律论证等便不会展开。在我国，法官发现法律首先要在制定法中去寻找，只有当发现制定法在个案中与公平正义观念严重背离时，才在其他法源形式中寻找发现法律。考夫曼所讲的法律发现与此有相似之处，但其认识比前述似乎更全面或宽泛。从《类推与事物的本质》一书的译者吴从周的体会来看，考夫曼所讲的法律发现在一定程度上就是指司法过程。他说："法律发现是一种使生活事实与规范相互对应，一种调适，一种同化的过程。"[1] 法律发现是一个类比的过程，在这个过程中"法律（应然）和案件（实然）彼此相互关联地被加工：通过对案件的解释，一个具体化了的'行为构成'从法律中产生，通过对法律的'建构'，一个类型化了的'事实行为'从单个（无定形）的案件中形成；比较的对象是'意义'（法的意义），在此意义中，行为构成与事实行为相互'适应'，如果它们不适应，法律规范就不能被适用"[2]。这就是说法律发现过程可以从两个方面进行：①生活事实中的规范因素，使其与规范产生关系，注意发现事实对规范意义的影响。②应在规范与生活事实之间建立起逻辑关系，用规范思考事实的法律意义。"这就是我们所称的解释：探求规范的法律意义。"[3] 但这里的法律不等于制定法的意义，而是回溯到有关的具体生活事实，许多事实的法律意义不能仅从其抽象意义中得出，而应从法律所拟规范的生活事实的"本质"中得出，如硫酸是不是凶器不能仅从凶器的概念得出，而必须与硫酸所使用的场景相结合。考夫曼把这两个方面概括为规范与事实的互动关系，即："一方面针对规范调适生活事实，另一方面针对生活事实调适规范"[4]。这两个方面不是分开的行为，而是在理解中同时发生，是一种归纳与演绎法的先后行为。这种法律发现在考夫曼看来也是一种类推。因为，"只有当相同性与类似性之间具有一种逻辑上的界限时，我们才能在逻辑上相互区分涵摄与类推。然而，这种界限是不存在的，因为实质的相同性永远只是类似性，而形式的相同性在现实中并不会再现"[5] 我非常赞同考夫曼的这一论断。但考夫曼在后面的论述中说："法律发现绝非单独只是一种逻辑的三段论法，而是一种逐步进行的，从存在的领域探索前进至当为的领域，以及

---

〔1〕 ［德］考夫曼：《类推与事物本质》，吴从周译，学林文化事业有限公司1999年版，第87页。

〔2〕 ［德］考夫曼等主编：《当代法哲学和法律理论导论》，郑永流译，法律出版社2002年版，第186页。

〔3〕 ［德］考夫曼：《类推与事物本质》，吴从周译，学林文化事业有限公司1999年版，第89页。

〔4〕 ［德］考夫曼：《类推与事物本质》，吴从周译，学林文化事业有限公司1999年版，第91页。

〔5〕 ［德］考夫曼：《类推与事物本质》，吴从周译，学林文化事业有限公司1999年版，第91页。

从当为的领域探索前进至存在的领域，是一种在事实中对规范的再认识，以及在规范中对事实的再认识过程。"〔1〕"法的发现不仅仅是一种能动的推论行为，而是一种构建行为，法之发现者一同进入行为过程，这意味着，法不是实体的事物……勿宁是一切法具有关系特征。法是某物联系的事物，它存在于人的相互关系之中，并面对物而存在。之于这种法思维，只能存在一种'敞开的体系'，在敞开的体系中，只能存在'主体间性'，此乃不言而喻。"〔2〕对此，作者稍有不同看法。

法律发现岂止不单纯是一种逻辑三段论，它实际上只是三段论法的一个组成部分，即法律发现只是为逻辑的三段论式推理建构（或称为考夫曼的类型思维的）大前提的活动。法律发现并不是三段论的推理。我们认为，考夫曼对那种把制定法直接当成三段论推理的前提的批评是有道理的。但我们并不能就此否定三段论法对法治的积极意义。从法治的方法论层面看，如果没有以法律作为前提的三段式的推理，我们确实找不出法治与专制在方法论上的区别。现在许多法学家看不到法律推理的三段论对维护法治的积极意义，仅以制定法或判例法规范不能涵摄所调整对象为理由就对三段论横加指责，实际上这是没有道理的。在三段论中，作为前提的法律不等于法律规范，是建立在命题学或论证理论基础上的，是法官等在司法活动中建构而成的。对三段论的批评，如果是把制定法等同推理的大前提的话，我们还可以接受，但如果彻底否定三段论对法治的积极意义，那么，我们就会要求他提出具体维护法治的方法。确实，制定法并不能直接作为三段论推理的前提。因为按考夫曼的认识，法律三段论应该是类推的过程，而这一类推中的法律不等同于制定法，而是"在法律与具体事实之间目光往返来回过程"中产生的。〔3〕在这里，我们试图用法律方法论拯救法律推理的前提，以便解决判决的合法性问题。我们认为没有法律方法，法治便不可能实现。这意味着作为法治三段论大前提的法律是一种整合性法，是在法律发现、法律解释、法律论证、价值衡量、法律意义的推定等法律方法应用中整合出来的。我们同意严格意义上的法律推理并不存在的观点，司法过程中的思维基本是类型思维，但是由于类型思维不能从逻辑上解决判决的形式合法性问题。所以，我们相信，法律推理是司法过程中最后应加以运用的法律方法。〔4〕实际上，运用论证后的法律作

〔1〕［德］考夫曼：《类推与事物本质》，吴从周译，学林文化事业有限公司1999年版，第95页。
〔2〕［德］考夫曼等主编：《当代法哲学和法律理论导论》，郑永流译，法律出版社2002年版，第146页。
〔3〕［德］考夫曼：《类推与事物本质》，吴从周译，学林文化事业有限公司1999年版，第97页。
〔4〕谢晖、陈金钊：《法律：诠释与应用——法律诠释学》，上海译文出版社2002年版，第143～148页。

为推理的大前提，并不排斥它与事实的"关系"特征。这可能是解释法学不同于考夫曼观点的地方。这一点正如他自己所洞见的："没有诠释学的分析理解是空洞的，没有分析学的诠释学是盲目的。"〔1〕诠释学也在构建关系，它的缺陷在于没有给"关系"确定一个"正确"的标准。

（四）类型思维对法律方法论的意义

对类型思维观点的核心，考夫曼把其表述为：对不同事物相同处置。因为世界上原来就不存在两片完全相同的树叶，由此可以推断，世上也没有完全相同的案件。但根据法律处理案件又要追求某种程度的相同性，因而只有找到相同点或相似点，才能进行类型式的法律思维。这样，事物本身的多样性和法律推理所要求的相同性就产生了冲突。在人文社会科学领域，事物间只存在相似性，而不存在同一性，并且这种相似性只是指一种关系的相同性。"我们在我们的知识及在我们的关系中可以获得一个秩序。如果所有的一切都一样，没有区别，那么建立不同的文字及不同的规范将是没有意义，也根本不可能。另一方面，如果根本没有任何相关联的事物，亦事物间根本没有共同性，那么我们对于每个事物都必须有一个特别的名称，对于每个人类行为都必须有一个特别的规范。秩序、法律秩序亦同，只能根据存在物的类似性而产生，这种类似性是介于同一性与矛盾，相同性与差异性之间的中点。"〔2〕考夫曼认为，在同一性、差异性之间的中介点是类推性概念。这种概念介于明确的单一的（比较意义上的）概念与模糊的、多义的概念中间。明确的概念表达了同一事物，多义性的概念则缺乏一致。类推性的概念既非完全内容的单一性，亦非纯粹的多义性。类推性概念对法律方法论的意义在于："透过它，可以使我们观念世界的语言移转到心灵或精神生活。从感性世界而来的表达被移转到精神的事物上。我们根本没有其他的可能性去表达精神的内涵，即意义的丰富性。"〔3〕因此，超感性的对象只有经类推概念加以表达，只有经过类推才能成为一种类似的直观对象。这一点也适用于对法律概念的解释。考夫曼说："实际上所有的法律概念所有的描述性概念亦是一直（至少也）表达着一种精神上的，特别是法律上的意义。"〔4〕法律概念是一种从现实生活中抽象出来的概念，但它的意义决不会仅停留在抽象的层面，它会随着理解者的不同理解而呈流动性。由于世界上没有完全相同的事物，所以在逻辑学推论

---

〔1〕 ［德］考夫曼等主编：《当代法哲学和法律理论导论》，郑永流译，法律出版社 2002 年版，第 128 页。

〔2〕 ［德］考夫曼：《类推与事物本质》，吴从周译，学林文化事业有限公司 1999 年版，第 69 页。

〔3〕 ［德］考夫曼：《类推与事物本质》，吴从周译，学林文化事业有限公司 1999 年版，第 71 页。

〔4〕 ［德］考夫曼：《类推与事物本质》，吴从周译，学林文化事业有限公司 1999 年版，第 73 页。

开始以前，研究人员必须透过一种抽象作用才能将其视为相同。这就是说，逻辑学是以类推过程为前提的。但我们应注意到，类推本身不是逻辑推论，所以精确逻辑研究一直很难深化法学研究。法律类推是一个由普遍到特殊的过程。只有在一个普通的前提下，从类到同类的推论才有可能。类型思维所需要的是一个相似性比较。如果没有这个比较，法律中的事实和生活事实就没有办法进行比较，根据法律进行思维也就无法进行。

在由理念转化为规范、由规范进一步转化为判决的过程中，有一个能使理念或规范与事实当中取得一致的第三者，"亦即，当为与存在之间的调和者"，[1]这个第三者就是"意义"。"在该意义中法律进化或者说法律规范与生活事实必须同一，因此，它们能够彼此'相对应'。'事物本质'是一种观点，在该观点中存在与当为对应互相遭遇。它是现实与价值相互联系对应的方法论所在。"[2]因此，从事实推论到规范或由规范推论到事实，一直是一种有关'事物本质'的推论。事物的本质是类推的关键点，它不仅是立法，也是司法类推过程的基础。事物本质是一种特殊中的普遍，事实中的价值现象。"一方面，法律理念显示在它的'素材规定性'中，在它向着素材的开放性中，在素材中它自己得以现实化。同样，法律规范显示在它的'存在关联'中：即法官构成要件作为被类型化的生活事实。另一方面生活事实亦显示它的'理念规定性'与'价值关联性'中，在它的理念性、图像性、规范性中：亦即在其类型中。如果我们从'事物本质'出发进行思维，那么我们便同时一直在事实与价值中。"[3]从上面的论述中我们看到，事物本质是指向类型的，刑法中构成要件都是"不法类型"。类型是一种立于普遍与特殊的中间点。相对于普遍的规范和法律概念来说，它是具体的，但相对于生活事实而言，它又是抽象的。正是由其位于中间点的位置，决定了类型接近现实性、直观性和具体性。正因为如此，也决定了对它难以以定义的方式加以表述，而只能够加以说明。"它虽然有一个核心，但却没有固定的界限，以至于用以描述某一类型的'特征'得以或此或彼缺少其一。"[4]而概念和规范是封闭的，对它的表述是非此即彼，概念式的思维是分离式的思维，而类型思维则是开放性的。类型是有联系有意义的意义关系，可以较为直观地把握。也正因为如此，类型思维不再是一种精确的形式逻辑式的思维。把类型思维用到法律领域，我们可以看到，类型指的是规范类型，其介于法律理

---

〔1〕〔德〕考夫曼：《类推与事物本质》，吴从周译，学林文化事业有限公司 1999 年版，第 103 页。

〔2〕〔德〕考夫曼：《类推与事物本质》，吴从周译，学林文化事业有限公司 1999 年版，第 103 页。

〔3〕〔德〕考夫曼：《类推与事物本质》，吴从周译，学林文化事业有限公司 1999 年版，第 109 页。

〔4〕〔德〕考夫曼：《类推与事物本质》，吴从周译，学林文化事业有限公司 1999 年版，第 111 页。

念与生活事实的中间点。考夫曼说："所有法律思维教育都围绕在该中间点上，亦即，它是规范正义与事物正义的中间点。"[1] 处于中间点上的法律是解释学意义上的展开与意义的实现过程，不可能有脱离解释学而自在的客观法律的存在。在解释者介入法律之前，既无法律，亦无法律事实，有的只是"原料"。一方面是一些抽象的法律规范，一方面是未区分的事实混合物。

关于类型中间点的思维，我们认为法官判案不可能机械地依法而进行，由成文法向判决的转换需要一个中间环节。这一环节就是法律解释的目标——裁判规范。与一般的法律规范比较，裁判规范是法官在规范与事实的互动关系中构建的。在这里，制定法规范只是权威性资料，是法官判案的法律最重要渊源之一。但是，像考夫曼所讲的类型一样，裁判规范也不是单一的，它是法律解释、法律论证、价值衡量等法律方法应用的结果。当然，考夫曼在论述其类型思维的时候，他的目光并没有集中在司法过程，顺便也对立法问题作了些阐述。他说："类型是那些已存在于立法者与法律形成之前的事物。立法者的任务便是去描绘这种类型"，而"法官的判决不仅必须正确评价法律规范的意义，也必须正确评价生活事实的意义，事物本质的意义，亦即：法官必须在法律规范所意念的类型中掌握生活事实"[2]。立法或司法能否成功，取决于人们是否能够正确地掌握类型。另外衡量一个法科学生学习法律是否成功，不仅取决他掌握多少法律概念和原理，而取决于他在掌握概念和原理后能否识别法律和生活中的类型，并据此进行有水平的法律思维。这一点同样可以用于衡量法官的能力和水平。

既然关于法律的类型对法科学生和法律人是那么重要，那法学家为什么不把对法律概念、原理的学习，直接改为对类型的学习呢？考夫曼说："详尽地去描述一个类型是不可能的，这种描述只能不断地接近类型但无法掌握最终的精细性。因为类型永远比抽象地被定义的概念在内容上来得较为丰富，较为有思想，较为有意义，较为直观。"[3] 作为类型的法无法在概念、规范中加以规定，对其无法定义，只能描述。既然可以描述，我们为什么不把其描述出来呢？这也难以做到，因为实际上存在着一个立法与司法关系的悖论。立法者所进行的工作是一种关于法律普适化的努力，由立法者制定的普适化法律必须用极为精练的语言表述，这样才能增大法律的涵盖力。但是法律的涵盖力越强，它的抽象度就越大因而适用就愈发困难。于是应司法者的要求，就制定更为详尽的法律，所谓详细的法律，无非是对法律规范的条件或模式进行较为细致的说明。但越是详细的法

〔1〕 〔德〕考夫曼：《类推与事物本质》，吴从周译，学林文化事业有限公司 1999 年版，第 113 页。
〔2〕 〔德〕考夫曼：《类推与事物本质》，吴从周译，学林文化事业有限公司 1999 年版，第 115 页。
〔3〕 〔德〕考夫曼：《类推与事物本质》，吴从周译，学林文化事业有限公司 1999 年版，第 117 页。

律，其适用条件和模式越是难以与现实生活对应，因而在许多案件中法官更难以操办。所以，法学家们呼吁应制定那种详略得当的法律，并以此来保障法律的安定性。所以考夫曼说："完全将类型概念化，是不可能达到的，因此，在具体的法律发现中必须一再回溯到制定法所意涵的类型、回溯到作为制定法基础的模范观念。"[1] 实际上，概念本来就是一种类型。但这种类型是高度抽象化的。考夫曼说："明确的、单义的、严格被定义的概念只是一种思维操作的结果，一种抽象作用的结果。"[2] 用这一思想衡量刑法中某些类推的原则，我们可以看到，试图用犯罪构成要件的方式实现罪刑法定的原则，实际上是不可能的。因为，法律思维本身就是一种类型思维，严格的法律推理仅仅是一种理想。反对类推的原则现在只能"在注释书中艰苦度日而已"[3] 当然，考夫曼的说法对我国新刑法来说无疑也是一种打击。因为，在我国经过刑法学者的不懈努力，刚刚废除类推制度。我们必须承认我国刑法中规定罪刑法定是法律史上的一大进步。因为罪刑法定的对立面是罪刑擅断。罪刑法定是严格法治的原则，我们应深刻理会该原则的积极意义，而不能指望刑法条文能把各种犯罪的类型都说清楚。我们应认真研究刑法概念条文背后的法律类型并在刑法司法活动中建构真实的刑法。

考夫曼曾说："法律思维，本质上是类推思维，是从事物本质产生的思维。"[4] 但是有没有类型思维，有没有像事物的本质这样的东西，考夫曼在本书的最后一章运用古老的"共相"理论加以说明。共相理论涉及普遍与个别的关系问题。唯名论者认为："只存在个别、特殊，但不存在一般……'普遍'不是'先在'，如作为自在的理念，而只是作为由思维着的精神构成的概念（名称）的'后在'。"[5] "普遍只存在于事后作用思维精神主体建构的概念，作为思维的理念或根本作为一个名词。"[6] 依此推论，法律既没有类似性，也没有类型概念。它无非是人类精神的产物。与唯名论相对应的是唯实论。这种理论认为，普遍的本质早已在实体而且真实地存在于事物之前。在我们的世界中只有个别事物、特殊事物，普遍性本身不会出现。面对普遍与特殊的对立关系，考夫曼走的是一条介于唯名论与唯实论的中间道路，他相信普遍源自个别事物，认为："没有任何事物系完全无关系地独立存在。事物相互联系地存在，是一项存在事实，

---

[1] ［德］考夫曼：《类推与事物本质》，吴从周译，学林文化事业有限公司1999年版，第119页。
[2] ［德］考夫曼：《类推与事物本质》，吴从周译，学林文化事业有限公司1999年版，第121页。
[3] ［德］考夫曼：《类推与事物本质》，吴从周译，学林文化事业有限公司1999年版，第125页。
[4] ［德］考夫曼：《类推与事物本质》，吴从周译，学林文化事业有限公司1999年版，第129页。
[5] ［德］考夫曼等主编：《当代法哲学和法律理论导论》，郑永流译，法律出版社2002年版，第75页。
[6] ［德］考夫曼：《类推与事物本质》，吴从周译，学林文化事业有限公司1999年版，第129页。

非单独的思维过程"。[1] 事物的本质在某种程度上并不出现在自然中，然而它并非是不现实的。早在古希腊，人们已经抓住了法律哲学这个核心问题，Hippias说："我想我们不是依法律，而是依自然成为亲属、相互归属为同。因为依自然，相类似的是亲属。反之，法律……强迫许多事物违背自然。对我们而言，虽然认识事物本性，但仍不真实地指出此区别标记"。[2] 中世纪的托马斯·阿奎那认为，人类借助其理性有能力理智地在其价值性中认识存在，虽然不十分相当、完美，但却严明而真实。他认为，自然法是理性生物自世界法中所取得的理智部分。一方面它是永恒法的组成部分，另一方面是人类理性自然判断能力的流露。但是近代的正义与自然法学说完全迷惑在理性论的科学概念之内。理性不仅是认识正当法的工具，也是正当法的根源。但实际上，人类认识事物不可能不考虑经验的实在性，空间与时间的情状。比如，对理性的罗马法的继受，是在经验与理性的聚合中，才产生了伟大的"自然法典"。"这意味着，我们的一切知识含有两种成分：直观和概念。直观给予我们对象，概念使对象被思考，'概念无内容是空洞的，直观无概念是盲目的'，此时，直观和概念既是'纯粹的'，也是'经验的'。"[3] 理性无法观看事物，感觉无法思考事物。因而事物的本质实际也"具有关系的性格，它是存在于当为之间，生活事实与规范事实之间实际上存在的关系。"[4] 对这种关系，我们无法用数学般地精确计算。"关系的概念是指，一个存在者与其他存在者的关系所共同构成的存在。"[5] 一个存在者完全可以化为关系的整体性。或然性是人类活动的广大范围，如果我们到处都期待确定性，我们的生活将停滞不前。类型思维不是一种形式逻辑的思维，但这决不意味着法律思维不讲逻辑。法律思维是一种先在的判断。实际是一种为法律推理准备法律前提的思维形式。如法律解释、法律论证、法律发现、价值衡量为法律思维方法，都不过是法律推理的前奏而已。但愿我们的努力，打破考夫曼的断言："一切探求法中'不可把握性'的努力，最终归于冷静，甚至失望"[6]

---

〔1〕〔德〕考夫曼：《类推与事物本质》，吴从周译，学林文化事业有限公司1999年版，第133页。

〔2〕〔德〕考夫曼："正义理论——一个难题史的观察"，刘幸义译，载《中兴法学》第27卷。

〔3〕〔德〕考夫曼等主编：《当代法哲学和法律理论导论》，郑永流译，法律出版社2002年版，第91页。

〔4〕〔德〕考夫曼：《类推与事物本质》，吴从周译，学林文化事业有限公司1999年版，第133页。

〔5〕〔德〕考夫曼："正义理论——一个难题史的观察"，刘幸义译，载《中兴法学》第27卷。

〔6〕〔德〕考夫曼：《类推与事物本质》，吴从周译，学林文化事业有限公司1999年版，第150页。

第三章　法律渊源与法律发现

一、司法视角的法源理论

法律渊源又称法源，其原本含义是指法的源泉。但由于学者们在使用这一概念的时候，都没有言明法源之法究竟是指规范性的法律，还是具体的用于裁判案件的法律，因而造成了很多误解。如果说法源之法律指的是规范性法律，那么所谓法源便是指作为立法者创立之法律来自何处，其来自哪里，哪里便是法律的渊源。对这种法源有学者也把其称为实质法源。由于这种基于立法立场的法源对司法活动来说没有应用价值，因而，法学界更多的是在形式意义上（即立法立场上）使用法律渊源一词。形式意义上的法源有时也称为狭义的法律渊源。[1] 在这里，法源之法律特指法官用于裁判案件的法律，所谓法源指的就是作为法官裁判案件时的规范（个别规范）来自何处。立法之法其源头指的是法律形成各种社会关系；而司法之法则蕴含在各种被称为法律各种形式之中，如大陆法系的法源形式主要是制定法，英美法系的法源形式主要是判例法等；立法者之法是一般性的法律规则，司法之法是融一般法于个案的具体性法律。虽然立法之法与司法之法有许多重合之处，但二者的来源却不尽相同。本章试图在评析立法法源的过程中，叙述司法立场的法源理论，并试图证明法律发现是相对独立的法律方法。

（一）立法立场与司法立场

早就想着概括一下立法立场的法源理论，但由于散见于各种教材著述中的观点比较分散，也不甚明确，所以时至今日仍没有完成。偶翻杂志看到周旺生教授

---

[1] 德国学者魏德士说："在法理学中，多数学者使用的是狭义的法律渊源。"参见 ［德］魏德士：《法理学》，丁小春、吴越译，法律出版社 2003 年版，第 102 页。

《重新研究法的渊源》一文，感觉其观点为立法立场，[1]故而借其文章作为研究分析之对象，并从中揭示其立法立场之法源观点。周文中提到："法的渊源之主要目的，在于实现法的渊源的价值，亦即从法的渊源中选择和提炼有关原料以形成法和法律制度。"[2]这实际上等于说法律渊源研究的目的和价值就是为创设法律或法律制度做准备。在周文的第一、二部分，对这一立场有更为详细的说明和论证。他说："法的渊源是由三项基本要素所构成的概念和事物。这三项基本要素分别为：资源、进路和动因。所谓资源指法和法律制度是基于什么样的原料形成的，是基于习惯、判例、先前法、外来法还是基于道德、宗教戒律、乡规民约、政策、决策、学说之类形成的。所谓进路是指法是基于什么样的途径形成的，是基于立法、行政、司法还是基于国际交往形成的。所谓动因是指法是基于什么样的动力和原因形成的，是基于日常社会活动、社会发展的需要，还是基于经济、政治、文化、历史之类作用形成的。"[3]在这里周文虽然提到司法是法源的进路，但其意思很明显指的是立法、司法、行政机关作为创设法律的主体，即法源通过什么样的主体制定或认可，从而表现为法律。他接着说："法的渊源中的资源性要素是法和法律制度据以形成的原料性或质料性渊源。""在进路性渊源中，立法是法和法律制度得以形成的尤其重要途径。……立法作为法的渊源的重要进路性要素，它是一种主动的立法途径；在通常情况下，它是产生诸如宪法、法典和重要法律的途径性渊源。因而对立法这一法的渊源我们应予更多的关注，更多地注意实现其作为特别重要的法的渊源的价值。"[4]关于动因性要素，周旺生认为是根本的要素。他说："从马克思主义观点和社会发展事实来看，法和法律制度最主要的动因是人们的实际生活需要。"[5]在这里，无论是资源性因素、进路性因素和动因性因素都是指一般的规则在演变成法律时必须考虑的因素。周旺生所谈的法源和其他法学家所谈论的法的实质渊源是一致的，只是在该文中把这些所谓渊源作了更为清晰的分类。

---

[1] 得出该观点并不是因为周旺生是专门研究立法学的教授，而主要是根据其文中的观点。在周旺生主编的《立法学》教材中，我们看到他基于司法立场的法律定义。他在该教材中讲道：法是"以国家政权意志形式出现的，作为司法机关办案依据的，具有普遍性、明确性和肯定性的以权利义务为主要内容的，首先和主要体现执政阶级意志并最终决定于社会物质生活条件的各种社会规范的总称。"参见周旺生主编：《立法学》，法律出版社2000年版，第65页。这种界定的特殊之处在于，将是否"能够作为司法机关办案的依据"作为是否是法的衡量标准。参见孔祥俊：《法律规范冲突的选择适用与漏洞补充》，人民法院出版社2004年版，第24页。但在该文中，这种观点没有出现。

[2] 周旺生："重新研究法的渊源"，载《比较法研究》2005年第4期。

[3] 周旺生："重新研究法的渊源"，载《比较法研究》2005年第4期。

[4] 周旺生："重新研究法的渊源"，载《比较法研究》2005年第4期。

[5] 周旺生："重新研究法的渊源"，载《比较法研究》2005年第4期。

法源的概念是与法律发现联系在一起的，立法者不是在创设法律，而只是在社会关系中发现法律，进而把其宣布为法律。立法者（包括站在立法立场上的法学研究者）在哪里发现法律，哪里就成了法源。这种观点并没有错误，但是对司法活动没有太多的指导意义。法治社会不需要太多的立法者，但却需要大量的司法者。虽然立法活动也要坚持民主原则，但从总体上看，对多数的立法活动来说，普通官员和民众很少能参与进去。所以，立法中心的法源论被忽视是有社会原因的。尤其是在大规模的立法活动告一段落后，司法视角的法律发现便成为法学家关注的重点。按照法治的要求，司法者（或法律应用者）不能像立法者那样在原初的社会关系中探寻法律。立法者已为法官准备好了大量的制定法和国际法条约等（在英美法系先前的判例中也包含了大量的法律规则），长期的司法传统也为法官准备了大量非正式法律。这些都是法官发现法律的源泉。只有当制定法（或判例法）解决不了当前案件时，司法者才在个案中模仿立法者在个案中探寻法律。这种探寻带有一定的创造性，但这种创造是有条件、有范围的，其条件是已有的法律解决不了当前的案件；其范围是那些被称为法律渊源的各种法律形式。

从司法的角度看，实质法律渊源对司法实践活动没有直接的应用价值。关于这一点，我们可以从英国法学家沃克所著的《牛津法律大辞典》"法律渊源"的词条中得到部分印证。[1] 沃克罗列了法律渊源的五种含义：①指法的历史来源，指产生特定法律的原则和规则的过去的行为和事件；②指影响法律促进立法及推动法律变革的一些理论或哲学原则；③指法律的形式渊源，如议会以立法形式发布宣告，高级法院的法律解释，权威性法学著作，习惯、公平、正义的法律观念等；④指文件渊源，即对法律规则做出权威性说明的文件，人们从中找到对法律的权威性阐述；⑤指文字渊源，也就是法律文献，人们可以从中找到有关法律的信息，发现一些关于法律的非权威性解说。沃克认为："从研究方面看，第一和第二个渊源更有意义，它可以让人认识该原则的真正范围和含义。从实践方面看，第三和第四个渊源的重要性更大，第一条所称的规则，除非它来自实质渊源，且能在文件渊源里找到关于它的陈述，否则是没有法律强制力或效力的。"[2] 法律的实质渊源只是向人们讲述了法的政治、经济、文化等所谓完整的科学的来源。对这方面问题的深入研究，人们一般不会使用法的渊源这样的术语。法律的实质渊源是一种典型的理论问题，对这种问题的深入研究显然不是规

---

〔1〕 ［英］戴维·M. 沃克：《牛津法律大辞典》，李双元等译，法律出版社2003年版，第1048～1050页。

〔2〕 ［英］戴维·M. 沃克：《牛津法律大辞典》，李双元等译，法律出版社2003年版，第1049页。

范法学的特长。它只是为立法做准备的研究。李浩培先生早些年在研究国际法渊源的时候也注意到这一问题。他说："国际法的源渊正如国内法的渊源一样，主要可以区别为实质渊源和形式渊源两类。国际法的实质渊源是指在国际法规则产生过程中影响这种规则的一些因素，如法律意识、正义观念、连带关系、国际互赖、社会舆论、阶级关系等。国际法的形式渊源是指国际法规则由以产生或出现的一些外部形式或程序，如条约、国际习惯、一般法律原则。国际法学者所注重研究的主要是国际法的形式渊源，因为只有研究这种渊源才能识别一个规则是否是国际法规则。至于影响国际法内容的一些因素的共同点在于其都具有法律以外的性质：它们是一些政治上的、经济上的或者心理学上的事实。所以国际法的实质渊源的研究主要是其他社会科学的任务。"[1] 我们认为这一判断基本可以推及到国内关于法律渊源问题的研究。如果把法的渊源放到法的历史来源、文化来源、经济根源的角度进行深入的研究，只是重复法社会学或者其他学科的研究内容，因而并不具有学术研究上的新意。当然，这不是说从这一角度研究法的渊源是错的，而只是说这种课题在法史学、法社会学等学科中都已做了深入的研究，不存在重新建构的问题。这方面的研究已经出现了较为成熟的理论。仅仅是学者们没有冠以法律渊源的名称而已。也许德国法学家拉伦茨的话对我们是有启示意义的。他说："假使法学不想转变成一种或者以自然法，或者以历史哲学，或者以社会哲学为根据的社会理论，而想维持其法学的角色，它就必须假定现行法秩序大体看来是合理的，它所关心的不仅是明确性及法的安定性，同时也致意于：在具体的细节上，以逐步进行的工作来实现'更多的正义'。谁如果认为可以忽略这部分的工作，事实上他就不该与法学打交道。"[2] 同样，舒国滢也说："法学完全可以表达自己在法律上的个人之价值判断，甚至像抒情诗人那样呈展自己渴望无限接近天空的浪漫想象。但法学家不能像诗人那样利用过度修辞张扬自己的情感。他们如果不想让自己的判断和想象完全流于无效，就必须用所谓理性。按照'法律共同体'之专业技术的要求，来逻辑表达为法律共同体甚或整个社会均予以认可的意见和问题的解决办法，法学家必须依托实在法按照'法学范式'来进行作业"[3] 这些近似忠告的话语值得深思。

像许多法学术语一样，法律渊源一词也来自西方，但西方法学家在论述这一问题的时候，大都没有直接表明其立法立场，似乎是要站在更高的角度全面概括法源理论。但在阅读了许多西方法学著述后，我们感觉到他们所指称的法源之

---

〔1〕 李培浩：《国际法的概念和渊源》，贵州人民出版社1994年版，第52页。

〔2〕 ［德］拉伦茨：《法学方法论》，陈爱娥译，商务印书馆2003年版，第77页。

〔3〕 舒国滢："寻访法学的问题立场"，载《法学研究》2005年第4期。

法，大多是指司法之法。学者们往往是在描述法律渊源时探讨其司法过程。比如在阅读《民法法系的演变及形成》一书时，该书第十一章专门论述了"近代民法的渊源法源"，在该章中并没有对法的渊源进行定义，但却叙述了民事审判的方法与原则。沃森说："随着法典的完成，成文法成了基本的也是主要的法律，法典是法和成文法的最佳形式，再也没有其他任何独立的法律渊源需要获得认可；如果有一种渊源，那就是习惯法或某个惯例，它从属于成文法，只能起到次要的作用。"[1]"在民法典里，针对渊源的阐述没有固定的模式。一些法典对渊源根本不提，《德国民法典》表现得很突出。《法国民法典》没有阐明渊源，但采取了一种反向方式来阐明：第4条规定法官不得借口法无明文规定而拒绝受理提交给他的案件。第1~3条对待成文法的态度表明，在法无明文规定的情况下，至少法典本身就是最重要的法律渊源。《瑞士民法典》第1条一贯被认为是特别值得注意的：凡本法文字上或解释上有相应规定的任何法律问题，一律适用本法。如果法无相应规定时，法官应依据惯例。在前款情况下，法官应依据经过实践确定的学理和惯例。"[2]　在这里，法律渊源指的就是法官应用法律的诸种情形。如果拒绝司法角度的认同就无法理解法律渊源的词义。这表明法律渊源是一个专门描述司法过程的概念。如果从其他角度描述法源，它的应用价值就会大打折扣。

　　关于法律渊源的司法属性，我们还可以从《国际法院规约》第38条来理解。该条规定："（1）法院对于陈诉各项争端，应依国际法裁判之，裁判时应适用：①不论普通或特别协约，确立诉讼当事人国明白承认之规条者；②国际习惯作为通例之证明而经接受为法律者；③一般法律原则为文明各国所承认者；④在第59条规定之下，司法判例及各国权威最高之公法学家，作为确定法律原则之补助资料者。（2）前项规定不妨碍法院经当事国同意以公允及善良原则裁判之权。"[3]　非常明显，国际法渊源就是国际法院在应用法律时到哪里去寻找针对个案的法律。上述五个方面就构成了国际法的形式渊源。另外，孔祥俊在"审理案件的法律依据"一章中探讨了法律渊源。他认为："法理学上的'法律渊源'与实践中的法律依据有着紧密的联系。"[4]　魏德士也认为，按德国《基本法》第20条第3款和第97条第1款的规定，只有那些对于法律适用者具有约束力的

〔1〕　〔美〕艾伦·沃森：《民法法系的演变及形成》，李静冰、姚新华译，中国政法大学出版社1992年版，第215页。

〔2〕　〔美〕艾伦·沃森：《民法法系的演变及形成》，李静冰、姚新华译，中国政法大学出版社1992年版，第216~217页。

〔3〕　李浩培：《国际法的概念和渊源》，贵州人民出版社1994年版，第52~53页。

〔4〕　孔祥俊：《法律规范冲突的选择适用与漏洞填充》，人民法院出版社2004年版，第29页。

法律规范，才是法律渊源。[1]

（二）法律形式与法律渊源

在我国的法理学教材中，法律渊源一般被称为法律的表现形式。这一观点也像其他许多法学思想一样来自于西方。但我国法学界在接受西方法学的这一观点的时候，没有进行立场的转换。我们注意到，西方法学家很少自己声明站在什么立场上表述法源，但他们大多都自觉或不自觉地站在司法立场上理解法源概念，起码多数法学家比较关注对司法问题的研究却是个不争的事实。美国法学家埃尔曼说："法律渊源是指法律规范所据以形成的材料，建立在宗教或世俗传统基础之上的习惯、司法和构成其他重要人物所做的判决、成文法律、正义原则以及其他法律方面的权威性著作构成了这些材料。所有的法律制度都要以此（或者某一种，或者更多情况下以其总体）作为渊源：非洲部落的法官以它们为基础做出判决，美国最高法院的法官也不例外。在整个历史过程中，这些渊源中的每一种都有其观念形态上的辩护士，他们愿意在那些能最好地服务于自己利益与价值的渊源范围内寻求智慧与正义。"[2] 就从整句话联贯来理解，埃尔曼所说法律规范实际上是针对个案的裁判规范，他所说的法源是指法官判案之法来自何处。司法之法在法治原则下不能是任意之法，它大体应有个范围，而这个范围也不能是杂乱无章的，这就需要对它进行分类。从法官发现（或应用）法律的角度，法学家们把法官之法分为各种法律的表现形式，这就是制定法、判例法、国际条约、习惯法等。后来人们又发现仅靠这些正式法律并不能解决所有的案件，于是一些有见地的法官便开始在更宽的范围内寻找解决的方案。这样，法理学说、公平正义观念、公共政策、善良风俗，甚至事物的本质等都被拿来作为法官探寻裁判之法律的地方。法律渊源就这样与法律的正式形式和非正式形式结合起来了。从多数文章和著作的构成来看，关于法律渊源的表述似乎就成了对法律形式的研究。但是，由于我国法学界在接受这一概念的时候，就直接把法律的表现形式称为法源，关于这一点诚如周旺生所讲："人们在理解和把握法的渊源这一特定事物方面，迄今仍然是普遍未得要领"[3] 这样的局面。既然称普遍也就意味着例外很少，周教授自然也位列其中。

其实想要理解多数西方法学著作中关于法律渊源的论述，我们必须转换视

---

[1]　[德] 魏德士：《法理学》，丁小春、吴越译，法律出版社 2003 年版，第 32 页。

[2]　[美] H. W. 埃尔曼：《比较法律文化》，贺卫方、高鸿钧译，清华大学出版社 2002 年版，第 1～2 页。

[3]　周旺生："重新研究法的渊源"，载《比较法研究》2005 年第 4 期。

角，不能以经常立法者自居。如果我们把研究问题的立场转换到司法角度，把法律渊源确定为针对在个案中寻找法律，那么法律渊源就与法律的形式结合起来了。德国学者魏德士在表述法律渊源时说："法律渊源是指客观法的（能够为法律适用者所识别的）形式和表现方式。"[1] "在对纠纷做出裁判时，法官不能凭主观感觉，而必须按照'法律与法'来衡量公正性。因此，准确地把握法律渊源及精确地确定'法律与法'的范围就成了法律适用者的宪法任务。法官必须知道哪里且如何发现现行的法，而法律渊源学说则有助于法官发现法律渊源。"[2] 法律形式的划分使法律人比较清晰地了解他们必须从哪里发现法以及比较容易地区分法律规范的位阶和顺序。但我们应明确的是：法律形式并不等于法律渊源，只有当法官在各种形式中发现法律探寻个案的答案之时，法律形式才成了判决之法的来源。但这决不意味着法律渊源与法律形式没有关系。实际上西方法学著作中关于法律渊源的研究多数是对法律表现形式的论述。

　　法律形式如果不与司法判案活动结合，我们就不能把法律形式称为法源。关于这一问题，英国学者拉兹有过论述。他说："任何完整的法律理论都包括确认法律内容与鉴别法律存在的检验。"[3] "法律体系确认与存在的检验包括三个基本要素：功效、制度特性和渊源。"[4] 功效源自人们对法律的承认与遵守；制度则表明法律不能用道德因素确定什么是法律；但渊源论法律则不断在司法中将道德纳入法律。"渊源在此有某种技术性意义（然而它与传统论著中的'法律渊源'有密切联系）。如果法律内容及其存在的确无需诉诸于道德论证，那么法律拥有渊源（但是关于人们道德观和意图的论证在法律解释中却是必要的）。法律渊源是指那些鉴别法律有效及内容的事实。渊源的意义比形式渊源意义更广泛些。形式渊源是指法律的效力渊源（某些议会立法或程序可能是某一法律规则的形式渊源），在渊源中还包括'解释性渊源'，即所有相关的解释性资料。这种渊源从来都不是一个单一行为（如立法等），而是各种社会关系的总和。"[5] 这种法律渊源论实际上反映了站在司法立场上的学者对什么是法律的理解。从司法角度看，法律有确定的与不确定的两种情形：当法律（制定法或判例法）为案件提供了解决方案时，法律就是确定的。"此时，法官被认为是适用法律。并且由于案件的解决以法律渊源为基础，法官在这些渊源的推理涉及使用法律技能，而不是道德智慧。如果一个法律不能用法律渊源包含的标准来解决，即法律

〔1〕 ［德］魏德士：《法理学》，丁小春、吴越等译，法律出版社 2003 年版，第 101 页。

〔2〕 ［德］魏德士：《法理学》，丁小春、吴越等译，法律出版社 2003 年版，第 101 ~ 102 页。

〔3〕 ［英］约瑟夫·拉兹：《法律的权威》，朱峰译，法律出版社 2005 年版，第 36 页。

〔4〕 ［英］约瑟夫·拉兹：《法律的权威》，朱峰译，法律出版社 2005 年版，第 38 页。

〔5〕 ［英］约瑟夫. 拉兹：《法律的权威》，朱峰译，法律出版社 2005 年版，第 42 页。

对此问题没有提供答案，那么在这个问题上法律就是不确定的。在这些案件解决中，法官不可避免地创设新的（法律）根据，从而他们的判决发展了法律。"[1] 渊源论视角的法律拓宽了法官之法的视界，使法律在更宽的范围内变成了行为理由，在法源形式中发现裁判的依据、适用法律或者"造法"行为本身都不是法源，只有这种适用或"造法"行为找到判决的理由或依据，并取得具体的法律效力时，法律形式才成为法源。所以，我们所说的法律渊源更确切地讲是法官法源。

周旺生在文章中，对法律渊源与法律形式不分的状况进行了分析。他说："在法的渊源的定性问题上存在着种种混乱、不确定和误区，而这些错乱、误区所引出的突出结果便是法的渊源和法的形式不分。中外法学著述中讲到法的渊源时，大都既包括法的渊源，亦涵盖法的形式。"[2] 之所以会使法律渊源与法律形式混同，周教授认为，"很重要的原因在于法的渊源定性问题未能获得科学且富有成效地解决"[3] "法的渊源更主要的是个可能性的概念或未然的概念，它是法的预备库或半成品，是法的孕育地，是法的原动力。"[4] 这句话中的法律如果是指判案之法，应该说是有道理的，但非常明显，这里的法是指一般的法律。周教授心目中的法就是指立法者向社会输入的法律规则。他接着说："而法的形式则不同，无论宪法、法典、法律、法规或习惯法、判例法，它们都已经是法，它们不是可能的法概念，不是未然的法现象。……法的渊源和法的形式是两种不同的现象和事物。"[5] 从立法者的立场来看，法律形式确实是已然之法，因为立法之法就是指各种形式的法律规则或者说法律规则体系。立法者的主要任务就是创制法律规则。但我们觉得立法之法并不等于司法之法。比如说立法工作是要对复杂的事物进行抽象化努力，使纷繁复杂的社会关系简约为法律规则，而司法之法则是要把这些一般的规则转化为具体的判决。一般的法律与具体判决有很大区别，但这绝不是说二者没有关系。动态司法理论认为，法官判案不能直接套用法律规范，因为简约的法律规范难以涵盖复杂的社会关系；另外，法律条款不能自动与案件结合，必须由人去理解，法律才能应用。所以，以司法者的角度看，立法者所创设的法律规范（或法律规则体系）仅仅是法官建构判决的权威性材料。按美国法学家庞德的说法，立法者之法对法官来说仅仅是权威性法源。所以，周教授试图从法源中排斥法律形式的做法只是想使法律渊源的研究统一到立法立场

---

[1]　［英］约瑟夫. 拉兹：《法律的权威》，朱峰译，法律出版社 2005 年版，第 44 页。
[2]　周旺生："重新研究法的渊源"，载《比较法研究》2005 年第 4 期。
[3]　周旺生："重新研究法的渊源"，载《比较法研究》2005 年第 4 期。
[4]　周旺生："重新研究法的渊源"，载《比较法研究》2005 年第 4 期。
[5]　周旺生："重新研究法的渊源"，载《比较法研究》2005 年第 4 期。

上来。他说："将已属于法的范畴的现象亦即法的形式同立法、司法和习惯混同起来，也视为法的渊源，而疏于注意，这些法形式的来源才是真正的法的渊源，这就是源和流不加区别的必然结果。这种状况需要在未来的法的渊源和法的形式的研究中予以转变。"[1] 但从法律渊源的司法属性来看，这种想法根本是做不到的。

关于法律渊源的研究，人们无法在描述司法过程的时候驱除法律形式，因为没有法律形式，法律渊源问题无法表示清楚。在司法过程中，我们看到各种法律形式正是法官发现法律的大体场所。比如，在应用法律问题上，对国内案件法官首先要到制定法中去发现，涉外案件首先应到被称为国际法源的形式中去寻找。这些东西又被称为正式法源，当在这些正式法源中难以找到解决问题的方案时，就要到作为非正式法源的法理学说、公共政策中去寻找。可以这样说，法律形式本身并不是法律渊源，但当法官判案把其作为构建判决的法律来源时，它就成了法源。所以，法源是一个动态的概念，是一个描述司法过程的概念。正是在这个场合，法源一词才有其方法论意义上的功能。而站在立法者角度所研究的法源，如果不用这一词汇，描述问题可能更为清晰，用了反倒不甚清楚。所以只要把我国法理学教科书中关于法律渊源论述进行司法立场的转换，我们很快便能清楚法律渊源的含义，并能较为准确地理解和应用它。研究法律渊源不可能回避法律的形式问题，这一点在比较法学中表现得更为清晰。我们在研读两大法系的著作时，都会看到制定法、判例法等形式的比较。但这种比较实际上是关于司法过程的比较，而不是纯形式的比较。法律形式背后的比较又是一种文化的比较。这种比较大体相当于周教授所说的法源比较，即其所说法源是一种历史和时空的现象。但这种比较人们一般不冠以法源问题研究的名称。

博登海默在所著的《法理学——法律哲学与法律方法》一书中，"法律渊源与技术"是该书的第三部分，博氏用了大量篇幅研究法律渊源。这也是一种站在司法立场上的研究。但这一点被周教授误解为不折不扣地在研究法律形式。但如果仔细研读便会发现，博氏是在各种法律形式的标题下谈论司法之法的源泉。博登海默是在叙述格雷法源理论的基础上研究形式法源的。他说："法律乃是由法院以权威性的方式在其判决中加以确定的规则组成的。而关于法律渊源，他则认为应当从法官在制定那些构成法律的规则时通常所诉诸的某些法律资料与非法律资料中去寻找。"[2] 在这里，法律就是法律规则，而法律渊源则是那些可以成

〔1〕　周旺生："重新研究法的渊源"，载《比较法研究》2005 年第 4 期。

〔2〕　［美］博登海默：《法理学——法哲学与法律方法》，邓正来译，中国政法大学出版社 1999 年版，第413 ~ 414 页。

为法律判决合法性基础的资料。法律规则与法律判决有关。规则虽然是由立法者创设（或由法官在判例中创设），但只是法官发现法律的权威性资料。法律渊源在格雷心目中实际上就是法官审案时的法律来源。对这种渊源，格雷把其进行形式化的分类，即法官判案应在这样五种形式中去寻找法律：①立法机关颁布的法令；②司法先例；③专家意见；④习惯；⑤道德原则。[1] 但博登海默对此进行了补充和重新分类：如立法、委托立法与自主立法、条约与其他经同意的协议；先例等构成了法源形式。魏德士进行了更加详细化的形式分类。他认为作为法源形式的类型包括：①跨国与国际规则；②宪法；③议会法；④行政法规；⑤章程；⑥集体法上的规范合同；⑦习惯法；⑧法官法；⑨法学家法；⑩自然法。对法律作这些形式划分为法官在判案时寻找法律提供了方便。这些形式在法官裁判案件、寻找法律时就构成了法源。

（三）研究法律渊源的意义

对任何概念的研究都应有其现实意义；任何概念如果能在学术上传承下去肯定有其应用价值。但我国法学研究在这方面做得很不够，因而我们的教科书在讲述法律渊源（或者说讲法律的表现形式）的时候，很少讲或者干脆不讲其如何应用。长此以往就在学生心目中形成了法理学无用的观念。实际上，像法律关系、法律体系、法律渊源这些问题不仅仅是概念或原理，而且都具有方法论意义。假如我们要对司法过程进行描述或思考解决具体问题的方案，这些概念或者说原理是十分重要的。[2]

1. 法律渊源与法律发现相结合使其具备了方法论意义。法律渊源不仅是一个描绘司法过程的概念，而且还是一个关于司法方法的概念。法律渊源如果不与法律发现的方法结合，它本身的含义难以说清楚。法律渊源在多数法学著作中指的是司法者从何种法律形式中去发现探究判决理由的过程。哪一种法律形式构成了判决的理由，这种形式的法律就成了判决之法的源泉。按法治的要求，法律发现并不能任意去发现，法学家已为其准备了大体的原则和方法。如在大陆法系应用法律的时候：制定法优位；后法优于前法；特别法优于一般法等。这些原则使

---

〔1〕 ［美］博登海默：《法理学——法哲学与法律方法》，邓正来译，中国政法大学出版社1999年版，第413页以下。

〔2〕 孔祥俊说："我最早接触'法律渊源'一词是在大学法理学课堂上和法理学教科书中。……其内容比较宽泛，甚至可以说有些泛泛或者空洞，……只是后来，随着司法经历和经验的积累，感到法学基本理论与法律的具体适用关系密切，特别是研究探讨深层次法律适用问题，法理学知识更是不可或缺了。……其中就包括'法律渊源'的概念和理论。"参见孔祥俊：《法律规范冲突的选择适用与漏洞填充》，人民法院出版社2004年版，第29页。

得法律渊源有了方法论意义。法官在识别法律时"制定法优位"只是个一般的规则。因为制定法是一个有级别效力的体系。在大陆法系，具有最高法律效力的是宪法，以下依次是基本法律、法律、行政法规、地方性法规等。从效力级的角度看，下位阶的法与上位阶的法在发生抵触或冲突时，下位阶的法无效。但这只是立法角度的级别效力，这种认识已被法学界普遍认同。但从司法过程来看，司法者在发现法律的时候却是逆向递进，即特别法优于一般法，发现法律是从较低位阶开始的。如果上位阶的法和下位阶的法不抵触，则优先应用下位阶法，如果上下位阶法相抵触，则用上位阶法取代下位阶法。这一原则（或方法）也适用于具体合同与法律规范的关系。在某一纠纷中，如果具体合同是合法有效的，则法官应依据合同的约定来判案。在这里，具体合同实际上也就成了法官判案的法源。[1] 还有，如果在某一领域制定法与习惯法并存，案件又属于习惯法所调整的范围，按特别法优于一般法的原则，应当优先适用习惯法，法官不用顾忌习惯法与制定法是否冲突。但在这里需要叙明的是，习惯法与习惯并不相同，习惯作为法源只是在没有法律规则的情况下（法官又不能因为法律没有明确规定而拒绝审判案件）而采用的法源。而习惯法则属于正式法源的范畴。按德国等国家的法律规定，习惯等非制定法形式如果在司法中应用，必须经过充分的法律论证。法治和法律方法都反对武断地采用制定法外的法源。非正式法源在司法过程中只起辅助作用。当然这种辅助作用是对制定法严格性的有效克服，也能在一定程度上弥补制定法之漏洞。上述这些原则实际上已构成了法律思维的重要内容，经过法学训练的人一般不会背离法律思维的这些规范性走向。

关于法律渊源的研究为法律人提供较为便捷的思维走向，规制了大体的场所、范围和发现法律的顺序。但法源理论并不能解决所有的司法问题，矛盾与冲突也亦然存在。"由于法律渊源数量的庞大，而且形成时间不同，使得'整个法律制度'，换言之现行法律规范的总和即使对于法律工作者而言也显得不透明了。新的成文法与新的法官法像潮水一样不断涌现，法律处于不断变动之中，使得在解决具体法律问题时必须重新寻找法在何处。这时就会发现'具有远距离影响力'的新规则可能对法律秩序的其他领域发挥作用。数量庞大的法律渊源与来自不同时期的法律规范导致了大量规范冲突：许多法律规范调整相同事实，但却产生不同的甚至截然相反的法律后果。"[2] 对这种冲突，法源理论无法解

---

〔1〕 对于合同作为法源，我国大陆法理学教材中几乎没有人提。但在我国港台地区或国外一些著述中比较常见。如黄茂荣所著的《法律方法与现代民法》（台湾大学法学丛书 1993 年版，第 9 页）和博登海默所著的《法理学——法律哲学与法律方法》（邓正来译，中国政法大学出版社 1999 年版，第 423 页）的书中，都把契约当成了法律渊源来进行描述。

〔2〕 [德] 魏德士：《法理学》，丁小春、吴越译，法律出版社 2003 年版，第 122 页。

决，我们必须配置其他的法律方法。魏德士说："对法律秩序中存在的冲突只能通过公正的解释来解决。"[1] 但是解释也可能会出现多种结果。因而，当代许多法学家又提出，对各种不同的解释结果应当进行法律论证，法官可选择最充分的论证结论，在统一的法律秩序中确定最好的答案。这表明关于法律渊源的研究不能孤立地进行，法源理论与法律发现、法律解释、法律论证等法律方法有着密切的联系。

2. 关于法律渊源的研究确定了多种法律形式，从而增大了法治的可能性。法律渊源一方面扩大了法的范围，使法官之法突破了立法者所设定的制定法范围；另一方面，也使我们明确了司法之法与立法之法的不同，从而使得法律不再仅仅是法律条款。从立法者的角度来看，法律就是指制定法，除非由国家机关制定或认可，任何规则都不能成为法律。但是司法者所面临案件的复杂性，早已打破了这种界限。法官不仅能比立法者更好地在个案中理解法律，而且法官也必须有限地创造性地应用法律。当然，对法官来说，制定法仍具有最高的权威。但把制定法视为最高权威的法源，却也排除了制定法是唯一法源的情况。制定法是最高权威的法源是法治的基本要求，也是司法者对立法者的权威的尊重。但现实的司法状况使立法者非常难看。因为立法并不万能，立法并不能为司法准备无隙的或者说恰如其分的法律规范。任何司法活动都得创造性地应用法律。如果我们把法源仅限于制定法，许多案件无法解决。所以，把制定法以外的形式（如合同、法理学说、公平正义观念等）也视为法源，是立法无能的表现。当然在这里说立法无能并没有贬低立法的作用，而只是说立法者所创设之法仅仅是法律思维的基本根据，是法律思维的出发点和归宿。立法者不可能为每一个案件准备好现成答案。制定法是法官办案的依据，但其不能代替法官的创造性思维。法官把法律转变为法源形式是不得已而为之的事情。但法官自身并不能确定哪些形式是法律，他只能在（特定国家中）被公认为法源的形式中去探寻作为判决的法律。法律范围的扩大，弥补了制定法的不足，但是这也使得法治变得更趋于现实。因为法治要求人们依法办事，法官依法判案，但由于制定法具有较高的概括性，也难以考虑到每一个案件的具体情况，这样就出现了许多事情无法可依的情况。在这种情境下，法律人在更宽广的范围内寻找法律应属当然的事情。但是制定法以外的法律形式仍属于广义法的范畴，退一步讲，在法源之内决断问题，仍不失为法治，法源在很大程度上仍是对任意决断的限制，因而在法源形式中探寻司法之法仍属于广义法治的范畴。

---

[1] ［德］魏德士：《法理学》，丁小春、吴越译，法律出版社 2003 年版，第 126 页。

二、法律发现方法

法律发现是独立的法律方法，是法律应用的前提。但在我国，法律发现理论在法学研究和法律实践中并不受重视，人们往往关注作为法律应用的形式推理。[1] 究其原因，乃是因为，"在我国，法律的成文形式出现很早，'生法者君也，守法者臣也'的法制二分法被广泛认同，而对司法的研究则在很大程度上被忽视了。这种观念深深地影响着人们对法律的全面认识。人们一般认为，法律是由立法机关制定的，一般只要按法律规范行为，法治秩序便会形成。因而许多人（包括法律的研究者）只站在立法的角度认识法律，很少站在司法者的立场上研究法律。我们的法学研究对成文法如何实现的中间环节也不是十分重视，很少谈论法律的发现问题。因为在人们的观念中，法律由立法机关用成文法律形式加以表述，是明确的、公开的行为规范"。[2] 实际上，法律推理是司法过程中的最后阶段，也可能是最为简洁的过程。司法过程中首先运用的方法不是法律推理，而是作为发现裁判案件大前提的法律发现。所以，对法律发现方法的研究对于加强法官的司法能力、提高办案效率起着十分重要的作用。

（一）法律发现概念辨析

司法过程中首先使用的方法就是法律发现。[3] 关于法律发现的界定东西方学者之间是有差异的。在法国，由于受孟德斯鸠"三权分立"及自然法学思想的影响，概念法学蔚然成风。概念法学严格禁止法官创造法律，法官的职责在于发现法律、适用法律，并且在解决纠纷的过程中不能有利益衡量、价值判断等主观的因素；创造法律的任务由立法者来完成。认为判决就是"法律严格之复印"，法官就是一种自动的对法律的机械操作。这就是法典万能主义下的法律发现。历史法学派的代表人物萨维尼就认为，法律是植根于民族精神而自然生成的，因此，立法者要做的不是去创制法律，而是如何将既存的法律由法官予以表达。萨氏认为法官之职责，在于发现法律、适用法律，绝不容以自己的智慧来创造法律。[4] 萨氏的这种观点只是对存在的一种认识，不具备"科学之客观性"。较之以上两种学派，自由法学派则否定法律万能论，认为拘泥于法律条文，必将

---

〔1〕 但这说的是公众的心态，法律人及法学家现在恰恰是在有意无意地松动法律的严格性。许多人在反对形式法学的旗帜下，主张无需法律的秩序。

〔2〕 陈金钊：《法治与法律方法》，山东人民出版社 2003 年版，第 261～262 页。

〔3〕 陈金钊主编：《法理学》，北京大学出版社 2002 年版，第 433 页。

〔4〕 杨仁寿：《法学方法论》，中国政法大学出版社 1999 年版，第 58 页。

使法律僵化，提倡应以利益衡量、价值判断、法律感情等观念为基础，兼顾人类生活的各个方面，自由地发现法律的"意义"，法律才能成为"活生生"的法律。概念法学与自由法学的区别乃在于"概念法学是形式的实证主义（法条万能，立法者万能），而自由法学，则为实质的实证主义（利益衡量，价值判断）"。[1]

有西方学者把法律发现定义为法律适用的过程，法律发现成了司法过程的替代词。考夫曼将法律适用与法律发现相比较认为，"法律适用是当拟判断的案件已经被规定在可适用于绝大多数案件的法律时；这时所进行的只是一种单纯的涵摄。相对于此，法律发现就是少数的例外，当对拟判断的案件找不到法律规定，而这个法律规定是依照法律秩序的计划必须被期待时，亦即当法律出现违反计划的不圆满性时"。[2]考夫曼在此做了进一步的解释，"找不到法律规定"并非是立法者的"故意沉默"，不是有意的。所以这里的漏洞补充仅仅靠涵摄是难以完成的，而必须经过"类推"或者"法官自由造法"的途径才能完成。也就是说这里的法律适用不是单纯涵摄的适用，在这一过程中要有法官的法律技巧的运用。考夫曼认为除了一些清楚的概念如数字概念可以直接适用，绝大多数被用来判案的法律条文都必须经过"发现"。通说所称的"法律适用"，只是法律发现的一种情形；后者是上位概念。[3] 对于考夫曼的这一主张我国学者郑永流教授持有不同的看法。他认为，仅仅依法律扩张的程度不同而分出法律发现与法律适用，没有什么现实意义，还不如忽略法律的扩张程度，直接将法律应用的过程既视为法律发现也视为法律适用。这样，"法律发现与法律适用也不是上下位而是平行关系"。[4]

有的学者认为法律发现就是寻找判案依据的过程。英国法学家拉兹将案件类型分为"法有规定的案件"和"法无规定的案件"，从这两分法中来区别法律发现方式的不同。法有规定的案件是指在普通法或法典规则范围内的案件，它不要求法官行使司法自由裁量权去判决争议；法无规定的案件是指其问题没有明确法律答案的案件即适用法律存在空缺。[5] 法律无规定的案件其争议的解决是从排除一些不恰当的解决办法而剩余的可能的解决办法中给予一般性指引的选择。法律有规定的案件就比较难解决，因为争议不可能仅受一个规则的规制，若几个规则同时适用与同一个案件，究竟如何选择这是法律发现所要解决的。在法律发现

---

〔1〕 杨仁寿：《法学方法论》，中国政法大学出版社1999年版，第67页。

〔2〕 ［德］考夫曼：《法律哲学》，刘幸义等译，法律出版社2004年版，第94页。

〔3〕 ［德］考夫曼：《法律哲学》，刘幸义等译，法律出版社2004年版，第95页。

〔4〕 郑永流："法律判断的形成模式"，载《法学研究》2004年第1期。

〔5〕 ［英］约瑟夫·拉兹：《法律的权威》，朱峰译，法律出版社2005年版，第158页。

的过程中法官要辨识法律，对案件事实进行确认，然后将法律适用于事实。德国学者卡尔·恩吉施认为，法律发现的任务乃是"发现通过制定法而证立的决定"。[1] 法官首先应当证立"小前提"——案件事实。然后带着对案件的理解从制定法中去获得法律的大前提。"把由于技术的'原因'，在制定法中分开放置的，但不应该说成是分裂的一个完整的法律应然思维的构成部分，组合成一个整体，具体就是：至少要把法律应然思维的那些部分，即对于具体法律案件及判断是急需的部分，拉近，整合。"[2] 法律发现是"一种不断的交互作用，一种目光往返来回于大前提与事实之间的过程"。[3] 恩吉施的这一点与考夫曼的观点相同。考夫曼说："法律发现绝非单纯只是一种逻辑的三段论法，而是一种逐步进行的，从存在领域探索至当为的领域，以及从当为领域探索至存在领域，是一种在事实中对规范的再认识，以及在规范中对事实的再认识之过程。"[4] 与此不同的是，拉伦茨提出了法官应首先以"未经过加工的事实"为发现的出发点，将可能适用的法条一一检试，排除不能适用者，选择适用某一条文的方法。

法律发现是法官在裁判个案时从正式的法律渊源中去发现法律。正式法源是法官的首选，只有在正式的法源中找不到裁判规范时，法官才能从非正式的法源中去寻找。但是法律发现是在"支持法治的前提下"的发现。陈金钊认为："法官发现法律，形成裁判规范的过程是一个主客观相结合的过程，意在消解二者的对立，这样的法律发现实际上就是关于法官适用法律的方法论。"[5] 有的学者把法律发现与法律阐释结合起来。杨仁寿认为发现推理大前提的过程就是法律阐释，其可以分为三个部分：狭义的法律解释、价值补充以及漏洞补充。郑永流在对法律发现的分析过程中引进了法律应用的概念，将能够直接应用法律规范而裁判的情形称为法律应用；将不能够直接应用法律规范裁判之下的作业称为法律发现。所谓不可以直接应用法律的情形指的是事实（小前提）与规范（大前提）不相适应。这种不相适应可以分为以下四种情况：①事实与规范关系的相对适应。它意味着规范总体明确，但存在一定扩张或缩小及自由裁量的例外，如规范中存在的较为清楚的定义的概念（武器、法人）。②事实与规范关系不相适应。它指法律有规定，但存在较大扩张或缩小及自由裁量的例外，如诚实信用原则。③事实缺乏规范标准。对这类情形要么不应进行法律评价；要么依据禁止法官在法律上的沉默原则应进行法律评价，前提是法律应规定而未规定，但法官不能因

---

〔1〕　〔德〕卡尔·恩吉施：《法律思维导论》，郑永流译，法律出版社 2004 年版，第 52 页。
〔2〕　〔德〕卡尔·恩吉施：《法律思维导论》，郑永流译，法律出版社 2004 年版，第 71 页。
〔3〕　〔德〕考夫曼：《法律哲学》，刘幸义等译，法律出版社 2004 年版，第 121 页。
〔4〕　〔德〕考夫曼：《类推与事物本质》，吴从周译，学林文化事业有限公司 1999 年版，第 95 页。
〔5〕　陈金钊：《法治与法律方法》，山东人民出版社 2003 年版，第 265 页。

此而拒绝受理。用来评价的法律为法官所创造或选择。④事实与规范关系形式相适应实质不适应。即应用形式合理的法律的结果会达到不能忍受的实质不公的程度。[1] 与郑永流的观点不同,刘治斌认为,"所谓法律发现就是在适用法律的过程中,适用法律者从现行法源中找出那些能够适用于当下案件的法规范或解释性命题,或者在没有明确法规范或解释性命题可以适用的情况下进行漏洞补充或自由造法的一系列活动"。[2]

我们认为法律发现是法律方法的一种,是在法治理念的指导下运用演绎、归纳、类推等逻辑思维模式,从法律渊源中寻找适合个案的法律,以达致解决纠纷的过程。法律发现的对象是发现适用个案的大前提。法律发现是发现并形成裁判个案大前提的过程。用一句话来概括就是,法官运用法律人的思维发现适合个案的法律的过程。从法律发现与其他法律方法(包括法律解释、漏洞补充、价值衡量等)的关系上看,法律发现可以分为狭义的法律发现和广义的法律发现。狭义的法律发现就是与诸如法律解释、漏洞补充、价值衡量等法律方法并列的一种法律方法,所发现的法律是"未经加工的法律"(当然法律只要是被发现就已经经过了思维的加工,只不过是在加工程度的方面有区别而已);而广义的法律发现,从其最终目的看是发现适合个案的法律,也就是三段论推理的大前提,是经过各种法律方法的综合的"深加工的"法律,也就是"成体系的"法律。正如卡尔·恩吉施所言:"一旦有人适用一部法典的一个条文,他就是在适用整个法典。"[3]

(二) 法律发现的特征

在了解了法律发现的含义后,我们要进一步了解法律发现就要对法律发现的特征进行论述。陈金钊认为法律发现有三个特征:方法论属性、法律发现结果的多样性及法律发现的创造性。[4] 法律发现除了具有以上三个特征外还有其他的特征。本文是从法律发现与法律解释、法律论证相比较的角度来说明法律发现的其他特征。

1. 法律发现的程序性。注重程序是司法过程的显著特征。法律发现的过程同样也具有程序性特点。其程序性主要体现在以下三点:法官发现法律场所的规定性、法律发现过程中方法应用、法律发现不得违反法律原则。

---

〔1〕 郑永流:"法律判决的形成模式",载《法学研究》2004 年第 1 期。
〔2〕 刘治斌:"司法过程中的法律发现及其方法论析",载《法律科学》2006 年第 1 期。
〔3〕 〔德〕卡尔·恩吉施:《法律思维导论》,郑永流译,法律出版社 2004 年版,第 73 页。
〔4〕 谢晖、陈金钊:《法理学》,高等教育出版社 2005 年版,第 375 ~ 377 页。

（1）法官发现法律的场所的规定性。"法律发现"这一法学术语，从语法结构上分析，它是一种宾语前置结构。之所以把"法律"放在"发现"的前面是为了突出发现的对象；另外，也蕴涵了要用法律的思维方式去发现法律。在法律发现中，"法律"从哪里被发现的？又应如何理解"法律"？我们认为，法律发现的场所不是任意的，而是受严格的程序限制。"如果法官所要适用的法律不是在成文法律去寻找、发现，而是由法官创造、整合或协商出来的，那么法治就可能是空想。"[1] 具体的说，法官应当从构成法官法律的法律渊源形式中去发现法律。法律渊源有正式与非正式之分。我国是成文法国家，制定法、习惯法、国际条约等是正式法源；非正式法源则包括习惯、政策、法理学说等。在法治社会中，法官适用法律解决纠纷首先应当从正式的法源中去发现法律。"而只有在正式法源出现明显地悖离法律价值或没有明确规定的情况下，才能寻求非正式法源的帮助。"[2] 如果不是首先从正式法源中发现，而从习惯或民间法中寻找，则与法治的基本原则相冲突。在正式法源内部又有不同效力级别的法律。法官应当遵循"特别法优于一般法，判例法优于制定法，普通法优于宪法"[3] 的规则。因此，法官面对案件事实首先应当从特别法、普通法等正式法源中发现法律。非正式法源只是在正式法源无法解决案件的时候加以运用。这是法官在发现法律时应当遵循的"次序"规则。

（2）法律发现过程中的方法应用。面对案件事实，法官形成自己对案件的理解，带着这种对案件理解和对法律的领悟两者结合所形成的"前理解"去发现法律。由于法律自身具有的共性、抽象性等特点，其发现的结果为明确的法律、模糊的法律或没有相关法律规定。这与法律发现的最终目标相差太远。因此，就得采用其他的法律方法。发现法律（采用狭义的法律发现方法）后，法官首先应解释法律。法律适用就意味着法律解释，法律解释也就是对法律的理解。只要有解释，解释便可能有不同。多样的解释结果要求法官必须进行选择，对于所选择的结果的合法性、正确性或正当性，法官需要运用法律论证的方法进行具体分析和详尽论证，以期说服当事人和社会公众，表明选择的结果是经过理性的思考而非武断的决定。法律发现（狭义的）是法律解释的前提，法律论证则为法律适用提供了正当的理由。对于存在漏洞或没有相关法律规定，法官应为漏洞补充或法的续造，其结果是否合理，同样需要论证。

（3）法律发现不得违反法律原则。在不同的法律领域，法律发现方法的使

---

〔1〕 谢晖、陈金钊：《法律：诠释与应用》，上海译文出版社 2002 年版，第 87 页。

〔2〕 谢晖、陈金钊：《法律：诠释与应用》，上海译文出版社 2002 年版，第 88 页。

〔3〕 谢晖、陈金钊：《法理学》，高等教育出版社 2005 年版，第 398 页。

用是受严格限制的。众所周知，法官不能以"法无明文规定而拒绝裁判"，该原则在民事法律领域可以适用；而在刑法领域，基于"罪刑法定原则"，则"法无明文规定不为罪"。法律发现的范围在刑事法律领域受诸多限制。"由于各部门法的性质有所不同，在通行的法律方法的采用上也会有所不同。例如，在罪刑法定原则制约下的刑法，像漏洞补充这样的法律方法一般是不能采用的。即使是广泛采用的法律解释方法，也要求严格解释，禁止类推解释等等，对此应予以充分关注。"[1] 由此可以看出，在刑事法律领域，只能适用严格法律解释的方法，禁止类推解释，其他方法只能是有条件地运用。

2. 法律发现的意会性。在司法实践中，法官是怎样获得的法律？发现法律的过程到底是怎样的？"发现的过程作为一种意会的过程。"[2] "意会"主要表现为法官的法律感。"法律感是法律思维的重要组成部分，正如人们的行为大部分是由心理或者是说无意识支配的一样，法律人对案件答案的发现与确定也在很大程度上是受法律感支配的。"[3] 法律感的形成则依靠法官丰厚法律知识的研习、实践经验的积累等要素。面对案件，拥有较强法律感的法官就能直接去发现法律。当然，"直觉、偏见和价值这些因素很可能影响到法官就法律问题做出判决的过程，但所有这些均属于发现的过程，而决不损于司法裁判的客观性"[4] 司法过程的客观性取决于法官对依靠自己法律感所得出的结论能否有充足的理由予以证成，而非这种结论是否是法律感的产物。正如伊赛所说："法律者，尤其是法官，虽然向外从制定法那里证立他的具体的应然决定，并因此显得满足了执法的合制定法性原则，但是，经常发现，实际上是在大多数情况下，他的决定所依据的完全是另一种方式，即直觉地、本能地求助于是非感，实践理性，健全的人类理智。从抽象规范中证立决定仅是有次要的意义，这种证立事后理性化了其中的非理性因素，并在一定程度上也许发挥着控制任意的功能。法官可以在其职务和良心面前，仅对他能从制定法中证立即推论出的判断负责。在这一点上，法律的发现和判断的证立不是对立的。这个对法官提出的任务意指：发现通过制定法而证立的决定。"[5]

（三）司法过程缘何需要发现法律

法官发现法律的过程也就是为个案寻找裁判规范的过程，就是使共性的法律

---

〔1〕 陈兴良："刑法教义学方法论"，载《法学研究》2005 年第 3 期。

〔2〕 焦宝乾："法的发现与证立"，载《法学研究》2005 年第 5 期。

〔3〕 谢晖、陈金钊：《法理学》，高等教育出版社 2005 年版，第 446 页。

〔4〕 焦宝乾："法的发现与证立"，载《法学研究》2005 年第 5 期。

〔5〕 ［德］卡尔·恩吉施：《法律思维导论》，郑永流译，法律出版社 2004 年版，第 52 页。

个别化。法律个别化的方式有三种：①公民通过了解法律规范，并以其支配自己的行为；②通过推理使共性的法律与个案事实结合；③通过解释由法官弥合法律与事实的缝隙，在法律个别化过程中实现法律与事实（包括事件与行为）的结合。[1] 共性与个性的结合不是那么的简单。把共性与个性的结合比喻成自动售货机理论已遭受到严格的挑战。特别是面对一些疑难复杂的案件，法律规范与案件事实的相接点就越少，那么在这种情况下法官就需要发挥自身的主动性，运用法律思维去发现法律。"明确的法律只要经过简单思维就能发现，但隐含的法律只有经过复杂的思维才能发现。"[2] 为什么需要发现法律呢？

1. 从法治弘扬的立场来看，法律人思考问题的出发点及最终的归宿应当是法治。法治的前提是法律中存在各种解决纠纷的正确答案。法治理想的实现一方面是要求大量成文法的制定，如何将法律落实到行动上这是实现法治所不可或缺的另一方面。然而成文法不可能将现实生活中所有纠纷的解决办法都能囊入其中，法律的不周延性、模糊性甚至漏洞是不可避免的。由此可以看出法治的理想与成文法之间存在着矛盾。如何协调两者之间的矛盾，这就需要法官对法律的思维加工，即使是对法律进行最简单的识别，也就是进行法律发现。法治还要求法官发现法律的场合首先应当从正式的法源中去发现，"只有在正式法源出现明显地背离法律价值或没有明确规定的情况下，才能寻求非正式法源的帮助"[3] 立法者所制定的成文法只是法官发现法律的地方，法律渊源只有和法律发现结合起来才能显出其方法论的意义。如若不首先从成文法中寻找，而是在一些习惯规范中去发现裁判的根据，就一定会与法治的理想相冲突。

2. 从成文法自身状况来看，立法者制定的成文法数目繁多，法官不可能做到了如指掌，法官就应当从繁多的法律条文中发现适合个案的法律。假如案件事实正好是法律条文所规定的典型案件，那么法官所发现的法律就是明确的法律，直接可以适用于案件事实。如果是疑难案件"法官则会发现法律的另外两种情形：一是不明确的法律；二是法律在此领域根本没有任何规定从而出现法律的漏洞。对前一种情况，法官应努力弄清楚法律的规范意旨，其方法就是把不清楚的东西解释清楚，发现隐含在成文法中的法律真意。对后一种情况，由于法官不能以法无明文规定而拒绝审判案件，则可采取对漏洞进行价值补充、类推解释"[4] 需要进行漏洞补充的案件不是一种非此即彼的案件，在这类案件中需要

[1]　陈金钊：《法治与法律方法》，山东人民出版社 2003 年版，第 267 页。

[2]　陈金钊：《法治与法律方法》，山东人民出版社 2003 年版，第 273 页。

[3]　陈金钊：《法治与法律方法》，山东人民出版社 2003 年版，第 268 页。

[4]　陈金钊：《法治与法律方法》，山东人民出版社 2003 年版，第 270 页。

法官的理智，而非突发奇想。成文法中没有现成的答案，这是法官发现法律的另外一个原因。

3. 从法律适用的角度来看，理解是法律能够得以适用的前提。法官若不去理解法律，用法律来解决纠纷，法律就没有任何的意义，法官适用法律是法律获得生命力的条件。"法律适用就意味着法律诠释，没有法律诠释就不可能有法律适用。"〔1〕 因此解释是法官理解法律的主要形式。法官对法律的解释应当最具有权威性。法官既要解释法律也要理解事实，在法律与事实的互动中以达到权威性解释的目的。所以说"法律适用就是法律诠释，而法律诠释是一种创造性的诠释，这一创造的过程在法治社会中是法官发现法律的过程"〔2〕。

4. 从法律条文本身的特点来看，规则具有规范性和一般性特征。规则的规范性指的是规则对行为具有约束力，是一种判断的标准；而规则的一般性特征意思是指在规则的适用领域及时间范围内，对"此类"事件都适用。从规则的一般性可以推出条文的共性的特点。不过，现实生活中的大量案例并不是按照法条所要求的那样发生，案件除了具有法条规定的共性以外，还有自身的个性。另外，法律中的许多法条之间的关系并非单纯的是并列关系，它们"以多种方式相互指涉，只有透过它们的彼此交织及相互合作才能产生一个规整。法秩序并非法条的总合，毋宁是由许多规则所构成"〔3〕 法条的构成要件之间也是有全部或部分的重合，因此同一案件事实有许多法条所指涉的情况也时常发生。那么这些法条之间的位阶关系又是如何？到底使用哪个法条来调整这一案件事实呢？怎样才能从整个法秩序中寻找适合个案"规整"？这就需要法官去发现法律使共性的法律与个性的案件相结合，达到解决纠纷的目的。

三、法律发现的过程

"法律发现是一种使生活事实与规范相互对应，一种同化的过程。这种过程从两个方面进行：一方面，生活事实必须具有规范的资格，必须与规范产生关系，必须符合规范。另一方面，规范必须与生活事实进入一种关系，它必须符合事物。"〔4〕 在法律发现的过程中，作为发现主体的法官，首先应当对具体案件事实进行分析，然后带着这种理解的"前见"去寻找对于评价事实具有决定意义的法律规范，同时应当验证得到认定的事实是否满足相关规范的事实构成，如果

---

〔1〕 谢晖、陈金钊：《法律：诠释与应用》，上海译文出版社 2002 年版，第 90 页。

〔2〕 谢晖、陈金钊：《法律：诠释与应用》，上海译文出版社 2002 年版，第 91 页。

〔3〕 ［德］拉伦茨：《法学方法论》，陈爱娥译，商务印书馆 2003 版，第 144 页。

〔4〕 ［德］考夫曼：《类推与事物本质》，吴从周译，学林文化事业有限公司 1999 年版，第 87~89 页。

满足相关的规范的构成并不与整个法秩序相违背，那么就可以直接宣判法律后果。所以针对本部分的论述，笔者认为应当从两大方面来进行：①对案件事实的掌握上，用卡尔·恩吉施的话就是所谓的"小前提"上，通过直接或间接证据的运用使法官对案件事实有一个大致的了解，然后法官再结合自己对法律的理解，使案件与法律相比较，找到适合该案的"原始的"法律；②法官所发现的"原始的"法律，大体有三种情况："明确的法律、模糊的法律和法律的空缺结构。面对明确的法律，法官可以直接把其作为法律推理的大前提，径直向判决转换；对模糊不清的法律则需要进行法律解释；对存在空缺结构的法律则进行漏洞补充"[1]。当然对解释结果的不同以及漏洞补充需要进行法律论证和价值衡量。这些法律方法的综合使用最后所发现的是适合个案的法律，也就是法官裁判案件的"大前提"。

（一）案件事实的认定与法律发现

法官要想把法条应用于事实，就需要对案件事实进行认定。正确地认识待决事实是法律裁决的前提。但是社会生活是复杂的，法官为了弄清案件事实，首先要进行识别，同时还要考虑到事实的法律意义。对案件事实的陈述要通过语言表达，以反映实际发生的过程。因此，"作为陈述的案件事实并非自始'既存地'显现给判断者，毋宁必须一方面考量已知的事实，另一方面考虑个别事实在法律上的重要性，以此二者为基础，才能形成案件事实。法律家的工作通常不是始于就既存的案件事实作法律上的判断，毋宁在形成——必须由他做出法律判断的——案件事实时，就已经开始了"[2]

在司法过程中，法官是怎样形成自己对案件事实的印象呢？法官对案件事实的认定是通过三个步骤来完成的："①法律职业者在听取当事人陈述的基础上，会根据自己的生活经验和已有知识，对实际发生的事件做出适当地想象；②他会借助对想象的某种方式的表达和有关证据法则来确定该案件事实确实已经发生；③他所要做的就是判断该案件事实是否具有被涵摄于特定法规范之下的必要构成要件，以确定该法律规范能否被适用于该案件的裁判。"[3] 在案件事实的认定过程中，需要用证据来证明。"首先是依据证据对事实的真实性进行证明，包括：依据证据认定的事实、司法认知、事实自认、事实推定以及在穷尽各种证明手段后仍然不能查明事实真相的情况下进行证明责任的分配，证明过程中要注重不同

〔1〕　陈金钊：《法治与法律方法》，山东人民出版社 2003 年版，第 209 页。

〔2〕　［德］拉伦茨：《法学方法论》，陈爱娥译，商务印书馆 2003 年版，第 160 页。

〔3〕　葛洪义：《法律方法与法律思维》（第 2 辑），中国政法大学出版社 2003 年版，第 116 页。

领域有不同的证据规则与证明要求，如民事领域中的高度盖然性与优势证据规则，刑事领域里的证据确凿无疑要求等。"[1] 虽然对事实的判断离不开证据，但是，"司法中证据规则的运用离不开法官的主观能动性，对法官来说，当所有的证据都提供以后他必须决定他更倾向于哪种事实版本，他也许觉得缺乏一些重要证据，律师们问的问题并不正确或未召集到所有的证人，但他对此毫无办法，他必须在双方当事人提供的现有证据的基础上做出判断。这种判断必须结合运用直觉、逻辑、经验、伦理与价值或自然科学方法，发现、判断事实的法律真实性、合法性、关联性"[2]。

　　法官对案件的认定一般开始于当事人的陈述。法官面对检察院或当事人所陈述的案件事实，由于案件的发生通常在若干天之前，其是否与实际所发生的案件事实一致，对这个问题法官不能通过亲身的感受得知。假如法官在场，那么他只能作为证人，而不是本案的法官。所以只能凭借他人的感知来构建案件事实。例如，甲被乙的狗咬伤，如果甲去法院起诉乙，要求进行赔偿的话，甲的陈述可能是这样的：某日，当我路过乙的门口时，突然一只大黄狗从乙的家里跑出来，咬伤了我的腿，致使我 3 天不能工作，要求乙赔偿我的医药费、误工费共计 200 元。在甲的陈述中，个别情事对作为案件事实的组成部分来说没有实际的意义，如狗的颜色、强壮程度等；但对案件事实的组成有实际意义的部分，甲又没有提到，如乙的狗是否采取了必要的监管措施、甲是否有主观过错等。法官为了使事实更加清晰，就必须向当事人询问自己认为应当需要了解的情节，完成对案件的想象。通过上述过程，法官能够对这起案件的意义进行识别，确认该案的性质，这应当是一起民事案件。法官应当从具体的部门法中去发现裁判该案的规范。那么，法官发现法律的大体方向就确定了。接下来就该对待决案件进行定性。在甲的陈述中已经提到，其被乙的狗咬伤，并且提供了医院出具诊断报告和医疗费单据，同时提出证人丙目睹了整个案件经过。法官这时应当采用相关的证据法则对上述证据进行核实：如果经核实甲所提供的证据是真实的，那么法官就可以认定该案件事实确实发生过，结合自己的法律感，该案属于动物致人损害的民事案件。这样使法官发现法律的场合进一步缩小，《民法通则》第 127 条会被用来裁判该案，如果甲不能证明自己的主张，法官就可以以证据不足为由驳回起诉，那么法官也就没有进一步发现法律的必要了。在对案件定性的过程中，法官的思维在案件与事实之间来回穿梭，法官一方面要从所被证明的事实出发去发现法律。另一方面也要从被发现的法律出发去证明法律构成要件所规定的事实。到目前为

---

〔1〕 杨建军："法律事实与法律方法"，载《山东大学学报（哲社版）》2005 第 5 期。
〔2〕 杨建军："法律事实与法律方法"，载《山东大学学报（哲社版）》2005 第 5 期。

止，案件事实已经被确认，裁判该案的规范也有了明确的结果。下一步法官可以将该案涵摄于《民法通则》第 127 条之下，进一步认定：乙是否是狗的管理人或饲养人、甲是否以不正当的方式引逗这只狗，或者其他第三人存在过错。这些情节的进一步认定对判断甲乙两人的责任承担的大小有十分关键的作用。上述过程可以这样总结："为了对实际发生的事件做法律上的判断，法律家必须把它想象并且表达出来，而在表达中又只选择那些与法定要件有关的部分；其表达对法律判断是否有意义，又取决于可能适用于案件事实的法条。"[1] 对此德国学者 Scheuerle 称之为 "在确认事实的行为与对之作法律评判的行为间相互穿透。"[2]

法官在形成了自己对案件事实确信的同时，也开始评判案件事实是否符合法定的构成要素。这两个过程不是分开的，而是同时进行的。甲杀害了乙。对此案件，法官首先想到的是这是件刑事案件，应当从刑法中寻找法律规范。在有证据证明甲的杀人的过程之后，法官接着要联系到我国《刑法》第 14、15、17 条来考虑甲有没有故意或过失、他的刑事责任年龄、刑事责任能力。法官可以通过对甲身份的核实达到对其刑事责任能力判断，然而对甲故意或过失的心理态度的确定，需要法官结合各方面的证据仔细推敲。如果乙有谋杀甲的企图并且实施了具体的行为，甲是在处于非常危机的情况下，不得已而把乙给杀了。这样的事实行为只有在《刑法》第 20、21 条关于正当防卫和紧急避险的规定下才具有法律意义。另外甲是否共同犯罪、有没有自首或立功的情节等，这些都需要法官的眼光在 "事实与规范之间往返流转"。因此，"只有在考虑可能是判断依据的法条之下，成为陈述的案件事实才能获得最终的形式；而法条的选择乃至必要的具体化，又必须考量被判断的案件事实"[3] 对案件事实陈述完之后，法官大体上就发现了适合个案的法律。但是这些法律可以说是 "未经加工的法律"，之所以这么说乃是因为法官发现的法律不一定就会适合案件事实，或者存在有漏洞的法律，或者在某些情况下根本就不存在适合个案的法律，当然这就需要对发现的法律进行 "加工"。所谓 "加工"，也就是运用其他的法律方法，对法律进行解释，对存在漏洞的法律进行漏洞补充等，然后针对解释或补充的结果进行法律论证，发现 "真正的" 适合个案的法律规范。这样经过一系列的修饰，达到了发现法律的目的。所以，"'未经加工的案件事实'逐渐转化为最终的作为陈述的案件事实，而（未经加工的）规范条文也转化为足够具体而适宜判断案件事实的规

〔1〕　葛洪义：《法律方法与法律思维》（第 2 辑），中国政法大学出版社 2003 年版，第 119 页。

〔2〕　葛洪义：《法律方法与法律思维》（第 2 辑），中国政法大学出版社 2003 年版，第 119 页。

〔3〕　〔德〕拉伦茨：《法学方法论》，陈爱娥译，商务印书馆 2003 年版，第 162 页。

范形式"。[1]

(二) 通过解释发现的具体法律

在上述案子中，法官发现的适用该案件的法律是一个法律系统。法官把分散的法律条文 (《刑法》第17、14、15、20、21、67、68、232 等条) 整合成一个有意义的法律整体，并且准备好了他在具体案件中所需要的大前提。纵观法官发现的上述法律，除了《刑法》第17 条关于刑事责任年龄的规定属于明确的法律不需要解释可以直接适用以外，其他的各个法律条文都需要进行解释。这就意味着法律中对于数字的规定，比方说，起诉或上诉时间的规定，不需要解释，其他的法律条文在适用时都要进行解释。"解释乃是一种媒介行为，借此，解释者将他认为有疑义文字的意义，变的可以理解。"[2] 为什么会产生"有疑义的文字"呢？这个问题的回答就解决了法律解释的原因或必要性。法律是用语言来表达的。语言的特点是抽象性和不周延性，这就决定了法律自身也同时具有上述两个特点。另外法律是用来调整大多数人的行为，所以法律还具有高度的概括性。如《刑法》第14、15 条关于"故意"和"过失"的规定。什么是"故意"或"过失"？恐怕 10 个人会有 10 个不同的回答。那么把"故意"或"过失"放到具体的案例中，结果又怎样呢？案件是多种多样的，在每一个具体的案件中，"故意"与"过失"的具体含义是不完全一致的。所以法律术语的多义性导致了法律解释的必要性。法律规范之间也存在冲突，也需要法律解释来进行调和。因此，"法律解释乃成为法律适用之基本问题。法律必须经由解释，始能适用"。[3] 法律解释方法的使用明显地体现在：通过解释，从抽象的法律条文发现适合个案的大前提，使其与具体的案件靠的更近。所以，"解释的任务是使法律者把法律概念的内容和范围想象为具体"。[4] 除此以外，法律解释还有把握法律规范的意义的作用。理解法律规范的意义是法律适用者正确适用法律的前提，也应该是适用者特别是法官所应追求的一种境界。另外，对法律规范的来龙去脉有深层次的理解同样也是法官发现法律的关键。

在达到理解的途中，法律解释方法的使用是必要的。在法律解释的诸方法中，文义解释是第一个被使用的解释方法，同时也是每一个案件都必须使用的解释方法。"文字的解释都始于字义。"[5] "文义解释，又称为语义解释，是按照

---

[1] ［德］拉伦茨：《法学方法论》，陈爱娥译，商务印书馆 2003 年版，第 163 页。
[2] ［德］拉伦茨：《法学方法论》，陈爱娥译，商务印书馆 2003 年版，第 193 页。
[3] 转引自梁慧星：《民法解释学》，中国政法大学出版社 1995 年版，第 194 页。
[4] ［德］卡尔·恩吉施：《法律思维导论》，郑永流译，法律出版社 2004 年版，第 79 页。
[5] ［德］拉伦茨：《法学方法论》，陈爱娥译，商务印书馆 2003 年版，第 200 页。

法律条文用语之文义及通常使用方式，以阐释法律之意义内容。"[1] 在前例中，对"故意"的理解，"故意"，按照通常的理解，意思是存心、有意识的，明知不应或不必这样做而这样做。在《刑法》第 14 条中，"故意"是"明知自己的行为会发生……，并且希望或者放任这种结果的发生"。比较以上两种理解发现，刑法中"故意"比日常生活中"故意"在含义上要丰富。在这种情况下，要理解刑法规定的"故意"应当与实际相结合。与前面的例子相反，如民法中"善意"，在日常生活中是指心肠好，但是在法律中却是指"不知情，不了解"。所以日常理解与法律的规定是有差距的。因此，虽然文义解释就是从字面开始的，是解释的首选方法，但是往往局限于法条所用文字，很难确定法律条文的真正意思，难以达到法律发现的目的，故应当用其他的解释方法来弥补文义解释之不足。例如，我国《刑法》第 263 条对抢劫罪的规定："以暴力、胁迫或者其他方法抢劫公私财物，处……"。在字典中，"暴力"意思是使用物理力量侵害他人人身、财产的强暴行为。字典中"暴力"的解释可以直接适用于上述法条。这种解释不存在"复数结果"，无需用其他的解释方法，所以有人把这种解释称为"词典式解释"。不过在多数情况下，词汇存有解释的空间，也就是说包含多个不同的含义。在此，我们应当借助"法律的意义脉络"，就是文字的前后联系来解释。"一方面，人们根据个别词句的文字含义理解法律条文整体。另一方面，对个别词句的理解必须借助法律条文整体，因为只有在整体的环境下才能确定个别词句的含义或者更精确的含义。施莱尔马赫称其为'注释循环'。"[2] 法官所发现的法律如果是明确的法律，则可以用推理来裁判案件；如果是模糊的法律需要解释，解释方法的选择顺序：以文义解释为基础，用体系解释、法意解释确定"法律规范意旨"，并采用扩张解释、限缩解释、当然解释明确法律规范的意义。如果仍然不能确定具体的解释结果，目的解释方法、社会学解释方法、宪法解释方法等的运用是必要的。

（三）面对法律空缺的法律发现

根据"禁止拒绝裁判原则"，在出现法律空缺时，要进行漏洞补充或法律的续造。法院有义务对产生争议的情况在法律没有相应规定的时候，对其管辖范围内的案件进行裁判。漏洞补充是法院在漏洞领域进行"立法"，又称为"法律内的法的续造"。不过这里的"立法"是有严格限制的，仍需尊重立法者的权威，进行法律内的漏洞补充。虽然我国法律对法院制定法律持否定态度，不过最高院

---

［1］ 梁慧星：《民法解释学》，中国政法大学出版社 1995 年版，第 214 页。
［2］ 转引自［德］霍恩：《法律科学与法哲学导论》，罗莉译，法律出版社 2005 年版，第 133 页。

的司法解释就是某种意义的"立法"。法律的续造被有的学者称为"创造性的法律发现",或"超越法律的法的续造"。这种情况发生在法律空缺时。从法律方法论的角度看,法的续造是有严格限制的。需要说明的是,法官在面对上面两种情况时,无论是进行漏洞补充还是法的续造都不同于一般意义上的发现。都带有创造性。卡多佐认为:"司法过程的最高境界,并不是发现法律,而是创造法律;所有的怀疑和担忧,希望和畏惧都是心灵努力的组成部分,是死亡的折磨和诞生的煎熬的组成部分,在这里面,一些曾经为自己时代服务过的原则死亡了,而一些新的原则诞生了。"[1] 当然在进行续造或补充时,法官既要考虑到法律体系因素,又要考虑待裁判的具体案件及其相关的社会现实。只注重前者而忽视后者,会使法律与社会现实相脱离,案件得不到裁决;注重后者而忽视前者,会出现恣意的正义,由于法官个人价值、观点、心理倾向投入太多而使法律误入歧途。

律师与法官发现法律的场所和顺序是不同的。律师本着保护当事人合法权利的原则去发现法律。法官则不同,他要维护的是公平、正义。法官只能被动地接受双方当事人提供的各种事实后,才能去发现适合个案的法律。所以,有效力的法律发现主体只能是法官,"法官是法律发现过程的一部分,他才真正使法律说话,他使得法律说出它具体的、与案件关联的意义,他使得法律产生革新的效力,他使得法律从抽象的僵硬中复活变成历史的存在"。[2]

法律发现理论的立场是法治。实现法治仅靠制定法是不够的,制定法仅"为法治奠定了规则意义上的法治前提"。[3] 有规则并不必然地产生法治。法治的实现有待于规则与所欲调整的事实的结合。法律发现这一法律方法是两者结合的有效手段。法律发现意味着法官面对案件首先应发现法律而非擅自"造法"。即使需要进行法的续造,我们也应当首先试着去发现。只有在发现未果的情况下才可以续造。所以,"法律发现主要是一种信念,一种对法治的信念"。[4] 我们应注重法律方法与法治关系的研究,使法律发现更好地服务于法治。从法律方法的角度解决法治的可能性问题。[5]

---

〔1〕 [美]卡多佐:《司法过程的性质》,苏力译,商务印书馆1998年版,第105页。
〔2〕 [德]考夫曼:《法律哲学》,刘幸义等译,法律出版社2004年版,第138页。
〔3〕 陈金钊:《法治与法律方法》,山东人民出版社2003年版,第61页。
〔4〕 谢晖、陈金钊:《法律:诠释与应用》,上海译文出版社2002年版,第92页。
〔5〕 陈金钊:《法治与法律方法》,山东人民出版社2003年版,第3页。

第四章 法律解释方法

一、文义解释方法

文义解释是法律解释方法体系中的一种，其意指按照法律字面的含义进行解释。其根本的价值取向是严格忠诚于原文，在严格法治时代它具有排斥其他解释方法的倾向。在有关法律解释方法的论著中，有关文义解释的论述颇多，国内外学者的论述也各具特色。本章将集中探讨文义解释的概念和内涵及其整体特征，并尝试揭示文义解释的基点和存在的问题。

（一）文义解释的概念

梁慧星先生在其《民法解释学》中有专章的论述："文义解释，又称语义解释，指按照法律条文用语之文义及通常使用方式，以阐释法律之意义内容。法律条文系由文字词句所构成，欲确定法律的意义，须先了解其所用的词句，确定词句之意义。因此，法律解释必先由文义解释入手，且所作解释不能超过可能的文义。否则，即超越法律解释之范围，而进入另一阶段之造法活动。解释法律，应尊重法条的文义，始能维护法律的尊严及其安定性之价值。"[1] 在梁慧星看来，文义解释是法律解释方法的首选，处于法律解释的入口位置，并且法律有一个文本的意义世界，此阶段的法律解释是严格忠实于法律文本的、是非造法性的。张志铭教授说："语义解释，又称语法、文法、文理、文义等解释，指按照法律条文的文字、语法去理解其含义。"[2] 他在此并没有过多的纠缠于文义解释的概念。相反，对文义解释的概念采取了一种相对包容的态度对其作了较为宽泛的理解。他认为，文义解释与文理解释、文法解释、语法解释以及语义解释大抵上相同，没有实质性的区别。"法律的文义解释虽然不可能完全是文本原本的含义，但它的显著特征在于强调严格按照字面的意义进行解释，它属于法律解释中的语法解释，有时也被称为字面解释、语义解释等。[3] 在此，作者虽未就文义解释

---

〔1〕 梁慧星：《民法解释学》，中国政法大学出版社 1995 年版，第 214 页。

〔2〕 张志铭：《法律解释操作分析》，中国政法大学出版社 1998 年版，第 105 页。

〔3〕 谢晖、陈金钊：《法律：诠释与应用》，上海译文出版社 2002 年版，第 132 页。

方法给出一个明确的定义，表面上看起来也与其他学者的观点无太大的区别，然而作者指出了文义解释方法的根本特征在于强调严格按照字面的意义进行解释。作者指出了"文义解释不可能完全是文本原本的含义"，这种界定具有一定的辩证意识。大体上基于以下两点考虑：①法律解释在作者看来包括两个方面，除了法律文本之外还有待决的案件事实，一方面要契合法律规范释放出法律意义，另一方面又要对待决的案件事实进行类型化处理，这是一个过程的两个方面；②解释的过程不可能超越解释主体所受的社会、历史、文化和解释语境的限制，同时不可能剔除解释过程中的主体性特征。正是在这两个因素的作用下，才使得文义解释所释放出的意义"不可能完全"是文本原有的含义。但是，我们同时还应该看到这一判断给我们留下了遐想的空间。我们不禁会问：文义解释的特征是严格按照字面的含义进行，但所释放的又非完全是文本原来的含义，究竟是什么因素使然，难道是一种悖论？

"文义解释方法还可以细分为平义方法和特殊文义方法。前者的基本要求是，法官和律师以及其他阅读法律文本的人追求法律文字的习惯的和通常的意义。后者则强调法律文字的专业性，它不能按照通常的使用习惯来理解，而必须按照法律界的习惯意义来理解。"[1] 苏力给出了文义解释方法的这两个区分——平义方法和特殊文义方法。此处所谓"平义"，是指语词惯常或通常的含义，换言之，即语言共同体所接纳的意旨。其实在美国，平义（plain meaning）指的是制定法文本的明确含义，这显然与我们国内学术著作中的表述存在出入，其所指称的内容并非在同一层面上。[2] 平义方法与特殊文义方法这种区别究竟有多大的实际价值还有待于实证的分析。因为，所谓的平义与特殊文义的区分在学术作品中也许是清晰的，然而放入现实生活中又怎么能确定哪是平义，哪是特殊文义呢？此场合的平义换成另外一种场景也许就成了特殊文义，反之亦然。二者的划分与语境存在着密切的关系。

上述主要是理论法学界的观点。另外实务界对此也有说法。孔祥俊认为："所谓文义解释，又称为文法解释、文理解释和字面解释，是按照法律规范的词语和文法进行的解释，即按照法律规范的字面含义和通常的使用方式进行的解释。""这种解释的目的是探求法律用语最明显、最自然和最常用的含义，而不是法律规范的立法意图，也不考虑按照这种含义适用法律是否能够产生公平合理的

---

[1] 苏力："解释的难题：对几种法律文本解释方法的追问"，载梁治平主编：《法律解释问题》，法律出版社 1998 年版，第 33 页。

[2] Eskridge, *Dynamic Statutory Interpretation*, Harvard University Press, 1994, P. 208.

结果。"〔1〕在任何法律制度和实践中，法院和法官按照法律规范的词语和文法进行解释，不仅是他们的首要任务，同时也是制度正当性本身的要求。然而问题在于，法律规范中的法律用语是否真的是那么明显、那么自然，足以使法官们抛开立法意图而不顾、置整个法律体系而不理呢？答案是否定的。要求文义解释者严格局限于法律规范的文义，而不将触角伸向立法者的意图，不能沾染上解释主体的个性和自己的价值判断，然而这能做到吗？

我国台湾地区学者关于文义解释的探讨亦有不少。"文义解释是法律解释的开始，也是法律解释的终点。法律解释始于文义，然如众所周知，法律概念具有多意性，有其核心领域（概念核心）及边际地带（概念周边），其射程的远近，应依法律意旨而定，在边际灰色地带容有判断的余地，但不能超过其可能的文义。否则即超越法律解释的范畴，而进入另一阶段的造法活动（法律续造）。尊重文义为法律解释正当性的基础，旨在维护法律尊严及适用之安定性。""关于文义解释值得注意的是，法律所使用同一概念时，原则上固应作同一的解释，以维护法律适用的安定性。惟此并非绝对，同一概念具有不同的意义，时亦有之，是为法律概念相对性。"〔2〕我们知道，法律概念的核心领域其含义较为明确，而在法律概念的边际地带却存在复数解释的可能，这也就是王泽鉴所提到的"概念相对性"。可糟糕的是法律文本中大量存在这种概念，而且还会遇到为数不少的概括性条款以及难以捉摸的价值判断。对于文义解释，杨仁寿论述道：文义解释，指依照法文之文义及通常使用方式而为解释，据以确定法律之意义而言。典型的解释方法是先依文义解释，而后再继以论理解释。一般而言，单以文义解释尚难确定法文的真正的意义，盖仅为文义解释易拘泥于法文字义，而误解或曲解法文的字义也。通常情形，尚需就法律与法律之间的关系、立法精神、社会变动情势等加以考虑，藉以确定法文的意义，此即生论理解释的问题。惟仅为文义解释，只可谓具有某种程度的真理，而即解释之起点而已。〔3〕因此，认为文义解释是法律解释的起点，与其说是强调文义解释的重要地位，还不如说是承认文义解释之不足。文义解释也仅仅是起点而已。黄茂荣认为：文义因素，亦即可能的

---

〔1〕 孔祥俊：《法律解释方法与判解研究》，人民法院出版社 2004 年版，第 321 页。之所以说是"来自实务界的声音"，因为孔祥俊曾经说：我曾经有过基层法院法官和行政执法机关公务员的经历，又是最高法院的现职法官，且系研习民商法出身，从事多年的民商经济审判而又与行政执法和行政审判有不解之缘，是一个地地道道的法律实践者。参见张志铭：《法律解释操作分析》，中国政法大学出版社 1998 年版，第 7 页。

〔2〕 王泽鉴：《法律思维与民法实例》，中国政法大学出版社 2001 年版，第 220～221 页。

〔3〕 杨仁寿：《法学方法论》，中国政法大学出版社 1999 年版，第 132～134 页。

文义在这里显示出它的范围性功能。它划出了法律解释活动之可能的最大回旋余地。[1] 据黄先生的观点，文义解释方法之所以是可以凭借的方法，其原因在于文本之文义具有范围性的功能，能够限定解释的结果，保证所释放的文义位于文本可能的文义范围之内。

对于何谓文义解释，不同的学者给出了不同的注解，可谓是人言人殊的话题，各有不同的关注点或角度。如黄茂荣从文义解释的功能为切入点，为文义解释活动划出最大的回旋余地，即范围性功能为文义解释的最大特点。王泽鉴也大致持相同的观点，即不能超出法律文字可能的文义的解释始为文义解释。有的学者以实践操作为指向，以怎样进行解释勾画了文义解释的特点，如苏力的平义与特殊文义两分法定义了文义解释。但我们认为文义解释其根本特点是强调严格按照字面的含义进行解释始能维护法律的稳定性。综观学者们的观点不难看出，文义解释是法律解释方法体系中的首选方法，其目的是在法律文本可能的意义范围内探求针对个案的意蕴，其价值取向是维护法律的稳定性、明确性和可预测性以及整个法治实践的统一，它具有排斥立法意图和解释主体个性的倾向。所以我们认为，关于文义解释可定义为：文义解释是排斥解释主体个性及立法意图并严格局限于法律文本，按照法律规范的字面含义和通常使用方式探求针对个案的意蕴，以维护法律的稳定性、确定性和法治实践统一的首要的法律解释方法。

（二）文义解释的特征及功能

文义解释作为法律解释方法的首选，并成为法律解释学者们经常探讨的对象，必定有其鲜明的特点和为法治实践所必需的功能或作用。我们认为文义解释的特征主要体现在以下几个方面：①严格的局限于法律文本。此处的法律文本应作扩展的理解，它包括合同文本及经过整合和类型化处理的案件事实都应当视同法律文本。解释者必须从法律规范词语的语义出发，阐明文本于个案有意义的意蕴，而不能超出法律文本可能的意义范围。如果超出文义所框定的范围，则有进入法律的"续造"阶段的嫌疑。②解释过程中不过度考虑立法目的及意图，而专注于法律文本。立法意图是立法者主观意志的集结和反映，这种经过整合的集体意志一般情况寓于法律文本之中。在判解过程中，特别是遇到疑难案件和法律漏洞时，立法目的往往是补充漏洞，帮助裁判者做出公正、合理判决的有利因素，且这种情形在非刑事领域一般会得到制度性的支持及公众的的认可，因而具有制度的正当性和社会的认可性、可接受性。（当然，有时立法目的也并非明确地存在于法律文本之中，有可能根本不存在，或者随着时空的转换，立法目的已

---

[1] 黄茂荣：《法学方法与现代民法》，台湾大学法学丛书编辑委员会1993年版，第307~308页。

难以在当前的法律文本中觅得踪迹。）③解释过程排斥主体的主观个性。当然，此处的主观个性，并非指主体的主观能动性，离开了主体的能动性任何方法都不具有意义。任何法律适用都是人在适用；任何解释方法发挥作用都是人与方法的结合。主观个性是指解释主体的价值偏好及观念倾向。比如对公平、正义的不同理解，个人出身所造成的对贫富的好恶，不同的生活经历及学习过程所形成的信念理想等。只要承认法律解释是社会实践性很强的活动，承认法律解释是追求群体性承认的结果，就不能排除解释过程中的这种主观个性。而文义解释方法恰恰拒绝这种解释者的主观个性，要求严格按照字面含义及通常的使用方式进行解释。④平义与特殊文义两分，且特殊文义优先于文义即普通文义。两种语义的划分实质上是承认了法律文本的专业化特征，在专业化这一背景下承认特殊文义优先于平义当然有其合理性，只不过法律文本与实践相结合后，这种区分将不会像理论上的界定那样简单，随着场域的转换，此处的平义将有可能成为彼处的特殊文义。

对于文义解释的功能，我们认为最突出的有两点：①为法律文本及解释结果框定意义范围。正如我国台湾地区学者黄茂荣所认为，文义因素，亦即可能的文义在这里显示出它的范围性功能。它划出了法律解释活动之可能的最大回旋余地。[1] 这是文义解释最首要的功能，也是最直接的功能。②维护法律的稳定性、意义的安全性和行为的可预测性以及法治实践的统一等。当然任何法律解释方法都具有上述功能，但文义解释较之其他的解释方法而言，其解释过程的客观性更强，主观任意性程度更低。在法治现代化的初始阶段，对法律解释客观性的强调具有特殊的意义，是培养社会公众法律信仰情感的重要因素，这也是文义解释方法被推为首要方法的重要原因。

（三）文义解释的局限性

法治反对解释的原则，强调的就是文义解释的重要性。法治在一定程度上就是靠文义解释来固定的。但文义解释像其他任何东西一样都存在着这样那样的缺陷。其中最重要的是法律由此可能变得机械或者僵化。在此，我们不禁要问，被寄予如此厚望的文义解释其运行的基本条件是否已经具备呢？运行之后是否会得到人们所期待的结果呢？

1. 解释对象——文义解释的机械性。其具体表现在以下几个方面：

（1）法律文本的整体性。我们在谈论法律解释的文义方法时，不自觉地会产生这样一种印象：法律解释的对象是法律文本。其实，这里存在有误区，那种

---

[1]　黄茂荣：《法学方法与现代民法》，台湾大学法学丛书编辑委员会1993年版，第307页。

把法律解释对象局限于法律文本的观点是传统法律解释的观点，是与严格法治分不开的。新语义分析法学的勃兴助长了文义解释方法的气势。然而，法律解释对象的界定经过了一个由简单到复杂的过程。在传统观念中，法律解释的对象往往被局限到立法机关所创制的法律文本，根本不会涉及到案件事实。当然在传统解释学的发展过程中，解释对象也不断地受到质疑。可是随着哲学解释学渗透到各个人文社会学科，法学作为深受影响的学科之一，当然不会静观其变，它必然以更加积极的热情去反思自身并把哲学解释学的精神引入自己的研究过程。因此，法律解释的对象突破了制定法文本的限制，进而触及到了案件事实。不仅如此，在诠释学法学看来法律解释过程是制定法文本、待决案件事实以及解释主体三者之间的融合、反复的过程。有学者论述道：法律解释的对象应包括两个部分：①作为"文本"的成文法律；②经过解释主体选择，并与成文法相关的事实，包括事件与行为。[1] 更加直接的论述是：司法中所说的法律解释并不限于对法律文本的解释，甚至主要不是对法律文本的解释。尽管哲学阐释学意义上的解释存在于任何人类活动之中，因此必然存在于对案件的审理过程中，但是司法上所说的法律解释往往出现在疑难案件之中，这时法官或学者往往将整个适用法律的过程或法律推理过程概括为"法律解释"，其中包括类比推理、"空隙立法"、裁剪事实、重新界定概念术语及造法。[2] 因此，在法律适用过程中，法律适用者既要使法律文本释放出法律意义，又要运用法律思维对事实进行定性与定量分析，并释放出事实的法律意义。可是我们回过头来反观中外学者对文义解释的定性就会清楚的发现：文义解释方法是让法律文本在可能的语义范围之内释放出针对案件事实的有效意义且严格的局限于法律文本。那么，我们完全可以这样认为，文义解释方法只是解决了法律解释对象中的一个方面，而忽视了其中至关重要的一环——待决案件事实，而这一方面具有同样重要的意义。可能会有人反问：文义解释方法所得到的结果是考虑到案件事实之后而释放出的文义，怎么可以说忽视了案件事实呢？当然，没有待决案件的需要，也就没有解释的必要性，更不会释放出合理的解释结果。问题在于，案件终究不像流水线的下线产品那样符合一个统一的标准。生活中发生的案件总是呈现出不同的面孔。怎么能够让相对固定、滞后的法律文本来应对这纷繁复杂的案件事实而又严格的局限于可能的文义呢？如若可能，两点值得怀疑：①所谓的文义解释方法实属机械法学的附庸之物；②文义解释方法实则是自由、创造性解释法律的遮掩。

　　法律文本作为文本中的一种，显然，除了自身的特殊性之外，法律文本也具

---

〔1〕　陈金钊：《法律解释的哲理》，山东人民出版社1999年版，第56页。
〔2〕　梁治平编著：《法律解释问题》，法律出版社1998年版，第32页。

有所有文本所体现的共性：①在文本中是一种写读关系，作者的当下性没有了，文本成为独立的存在。因此，读者只能通过文本去了解作者的意思，重点落到了文本和它的意义上。②文本面对的是潜在的读者，这就使得文本面临无限多样的阅读。③文本不受直接指称的限制。按照德国哲学家弗雷格的区分，意义可以分为主观意义和客观意义两个方面，前者指说话者或作者想说的意思，后者指言语本身所传达的意思；客观意义又可进一步分为含义和指称，他们大致相当于内涵和外延的区分。在言谈中，说话者的行为与思考的过程同步，他可以通过手势、表情、指示词等方式进行直接、实在的指称，而在文本中，由于没有了言谈的当下性，直接指称被悬置了起来。文本的指称只有一种可能性，它在解释的过程中展开。[1]

法律文本除了上述文本的共有特点之外，自身也具特色。法律是一种关于人们权利与义务的规范体系，法律文本与文学作品等非规范性文本的不同就在于法律文本的规范性和权威性。法律文本是一种规范化的文本，这表现在它是立法制度和程序运作的产物，而非个人的自由创作；它必须运用规范的立法语言，追求表意上的平实、直接、严谨和准确，而不能运用比喻、夸张、拟人等修辞手段，不能运用感叹号、问号、引号、省略号等标点符号，不能追求个别化的语言风格；它所针对的是法律主体的外部行为，而不能在内心刻画感情描述上比高低；它的形成不可能无拘无束，而必然受到人们关于立法活动的各种"预设"的制约，如立法者应该使用规范的普通语词和专门语词，应该遵循宪法的指引，应该避免荒谬或明显不公的结果的出现，应使立法不应具有溯及既往的效力，等等。同时，法律文本是一种权威性的文本，在司法裁判的法律适用过程中，解释者对法律文本的解释必须以对法律文本权威的承认为前提，必须服从制度和程序的制约，而且，强调这种制约并不需要担心被指责为"专制主义"。[2] 探讨法律文本的特性，人们常常在比较中展开。惯常上，文学文本是用来比较的另一方面，其结论也往往是二者的差异，如波斯纳所言："法律文本与文学文本有巨大的差异。"[3] 其实，也有学者主张消弥法律文本与文学文本之间的差异，如美国学者怀特。在《法律的想象——对法律思想及表达之性质的研究》一书中，怀特大体上提出了一个十分重要的观念：法律文本和文学文本的性质是接近的，前者像后者一样具有开放阅读的柔性特征。从近代以来，法学语境中的基本观念是认为法律文本与文学文本有着基本的差别。法律文本偏重严谨、"科学"和推理；而

---

〔1〕 刘放桐等编著：《现代西方哲学》上册（修订本），人民出版社1997年版，第381～387页。

〔2〕 张志铭：《法律解释操作分析》，中国政法大学出版社1998年版，第34～36页。

〔3〕 ［美］波斯纳：《法理学问题》，苏力译，中国政法大学出版社1994年版，第336页。

文学文本则偏重自由、情绪和想象。这样，法律文本的叙述方式和修辞技术，具有了自己的独特性质。但是，在怀特试图消除法律文本和文学文本的界限的策略中，两者失去了基本的不同和差异，法律文本之本身也带有了文学文本的品格和特性。法律文本的严谨、"科学"和推理，在另一方面，从而变得隐藏了与之对立的自由、情绪和想象。由此，法律文本可以确定一个"中心"的逻辑机制被淡化了。法律文本是可以而且应该像文学文本那样来阅读的。其本身并不存一个固定的意义中心，据此能够建立一个环环相扣的逻辑等级体系。法律文本像"故事"一样，可以不断的述说、展开、生发和想象。这意味着，法律文本以及由此而来的法学文本的意义，在语义上是开放的。[1]

不难看出，传统法律语境中的法律文本和文学文本是截然对立的，过分地强调了二者之间的差异。然而，虽不至于像解释哲学那样彻底地消解了法律文本的确定含义，但完全有理由承认法律文本与文学文本一样具有无限的开放性，难以确定一个意义中心。相反的是，文义解释方法所信仰的就是法律文本中存在一个确定的语义中心，且努力地探求这个语义中心。显然，法律文本在整体特性上让文义解释方法的坚持者失望了。

（2）法律语言单义性的幻象。[2] 文义解释方法是否具有可操作性和有效性，最直接的基础是法律文本，特别是法律规则、规范包含清晰、明确的意义。这就要求，从共时上讲法律文本之间要相互协调，尽最大的努力消除不同文本之间的对立和冲突；从历时方面来说，法律规范所使用的词语要保持意义上的连贯一致。可是，在大规模、快速立法的背景之下，有些人的观念可能发生了扭曲，好像真正使立法者有成就感的是立法的规模和数量，而不是所立之法的质量和实际的社会效能。再联想一下今天的一些重要的基本法律或部门法规，不厌其烦的解释已使得原法律文本面目全非，甚至使其名存实亡，而有的法律几乎未曾实施就"破了产"。其原因何在，在此我们抛开社会制度背景不谈，单从法律规范本身来发掘原因，看一看，文义解释所依赖的文本中的清晰、明确、固定的意义是否存在？

语词，包括法律文本中所使用的语词，不仅会发生历时的变化，而且也会发生共时的变化。一个语词在一个历史时期中被普遍认可的意义在另一个时期会变动，甚至消失；同样，同一社会中的人们由于职业不同，他们对同一语词有时也

---

〔1〕 刘星：《语境中的法学与法律》，法律出版社2001年版，第148～149页。

〔2〕 "法律语言单义性的幻象"是朱庆育教授在其著作中所使用的一个小标题。我们认为单此标题就有足够的力度使人冷静的看待文义解释方法。参见朱庆育：《意思表示解释理论》，中国政法大学出版社2004年版，第46页。

会有不同的理解。比如，按照美国宪法，国会有权建立陆军和海军，而没有提到空军；但今天，所有的美国法官和律师都将这一条款理解为包括有权建立空军和其他必要的武装力量。再如，美国一个法律禁止进口植物果实，但不禁止进口蔬菜。有人进口番茄，因此发生了番茄究竟属于植物果实还是蔬菜的问题。关于静坐示威是否为暴力的例子，也是很好的说明。再比如说，一些特定时期的语汇，如粮票、布票、反革命等都已经淡出了人们的语域。最为明显的例子就是，观念中根深蒂固的"阶级"一词也渐渐的被"阶层"一词淡化和取代。[1] 社会处于变动不居中，词语亦随之不断的发生变化发展。词语的不断变化发展与法律文本，特别是制定法文本的稳定性要求之间产生了矛盾，而文义解释方法必须限于文本固定的、明确的含义，单凭文义解释方法难以解决这一矛盾。

上面我们已经谈到文义解释方法的直接根基是分析法学，特别是哈特把语言哲学正式引入法学成为战后实证主义法学的方法论，并引导了一场新分析法学，即语义分析法学运动。然而，哈特指出由于词语在意义上具有"开放结构"，加之词语在确定由事物联系方式所形成的意义上存在必然的偏差（甚至根本无能为力），因而词语的意义必然依赖于语境。法律的词语概念没有一成不变的意义，用字典的方式一次性阐明法律概念的实际用法，涉及它的众多不确定性，因而是极不现实的。[2] 哈特公开并反复论证，规则的语言是一种含有"空缺结构"的语言，并认为确定性是社会赋予的，而不是文字本身所具有的。[3] 我们知道哈特也并非抱守纯粹的语义分析，他实际上选取的是一条中间道路，具有向自然法学靠拢的趋势，他不也追求"最低限度的自然法"吗？这一退却就使得法律与经验事实内在的联系起来。法律语言从来就不是一种精确的语言。考夫曼论述道：法律语言不是科学的语言，因为语法学与语义学都不是建立在清楚的规则之上。法律语言是一种专业语言，相当于普通日常用语，只不过具有运用某些专业概念的特性而已。对每一个生活的、实际上被说出的语言，法律语言亦同，它不断地在两个领域之间移动……在第一个领域中是跟理性的、范畴的语言面向有关，亦即和数学的语言有关；它涉及到形式逻辑的单义性与精确性，它是透过

---

〔1〕 关于"阶级"与"阶层"的分析，具体可以参见郑杭生主编：《中国社会结构变化趋势研究》，中国人民大学出版社 2004 年版，第 6～7 页。

〔2〕 严存生主编：《西方法律思想史》，法律出版社 2004 年版，第 294 页。

〔3〕 此乃苏力先生在《解释的难题：对几种法律解释方法的追问》一文的注释 16 中所表达的一种观念。同时他还认为：法学界的有些学者认为哈特在承认规则的不确定性的同时还强调其具有确定性的特点，因此得出结论，哈特也主张核心/边缘理论，这可能是一种误解。我们认为核心/边缘理论的关键不在于其划分的本身，而在于其划分的标准以及如何划分。文义解释方法探求词语的核心意义，为什么边缘意义就被"正当"排除了？这依靠的是什么？或许是一种话语霸权。

抽象作用及语言规定，在某些情形下是透过人工语言的运用来达到这种单义性与精确性。在第二个领域则跟语言之意图及比喻的面向有关，亦即与类推的语言有关；这涉及的是语言的超验与逻辑的意义，从一开始它就排除语言的单义性与精确性。数字的语言是纯粹复制的；相反，类推的语言则是创造的、革新的，它不是一种非此即彼的关系，而是一种或多或少的关系[1] 因此，只要自然语言尚存在各种歧义，法律语言就永远不可能是精确的，所以，单义性法律语言的理想是不能达到的，它也不值得去追求。极度的语言精确化，只会造成内容的更加空洞、意义的更加贫乏。那么，法律语言的这种单义性幻象对法律的实际操作带来什么样的影响呢？王洪论述道：任一既定的语言构成的解释系统都是有限的，因而也是不自足的。因为，在有限的解释系统中总有一些看来是基本的语言，在系统中得不到规定和解释。否则解释会出现逻辑循环。……找不到这样的基本语言，使得任一有限的解释系统的明确性和充分性无可置疑。因此，正如自己不能抓着自己的头发把自己提起来一样，任一有限的解释都无法保证其基本语言的明确性和充分性，从而无法保证其自身的明确性和充分性。即便这些基本的语言及其解释系统是明确的，我们也无法在解释系统内部证明这一点。换言之，基本语言及其解释系统的明确性是相对的、不确定的。事实上，即使是某些最简单的词语，有时也会发生理解和解释上的分歧，也未能在解释者之间达成共识。[2] 我们并不祈求法律语言的自足性，然而法律语言的不精确性、语义的分歧与模糊性却是客观的存在着的。我们所讲的法律解释的文义解释方法所做的第一步就是揭示出解释对象的可能的文义，现在看来解释结果一定是一道多项选择题。而怎样判断哪个选项为唯一选项是文义解释方法本身所解决不了的——就好像自己试图提着自己的头发将自己拽出泥潭一样不可能。

（3）歧义现象的存在。法律语言存在着种种歧义现象。[3] 从引起歧义的原因来看，可以分为两种：①言内歧义——引起歧义的原因在言语之内，即构成言语形式的语言本身可作两种或两种以上的理解；②言外歧义——引起歧义的原因在言语之外，即构成言语形式的语言本身并不存在两种或两种以上的理解，歧义是由语言之外的因素如蕴含、预设、语境等引起的。言内歧义包括词语歧义、句法歧义；言外歧义即"语用歧义"，包括语境歧义、预设歧义、蕴涵歧义。[4] 尽管姜剑云认为语言的歧义并不等于语言的多义，然而法律语言中的歧义的确是

[1] ［德］考夫曼：《类推与事物本质》，吴从周译，学林文化事业有限公司1999年版，第215页。

[2] 王洪："论法律中的不可操作性"，载《比较法研究》1994年第1期。

[3] 其实，不只具体到法律语言存在缺陷，语言文字本身就体现了僵硬性、有限性、歧义性和精英性的特点。参见谢晖：《法律的意义追问》，商务印书馆2003年版，第361～363页。

[4] 姜剑云：《法律语言与言语研究》，群众出版社1995年版，第259～260页。

文义解释面临的挑战之一。另外，我们知道法律文本另一重要特征就是存在大量的模糊词语。模糊词语存在的原因不论是立法者有意为之，还是立法者无力避免，或者是为了政策性的考量，我们姑且不究。尽管也有学者认为："用模糊语词表述的法律条文，在适用时有一定的伸缩性和灵活性，对国家机关及司法人员根据案件的具体情况，准确的定罪量刑是大有裨益的。"[1] 然而，我们不得不承认，模糊性词语的存在一定程度上消解了法律的确定性，给法律的适用带来了困难，经常出现的局面就是"公说公有理、婆说婆有理"，令法官等无所适从。更大的危险在于，由此而造成的法律可预测性的降低，会影响到公众对法律的信仰，进而动摇法治的根基。模糊性词语的大量存在，影响了法律的正确适用。[2] 文义解释方法能够克服这一局限吗？这是文义解释方法所面临的又一挑战。

（4）文义解释的机械性。文义解释方法也被认为是居于起点及终点的法律方法。解释所释放出的意蕴框定一个可能的意义范围。我们看到，要想使文义解释发挥作用，或者说更具可操作性的话，对法律文本的明显要求是：法律文本中存在明确、清晰且不发生流变的意义，或者是意义中心。否则就会使解释陷入尴尬的境地。然而，从法律文本的整体性特征上来看，它既具有一般文本的共性，又具有文学文本的特征，面临着开放阅读的无限可能性。法律语言也绝非单义性的，歧义现象大量的存在于法律文本之中。由于语言文字具有流变性，时过境迁，后来的读者在阅读文字时就会因文义的变迁而获得不同的理解。作者提供的文本，在读者那里完全有可能生发出迥异于作者所期待的意义。法律文本及其语言的上述特征既是一种客观的存在，又是法律解释存在的因由。对于某一法律文本或者法律词语，文义解释可能生发不同的意义，这些词语之间的竞争性是文义解释本身所不能排除的。严格地按照字面的意义进行解释，而解释结果往往坠于荒谬，文义解释的机械性凸显出来。有案例为证：1882 年埃尔默在纽约用毒药杀害了自己的祖父，因为他祖父在现有的遗嘱中给他留下了一大笔遗产，而埃尔默却怀疑新近再婚的祖父可能更改遗嘱，而使他一无所获。埃尔默的罪行发现后被定罪，判处监禁数年。[3] 埃尔默的判决在今天看来是毫无疑问的。问题是按照当时纽约州的法律埃尔默有权继承遗产，因为法律规定的遗嘱有效的文字内容既非模棱两可，也非含糊不清，而是语义明确。显然如判其无罪而继承其祖父的遗产，则明显的违背了"不能从自己的错误中获利"的古训，有违社会正义与公正良俗。可见，文义解释的机械性很有可能导致不公正结果的出现，从而降低

〔1〕　周旺生主编：《立法学》，法律出版社 1998 年版，第 59 页。
〔2〕　周庆生等主编：《法律与法律研究的新视野》，法律出版社 2003 年版，第 166～168 页。
〔3〕　德沃金：《法律帝国》，中国大百科全书出版社 1996 年版，第 14 页。

了文义解释的有效性。单此法律文本的本身存在的问题就凸显了文义解释的机械性，如再遭遇案件事实，意蕴的揭示将更加困难。

2. 解释主体——文义解释的非情理性。徒法不足以自行。无论法律解释方法多么可靠有效，缺少了主体的灵活运用，一切皆为空谈。因此，这一部分我们试图探讨文义解释方法对解释主体的内在要求是什么，或者说是有何限定？分析法律解释主体在能够满足这些要求的情况下进行解释是否会产生所期待的结果。

（1）文义解释方法对解释主体的内在要求。对法律解释主体的分析有很多，笼统地讲，立法者、司法者、执法者、律师、学者以及公众都有可能成为法律解释的主体。此处，不能全部将其纳入讨论的视野，对本文的讨论有实质意义的是法律实际适用中的解释主体，或者说是实现由成文法规范到裁判规范的转换的主体。因此，我们将目光主要投向法官、检察官、律师，甚至主要是法官。[1] 在对解释主体进行限定之后，我们来看一看文义解释方法对解释主体的内在要求有哪些。大体上包括以下几个方面：①思维方式上的保守性。我们常讲法官的思维模式较之其他法律职业者，特别是法学者来说，更具保守性，体现了一种向后看的特质。崇尚探求文本原义的文义解释方法，更需要法律的适用者秉持一种保守性的思维进路，他们不能进行超前性的考量。面对待决案件，必须在文本可能的意义范围之内求得选项。这是文义解释方法对解释主体思维方面的限制。②拒绝解释主体的主观个性。文义解释方法的最大特点就是严格地局限于文本的原义，只能在文本的范围之内探求可能的原义，而不能超越文本。阐释文本意义的过程中，如果加入解释主体的个性发挥，则是绝对不允许的。③立场上的立法中心主义。法律适用过程立场的选择往往与一个法域的法治传统有密切的联系。附随法典编纂运动之后的就是崇尚法典，达致极点就是相信法典万能、自足、无所不包，实际运行过程中就逐渐浸染上了"机械法治"的色彩，思考问题一切以立法为中心。文义解释方法的过分倚重，不能不说是机械法学的影响，立法中心主义与文义解释方法的盛行有千丝万缕的联系。

（2）实践中的解释主体。文义解释方法就是要求解释主体采取一种保守的姿态，以立法为中心立场并排斥自己的主体性因素，在此基础上释放出所需的意蕴。然而，我们认为这样的法律解释只是一种理想化的解释模型，过滤了太多的东西。①把案件事实简单化，进而把法律规范与案件事实遭遇的过程机械化；②在此过程中解释主体的能动性难以发挥，更何谈创造性；③把立法过程与司法过

---

〔1〕 其实，关于"法律解释主体"范围的划定，与法律职业共同体的划分有密切的联系，也有广狭之分。关于法律解释共同体界限的论述，参见张文显等主编：《法律职业共同体研究》，法律出版社2003年版，第10～45页。

程绝对的分割开来，割裂了二者逻辑上的联系。简单对应，是文义解释方法适用法律的典型形态。然而，法律的适用过程究竟是怎样的呢？是否如文义解释方法所适用的那样简单呢？"当我决定一个案件时，我到底做了些什么？我用了什么样的信息资源来指导？我允许这些信息在多大比重上对结果起了作用？它们应当在多大比重上发挥作用？如果可以适用某个司法的先例，在什么时候我拒绝遵循这一先例，我又如何获得一个规则而又同时为未来制定一个先例？如果我寻求的是逻辑上的一致，寻求法律结果上的对称，这种寻求又应当走多远？在哪一点上，这种寻求应当在某些与之不一致的习惯面前、在某些关于社会福利的考虑因素面前以及我个人或共同的关于正义和道德面前止步？日复一日，以不同的比例，所有这些成分被投入法院的锅炉中，酿造出这种奇怪的化合物。"[1] "在审判实践中，能够将法律文本与案件事实简单对号入座的裁判，只是一些简单的案件。事实上，大量的裁判并非如此。总体上说，裁判案件常常是左右为难或者是绞尽脑汁的活动，甚至有时还有些变幻莫测，裁判和裁判中的法律适用具有高度的智识性和专业性。就高质量和高层次的法律适用而言，它既需要学养丰厚和逻辑缜密，又需要经验丰富和洞明时世；既需要必要的墨守成规、恪守法的安定性，警惕反复无常，又需要不拘一格、与时俱进和开拓创新，勇于和善于打破理论和实践的教导；既需要遵守逻辑规则和注重逻辑推演，对付诸实践的法律规范'咀嚼其章句、玩味其技巧、消化其原理'，又需要填充价值和进行利益衡量，实现良好的社会效果。"[2] 法律适用的过程，特别是在当下的中国，揉进了很多原本不属于法律适用过程本身的因素，比如说，纠纷的解决不仅要考虑到符合制定法文本，而且更要考虑纠纷解决方式的可行性。判决结果是否能够得到很好的执行，这种结果是否会引起更大的纠纷甚至是冲突，是否会影响社会的稳定以及政府的政策与形象？这些因素不仅在法官的考虑范围之内，有时甚至优先考虑。一方面必须"以法律为准绳"，而另一方面又必须"为经济建设保驾护航、维护社会的稳定"；"严格依法办事"使法律解释主体必须忠实于法律文本，而法律适用过程所包含的过多的政策性的要求往往使解释主体突破法律文本，这样文义解释方法就处于一种尴尬的境地，很有可能扮演了一种不光彩的角色——使解释结果仅仅"忠于"制定法文本的面纱。从上面的引文我们也可以看出，不论是秉承判例法传统的法官卡多佐，还是坚持成文法至上的孔祥俊，法律适用的过程绝非那么简单，机械的对应是极少数的，甚至是理想化的。应对生活中层出不穷的纠纷，仅靠阐明成文法的意蕴是不够的，虽然，阐明意蕴是纠纷解决的前提。

---

〔1〕　［美］本杰明·卡多佐:《司法过程的性质》，苏力译，商务印书馆1998年版，第1～2页。
〔2〕　孔祥俊:《法律解释方法与判解研究》，人民法院出版社2004年版，第1～2页。

显然，文义解释方法使解释主体——主要是法官——陷入了一种两难的境地：纠纷的解决离不开成文法意蕴的阐释，但仅凭文义解释方法所阐明的意蕴又难以应对生活中的绝大多数纠纷，甚至是根本无能为力。后果更为严重的是，这里面暗含了一种轻视制定法作用的观念。当然，我们这里所讲的"轻视"，也绝非后现代意义上解构，更不是置制定法于虚无，我们只是冷静地思考文义解释方法在法律规范向裁判规范的转化过程中所扮演的角色——一种形式合法化的工具而已。工具或方法虽然有助于达致真理，却不能使真理的获得成为必然。诚如严平所言："方法并不能保证人获得真理，方法并未给人提供一条通向真理的康庄大道，相反，真理困扰着具有方法的人。方法使真理异化并有放逐在外的感觉。"[1]

法律适用过程的复杂性，降低了文义解释方法的可操作性，我们不得不承认徒方法也不足以自行。裁判规范的探求过程，各种法律解释方法——包括文义解释方法——所起的只是一种过渡或桥梁的作用，这一过程的合法性、公正性、有效性，离不开操作主体的内在因素，包括必需的法律基础知识、传统的价值观念、社会的主流意识形态，甚至包括个人与法律职业相关和无关的经历。可见文义解释方法试图让解释主体站在一种"无立场的"的高度，剔除自身的主观因素，单以阐释法律文本的文义为唯一目标，而又不能超越文本的可能的意义范围，这对解释主体来说实在是一种强求，而非理性化的认识。人们禁不住怀疑：以这种姿态做出的解释是否真的是法律文本的文义，是否真的未超出法律文本的范围？人类的存在是历史性的存在。我们在理解事物的时候，往往存在两个误区：①将过去很性急的同化为现实的意义期待；②与此相反，将现在置于范围之外，而将自己移入过去之中。[2] 在我们看来，文义解释方法的实际操作过程与上面所提到的第二个误区特别相似，往往"将现在置于考虑范围之外，而将自己移入过去之中"。实际上法律解释是实践性很强的活动，法律解释的主体时刻"唯纠纷的解决是瞻"，也就是说，法律解释主体始终将"现在"、将待决纠纷置于考虑范围之中。因此，从这层意义上来讲，法律文本所释放出的文义是对待决纠纷有意义的文义，离开了待决纠纷的考量，便不成其为法律解释。"解释"和"适用"原本就是包含于理解之中的统一的、整体运动。法律解释所探求的不是法律文本的意义本身，而是"结合事件的真理"。在探求"结合事件的真理"的过程中，不可能回避主体的自身因素，包括成见。成见常常是使"见"成为可能的视野。海德格尔对于"所有的解释都必须建立在事前理解应该解释

---

〔1〕 严平：《走向解释学的真理——伽达默尔哲学述评》，东方出版社 1998 年版，第 4 页。

〔2〕 ［日］丸山高司：《伽达默尔——视野融合》，刘文柱等译，河北教育出版社 2002 年版，第 188 页。

的东西的基础上", 这一解释学的循环有着非常深刻的体悟。所谓"解释"是指将事前理解好的东西进行更进一步的展开和分解。伽达默尔将"成见"称为"解释学的状况"。基本上称作"状况"的东西是不能作为对象来认识的。我们总是被抛到既定的状况之中。与我们照面的所有存在, 以及我们自身, 都要从状况中被认出[1] 因此, 从哲学解释学的"解释的循环"来看, 解释的结果受到"先入之见"的很大影响。文义解释方法所追求的文本范围内的纯粹的文义, 实际上是受到解释主体的成见影响的, 是已经被重新塑造的东西。排除解释主体的主观性因素的解释是不存在的, 如果存在, 则必然是缺少实用价值, 无法应对待决纠纷的。

（3）文义解释的非情理性。严格法治、概念法学和文义解释之间存在着千丝万缕的联系。其共同的价值取向就是严格地忠诚于法律文本, 不得作任何个性阐发和创造性的解释。解释主体的个性和创造性在文义解释的过程中丧失了。正如前面所分析的, 文义解释对解释主体的内在要求是：①思维方式上的保守性；②拒绝解释主体的主观个性；③立场上的立法中心主义。这是一种典型的"法条加上事实等于判决"的自动售货机式的神话。实际上,"只要是法律适用, 就必须是人在适用而不是法在适用, 所以法律的适用过程往往是适用主体的主观意志被具体化为个案的过程"[2] 而解释主体的主观意志, 就是解释者的价值判断, 或者说是"情理"[3] 法律解释的目的从根本上讲不是阐明法条的具体含义, 不是求得对法律条文的真理性的理解, 它毋宁是一种判断, 是将法律规范应用于待决纠纷, 以求得反映社会公正、符合社会公平、被社会接受和认可的结果。解释的目的是应用, 解释的效果是解释者优先考虑的因素。"司法的根本目的不是搞清楚文字的含义是什么, 而在于判定什么样的决定是比较好的, 是社会可接受的。"[4] 如若保证这种可接受性, 解释过程就不能排拒主体的公平、正义、良心等道德因素。只有注入了解释主体情理性的解释, 才能使法律改变冷冰冰的面孔, 增强人们对法律的期望感和信仰感。文义解释的适用过程恰恰拒绝了主体的这种"情理性", 严格的局限于法条的字面含义, 机械地阐释法条的含义

---

〔1〕 ［日］丸山高司：《伽达默尔——视野融合》, 刘文柱等译, 河北教育出版社 2002 年版, 第 6~9 页。
〔2〕 范进学：《法的观念与现代化》, 山东大学出版社 2002 年版, 第 211 页。
〔3〕 在范进学教授看来,"情理"在法律解释的特定语域中, 是一种合乎理性的、具有普适性的价值判断标准, 它含有公正性、道德性与被人可接受性、被社会可认可性等价值特征。是贯穿法律解释始终、适用于任何解释方法的主导因素。参见范进学：《法的观念与现代化》, 山东大学出版社 2002 年版, 第 210~223 页。
〔4〕 苏力："解释的难题：对几种法律文本解释方法的追问", 载梁治平主编：《法律解释问题》, 法律出版社 1999 年版, 第 158 页。

并机械地应用于纠纷。此过程，解释者是以冷冰冰的面孔出现的，无异于机械化操作的售货机。概言之，法律解释是情理性很强的一个过程，文义解释恰恰拒绝了这种情理性，自然解释结果的社会可接受性降低了。

3. 解释制度——文义解释结果与个案的脱节。我们可以从以下两方面进行分析。

(1) 法律解释的制度背景。"法律是一个社会事实，谁要想获得关于一个法律体系的知识，他就必须获得关于一个社会里实际发生了什么的信息。然而，法律是一种特殊的事实：一种在塞尔所说的意义上的制度事实。""作为一个有意义的规范的构成物，法律是解释学分析的对象。法律制度的实际存在要受很多不同情况的限制；这些情况是：法律存在于人们的思想意识之中；它与行为的类型和期待的事物之间的相互关系结合在一起；它同社会制度可以觉察的事件有持久的关系。"[1] 法律作为一种特殊的事实——制度事实，操作其有效运转的主体及其运转的程式也必然是制度性的，其结果也当然是制度性的产物。套用苏力先生的一句话，那就是：一切已被深深地"嵌入"制度之中了。因此，法律解释方法的选择以及各种方法的实际效用必须放在制度之中进行考量。即使我们将目光放在法律解释体制上面，这种考察也仅仅是描述性的。在当下的话语中，我们爱讲"特色"。幸好，现行的法律解释体制也极具"中国特色"。[2]

在中国当下的法律制度框架中，法律解释是包括立法机关在内的国家各个职能部门"齐抓共管"的领域，而且主要是立法机关的活动。除最高国家权力机关及其常设机构之外，最高人民法院、最高人民检察院、国务院及国务院主管部门、省级和较大市的人大常委会和政府或政府主管部门都有权解释不同层次的法律，因而，从总体上说法律解释权并非附属于法律实施权或法律决定权。法律解释虽然披着"具体适用"的外衣，然而往往与法律的具体适用分离开来。"具体的说，有权实施法律或者在法律上有决定权的机关，在制度上并不一定对所适用的法律拥有解释权；而有权解释法律的各个实施机关，尽管在名义上其解释涉及的是法律的'具体适用'，却基本上脱离具体个案或问题的法律实施或决定过程。"[3] 其实，当下中国的法律解释体制还有许多的"本土特色"，这里我们只揭示了两点，①法律解释作为一种权力的载体已被蚕食，形成了复杂的解释主体之间相互割据的局面；②法律解释在很大程度上脱离了具体适用领域。那么，接

〔1〕　[英] 尼尔·麦考密克等：《制度法论》，周叶谦译，中国政法大学出版社 2004 年版，第 135～136 页。

〔2〕　关于"中国本土特色的法律解释体制"的详细论述，可参见张志铭：《法律解释操作分析》，中国政法大学出版社 1998 年版，第 220 页。作者不仅从规范和操作层面对法律解释体制作了描述，而且抽象出了基本特点，并进而揭示了其内含的基本观念。

〔3〕　张志铭：《法律解释操作分析》，中国政法大学出版社 1998 年版，第 234 页。

下来的是这两个所谓的"特色"与法律解释方法之一的文义解释究竟有哪些内在的联系，或者是文义解释能否适应这种"特色"？方法本身在很大程度上并不能决定其有效性和可操作性，其实效的发挥与方法适用的场景密切相关。在中国的独特的法律解释体制之下，文义解释方法最为欠缺之处就是解释结果往往与待决纠纷相距甚远。从体制的性质来说，我国与大陆法系国家相似，判例并不被认为是解决案件纠纷的正当性依据。可是如果我们扪心自问，我们大量的法规解释不就是因个案而起的判例吗？这些解释不正在实践中发挥着持续而重要的作用吗？我们并不否认判解生成过程中不仅有法条文义的考察，同时也有其他方法的运用，包括利益的平衡和政策的考量，然而，此类判解在应用的时候，法条字面意义的考虑就成了主要的任务。通常，我们一般认为解释的适用范围是与产生判例的案例相类似的案件，是与判例相契合的同类案件，在这过程中类型化处理是关键的一环。再从深层次上来讲，文义的把握是主要的，是法律实践者的大部分工作。可是在社会结构转型和经济结构转轨的今天，大量出现的案件纠纷其同质性程度是越来越低的，大量陌生的、更为复杂的、现行法规难以涵摄的案件纠纷会不断的涌现，单凭对法律规范的文义把握是难以应对这一局面的，而现行的法律解释体制要求我们做的，同时我们又不厌其烦、不断重复的正在做着的就是这种给予法律条文太多信任的文义解释。

（2）文义解释结果与个案的脱节。目光聚焦在中国特色的法律解释体制，显著的特点是"具体适用"外衣下的法律解释与具体个案相分离。即张志铭所讲的有权实施法律或在法律上有决定权的机关，在制度上不一定对所实施的法律有解释权；而有权解释法律的各个实施机关，尽管在名义上其解释涉及的是"法律适用"，却基本上脱离具体个案或问题的法律实施或决定过程。这种脱节性就是法律解释过程与解释结果脱离具体个案或具体适用的内在原因。这种脱节性又怎样与文义解释联系起来呢？考察我国司法审判领域的法律解释实践不难发现：①立法机关及最高法院在某一法律、法规出台后，联合或单独做出系统而全面的解释，这种解释显然是在与具体个案遭遇之前进行的。解释的着眼点就是阐明法律条文及个别词语的含义，其目的是减少法律适用过程中的阻力与不便。支持这一过程的解释方法显然主要就是文义解释，尽管不排除其他解释方法的运用，如利益平衡与政策考量。②我国司法实践中的独特制度，如案件请示汇报制度也加剧了这种脱节性。案件请示与汇报制度在我国目前的法律实践中当然有很多可取之处，其作用不能抹煞。但请示的内容往往是对案件的高度浓缩，其最大的缺点是抽掉了案件的情景性，做出裁决的法官往往少了一种与当事人的共鸣，而感同身受、身临其境，往往是求得正义结果的重要情感因素。仅仅依靠阅读高度浓缩和整合的案件事实的文义，很难求得针对个案的公正解释结果。文义解释在这一过程中又扮演了一种消极的角色，加剧了这种脱节性。③在我国目前法官特别是基层法官的整体素质有待提高的情况下，法官应对绝大部分案件的手段就是案件事实与法律文本的简单对应。案件是否契合法律条文、契合哪一法律条文依靠的就是阅读案件事实及阐发条文的意义。对于简单、明确的案件，这种方式也是可行的。然而大量的案件需要较为复杂的推理和考量，仅凭文义的把握往往过滤了很多重要的因素，恰恰是这些因素使案件审判的正义，特别是实质正义打了折扣。我们不怀疑文义解释的基础地位，但我们反对不顾法律实施的实践性，而试图以文义解释应对一切问题。不论是"未雨绸缪"式的先期安排，还是实施过程中的敷衍塞责，其必然结果就是解释过程及结果脱离于具体个案，而体制性的因素又强化了这种脱节性。文义解释自身的特点及体制的因素二者合力的作用下，这种脱节性凸显了出来。

4. 解释方法之间——文义解释的排他性。从众多学者的论述中不难看出，文义解释在法律解释方法体系中处于基础性的地位，既是法律解释的起点，又是法律解释的终点，并且时刻框定适用其他解释方法所释放的意蕴范围。这种严格的局限于法律文本、拒斥解释目的和解释主体个性的解释方法对于确保法律的稳定性、确定性以及法律实践的统一具有积极的意义，对此我们并不怀疑。可是如若认为文义解释是法律解释的根本方法，过分的倚重文义解释则不足取，显然使文义解释具有了排斥其他解释方法的倾向。文义解释排他性倾向的根源是概念法学的影响。概念法学强调法律文本的逻辑自足、无所不包，重形式推理而轻价值判断。直接的影响就是大规模的造法运动和法典化。我国目前的立法状况大致呈现出此种特点。可是法律的创生者特别是法律适用者，又不得不承认法典的涵摄能力与社会生活变迁之间的张力，因而主张限定性地解释法律，必须严格地局限于法律文本，文义解释自然是首选的方法。再一点，"文字的法律是人类法律文化进化的最高标志。因为有了文字，才使得法律的确定性、稳定性、可预测性和利益性有了更加标准和确定的效力工具。同样，也因为有了文字，才使得诠释法律更臻完善，并使诠释学法学成为必要和可能"。"法律的文字化，也意味着人们理解和诠释法律时更多的借用文字。"[1] 自然，对以文字为固着物的法律文本进行解释，法律文本字义的考究就成了首要的任务，这也是文义解释排斥其他解释方法的另一内在根源。因此，基于上述原因，文义解释排斥其他解释方法的倾向就更加明显，甚至披上了正当性与合法化的外衣。

但是，同时我们不能忘记"实践形态的诠释法律活动，不论是立法及其法律还是司法及其判决，与其说是求真的活动，不如说是求善的活动。因为任何群

---

〔1〕 谢晖：《法律的意义追问》，商务印书馆 2003 年版，第 349~355 页。

体性和社会性的实践活动都是一种对善的权衡和追求"。[1] 因而，法律解释是社会性和群体性极强的实践，避免不了价值的权衡和利益的考量。同时，从方法多元的角度来看，法律解释就是一个多种方法互相交织、交互作用的过程。文义解释的这种排他性倾向，不仅会影响到法律实践的"求真"，更会影响到"求善"。[2]

（四）法治语境中的文义解释

文义解释并非完美无瑕，其本身的特点、体制的要求以及观念的影响等因素使之在适用的过程中呈现出了机械性、非情理性、脱节性及排他性的特征，这些特征消解了其作用的发挥，同时也制约了法律解释这一过程本身。发现问题并非我们的目的，怎样克服这些问题才是关键所在。对于文义解释方法存在的问题及其应对，有关法律解释的著作中一般都有论及。"法律解释方法多种多样，文义解释是各种解释的基石，各种解释方法的运用都不能完全脱离文义。但文义解释不是唯一的方法，应注意对各种方法的借鉴和吸收。如果各种解释存在相互矛盾，且各种矛盾都言之成理、持之有据时，则应进行利益和价值衡量，从中选出合理的结果作为结论。"[3] 张志铭在探讨语义论点可能由于不同的因素而不具备适用条件，从而基本或完全丧失正常效力时分为六种情况来进行。[4] 王泽鉴认为，法律解释是一个以法律目的为主导的思维过程；每一种解释方法，各具功能，但亦有限制，不可绝对化；每一种解释方法份量不同，但须相互补充，共同协力，始能获致合理的解释结果。杨仁寿指出，法律词句难免有边缘意义出现，更有边界型案件的存在，仅以文义解释或论理解释，仍不足以济事，尚需借助于社会学解释，始可解决。[5] 从几位学者的论述中我们可以得到以下几点启示：①学者们大都认为文义解释方法是法律解释方法的首要一种，具有基础性的意义；②文义解释方法由于各种因素的存在具有局限性，这种局限性在很大程度上会消解其有效性；③要想克服文义解释方法的局限性必须依靠立法意图、解释目的、逻辑体系等论点的支持，合理解释结果的探求是一个以解释目的为指引的综

---

〔1〕　谢晖：《法律的意义追问》，商务印书馆2003年版，第404页。

〔2〕　上述对文义解释的批评是以绝对文义解释方法为对象的。这种思想是严格法制时代部分学者的观点。这种观点虽然有缺点，但也不像现实主义法学和后现代法学所讲得那样一无是处。实际上法律文本具有解决大部分案件的能力，但我们许多现代的法学家却对此视而不见。许多人的研究是用对少数疑难案件的判断得出针对一般性的结论。本书主编之所以把其放进书中，是因为这对我们认清文义解释有一定的帮助——本书主编按。

〔3〕　陈金钊：《法律解释的哲理》，山东人民出版社1999年版，第277页。

〔4〕　张志铭：《法律解释操作分析》，中国政法大学出版社1998年版，第166～170页。

〔5〕　梁慧星：《民法解释学》，中国政法大学出版社1995年版，第242～243页。

合运用各种解释论点的一个过程。以上三点大致是被法学界接受和认可的,这在大陆学者、我国台湾地区学者以及国外学者的著作中都有所反映。我们不难发现论者谈及克服文义解释局限性的时候,着眼点在于各种解释方法或解释论点的相互补充和相互配合,似乎总是在各种解释方法上面打转。当然各种解释方法的互补,也是克服每一种解释方法之不足的有效途径。然而,如果我们以更加宽阔的视角来看待这一问题,或许能够发现超越各种方法互补这一简单的思路,进一步开拓视域。实际上,把克服文义解释方法的局限性的思路仅仅囿于各种解释论点的补充上面,还与一种不合理的认识——法律解释的对象就是法律规范——密切相关。把法律解释的对象界定为法律条文,这在逻辑上是不周延的。法律解释的对象应该包括两个部分:①作为"文本"的法律;②经过解释主体的选择,并与成文法相关的事实,包括事件和行为。而且,在法律解释的过程中存在两个方面的交流:①解释主体与成文法的交流;②解释主体与案件事实的沟通。[1] 因此,克服文义解释的局限性,除了在各种解释论点的互补上下功夫外,我们还可以从以下几个方面入手。①从解释对象上来讲,法律解释的主要方面是法律文本,那么,我们要做的就是针对法律文本的特点完善法律文本,改进其不足,把法律文本中易造成歧义、含混的可能降至最低。②法律解释过程并非是机械的,法律解释主体起着连接待决纠纷与案件事实的桥梁作用,包含两个"沟通"。因此,必须对解释主体予以关注。③法律解释是与法律制度联系很紧的活动,要克服文义解释方法(包括其他方法)的局限性,必须从制度上追本溯源,在制度框架内予以解决。④各种解释方法的互补性决定了单一解释方法的不可能性,克服文义解释的局限必须寻求来自其他解释方法的支持。

1. 完善法律文本——源头的努力。"诠释法律既有符号内的举措;也有在符号外的努力。"[2] 诠释法律的基础文本和根据是有关法律的原创性符号,而法律原创性符号本身具有的内在局限——歧义、漏洞、重复、模糊、冲突等,不仅使法律诠释活动成为必要,而且还增加了法律诠释活动的困难。从源头上完善法律文本,提高准确性与清晰度具有前提性和基础性的意义。否则,"失去了经典性的文字文本,似乎诠释学就是无的放矢,甚至诠释学存在也无必要"[3] 如前所述,法律文本存在着"单义性的幻象",模糊、歧义、冲突、矛盾是法律文本原创性符号的常态。除此之外,法律语言总体的特征是诸多成对因素的调和,如概括性与准确性、一致性与灵活性、明晰性与隐含性、专门性与通用性、简约性与

---

〔1〕 陈金钊:《法律解释的哲理》,山东人民出版社 1999 年版,第 50~57 页。
〔2〕 谢晖:《法律的意义追问》,商务印书馆 2003 年版,第 529 页。
〔3〕 谢晖:《法律的意义追问》,商务印书馆 2003 年版,第 328~329 页。

复杂性、主观性与客观性等。掌握法律语言的整体性特征对于提高立法技术水平大有裨益。我们知道法律解释的对象很大一部分是立法的产物，是以语言文字为形式的，是文义解释方法适用的直接对象。同时，为克服文义解释适用过程中的机械性，避免有箭无靶的尴尬局面，我们必须完善法律文本，从源头上为文义解释的适用做好准备。

（1）把握好立法数量、速度与质量的关系。法律的创制必须回应社会现实的需要，不能盲目立法，法律的数量并非与法律的质量成正比。以我国为例，改革开放以来我国进入了大规模的立法时期。据统计，从1979年到1996年底的18年间，除现行宪法和两个宪法修正案以外，全国人大及其常委会制定了304个法律和有关法律问题的决定；30个省、自治区、直辖市人大及其常委会制定或批准了4500多个地方性法规；国务院各部门和地方人民政府根据法定职权制定了2.8万多个规章。[1] 我们的立法速度不可谓不快，社会政治经济生活的各个方面基本上做到了有法可依。然而，为立法而立法、为加快而加快，以为只要有法规的出炉就会有良好的法治效果，有的地方甚至以法规的数量、立法的规模作为考察政绩的指标。以这种态度立法，非但不能取得良好的效果，反而使法规在位阶关系上相互顶牛、掣肘。这种法律的实施从浅层次上来讲会给法律解释带来极大的困难；进一步而言会阻碍统一的社会主义市场经济秩序的建立和社会转型的顺利进行，更亵渎了法律的神圣权威。所以必须把握好立法的数量、速度和立法的质量三者之间的关系，具体应做到：①从整体上把握政治、经济和社会发展的脉搏，由全国人大及其常委会和国务院统一部署，做好总体的立法规划，及时准确的把握立法的时机。②把立法听证作为一种制度性的安排来设计。立法必须听证先行，而不论中央立法还是地方立法。③借鉴国外立法经验、培养国外的先进的立法理念。现今东西方融合的趋势不仅体现于生产领域和市场领域，还体现在社会生活和民主法治领域。两大法系的融合进一步加快，两大法系的区别不在于实践中我们正在做什么而在于原有的观念让我们做什么。所以，我们尤其强调借鉴西方发达国家的反映市场经济共同规律的法律、法规来完善我国的法律体系。

（2）把握好全国性法律与地方性法律的关系。一国法律体系的构架不仅是法治传统的凝结，还是社会政治体制的重要组成部分，法律体系的完备、协调统一是衡量一个国家立法质量和法治水平的重要指标，它直接影响到法律实践。法律体系完备、协调、统一是达致法治理想效果的前提之一。一国的法律体系可以从两个维度来衡量——横向与纵向。横向维度是指基本法与基本法之间、部门法与部门法之间、下位法与下位法之间在内容，甚至遣词造句方面精雕细琢、左顾

---

〔1〕 周旺生、张建华主编：《立法技术手册》，中国法制出版社1999年版，第26页。

右盼、相互照应。特别是地方法与地方法之间、部门法与部门法之间要保持法律内容的协调统一，不能使地方法和部门法成为保护一己之私的工具。如果部门法和地方法异化为维护部门和地方利益的工具，可能会实现暂时的、区域性的利益，然而从长远和整体的角度来考虑，则阻碍了统一的法律体系的形成，进而统一市场体系的形成与完善就成为毫无保障的空话。纵向的维度是指中央与地方、国家与部门的立法权限必须明确，使地方立法与部门法规真正成为国家统一立法的补充，成为国家法律体系的有效组成部分。而我国的法律体系正是中央统一领导下的两极、多层次的立法体制。我国的法律体系有自己的特点，它是由法律、法规、规章以及地方性法规等不同层次的法律文件构成的，随着立法步伐的加快、立法数量的增加，不同法律部门、不同效力层次的法律规范之间呈现出错综复杂的关系，也出现了一些相互不一致甚至抵触的情况，这不利于我国社会主义和谐统一的市场经济体系的建立，妨碍社会主义法制的统一和尊严[1] 之所以强调社会主义法制的统一，还因为"没有社会主义法制的统一，就没有国家的统一、社会的安定；没有统一的法制，就会妨碍社会主义市场经济体制的建立和完善，妨碍统一的社会主义市场的形成和发展"[2] 因此，在加快立法步伐的同时，一定要注意各种法律不同层次与相同层次之间的协调及配合，特别是地方法律体系与国家法律体系的统一。在立法工作中，一定要研究法律的逻辑体系，从客观上对立法的发展和总体的趋势做出全面性地把握和规律性地预测，从微观上对立法发展的各个局部有具体的认识，既从纵向（不同层级的法律规范）上研究它们之间的衔接与配套，又从横向（同一层级）上研究它们的协调一致。这样才能保证不同法律文本之间在立法精神上的一致以及法律用语方面的统一，形成统一的法律语言体系，缩小矛盾与抵触的空间，从而为法律解释，特别是文义解释创造有利的先决条件。

（3）加强法律语言的研究，规范法律用语。在微观层面提高立法质量、完善法律文本具有重要意义，特别是对法律语言的研究。因为，任何法律文本都是语言的固着物，都是以语言为载体的，那么规范法律语言对于消除法律本身的歧义、模糊、矛盾有重要的作用。只有在文本清楚的情况下，文义解释方法才能真正地起到基础性解释方法的作用。因此，加强法律语言的研究，对于文义解释的适用具有直接的意义。

加强法律语言研究的原因——法律与语言的关系。谈到法律与语言的关系，

---

〔1〕　关于"横向维度"、"纵向维度"及我国法律体系的特点，参见周旺生、张建华主编：《立法技术手册》，中国法制出版社 1999 年版，第 30~31 页。

〔2〕　周旺生、张建华主编：《立法技术手册》，中国法制出版社 1999 年版，第 31 页。

英国哲学家大卫·休谟（David Hume，1711～1776）说：法与法律制度是一种纯粹的"语言形式"。法的世界肇始于语言，法律是通过词语定立和公布的。法律行为和法律规定也都涉及言词思考和公开的表述与辩论。法律语言概念的运用，法律文本与事实相互关系的描述和诠释，立法者与司法者基于法律文本的相互沟通，法律语境的判断，等等，都离不开语言的分析。[1] 德国慕尼黑大学教授及新分析法学派继承人麦考密克也指出："法学其实不过是一门法律语言学。"[2] 伽达默尔也曾解释道：语言也就是理解本身得以进行的普遍媒介……一切解释都是通过语言媒介来进行的。[3] 不难看出，很多学者都洞察到了法律与语言的关系。没有语言便没有法律文本，也就不会有不同主体之间的相互沟通和理解。法律语言学作为社会学中法学与语言学两个分支的交叉学科，在法学研究中处于边缘地位，属于新兴学科，但近些年法律语言学的著作却如雨后春笋般地涌现。我们认为其内在原因就是法学其实不过是一门法律语言学。同时，社会的需要，特别是司法实践中的需要，也是法律语言学脱颖而出的另一个重要的原因。具体说来，"法庭上使用的语篇、口译和笔译、法律文本的可读性、对疑犯的警告和可理解程度、对儿童的聆讯、法庭上语言证词、口语和笔语的作者归属，等等，都和语言有关。"[4] 这样，文义解释方法就与法律语言学内在的联系起来，因为文义解释的直接目的就是探求法律文本与法律事实的基本含义，并形成语言或诉诸文字。同时，加强法律语言学的研究也是提高立法水平、完善法律文本的更为直接、有效的途径。

提高立法语言的质量——加强法律语言研究的一个内在目的。立法语言与司法语言是法律语言的两大组成部分，其中立法语言是法律语言的基础和标准，立法语言质量的高低直接决定了文义解释方法操作的难易程度和它的实效性。因此，文义解释方法的一个直接出路就是提高立法语言的质量，为文义解释方法的适用创造条件。具体应该注意以下几个方面：①要仔细辨析词语的细微差别。有些词语的含义大致差不多，但有细微的差别。这些细微的差别在日常生活中不会产生太大的问题，即使产生问题也往往可以补救。然而，法律实践中词语的差别，特别是法律文本所使用的词语的细微差别往往会造成理解和解释上的困难，细微的差别往往涉及巨大的利益关系，不同的理解将导致截然不同的结果，甚至造成无可挽回的损失，所以立法语言就要求选择最准确的词语表达法律文本的内

---

〔1〕 转引自舒国滢："战后德国法哲学的发展路向"，载《比较法研究》1995 年第 4 期。
〔2〕 转引自许嘉璐、陈章太主编：《法律语言研究》，广东教育出版社 1999 年版，第 2 页。
〔3〕 ［德］伽达默尔：《真理与方法》（下卷），洪汉鼎译，上海译文出版社 1999 年版，第 496 页。
〔4〕 杜金榜：《法律语言学》，上海外语教育出版社 2004 年版，序言。

容，力争做到准确、明确。②实现最大可能的量化。法律文本中包含很多的数目，包括年龄、期日、款项数额、刑罚时间、奖励额度等。这些数量往往是该条文的关键部分，数字不清晰可能会导致纠纷的产生和理解上的困难，进而造成司法资源的浪费。所以，在法规条文中应尽量避免使用"约"、"近"等模糊性的词语。③立法语言讲求周密、严谨，这是法律规范潜在的社会影响对立法语言的要求。立法过程中应尽量使用格式化、标准化的语言，避免政策性的口号与宏大叙事，更要避免立法过程中注入个人的感情色彩。④妥善的处理好专业术语和普通术语之间的关系。法律是一门专业性很强的学科，然而又与每个人的生活密切相关，所以，立法过程中处理好专业术语与普通术语之间的关系是一门学问。我们认为应该本着尽量不使用专业术语的原则创制法律文本，使法律文本更加通俗易懂，以减少社会经济生活中因涉法而付出的成本。当然，所创制的法律文本涉及专业领域或避不开专业术语，则可以使用专业术语，但必须对相关的术语做出详细的解释。⑤处理好法律语言的精确性与模糊性之间的关系。在立法、司法的各个领域中，运用模糊词语的现象俯拾皆是，如《刑法》中从总则到分则，经统计运用模糊词语共计 100 余条，占全部条文的 50% 以上。[1] 无法用精确词语描述事实或用精确词语无法达到预期的效果时，模糊语言可以起到不可替代的作用。在涉及当事人的隐私或其他有关社会善良风俗的事项时，适当选用模糊词语进行表达，体现了法律的人文关怀。有时模糊词语的运用也是防止泄密的需要，同时，适当运用模糊词语作为辅助，可以确保规范的周密和完备。应该注意的是，精确词语和模糊词语毕竟是同一矛盾体的两个不同方面，在大多数情况下，精确语词和模糊语词的使用要严格区分，混淆两者的使用只会破坏法律的严谨和准确。因此，法律文本中模糊词语的使用必须适度得体，其运用的目的也是有助于加强文本的准确性，而不是相反。[2]

2. 情理性的回归——主体的努力。"情理"是一种合乎理性的、具有普适性的价值判断标准，它含有公正性、道德性与可接受性、被社会认可性等特征。法律解释过程离不开这种情理性，抽离了这种情理性的文义解释，显得机械、生硬，毫无"人情味"。"情理性"对于解释主体来说，则意味着必须注意以下几点：①坚定的法律信仰；②丰厚的知识积累；③良好的职业道德。可能有人不禁会问：具备这样三个条件就能保证文义解释方法真正起到作用吗？这三个方面与文义解释方法究竟有哪些内在的联系呢？我们的回答是：此三者非克服文义解释

---

〔1〕 王洁主编：《法律语言学教程》，法律出版社 1997 年版，第 45 页。

〔2〕 贾蕴青："关于法律语言精确性与模糊性的思考"，载周庆生等主编：《语言与法律研究的新视野》，法律出版社 2003 年版，第 252~262 页。

局限性的充分条件，然而，如果解释主体不具备这三个方面的条件，文义解释必然在适用的过程中走样，更遑论解决纠纷、实现社会正义。

（1）法律信仰——正确解释的精神保证。文义解释方法的根本特点是严格地局限于法律文本和案件事实的文义，在可能的意义范围内寻求与案件契合的文义，排斥立法意图和解释目的，并拒绝解释过程中的利益平衡和价值衡量，更反对融入社会政策的考量。因此，它是一种白纸黑字式的、直接的，甚至带有机械性的解释方法。文义解释方法的价值取向是一切以法律文本为出发点和归宿的严格法治。那么这样一种解释方法必然要求解释主体对法律形成一种坚定而深刻的感受、体认和认同，并最终形成一种坚定的守法和护法的精神，这种精神就是法律信仰。卢梭说过，一切法律之中最重要的法律既不是刻在大理石上，也不是铭刻在铜表上，而是铭刻在公民的内心里。它形成了国家的真正的宪法。它每天都在获得新的力量。当其他的法律衰老或消亡的时候，它可以复活那些法律或代替那些法律，它可以保持一个民族的精神[1] 美国法学家伯尔曼说过："法律只有在受到信任、并且因而并不要求强力制裁的时候，才是有效的；依法统治无需处处都信赖警察。……真正能阻止犯罪的乃是守法传统，这种传统又根植于一种深切而又热烈的信念中，那就是法律不仅是世俗政策的工具，而且还是生活的终极目的和意义的一部分。"[2] 伯尔曼论述的对象虽然是整个社会公众，强调的是全体社会公众的守法精神对于整个社会的法治进程与发展的意义，但从此论述中我们完全可以认为这种守法精神，或曰法律信仰，对于法律实践者来说就是一种必备之素质或当然之要求。"我们能够在一夜之间制定出无数部作为规范人们行为的准则的法律，却不可能要求人们在第二天就欣然接受这体现着'人民意志和利益'并为之带来福祉的神圣婴儿；我们可以像'忽如一夜春风来，千树万树梨花开'式的制定出比较完备的法律，却不能把它们瞬间化为甘霖洒在缺少法律雨露滋润的大众心头。总之，即使颁布再多的法律，如果缺乏人们对它的信仰，也形同虚设，只会说社会存在'法制'，却不能使社会'法治化'。""制定的法律即立法机关的产品只有被社会公众认可、接受，并尊重、信任和服从时，才有可能从纸上的文字产品内化为社会成员的精神财富。"[3] 我们强调为文义解释方法寻找出路，法律解释主体必须形成坚实的法律信仰，一方面是与文义解释方法的特点和价值取向相关；另一方面法律信仰的内在机制要求尊重、信任和服从法律文本。

---

〔1〕 ［法］卢梭：《社会契约论》（第2卷），何兆武译。商务印书馆1980年版，第20页。
〔2〕 ［美］伯尔曼：《法律与宗教》，梁治平译，三联书店1991年版，第43页。
〔3〕 范进学：《法的观念与现代化》，山东大学出版社2002年版，第32页。

（2）知识储备——解释的"前见"。法律信仰是一种主观的内在感受，其形成与塑造过程是相当漫长的，不仅与解释主体的个人努力与主观因素有关，还与整个社会的文化传统和价值取向有关，受多方因素的影响。它虽为一种内在的理念和追求，却是保证法律解释主体信奉法律的稳定性与确定性，进而在解释过程中采取一种客观姿态的重要因素。那么，确保法律解释主体相信法律文本中存在明确而固定的文义并寻求这种文义的因素，除了法律信仰这一精神因素之外，还有什么呢？我们认为，另外一种因素就是相对而言更好把握与测度的知识背景（并不限于专业知识），借用哲学解释学的术语我们称之为解释者的"前见"。

法律解释的对象由最初的法律文本扩展到法律文本与案件事实的结合，而将解释主体剥离出来，这仍然是受主客观二分观念的影响。其实，按照伽达默尔的观点，理解归根到底是人生在世的基本模式，人类的任何东西，如文本、传统和历史，均可还原为这种模式。真正的历史对象并非对象，并不是主体和客体，而是二者的统一，是一种关系。[1] 因此，法律解释的过程是解释主体与法律文本和案件事实三者之间的一种相互融通的关系，是一种视野的融合。解释过程并非是对法律文本与法律事实意义的复现与发掘，而是包含了主体性因素的重新整合，前方的目标是应用。"解释学过程的真正实现依我看来，不仅包含了被解释的对象，而且包含了解释者的自我理解……实际上在理解的并不是我们本人：而总是有一个过去使我们能够说：'我理解了'。"[2] 真正使解释主体达致理解程度的是"一个过去"，而这个"过去"在海德格尔看来就是包含前有、前见和前识三者的"前理解"，即被伽达默尔发展了的"前判断"——"成见"。因此，"在开始理解之前，我们必须有已知的东西，才能推出未知，即使是一个错误的前提和假定，也是理解的必要条件"。[3] 尽管"成见"一词是一种极易引起论争的表述，但我们应该看到成见并非就是错误、无道理的，以致它会歪曲真理。事实上成见就存在于我们的生活历程之中，它是早先我们对自己的全部经验能力的一种判断。而运用法律解决案件的过程是一种实践性很强的事业，这种经验的判断尤为重要。来自解释主体的影响解释结果的因素很多，既有解释者所选择的一个特定的观点和视角，还包括他的文化背景、传统观念和风俗习惯。这些因素中，最容易测度和把握的就是知识背景，具体到法律解释主体，主要就是他所接受的法学知识和专业训练（尽管不局限于此）。真理在于交流、对话和协商中，真理越辩越明，但前提是辩者得用相同的语言（此语言非语种之义）。法律解释

---

〔1〕 严平：《走向解释学的真理》，东方出版社1998年版，第5页。
〔2〕 ［德］伽达默尔：《哲学解释学》，夏镇平、宋建平译，上海译文出版社2004年版，第59页。
〔3〕 严平：《走向解释学的真理》，东方出版社1998年版，第125页。

同样是一个求得真理——制度框架内允许、符合社会公平与正义——的过程。解释者必须具有相同的语言，而必要的正规或非正规的学院教育正是这种语言习得的必经之途，所以我们强调必要的专业知识和训练。这种知识和训练不仅能够保障不同的解释主体处于同一语域，更为重要的是解释者在这一过程中除了知识的习得之外还有健全人格的养成以及共同价值追求的塑造。共同的知识背景、共同的语言、共同的思维模式、共同的价值追求、共同的理念与信仰，最终将使理解、沟通成为可能，使真理的获得成为必然。法律解释主体"如果对其本国的历史相对陌生，那么他就不可能理解该国法律制度的演变过程，也不可能理解该国法律制度对其周遭的历史条件的依赖关系。如果他对世界历史和文明的文化贡献不了解，那么他也就很难理解那些可能对法律产生影响的重大的国际事件。如果他不精通一般政治理论，不能洞见政府的结构和作用，那么他在领悟和处理宪法和公法等问题时就会遇到障碍。如果他缺乏经济学方面的训练，那么他就无法认识在许多法学领域中都存在的法律问题与经济问题之间的紧密联系。如果他没有受过哲学方面的训练，那么他在解决法理学和法学理论的一般问题时就会感到棘手，而这些问题往往会对司法和其他法律过程产生决定性的影响。"[1]

　　（3）职业道德——解释的伦理。文义解释方法，甚至其他的法律解释方法想发挥效能，除了依赖解释主体的法律信仰、必要的知识储备之外，职业道德也是一个不可忽视的因素。法律职业道德是人们在法律实践活动过程中形成的用以约束法律职业成员思想和行为的职业规范，它既是一般社会道德在法律职业生活中的特殊要求，又与法律职业活动的特点存在密切的关联。甚至可以说，法律职业道德是由法律职业活动派生出来的道德要求，与法律人履行他们的职责、他们行使的权力的公共性存在直接的联系。[2] 法律职业道德是法律实践的强有力的内在约束机制，对于法律主体履行自己的职责，预防各种利益的诱惑和腐蚀，排除各种偏见和不正当因素的干扰和影响具有十分重要的意义。法律解释活动往往要面对纷繁复杂的关系网络和利益分争，无论解释结果向左向右都有可能恶化案件情势，引起更大的纷争。解释主体经常遇到两难的选择，面对各种诱惑，决定他们行动取向的往往不是所接受的专业知识和技能训练，而正是他们的伦理观念和操守。职业伦理道德引导他们客观解释法律而又不超越法律，忠实于法律而不创造法律。也只有在这种观念的指引下，解释主体才能局限于法律文本探求文义范围内的意义。尽管我们并不认同道德实在论，但我们决不否认伦理道德在法律

---

〔1〕　［美］博登海默：《法理学——法律哲学与法律方法》，邓正来译，中国政法大学出版社1999年版，第506页。

〔2〕　陈金钊主编：《法理学》，北京大学出版社2002年版，第391页。

实践中的意义。这是一种相对的、实用主义的姿态。

3. 解释权的回归——制度性的支撑。在我国目前的法律解释体制中，法律解释权的配置过分地脱离于司法实践，而支持目前这种解释体制的方法主要是文义解释，同时由于既有的某些司法制度的原因，使得文义解释的结果往往脱离于司法实践领域，甚至是脱离于具体个案。当然，这种脱节性的存在部分原因来自文义解释本身，但更重要的是制度性的原因凸显并强化了这种脱节性。所以，要克服这种局面，我们认为必须从体制上予以解决，寻求制度性的支撑，即法律解释权的回归——机关解释转向法官解释。再者，"立法者原义"在我国目前的法治语境下对于法律解释具有重要的意义，往往是解释者必须考虑的因素。但"原义"并非能够轻易的把握，必须谨慎的对待。

（1）法律解释权回归。对于法律解释，人们有一个肯定的认识，那就是法律解释是法律实施过程中的一个环节，它所面对的是案件事实。相反，我国的法律解释制度设计却导致了法律解释与具体实践活动的分离。"人们意图把法律解释从法律实施中剥离出来，通过法律解释权的设置和在高层次上的分配行使，使法律解释成为一种通过解释形成具有普通效力的一般解释性的规定的活动，成为立法在法律实施过程中的延长，以此来维护立法职能和实施职能的区分，在法律实施中惯彻严格'依法裁判'或'依法办事'的理念。"[1] 在这种分离的局面下，文义解释是法律解释，特别是高端解释的主要方法，而解释结果往往脱离于具体适用。当然这种脱离性主要并非文义解释本身的原因，而是独特的制度建构所造成的。但是，如果使文义解释真正地发挥作用，克服这种脱节性，解释权必须尝试着回归到司法实践领域，即机关解释转向法官解释。之所以讲法律解释权的回归，原因在于根据1981年第五届全国人大19次常委会通过的《关于加强法律解释工作的决议》，法律解释权分别由全国人大常委会、最高人民法院、最高人民检察院、国务院各部委，还有省、自治区、直辖市人大常委会来行使。可见，把法律解释权作为一种单独性的权力资源，其结果是法律解释权被瓜分，成为各权力主体争夺的对象。而在实践中，社会纠纷的解决实际上是在司法领域中进行的，特别是基层司法机关承担了大量的案件，他们才是案件的直接面对者。面对案件事实的法官往往采取了这样的一种思维方式，首先裁剪案件事实，掌握案件事实中有法律意义的部分，然后根据自己的法律知识的积累和实践经验大致形成一个判断，最后在制定法中寻找能够证成这一判断的规范，从而实现了成文法规范向裁判规范的转换。所以，我们认为无待决案件便无解释的必要；制定法规范离开了案件事实也没有固定的意义。法律解释的过程是二者交汇与融通的过

---

〔1〕 张志铭：《法律解释操作分析》，中国政法大学出版社1998年版，第236页。

程，共同缔造了判决。而实践中的法律解释往往被抽离了司法实践领域。特别是目前体制下的案件请示制度更加剧了法律解释与司法实践的分离。因为，包括文义解释方法在内的各种解释方法发挥实质作用的前提就是法律解释权回归司法实践领域，机关解释必须尝试着转向法官解释。

（2）谨慎对待"立法者原义"。"立法者原义"，是法律解释理论中的一个重要的概念，之所以把它放在解释体制中来讨论，是基于现实因素的考量。法律解释论点或方法的选择与一个社会的法治化水平和经济、政治、文化的发展程度密切相关。我国正处于社会转型与经济转轨的阶段，所面对的复杂局面是前所未有的。新生事物、新生社会关系和社会矛盾层出不穷，同时，我国的法治现代化正处于探索阶段和启蒙时期，法治化的水平不高。因而，法律实践中往往特别强调立法的意图和政令的统一和畅通。司法实践中，法官不仅要在现成的制定法文本中发掘立法的意图，而且往往回归到法律制定背景和资料中寻求立法的意图。法官所发掘的意图——未必就是所适用的制定法文本所表达的意图——在司法判决中往往具有重要的意义，甚至有时立法意图也被当成了判决中的大前提的一部分。立法意图的意义不仅体现在法律解释过程中，同时又体现在判决的理由部分，这与我国的司法体制和社会的发展现状是紧密的联系在一起的。另一方面，文义解释方法与立法意图密切相关，这种密切的关系，往往影响文义解释方法的效力。一般来讲，立法者的主观目的或意图或明或暗地体现在制定法文本中。这种情况下，法律解释主体适用文义解释方法自然很好地体现了立法者的目的和意图。然而，问题往往并非如此简单。由于立法者的水平所限、立法过程的复杂性、语言本身的开放性以及语境的转换等原因的客观存在，立法者的意图往往与制定法文本存在距离。因此，适用文义解释方法往往不能很好的体现立法者的意图。然而，在我国目前的法治语境下，立法目的或意图具有特殊的意义，所以我们讲要"谨慎的对待立法者的目的"。

在目前的法制体制下，解决好立法意图与文义解释方法的原则是：肯定立法原义在法律解释中的重要作用，但不应该超越法律文本的可能的意义范围寻求立法目的和意图。现阶段，司法实践中不仅要考虑到立法目的，实现立法者的意图，同时应看到我们仍然处于法治现代化的探索阶段，公众的法律信仰还未形成坚实的基础，所以应该特别强调法律的稳定性和可预测性，法律解释应当局限于文本的原义，而不能胡乱的引申，这正是文义解释方法的生命之所在。相反，如果超出可能的文义，随意探求立法者的意图——而这种意图并未充分表达于制定法文本之中——即使这种目的是真实的，也难免滑入法律的"续造"阶段，从而消解了法的确定性和稳定性，同时文义解释方法也再无存在之必要了。

在目前的法律解释制度框架中影响文义解释方法的效力因素并不只这两个方

面，但我们认为这两个方面与文义解释方法的联系更为密切。法律解释方法的研究是一个新兴的领域，当然也存在很多的问题，但这意味着有很大的上升空间，特别是制度上的一些努力，将具有更大的意义。随着研究的成熟和实践经验不断总结，其成果必将反映到制度性的建构上，比如说，时机成熟时构建《法律解释法》，把法律解释用法律文本的形式规定下来，从根本上解决法律解释中存在的各个层面的问题，各种解释方法、解释方法与方法之间的配合将更具有效性。

4. 解释方法之间——方法多元论。学者将法律解释过程中所用的方法或规则细分为数种，还有更加细化的趋势。学者视野中各种解释方法的界分或许是清晰的，然而，在实践中的解释主体看来也许并非如此。可能是一个各种方法交互作用的过程，单独某种解释方法可能并不能达到理想的效果。实践中不乏这样的例子：据报载，2002 年底某地发生"一男娶二女"案。某青年在某地打工时结识了两位女青年，均达到谈婚论嫁的程度，又不忍舍弃其中任何一人，后来竟然在家乡同时与该二女举行婚礼。该案被告到法庭后，法官束手无策，认为本案的情况不属于《刑法》第 258 条规定的重婚，属于"法无明文规定"的情形，应当不予受理。[1] 稍有法律常识的人就会明白"一男娶二女"显然破坏了婚姻法规定的一夫一妻制度，有违公序良俗。为何法院却不受理呢？因为《刑法》第258 条规定：有配偶而重婚的，或者明知他人有配偶而与之结婚的，按重婚罪论处。按照法条字面的含义来理解，构成重婚罪的条件是一方已有配偶，显然该情况不能为《刑法》第 258 条所涵摄。对于这种形式合法而实质违法的情形，仅凭文义解释难免会陷入无计可施的局面。当然对于这种明显构成重婚罪的情形，按孔祥俊先生的观点可以通过当然解释的方式来填补法律漏洞。法律实践中，单一某种方法很难达致理想的结果。正如弗里德里希·米勒所说：不应视"传统的解释规则"为各种独立的"方法"，而对之做个别的观察。在具体的程序中可以证实，它们不仅相互补充、支撑，毋宁自始就交结在一起。[2]

文义解释方法作为解释方法体系中的一种，适用过程中自然离不开其他方法的解释和补充，文义解释方法的种种局限性更使得这种支持和补充具有了正当性。学者关于各种解释方法的互补论述较多，我们认为根据与文义解释方法的关联程度，应注意以下几点：

（1）文义解释方法与体系解释。体系解释就是以法律条文在法律体系中的地位，即依其编、章、节、条、款、项之前后关联位置，或相关法条之法意，阐

---

〔1〕 转引自孔祥俊：《法律解释方法与判例研究》，人民法院出版社 2004 年版，第 501 页。又可参见范
    忠信："法律人的理性素养"，载《法制日报》2003 年 11 月 6 日。
〔2〕 转引自［德］卡尔·拉伦茨：《法学方法论》，陈爱娥译，商务印书馆 2003 年版，第 207 页。

明规范意旨的解释方法。法律规范的条文与句子必须放在整个法律规范体系，甚至整个制定法体系之中来讨论其意义。某个位置的字词含义可能是不明确的，但假如文本具有整体连贯性和逻辑统一性，那么字词的不明确性就有可能在整体文本之中消除。当然，从整个法律文本体系之中，不仅能够求得字词意义的一致和统一，还可以读出凝结于文本之中的立法者的主观意图，或者至少是文本所传达的相对客观的目的，而这种目的或意图对确定法律条文的意义内涵与外延也有很大的帮助。从这一点上来看，体系解释方法、文义解释方法以及目的解释方法三者内在的结合在了一起，很难说实践中三种解释方法的运用存在明确的界限，毋宁是一个相互结合的过程。

（2）文义解释与社会学解释。一般而言，文义解释的结果往往存在复数解释的可能，形成竞争性甚至相互矛盾的不同论点，这时引入社会学解释往往能够圈定适用于待决案件的答案。因为社会学解释的中心任务是以制定法的目的为指引对不同的解释结果进行社会预测。实践中，法律解释主体不仅要考虑解释结果的合法性、正当性，而且往往要考虑解释结果的可接受性。这种解释的可接受性，影响着解释主体的方法选择、解释结果的生产和判决的创制，在当下的语境中，甚至凸显出了较之正当性、合法性为重的意义。可接受性，归根结底是包括当事人、媒体以及社会公众在内的社会接受性，是一种对解释结果的承认、认同，甚至是判决结果能否执行的重要原因。另一方面，社会学解释不仅包含社会效果的预测，同时也有法律的社会目的的考量。法律解释是一个复杂的思维过程，每种解释方法都具有自己的优势，但仅是某一方面的优势，这种优势并不具有排他的必然效力，文义解释方法也是如此。合理的、公正的、可接受的解释结果是多种解释方法共同作用的结果。因此，"我们深思熟虑的结果是，必须接受一种关于科学的方法论的多元论的概念"[1]虽然，我们不能像拉伦茨那样主张"避免使用解释方法的概念"，但是客观的立场是：文义解释方法作为法律解释方法体系中的一种，既获得了优先适用的价值优势，又面临着多方面的挑战。

二、目的解释方法

（一）目的解释纵论

学者们对目的解释也有着各种定义，例如，"所谓目的解释，指以法律规范

---

〔1〕〔英〕麦考密克、〔奥〕魏因贝格尔：《制度法论》，周叶谦译，中国政法大学出版社2004年版，第109页。

目的为根据，阐释法律疑义的一种解释方法"。[1] 杨仁寿也有类似的观点。[2] 这里需要稍作说明的是其中的"法律规范目的"和"立法目的"的差别。在很多学者的研究中，并没有仔细区分二者，虽然在进行定义的时候多使用的是"法律规范目的"，但是，在对目的解释进行具体论述的时候却大多使用了"立法目的"这一概念。虽然二者有很多相同之处，但是，笔者认为还是有区分必要的，如果简单地认为二者相同，那就相当于把"法律规范"认同为"立法"，这显然是不对的。

虽然目的解释方法没有被萨维尼列为法律解释的几种基本方法之一，但是，目的解释的重要性却从来没有被忽略。作为一种相对独立的方法，目的解释的功能和作用在近代以来逐渐得到了认识。从一般意义上说，"对法律解释适用这样一点：规范文本应当表达规范目的。法律规范的语言文本是一种运载工具，立法者借此公开他们所追求的规范目的。……解释的三种辅助工具首先必须遵循最初的历史的规范目的，这一论断非常重要"。[3] 也就是说，其他的各种解释方法实质上都是为目的服务的，而直接根据目的进行解释的方法对其他的解释方法就具有统驭的作用。从宏大的视角来说，任何的人类活动都是蕴涵一定的目的的，而法律活动由于承载着多种价值，其目的性就更加明显。如果忽视了这些目的，相关的法律行为就会产生偏差。需要说明的是，法律的目的性与中立性之间的关系。有些观点认为，既然法律是针对社会中普遍多数人适用的，就应当保持法律的中立性，尽量做到与价值无涉。这种观点虽然注意到了法律的普遍适用性，但却混淆了法律的实体和程序这两个基本组成部分。就实体部分而言，法律是不可能做到价值中立的，即使是中立本身也是一种价值趋向。这种实体上的法律规范必然带有明显的结果指向的因素，也就是包含有特定的目的。但是，就程序而言，其设计就应当是中立的，虽然人们可以通过既存的实体规范对最终的结果进行预测，但是，如果不经过程序就达到结果是违背法治的精神的。程序本身是过程指向的和工具指向的，而不是结果指向和目的指向的。具体而言，在司法实践中，法律解释者运用目的解释主要达到四个目的：①修正法律起草过程中的明显错误；②消除法律条文的不确定含义；③限缩法律条文的含义；④扩张条文的含义。[4]

回到目的解释方法上来，这种对法律目的的揭示也决定了目的解释方法的最

---

〔1〕 梁慧星：《民法解释学》，中国政法大学出版社 2003 年版，第 226 页。

〔2〕 杨仁寿：《法学方法论》，中国政法大学出版社 1999 年版，第 168 页。

〔3〕 ［德］魏德士：《法理学》，吴越、丁晓春译，法律出版社 2003 年版，第 322 页。

〔4〕 蒋惠岭："目的解释法的理论及适用"（上），载《法律适用》2002 年第 8 期。

重要的特征：隐性适用。在众多法律解释方法的运用中，目的解释的运用并不如其他的方法那样明显，例如，文义解释中对规范字面通常意义的理解，历史解释中对历史上立法材料的整理，体系解释中对现存的法律体系的整体把握，等等。但是，目的解释很难确切地找出容易操作的步骤，只是将其隐藏于其他方法之中，指导着其他方法的具体操作。当然，这一点也是其地位的表现。也正是在这个意义上，我们可以相信，"目的论的解释超越刑法文本与立法史材料，力求根据对法律文本的公共政策分析、立法目的、法的一般原则的价值判断以及法律适用效果的社会学考察，对法律文本的语词含义进行符合立法目的的阐释。自20世纪以来，目的解释方法逐渐超越传统的文义解释、体系解释和历史解释而成为最受青睐的解释方法"[1] 当然，这种隐性适用并不是绝对的。从目前对目的解释的研究来看，虽然学者们对很多问题进行了探讨，但是，适用范围及其方式的问题却很少提及。虽然目的普遍地存在于各个部分法之中，但是，何种部门法能够更好地发挥目的解释的作用，或者说，目的解释更适合在哪些部门法中得以适用，这是个值得我们重视的问题。

总体而言，社会成员可以分为权力阶层和社会大众的二元结构，也就是权力阶层和权利阶层。自启蒙运动以来，自由主义几乎可以说是社会中影响最大的观念，对公民个人之间的主观意志的尊重成为社会中普遍接受并在很大程度上被制度化的理念，强调隐私就是发轫于这种潮流之中。这种背景对目的解释的适用范围也有着深远的影响。由于目的本身很大程度上是一个主观意志的问题，那么，对私人意志的尊重也要求尊重其目的，反映在法律上就是在私法领域中将以上对私人目的的尊重予以贯彻。简而言之，就适用范围而言，在权力主导的公法领域中，目的解释方法多以显性的方式出现；相应地，在权利主导的私法领域中，多以隐性的方式适用目的解释。之所以说是隐性适用，这就涉及了公私法的关系问题：虽然二者的区分从古罗马的时候就已经出现了，但是，这种二元的对立归根结底仍然是公法的一元，私法只能在公法所允许的（或者让出的）范围内存在和运行。在公法的运行中，权力阶层可以通过各种方式直接表达其目的，而在私法领域中，公民个人可以表达其意志，背后的原因就是权力的存在和默许，也就是说，公民个人可以按照符合权力目的的方式来设定权利目的。但是，一旦出现了权利受损或者滥用等公民以不符合权力目的的方式使用权利的情况，那么，权利目的就会从幕后走向台前，通过各种方式保证自身目的的实现，例如司法权力的运行。（需要澄清的是，虽然权利是权力的终极目的，但是，权力在通常情况下优于权利，毕竟，服务不等同于服从。）下面就分别举例说明目的解释在公法

---

[1] 梁根林："罪刑法定视域中的刑法适用解释"，载《中国法学》2004年第3期。

和私法中的不同情况。

在公法领域中，宪法的重要定位是显而易见的。而宪法的一个重要特征就是高度的抽象性和概括性，"一部宪法所宣告的或应当宣告的规则并不是为了正在消逝的片刻，而是为了不断延展的未来。只要宪法背离了这个标准而降落到细节和具体问题上，它就失去了其灵活性，解释的范围就缩小了，其含义就僵化了。只有它忠实于其职能，它才保持了它的变通力，它的适应性，它的作用"。[1] 也就是说，只有保持其抽象性和概括性，宪法才能在有限的文字表述之内不断发展，才能为包括目的解释在内各种具体解释方法留下运行的空间，"联邦最高法院基于行使违宪审查权所做出的弹性十足的宪法解释却极尽所能地用社会生活在不同时期的不同现实内容与需求来诠释宪法的文字含义，从而在不改变宪法文字的前提下实现了宪法的灵活适应性，为美国宪法所表现出的超常稳定性特点立下了汗马功劳"。[2] 如果上升到整个法律的层次，"如果法律文化真正能实现一种理论上的目标状态，那么它也将变得太死板、太僵化，它使我们能够知道我们所考虑的一切。这对我们的子孙后代是有害无益的"。[3] 具体而言，"目的解释方法强调，为了实现国家最大利益以及保障公民基本权利，可以从宪法确定的国家政治权力结构和公民基本权利的目的出发，而不拘泥于宪法文本，对宪法进行解释"。[4] 这种目的解释从结果上来看，已经被美国联邦法院法官的司法实践所证实了[5]：虽然美国宪法的原文在几百年的时间内在文字上并没有做出多少修改，但是，联邦法院的大法官们却根据宪法得出了各种结论，正是这些结论，缓解了早期法制的严格或呆板，从总体上推动了美国社会的巨大进步。没有特定的目的解释方法，这种局面的形成是不可想象的。这种情况从《联合国宪章》这一类各国广泛承认的"宪法"中也可以反映。实践中，具体体现目的解释方法的是条约解释上的有效性规则，而有效性规则在《宪章》解释中的运用，则产生了暗含权规则：①有效性规则（rule of effectiveness），又称实效规则或实际效果规则（rule of practical effects）。在国际法的解释上有这样一个推定，即条约应解释的能充分达到条约的目的，此乃有效性规则。依据该规则，在两种或两种以上的可能解释中，应选择那种最能体现条约及其各项规定的目的的解释。该规则的实质，是意欲在解释中给予条约的目的及宗旨以重要地位，使条约发生有益效果或

---

〔1〕 ［美］卡多佐：《司法过程的性质》，苏力译，商务印书馆1998年版，第51页。

〔2〕 刘一纯："美国宪法稳定性的反思"，载《湖北大学学报（哲学社会科学版）》2002年第6期。

〔3〕 ［美］孙斯坦：《法律推理与政治冲突》，金朝武等译，法律出版社2004年版，第47页。

〔4〕 周伟："宪法解释的方法体系"，载《社会科学研究》2004年第5期。

〔5〕 北京大学法学院司法研究中心编：《宪法的精神：美国联邦最高法院200年经典判例选读》，中国方正出版社2003年版。

实际效果。②暗含权规则（rule of implied powers），该规则又称"暗含权力"学说。暗含权力一般指国际组织的组织约章规定的明示权力以外而为实施该组织目的与职能所必需的权力，也是行使明示权力所必需的或至关重要的权力。它本身不是独立的权力，而是渊源于组织约章确定的目的、职能与明示权力的，实际上是一个解释《宪章》的过程；暗含权规则的实质是为了使联合国能有效地达到其目标，依目的解释方法，使联合国或其机构的权力得以扩大，超出《宪章》明文规定的权力范围。[1] 其原因在于，对于一般性多边条约和建立国际组织或国际制度的条约，由于这些条约的实质不在于缔约各方权利义务的平衡，而在于为国际社会创立一般国际法或建立国际组织或制度，解释时应注重条约所建立的法律、组织或制度的社会目的及其发展，从而对于这些条约的解释可以超出缔约各方缔约时的意思。[2] 如果说有效性规则适用于具体条约解释的环节还比较消极，那么，暗含权力规则这种积极的"作为"就与上文中所提及的宪法中目的解释方法有着内在一致性了：在公法领域中，目的解释可以通过直接表述的方式超越和发展文本。其中原因至少包括以下三个方面：①公法领域内的具体规范的文字表述通常都具有多种含义，可以由具体解释者根据特定历史时期的目的进行掌握；②由于涉及强大的国家权力，公法内的法律文本的变动是十分谨慎的，而当法律文本与社会发展并不相符的时候，通过解释进行发展就成为重要的环节，当然，其中起到统驭作用的目的解释多以"暗含"的方式出现；③从后果主义的角度来说，即使权力通过目的解释对文本的含义进行了扩展，权利如果要制止或者推翻这种扩展，要付出的巨大代价使得这一目的很难实现。在美国的宪法解释中，大法官们总是能够按照自己所认识的"目的"对宪法进行解释，这种解释并没有因为少数权利的反对声音而发生改变。

如果说《联合国宪章》是典型的国际公法，那么 WTO 的法律则是典型的国际"私法"。（当然，目前也有学者认为 WTO 的法律已经逐渐同时具有了公法和私法的双重性质，但是，无论是从最初设定的"立法原意"还是目前的实际运行来看，WTO 的法律更多的带有私法色彩。）随着中国对 WTO 的相关法律越来越重视，对 WTO 法律的解释问题也逐渐成为一个热点问题。1969 年《维也纳条约法公约》关于条约解释的规定（第 31~33 条）被普遍认为是国际习惯法规则的反映：其中，第 31 条"解释之通则"：①条约应依其用语按其上下文并参照条约之目的及宗旨所具有之通常意义，善意解释之。②就解释条约而言，上下文除指连同弁言及附件在内之约文外，并应包括：第一，全体当事国间因缔结条约

---

[1] 黄瑶："论'联合国宪章'的解释方法问题"，载《中国法学》2003 年第 6 期。

[2] 李浩培：《条约法概论》，法律出版社 2003 年版，第 361 页。

所订与条约有关之任何协定；第二，一个以上当事国因缔结条约所订并经其他当事国接受为条约有关文书之任何文书。③应与上下文一并考虑者尚有：第一，当事国嗣后所订关于条约之解释或其规定之适用之任何协定；第二，嗣后在条约适用方面确定各当事国对条约解释之协定之任何惯例；第三，适用于当事国间关系之任何有关国际法规则。④倘经确定当事国有此原意，条约用语应使其具有特殊意义。第 32 条"解释之补充资料"：为证实由适用第 31 条所得之意义起见，或遇依第 31 条作解释而：第一，意义仍属不明或难解；或第二，所获结果显属荒谬或不合理时，为确定其意义起见，得使用解释之补充资料，包括条约之准备工作及缔约之情况在内。由此可见，目的解释方法在整个国际法解释方法中在位次上居于前列，是应当优先考虑的因素。从 GATT 的后期开始，"专家组在解释总协定时，采用'目的性解释'（purpose interpretation），在进行法律分析时更侧重于此种形式"。[1] 正是基于以上的这种分析，有学者认为，在 WTO 的规则体系内进行目的解释的时候应当注意其三层含义：①扩张解释与限制解释是目的解释方法在具体操作中的两种做法。②在实现条约目的和宗旨的要求指引下进行解释活动，并不能必然地推导出 WTO 成员方实际的法律义务。③解释应达到实现条约目的和宗旨的效果。[2]

应当说，WTO 的法律规则设定的宗旨就是在尊重当事人的自由意志的前提下促进各国之间的经济贸易交流。这里就蕴涵着在私法中目的解释的一个最主要特征：对私人目的的尊重。与以上的 WTO 法律解释相类似，作为典型的私法，合同法的解释尤其强调对合同当事人所欲达到的目的的追求。关于合同的解释，我国《合同法》第 125 条明确规定，当事人应当按照合同所使用的词句、合同的相关条款、合同的目的、交易习惯以及诚实信用原则，确定该条款的真实意思。这一规定实际上同时采用了文义解释、整体解释、目的解释、习惯解释以及诚实信用解释等多种解释原则。相对于其他解释方法，由于私法中的目的解释更多地涉及当事人在当时的主观意志，因此具有更大程度上的任意性，当然，这也为在司法实践中进行具体操作制造了困难。例如，对于遗嘱这种单方意志的表达而言，遗嘱的具体目的与遗嘱人的内心真意具有重合性，如果真意不明，遗嘱的目的则会处于模糊状态。合同目的可以通过按照社会交往的一般经验或者合同当事人举证证明的方法确定，但是这两个方法对遗嘱解释作用不大。按照社会交往的一般经验确定遗嘱的目的属于客观的解释方法，往往不符合遗嘱人的内心真实意图；当事人举证证明的方法则由于遗嘱人在遗嘱生效时已经死亡，无法进行最

---

[1] 李居迁：《WTO 争端解决机制》，中国财政经济出版社 2001 年版，第 149 页。

[2] 翁国民、蒋奋："论 WTO 规则的法律解释方法"，载《当代法学》2004 年第 5 期。

为重要的调查取证活动。照此而言，按照遗嘱目的解释主要指的是按照遗嘱的抽象目的进行解释。[1] 虽然《继承法》强调尊重设定遗嘱人的自由意志和目的，但是在自由意志和目的不明确的时候，就会造成很多麻烦，此时法律就会为当事人推定某种"拟制"的目的。这种法律拟制的目的在格式合同中表现的更为明显。例如，在《中华人民共和国保险法》第31条中规定："对于保险合同的条款，保险人与投保人、被保险人或者受益人有争议时，人民法院或者仲裁机关应当作有利于被保险人和受益人的解释。"对于出现歧义时应作不利于保险人的解释，虽然学说和判例所持依据及其目的主要有四：①"附和契约说"。②"专有技术说"。③"弱者保护说"。④"满足合理期待说"（honoring reasonable expectations of the insured）。但是，就目的解释而言，疑义利益解释规则在适用位阶上仅是"最后一张王牌"，扮演"最后出场的角色"，对我国《保险法》第31条应当从"法规目的"解释出发，对其适用范围和前提作"限缩式解释"。[2] 当然，在以上第四种学说已经有了根据保险合同符合的目的进行解释的雏形。总之，当事人订立合同均为达到一定目的，合同的各项条款及其用语都是达到该目的的手段。因此，确定合同用语的含义乃至整个合同内容自然须适合于合同目的。细言之，在我国具体运用目的解释原则应注意以下问题：①当事人一方的合同目的应当是对方已经知道或有理由知道的，在对方根本不知道也不可能确切知道时，不能适用此原则；②合同条款或文句可以作有效或无效的两种解释时，应采用使其生效的解释；③符合合同目的原则在解释效力上优先于参照习惯或惯例的解释原则和依法补充解释原则。当然合同目的也不是在任何情况下都能成为解释依据。[3]

在对目的解释的适用范围和方式进行了比较详细的探讨之后，接下来可以深入分析的问题是目的解释和其他解释方法的关系。正如前文所述，在这种关系中，首要的就是目的解释对其他解释方法的统驭地位。当然，在各种方法之间还有很多细节上的区分。例如，就法意解释与目的解释来说，虽然二者都要确定立法的目的，但是，"其区别大致有两点：①目的可以基于对原意的考察，也可以是今天读者的构建，而一般说来，法意解释拒绝构建的说法（尽管事实上法意解释必然也是构建的）。②目的解释从根本上是向前看的，强调为适应未来而解释法律，强调法条实现时所具有的合理含义，而法意解释是向后看的，强调的是

---

〔1〕 郭明瑞、张平华："遗嘱解释的三个问题"，载《法学研究》2004年第4期。抽象目的解释，指当意思表示既可解释为不成立、无效，又可解释为成立、有效时，应按照当事人的目的在于设立法律行为、使之产生法律效果，而将其解释为成立有效。
〔2〕 樊启荣："保险合同'疑义利益解释'之解释"，载《法商研究》2002年第4期。
〔3〕 刘兴华："合同解释原则的有关问题探析"，载《理论探索》2005年第2期。

忠实于过去，即立法者立法时的意图"。[1]

又如，目的解释和社会解释的关系，其区别在于：①所谓目的解释是指法律目的，而社会学解释则是指社会目的。就多数法律而言，其所欲实现的目的，往往与社会目的相符合，但若法律年代久远，而社会目的已经改变，则二者即不相符。②目的解释仅限于法律目的的衡量，而社会学解释不仅进行社会目的的衡量，并且进行社会效果的预测。因此，在法律目的和社会目的相符的情形下，社会学解释比目的解释更为广泛。[2] 而且，就社会学解释的操作方法来说，大致可以分为两步：①首先对每种解释可能产生的社会效果进行预测。②确定社会统制目的，并由此目的予以衡量各种解释所发生之社会效果，何者最符合该目的。[3] 可见，在社会解释的运行中（特别是在第二个步骤中），目的解释对其产生了重要影响。值得注意的是，有学者认为，"目的解释之功能，在于维持法律秩序之体系性和安定性，并贯彻立法目的。尤其在社会稳定时期，目的解释有其重大作用。但在社会急剧变动时期，则可能发生旧有法律之目的与社会目的不一致，不能切合社会发展的需要。此种情形，应采用社会学解释，以贯彻法律公平正义，确保实质妥当性"。[4] 笔者认为，这里限定的"法律之目的"更多的是浅层的直接目的，而顺应历史发展、与时俱进地满足社会需要才是法律的深层目的，根据这种深层目的进行解释不应当被社会学解释所取代，上文中对公法的论述所揭示目的解释的特征就是典型。

再如历史解释。历史解释（historische Auslegung）力图从法律规定产生时的上下文中确定规范要求的内容和规范目的。[5] 梁慧星认为，历史解释"系指探求立法者或准立法者于制定法律时所作的价值判断及其所欲实现的目的，以推知立法者的意思"。[6] 对立法者目的或者原意的探寻是历史解释的核心含义，如果缺失了目的解释的精神，历史解释也只会流于对过往典籍资料的整理。目的解释对法律漏洞的补充也有重要影响，"目的性扩张"和"目的性限缩"就是进行漏洞补充的主要方法。[7] 同样的道理也适用于所谓的"合宪性解释"，以是否符合宪法作为标准来衡量，本身就是找出在国内法中的直接目的作为参照。从以上

---

[1]　苏力："解释的难题：对几种法律文本解释方法的追问"，载梁治平主编：《法律解释问题》，法律出版社 1998 年版，第 40～41 页。

[2]　张燕玲、白帮武："简论目的解释及其应用"，载《东岳论丛》2005 年第 3 期。

[3]　杨仁寿：《法学方法论》，中国政法大学出版社 1999 年版，第 176 页。

[4]　梁慧星：《民法解释学》，中国政法大学出版社 2003 年版，第 230 页。

[5]　[德] 魏德士：《法理学》，丁小春、吴越译，法律出版社 2003 年版，第 340 页。

[6]　梁慧星：《民法解释学》，中国政法大学出版社 2003 年版，第 219 页。

[7]　黄茂荣：《法学方法与现代民法》，中国政法大学出版社 2001 年版，第 397～403 页。

的论述不难发现，目的解释对其他具体解释方法的统驭作用渗透在各个方面。

　　这里不能回避的还是各种方法的排序问题。自从各种解释方法问世以来，关于其排序的问题就始终没有得到完整的结论，代表性的观点例如，国内法基本上遵循这样的位阶关系：①任何法律条文的解释，必须从文法解释入手，也就是说在顺序上应首先运用文法解释方法。②经过文法解释，如果没有多种解释结果存在，不得再运用其他解释方法；只有在有多种解释结果存在的情况下，方能继之以其他解释方法。③合宪性解释，应居于优先地位。法律规范意义内容确定后，须以合宪性解释，审核其是否符合宪法的规定。④在尊重文法解释的基础上，运用系统解释方法，以探求法律规范意旨；在确定法律意旨的前提下，可继之以扩张解释或限制解释，以判明法律之意义内容；若仍不能完全澄清法律条文之疑义时，应进一步作目的解释，以探求立法目的，或在依上述方法已初步确定法律意义内容后，再作目的解释，以立法目的检查、确定之。[1]

　　背后的问题在于：为什么要给各种具体的法律解释方法进行排序呢？也许由于研究的焦点过于集中在如何排序上，以至于排序原因的问题反而受到了忽略。在笔者看来，之所以要对各种方法排序，目的仍然是为了尽可能得出德沃金所论述的"唯一正解"。应该说，从维护法治的一致性出发，对唯一正解的追求有其正当性。但是，从另一方面来看，这种唯一正解的背后却隐含着对法官及其解释行为的不信任，这就很容易使得唯一正解自身陷入两难境地：一方面，出于对法官的不信任而设定解释的顺序；另一方面，为了使得这些排序能够在司法实践中运行，又不得不依靠法官。这种对法官的不信任也是对目的解释进行质疑的原因之一，在下文中将得到更加详细的论述。

　　就如何安排各种方法的顺序这一问题本身来说，除了在文义解释的优先性的问题上达成了比较一致的意见以外，其他的方法如何排序始终没有形成通说。在笔者看来，这种混乱的情况背后有两种可能性：①法律方法和法律解释的研究仍然没有达到一定的水平，足以对各种方法的排序达成统一意见。②各种方法之间，除了文义解释之外，本身就没有一定的顺序，之所以形成不同的意见很大程度上是由于各个学者从不同的角度予以观察的结果，这种角度可以是国内法与国际法的，也可能是在不同的部门法之间的。如果真实的原因是前一种情况，那么我们所需要做的就是在现存的混乱中继续摸索，寄希望于学术研究和司法实践的不断积累；如果真实的情形是后一种可能，那么，我们就根本没有必要刻意地追求所谓排序能够形成较为一致的意见。笔者更加倾向于后一种可能性，毕竟，解释活动总是渗透着解释者非常强烈的主观因素，而主观意志的形成和运行过程即

─────────────

[1]　杨泽伟："国内法与国际法解释之比较研究"，载《法律科学》1996年第5期。

使是在自然科学中，至今也没有形成能够普遍接受的意见，其复杂性不是列表式的排序能够解决的。正是从这个意义上，黄茂荣在其《法学方法与现代民法》中，并没有把文义解释、历史解释和体系解释等称为独立的"方法"，而只是将其定位为影响解释的"因素"。

（二）对目的解释的质疑及其回应

由于目的解释直接涉及和表述"目的"，而目的本身又是具有强烈的主观色彩，所以，对目的解释质疑的观点就会对目的解释作如下批评：目的解释无法实现法律解释的确定性，特别是法官在运用目的解释的时候，难以受到限制而很容易造成司法权借助目的解释而恣意作为。简而言之，主观性和多样性造成的不确定性是对目的解释质疑的核心内容。

应当承认，目的解释中所包含的主观性和多样性的确是其特征，这也造成了目的解释的操作性较之于其他法律解释方法显得非常抽象，这些内容在前文中已经有所论述。这也是形成对目的解释质疑的理论的原因之一。而且，法律解释的方法都是在司法过程中适用，由于每个案件都有其特殊性，这样，如果运用目的解释将使得已经存在的不确定性进一步加深，法官也就更有可能借助目的解释恣意行为。如果在现实中的确出现了这种情况，可以在这个意义上称为"法律方法的异化"。于是，现在的问题可以进一步归结为对法官在司法过程中运用目的解释进行质疑。这种质疑在现实甚至出现了一些表现，例如，在欧洲共同体理事会第3号条例中，第19号规定了有关流动工人的社会保障问题。欧洲法院在解释其中的"挣工资者或者类似的工人"的含义时，使用目的解释这一方法，往往还会考虑欧盟建立的目标，并以此为解释的依据，从根本上来说是为了维护整个欧盟统一的使命。从这一意义上讲，欧洲法院的司法功能已经被异化了。[1]

笔者认为，即使有出现了以上质疑的可能性，但是，我们仍然应当强调的是对法官的信任。这种信任来源于很多方面的因素，而这些因素本身又可以形成对目的解释的限制。只有对恣意行为形成有效的限制，才能够保证目的解释按照其本来的法治指向得以运行。对于如何具体运作这种限制，有学者认为，可以通过以下几个方面：①只有在字面含义不能反映立法意图的时候才能使用目的解释法。②目的解释法并没有解除法官遵守法律文本的义务。③目的解释法更多地适用于福利给付、人权保护等内容。④尽量避免做出使立法目的失效的解释。[2] 笔者认为，这种观点涉及的内容很多，如立法目的与司法目的的关系等问题。虽

---

〔1〕 徐淑："论欧盟法的解释"，载《齐鲁学刊》2005年第6期。

〔2〕 蒋惠岭："目的解释法的理论及适用"（上），载《法律适用》2002年第8期。

然本身没有什么缺陷，但是，却过于笼统，每个部分都可以得到更加详细的探讨。例如，对于目的解释适用于保护人权的场合，在刑法中，罪与非罪、此罪与彼罪的判断要以分析具体刑法规范保护法益目的为指导，对于"有利于被告人的刑法规定"则可以根据立法目的作相对宽松的、扩张的解释。[1]

在司法实践过程中，如果要对目的解释的任意性予以有效的限制，主要应当依靠制度性的因素。

1. 权力制度的总体性架构。"如果法院致力于完善的民主政权，即法院遵循法治原则，得到公众的普遍支持，并且在某种意义上允许根据其他领域制定的规则做出各种判断，那么从这一点来说，他们的权力是合法的。"[2] 在现代法治国家中，权力的总体制衡使得任何一种单一的权力都要受到其他权力的限制。具体就目的解释而言，立法者通过法典所直接表述的规范条文本身就意味着对司法权的限制，也能够形成对目的解释范围的限制。例如，在刑事诉讼过程中，代表国家的检察机关在进行法律监督的时候能够提出自己的意见，从而对法官借助目的解释任意阐释法律予以限制。

2. 诉讼程序中的制度运行。程序在当代法治国家建设中起着非常重要的作用，甚至可以说，法治的精神就蕴涵在程序之中。就目的解释而言，当事人及其律师对法律和事实的解释都会对法官的解释产生一定程度的影响。这种过程类似于哈贝马斯的"理想商谈理论"在现实中适用，虽然没有达到理想的程度，但是，毕竟发挥了当事人的诉讼权利对法官的司法裁判权的影响和制约。在这种前提之下，法官必须对当事人及其律师的解释（包括目的解释）予以一定的考虑。如果法官进行的目的解释无法被当事人所接受，那么，当事人就可以运用诉讼权利使得整个诉讼程序继续进行，这就是二审和重审制度的内在原因。而在这些一审之后的程序中，下一级的司法裁判将受到更高级的司法者的审查，这也是目的解释在司法权力内部予以制约的机制，它同样可以抑制借助目的解释而恣意妄为的行为。可见，诉讼制度的运行是一个各种因素相互制约的整体，虽然法官的司法裁判权力在其中起着主导作用，但是仍然要受到来自各个方面的压力和制约，也正是这种相互的压力和制约，才使得诉讼程序得以良好地运行，保持其中立性，而与直接确立规则和结果的实体规范不同。

3. 司法权配套制度的间接作用。虽然案件的审理直接借助司法权力得出结论，但是，很多与司法权相配套的制度也能够间接地对法官合理地或合法地进行法律解释（包括目的解释）发挥积极作用。例如，法官的人身保障机制能够保

---

[1]　蒋超、艾军："刑法解释方法的运用规则探析"，载《齐齐哈尔大学学报》2006年第2期。
[2]　[美]孙斯坦：《法律推理与政治冲突》，金朝武等译，法律出版社2004年版，第98页。

证法官按照自己的真实意志对案件中涉及的事实和法律做出目的解释。这里应当强调的不是目的解释本身内容上正确与否，而是法官不受外界的影响而根据自己对法律的理解做出决定。再如法官的准入和遴选制度。虽然司法考试普遍地成为各个国家中难度较大的考试，但是，它也同时能够从知识上保证法官的素质。表面上看，司法考试制度与法律解释并没有那么直接的联系，但是，正是包括司法考试在内的各种法官遴选制度保证了法官在知识或智慧以及经验等方面的高于一般社会大众的标准和素质，进而能够促进他们按照更符合法治精神的方式运用目的解释方法得出结论。这种结论未必与当事人的结论完全一致，也未必一定是"真理"，但是，由法官根据目的解释得出的结论，其符合法治发展进程的可能性要远远高于一般社会大众。也就是说，法官是相对而言更值得信任的社会群体，由法官进行目的解释所获得的结论也更值得信任。

以上仅仅是从几个视角分析了制度层面对目的解释的制约和保障机制，相对于制度的整体来说，还远远不够。值得注意的是，有一种观点认为，鉴于权利的相互制约和平衡，可以借用立法目的来限制司法中的目的解释。综观现行立法实践，立法目的的取得办法主要有以下几条途径：①法律文本的开头或中间明确规范了立法目的，这在我国制定的许多法律中都有所体现。②从立法准备资料中找到立法的目的。③从法律的具体条款中推导出立法目的。④从立法的外部辅助资料中推导出立法目的。[1] 相对于司法中目的解释的不确定性，立法目的似乎更加容易发现，也由于具体条文的存在而似乎更加具体和确定。一般情况下，立法目的可以从立法准备材料或法律文本上看得到，尽管立法目的可以通过成文法的语义表达体现，但不排除出现这样的情况，即法条用语的含义不足以实现法律目的，或者超出实现目的的需要，甚至于完全偏离立法目的。当法条含义不足以实现或超出立法目的的需要时，应当扩张或限缩法条语义的含义，以求与成文法的目的相契合。值得注意的是在司法实践中，大多数国家愿意限缩法律规范的含义范围，与法规的目的保持一致。而对服务于成文法的目的去扩张法规的含义范围，态度则不尽相同，有些国家不赞成这么做，如英国、美国、意大利等。[2] 由此也可以总结出司法中的目的解释与通过条文所表达的立法目的的关系的三种模式。在司法实践中，目的解释方法一般有三种模式：①温和型。为了对抗法律文本的字面原意而从立法目的中寻求文本的真实含义。②极端型。法官最大限度地发挥自由裁量权，甚至完全抛开法律文本，而以自己对立法目的的理解来确定法律规范的含义，有时甚至增加一些法律中原本没有的内容。③动态型。解释者对

---

〔1〕 张燕玲、白帮武："简论目的解释及其应用"，载《东岳论丛》2005 年第 3 期。
〔2〕 张燕玲、白帮武："简论目的解释及其应用"，载《东岳论丛》2005 年第 3 期。

已经存在的法律规范不是机械地、静态地理解其含义，而是本着"与时俱进"的原则，以动态的眼光考察其含义，适应社会、经济、文化的发展而不断充实新的内容、摒弃陈旧的内容。[1]

但是，在以上立法目的和司法中的目的的对抗中，还是应当强调司法目的的优先性，也就说，立法目的难以，也不应当成为司法目的的限制。

1. 对立法目的的强调仍然是基于立法中心主义的立场而对司法表示不信任。这种不信任从法国大革命时代就已经形成，原因就在于传统势力总是可以通过司法途径来实现其利益，这对新兴的阶层是个很大的障碍。而法国大革命在法律领域的突出成果就是产生了几部著名的法典，这就更加奠定了对立法的崇拜。这种历史传统从很多学者主要严格禁止法官对法律做出解释的观点就可见一斑。这些内容在上文中已经有所涉及。质言之，"解释致力于发现'原意'的信念，已浸透于古典思维方式之中。"[2]

2. 立法目的虽然经常能够以明文的形式得以展现，但是，这也是其缺陷所在，毕竟僵化的文字总是无法适应社会的发展。而司法目的则更加灵活和"与时俱进"。"事实上，正确地解释一项条约，就必须符合条约的目的与宗旨。相对于文法解释方法和系统解释方法，目的解释方法更强调条约所应具有的现时合理意义。"[3] 当然，这种灵活性同样面临着一定的风险，但是，这种风险相对于简单地通过相当抽象和概括的立法目的所形成的风险来说，要小的多；毕竟，立法带有相当的普遍性特征，而在司法中则可以更多地依靠个案进行尝试和突破。

3. 就以上的具体操作而言，所谓的司法对立法目的的"偏离"、"背离"或者"超越"等，虽然在名义上仍然可以称为标准，但是，它们同样难以操作，其模糊性反而将使得本来就已经带有很大不确定色彩的目的解释更加不确定。

4. 从解释学的角度来看，立法者颁布了具体的法典之后，其使命就已经完成了。至于如何对法典进行解读则更多的是法律的"读者"所要面临的工作。当然，司法实践会就法律的具体规定反馈给立法者，但是，这应当是通过一些权力之间的方式，而不应当在案件的诉讼过程中出现。"只要人去理解，人就总处在人与文本、人与社会的双重关系中，这两重关系是相互区别而又融为一体不可分割的。理解者的这种双重关系决定了理解的双重目的：在理解者与文本的关系上（层次上），理解的目的是把握文本的意义；在理解者与社会的关系上（层次上），理解的目的就是为了使用，为了创造生活。这两个目的的地位是不同

---

〔1〕 蒋惠岭："目的解释法的理论及适用（上）"，载《法律适用》2002 年第 5 期。
〔2〕 殷鼎：《理解的命运》，三联书店 1988 年版，第 140 页。
〔3〕 翁国民、蒋奋："论 WTO 规则的法律解释方法"，载《当代法学》2004 年第 5 期。

的，同时二者又是紧密相连的。后者是更根本的也是最终的目的，是前者的目的，即目的的目的；而前者是后者的手段，把握文本的意义最终是为了使用，是为了创造生活。"[1] 法律解释方法本身就是定位于司法领域的，而在司法领域中，应当推崇的是司法者对法律规范的解读，而不是空洞的立法者所谓的权威。"如法律具有局限性或看起来像规则，就得要求解释者们在运用时赋予其内容。规则的解释通常要求某种实质性的道德或政治性判断——不仅包括法律本身约束的实质性道德判断，而且还包括不可避免地进入法律术语解释中的实质性判断。"[2]

另外，还有观点认为可以通过各种解释方法之间的制约和平衡来对目的解释予以限制。笔者认为这也是难以成立的。例如，有学者认为，为了确保刑法解释结论的可预测性，目的解释论必须遵守两个基本的限制：①必须遵守论理解释的基本限制，不得超出刑法文本及其词语含义可能具有的最大含义范围；②应当受到更高位阶的母法的宪法文本的制约。[3] 就第一个限制而言，正是在文义解释出现了多种结果之后，才需要运用包括目的解释、历史解释等方法来进一步确定如何对法律进行解释，但是，按照以上的观点，文义解释却又成为限制目的解释的范围，最终的结果是：在文义解释模糊时借助目的解释，而在限制目的解释时借助文义解释，这显然形成了一个逻辑上的悖论。就第二个限制而言，合宪性解释本身就是目的解释的一种，又如何通过宪法来限制目的解释呢？还有，即使肯定了通过宪法来限制目的解释，在一般法律中都难以界定的"偏离"、"背离"或者"超越"等标准，在更具抽象性和概括性的宪法中，显然更加难以界定，美国宪法解释的实践就能够证实这一点。如果一种方法过于复杂、代价过高，那么，其使用的效益和效用必然低下。何况，在中国现行的权力结构中，距离真正能够进行合宪性解释还有很长的距离。归根结底，之所以难以用其他解释方法来限制目的解释，原因仍然在于目的解释对其他解释方法的统驭性，这种天然的优先地位是很难由下级的地位所撼动的。更重要的是，正如上文中所论述的，目的解释的精神已经渗透在各个其他的具体解释方法之中，这就更增加了使用其他方法来限制目的解释的难度。

"解释方法的桂冠当属于目的论之解释方法，因为只有目的论的解释方法直接追求所有解释之本来目的，寻找出目的观点和价值观点，从中最终得出有约束力的重要的法律意思。从根本上讲，其他的解释方法只不过是人们接近法律意思

---

[1] 张天勇："理解是为了什么"，载《绥化学院学报》2005 年第 6 期。
[2] ［美］孙斯坦：《法律推理与政治冲突》，金朝武等译，法律出版社 2004 年版，第 148～149 页。
[3] 梁根林："罪刑法定视域中的刑法适用解释"，载《中国法学》2004 年第 3 期。

的特殊途径。"〔1〕 目的解释的优先地位决定了它必然受到研究者的关注，而针对其主观性和不确定性，如何对目的解释进行限制成为研究的重点问题。当然，利用立法目的和其他解释方法并不是限制目的解释的良策。

以上探讨的多是实体层面上的目的解释，而要将目的解释真正贯彻到司法实践之中，还需要具备一定的形式要件，也就是说，目的解释在司法实践中的操作不能离开形式性的法律。"鉴于法律原则在份量上和优先性上的相对性，以及价值判断之不可通约性，可以说，依据原则的裁判，并不能保证判决依据的排他性与正确性，……如此得来的判决结论，是一种有条件成立的论辩或考量结果，而非逻辑意义上的证明。判决依据和判决结论在论证模式中的关系，也只是一种佐证，而非保证。因此，原则裁判的判决理由，往往会呈现修辞的一面。"〔2〕 以上情形对于同样以主观性为特征的目的解释来说同样适用。在司法裁判中，由于缺乏具体操作性，目的解释更多地是通过修辞的方式来表达的，它往往暗含于案件的整个过程之中，借助其他的解释方法或者是借助对相关材料的选择而得以展现的。至于如何具体地促进形式意义上目的解释的完善和发展，还是一个有待深入研究的课题。

三、体系解释方法

（一）体系解释的含义与特征

体系解释，又称系统解释、整体解释、结构解释，是传统意义上的一种重要的法律解释方法，萨维尼就曾经将体系解释与语法解释、逻辑解释、历史解释同列举为法律解释学的四种要素。〔3〕 从一般含义上，可以将体系解释定义为在一定的整体背景下，根据特定的体系（尤其是法律体系）对特定的部分进行的解释。梁慧星认为："以法律条文在法律体系上的地位，即依其编、章、节、条、款、项之前后关联位置，或相关法条之法意，阐明其规范意旨之解释方法，称为体系解释方法。"〔4〕 N. 霍恩谈到："系统解释要求在法规的背景下对一个法律原理来加以理解，而不是单独对其进行考察。"〔5〕 拉伦茨说："解释规范时亦须

〔1〕 ［德］耶赛克等：《德国刑法教科书：总论》，徐久生译，中国法制出版社 2001 年版，第 193 页。

〔2〕 陈林林："基于法律原则的裁判"，载《法学研究》2006 年第 3 期。

〔3〕 ［德］考夫曼等主编：《当代法哲学和法律理论导论》，郑永流译，法律出版社 2002 年版，第 381 页。

〔4〕 梁慧星：《民法解释学》，中国政法大学出版社 2003 年版，第 217 页。

〔5〕 ［德］霍恩：《法律科学与法哲学导论》，罗莉译，法律出版社 2005 年版，第 134 页。

考量该规范之意义脉络、上下关系体系地位及其对该当规整的整体脉络之功能为何。"[1] 从以上的一些观点可以看出，根据体系、在体系内进行解释是体系解释方法的核心内容。

总体而言，由于体系解释对"体系"的强调，因而形成了自身独特的特征，特别是这种特征与法律解释的其他方法相比较的时候，显得尤为明显。具体而言，体系解释的主要特征可以概括为如下几个方面：

1. 体系解释的主体主要是以法官为代表的法律人群体。关于"解释共同体"的范围有着种种不同的观点，但是，通说都将法官列入了其中，而体系解释对这种情形尤其强调。以文义解释为例，在裁判的形成过程中，不仅是法官，当事人（甚至一般公众）都可以就法律的成文化的规定表达自身的观点和意见，相应地，这些来源于各个方面的解释有很大程度上的混乱性。而如果需要进行体系解释的时候，只有对整个法律体系掌握了众多知识，并对这些知识之间的相互关系有着深刻了解的人才能够进行恰当的解释。这是由体系解释的知识性要求所决定的。

2. 体系解释特别适用于"文本论"的解释。"文本论"是当前法律解释的重点解释对象之一，应当强调的是，这种文本不仅包括成文化的法律规范，还应当包括当事人之间的狭义上的"法律"——合同。就成文化的法规来说，由于各国普遍推行了成文法，就在一国之内基本上能够形成一整套的法律由各个部门法组成的法律体系，这就为进行体系解释创造了良好的前提条件，而体系解释又反过来有助于对这种体系的和谐性进行检验；就合同来说，由于合同领域也出现了日益普遍的成文化的趋势（即使不成文合同也可以借助内容丰富的合同法进行"成文"），这也为体系解释创造了良好的适用条件。而且体系解释也已经成为合同解释的重要方法。

3. 体系解释以确定性为目标，在一定程度上能够防止随意性和任意性。在"商谈模式"、"对话模式"等受到日益重视的时候，这些模式潜在的随意性和不确定性也随之增加，但是，我们仍然需要强调对确定性的追求，毕竟这是法治赖以安身立命的根本。"文本论"就是这种追求的表现，而适用于"文本论"解释的体系解释方法也同样如此。由于法律体系是由法治的精英所设计的，从整体上能够最大程度地保证社会的法治走向，而法治又是以确定性为内含之一，因而基于这种体系设计就能够使得确定性得以保证。更重要的是，对法官作为解释主体的强调更能够使得对确定性的追求在过程上有着深刻的把握。

体系解释还具有其他的特征，如适用范围、操纵过程以及与其他解释方法的

---

[1]　[德] 拉伦茨：《法学方法论》，陈爱娥译，商务印书馆 2003 年版，第316页。

关系等。从以上关于含义和特征的论述中就不难发现，对"体系"的强调是体系解释的重中之重，而这种"体系"在一般意义上指的是法律体系，如果将这种"体系"的含义和范围扩大，就可以发现体系解释在法律与社会的关系中所处的地位。"近代以来的法律实证主义通过'事实与规范'相分离的理论策略，奠定了西方法学关于事实与价值、实然与应然、现象与本质的二元对立。由此把法律限定为一种经过专门认可的正式规范体系，而将人们生活的其他方面及其后果统统清除出法律世界而归入到事实中。"[1] 由此可见，体系解释实质上是法治及其精英依据既定的、相对稳定的法律体系来观察和处理社会关系的一种方式，这是体系解释的深层含义所在，它所探讨的是法律与社会之间形成的"大体系"。甚至可以说，"正义是否实现（根本无正义可言）无关紧要，重要的是，系统能运作，去减低社会的复杂性"[2] 这种对扩张意义上的"大体系"的探讨，以卢曼所倡导的"体统理论"为典型代表。[3]

在法律解释学的视野之内，应当重视法律上（尤其是制定法意义上）的"体系"，这种体系也区别于学理上的体系，因为各个学者所建立的理论体系，虽然有着巨大价值，但是却无法在司法实践中得以广泛应用的。含义和特征本身并不能保证适用性，体系解释同样如此。之所以能够成为一种基础性的法律解释方法，原意在于体系解释有着自身重要而独特的意义和价值。

（二）体系解释的意义与价值

在法学的主要流派中，规范法学能够给法治建设以最大限度的支持。自然法学（价值法学）的作用主要是在呼唤法治的意义和意识，社会法学侧重于法治的实际效果，而真正能够建构法治的整体框架和具体内容的则是规范法学，毕竟法律的治理是以规范为核心内容。作为法律解释的一种重要方法，体系解释也是在规范法学的领域之内进行运作的，因而，从总体上说，能够对法治建设予以保障是体系解释的最大意义和价值所在。具体而言，可以从以下几个方面展开：

1. 体系解释能够维护法律和法治的统一性。如前所述，体系解释不仅能够使得在系统的背景之下对具体规范进行符合整体要求的阐释，而且也能够通过对规范的解释而完善法律体系，这就能够加强法律体系在整体上的统一性。从技术上说，体系解释的一个重要作用在于能够区分一般法和特别法，从而使得法律冲突能够得到较好的解决。而法律上的统一性的增强也进而有利于在法治建设中更

---

〔1〕 〔日〕千叶正士：《法律多元》，强世功等译，中国政法大学出版社1997年版，第52页。

〔2〕 〔德〕考夫曼：《法律哲学》，刘幸义译，法律出版社2003年版，第379页。

〔3〕 洪镰德：《法律社会学》，扬智文化事业股份有限公司2001年版，第367页。

好地做到"有法可依",而且,这里的"法"是已经经过体系解释挑选和加工过的,相对于原初的零乱,可以更好地适应社会生活的要求。

2. 体系解释能够对文本解释范围予以一定的限制。在对法律进行解释的时候,文义解释是各种解释方法中首先得到适用的,这点已经为许多学者所公认。但是,即使是文义解释也很难保证解释者能够在法治范围之内工作。从这个意义上说,法治是反对解释的。但是,依据文义进行解释又是不得不做的工作,那么其他的解释方法就能够在一定程度上限制文义解释在范围上的不确定性和模糊性,体系解释尤其如此。"法律条文只有当它处于与它有关的所有条文的整体之中才显出其真正的含义,或它所出现的项目会明确该条文的真正含义。有时,把它与其他的条文——同一法令或同一法典的其他条款——加以比较,其含义也就明确了。"[1] 能够发挥这种作用的原因在于体系解释特别适合于对文本进行阐释和梳理,借助整体化、系统化的规范体系,能够对文义解释的范围形成很好的约束,进而使得整个法律解释因为减少了不确定性和模糊性而更好的运行。

3. 体系解释能够限制司法中的自由裁量权。自由裁量权对司法过程来说是非常必要的,但是却经常受到不适当的使用,这种不当使用至少包括两个方面:僵化和扩张。体系解释对这两方面都能够予以改进。就权力使用的僵化来说,这种情况的出现是由于对"文本论"的过度依赖所造成的:司法者仅仅依靠对当下的规范文本进行解释,而没有注意其解释是否与整个法律体系相协调,是否与社会生活相符合;体系解释则能够使得这种僵化的情况得以改观,注重将具体规范放在整个的结构之中进行解释,能够更好的适用规范。就自由裁量权的扩张来说,体系解释除了发挥与改善僵化的使用相类似的作用之外,值得注意的是律师所发挥的作用:由于有着相似的知识结构和思维方式,律师也能够进行"类似法官的思考",在这种情形下,如果法官滥用了司法权力,那么律师能够起到一定的监督作用。

体系解释还能够在其他方面发挥自身的作用,如梁慧星认为体系解释具有如下的功能,①以法律条文在法律体系上之关联,探寻其规范意义;②维护法律体系及概念用语之统一性[2]。黄茂荣则强调体系解释的一个重要功能是防止出现"体系违反",其表现形式是"规范矛盾"或者"价值判断矛盾"[3]。无论这些学者的具体观点如何,都是强调体系解释所具有的意义、功能和价值,也正因此我们才需要对体系解释自身的体系进行整理,以便使其发挥更大的作用。

---

〔1〕 〔法〕亨利·莱维·布律尔:《法律社会学》,许钧译,上海人民出版社1987年版,第70页。

〔2〕 梁慧星:《民法解释学》,中国政法大学出版社2003年版,第217~218页。

〔3〕 黄茂荣:《法学方法与现代民法》,中国政法大学出版社2001年版,第280~281页。

（三）体系解释的操作与运行

以上论述的主要是体系解释的静态部分，如果要使得体系解释真正能够在实践中发挥作用，就不能仅仅局限在这种静态之中，而应转向司法领域，这与法律解释所面临的从立法中心主义向司法中心主义的转向有着内在相通之处。同时，也只有明晰体系解释的动态运行，才能将其意义和价值落在实处。具体而言，体系解释的操作与运行主要包括适用范围、操作步骤以及体系解释与其他法律解释方法之间的关系等方面。

1. 体系解释的适用范围。在对体系解释的论述中，学者们一般比较重视其意义方面，而对体系解释适用于何种领域却大多将其等同于法律解释的适用范围而语焉不详。例如，魏德士的观点是："体系解释的适用领域是对一般的通常是以法伦理为基础的一般法律原则的研究"。[1] 笔者认为，这种宏观上的意见并没有什么错误，但是鉴于体系解释自身的特殊性质，能够分析出其最恰当的适用范围将使得体系解释的运行更加顺利地展开。体系解释最显著的特征是对"体系"的强调，因而其适用范围也受到这一特征的深刻影响，那些具有比较完善的体系特征的法律部门就更适于进行体系解释。由于这种"完善"是一个相对比较模糊的界定，同时"完善"的过程一般需要较长的时间，那么基本上可以根据时间长度为标准对法律部门在体系化的完善程度上进行衡量。由此可以发现，具有较长历史发展的法律部门，如民法（特别是合同法）、刑法以及诉讼法，具有相对完善的体系；而近代以来兴起的以社会法为代表的法律部门，在体系化的完善程度上就不及前者，如经济法、环境法等。另外，由于现代社会中对宪政统治方式的强调，宪法也逐渐具有了比较完善的体系，也可成为体系解释适用的重点领域。这些体系解释的适用范围可以具体分析如下。

民法是体系化的典型代表。从古代的罗马法到近代以来的《法国民法典》、《德国民法典》等著名法典，都不断推动着民法体系的完善，因而民法应当成为体系解释最能够适用的部门法之一。限于民法的庞大体系，这里仅仅以其中的合同部分为例来说明体系解释的适用。由于众多合同是以文本的形式存在的，通过合同文本来进行体系解释以明确当事人的真实意图成为适用体系解释的核心目的。"体系解释又称为整体解释，是指将合同的全部条款作为一个整体，从各个条款之间的有机联系中探讨争议条款的本意。这是各国普遍采用的合同解释规则。"[2] 因此，《法国民法典》第1161条规定："契约的全部条款得相互解释，

---

[1] ［德］魏德士：《法理学》，吴越、丁晓春译，法律出版社2003年版，第332页。

[2] 孔祥俊：《合同法疑难案例评析与法理研究》，人民法院出版社2000年版，第54页。

以确定第一条款从整个行为中所获得的意义。"我国《合同法》第 125 条所规定的按照"合同的有关条款"解释，所确定的就是体系解释规则，这也足以证明体系解释方法是合同解释的重点方法。体系解释适用于合同解释的一个重要原因在于合同是作为一个整体而存在的，从法律的观点来看就是合同的当事人具有（或者应当具有）前后一致的观念来处理合同的有关事项。它要求不仅是在具体的合同条款中阐明当事人的意图，更需要联系上下文以及合同总体上的宗旨来确定具体条款的含义，而不能孤立的理解某一款项。"如果一个具体合同内容所涉及的条款属于一个更大的系统———无论是一个条款还是一组合同条款，那么就应该把这一个或一组合同条款视为一个完整和谐的体系，把所要解释的合同条款作为其中的一个有机部分，根据上下语言的联系予以解释。所以合同法要求在确定条款真实意思时应考虑到'合同的有关条款'。"[1] 这种在合同解释中对体系解释的重视不仅存在于大陆法系的法典之中，在英美法系中也有所体现。《美国统一商法典》第 1～205 条（根据双方的交易过程来解释他们的原本意图）以及第 2～208 条（根据双方的履约行为对合同原意的解释）都可以在实质上视为体系解释。[2] 具体而言，原则上合同条款之间应无效力高低之分，每一条款对解释其他条款都同等重要，但合同存在冲突时如果当事人没有对合同各部分做出明确的效力划分，那么体系解释可遵循下述具体规则：合同中若特别提及一些事项，后面又跟着普遍性的概括字句，那么法院会认为那普遍性的概括受前面特定事项限制，只指那些与前面特定事项相似的事项；法院假定合同中各条款均有相对独立意义，当事人并不想无事重复或自相矛盾。所以，法院会采纳使合同各部分均起某种作用的解释；若合同中存在相互冲突的两条款，那么更具体的那条往往更表现当事人的意图。若合同中手写部分与印刷部分相冲突，手写部分往往被法院赋予更高的效力；合同解释应进行整体解释，应以合同宗旨为指南；合同中明显错误、遗漏，如书写、标点、语法等，法院应予纠正，而不应吹毛求疵。[3] 由此我们也可以体会到"交易惯例对解释的意义"[4]。可见，两大法系的民法学者在体系解释的问题上有着高度的相通之处。另外，从学理研究的角度而言，根据民法的体系就能够对既有的理论进行检验，[5] 这也足见民法体系的完善和体系解释的作用范围之广。

与民法的体系性类似，刑法也是体系解释的典型应用场景。"在刑法文本范

〔1〕 高建军、王一珺："合同解释规则之研究"，载《求实》2004 年第 6 期。

〔2〕 林晓云：《美国货物买卖法案例判解》，法律出版社 2003 年版，第 49～51 页。

〔3〕 徐罡：《美国合同判例法》，法律出版社 1998 年版，第 82 页。

〔4〕 ［德］拉伦茨：《德国民法通论》，谢怀栻等译，法律出版社 2002 年版，第 467 页。

〔5〕 朱庆育："寻求民法的体系方法"，载《比较法研究》2000 年第 2 期。

围内运用系统化的解释方法，把对刑法特定词语的解释，与它所在的上下文联系、法律概念的逻辑结构和一般法律原则等协调起来，在保持刑法体系的一贯性和语言文字的一致性的基础上，确定刑法特定词语的真实与客观的意思。"[1] 同样的道理适用于诉讼法领域，"体系解释的方法对于民事诉讼程序规范的解释尤其重要，因为民事诉讼法是一个整体，我们不能从整体上脱离开诉讼程序而解释一个具体的条文，而必须在其与其他制度的联系中去把握其内涵，如一个貌似孤立的证据问题无不与审判程序有着密切的关联。因为程序是一个环环相扣的过程，其中一个环节发生了变化，必然导致其他环节发生相应的变化"[2]

值得注意的是，宪法作为体系解释适用的范围是有特殊性的。由于各国对宪政的重视，使得宪法在内容上和体系上的完善程度不断加强，因而其自身的体系性是成为体系解释适用范围的原因之一。"宪法的各项条文应一并理解，以确定对某一条文的解释。各州法院一致遵循这一规则，即考虑整部宪法以确定其一条文的真实意图。"[3] "所谓体系解释方法，又称为上下文的解释方法。该方法是欧洲法院在其司法实践中运用得最为频繁的司法解释方法。欧洲法院在对欧共体法律的个别条款做出司法解释时，不仅会从语义层面剖析其法律含义，而且还常常进一步分析该条款在整个法律体系的地位，尤其是结合相关法律文件的前言所表达的'法的目的'和基本原则以做出所谓的综合性分析，由此而引申出符合整个法律框架之精神的法律释义。"[4] 更重要的是，由于其相对于一般他法律的"母法"地位，宪法的内容可以作为对一国的法律体系的整体进行系统化的重要参照标准，也正是在这个意义上，学者们在论及体系解释的时候总是强调相应的"合宪性解释"的重要性。[5]

2. 体系解释的操作步骤。在明确了体系解释的适用范围之后，在需要进行体系解释的时候，就应当明确体系解释是如何在这些领域中进行运作的，这可以说是整个体系解释的核心环节。有学者认为，进行体系解释需要注意以下几个方面（在刑法中）：①解释者必须心中永远充满正义理念。②解释者必须探明刑法条文的目的，准确评价各种犯罪的危害程度，从而实现刑法的协调性。③解释者必须尽可能熟悉所有的刑法条文以及其他法律中与刑法相关的条文，并且正确认识各条文之间的相互关系。④要注重运用体系解释方法，同时要善于运用其他解释方法。⑤不仅要使刑法条文之间保持协调，而且要使刑法与宪法及其他法律相

---

〔1〕 梁根林："罪刑法定视域中的刑法适用解释"，载《中国法学》2004 年第 3 期。

〔2〕 王福华："程序规范的解释：范畴、理念与方法"，《法制与社会发展》2002 年第 6 期。

〔3〕 ［美］安修：《美国宪法解释与判例》，黎建飞译，中国政法大学出版社 1999 年版，第 27～28 页。

〔4〕 张英："欧洲法院司法解释的方法论"，载《欧洲》2001 年第 5 期。

〔5〕 ［德］魏德士：《法理学》，吴越、丁晓春译，法律出版社 2003 年版，第 335 页。

协调。[1] 笔者认为这几个方面主要是从静态的角度而言的；从机制运行的角度而言，进行体系解释可以依据以下几个步骤：

（1）针对解释对象的涉及领域内的法律规范予以全面掌握。由于体系解释对"体系"的强调，因此全面掌握规范成为进行体系解释的前提条件。这里需要做两点说明：①对解释主体（尤其是法官）提出了较高的要求，因为各国法律的成文化趋势是各个领域中的法律都出现了空前膨胀的情况，这本身就是对全面掌握这些规范造成了困难。也就是说，法律体系本身就已经非常庞杂。②还有一些潜在的非正式规范也同样能够在司法活动中发挥重要作用，这也需要解释主体的关注。在法律与社会的整体结构中，同样加剧了解释主体掌握体系的难度。但是，对解释主体（特别是法官）来说，并不能以此为借口而忽视了对体系的掌握。

（2）从体系的视角对解释对象予以关注。"每一个法律上的字句，都紧密交织在法体系中，构成一个有意义的关系。因此，要了解它们，首先应顾上下文，且不得断章取义。"[2] 在掌握了体系之后，针对在个案中适用的具体规范，应当在整体的背景之下进行分析。针对其在整体中的地位和作用予以区别对待。例如，有的条款只是规定了具体的规范，而有的条款则直接是该法律体系的原则体现（拉伦茨将其称之为"法条形式的原则"[3]），在将规范适用于具体案件的时候，就需要注意这两种规则与原则之间的区别，毕竟二者在部门法中的地位是有很大差异的，这也直接影响了对其进行体系解释的时候如何进行处理，例如，刑法的总则和分则的关系，在适用任何的分则条款的时候，都需要直接或者间接的以总则为背景，即使最终的审判结果中未必明确体现总则的要求。值得注意的是，在我国的法律规范中存在着"引用条款"和"准用条款"，这就直接体现了将法律视为一个整体的观点。

（3）对体系解释的效果予以综合考量。单独的体系解释方法也无法消除法律规范的不确定性，进行体系解释也同样可能出现一个可能性的效果范围，针对这种效果范围就需要综合各种因素进行比较和权衡，以确定最终的解释。"在那些无法根据明确的强制性规则得出判决结论的场合，或者规则本身语焉不详的场合，依靠对后果的考量做出判决实乃必要之举。"[4] 这种后果主义的考虑即使不是整个判决中唯一的因素，起码也是最重要的因素，毕竟通过历史解释进行裁判

〔1〕 张明楷："注重体系解释实现刑法正义"，载《法律适用》2005 年第 2 期。
〔2〕 黄茂荣：《法学方法与现代民法》，中国政法大学出版社 2001 年版，第 280 页。
〔3〕 ［德］拉伦茨：《法学方法论》，陈爱娥译，商务印书馆 2003 年版，第 353 页。
〔4〕 ［英］麦考密克：《法律推理与法律理论》，姜峰译，法律出版社 2005 年版，第 147 页。

的目的也是要得出后果。当然，这种比较和权衡还会在事实与规范之间、规范与规范之间发生，涉及法律与其他社会现象之间的关系问题，这些更加复杂的问题限于篇幅和能力无法逐一分析。

在以上的操作步骤中，每一步和下一步之间只是有着大致的区别而没有绝对的分界线，前后两个步骤之间都有着相互交织的情况，这与法律解释中的"目光流连往返于事实与规范之间"（恩吉施语）有着内在的一致性，不仅如此，在运用体系解释的时候，其他的解释方法也在实质上渗透其中，这又涉及体系解释与其他解释方法的关系问题。

3. 体系解释与其他解释方法的关系。法律解释的各种方法是一个整体性存在，没有一个单独的方法可以脱离其他方法而独立存在，《维也纳条约法公约》第 31 条明确要求"条约应依其用语按其上下文并参照条约目的及宗旨所具有的通常意义"解释，这实质上涉及了包括体系解释、目的解释等多种解释方法。因此各种解释方法之间实质上是一个相互交织的关系。就体系解释而言，尽管能够分析出其具体操作步骤，但是离开了其他解释方法，体系解释单凭自身是无法运行的。具体而言，体系解释和其他解释方法的关系可以概括为如下几个方面：

（1）在法律解释的整体运行中，文义解释优先于体系解释。虽然对各种解释方法的具体排序问题至今没有形成非常一致的意见，但是，文义（语义）解释方法的首要地位还是得到了肯定，"在各种法律解释方法中，文义解释是首先应用的方法，而目的解释、历史解释、社会学解释则是有条件应用的方法等。这种程序的确立奠基于法治理念，因为法治的基本要求是依法办事，而依法办事在方法论上就必然要求使用法律推理方法，没有法律推理方法，法治在理论上就不能被证立"。[1] 杨仁寿也认为："解释法律时，应先为文义解释，有复数解释之可能时，始为其他解释方法，惟无须每一种解释方法，均予运用，只须其中之一种或数种解释方法，能支持某种结论，可贯彻正义之理念，即为已足。"[2]

值得注意的是，有的学者认为，"文理解释是体系解释方法的补充。借助于系统化的解释方法，从需解释的条文所处的上下文的相互关联中便可得出法律意思，……两种解释方法的认识价值，自然主要取决于需解释的法律条文在措词和体系排列上的法学上的准确性"。[3] 这种赋予体系解释优先地位的观点，笔者认为，这是强调法律作为整体性存在是先于适用于个案的具体规范的，而法官在

---

〔1〕 陈金钊："法律思维及其对法治的意义"，载《法商研究》2003 第 6 期。

〔2〕 杨仁寿：《法学方法论》，中国政法大学出版社 1999 年版，第 98 页。

〔3〕 ［德］耶赛克、魏根特：《德国刑法教科书：总论》，徐久生译，中国法制出版社 2001 年版，第 192 页。

进行文义解释的时候就是在法律的整体之中进行的，这也从侧面反映了各种解释方法之间相互交融的关系。

（2）体系解释的结果受到目的解释的支配。由于法律解释对司法实践活动的重视，而任何司法活动也都是为了追求一定的目的，因而在体系解释形成了可以的意义范围之内，如何取舍主要是受到目的解释的支配。这种目的可以分为终极目的和直接目的，就前者而言，"解释法律时，应先为文义解释，有复数解释之可能时，始为其他解释方法，惟无须每一种解释方法，均予运用，只须其中之一种或数种解释方法，能支持某种结论，可贯彻正义之理念，即为已足"〔1〕体系解释作为解释方法的其中一种，自然也不例外；就后者而言，前述的合宪性解释，不仅能够从体系解释的角度分析，也可以从目的解释的视角予以说明，因为体系性的宪法能够成为其他一般法律在整个成文法体系内的直接目的。

（3）体系解释方法与其他解释方法之间相互影响、相互作用。这点可以从以下几个方面来分析：①在体系解释运行的时候，其他的解释方法也直接或者间接地发挥作用。②在体系解释难以发挥作用的场合，其他的解释方法能够起到补充作用。由于体系解释自身也具有一定的局限性，因此，如果进行体系解释没有达到理想的效果或者出现了明显的谬误的时候，其他的解释方法能够进行补充而使得整个法律解释的"体系"发挥应有的功能。

（四）体系解释的局限及其消解

"解释始终都与该当时法秩序的整体及其基础的评价准则密切相关。"〔2〕虽然体系解释能够在法律解释的体系中以及在司法实践中发挥重要作用，但是这种作用也是有着一定的局限的。这种局限表现在以下几个方面：①作为体系解释的主要适用对象的"文本论"，并不是万能的。在无限丰富的社会生活面前，文本总是显得滞后和僵化，这也影响了体系解释的作用发挥。②作为体系解释的重要特征，"体系"本身也是在不断发展变化的，像凯尔森那样建立法律体系的"统一性"只是一种理想状态，〔3〕而开放性和变动性不仅增加了掌握体系的难度，更使得体系解释的依据失去了确定性。③体系解释仍然无法消除法律与社会之间的紧张关系。这种局限是由于"问题"而引起的，"问题的引入影响体系的选择，通常导致体系的多元化，却又不能从某个包罗万象的体系来证明它们之间的

---

〔1〕 杨仁寿：《法学方法论》，中国政法大学出版社1999年版，第98页。
〔2〕 ［德］拉伦茨：《法学方法论》，陈爱娥译，商务印书馆2003年版，第195页。
〔3〕 梁晓俭：《凯尔森法律效力论研究》，山东人民出版社2005年版，第55页。

协调性。对此，（推导意义上的）体系之作用极其有限"〔1〕 由于"问题"不可能是按照人们原先所设计的体系而出现，因此不断出现的问题也总是冲击着人们既定的体系，这种冲击或者表现为一个问题涉及多个领域即"法律竞合"〔2〕，或者表现为新出现的问题不属于原有的任何体系，在现实中也已经出现了由于体系解释而引发的问题。〔3〕 正是在这个意义上，有的学者才会强调"体系思考与问题思考并重"。〔4〕 总之，单纯的体系解释无法彻底消除解释上的不确定性。

由以上的分析可以看出，体系解释的局限性大多不是由于自身的不完善所造成的，而是因为体系解释之外的因素影响了其作用的发挥。因而，对体系解释局限性的消解也应当聚焦于围绕体系解释的因素。这里需要强调的是各个制度之间的和谐关系，任何单一的制度都无法完成该领域内的任何重大问题，甚至没有其他制度的协助，该制度自身的运行都存在发生异化的可能。从体系解释与其他解释方法的关系中就可以看出这种和谐关系的意义和价值。依靠"制度和谐"是消解体系解释局限性的主要方式。

从根源上而言，法律体系也只是法律职业群体观察和对待社会的一种方式和角度，这种方式肯定不是万能的，尽管它在一定程度上被寄予了万能的希望。正是对法律体系的"开放性"的呼唤，学者们才发展出了很多其他的理论来对法律体系的特征和内容进行完善，法律论证理论以及类型理论等大都是这种呼唤下的产物。

四、历史解释方法

对历史解释，人们有不同角度的界定。从解释的对象来看，可以分为关于历史事件的解释和根据历史对当下事件的解释；从解释主体来看，可分为历史学家的解释和非历史学家的解释。而从历史学家的角度来看，还可以进一步分为持不同历史观点的学者的解释和对不同解释对象的解释（如解释制度、解释时间、解释思想文化等）。从方法论的角度来看，历史学家的解释可以分为重演历史"真相"的解释和建构当下事件意义的解释。可以说，历史解释情景是相当复杂的，涉及社会科学的各个领域。本文所说的历史解释大体上是指根据历史对当下事件所做的解释，强调解释当下事件的历史因素。正如雷克斯·马丁所言："我们会在其他许多非历史的场合发现我们所描述的历史解释：在法庭上，在新闻

---

〔1〕 舒国滢："寻访法学的问题立场"，载《法学研究》2005 年第 3 期。
〔2〕 ［德］魏德士：《法理学》，吴越、丁晓春译，法律出版社 2003 年版，第 337 页。
〔3〕 王宏哲："法律的系统解释及其司法适用"，载《法律适用》2005 年第 11 期。
〔4〕 周光权："刑法学的西方经验与中国现实"，载《政法论坛》2006 年第 2 期。

界，在许多社会科学领域。历史解释，在相当有限的行动意义上，被诉之于主体意图，它对历史学家来说则是无限的。"[1] 尽管历史哲学一直努力在复杂的荆棘丛中找出一条清晰的线路，但结果却是造成了历史"真相"——客观的历史消失，使得历史都成了当代史。这种思潮不仅影响着对历史的研究，而且在法学研究中也留下了深刻的痕迹。立法者的意图被搁置，立法事件被遗忘，甚至法律文本也有被当下的目的所取代的趋势。在这种思潮下，法律的稳定性、法律意义的固定性很少被人们提及。法学家、法律的实践者几乎都忘记了法律的历史解释方法（因素）的存在。

（一）历史解释与"历史"的危机

哲学意义上的历史解释，其定位充满了现代主义的气息。对确定性、统一性、规律性以及由此派生的种种观点是现代主义的主要特征，对客观世界以及绝对真理的追求也是从近代世界到现代世界贯穿的主题，历史解释的形成也与此有着密切联系。这种思潮在古代的法律中就已经有所体现，"所谓'古今间'的关联，在法律解释的视角上其实就是指人类交往规则在古今发展的历史长河中所存在的内在逻辑关系。在古人的法律解释活动中，每每对法律的'古今之变'予以特别的关注"，[2] 这种古今之间的关联就是历史解释的另一种说法，可见在古代社会中，已经形成了历史解释是对社会发展规律性的把握的观点，这一观点的继续发展就是现代主义视角下的历史解释。

从 20 世纪中期开始，一场关于历史哲学，特别是历史解释的争论成为历史学界内的重要现象。但是，当现代主义受困于自身发展所造成的危机的时候，后现代主义就应运而生了。推崇混沌、解构传统、放逐理想、亵渎偶像甚至"欲望机器"（德留兹语）都是后现代思潮的后果。真理变成虚构，不确定性被推向极致，[3] 这种哲学思潮也波及法学领域，后现代法学"应运而生"。在对理性主义和客观主义失望之后，后现代法学深刻地挑战了法律的至上性、自治性和自身的一致性。[4] 在这种背景下，带有明显的现代主义色彩的历史解释同样面临着后现代主义解构的危险，这种危险首先就来源于其自身。如果说 20 世纪中期的关于历史解释的争论中，两大观点代表着对历史解释从古代到现代的理解，那么以上两种观点都内含着后现代的因素。就"覆盖律模型"来说，将历史规律

---

〔1〕 ［美］雷克斯·马丁：《历史解释：重演和实践推断》，王晓红译，文津出版社 2005 年版，第 3 页。

〔2〕 谢晖："中国古典法律解释的形上智慧"，载《法制与社会发展》2005 年第 4 期。

〔3〕 ［英］齐格蒙·鲍曼：《后现代性及其缺憾》，郁建立、李静韬译，学林出版社 2002 年版，第 135 页。

〔4〕 信春鹰："后现代法学：为法治探索未来"，载《中国社会科学》2000 年第 5 期。

置于自然科学规律之下，首先就否定了社会历史的独立性，更重要的是，任何历史及其事件都是既定规律的表象而已，那么这就暗含着"平面历史"这一后现代的重要观点：历史的发展从来就没有进步可言，历史的方向并不是向上的，而是沿着既存的平面不断延续而已。这种"循环律"规定下的历史解释无疑是带有一定的后现代主义因素的，虽然对规律的强调属于现代主义的阵营；从"合理性解释模型"的观点来看，不仅是历史过程有着自身独特的规律，甚至每个历史事件都有着自身的独特性，这种对独特性、特殊性的强调则是侧重了不确定性，而且，由谁来判断合理性以及如何判断合理性都是更大程度上的不确定性的表现，这些对延伸意义地解读就带有不确定性的倾向，也是有一定的后现代主义色彩的。

这些关于历史解释的后现代因素的出现是不足为奇的，毕竟后现代主义也是从现代主义之中萌发和发展的，历史解释也无法摆脱这种趋势。对此，我们可以作如下分析：

1. 对历史解释的可能性，后现代主义采取的是消极怀疑的态度。如前所述，现代主义关于历史解释的两种主要观点都是以历史能够被认识和解释为预设前提的，而后现代主义则并不对此认同。这种否认可以从两种程度上进行分析：①从较为极端的后现代主义的角度来说，历史中充满了各种可能性和不确定性，一切历史人物和事件只不过是偶然的产物，从来就没有什么能够称为"规律性"的东西存在，也许唯一能够称得上确定的就是不确定性本身。②较为温和的后现代主义大多对历史能否进行解释采取了中庸的态度，"平面历史"就是这种观点的典型代表：历史中可能存在某种规律，而任何历史事件和人物都是受到这些规律支配和控制的。之所以说这种观点是中庸的，原因在于，如果强调对历史规律的探寻是一个难以操作和落实的过程，那么这种观点将走向较为极端的后现代主义；而如果认为历史规律终将能够呈现在人们面前，那么无疑将走上现代主义的道路，当然从提出这种观点的初衷来看，还是对前者的侧重更多。从历史观的发展上来看，在亚里士多德时代就产生了对历史能否认识和解释的疑问，只是这种疑问在近代科技革命的巨大光环之下被遗忘，而在当代各种困境之中被重新提及，从这一否定之否定的过程来看，后现代的"循环论"或者"平面历史"的结论似乎有着一定的合理性。

2. 从历史解释的客观性来说，后现代主义也进行了解构。从休谟开始，主客观的二分成为整个现代主义的基石性关系结构，各种社会科学都受到这种区分的巨大影响，甚至可以说主客观二分是现代主义的代表性理念。但是，后现代主义则认为从来没有明确区分的主客观之分，主观中渗透着客观，反之亦然。在这种总体性观念之下，历史解释也失去了其客观性，虽然从一般社会的直觉观念出发，众多的史料和历史遗迹都能够表现历史及其解释的客观性存在。后现代的这种观念一方面与否认规律性有关，另一方面反映了其对普遍主义的批判，[1] 更重要的是，后现代主义从来就不相信历史解释能够达到客观性的程度，即使能够有一些客观性的因素。伽达默尔指出："自身理解的有限性乃是实在、对抗、荒谬和不可理解借以肯定自身的方式。谁认真地看待这种有限性，他就必须同样认真地看待历史的实在。"[2] 而如果再深究后现代对历史解释客观性进行否定的原因，那么就要涉及历史解释的主体性问题。

3. 后现代主义将历史解释的主体性推向了极致，使得历史的规律性、客观性乃至于历史"真相"都受到了质疑，进而导致了历史解释的不可能。"只有在给历史一种强大精神以伟大的推动之中才可以发现它的灵魂，只要在过去把历史主要是当作一个模仿的榜样来用，它就总有被稍稍改动、略加修饰和近于虚构的危险。"[3] 后现代主义这种对主观意志，特别是个人的主观意志的强调，使得历史解释变成特殊主体的情景言说，而解释主体的极端复杂将使得历史解释的种类、观点等等问题无法进行。狄尔泰说："在对陌生的和过去的重构和再体验中清楚地显示出：理解以一种特殊的个人天才为基础。但是，由于作为历史科学基础的理解是一个重要的和持续的任务，这样，个人的天才就变成为一种技巧。"[4] 狄尔泰并不属于后现代阵营，但是其以上的观点却明显带有对通过个人天才进行历史解释的倾向，这与后现代的对主体特殊性的推崇是内在一致的。

总之，后现代对历史解释的解构可以从可能性、客观性和主体性等本体论问题进行分析，而涉及方法论问题将更显示出后现代对不确定性的推崇，从而也更加剧了历史解释的解构。虽然这种解构并没有完全占据历史解释问题的主流，但是却加剧了对历史的空虚感和怀疑论："历史"在历史解释面前受到了煎熬甚至毁灭，正是在这个意义上说，客观的作为"真相"的"历史"危机出现了。

（二）历史解释的意义

历史的"真相"失去了，取而代之的是历史解释。我们该如何看待历史解释呢？特别是在法学语境中，我们能否容忍历史被遗忘呢？

法律解释学内的历史解释，其含义主要是根据历史进行解释，当然这种历史是法律视野之内的历史，其核心就是对历史上立法者意志的探索。从萨维尼开

---

〔1〕 ［美］艾尔伯特·鲍尔格曼：《跨越后现代的分界线》，孟庆时译，商务印书馆 2003 年版，第 62 页。

〔2〕 ［德］加达默尔：《真理与方法》（上卷），洪汉鼎译，上海译文出版社 1999 年版，第 13 页。

〔3〕 ［德］尼采：《历史的用途与滥用》，陈涛等译，上海人民出版社 2005 年版，第 16 页。

〔4〕 ［法］狄尔泰："对他人及其生命表现的理解"，载何兆武主编：《历史理论与史学理论》，商务印书馆 1999 年版，第 332 页。

始，经典的法律解释学说就区分了四种解释要素和方法，历史解释就是其中之一。根据这种经典性的论述，历史解释最基本的含义就是考究历史上立法者的意志。[1] 这种对立法者原意的探索从历史哲学的论述中就已经存在，"自然的过程可以确切地被描述为单纯事件的序列，而历史的过程则不能，历史的过程不是单纯事件的过程而是行动的过程，它有一个由思想的过程所构成的内在方面"。[2]

任何含义都不可能是完美无瑕的，根据历史对当下事件进行的解释也是如此，而且，这种不足和局限受到了哲学意义上的历史解释的影响而变得更加明显。在法律解释学的视野之内，历史解释也在一定程度上存在着危机。我们可以从理论和实践两个层面上进行分析。

1. 在理论上，对立法者及其意志的追问很大程度上是难以完满回答的。"谁是立法者"这一问题在终极意义上几乎是无法回答的：在多样的法律渊源之中，各种法律渊源各自有其确定者，而这些确定者（立法者）之间具有明显的不同；即使在狭义上将制定法确定为主要的渊源，那么其制定者（立法者）至多具有形式上的意义而无法具有实质上的意义。加剧这种理论上的危机程度的因素是对"意志"的追问：精神层面的意志是可以表达的，但是如何确定这种意志很大程度上是"读者决定论"的范畴，这种带有明显的不确定色彩的理论将严重危及历史解释的地位，以上的追问甚至也可以引起对立法行为的怀疑和颠覆。

2. 在实践过程中，特别是在司法领域之中，对历史及其解释的淡漠也对历史解释构成了威胁。前述理论上的终极追问就是这种现实的成因之一，对立法者的忽视将实质上导致对法律文本的尊重程度的下降，法律的权威受到质疑。现实中的其他因素也造成了对历史解释的漠视。我国的法治建设仍然是处于初级阶段，法治的洪荒时代形成了对法律的强烈渴求、构成了对立法的巨大推动，而立法迅速发展一方面部分地满足了现实的要求，但是另一方面却导致了对历史重视程度的逐渐下降。先立后改、边立边改等严重危及法治稳定性的现象经常被视为正当和常态，因此对现实和当下的过分关注自然形成了对历史的淡漠。当然对现实不能不有所关注，但是忽视历史的急功近利的做法将使得任何对现实的关注缺乏必要的背景条件和因素，将无法使得现实问题得以充分和合理的解决。

在法律解释范围内的历史解释的危机还有一些其他方面的表现。但是，从总体上来说，哲学中的历史解释的危机只是法律解释中的历史解释的危机的背景性因素，而且在程度上，后者也较之于前者小的多，其原因不仅在于历史解释本身

---

〔1〕 ［德］考夫曼等主编：《当代法哲学和法律理论导论》，郑永流译，法律出版社 2002 年版，第 381 页。

〔2〕 ［英］柯林武德：《历史的观念》，何兆武、张文杰译，中国社会科学出版社 1986 年版，第 244 页。

的重要意义应当受到重视，更重要的是法治背景下的法律解释学所具有的优势，能够有机会缓解历史解释的危机。

虽然历史解释面临着从理论上到实践中形成的危机，但是，我们仍然应当强调历史解释所具有的重大意义，毕竟，"忘记历史就意味着背叛"，这一结论对法治建设同样适用。任何国家的法治建设都是在历史中形成的，都是一个历史性的过程，无论是经验主义进路还是建构主义都是如此。前者是对历史解释予以重视的典型代表，普通法制度体系就是经过漫长的历史过程而最终得以形成的；后者虽然强调对现实的尊重，同样无法避免历史因素及其解释所发挥的作用。正是因为历史解释仍然发挥着重要作用、具有重要的意义，才使得我们产生了重视法律解释中的历史方法（因素）的动机和原因。从技术层面上来说，历史解释有助于更加清晰地阐释对文义的理解，并为文义的解释范围划定界线，诚如斯言："要想恰当地理解文本，首先必须力图理解文本的产生，也就是弄清楚促使文本作者表达其信息的原因。所以任何解释首先都是一个历史的研究任务"。[1] 从更高的层次来说，"法律适用上之困难，主要在于解释上，而非在于语意上的问题，盖在适用法律之际，其所困扰者并非在于法律规定之文义，而在于利用这些文字所要表达之规范意旨的探求"。[2]

从总体上说，历史解释的运行是符合法治精神的，这是历史解释最根本的意义所在，这一结论可以从以下几个方面得以展开：

1. 历史解释推崇对经验和传统的尊重。任何法治的理论和实践都不是凭空产生的，都是一定历史条件的产物，在现实中从来就没有先验的法治而只有经验的法治，法治就是用经验中的智慧，再加上逻辑的推演来解决当前的问题。因而对经验和传统的尊重本来就是法治应有之义，从前述的法治的两种进路也可见一斑。如果忽视历史解释，那么任何法治建设只能是空中楼阁。"中国传统的选择、交换、说理、反思都非常缺乏制度性条件的保障，容易为一时一地事实上的力量对比关系左右，公共决定的过程带有太大的任意性，对事实上的偶然因素不能进行有效的非随机化处理，因此社会缺乏相对确定的行为预期。"[3] 这种对现实（特别是"一时一地"的现实）的过分妥协退让明显带有对历史的漠视甚至歧视的色彩，将严重危机法治的进程。"的确，不通过现在我们将无法理解过去；但是理解现在的最本质的途径就是理解过去。现今的每个部分里都有它全部

---

〔1〕 ［德］魏德士：《法理学》，丁小春、吴越译，法律出版社 2003 年版，第 342 页。
〔2〕 黄茂荣：《法学方法与现代民法》，中国政法大学 2001 年版，第 62 页。
〔3〕 季卫东：《宪政新论》，北京大学出版社 2002 年版，第 83 页。

的过去，这可以被善于观察的眼睛识别清楚。"[1]

2. 历史解释能够摆脱过分依附"文本论"而对权力形成限制。"文本论"是强调对法律文本的认识，强调从文本出发而形成对案件的裁判。应当说这种要求是符合规范法学的基本宗旨的，而且在现实中能够在一定程度上促进裁判的确定性和可预测性。但是，这种对文本的重视却经常导致将法律文本作为唯一的衡量要素而加以膜拜。很明显，这种过分强调不仅会形成法律自身的停滞不前，更重要的是将形成法律与社会之间日益增加的紧张关系，而历史解释则能够在一定程度上弥补单纯的"文本论"带来的弊端，使得"文本论"发挥更大的积极作用，这种弥补的功能与权力及其分工有着紧密联系。从法治的权力分工来看，立法者在制定法律的时候从表面上看是非常随意、几乎不受任何约束的，但是他们实质上必须对既定的社会条件予以充分的重视，而这些社会条件都是在历史中形成的，即使立法者对特定时代的历史条件有不同的观点和认识（如在近代中国法治进路走向的选择上存在的种种分歧），但是这些历史条件毕竟是客观存在的；就司法者来说，要真正实现执行立法者意志的目标，就必须对法律运行的历史条件有着清晰的认识，明确历史解释的重要地位，否则很容易形成不符合历史条件的裁判，而且从历史中获得相关的支持和信息对司法者来说较之于其他信息来源，更为直接和方便。这些都是"文本论"经过历史解释方法（因素）影响之后形成的积极效果。而就法律职业群体之外的民众来说，历史解释是对法律职业群体所形成的解释和判断进行评价的重要标准，如果说法律职业群体自身内部的话语体系难以被一般社会公众掌握而无法衡量，那么整个社会所共享的历史传统则能够担当通行标准的角色。

3. 历史解释能够促进正义的实现。虽然关于正义有着不计其数的观点，但是其基本分类之一就是普遍正义和个案正义，而历史解释在这两个方面都能够发挥重要作用。①就普遍正义来说，由于历史是整个社会所共享的资源和背景，那么强调这种因素在法治实践中的介入将使得案件的法律处理更能够体现社会的一般观念而更大程度上实现普遍正义。②就个案正义来说，由于司法权力仍然是一种近乎独断的权力，那么对案件的判断很大程度上是法官形成个人的"自由心证"的过程，尽管在诉讼过程中能够听取诉讼双方的意见，但其也只是作为辅助因素存在。就历史解释适用的论域而言，在疑难案件中的历史解释能够帮助法官形成对案件的更加综合的判断，进而达到能够使得当事人和一般社会公众更加满意的答案。在更高的层次上来看，这种个案正义的实现有益于法律信仰的推动，毕竟信仰的层面应当超越普通的世俗现实，"在任何一个社会，法律本身都

---

〔1〕　［奥］埃利希：《法律社会学之基本原理》（影印本），中国社会科学出版社1999年版，第504页。

力促对其自身神圣性的信念。它以各种方式要求人们的服从，不但诉诸他们物质的、客观的、有限的和理性的利益，而且求诸他们对超越社会功利的真理、正义的信仰，也就是说，它以那些与流行理论所描绘的现世主义和工具主义面目不同的方式要求人们的服从"。[1] 这里"与流行理论所描绘的现世主义和工具主义面目不同的方式"很大程度上正是历史解释能够发挥重要作用的领域。

4. 历史解释能够增加法律论证的可接受性。尽管法律论证理论本身还没有形成非常完整的体系，但法律论证可能成为整个法律方法的中心和基础，因为无论是法律发现还是法律解释以及价值衡量等方法都是在法律论证的框架内进行和运作的，而法律论证又是直接面向司法实践的，这又符合法律方法本身预设的指向领域。就法律解决纠纷的角度来说，进行法律论证的最终目的就是为了实现诉讼双方对最终结果的可接受性，而其中一个重要的因素就是中立的裁判者以及依据的存在。法官作为超然于两方之外的裁判者，有着各种相应的制度保证其尽可能的中立地位，而对中立的裁判依据的重要内容就是历史解释。因为历史解释所推崇的经验和传统等因素也同样是独立于当事人双方之外的，而且得到了社会公众（一般也包括当事人）的较为广泛的认可，因而能够成为进行裁判的有权威性的依据，从获得信息的角度来说则是权威性的信息来源。从以上的论述中可以看出，历史解释对法律论证的可接受性的实现有着重要的影响。

以上仅仅是历史解释在法治中意义的几个主要方面，还有一些其他方面，如促进法官素质的提高等。正是因为历史解释具有以上的种种意义，面对种种原因形成的"历史"危机，我们才需要特别强调重视历史解释。

当然，任何单一的制度都无法满足社会的全部需要，无论是宏观制度架构还是微观的制度设计都是如此。这一结论同样适用于历史解释。就一般意义上而言，历史解释存在着适用范围和条件有限、较为耗费诉讼资源、对法官的素质要求较高等局限。以消耗诉讼资源为例来说，诸如文义解释和当然解释等方法要比历史解释方法简便的多，只是需要将文本进行直接解释即可；体系解释虽然也要求对整个相关的法律制度体系有所掌握，但也大多集中在当前的制定法范围之内，较之于厚重历史的考察要方便的多。

如果说以上几点只是从制度的具体运行的角度来探讨历史解释的局限性，那么在思想意识层面认真对待历史解释就要注意防止过度强调历史因素的作用。由于法治自身内含着对稳定性的要求，这种要求很容易使得对历史的关注重于对现实的重视。一旦这种思想在司法实践中产生影响，那么将不仅使得当前问题难以解决，而且同样也将会使得法律出现僵硬而不能适应社会变化。毕竟不断演变的

---

[1] ［美］伯尔曼：《法律与宗教》，梁治平译，中国政法大学出版社 2003 年版，第 18 页。

历史也是不确定的，而法官及其素质的不同将加剧这种不确定性，这些都是与法律解释的目标相违背的。从过度重视历史对法官的消极影响来说，法官作为法治的终极执行者和社会精英，其自身定位就具有相对保守的一面，如果再加上对历史因素的过分强调，那么将使得法官，进而使得整个法治进程出现无法与时俱进的状态，这些都不是我们所愿意看到的。

尽管历史解释有着以上的一些局限性以及可能出现的不良倾向，但是其意义和作用仍然是占据主导地位的，而且以上的弊端能够通过其他相关的制度予以尽可能的降到最低点。在当前我国的法治建设迅速发展的时代背景下，为了防止对法治建设速度的不切实际的要求和对现实的急功近利的浮躁，对历史及其解释的强调还是有相当的必要的，这也是历史解释对当前我国法治建设的现实意义所在。

（三）历史解释的构建

尽管在历史解释中的"历史"面临着一定程度上的危机，但历史解释毕竟又具有重要的理论和现实意义，这一切要求我们重新思考如何构建历史解释的整体性框架来拯救"历史"。对学理的历史考察能够给我们提供有益的方向性指导。从古代到近代的哲学有两大主题：上帝（第一存在）与灵魂（精神）。在经历了启蒙运动的洗礼之后，在哲学中，尽管上帝的领域在现实中仍有巨大的势力，但其已经渐趋式微。在灵魂（精神）的领域中，实验心理学的产生和发展使得精神现象也逐渐成为一门实证科学，这就使得哲学的领域中又一大主题产生危机。面对这种研究对象缺失的危机，由对逻辑性质的研究而引发的语言学转向成为危机之后的"转机"。从穆尔、罗素到维特根斯坦再到诠释学的集大成者海德格尔、伽达默尔，大体上都沿袭了这条语言学的道路。广义上的法理学也经历了相类似的演变——从本体论到认识论再到语言哲学。[1]

从这种哲学历史的回顾中可以看出，面对危机，通过积极寻求后转机通常会出现。历史解释也是如此：与语言哲学、解释学内在一致的法律解释学能够在新的条件下构建历史解释的整体性框架，其原因主要表现在如下几个方面。①从哲学的发展脉络中可以看出，解释学已经成为当代哲学主流中的重要一支，代表着当前的哲学发展的走向，历史解释也会在这种趋势的"推动"之下进行自身的演进和变迁。②从时间上来看，历史解释的现代主义的高潮和后现代主义的萌发都是发生在 20 世纪中期，这同时也是解释学开始兴起的时期，二者有着发展上

---

〔1〕 葛洪义："法理学基本问题的形成和演变——对法理学知识谱系的一种考察"，载《法制与社会发展》2004 年第 2 期。

的契合之处。虽然有人认为解释学也是后现代的重要分支，但是，哲学解释学与后现代的主要观点有着重大的分歧，其综合的态度也远没有后现代的极端；即使能够被称为后现代的一支，哲学解释学也是其中相对温和的分支，况且后现代自身也出现了建构主义的倾向，这与哲学解释学也有着深刻的一致性。③法律解释自身的诸多优势能够使得历史解释获得重构的契机，例如，法律解释学能够使得历史解释在客观性、主体性等问题方面能够因其较强的操作性而获得相对的确定性。具体而言，对方法论极为重视的法律解释学的优势表现在能够对历史解释方法（因素）的含义、论域、操作步骤、解释主体等问题进行建构，这些方面同时也是法律解释学对历史解释方法（因素）进行重构的整体框架。

1. 历史解释方法的含义。关于在法律解释学的范围内如何阐释历史解释的含义，前文中已经有所涉及，其中最重要的内容是对立法者意志的探寻。这里需要强调的是，就法律规范的实践而言，历史解释的这种含义同样有所表现，例如，在德国刑法教科书中对历史解释的论述同样强调的是从史料中探求立法者的意志："历史解释意味着，为表明法律意思，从法律一般的历史联系及法律本身特殊的产生史中，尤其是从法律资料（草案、立法理由、委员会记录和议会记录等）中来加以解释"。[1] 魏德士认为："历史解释（historische Auslegung）力图从法律规定产生时的上下文中确定规范要求的内容和规范目的。"[2] 梁慧星也认为，历史解释"系指探求立法者或准立法者于制定法律时所作的价值判断及其所欲实现的目的，以推知立法者的意思"。[3] 由此可见，对立法者意志或者原意的探寻是历史解释的核心含义，这种含义的确定本身就具有重要意义：它不仅能够克服后现代中推行主体性的扩张产生的混乱，更能够为历史解释的客观性指出较为明确的方向，可以说正是对立法者意志的寻找才产生并带动了整个历史解释理论架构的形成。

2. 历史解释方法的论域。任何法律解释的方法都有自身特定的适用范围或者论域，历史解释方法也不例外。更重要的是，历史解释方法由于对立法者意义的探寻而在法律解释的各种方法中独树一帜，因为它更接近于立法领域，而其他的解释方法都是以司法为自身的核心领域。就历史解释方法的论域而言，有的观点区分了必须适用历史解释的情形、可以适用历史解释的情形以及无需考虑历史解释的情形三种情况，[4] 而笔者认为可以从两个视角进行解析：

---

[1] ［德］汉斯·海因里希·耶赛克、托马斯·魏根特：《德国刑法教科书：总论》，徐久生译，中国法制出版社2001年版，第192页。

[2] ［德］魏德士：《法理学》，丁小春、吴越译，法律出版社2003年版，第340页。

[3] 梁慧星：《民法解释学》，中国政法大学出版社2003年版，第219页。

[4] 孔祥俊：《法律解释方法与判解研究》，人民法院出版社2004年版，第403～405页。

（1）从部门法来看，历史解释方法更侧重于对"国家级"的法律进行解释。从目前的历史解释方法的适用实践来看，多是集中在宪法解释和国际法的解释之中。关于宪法解释，历史解释原则是重要的派别，"历史解释原则强调的是严格根据制宪者的真实意图而对宪法的规定进行阐释和说明；即使宪法规定的含义模糊不清时，也应根据制宪当时的历史资料、背景、条件来解释宪法，而不能凭解释者自己的主观臆造，否则，就违背了制宪者的初衷"〔1〕美国的弗兰克福特法官极力主张根据历史来理解宪法条文，甚至宣称它们的含义如此依赖于历史，以致定义反而成了累赘。〔2〕而之所以在宪法解释中对历史解释方法尤为重视，原因不仅在于有了法律解释对立法者原意的探究才有了宪法解释对立宪者原意的解释，〔3〕更在于宪法自身的特殊性质：宪法的基础性地位决定了其稳定性，在长时间的社会发展过程中，由于制宪者的消逝而无法真正再面对重大问题，因而也难以对立法者的立场进行回应。而求诸历史解释方法，获得立法者的这种立场就能够较为正式和妥当地处理现实问题。我国宪法的一些实践也证实了这种历史解释的方法对宪法解释所发挥的重要作用。〔4〕另一个使得历史解释发挥重大作用的领域是国际法，其原因也与宪法相类似：由于国际法是各国之间共同意志的体现和表达，而国家的这种拟制意志很容易出现分歧之处（甚至由于语言上的原因就有可能产生歧义），在国际条约法中就条约的解释曾经做出专门规定，而历史解释就是其中重要的方法，如1969年《维也纳条约法公约》第32条中关于补充资料的使用。特别是对国际法的历史背景和环境的分析，更是成为解释国际法具体内容的重要参照。

（2）从案件的性质来看，历史解释方法侧重于在疑难案件中得以适用。虽然简单案件和疑难案件并没有明确的分界线，但是，在简单案件中法律总是较好地适应了社会的需要而得以明确适用，这也是法律与社会关系中的常态；在疑难案件中，由于法律与社会的紧张关系，司法裁判者总是需要综合考虑各种因素来做出决定，而历史因素是其中非常重要的条件。从社会心理的角度而言，对历史的尊重反映了人们对传统遵循的状态，或者说是一种"往昔崇拜"（worship of past），"我确信，规则所给予的启示只是一种正义的情感，这种情感无法禁止，我们带着遵从先例的神圣光圈围绕着它前进"〔5〕当然，应当强调的是，这种历史解释方法只是法律应用的非常态，它和疑难案件的地位和处境是一致的。在法

〔1〕 苗连营："宪法解释的功能、原则及其中国图景"，载《法律科学》2004年第6期。
〔2〕 ［美］安修：《美国宪法解释与判例》，黎建飞译，中国政法大学出版社1999年版，第131页。
〔3〕 范进学：《宪法解释的理论构建》，山东人民出版社2004年版，第115页。
〔4〕 周伟："宪法解释中学说解释"，载《南京师大学报》2005年第3期。
〔5〕 ［美］本杰明·卡多佐：《司法过程的性质》，苏力译，商务印书馆1998年版，第25页。

律解释中，"总的来说，解释的问题并不是人们不懂得如何细心阅读并保持适当文化距离的问题；问题在于，没有任何技术来获得疑难文本的客观解释"。[1] 而能够最大限度克服这种脆弱性的方法之一就是历史解释方法。

3. 历史解释方法的操作过程。在确定了论域之后，就需要探讨历史解释方法在这些论域中的操作过程了。著名历史学家柯林武德曾说："历史学家不仅是重演过去的思想，而且是在他自己的知识结构之中重演它，因此在重演它时，也就批判了它，并形成了他自己对它的价值的判断，纠正了他在其中所能识别的任何错误。"[2] 虽然这种带有主观论色彩的论断受到很多其他学者的批判，但仍然对我们理解和进行历史解释的问题有着一定的启示作用。历史解释的基本含义就是要探寻立法者的意志，而在探寻这种意志之后就要站在立法者的立场之上来形成对现实问题的判断，然后与现实进行权衡和衡量。从心理学的角度而言，这种过程实质上是一个'移情'的过程，"狄尔泰将理解视为人的心灵生活的重建。他非常注重'移情'（Einfuehlung）对解释学的意义，移情是理解者通过想象进入对象的思想感情状态里，通过将主体融化在对象中，在对象中找到自己。施莱尔马赫和狄尔泰共同的思想基础是客观主义。二者力图使解释者摆脱自己的偏见以及自己的时代限制，设身处地达致像文本作者那样以那个时代的方式进行思维"。[3] 在这种历史重现论的基础上，笔者认为历史解释的具体操作可以从以下三个方面展开：

（1）尽量利用既存的历史资料，重现立法者当时的环境状态。这是进行历史解释的前提条件，也为其后步骤的进行奠定了基础，这类似于法律方法中的"法律发现"。具体而言，就是通过诸如立法记录等资料，尽量完整地将立法者在整个立法过程中的状态进行重现。综合考虑中外法律解释的实践，历史解释方法的运用一般要考虑三种情况：立法的一般历史背景；该项法律的制定过程；同一项法律的修改过程或者发展历程。[4] 西蒙法官（Lord Simon of Glaisdale）也主张法院运用五种方法来确定立法意图：①对法律的社会背景进行考察……看存在何种社会性的缺陷或者法律缺陷，因为这些缺陷往往决定所要救济的对象。②找出目的相同的全部相关的法律的要旨。③特别注意对法律做出说明的那些长标题（以及能够找到的导言），通常可以从中了解到立法的一般目的何在。④根据有效的解释准则对实际用语进行仔细审查。⑤对法律中的相关条款（或者相关法

---

[1] ［美］波斯纳：《法理学问题》，苏力译，中国政法大学出版社2002年版，第374页。

[2] ［英］柯林武德：《历史的观念》，何兆武、张文杰译，中国社会科学出版社1986年版，第244页。

[3] 焦宝乾："论西方客观主义的法律解释传统"，载《政法论丛》2005年第5期。

[4] 蒋惠岭："历史解释法在司法裁判中的应用"，载《法律适用》2002年第11期。

律）做对照，考察以明确解释对象的含义。[1] 这是从宏观的角度而言的，如果将前述的历史解释的适用论域考虑在内，那么在不同的领域内也会有不同的具体操作，例如，安修在论述美国宪法的时候罗列了 14 种可能影响宪法解释的因素：①制宪会议的记录。②宪法会议中代表的发言。③在提出修正案的国会中两院评论员的发言。④提出修正案的宪法会议或国会的程序。⑤某项条文或修正案通过的事件。⑥制宪时的普通法。⑦制宪时的历史或环境。⑧制宪时的字义。⑨大陆会议的记录。⑩当时的立法资料。⑪当时著名人物在制宪会议或提出修正案的国会外的陈述。⑫批准宪法时广泛传播的出版物。⑬习惯性解释。⑭在解释修正案中所确定的制宪意图。[2]

（2）根据立法者的立场来形成对现实问题的判断。一旦能够从历史上的立法资料的解读中获得了立法者的立场，那么由此也较为容易地形成立法者如何解决现实问题的判断。这种实践的典型代表就是判例法制度。后来的法官根据原有的判例，探寻其中具有一般性的法律原则或者法律规则，并由此形成对当下案件的判断，因而从这个意义上说，整个判例法就是对历史解释方法的实践应用，由此也足见历史解释方法在实质上适用之广。当然，由于法官之间也存在着历史意识上的差异，对立法者意志的解读自然也会有所不同，但是相同的职业要求和背景能够较大限度地保证其观点的一致性；即使形成了不同意见，那么也是在较为符合法治观念的范围之内，只是在如何选择最优的解答的时候会发生分歧。"这种历史解释目的在于，重建立法者赋予法律规范的意义和目的。"[3]

（3）比较和权衡。如果抛开过去的立法者何以统治今天的社会生活这一正当性追问问题，那么在形成了立法者立场的判断之后，就应当将这种判断的后果与当下的社会实际进行比较，这种比较中最重要的是后果因素，"在那些无法根据明确的强制性规则得出判决结论的场合，或者规则本身语焉不详的场合，依靠对后果的考量做出判决实乃必要之举"。[4] 这种后果主义的考虑即使不是整个判决中唯一的因素，起码也是最重要的因素，毕竟通过历史解释进行裁判的目的也是要得出后果。当然，这种比较和权衡还会在事实与规范之间、规范与规范之间发生，涉及法律与其他社会现象之间的关系问题，这些更加复杂的问题限于篇幅和能力无法逐一分析。

4. 历史解释方法与其他解释方法的关系。在比较和权衡的时候，值得注意

---

〔1〕　〔英〕尼尔·麦考密克：《法律推理与法律理论》，姜峰译，法律出版社 2005 年版，第 206 页。

〔2〕　〔美〕安修：《美国宪法解释与判例》，黎建飞译，中国政法大学出版社 1999 年版，第 67～100 页。

〔3〕　〔德〕魏德士：《法理学》，丁小春、吴越译，法律出版社 2003 年版，第 342 页。

〔4〕　〔英〕尼尔·麦考密克：《法律推理与法律理论》，姜峰译，法律出版社 2005 年版，第 147 页。

的是历史解释方法和其他解释之间的相互关系问题。虽然对各种解释方法的具体
排序问题至今没有形成非常一致的意见，但是，文义（语义）解释方法的首要
地位还是得到了肯定，"在各种法律解释方法中，文义解释是首先应用的方法，
而目的解释、历史解释、社会学解释等则是有条件应用的方法。这种程序的确立
奠基于法治理念，因为法治的基本要求是依法办事，而依法办事在方法论上就必
然要求使用法律推理方法，没有法律推理方法，法治在理论上就不能被证
立"。[1] 这种顺序与前文所述的历史解释方法论域中的疑难案件有着相通之处：
在常态下的简单案件应当遵循文义解释方法优先的顺序，而在特殊的疑难案件
中，则需要考虑其他的解释方法。历史解释方法就是其中重要的组成部分。"当
适用某种观点可以获得一种解释，而其恰可正当化法官自始认为'正当'的个
案裁判方式时，法官即可优先选用此一观点。"[2] 很明显，尊重传统的历史解释
方法能够成为这种正当化的重要理由和方式，而在我国的司法实践中，也出现了
在疑难案件中历史解释（沿革解释）获得优先适用的情况，"在某些特殊情况
下，历史解释优先；在一般情况下，语义解释当然是应当优先考虑的，在语义是
单一的、确定的情况下，不能进行超出语义可能范围的解释。但在语义是非单一
的、不明确的情况下，则应根据立法沿革进行历史解释以符合立法精神。在这种
情况下，沿革解释具有优于语义解释的效力"。[3] 在对文义解释本身进行探讨的
时候，一般的理论观点是法律解释应当在文义可能的范围之内进行解释。但是如
果如何确定"文义可能的范围"又是一个较为模糊的问题时，笔者认为历史解
释方法就能够在一定程度上承担这种任务，通过历史上相关法律和判例的研究就
能够在一定程度上限制文义解释的不确定性。但历史解释方法的运用并不排除其
他方法的介入。

在进行历史解释的时候，另一个值得注意的解释方法就是目的解释。"历史
解释往往会提出这样的问题，法律想要干什么，并同时进行目的论之解释。"[4]
在历史解释和目的解释之间的紧密联系与前述的对立法者意志的追求以及对后果
的重视是相一致的：对立法者意志的探寻就是为了发现立法者制定法律的目的所
在并使之统驭对现实问题的解决，这本身就是追求后果一致性的表现。"目的解
释虽然是最有价值的，能体现法律灵活性的方法，但在维护法治的前提下，人们
一般认为目的解释之目的，是一种能服务于制定法的目的或历史上的所谓立法者

〔1〕 陈金钊："法律思维及其对法治的意义"，载《法商研究》2003 年第 6 期。

〔2〕 ［德］卡尔·拉伦茨：《法学方法论》，陈爱娥译，商务印书馆 2003 年版，第 20 页。

〔3〕 陈兴良："非家庭成员间遗弃行为之定性研究"，载《法学评论》2005 年第 4 期。

〔4〕 ［德］汉斯·海因里希·耶赛克、托马斯·魏根特：《德国刑法教科书：总论》，徐久生译，中国法
制出版社 2001 年版，第 192 页。

目的。"〔1〕"如果人们是主观解释的追随者，那必须问及，历史上立法者把哪种意义与字面含义相连，什么是基于系统关联之上的意义，这种关联存在于立法者的意图之中，历史上的立法者追求的是何种目的。"〔2〕当然，法律解释的历史目的成为历史解释和目的解释的结合点，而在当历史目的和现实目的发生冲突的时候，还是应当提倡现实目的和未来目的具有优先性，毕竟，"历史只是根据我们的未来才对我们存在"〔3〕。

应当指出的是，历史解释方法与其他解释方法从来就不是相互排斥的关系，而是相互交叉的关系，历史目的就是典型代表。而在确定规范的文义的时候，也需要对历史上相似或者相关的含义进行考察和解释。

5. 历史解释方法的主体。也许在整个历史解释方法中最重要的就是解释主体的问题了。柯林武德的历史理解观中，关于寻求历史当事人的主观意志的观点并没有得到广泛的认同，但是在法律解释学中应当强调这种主观因素。因为柯林武德的历史解释是建立在哲学的基础之上的，其解释的主体带有明显的不确定性，这也是受到后现代攻击的一个重要方面；而就法律解释而言，其解释主体是相对确定的：狭义的解释主体仅仅是法官，而广义的解释主体则是整个法律职业群体。"历史意义的生成既受诠释者本身的历史局限性的规定，同时也受诠释者本身的主观希望的影响。在理解活动一开始，就有一种对意义的预期引导着我们的诠释活动。"〔4〕无论是历史解释方法在疑难案件中的适用、历史解释方法的具体操作步骤，还是处理历史解释方法和其他解释方法的关系，都需要由解释主体予以落实。而能够保证整个历史解释方法向着有利于案件解决和法治发展方向发展的，就是对解释主体提出的高要求。如果没有这种法治素质的保证，那么以上任何问题都将走向法治的反面。"谁在解释或由什么人进行解释，就成为问题的关键：不同的人会做出不同的解释，而有什么样的历史解释就会产生什么样的历史意义，尽管历史事实是这种意义解释的基础。"〔5〕

而要保证法官对历史解释方法的正确把握，单纯依靠历史解释方法自身的规则是远远不够的，还需要其他的相关制度来保障，如法官选拔制度、法官遴选制度、司法监督制度以及立法与司法的分权制度等。各种制度的协作形成了法官的社会精英的地位，社会也自然希望法官能够发挥精英的作用，"我们似乎可以合

---

〔1〕　陈金钊："目的解释方法及其意义"，载《法律科学》2004 年第 5 期。

〔2〕　[德] 考夫曼等主编：《当代法哲学和法律理论导论》，郑永流译，法律出版社 2002 年版，第 382 页。

〔3〕　[德] 加达默尔：《哲学解释学》，夏振平、宋建平译，上海译文出版社 1994 年版，第 8 页。

〔4〕　韩震："历史解释的历史性"，载《求实学刊》2002 年第 3 期。

〔5〕　韩震："历史解释与话语霸权的消解"，载《哲学动态》2002 年第 5 期。

理地推测，法官、律师同所有的人一样，在有些情势下难免有谎言和伪善，或者将根深蒂固的偏见解释为冠冕堂皇的公理，在没有相反证据的情况下我们容易做出这种推测。但是，在更多的场合，他们秉持诚实之见，值得信赖，即使不能做到完美无缺，亦尚能坚守公正与客观。此外，通过长期的实践，他们通常比那些从苛责他人中变得尖酸刻薄之人更容易养成公正平和的品格"[1]。当然，在整个法律解释的过程中，还是应当强调法官的核心作用的，毕竟，"如果现有的法律暴露了缺点，法官们不能叉起手来责备起草人，他必须开始完成找出国会意图的建设性的任务。他不仅必须从成文法的语言方面去做这项工作，而且要从考虑产生它的社会条件和通过它要去除的危害方面去做这项工作。然后，他必须对法律的文字进行补充，以便给立法机构的意图以'力量和生命'"[2]。

从广义的解释主体来说，包括法官在内的整个法律职业群体都能够在司法过程中发挥直接或者间接的作用：各个群体都能够提出自身关于特定案件中历史解释方法（因素）的具体操作步骤和结论，形成一定程度上的"商谈情景"。这些方法和结论有利于法官在进行最终的裁判的时候达到"兼听则明"的效果：代表国家的检察官提出国家主义的观点；而处在官方权力和民众权利之间的律师则能够代表社会中的观念和利益；法学家则能够从理论上对司法裁判中有关历史解释方法（因素）的内容进行理性评判。这一切都能够形成对司法的某种监督，同时能够使得各个参与方（特别是案件当事人）体会到司法过程的严谨和严肃，从社会效果而言则有利于法治信仰的形成和培养。广而言之，正是由于各个制度之间有着在统一法律体系内的和谐性，才能够保证整体制度的正常运转。将众多问题的解决寄托于一种或几种制度的变革之上只能被证明是一种不切实际的想法。在所谓的"法律移植"中受到的种种挫折大多受到了这种观点的深刻影响。相反，对各种制度之间的分工协作的倡导则能够将制度进行整体性整合，这与德沃金意义上的"整体性的法律"也有着内在一致的方面，两者只是分别从制度运行的视角和法律规范的视角进行观察而已。可以预见，具有以上法治精英素质的法律职业群体在参与精致设计的历史解释制度的时候，能够将历史解释方法的作用最大限度地予以发挥，因此说解释主体的问题是历史解释方法中最重要的问题的确毫不为过。

（四）历史解释方法（因素）、历史观与制度和谐

从历史解释的整体发展进程来看，其命运与各个时期的历史观有着非常密切

---

〔1〕 ［英］麦考密克：《法律推理与法律理论》，姜峰译，法律出版社2005年版，第15页。
〔2〕 ［英］丹宁：《法律的训诫》，杨百揆、刘庸安、丁健译，法律出版社1999年版，第13页。

的联系，当对历史重视的时候，也是历史解释能够发挥较大作用的时候，反之，如果对历史采取漠然的态度，那么历史解释往往被忽略甚至受到敌视。这种观点在历史上的法治实践中也有所表现，"不论是进化论者还是退化论者，都讲自然法，但他们各自的自然法含义不同。进化论者的自然法是丛林法则，是恶的；而退化论者的自然法是和谐法则，是善的。这两种不同的说明模式造成了西方理论传统中自然法的含义善恶兼备的现象"。[1] 对历史的不同态度往往决定了相应的时代中法律的整体面貌。具体而言，在现代主义中受到重视的历史解释多少都带有因为人们的自负而形成的神话色彩。这一点也受到了后现代主义者的攻击，而作为相对的"形而下"的法律解释学，却能够因为自身的优势将历史解释进行重构，从而完成了否定之否定的发展过程。

当然，历史解释的作用也不应因为在法律解释学的视野内形成的重视而过分夸大。在历史解释中还存在着诸如是在解释历史还是在描述历史等基础性的难题，[2] 该难题与司法是创造还是服从法律这一问题同样难以回答，毕竟法律科学不像自然科学那样能够有比较明确的证伪方式和标准，这也是法学的特点之一。"法学理论不可能被证实，但它能够和必须被证立。不能仅指明它至今尚未被证伪来为一个法律教义学的断言辩护，必须为断言的假设提供理由。"[3] 另外一个值得重视的视角是制度之间的和谐。从对历史解释方法的分析中就可以看出，任何单一的制度都无法完成该领域内的任何重大问题，甚至没有其他制度的协助，该制度自身的运行都存在发生异化的可能。如果缺失了诸如法官保障制度、司法监督制度等，那么历史解释方法根本无法发挥自身的作用。虽然很多制度之间表面上看并没有多少联系，但是属于相同的法律体系这一事实就足以使得他们相互之间发生影响，无论是直接的还是间接的，这种现象与"适用了某一法律规范就是适用了整个法律体系"这一论断是相似的。如历史解释和司法考试制度，表面上二者并没有直接的关联，但是正是严格的司法职业准入机制形成了法律职业群体的较高的法治素质，从而能够在历史解释中发挥主体的作用。根据制度和谐的观点来对整个法律体系进行改进也许就是在历史解释方法（因素）的探讨中形成的最终结论。

---

〔1〕　徐国栋："自然法与退化论"，载《兰州大学学报（社会科学版）》2003 年第 1 期。

〔2〕　［美］威廉·德雷：《历史哲学》，王炜、尚建新译，三联书店 1988 年版，第 61 页。

〔3〕　［德］考夫曼等主编：《当代法哲学和法律理论导论》，郑永流译，法律出版社 2002 年版，第 453 ~ 454 页。

五、社会学解释方法

(一) 社会学解释方法

1. 社会学解释方法的含义。社会学解释方法越来越被认为是解释法律的方法。有学者认为它是文义解释和论理解释之外的、相对独立的法律解释方法,[1] 它与文义解释和论理解释有密切联系,但又不同于文义解释和论理解释。具体来说,社会学解释就是"把社会学的研究方法运用到法律解释上来,用社会研究的方法解释法律"。[2] 社会学解释是在文义解释之后,当出现复数解释之可能性时,涉及到社会效果的预测及社会目的的考量所运用的方法。社会学解释具有以下特征:①系法律解释方法之一种,但不同于一般意义上的文义解释和论理解释诸方法。②需在法律文义之可能范围外进行解释。③需法律的文义出现复数解释之可能性时使用。④需在文义解释及论理解释之后使用。⑤需在有必要和可能考量法律之外的其他社会目的的情况下使用。⑥需考量法律目的之外的其他社会目的。⑦采用社会学的方法进行社会效果的预测和判断社会统治目的。

应该说,社会学解释能够成为一种法律解释的方法是司法之开放姿态的产物。在解释法律被严格禁止的时代,法官的工作被认为是按照三段论进行推理的逻辑工程,法官所能做的就是将法律条文与案件事实结合起来,然后产出裁判结果。后期的概念法学,虽然允许对法律进行解释,但这种解释着重于文义解释及论理解释,法律以外的社会、经济、政治、道德等因素的考虑被斥之为"邪念"。社会学解释方法之引入法律解释学,乃自由法学派之贡献。德国学者爱尔里希(Eugen Ehrlich)于 1903 年发表《法的自由发现与自由法学》,1912 年发表《法社会学基础》,强调法律发展的动力源于社会之中,法官应自由地探求生活中的法。此后,社会学方法被运用于法律解释,几乎成为一种风尚。[3]

2. 社会学解释与其他法律方法的区别。社会学解释不同于一般意义上的体系解释。体系解释在确定文义的涵义时,须考虑法律条文间各种关联关系,使条文的体系完整,不生矛盾或冲突;而社会学解释则偏重于社会效果的预测及其目的的考量。

虽然严格来说,社会学解释也是一种目的解释,但是它与论理解释中的目的解释仍存在一些区别:①目的解释所谓"目的"指法律目的,而社会学解释所

---

[1] 杨仁寿:《法学方法论》,中国政法大学出版社 1999 年版,第 101 页。

[2] 梁慧星:《裁判的方法》,法律出版社 2003 年版,第 150 页。

[3] 梁慧星:《民法解释学》,中国政法大学出版社 1995 年版,第 137 页。

谓目的则指社会目的。二者虽在大多数情况下是相符的，但若法律年代久远，而社会目的已经改变，则二者则会出现冲突。②目的解释仅陷于法律目的之衡量，而社会学解释不仅进行社会目的之衡量，而且更进行社会效果之预测。[1] ③法律目的未能涵盖所有的社会目的，故如用法律解释解释所有的社会问题难免有隔靴搔痒之无奈，社会学解释虽亦考虑法律目的，但其考虑之重心却在于法律目的之外的其他社会目的。因此，社会学解释相较于目的解释其范围更为宽泛。

社会学解释亦不同于价值补充的法律方法。在法律中，恰有些概念，需由审判者于个案中斟酌一切情事始可确定，亦即需由审判官予以价值判断，始可具体化，谓之不确定的规范性概念或不确定法律概念，如重大事由、显失公平、相当时间等。另有些条项，仅就原则的概括规定，必由审判官于具体案件中公平裁决，其规范功能始能具体显现，此称为概括条款，如诚实信用原则、权利不得滥用原则等。[2] 法官对二者须适用存于社会上之客观理论秩序、价值、规范及公平原则进行价值补充。

此间，法官亦需通过考量社会目的进而进行社会预测，此与社会学解释极为相似，但亦存在不同：①不确定法律概念和概括条款系立法者有意为之，并授权法官在个案中确定其意义，而社会学解释作为法律解释方法之一种虽亦在弥合法律之不确定性，但此种不确定系法律与个案结合后始得显露，而不是立法者有意为之。②不确定法律概念和概括条款不存在非常明确的意义中心，故其也不存在非常明确的文义之可能范围，只有与个案结合，法官才能确切对其进行判断，而社会学解释必须在法律文义之可能范围内进行，并且法律的文义解释必须首先被进行。③相较于社会学解释，价值补充中法官享有更多的自由裁量权，因其更少地受到法律文义之可能范围的束缚。

社会学解释也不同于漏洞补充。法律漏洞具体指"现行法体系上存在影响法律功能，且违反立法意图之不完全性"。[3] 漏洞补充有时也被称为法律的续造或者法官造法，包括法律范围内的续造和超越法律的续造。[4] 虽漏洞补充的方法中有时也存在对社会目的的考量，但社会学解释与漏洞补充亦存在不同：①社会学解释是法律不明确、法律解释出现复数，而法律漏洞是法律规范出现空缺；②社会学解释需受法律文义之可能范围的限制，而漏洞补充不受此限。

---

〔1〕　杨仁寿：《法学方法论》，中国政法大学出版社 1999 年版，第 195 页。
〔2〕　杨仁寿：《法学方法论》，中国政法大学出版社 1999 年版，第 135 页。
〔3〕　梁慧星：《民法解释学》，中国政法大学出版社 1995 年版，第 251 页。
〔4〕　陈金钊：《法治与法律方法》，山东人民出版社 2003 年版，第 220 页。

（二）为什么需要社会学解释

当文义解释的结果有复数解释的可能性时，倘若不超出文义之可能范围或者说文义之射程，严格来说，每一种见解，均为合法之解释。但在法律解释的诸方法之间却经常发生冲突，这些冲突多由法律文义与法律目的之间的冲突所引起的，法律的文义与目的也是最容易发生冲突的。文义解释方法作为最忠实于法律文义的解释方法，是最基本的法律解释方法，它能体现法律解释的客观性、确保法律意义的安定性，但是如果人们过分拘泥于文义，就可能使其与法律的目的相背离。同时也由于法律的文义具有多样性，因而需要用目的来帮助法官确定法律的文义。如果说法律文义具有固定法律意义的优点的话，那么对法律目的的考量则可能使法律呈现出较大的灵活性。

从严格意义上说，对法律目的的考量是贯穿在包括文义解释和论理解释诸法律解释方法之中的，从某种意义上说，文义解释也是带有目的的，只不过它所体现的目的比较清楚、明确而较少出现含混和争议罢了。在法律解释理论中，"目的"一词无疑出现频率是非常高的，有法律解释的目的、目的解释方法中的"目的"，后者又包括法律文本的目的、立法者的目的、司法者的目的、法律目的、合理目的、正当目的，等等。法律解释也正是一个以法律目的或社会目的为主导之思维过程。在这里我们看到，法律目的是贯穿在立法、司法（法律解释）全过程的，因为不论是立法者还是司法者都是带有目的的个体。在此种意义上说，法律解释的目的也正在于寻找针对个案的法律目的。这里所讲的法律目的是在个案中被认定的目的，因为在我们看来，不论是立法者目的、司法者目的、合理目的抑或正当目的到最后都要以法律目的的名义反映在个案中，这是法治和法律稳定性的要求。当法官在个案中通过运用法律解释以及其他法律方法在各种目的中排除其他干扰目的而最终获致一个确定的法律目的时，法律解释的目的就已经或者基本达到了。

在法治、法律稳定性、法律解释客观性的招牌下，法律的目的也经过学者和司法实践者们的论证和研究被限定在一个相对狭小和封闭的范围内，立法者目的、司法者目的成为学者们最津津乐道的法律目的，而合理目的和正当目的因其模糊性和难以操作性而被人们束之高阁，这也使得对法律目的的探讨一直踏步不前，未取得实质性的突破。借助于此，传统的法律解释理论围绕法律文义和法律目的建构了一个相对独立和封闭的法律解释体系，并且被冠以"法律"解释的名称。

但是，传统意义上对法律目的的考量却具有其自身的缺陷：①许多法律的制定多有其预达之目的，此即广义上的法律目的，此目的多与社会目的相符合，但如若法律施行时间已久，恰社会目的已发生变化，此时，法律目的或与社会目的不符，如若仍按法律目的进行解释，则会出现法律之不正义。②即使在法律文义之范围内，法律目的仍不能穷尽所有种类之目的，在法律目的之外亦存在难以将之纳入其中的社会、经济、政治、道德等目的因素，而对这些因素的考量乃实现法律社会功能之必要。③在论理解释中对法律目的的考量较少涉及对这些目的所带来的社会效果的预期，容易使得法律与社会相脱节。

这些缺陷反过来也正说明社会学解释存在的必要性，①在文义的可能范围内，它可以最大限度地将法律目的之外的对其他社会目的的考量纳入法律解释的范围内，并且充分地对各种法律解释方法所带来的社会效果进行预测；②法律目的与社会目的相冲突时，它仍然可以在法治的名义下，在维护法律稳定性和法律解释客观性基础上实现社会目的最大程度上的满足。

（三）社会学解释方法的应用

1. 社会学解释方法应用的步骤。社会学的解释之操作方法，大抵可分两个步骤：①对每一种解释可能性可能产生的社会效果，加以预测并进行对比分析。②确定社会统制目的，并由此目的予以衡量各种解释所生之社会效果，何者最符合该目的。[1]

比较有代表性的案例是我国台湾地区高雄地方审判机关裁判的伪造人民币案。1991 年我国台湾地区高雄地方审判机关审理了一起刑事案件，7 名被告伪造大陆的人民币，结果被查获了，逮捕起来，检察机关以伪造有价证券罪提起公诉。这个案件的关键就在于人民币是否是有价证券，在祖国大陆这不是一个问题，也不会存在疑问，但在情况比较复杂的台湾地区就不同了。初审法院认为按照有价证券的文义，它必须是一种证券，有价的，然后它是法律规定的，或者法律认可的，是合法的。地方法院认为人民币在台湾地区不被承认，不是有价证券，因此 7 名被告伪造有价证券罪不能成立。这里采用的是文义解释。当然也有人主张人民币在台湾地区亦是有价证券，理由是人民币在世界上许多其他国家均可以自由兑换，在台湾地区虽不能流通和直接兑换，但却可以间接兑换。因此，人民币是有价证券，被告的行为构成伪造有价证券罪。

在此，我们看到两种不同的解释出现了截然相反的结果，而且均各有道理，难以取舍。按照社会学解释，首先让我们看一下两种解释所可能带来的社会效果。按照第一种解释所可能出现的后果是：它告诉我国台湾地区民众，伪造人民币不构成犯罪，人民币可以随便伪造，这样的后果便是许多台湾地区民众伪造了

---

[1]　杨仁寿：《法学方法论》，中国政法大学出版社 1999 年版，第 133 页。

人民币并且走私到祖国大陆。由此带来的直接后果是祖国大陆的经济陷入混乱，并且当这些伪造者因需到祖国大陆之后，被祖国大陆公安抓获，投入监狱。间接后果便是祖国大陆借此认为伪造台币也是不构成犯罪的，然后祖国大陆民众大量伪造台币并进入台湾地区，造成台湾地区的经济混乱。而采用后一种解释则可以有效地预防这种后果的出现。至此，我们已经走过了社会学解释的第一个步骤，第二个步骤便是确定社会统制目的。在这个案例中，最重要的社会目的莫过于维护两岸正常的经济交流。现在两岸的经济、贸易、文化交流频繁，这种良好的态势也是来之不易的，要尽力维护好这种来之不易的两岸关系。分析到这里，结论已经很明显了，第二种解释无疑应为法院采纳。

2. 社会学解释方法应用的关键。以上的案例是一个社会学解释的典型案例，但并不是所有的案例都会如此清楚透明的让我们对社会学解释一目了然。透过以上所分析的社会学解释的两个步骤，我们不难看出，社会学解释应用的两个最关键的因素就是：

（1）如何对每一种解释所产生的社会效果进行充分且合理的预测。社会学解释所要考量的社会因素带有极大的模糊性和不确定性，对于这些因素所带来的社会效果进行预测也往往带有主观性而缺乏科学的依据，因此，人们因人因时因地对社会效果的预测可能是不同的。在个案中对这些社会效果进行调查的成本太过于高昂，以至于无法实现。由此，如何判定对这些社会效果的预测是否充分且合理成为社会学解释的关键之一。在我们看来，无法给出一个明确的判断标准，正如其他法律解释方法一样，社会学解释总是与个案结合在一起的。

尽管如此，我们仍可以给出一个相对确定的法官进行社会效果预测及判断的原则：需在法律文义之可能范围内进行预测；需保证诉讼双方享有平等地进行社会预测的权利；预测需符合公序良俗和科学规律；如有可援用的、真实可靠的数据、文献资料等依据，应在此基础上进行预测；如没有可供援用的确切资料，法官也要根据常人之常理进行预测；如常人之常理亦不确定，法官需本着诚实、善良、公正、公开的秉性进行预测，不得主观臆断；诉讼双方要有对对方以及法官的预测进行合理置疑的权利。

（2）如何确定合理的社会统制目的。目的本身就带有一定的主观性，社会统制目的也不例外。一般意义上说，有多少种社会预测就会有多少种社会目的，这些社会目的不都是会发生冲突，但却有发生冲突的机会，此即社会目的的竞合。在这些竞合的社会目的之间，有些是容易进行对比分析并找出社会的统制目的的，比如上文的案例中，对与维护两岸正常的经贸往来这一社会统制目的是没有多少疑义的，常人依常理即可判断，法官亦不必进行过多的论证。但也有些社会目的是不容易区分的，此谓"仁者见仁，智者见智"，比如在泸州的"第三者"遗产继承案中，对于第三者继承遗产所带来的社会效果的预测不同的人就会产生不同的看法，对社会统制目的的确定就存在争议，此属目的选择的范畴，应为利益衡量才能解决。

利益衡量有学者也称之为价值衡量，当法律解释具有多解时，法官须衡量现行环境及各种利益之变化，以探求立法者处于今日环境时，所可能表示之意思，而加以取舍，这就是利益衡量。当法官面对相互竞合的社会目的时，法官要结合所处的社会环境对社会目的加以取舍，从而确定社会统制目的。如何进行利益衡量？当然，正如判定社会效果预测的充分合理与否一样，对此我们亦难以确定一个明确的标准，对社会效果预测及盘对的标准同样适用于此，在此我们不做赘述。

3. 法律目的与社会目的冲突之情形。当然，还有另外一种情况便是，法律目的与社会统制目的可能会出现冲突。对此，部分学者存有疑义。法律目的为何？法律目的与社会统制目的是否会出现冲突？

目的本身是带有层级性的，法律目的也是如此。小到单个法条的目的、一部法律的目的、部门法的目的，大到法律体系的目的、法治的目的，下层目的受到上层目的的制约，上层目的借助下层目的的具有了可操作性，社会目的亦是如此。当社会发生急剧变革的时候，法律目的与社会统制的目的极有可能会发生冲突，比如希特勒的法律就违背了社会发展的目标，严重侵害了人权，当希特勒政权垮台的时候，他的法律目的就与社会的统制目的相冲突，这是不存在疑义的。但从社会整体来看，一定时期内，法律目的与社会统制目的是相吻合的，都是为了实现社会的有效控制和保障公民平等、自由的权利。但是，在个案中所涉及的法律目的和社会统制目的却往往涉及不到如此高层次的目的，也就是说，在个案中，我们要对法律目的以及社会目的的层次进行限制，这也使得法律目的和社会目的具有可操作性。在此，我们可以借助目的解释方法对法律目的进行判断：①在法律中寻找明确的规定，如《刑法》中制定该法的目的性规定。②在法律名称中寻找，如《野生动物保护法》，从名称看法律目的一目了然。③将法律之多数个别规定置于整体中，借助体系、历史、价值等进行判断。

如此说仍不甚明确，盖因法律目的与社会目的并无明显分野使然，尤在个案中才能加以判断。在泸州第三者遗产继承案中，我们认为《继承法》的法律目的在于保护公民合法的遗产继承权利，如此看来，第三者继承遗产是合乎法律规定的，这也是支持者主要的理由，如若非给《继承法》冠以维护公序良俗之目的，本没有什么错误，但实在牵强。如果我们认为第三者继承遗产对社会会产生极其恶劣的影响的话，这是一种社会预测，反映了一种维护正常的伦理观念的社会目的，那么我们说，在此，法律目的与社会目的出现了冲突。需强调指出的是我们对待法官的姿态。利益衡量之本身，亦系一种价值判断，其间与法官个人之修养以及其知识背景等有着密切关系。如法官不存在明显违背常理和其职业操行之行为，社会大众应对法官给予充分的信任和宽容、开放之姿态，使得法官具有良好的审判环境，此点尤为重要。

4. 社会舆论进入司法的方式。社会学解释带给我们的另外一种思考便是，社会舆论应如何进入司法？这个话题人们已经争论了许久，在泸州的第三者遗产继承案中再次被人们提及。许多人认为，正是社会大众和社会舆论对案件审判的不正当影响才导致该案中第三者的权利没有得到有效保护。因为在许多人看来，社会大众和社会舆论往往能够影响法官对案件社会目的的预测，从而影响案件的最终结果。

长期以来，由于传统的严格法治的影响，人们视法律因素以外的社会、政治、经济、道德因素为"洪水猛兽"，从而将它们拒于司法考量范围之外。①严禁法官在审判过程中考虑法律以外的其他因素，即使有所考虑，也要冠以法律的名义。②严禁法官在案件审判之前接触与案件有关的社会评价，并且将社会舆论和社会媒体对案件的报导和评价严格限制在一定的范围之内。对此，笔者并无异议，这可以为案件的审判创造良好的司法环境，使得诉讼双方的权利不至于受到外界的不当影响。

但是，一个问题便是，法官也是人，法官亦具有自身的思维，当我们把部分案件决定的权力交给法官的良知或者公序良俗的原则之时，试想，如何保证法官不去思考道德以外的因素？如硬是为他们披上一件法律的外衣，岂不是有"掩耳盗铃"之嫌？并且，在非常多的案件涉及到价值衡量抑或利益衡量的时候，社会大众的判断往往要比单独一个或者几个法官的判断来得准确，即使偶尔真理也会掌握在少数人手中，偶尔社会舆论对案件的干预不当地影响到了案件的审判。因此，对待法律之外的其他社会因素，对待社会大众的对司法的监督，对待社会舆论进入司法程序，我们的态度不应是全盘否定或者一概禁止。司法的特性要求我们采取正当的措施，将法律之外的合理因素有效地导入司法过程。

社会舆论被人们看作言论自由和新闻自由的保证，社会舆论进入司法过程也被认为是公民行使新闻自由的权利。因此，长时期以来人们一直在保护公民的言论自由和司法独立之间争论。美国已经走过了严格保护新闻自由的阶段，也不鼓励社会舆论和大众媒体过多地或失当地干涉司法。社会舆论和司法步入互相监督制衡的阶段。而且，社会舆论作为大众声音的风向标，美国的陪审团制度将大众声音（社会舆论）与司法巧妙地结合起来，并取得了非常好的效果。通过这一制度，法律之外的其他社会因素，社会大众的声音，对各种社会目的的预测以及社会统制目的的判断都得到了切实有效的贯彻，而且可以防止法官的恣意和擅断。

（四）社会学解释的客观性

法律是实现社会调控与社会控制的手段之一，法律与社会从来都不是相分离的。但是，自从法治目标得以确立，法律体系得以建立以来，法律就与社会相对脱离，自成一体了。在这个法律体系之内，有法律信仰、法律理念、法律思维、法理规则、法律解释、法律方法等一系列被冠以"法律"字样的子系统，虽则这一法律体系的外延还不甚确定，法律渊源还存在争议，但这丝毫不影响人们建构它的热情。它们来源于社会，却又相对独立于社会，即使对社会问题的考虑，也要经过法律的裁减或者以法律的名义进行。法律之外的社会生活我们称之为法律无涉之领域，社会、政治、经济、道德等因素部分地属于这一领域，而社会学解释所要做的就是将对这些因素的考量以一种法律解释的名义纳入到司法中来，在某种程度上，它在法律无涉之领域与法律之间搭建了一座桥梁。

这总是容易引起严格法治者的恐慌，法律能否承担如此多的社会功能？如果承担，是否会对法治和法律的稳定性构成冲击？因为在传统的法律理论看来，相对于社会和社会舆论，法官要保持相对的独立，这是司法独立和公正裁判的要求。而在人们看来，社会、政治、经济、道德等社会因素总是与社会舆论联系在一起的。因此，法律之外社会、经济、政治、道德等因素的考虑被斥之为"邪念"，而被严格排除在法律解释的考量因素之外。究其原因，笔者认为：①法律之外的因素不具有"法律"的名义，容易形成对法律稳定性的冲击；②由于对这些因素在法律解释领域的研究不够深入，加重了人们对它们的恐惧；③法律之外所要考量的因素甚多，以至于难以穷尽；④法律之外的因素往往夹杂着太多的争论，难以形成统一的定论；⑤法律之外的因素难以量化，即使采用社会调查或者其他方式，其成本极高以至于在司法过程中难以操作；⑥在被实证考量之前，法律之外的因素容易流于个人的主观臆测，形成枉断。

由此观之，人们对社会学解释的担心正是对社会学解释客观性的担心，只不过因为社会学解释所运用的方法和考量的因素与其他法律解释方法相比更具有不确定性而已。对此，杨仁寿先生认为："如社会目的明晰确定，则社会效果的预测，有其目标，每一种解释可能产生的社会效果，何者最符合该目的？何者最为有效？均不难预测，其取舍之间，自具有相当的客观性。而且这种社会效果的预测，属于经验事实的探求，以社会事实的调查为根据，亦具有科学性，自然切合时代的需要。至于如有数目的发生竞合时，则属目的选择的范畴，应为'利益衡量'才能解决".[1] 如若法官出于公平、公正、善良之秉性，依照常人的思维和公序良俗之观念，对依照常人之思考各种可能出现的社会目的及其预测进行对比分析，并进行充分的法律和常理的论证，我们就可以说此社会学解释是客观的。当然，有人会提出，何谓公平、公正、善良之秉性？常人的思维又何在呢？在现有的理论研究状况下，这个问题只能放在个案中由法官去裁断，由法律职业群体去评判。一般来说，我们所进行的法律论证只要进行到第二层对大多数案件来说已经足够了，如此追问下去，极有可能会陷于同语反复或者无穷论证的尴尬中。

社会学解释作为法律解释方法中比较独特的一种，其在作用上与其他法律解释方法具有相同的地方，亦具有特殊之处。社会学解释的功能就在于它将对法律因素之外的其他社会因素的考量通过一种思维方式和解释的方法纳入到了符合法治的轨道之内。当然，这也可能成为法律方法反对者们的口实，因为社会学解释仍有为法官的裁判寻找理由的嫌疑。但作为一种法律解释方法其仍具有积极意义。社会学解释的功能体现在法律解释过程中，每一种法律解释方法，各具功能，但亦受有限制，并非绝对。每一种法律解释方法须互相补足，共同协力。而且，作为法律解释方法之一种，社会学解释在很多情况下需和其他法律方法混和适用，才能获致合理结果，并可在个案中协调当事人利益，贯彻正义之观念。社会学解释的方法只不过是药剂中的一味药，其作用就在于将看似水火不相容的两味药调和在了一起，使得药的疗效更加明显罢了，万不可将其当成包治百病的万能良药。

---

[1] 杨仁寿：《法学方法论》，中国政法大学出版社 1999 年版，第 134 页。

第五章　法律论证方法

一、法律论证：作为一种法律方法

法律论证存在于法律活动的一切场景，对司法过程中的判断与决定尤为重要。法律论证适用于多种场合，如立法、司法适用与司法决定、法学教育和法学研究等。阿列克西亦认为："有完全不同种类的法律论辩。譬如，我们可以区分为法学的（教义学的）争论，法官的商谈（die richterliche Beratung），法庭的争议，立法机关（委员会和常委会）对法律问题的讨论，学生之间、律师之间、政府或企业的法律顾问之间的辩论，以及媒体有关法律问题所进行的带有法律论辩性质的争辩。"[1] 所以从广义上说，法律论证包括了诸如立法论证、司法论证等。而狭义上的法律论证一般是指司法裁判过程中法官、律师或当事人等就案件事实与法律进行论辩，追求合理裁判结论的思维过程。此即法律方法论意义上的法律论证。本文将仅仅研究作为法律方法论意义上的法律论证，亦即从司法为中心视角，研究法官裁判中的法律论证问题。

关于法律论证的概念，学者们基于不同的理论传统和思想资源，对其存在不同的理解。如德国法学家诺伊曼（Ulfrid Neumann）经过研究总结认为，当今日本、德国法学界使用"法律论证"这个用语时，其含义尚不确定，但可以归为三大类：逻辑证明的理论、理性言说的理论和类观点——修辞学的构想。这种学科名称上的不一致是由法律论证理论多元化的思想背景所致。而法律论证理论本身也并非一种统一的理论，而呈现为复杂多元的理论面相。如阿列克西所谈论的法律论证是通过建构一系列的规则和形式这种程序性的技术，来为法律决定的正确性要求提供某种普遍化的、可靠的理性基础。亦即通过遵循一定的论辩规则和论辩形式，使规范性命题得以理性的方式予以证立，由此体现出理性实践论辩理论的基本思想特征。

近年来国内学界也开始探讨法律论证的概念，如葛洪义认为：论证是指通过提出一定的理由来支持某种主张、陈述、判断的正确性。法律论证是指通过提出

---

〔1〕 ［德］罗伯特·阿列克西：《法律论证理论》，舒国滢译，中国法制出版社 2002 年版，第 340 ~ 342 页。

一定的根据和理由来证明某种立法意见、法律表述、法律陈述、法律学说和法律决定的正确性与正当性。[1] 这种看法将法律论证作为一种正当化的活动的性质给体现出来。一般说来，具体的判决发生在论证之前。[2] 作为一种正当化活动的法律论证发生在判决之后。论证乃是给出合理的理由，将某种主张正当化。法律论证是通过合乎逻辑的交互对话或商谈，为法律活动提供合法性、正当性理由的证明活动，将某种主张或者结果予以正当化、合法化、合理化，说服某特定或者不特定的受众接受某种主张。法律论证作为一种正当化的活动，从性质上来说，它也是一种独特的职业技术，一种理性思维活动，一种法律方法。它具有目的性、论辩性、交涉性、合理性、实践性和拘束性等属性与特征。

二、法律论证的形式

（一）一般论证理论上的论证形式

当今修辞学、非形式逻辑等一般论证理论领域中所研究的论证形式往往是基于日常论辩，而从学理上总结和提炼出的。当然，学者们对论证的形式（argument schemes）在用语上也不尽一致。如佩雷尔曼和提泰卡在新修辞学研究中使用的是"论证方法"（techniques of argumentation）或称"论证之规划策略"（argumentative schemes，本文一般将其译作"论证的形式"——引注）。[3] 总体上，佩雷尔曼将论证的方法区分为"结意法"和"离析法"两种基本类型，又将"结意法"再细分为三种次要类型，即"准逻辑论点"（quasi – logical arguments）、"基于实在结构论点"（arguments based on the structure of reality）以及"建立实在结构论点"（arguments aim at establishing the structure of reality）。[4]

1. 准逻辑论证（quasi – logical arguments）：
不可共存性论证
认定与分析
交互论证
包含关系论证

---

[1] 葛洪义："试论法律论证的概念、意义与方法"，载《浙江社会科学》2004 年第 2 期。

[2] ［德］考夫曼等主编：《当代法哲学和法律理论导论》，郑永流译，法律出版社 2002 年版，第 504 页。

[3] 廖义铭：《佩雷尔曼之新修辞学》，唐山出版社 1997 年版，第 97 页。Besides see CH. Perelman and L. Olbrechts Tyteca, *The New Rhetoric*: A Treatise on Argumentation, London: University of Notre Dame Press, 1969, p. 185ff.

[4] 廖义铭：《佩雷尔曼之新修辞学》，唐山出版社 1997 年版，第 99 页。

比较论证

概率论证

2. 基于实在结构的论证（arguments based on the structure of reality）：

连续关系论证

共存关系论证

3. 建立实在结构论证（arguments aim at establishing the structure of reality）：

例证

模范与负面模范

类比

隐喻

4. 概念的离析（the dissociation of concepts）。近年来，加拿大的论证理论家沃尔顿（Douglas N. Walton）在中国的一次学术会议上提出的论证形式（图式）有：[1]

证人证言论证

确信立场论证

专家意见论证

公众意见论证

范例论证

类比论证

类比实践推理

合成论证

分解论证

口头分类论证

口头分类模糊论证

口头分类任意论证

表征论证

实践推理

流行惯例论证

多余论证

沉默成本论证

出于无知的论证

---

〔1〕 ［加］Douglas N. Walton：“非形式逻辑方法与法律论证”，唐凌云译，载梁庆寅主编：《法律逻辑研究》（第1辑），法律出版社 2005 年版，第 155～156 页。

因果论证

动机关联性论证

外展性论证

从证据到假设论证

结果论证

选择论证

威胁论证

恐惧诉求论证

约束论证

直接人身攻击论证

不一致约束论证

攻击背景论证

有罪牵连论证

偏见论证

成规论证

先例论证

滑坡论证

众所周知，在论证理论研究中，论证一般具有合情性或似真性。因而论证往往也被称为合情推理（论证）（plausible reasoning，或"似真推理（论证）"）。合情推理（论证）是从不完善的前提得出有用结论的推理。[1] 正统逻辑一直怀疑合情推理，常常将它视为失败的、有缺陷的甚至是谬误。但是合情推理（论证）在现实生活中普遍存在，并且往往成为人们决策和行动的向导。

国内学者根据日常思维中合情论证的常见情况，提出以下 8 类 25 种论证模式。[2]

1. 基于个案的论证：

例证推理

迹象推理

2. 根据归类的论证：

归类推理

基于归类标准含混的反驳性推理

---

〔1〕 武宏志、刘春杰主编：《批判性思维：以论证逻辑为工具》，陕西人民出版社 2005 年版，第 167 页。

〔2〕 武宏志、刘春杰主编：《批判性思维：以论证逻辑为工具》，陕西人民出版社 2005 年版，第 170 ~ 193 页。

基于自立归类标准的反驳性推理

3. 因果论证：

从因到果的推理

从果到因的推理

从相干到因果的推理

4. 基于承诺的论证：

根据承诺的推理

指向承诺者个人行为的推理

5. 基于规则的论证：

根据已确立规则的推理

根据例外的推理

援引先例的推理

6. 根据信息源性质的论证：

根据知情地位的推理

诉诸权威的推理

根据品性的推理

根据偏见的反驳性推理

根据公众意见的推理

7. 实践论证：

目标——条件推理

根据结果的推理

根据代价的推理

8. 渐进的论证：

因果的渐进推理

先例的渐进推理

归类的渐进推理

相似的渐进推理

（二）法律论证理论上的论证形式

论证形式同样也是法律论证领域中所研究的重要问题。法律领域中的论证形式既具有一般论证理论中的论证形式的常见特点，也有自身的一些独特性。当然，有些论证形式既可见之于一般论证理论，也会体现在法律论证当中。法律论证上的论证形式存在多种不同的表现。不同的学者也有不同的概括。如我国台湾地区学者张钰光认为，图尔敏论证图式中的"佐证"（B）—"保证"（W），就

法律实务操作所经常可能使用的内容和方法而言，可例示 11 种类:[1]

  基于"普遍化"的论证

  基于"类似性"的论证

  基于"比较"的论证

  基于"分类"的论证

  基于"表征"的论证

  基于"因果关系"的论证

  基于"规则"的论证

  基于"理念"的论证

  基于"定义"的论证

  基于"证据"的论证

  基于"比喻"的论证

  上面提到的加拿大论证理论家沃尔顿将通常用于法律领域的论证形式（forms of argumentation）区分为以下类型:[2]

  类比论证（argument from analogy）

  基于确定的规则的论证（argument from an established rule）

  根据迹象的论证和逆推论证（argument from sign and abductive argument）

  基于待决观点的论证（argument from position to know）

  基于字面分类的论证（argument from verbal classification）

  基于承诺的论证（argument from commitment）

  实践推理（practical reasoning）

  人身攻击论证（argument from personal attack）

  滑坡论证（the slippery slope argument）

  其他论证形式

  阿列克西在研究外部证成中曾论及的主要论证形式有：经验论证、解释规准、教义学论证、有关判例的适用。在特殊法律论证形式中他提及类推、反面论

---

[1] 张钰光:《"法律论证"构造与程序之研究》，辅仁大学法律学研究所 2001 年博士论文，第 245 页以下。

[2] See Douglas Walton, *Legal argumentation and evidence*, Pennsylvania State University Press, 2002, p. 34ff. 沃尔顿本是研究非形式逻辑等一般论证理论，但近年来其研究旨趣逐渐转向法学领域，出版了法律论证方面的一些著作。另外一本是 Douglas Walton, *Argumention Methods for Artificial Intelligence in Law*, Berlin; New York, NY: Springer, 2005.

证、当然论证、悖谬论证等。[1] 阿列克西还依据现代逻辑工具对这些论证方式进行了具体分析。

苏格兰法学家内尔·麦考密克（Neil MacCormick）和美国法学家罗伯特·S. 萨默斯（Robert S. Summers）主编的《成文法解释比较研究》一书概要总结了阿根廷、联邦德国、芬兰、法国、意大利、波兰、瑞典、英国和美国九个国家的高等法院在裁判过程中通常采用的四类共 11 种最基本的法律解释方法或论证方法，即：[2]

1. 语义论证（linguistic arguments）：

普通含义论证（arguments from ordinary meaning）

专门含义论证（arguments from technical meaning）

2. 系统论证（systemic arguments）：

上下文和谐的论证（arguments from contextual – harmonization）

判例论证（arguments from precedent）

类比论证（arguments from analogy）

逻辑—概念论证（logical – conceptual arguments）

一般法律原则的论证（arguments from general principles of law）

历史论证（arguments from history）

3. 目的—评价论证（teleological – evaluative arguments）：

目的论证（arguments from purpose）

实体理由的论证（arguments from substantive reasons）

4. 跨类型的意图论证（transcategorical argument from intention）：

意图论证（arguments from intention）

麦考密克在《法律推理与法律理论》书中谈到的具体论证形式有类比论证（argument by analogy）、融贯性论证（argument from coherence）、归结主义论证

---

〔1〕［德］罗伯特·阿列克西：《法律论证理论——作为法律证立理论的理性论辩理论》，舒国滢译，中国法制出版社 2002 年版，第 343～349 页。

〔2〕MacCormick, D. Neil and Summers, Robert S., Aldershot, Hants, *Interpreting statutes: a comparative study*（成文法解释比较研究）, England; Brookfield, Vt., USA: Dartmouth, 1991, p. 464～474, 512～525. 1983 年的国际法哲学与社会哲学大会上组成的"比较成文法解释研究小组"经过多年的调查、研讨与交流，形成这本极为重要的法律解释与法律论证作品。因为参与本项目的不仅均为当今各国最主要最有代表性的法（哲）学家，而且所考察的是各国法院裁判实践和经验。因此本书不但有明显的实际应用价值，而且也不失较强的学理性。另外也可参见张志铭对此所作的引介，参见张志铭：《法律解释操作分析》，中国政法大学出版社 1999 年版，第 107 页以下。不过张志铭一般将 arguments 一词译为"论点"，则未能突出这些解释方法同时作为法律论证方法的意思，所以这里将 arguments 译为"论证"。

（consequentialist argument）、依规则的论证（argument by rules）、依原则的论证（argument by principles）、从正义视角的论证（argument from justice）等。[1]

（三）对上述论证形式的理论梳理

如上只是简要罗列了一些论证形式，并未涉及这些论证形式的具体应用情态。在此对上述各种论证形式当中的某些共同的理论要素予以总结。由此可以归结出法律论证跟法律解释、法律推理等其他法律方法，及其与一般论证方法之间的密切关联。

1. 法律论证中的法律解释方法（规准）。上述论及的各种论证形式，可以分为不同的类型。比如其中有些显然可以归入解释性的论证形式，如上述麦考密克、萨默斯、阿列克西所谈到的法律解释方法或规准，还有张钰光、沃尔顿提及的论证形式，如基于"定义"的论证、基于字面分类的论证。这种论证形式旨在为某种法律规则的特定解释进行辩护。

其实，法律解释方法与法律论证之间存在密切的关系。法律解释并不仅仅是单纯地对文本含义的理解和说明。从法律论证的角度看，法律解释的核心问题是，如何将在各种可能的解释当中所做出的选择进行证立。为什么是这种解释，而非其他的解释，适合于待决案件？这样对法律解释的理解更合乎司法裁判实践。麦考密克认为，法律解释是法律实践论证的特定形式。在此人们主张对权威文本和资料的某一特定理解当作证立法律判决的某种特定理由。因此法律解释应当在论证，特别是法律论证的框架内予以理解。在这种框架中，解释只能在一种更为广泛的规范性的宪法理论与政治理论内（它们属于更为广泛的实践论证的论点）得以阐明。[2] 可见，从本质上，法律解释跟论证活动无法同时也不允许截然分开，分别处置。法律解释只有在论证的框架内才能得以理解。具体的论证形式（argument schemes）可以表现为各种法律解释方法。法律解释的要素（规准）也是论证的模态。[3] 由此看来，对法律解释方法亦不可能孤立地看待。法律方法论提供的各种解释要素和方法，并不足以解决法律问题，而必须要知道在什么情况下，在哪一推论步骤上来使用这些论据，并遵守什么样的规则，才谈得

---

〔1〕 MacCormick, D. Neil, *Legal reasoning and legal theory*, Oxford [Eng.]：Clarendon Press；New York：Oxford University Press, 1978.

〔2〕 MacCormick, D. Neil, *Argumentation and interpretation in law*, *in Moral theory and legal reasoning* / edited with an introduction by Scott Brewer, New York：Garland Pub., 1998, p. 250.

〔3〕 ［德］考夫曼：《法律哲学》，刘幸义等译，法律出版社 2004 年版，第 63 页。

上对法律判断给出了合理的说明。[1]

近年来，国内学者也从法律论证的视角来研究法律解释和法律推理问题。如张志铭在《法律解释操作分析》一书中即选择了一种从法律的正当性证明（或证成，legal justification）的角度，也可以说是法律论证的角度，来把握和分析法律解释的操作技术。因此，法律解释本身被视为一种需要正当性证明的活动。[2]一些部门法学者亦认为，我们的解释方法在离开了相应的论证规则的设置的时候，民法的解释方法就不可能得到事实的贯彻和体现。比如运用文义解释确定某个词语的具体含义的时候，我们可能会运用各种的研究方法来论证自己持守的观点——其实就是自己的价值取向——具有正当性。[3]

2. 法律论证和法律推理。具体的论证形式（argument schemes）除了可以体现在各种法律解释方法中，亦可见之于不同的法律推理（如类比推理、反向推理等）形式中。上述无论是一般论证形式还是具体的法律论证形式中均有相关的体现。论证跟推理之间的关系亦颇为密切，这在法律领域亦然。

实际上，国外法学家也有在同义词意义上使用论证（argumentation）和推理（reasoning）。[4]法律推理（legal reasoning）和法律论辩（legal argument）或者法律论证（legal argumentation）往往在同一种意义上使用。或许因此，阿尔尼奥、阿列克西和佩策尼克的那篇著名的法律论证奠基之作采取了（legal reasoning）这一名称。[5]这里固然包含了西方法律文化对这一组词的独特理解，不过，这一组词的确存在功能上的关联。法律推理往往具有证成的功能。"法律推理不单单是导向某种确信的约束性逻辑，它表现为一组论据，其数量、质量和结构都是为了使人确信，而决策者在做出决定之前会判断这些论据的重要性。"[6]法律推理与论证活动往往有某种密切的关联。同时这就意味着，在裁判中，必须运用法律论证的具体规则和形式才能展示具体的推论过程。

3. 法律论证与一般论证形式。20 世纪后半期的新修辞学、非形式逻辑等一般论证理论是法律论证理论的重要思想渊源和基础。受到一般论证理论的相关影

---

〔1〕 王旭："伦理学立场、法律论证与法认识论"，载《全国法学方法论论坛第一届学术研讨会论文集》，北京，2005 年 6 月 10～11 日。

〔2〕 张志铭：《法律解释操作分析》，中国政法大学出版社 1999 年版，第 77 页。

〔3〕 段匡："日本民法解释学的启示"，载 http：//www. xhfm. com/Article/Print. asp? ArticleID = 288.

〔4〕 Stefano Bertea, *Certainty, reasonableness and argumentation*, in *Argumentation* 18：465－478，2004.

〔5〕 Aulis Aarnio, Robert Alexy and Aleksander Peczenik, *The foundation of legal reasoning*, 该文发表于德国的《法律理论》（Rechtstheorie）12（1981）。该文的德文译名为 *Die Gundlagen der Juristische Argumentation*（in：W. Krawietz, and Robert Alexy eds, *The Metatheorie Jurischer Argumentation*, berlin：Duncker and Humblot, 1983），汉语的翻译为"法律论证之基础"。

〔6〕 ［法］雅克·盖斯旦、吉勒·古博：《法国民法总论》，陈鹏等译，法律出版社 2004 年版，第 43 页。

响，法律论证由此具有以下几个本属于一般论证上的基本特征：[1]

（1）合情推理（或似真推理，Plausible reasoning）。上文已经谈到这个概念。合情推理（论证）的特点是：前提为真时，结论并不必然为真；从前提到结论的思维活动往往表现为运用正常、正规或典范情形以说明一般、特殊或者个别的合理性。

（2）可辩驳推理（或可推翻的推理、可废止的推理，Defeasible reasoning）。法律判断或法律决定的结果并非追求所谓"唯一正确答案"，相反，这种结果往往具有可推翻性或可反驳性（defeasibility）。

（3）非单调推理（nonmonotonic reasoning）。推理的非单调性指的是论证所能推导出的结论并不随着前提的扩张而增加，在加入新的前提后，反而会撤回原本可推导出的结论。

（4）实践推理（Practical reasoning）。法律论证的可反驳性亦显示出法律推理作为一种实践推理的本质属性，即体现实践智慧的理性论辩性，而非科学主义的形式逻辑。

在上述各种论证形式中，其实有不少法律论证形式，如基于"表征"的论证、基于"因果关系"的论证、根据迹象的论证、基于承诺的论证、人身攻击论证、滑坡论证、悖谬论证等属于一般论证理论上的论证形式。这些形式被用于法律中，也成了法律论证的重要形式。

三、法律论证形式的理性重构（rational reconstruction）

在具体的法律论证中，往往需要对这些论证形式进行重构。如菲特丽丝所论，首先应该确定的是，如何才能重构论证结构？缺失的前提如何得到表述？如何重构论证方案？然后应该确定，如何根据这种重构来评价该论证？[2] 菲特丽丝还提到法律论证研究中的论题（topics），其中之一即为重构论题（the reconstruction component），即展示了如何在某个分析模型中对法律论证进行重构。通过这种重构，人们可以对论证过程的各个阶段、明确的论据和隐含的论据，以及论证的结构，获得一个清晰的印象。[3] 基于这种方法及其所预设的理性标准，某个具体的重构即得以实现。

---

[1] 对此熊明辉做过相关研究，参见熊明辉："论法律论证"，载 http：//202. 116. 73. 224/bbs/cgi - bin/printpage. cgi？forum = 10&topic = 12.

[2] Eveline T. Feteris, *OFundamentals of legal argumentation, a survey of theories on the justification of legal decisions*, Kluwer Academic Publishers, 1999, p. 198.

[3] See Feteris, Eveline T, *Fundamentals of legal argumentation, a survey of theories on the justification of legal decisions*, Kluwer Academic Publishers, 1999, p. 22.

（一）对法律论证予以重构的缘由与目的

关于司法裁判的证立的研究，主要关注于各种复杂性论证的理论重构。在实际的裁判中，论证之所以复杂，是因为各种因素所致。在具体的讼争中，面对出于不同利益和动机，站在不同立场上的当事人各方，法官要做出正当、合理、令人信服的裁判，往往需要给出充分的判决理由。这就要求法官做出的论证要尽量充分顾及各种复杂的情形，才能使裁判有说服力。论证的复杂性，也源于待决案件的复杂性。法学上，人们一般区分了简单案件和疑难案件。在简单案件中，判决可以从法律规则和案件事实当中推出。但是在疑难案件中，会有不只一件事实需要法官去鉴别，也可能会适用许多法律规则。这就使得论证变得复杂。另外，在论证中，法官往往还必须求诸法律共同体所共有的目的、价值和原则。"这种类型的证立被人描绘成'非司法的证立'（non – judicial justification），从根本上说，它是立基于法官对社会的想象。"[1] 出于这些理由，在具体的裁判活动中，往往需要对法律论证予以重构。

法律论证重构的目的在于，将隐含的法律论证的结构和形式给具体展现出来。德国法学家吕斯曼认为，法律论证理论致力于司法判决和论证的理论性重构，目标在于改善论证，并培育论证者智力之谦逊。[2] 从规范上说，法律论证的重构并不仅限于对论证形式的重构，还有从法律论证赖以发生的对话性讨论结构的角度，将法律论证背后的各种复杂形式与结构给揭示出来。[3] 当然，这里所要讨论的是法律论证中的论证形式的重构，而不涉及对话性讨论结构的重构。这就往往涉及逻辑学方法的运用，即通过逻辑上简洁、有效的方法对各种论证形式进行重构。因而逻辑学的标准往往成为重构法律论证的一个重要评估标准。但是这还不够，依照菲特丽丝，在大多数案件中，要求使论证完整并且逻辑有效的"逻辑最小化"还不够，还需要表述的"语用最大化"，亦即，论辩者所持前提要给予宽泛的字面或者非字面的论述语境。[4]

---

[1] José Plug, *Complex argumentation in judicial decisions*, *analyzing conflicting arguments*, *in Practical Reasoning*: *International Conference on Formal and Applied Practical Reasoning*, *FAPR* '96, *Bonn*, *Germany*, *June 3 – 7*, *1996*: *Proceedings* / Dov M. Gabbay, Hans Jürgen Ohlbach (eds.), Berlin; New York: Springer, 1996, p. 467.

[2] ［德］赫尔穆特·吕斯曼："法律论证理论"，张青波译，载郑永流主编：《法哲学与法社会学论丛》（7），中国政法大学出版社 2005 年版，第 105 页。

[3] Feteris, Eveline T, *The rational reconstruction of complex forms of legal argumentation*: *approaches from artificial intelligence and law and pragma – dialectics*, in *Argumentation* 19: 393 ~ 400, 2005, P. 393 ~ 394.

[4] Eveline T. Feteris, *Fundamentals of legal argumentation*, *a survey of theories on the justification of legal decisions*, Kluwer Academic Publishers, 1999, p. 201.

(二) 多种不同的法律论证形式在重构中的运用

从法律论证实践来看，除了极少数例外情况，人们无法单纯借助上述论证形式的任何一种来证立。大多数情况是，需要借助多个同一类型或不同类型论证的组合（这就是张钰光所谓的"论证群组"），才能进行成功的证立。

荷兰论证理论家爱默伦与荷罗顿道斯特基于各种单一论证之间的形式上的关联，区分出不同形式的复合论证，如多元（选择性）论证（multiple［alternative］argumentation）、同位混合论证（coordinative compound［cumulative］argumentation）和附加论证（subordinative argumentation）。[1] 这些复合论证的第一种类型是由同一立场的不同辩护组成，其中一个辩护在另一个辩护之后提出。这些辩护并不相互依赖才支持其立场，原则上它们具有等同权重。第二种类型中的论据并没有形成一系列选择性的辩护。对于立场辩护而言，并列型论辩的各个组成部分是相互依赖的。第三种类型的特征是，一些论据是为支持另一些论据而给出的。对初始立场的辩护仿佛是层层展开的。如果支撑初始立场的辩护不能单独成立，那么它就需要用另一个论据来支持它；如果这个论据需要支持，那么就需要追加进一步的论据，直到辩护看起来好像是决定性的。[2]

麦考密克和萨默斯曾在法律解释的单一论证形式（single - arguments pattern）之外，将适用于疑难案件中的复杂论证区分为两种运用形式：[3] ①"累积论证的形式"（cumulative - arguments form），即指向同样的解释结论的不同法律解释论证形式同时出现；②"解决论证冲突的形式"（conflict - settling form），即法院在彼此冲突的法律解释的论证形式之间做出权衡、选择和决定。另外，佩雷尔曼也对各种论证方式的交互作用（Interaction of arguments）做了研究。[4]

实际中的法律论证往往综合采用了多种不同的法律论证形式，不同的法律论证形式的不同组合又形成了在重构中的不同样态。当然，如上关于不同法律论证形式在重构中的运用的概括只是学理上的一种抽象和归纳，实际中的运用情形可能更为复杂。

---

[1] Feteris, Eveline T, *Fundamentals of legal argumentation*, *a survey of theories on the justification of legal decisions*, Kluwer Academic Publishers, 1999, p. 175.

[2] ［荷兰］弗兰斯·凡·爱默伦、弗兰斯卡·斯·汉克曼斯：《论辩巧智——有理说得清的技术》，熊明辉、赵艺译，新世界出版社2006年版，第62页。该书将这几个词分别译为"多重型论辩"、"并列型论辩"、"从属型论辩"。

[3] MacCormick, D. Neil and Summers, Robert S., Aldershot, Hants, *Interpreting statutes: a comparative study*, England；Brookfield, Vt., USA：Dartmouth, 1991, p. 525.

[4] CH. Perelman and L. Olbrechts Tyteca, *The New Rhetoric: A Treatise on Argumentation*, London：University of Notre Dame Press, 1969, p. 460ff.

（三）对法律论证予以重构的方法

为提高各种理论对分析和评价法律论证的说服力，首先要阐明应当区分出来哪一种论证形式，这种论证形式的结构应如何进行展现。其次应该阐明某一特定的论证形式何时得到正确地选择和适用。[1] 当今诸多理论已经拓展出各种法律论证的理性重构的工具，或法律论证方法（approaches，或"进路"）被用于重构法律论证。传统上常见的有逻辑学方法、修辞学方法与对话（论辩）方法。[2] 最近，荷兰法学家菲特丽丝又提出两种新的并且有相当影响的法律论证方法：①人工智能与法律（AI & Law），②语用—辨证的方法（pragma - dialectical approach）。[3] 人工智能与法律的研究者认为，传统的逻辑学方法并未充分足以重构法律推理的各个具体方面。这些学者提出了各种建议，用于将法律推理重构为一个在对话语境中支持或反对某一结论的权衡的过程。语用—辨证的方法是由荷兰的"阿姆斯特丹学派"在其论证理论中提出来的。基于爱默伦和荷罗顿道斯特所提出的语用—辨证理论，语用—辨证的方法把法律论证视为理性讨论的一部分。赞同方针对反对方潜在或者真实的回应对某一观点进行防守。持此方法的学者们试图发展出用于分析和评价复杂的法律论证形式的工具，并将其作为批评性理性讨论的一部分。这两种方法的目的都是，从对话的复杂性角度入手，提出各种理论工具，用以澄清法律论证背后的复杂结构。[4]

在上述论证方法中，逻辑学方法主要关注于法律论证的形式向度，它致力于研究何种逻辑系统适合于分析和评价司法判决的理性证立。因此，逻辑学方法也就成为重构正当性裁判的重要工具。"这种重构决定着，从逻辑的角度看需要哪些要素以使整个论证变得完整。这种方法能够使得隐含的因素明晰化，并能在评价中对这些因素进行评判。"[5] 在何种逻辑系统最适于用来重构法律论证的问题上，学者们看法各异。阿列克西和麦考密克（根据他后来的看法）认为，支持规范性主张的法律论证可以通过运用具有规范运算符（deontic operators）的谓词逻辑得到最佳重构。阿尔尼奥和卢勃列夫斯基（Wróblewski）一样，采用了用于

〔1〕　Eveline T. Feteris, *Fundamentals of legal argumentation*, *a survey of theories on the justification of legal decisions*, Kluwer Academic Publishers, 1999, p. 196.

〔2〕　焦宝乾：《法律论证导论》，山东人民出版社 2006 年版，第 5 章：逻辑、修辞与对话：法律论证的方法（进路）。

〔3〕　Feteris, Eveline T, *The rational reconstruction of complex forms of legal argumentation*: *approaches from artificial intelligence and law and pragma - dialextics*, in *Argumentation* 19: 393 ~ 400, 2005, p. 394.

〔4〕　传统上被称为类比论证、反面论证、发生学论证、目的论证等都有着复杂的论证结构。

〔5〕　Feteris, Eveline T, *Fundamentals of legal argumentation*, *a survey of theories on the justification of legal decisions*, Kluwer Academic Publishers, 1999, p. 189.

分析法律论证的三段论逻辑。[1]

在荷兰法学家菲特丽丝看来，法律论证的逻辑分析首先应该确定，哪种逻辑系统以及该体系中何种论证形式适于重构该论证。对某一特定法律体系的选择取决于对下列问题的回答：哪种重构最适合于某特定论证的具体特征？此外，需要确定用日常法律语言表述的论述怎样才能依据某一特定的逻辑论证形式进行重构。为达此目的，该论述必须依据选定的逻辑系统予以转化，这种转化涉及一系列的抽象化步骤（abstraction steps）："①改变该论述提出的语境和字面的表达形式，以至于将该论述解释为一种完整的论述（在这里，隐含的成分都得以明晰化）。②将该论述解释到这种程度：各主张（assertions）之间的关系被处理成前提和结论的关系。③通过删除日常语言的成分，而仅使用合乎逻辑标准的表达式如"和"、"或者"、"如果……那么……"将该论述转变成一种标准的逻辑论证形式。④使用合乎逻辑标准的表述式并用任意的字母（如 A、B）代替之，从而连结各表达式。⑤用逻辑符号如"ν"（"或者"）、"→"（"如果……那么……"）来取代相关逻辑表达式。"[2]

为了使该论证完整并且逻辑有效，省略的前提必须予以明晰。这构成阿列克西的内部证成规则之一，即（J. 2. 5）应尽最大可能陈述逻辑的展开步骤。一个完整三段论的论述之链的每一步都应当予以重构。依阿尔尼奥之见，完整三段论的所有隐含要素都应予以明晰。[3] 同样依佩策尼克之见，各层次上的证立中的隐含要素都应予以补足。

当然，实际中的法律论证往往发生在某个具体的法律制度语境中，所以，证立的过程必须在某个具体的法律体系（制度）条件下来进行重构。亚狄瑟认为，要充分评估一个法律论证当中的推理，我们必须去除无关的细节与赘词。我们必须将论证缩减到三段论法的组成。亚狄瑟谈到，律师和法官都写得和说得太多，他们的论证都充满说明性的句子，而这些并不是我们论证的必要命题。他们不是三段论法的必要前提，他们的植入是为了说服读者在争辩不休的情况下接受该论证。不过论证最终还是由三段论法本身决定其成立或不成立。[4]

---

[1] Eveline T. Feteris, *Fundamentals of legal argumentation, a survey of theories on the justification of legal decisions*, Kluwer Academic Publishers, 1999, p. 195.

[2] See Feteris, Eveline T, *Fundamentals of legal argumentation, a survey of theories on the justification of legal decisions*, Kluwer Academic Publishers, 1999, p. 32.

[3] Eveline T. Feteris, *Fundamentals of legal argumentation, a survey of theories on the justification of legal decisions*, Kluwer Academic Publishers, 1999, p. 194.

[4] ［美］鲁格罗·亚狄瑟：《法律的逻辑》，唐欣伟译，商周出版社 2005 年版，第 95 页。

四、法律论证的结构：内部证立与外部证立的区分

研究法律论证方法，就不能不谈到内部证立与外部证立的区分。这个问题关乎法律论证的基本结构。因而它对于分析、重构和评价法律论证具有重要的意义，可以说，这个区分构成了当今法律论证的一个理论基础。本文拟对关于内部证立与外部证立的区分的各种法律论证学说予以考察，进而研讨这一区分在法律论证中的重要意义。

（一）区分的缘起：由法律推理前提的不充分性到外部证立

传统上，人们在研究法律推理时，将更多的精力投入到推理形式及其规则的研究中，而对推理的前提关注不够。例如，应当如何选择可适用的成文法条文？如何正确理解成文法条文？如何依法对案件事实予以定性？对这些选择、理解及定性的过程应该怎样？对于诸如此类的问题，在法律推理的研究中处于受轻视的地位；或者将这些问题作为与法律推理无关的问题分别予以研究，以至于最终将法律推理仅仅理解为形式逻辑规则在法律活动领域中的运用。[1] 这一观点也得到法国学者的认同，"司法三段论表面上的严谨往往只是一种假象。对前提的选择在很大程度上取决于法学家的直觉，这会使结论变得不确定"。[2] 司法经验表明，对前提的选择实际上是非常关键的步骤。

推理形式的有效与否是一回事，推理前提的选择是另一回事。因此，波斯纳主张区分三段论的有效性和它的真实可靠性（soundness，即它产生真实结论的力量）。"真实可靠性不仅取决于个别三段论的有效性，而且取决于前提的真实性。"[3] 三段论的功能只是表明某个推理过程是正确的而不是确定这一过程的结果的真理性。一个三段论不管表面上看起来多么具有逻辑性，实际上它不过是其大小前提及大小前提的逻辑关系而已。伯尔曼认为："不管三段论逻辑在检验从给定前提推出结论的有效性方面多么有用，但是作为一种推理方法，在像法律这样的实践科学中，因该前提并非给定，而是必须创设的，故它是不充分的。"[4]

传统上人们对演绎逻辑的许多批判主要涉及形式逻辑工具在分析前提之充足性问题。而这其实即关系到法律论证当中的外部证立的问题。阿列克西在近年来

---

〔1〕 彭灵勇："法律推理的确定性与不确定性"，载高鸿钧主编：《清华法治论衡》（第2辑），清华大学出版社2002年版，第210~211页。

〔2〕 ［法］雅克·盖斯旦、吉勒·古博：《法国民法总论》，陈鹏等译，法律出版社2004年版，第38页。

〔3〕 ［美］波斯纳：《法理学问题》，苏力译，中国政法大学出版社1994年版，第55页。

〔4〕 解兴权：《通向正义之路——法律推理的方法论研究》，中国政法大学出版社2000年版，第87页。

的一篇论文中指出，法律适用中有两种基本性的运作，即涵摄（subsumption）和平衡（balancing）。在过去的几十年里，涵摄已经很大程度上被人研究，而对于后者依然还有很多问题有待解决。阿列克西认为，法律的适用并未被逻辑演绎所穷尽。对此有两个原因。①经常有可能适用另一个规范主张的另一种解决办法。②涵摄公式（subsumption fornula）关系到的并非导致不同结果的不同逻辑演绎之间的关系，而是这种逻辑演绎本身的结构。为了对某一判断进行证立，仅仅对逻辑性的得出这些判断的某些前提予以展示是不够的。这些前提本身还需进行证立。在此也表明了，可以对法律判断之证立的两个阶段或层次（即内部证立和外部证立）进行区分。[1]

内部证立和外部证立的区分是当今法律论证的重要理论基础，同时也是当今法律方法研究所产生的重要理论成果。它是在传统法律适用理论的基础上，生成的一种新的更具说服力的法律方法观念。当然，这一区分在国外学界是经历了一个发展过程，并且不同的法学家对其也有不同的理论建构与解说。

（二）学界关于内部证立和外部证立区分的各种学说

内部证立和外部证立的区分虽然是当代法学家提出来的，但是内部证立的经典模型却可以追溯到亚里士多德的三段论（肯定式）。亚里士多德三段论的第一个前提包括了判决之"规范基础"，第二个前提则是"事实"。该推论之逻辑形式保证了结论从前提中得出。用芬兰法学家阿尔尼奥的话说，当且仅当从适用于该案的规范（P1）以及待决案件的事实之描述（P2）中推出，某法律判决（C）才更为简明的得以内部证立。根据传统的三段论逻辑，结论（C）可以从前提（P1）以及（P2）中推出：若前提为真，结论亦然。每个法律判决皆可事后以极为独立于其被发现的方式书写为三段论的形式。正是从此意义上，内部证立独立于发现的过程（context of discovery）。然而，尤其是在疑难案件中，人们总是可以对推论的前提提出质疑。此即外部证立的任务。[2]

当代大陆法系的法学家中，波兰学者卢勃列夫斯基（Wróblewski, Jerzy）最先对内部证立与外部证立进行了界定。之后的芬兰法学家阿尔尼奥、德国的阿列克西也区分了关于法律判决的内部证立和外部证立。另外还有瑞典法学家佩策尼克也做过类似的区分，即"充分法律语境的证立"（contextually sufficient legal

---

〔1〕 Robert Alexy, *On balancing and subsumption, a structural comparison*, in Ratio Juris. Vol. 16 No. 4 December 2003, PP. 433~449.

〔2〕 See Aulis Aanio, *Reason and authority: a treatise on the dynamic paradigm of legal dogmatics*, Aldershot, Hants; Brookfield, Vt. : Ashgate/Dartmouth, 1997, p. 197.

justification）和"深度证立"（deep justification）。在英语世界，美国法学家沃瑟斯特姆 Wasserstorm 则是比较早地提出类似区分的法学家。[1] Wasserstorm 明确地主张：于法律哲学领域，关于"正当化"（即证立 justification）的问题应区分成两个层次。他并将上述此种藉由区分两个层次的正当化过程，以推导出判决正当性的程序，称之为"二阶段正当化程序（two－level procedure of justification）"理论。麦考密克的法律论证理论则区分了演绎证立（deductive justification）和次级证立（second－order justification）。[2] 而日本学者平井宜雄将上述麦考密克的"演绎正当化"称为"微观正当化"；"第二阶段的正当化"称为"宏观正当化"。[3] 本文一般称之为"内部证立"和"外部证立"。

1. 卢勃列夫斯基。依卢勃列夫斯基之见，内部证立（IN 证立）是依据所接受的推论规则，从前提推出某解释。内部证立的条件是，存在有人们用以检测判决的内在合理性的规则。该前提之效力被认为是理所当然的。依卢勃列夫斯基，如果存在推论标准 $DI_1……DI_n$，并且如果解释是建立在价值 $V_1……V_n$，并且以适当的方式来运用 $DI_1……DI_n$，规则解释性命题"规范 N_i 在语言 L_i 中具有意义 I_i"在某前提 $MP_1……MP_n$ 下为真。如下从三段论的角度用图表简单的显示了内部证立的结构：[4]

$$MP_1……MP_n$$
$$DI_1……DI_n$$
$$V_1……V_n$$
$$\overline{\qquad\qquad}$$
$$I_1$$

这种结构的要紧之处在于，其推理形式的封闭性；之所以封闭是因为，结论 I_1 能够纯粹演绎的从前提当中推出。为此，这个结构往往是以三段论的形式提出

---

[1] See Wasserstrom, Richard A., *The judicial decision: toward a theory of legal justification*, Stanford, Calif.: Stanford University Press, 1961. 沃瑟斯特姆的这本书是美国战后推出的一本非常重要的法理学作品，它对此前的现实主义法学派进行了批判性反思，并建构出一种建设性的法学理论。遗憾的是，国内学界往往忽略了这本书。

[2] MacCormick, D. Neil, *Legal reasoning and legal theory*, Oxford [Eng.]: Clarendon Press; New York: Oxford University Press, 1978. 中译本将 second－order justification 译为"二次证明"并不准确，法律论证理论上的 justification 一语有着特定的含义，意指"证立、证成、正当化"而非"证明"。参见 [英] 尼尔·麦考密克：《法律推理与法律理论》，姜峰译，法律出版社 2005 年版。

[3] 张钰光："法律论证与法律解释方法——形式逻辑学批判"，载 http://www. law－thinker. com/show. asp? id=1561.

[4] Aulis Aarnio, *The rational as reasonable, a treatise on legal justification*, D. Reidel publishing company, 1987, p. 119.

来的。同时也正因如此，内部证立无法描述整个实践法律推理的结构。[1]

依卢勃列夫斯基，外部证立（EX 证立）则有如下特征："如果其前提依做出鉴别的人所运用的标准被认为是好的，某一判决即被 EX 证立。很明显，法律判决可被予以内部证立，而没有外部证立"。换言之，外部证立是个前提的效力以及推论规则的问题。依卢勃列夫斯基之见，它们是独立于效力评价所依据的标准的。人们也可说，外部证立最终决定于证立过程中主宰法官的各种规范和价值。[2]

2. 阿列克西。阿列克西认为，内部证成处理的问题是：判断是否从为了证立而引述的前提中逻辑地推导出来；外部证成的对象是这个前提的正确性问题。[3] 并且认为，与内部证成相关联的问题业已在"法律三段论"这个关键词下被多层面地加以讨论。

3. 阿尔尼奥。芬兰法学家阿尔尼奥在探讨法律解释的证立时，以一个例子说明：[4] 成文法 L_i 表达了如下规范"如果 F_1，那么应当 G_1"。某法学者 A 就该成文法 L_i 以下述方式提出观点：在 f 之情形，应为 G_1，我们且称此观点为解释 I_1，在此情形中一个自然的问题是：何以结论 G_1 应当只关乎事实 f？学者 A 可能回答说，法律文本中的 F_1 意指 f，并且也就如此。因此 A 给出了他的论证中的第一级论证。这部分推理可以事后写为三段论的形式：

三段论 I

PR$_1$：法律文本 L_i 规定：如果 F_1，那应 G_1

PR$_2$：$f \in F_1$

———————————————

C：在 f 之情形，应为 G_1

前提 PR$_2$ 把法律文本 L_i 与其解释 I_1 联系起来。因此，在这个三段论中，第

〔1〕 Aulis Aarnio, *On rational acceptability, some remarks on legal justification*, in Law, interpretation, and reality: essays in epistemology, hermeneutics, and jurisprudence / edited by Patrick Nerhot, Dordrecht; Boston: Kluwer Academic Publishers, 1990, p. 76.

〔2〕 Aulis Aarnio, *The rational as reasonable, a treatise on legal justification*, D. Reidel publishing company, 1987, p. 120.

〔3〕 ［德］罗伯特·阿列克西：《法律论证理论——作为法律证立理论的理性论辩理论》，舒国滢译，中国法制出版社 2002 年版，第 274 页。

〔4〕 Aarnio, Aulis, *The rational as reasonable, a treatise on legal justification*, D. reidel publishing company, 1987, PP. 120～121. 阿尔尼奥后来出版的《理性与权威》一书对此所作的论述大同小异。See Aulis Aanio, *Reason and authority: a treatise on the dynamic paradigm of legal dogmatics*, Aldershot, Hants; Brookfield, Vt.: Ashgate/Dartmouth, 1997, p. 197.

二个前提 PR_2 有初级论证的作用（图表 1 中的 p_1）。讲话对象 B 可以追问，是否 $f \in F_1$ 以及为什么不是 $f' \in' F_1$？为回答这个问题，A 必须引出支持这个陈述 "$f \in F_1$"（PR_2）的论证。这部分论证也可以重构成三段论的形式：

三段论Ⅱ

PR_1：在 L_i 时，如果立法准备资料规定说 "$f \in F_1$"，那 L_i 适当的解释是 I_1，比如即应 "如果 f，那么 G_1"

PR_2：立法准备资料规定说 "$f \in F_1$"

C：根据立法准备资料，对 Li 的解释就是："如果 f，那么应当 G_1"

在阿尔尼奥看来，人们可以此方式来建构三段论链条，这些三段论都对该解释给予论证性支持。论证链条的每一步都总有一种内部证立。通常，在此论证链条中的每一步都应重构一个完整的、逻辑有效的论证。为使该链条完整，三段论Ⅱ应重构为第二层级的论证。

在阿尔尼奥看来，关于法律解释的外部证立则无法成为一个演绎有效的三段论或者一组演绎有效的三段论。外部证立旨在使听众接受某种解释。只有当他或她接受了整个三段论形式时，解释者才成功地说服了别人接受其解释。[1] 三段论之树的每一单独步骤都是演绎性阐明的事物（而其在前提中还是隐含的）。然而，外部证立并非完全演绎性的运作。在疑难案件中，没有任何单独的三段论链条对最终的结论给出充分的支持，尽管就其证立之效力而言它们是必须的。决定性的因素是论证的整体。从此意义上，外部证立是非演绎性的。[2] 三段论之树的最后前提并非'自明的'或经验上为真。它们是权衡和平衡的结果。在阿尔尼奥看来，这里关键是，如何能够将一组支持性的前提建造得相融贯。因而'最后的举措'是融贯性，而非如其在经验陈述意义上为真的符合（correspondence）。[3] 这就引入了真理融贯论的观点来建造外部证立的前提。从根本上，外部证立即被视为一个论辩或对话的过程，即在解释者（A）跟证立之对象

〔1〕 See Aarnio, Aulis, *The rational as reasonable*, *a treatise on legal justification*, D. reidel publishing company, 1987, p. 122. Eveline T. Feteris, *Fundamentals of legal argumentation*, *a survey of theories on the justification of legal decisions*, Kluwer Academic Publishers, 1999, p. 195, 126.

〔2〕 Aulis Aanio, *Reason and authority*: *a treatise on the dynamic paradigm of legal dogmatics*, Aldershot, Hants; Brookfield, Vt. : Ashgate/Dartmouth, 1997, p. 199.

〔3〕 阿尔尼奥认为，融贯性是对解释的最终结果的重要标准，因而也对实现法的确定性之预期甚为重要。See Aulis Aanio, *Reason and authority*: *a treatise on the dynamic paradigm of legal dogmatics*, Aldershot, Hants ; Brookfield, Vt. : Ashgate/Dartmouth, 1997, p. 199.

（B）之间的对话。[1] 接受者 B 可以是个人，也可是一个团体。该对话之目的并非说服，而是使 B 对该证立予以信服。于是，核心问题即转变到关于法律解释的可接受性上，这也是外部证立所要面对的问题。阿尔尼奥也将其称作对证立的证立（justification of justification）或如佩策尼克所称的深度证立（deep justification）。

4. 麦考密克。麦考密克的法律论证理论区分了演绎证立和次级证立。第一级法律证立或演绎证立中，每个论证的结构都是一样的。第一级的证立通常包含了一个形式为"如果 p，那么 q"的普遍规则，该规则适用于某一事实 p，来推出法律结论 q。用逻辑学术语，就是每次都是一种演绎有效的论证。因为第一级证立背后的论证可被重构为一种演绎有效的论证，麦考密克将此论证称作"演绎证立"。如果其形式是这样，即其前提隐含着（或衍推）结论，而不管其前提与结论的内容如何，那么这种论证就是演绎有效。[2] 不管其前提的内容是什么，这种形式的论证均为有效。不过，该论证之有效并不意味着其结论为真。它只是意味着如果两个前提均为真，那么其结论为真（或可接受）。而在疑难案件中，只有在表述一个新规则或对既有规则给出某种解释以后，演绎证立方为可能。为了使新规则或这种解释被人接受，需要一种次级证立（second - order justification）。[3]

5. 佩策尼克。瑞典法学家佩策尼克也谈到类似的区分。在他看来，"证立"的意思是对结论给出充分的理由。但何种理由可被视为是充分的？对于法律家来说充分的理由对某道德家、政治反对者或哲学家来说可能就不充分。后三者可以要求对法律家认为理所当然的前提进行证立。法律结论、司法判决以及诸如此类因而可以予以证立：[4]

（1）在法律推理之框架内，换言之，在已确立的法律传统或范式之内；或者

（2）在其之外。

前者构成"充分法律语境的证立"（contextually sufficient legal justification）。它具有如这样的前提：

制定法、判例及其他法律渊源；

---

[1] Aulis Aanio, *Reason and authority: a treatise on the dynamic paradigm of legal dogmatics*, Aldershot, Hants; Brookfield, Vt. : Ashgate/Dartmouth, 1997, p. 201.

[2] Eveline T. Feteris, *Fundamentals of legal argumentation, a survey of theories on the justification of legal decisions*, Kluwer academic publishers, 1999, p. 74.

[3] Eveline T. Feteris, *Fundamentals of legal argumentation, a survey of theories on the justification of legal decisions*, Kluwer academic publishers, 1999, p. 78.

[4] Aleksander Peczenik, *On law and reason*, Dordrecht ; Boston: Kluwer Academic Publishers, 1989, p. 156.

传统性法律理由，如制定法类比；

各种法律方法，如对制定法的目的性解释；

传统的推理规范，如，如果旧法与新法相抵触，适用新法；

法律价值判断，如有关法的确定性、正义、合理性等。

后者则属于"深度证立"（deep justification），在此对法学家以为理所当然的前提予以支持或者批判。因而，法律传统和法律范式的各种组成部分——在各种语境下出于不同的目的——要求这种深度证立。

如上不同的法学家基于不同的法律文化语境，对内部证立和外部证立做了比较近似的论述。但是其中也存在一些不尽一致的理论争议：

（1）"外部证立"的不同用法。同样对于"外部证立"，不同的法学家其实有不同的用法。在对事实和规则都有争议的疑难案件中，需要通过一组附加论证作进一步证立。对支持某一法律规则的解释的一组附加论证，麦考密克将其称为次级证立，阿尔尼奥称之为外部证立。阿列克西将整个这组论证称为内部证立，并将外部证立一语用于那种支持前提内容的论证。在阿列克西看来，内部证立涉及整个证立中对前提进行形式上的重构。[1]

（2）外部证立能否被重构为逻辑有效的论述？虽然学者们对内部证立中的逻辑有效性要求看法一致，但就外部证立能否被重构为逻辑有效的论述这一问题，他们看法各异。只有阿列克西主张无论是内部证立还是外部证立都应被重构为逻辑有效的论述。阿尔尼奥和麦考密克则认为，只有内部证立才能重构为逻辑有效，而外部证立无法作此重构。[2] 如阿尔尼奥和麦考密克的理论探讨所示，通过将某些隐含前提明晰化，这种复杂的论证结构可重构为逻辑有效的论述之链。

（3）内部证立是单一论证（simple argument）吗？菲特丽丝在评论法学家们在法律论证方面的观点时说，麦考密克把简易案件中的这种单一论证称为演绎证立（deductive justification），而阿尔尼奥称之为内部证立（internal justification）。菲特丽丝的这种概括值得商榷。毋宁是，用在论证中的法律推理或者法律判决的证立通常部分上是演绎式的，而在简易案件中主要是演绎式的。[3] 其实，麦考密克和萨默斯在讨论判决理由的证立模式时，对跟演绎证立或内部证立甚相一致

---

〔1〕 Eveline T. Feteris, *Fundamentals of legal argumentation*, *a survey of theories on the justification of legal decisions*, Kluwer Academic Publishers, 1999, p. 193.

〔2〕 Eveline T. Feteris, *Fundamentals of legal argumentation*, *a survey of theories on the justification of legal decisions*, Kluwer Academic Publishers, 1999, p. 195.

〔3〕 Bengoetxea, Joxerramon, *The legal reasoning of the European court of justice*: *towards a European jurisprudence*, Oxford: Clarendon Press; New York: Oxford University Press, 1993, p. 208.

的涵摄模式区分为简单归摄模式（simple subsumption）和复杂归摄模式（sophisticated subsumption）。人们固然可以将单一论证模式称为演绎证立或内部证立，但却不能相反将演绎证立或内部证立和单一论证相等同。在一般论证理论的研究中，荷兰论证理论家爱默伦与荷罗顿道斯特基于各种单一论证之间的形式上的关联，区分出不同形式的复合论证，如多元（选择性）论证（multiple［alternative］argumentation）、同位混合论证（coordinative compound［cumulative］argumentation）、和附加论证（subordinative argumentation）。[1]

另外，更重要的是，内部证立和外部证立之区分的观点，亦并非不可动摇。也有学者反对上述多数法学家所做的那种区分。如阿根廷法学家 Redondo 认为在法律证立的文献中，人们通常区分了内部证立和外部证立。不幸的是，这些概念显得模糊，并不清楚他们究竟是想要区分什么。"为避免这种模糊，我将忽略内部证立跟外部证立之区分，而将分别考虑有关法官做出的个别规范的证立，以及司法论证之前提的证立。这两种情形均关乎行动的理由（reason for actions）之不同观念。"[2] 菲特丽丝亦认为做出这一区分是困难的。外部证立的图式看上去更像是内部证立的外延图式的变体，而不是一种不同类型的证立。[3]

（三）区分的根据和意义

总体上看，尽管存在一些不同的看法，但是主流观点还是倾向于区分内部证立与外部证立。一般而言，一个良好的法律说理，基本上要满足下列两个要求：①在论证中所欲证立之判决或法律命题必须由论证中所使用的前提逻辑推导而出。②这些前提本身必须是正确或真实的。[4] 人们通常是依据这两个标准对法律论证区分为内部证立和外部证立。如魏德士所论："涵摄是指法律适用者在具体化的法律规范与具体的事实状况之间建立一种联系。如果具有说服力地、成功地对这种联系进行说明，人们便将此称为'内部正当性（innere Rechtfertigung）'。相反，所谓的'外部正当性（aussere Rechtfertigung）'的任务就在于对所使用的前提进行说明。"[5] 在内部证立中，连贯性的法律演绎起支配性作用。

---

[1] Feteris, Eveline T, *Fundamentals of legal argumentation*, a survey of theories on the justification of legal decisions, Kluwer Academic Publishers, 1999, p. 175.

[2] Cristina Redondo, *Reason for action and the law*, Kluwer Academic Publishers, 1999, p. 149, 151.

[3] Feteris, Eveline T, *Fundamentals of legal argumentation*, a survey of theories on the justification of legal decisions, Kluwer Academic Publishers, 1999, p. 121.

[4] 王鹏翔："目的性限缩之论证结构"，载《月旦民商法研究·法学方法论》，清华大学出版社 2004 年版，第 21 页。

[5] ［德］伯恩·魏德士：《法理学》，丁小春、吴越译，法律出版社 2003 年版，第 308 页。

它要求人们有说服力地、成功地对法律适用者在具体化的法律规范与具体的事实状况之间建立的这种联系进行说明；而在对所使用的前提进行正当化的外部证立中，非形式的论辩程序在此起到关键作用。

内部证立于外部证立区分的重要意义在于，在法的发现和法的证立二分的基础上，进一步将法的证立这个环节加以区分。由此使得法律论证具备一个完整的、与法律实践更相契合的分析结构。这对传统法律方法论明显是一种超越。传统理论要么将法律适用单纯理解为一个三段论推理的过程，要么就是法官的直觉、灵感起决定作用。出自于分析哲学传统的法律论证理论关于内部证立和外部证立的区分，一方面，并未完全抛弃三段论推理在法律决定或法律判断中的合理价值。相反，三段论推理在法律论证中实际上具有不可替代的作用。这一作用主要表现在内部证立当中。其实，内部证立与外部证立的区分，即为内部证立的存在及其运作确定了范围，这本身即肯定了三段论在法律论证中的意义和作用。

另一方面，这个区分引入了 20 世纪以来的强调论辩和对话的修辞学、商谈理论等思想资源，以此来处理外部证立的法律难题问题。和内部证立相比，外部证立似乎更为重要，更为棘手。张钰光认为，"演绎正当化/内在正当化/微观正当化"实占有法律正当化过程的最后阶段或是核心部分；但是于法律论证中具有左右结论机能的往往却是作为此等正当化前提之"第二阶段的正当化/外在正当化/宏观正当化"。[1] 这相当于图尔敏论证图式中的"佐证"（B）—"保证"（W）、三段论图式中作为大前提的"法律规范"的选择及其证立。在法律推理中，演绎程序只有有限的运用，法律推理的更有意义的方面也就被推进到了外部证立的不确定领域。[2] 所以许多学者更看重外部证立。

五、三段论推理在法律论证中的运用

20 世纪新出现的各种法律论证理论大多首先对传统的形式逻辑学进行了批判。依论证理论家图尔敏之见："形式逻辑学三段论法的论证图式……并无法使我们理解现实生活所实际进行的论证，反而混淆了语言的使用，同时隐蔽了论证的复杂性。因此应将论证从形式逻辑学释放出来。"[3] 诚然，传统形式逻辑在通过摆脱日常语言来实现计算的准确性与思维的纯粹性的同时，也存在某些缺陷。

---

〔1〕 张钰光："'法律论证'构造与程序之研究"，辅仁大学法律学研究所 2001 年博士论文，第 244 页。

〔2〕 Giovanni Sartor, *A Formal Modelof Legal Argumentation*, in http：//202. 116. 73. 224/bbs/cgi – bin/topic. cgi? forum = 10&topic = 27.

〔3〕 张钰光："法律论证与法律解释方法——形式逻辑学批判"，载 http：//www. law – thinker. com/show. asp? id = 1561.

不过同时也应看到，论证理论主要源于分析学传统，这一点没有多大争议。因此，逻辑学方法构成法律论证的重要的方法之一。相应地，三段论逻辑在法律论证当中当然会有一定的作用。如上图尔敏虽然批判了三段论推理，但他其实所要批判的并不是形式逻辑学及作为其分析工具的三段论法本身，而是在于意图将此种单纯的论证图式作为于各个场域所实际进行的论证之典范、理念型这件事。[1]如波兰法学家卢勃列夫斯基（Wróblewski, Jerzy）指出，作为一种推理图式，法律三段论是一种充分的工具，来将司法判决正当化为一种理性判决。[2] 美国法官亚狄瑟（Ruggero J. Aldisert）也认为，作为一种演绎论证的定言三段论法是法律论证的核心。[3]

从逻辑的角度看，某一法律证立之可接受性的一个必要条件是：支持该证立的论述必须可被重构为逻辑上有效的论述时，才能从法律规则和事实（前提）当中得出判决（结论）。法律论证的合理性标准在很大程度上即立足于形式上的有效性，而逻辑化的语言被用于重构各种法律论述。对法律论证而言，问题似乎并非形式逻辑是否无关紧要，而毋宁应当是，根据逻辑推理形式与逻辑演算，法律论证可以在多大程度上予以重建。因此，三段论逻辑在法律论证中如何运用的问题便值得探讨。

（一）经典的三段论法律推理模式及其反思

在法律论证研究中，逻辑学方法有着最为悠久的传统。亚里士多德的基本旨趣在于为科学的知识准备条件。他对三段论界定为"一个论证，在这个论证中，某些东西被规定下来，由于它们是这样，不需要任何额外的词项，必然得出另外一些不同的东西"。[4] 科学无论要满足其他什么条件，至少必须要保证其过程中每一步的有效性。形式逻辑由此被界定为一种方法或者工具，而不涉及目的或内容。思想立场与思想语法因此就被分开了。"思维语法（形式逻辑）与思想质料的这种分化在人类思想史上有重大意义：从思想的质料中分化出来的形式逻辑演化为一种'心灵和方法的心性'。"[5] 相应地，亚里士多德的那种"三个词项、

〔1〕 张钰光："法律论证与法律解释方法——形式逻辑学批判"，载 http：//www. law – thinker. com/show. asp? id = 1561.

〔2〕 Bengoetxea, Joxerramon, *The legal reasoning of the European court of justice*：*towards a European jurisprudence*, Oxford ：Clarendon Press ；New York ：Oxford University Press, 1993, p. 209.

〔3〕 ［美］亚狄瑟：《法律的逻辑》，唐欣伟译，商周出版社 2005 年版，第 75 页。

〔4〕 ［英］W. D. 罗斯：《亚里士多德》，王路译，张家龙校，商务印书馆 1997 年版，第 37 页。

〔5〕 ［英］吉尔比：《经院辩证法》，王路译，上海三联书店 2000 年版，刘小枫中译本导言第 5 页。

两个前提"的三段论定义长期以来在学界颇为流行。[1]

近代以来，经典的司法推理（即涵摄）就是在法律规范所确定的事实要件的大前提下，寻找具体的事实要件这个小前提，最后依三段论得出判决结论的过程。考夫曼将这一思维方式概括为"推论模式"（Subsumtionsmodell）。从学理上，一个法律规范通常被分为"要件事实"和"后果"两部分。只要一个具体事实满足这个规范所规定的所有事实要件，运用逻辑推理即可推导出相应的结论。

三段论的推理模式在当代德国以拉伦茨为代表的评价法学当中得到了延续和发展。拉伦茨的评价模式是一种重要的法律适用模式。"取涵摄而代之者乃是：以比较、含有评价性质的衡量为基础之归类。就其出发点仍是一项法律规范，且其法效果亦须由此推得而论，对此等案件所进行的程序仍具有'演绎'的性质；然而，其中间的种种步骤则与涵摄模式所要求者不同。于此，说理亦未被放弃；只是它不像涵摄模式那样会使人产生'必然性'的印象。"[2] 拉伦茨将法学三段论表述为以下形式：

假使任何一个案件事实实现 T，则应赋予其法效果 R（大前提）
特定案件事实 S 实现 T，质言之，其系 T 的一个"事例"（小前提）
对 S 应赋予法效果 R（结论）

拉伦茨将上述三段论称为"确定法效果的三段论法"，并在省略大前提中的假定形式的情况下，将其用符号形式化为：

$T \rightarrow R$（对 T 的每个事例均赋予法效果 R）
$S = T$（S 为 T 的一个事例）
$S \rightarrow R$（对于 S 应赋予法效果 R)[3]

王泽鉴与黄茂荣同样采取了拉伦茨的三段论形式。当然在对三段论法的表述上，王泽鉴与拉伦茨有所不同：[4]

---

[1] 在《论题篇》与《前分析篇》中，亚里士多德对 syllogismos 的定义都是指一种广泛的演绎推理，但是当他详细讨论三段论的时候，所指的是一种狭义上的演绎推理，即"每个证明，每个三段论都只是通过三个词项而得到的"，"每个三段论都是从两个前提并且只是从两个前提中推出的"。

[2] ［德］卡尔·拉伦茨：《法学方法论》，陈爱娥译，商务印书馆 2003 年版，第 36 页。

[3] ［德］卡尔·拉伦茨：《法学方法论》，陈爱娥译，商务印书馆 2003 年版，第 150 页。

[4] 王泽鉴：《法律思维与民法实例》，中国政法大学出版社 2002 年版，第 201 页。

T→R（具备 T 的要件时，即适用 R 的法律效果）

S = T（特定的案例事实该当于 T 的要件）

S→R（关于特定案例事实，适用 R 的法律效果）

王泽鉴注意到，法律规范的要件（T），通常系由多数的要件特征（M）组成，因此特定的案例事实必须该当于所有的要件特征，才能发生该法律规范所定的法律效果：

T = M1 + M2 + M3→R

S = M1 + M2 + M3

S→R

和拉伦茨一样，王泽鉴将这种思维模式称为决定法律效果的三段论法。同样受到拉伦茨的影响，黄茂荣将三段论推理的过程描述如下：[1] ①假使构成要件 T 为任何法律事实所充分，那么法律效果 R 应用于该法律事实（大前提）。②某具体的法律事实 S 已充分了该构成要件 T，亦即该法律事实是构成要件所指称之法律事实（小前提）。③则该法律效果 R 应适用于该具体的法律事实 S（结论）。

黄茂荣甚至意识到，将法律事实涵摄于构成要件，并不一直单单通过对系争构成要件进行详尽的概念性特征之列举，并将系争法律事实涵摄于其下，便可达成。实际上，该涵摄过程还以将系争的法律事实适用一些标准，加以判断为必要。[2] 因此，小前提之确定的过程不是涵摄推理所能完全涵盖的，但黄茂荣仍然认为涵摄推理在法条适用上甚为重要。黄茂荣还看到三段论法中的大前提所指称的法律效果，乃是以一般的方式所描写的抽象法律效果，因此它非经具体化不能适应具体的法律事实的具体要求。[3]

长期以来，上述三段论推理模式似乎占据了法律方法研究之主流。但是这一推理模式亦存在重要缺陷，尤其是，在当今法律论证成为法律方法研究的主流以后，上述推理模式的弊端已经完全暴露无遗。法律论证理论正是在批判性继承了三段论推理模式的基础上所形成的法律方法研究新领域。如季卫东所论："实际上，在有关法律议论的新近文献中，人们所看到的却是三段论的复兴。当然那是

---

[1] 黄茂荣：《法学方法与现代民法》，中国政法大学出版社 2001 年版，第 182 页。

[2] 黄茂荣：《法学方法与现代民法》，中国政法大学出版社 2001 年版，第 185 页。

[3] 黄茂荣：《法学方法与现代民法》，中国政法大学出版社 2001 年版，第 186 页。

按照法律议论的要求改头换面了的三段论。"[1]

其实，拉伦茨已经开始反思传统涵摄推理模型。如关于涵摄推论的概念，他认为："作为法律适用基础的涵摄推论，并不是将外延较窄的概念涵摄于较宽的概念之下，毋宁是将事实涵摄于法律描述的构成要件之下，至少看来如此。然而，如果精确地审视就会发现，不是事实本身被涵摄，（又如何能够呢？）被涵摄的毋宁是关于案件事实的陈述"[2]。可见，拉伦茨的评价法学已经突破了传统涵摄模式将法律推理理解为从前提到结论视为自动适用的过程。而是在单纯的主体性哲学背景下的概念性思维之外，对涵摄推论引入了语言学或语用学的维度。同时，他的评价法学由此也为法官的主观判断留下了合理空间。不过，从总体上说，拉伦茨的三段论推理模式毕竟存在理论缺陷。

拉伦茨提出的三段论法的缺陷主要源于其所使用的逻辑符号无法恰当地分析法律适用过程在形式结构上的重要特征。早在 20 世纪 70 年代初，德国的法律逻辑学者 Rödig 即曾指出，拉伦茨的三段论形式最大的缺陷即在于其采用等号"＝"来表现小前提。"＝"通常是用来表示等同的关系，而等同具有对称性，亦即如果 S＝T，则 T＝S。但问题在于：具体、个别的案件事实陈述如何能够等同于抽象、一般的构成要件？因为 S 和 T 毕竟分属不同的层面，二者只能等置而无法等同。德国法学家科赫与吕斯曼亦附和 Rödig 的批评，认为拉伦茨所使用的符号并不能妥当地表达其想法，拉伦茨本人后来亦接受此一批评[3]。

另外，还有学者认为拉伦茨的"确定法效果的三段论法"的另一个缺陷在于，其无法推导出具体的法律效果作为结论。尽管拉伦茨表示其是有意省略大前提中的假定形式，不过其依然采用了逻辑上表示条件句"如果……那么……"的符号"→"来形式化三段论中的大前提和结论。即使是假定其三段论形式有效，这种将三段论简单形式化的做法依然无法推导出具体的法律效果作为结论。如从大前提（a）"如果使人受重伤者，则应处以刑罚"与小前提（b）"某甲砍断他人左手拇指、食指与中指是使人受重伤的一个事例"，顶多只能推论出一个条件语句（c）"如果某甲砍断他人左手拇指、食指与中指，则应处以刑罚"，却无法继续导出个别的法律效果（d）"某甲应被处以刑罚"[4]。这一点，其实拉伦茨本人也不否认，他所提出的"确定法效果的三段论法"，就针对个案确定其

---

〔1〕　季卫东：《法治秩序的建构》，中国政法大学出版社 1999 年版，第 105～106 页。

〔2〕　[德] 拉伦茨：《法学方法论》，陈爱娥译，商务印书馆 2003 年版，第 152 页。

〔3〕　王鹏翔："论涵摄的逻辑结构——兼评 Larenz 的类型理论"，载《成大法学》2005 年第 9 期。由 Canaris 继续编写的学生版《法学方法论》1995 年版中，已将拉伦茨所提出的三段论形式删除。当然，上述批评同样适用于王泽鉴关于三段论形式的描述。

〔4〕　王鹏翔："论涵摄的逻辑结构——兼评 Larenz 的类型理论"，载《成大法学》2005 年第 9 期。

具体法效果而言，亦常嫌不足。三段论法的模式不当地过分简化此过程。大前提中的 R 意指被一般地描述之抽象的法效果，反之，结论中的 R 则是该当案件事实的具体法效果。经由反思，拉伦茨认为，"确定法效果的三段论法"之结论常只是暂时性的结论，为终局及精确地确定法效果，经常需要其他更详尽的研究。所以，"'确定法效果的三段论法'尚不能精确规定法效果，毋宁只是划定一个仍需继续填补的范围而已。"[1] 因此，在具体的案件中，尚有待法官与当事人结合特定案件以进行具体的评价与判断。因为在法律适用中，法律规范无法脱离具体案件而存在。

当今国内学界流行的也是上述"三个词项、两个前提"式的三段论定义。[2] 长期以来，事实与规范二分与对立的观念在法学上已经获得了根深蒂固的地位。以此观念为基础的涵摄法律推理模式已经成为法律方法论上的常识之见。常被国内学界援引的经典的法律方法论著作当中，在描述司法三段论的逻辑操作步骤的时候，往往将事实的认定与法律的发现过程予以分离，进而把法律解释与适用加以分离。[3] 这些构成传统法律适用理论的基本特征。这个局面同样在台湾的法学中也存在。19 世纪以来支配法律科学与实务的概念法学，在很大程度上还在支配我国台湾地区法律人在学术研究及实务上的思考方法。黄茂荣认为其负面影响为："只将'法律适用'等于'三段论法'，认为其仅属将具体案件涵摄于法律之抽象规定的逻辑过程，其间不但关于大前提（法律规定）的引用，不考虑其是非，强调在法言法，而且，关于小前提（法律事实）之该当性的认定，在个别法律事实之具体特征的取舍，忽略其价值判断的性格。"[4]

（二）三段论推理在法律论证中的场域：事实与规范的互动

在当今哲学解释学关于理解、解释与应用"三位一体"观念之下，传统法律适用观念所秉持的事实与规范二元对立的态势得以消解。在此情形下，法学家关于法律发现的观点亦摆脱了传统上直线式的理解，法律发现的过程毋宁是同时兼融规范解释与事实解释，二者不再是传统上理解的各自独立的行为。考夫曼指

---

[1] ［德］拉伦茨：《法学方法论》，陈爱娥译，商务印书馆 2003 年版，第 155 页。

[2] 这种定义源于亚里士多德，在《论题篇》与《前分析篇》中，亚里士多德对 syllogismos 的定义都是指一种广泛的演绎推理，但是当他详细讨论三段论的时候，所指的是一种狭义上的演绎推理，即"每个证明，每个三段论都只是通过三个词项而得到的"，"每个三段论都是从两个前提并且只是从两个前提中推出的"。

[3] 无论是德国的拉伦茨，还是我国台湾地区的王泽鉴、黄茂荣、杨仁寿等，均无法根本上摆脱此种思维格局。参见朱庆育：《意思表示解释理论》，中国政法大学出版社 2004 年版，第 156 页以下。

[4] 黄茂荣：《法学方法与现代民法》，中国政法大学出版社 2001 年版，第 421 页。

出："我们绝非能够分别独立地探求所谓法律推论的'大前提'或'小前提'。"[1] 因为从法的发现过程来看，完全分离事实问题与法律问题十分困难。"无论是法律理念与可能的生活事实相对应，形成法律规范，或是法律规范与现实的生活事实相对应，产生法律判决（此即所谓的'法律现实化'过程），传统法释义学所宣称的三段论式涵摄方法，在此不过只是前述评价活动之结论，无法显示其评价过程。盖于三段论法中决定小前提：生活事实是否落在大前提之构成要件范围之时，即已经历前揭复杂的评价活动。"[2]

从推理的过程看，许多法律规范的大前提的确不能直接适用于具体的生活事实，因此应当将法律要件具体化。同样，如果具体的法律适用过程不从大量事实链条中选出重要的事实与法律要件相联系，那么这样的法律适用过程并无太大意义。"只有这两点都做到了，才能进行三段论推理，即用生活事实这个小前提去比较法律要件这个大前提，然后得出逻辑结论。"[3] 于是，法律适用和法律发现的观念由此发生某种深刻的转变。法律发现不再是那种将案件事实涵摄于规范要件的机械活动，而毋宁是，"法律发现是一种使生活事实与规范相互对应，一种调适，一种同化的过程"。[4] 在考夫曼看来，这个过程从两方面进行：①生活事实必须具有规范的资格，必须与规范产生关联，必须符合规范。并且在此，"涵摄"的类推性格完全表露无遗。"涵摄"在此不能被理解为逻辑的三段论方法，而应理解为规范观点下对特定生活事实的筛选。②规范必须与生活事实进入一种关系，它必须符合事物。这就是我们所称的"解释"：探求规范的法律意义。恩吉施形象地将此过程描述为"（法官）在法律要件和生活事实之间不停地左顾右盼"或"一种目光往返来回于大前提与事实之间的过程"。[5] 从解释学上，上述"眼光之往返流转"实际上是一种诠释学循环。"它们都指称我们所熟悉的相互解明的过程，一种'诠释学意义上的循环'现象。我们不能把案件事实与法条间的'眼光之往返流转'想象为：只是判断者眼光方向的改变，其毋宁是一种思想过程，于此，'未经加工的案件事实'逐渐转化为最终的（作为陈述的）案件事实，而（未经加工的）规范条文也转化为足够具体而适宜判断案件事实的规范形式。这个程序以提出法律问题始，而以对此问题作终局的（肯定或否

〔1〕 ［德］亚图·考夫曼：《类推与事物本质》，吴从周译，学林文化事业有限公司1999年版，第95页。

〔2〕 王立达：《法释义学研究取向初探》，载《法令月刊》2000年第9期。

〔3〕 ［德］汉斯·普维庭：《现代证明责任问题》，吴越译，法律出版社2000年版，第172页。

〔4〕 ［德］考夫曼：《类推与事物本质》，吴从周译，学林文化事业有限公司1999年版，第87页。

〔5〕 ［德］考夫曼：《法律哲学》，刘幸义等译，五南图书出版公司2000年版，第91页。恩吉施在《法律适用的逻辑研究》（1943）一书中提出如上观点。

定的）答复终。"[1]

在此背景下，传统三段论推理模式所隐含的事实深受规范宰制的局面也发生转变。法官仅将其所知道的法律适用于案件事实，这还不够。他还必须确认，何种事实可以作为其裁判的基础。从逻辑的视角看，在整个判决内，对事实、事实问题的裁断所占的地位和对应于适用的规范、规范的解释和法律问题的裁断所占地位相同。[2] 法官做出判决的过程并非如三段论所显示的那样直接。实际上，无论是大前提还是小前提，都远非固定的前在命题，而是法官从具体案件事实情形的分析，以及从当事人各方为支持其各自主张所提出的论据当中逐步得出[3]。关于如何形成确定法效果的三段论中之小前提，恩吉施分为三个构成部分来说明：[4]

1. 具体的生活事件，实际上已发生之案件事实的想象。

2. 该案件事实确实发生的确认。

3. 将案件事实作如下评断：其确实具备法律的构成要素，或者更精确地说，具有大前提第一个构成部分（＝法律的构成要件）的构成要素。

上述过程往往被称为鉴别（qualification），它构成将规则适用于案件的前提，没有这个过程，三段论即无法运作。[5]

从时间上说，不是形成（作为陈述的）案件事实以后，才开始评断案件事实符合（或不符合）法定构成要件要素，两者毋宁是同时进行的，因为如前所述，在形成案件事实之时，就必须考量个别事实的可能意义。恩吉施将这个关联称为："将拟具体判断的案件与法定构成要件中无疑地涵盖的案件等同处置。"[6] 可以说，三段论的大前提和小前提往往不表现为既定的因素，而是需要人们去认真探索、发现的。法律适用者必须检验他面临的"问题"是否并且怎样在法律秩序的某一个领域中得到规定。他的目光将在事实与法律秩序的相关部分之间来回穿梭。"目光在事实与法律规范间'来回穿梭'是法律适用的普遍特征。"[7] 在探索的过程中，法学家们从事实出发来寻找恰当的规则，然后又回到案件的具体情况中来检验是否一致。"在这有时费时颇久的往返运动中，法学家

---

〔1〕 ［德］拉伦茨：《法学方法论》，陈爱娥译，商务印书馆 2003 年版，第 162～163 页。

〔2〕 ［德］赫尔穆特·吕斯曼："法律论证理论"，张青波译，载郑永流主编：《法哲学与法社会学论丛》（7），中国政法大学出版社 2005 年版，第 121 页。正确的重构事实的规则的核心是证据法。

〔3〕 Steiner, Eva, *French Legal Method*, Oxford；New York：Oxford University Press, 2002, p. 141.

〔4〕 ［德］拉伦茨：《法学方法论》，陈爱娥译，商务印书馆 2003 年版，第 160～161 页。

〔5〕 Steiner, Eva, *French Legal Method*, Oxford；New York：Oxford University Press, 2002, p. 146.

〔6〕 ［德］考夫曼：《类推与事物本质》，吴从周译，学林文化事业有限公司 1999 年版，第 87 页。

〔7〕 ［德］伯恩·魏德士：《法理学》，丁小春、吴越译，法律出版社 2003 年版，第 296 页。

逐步深化着对大前提和小前提的分析，但不能迷失他最终应证明的一致性。"〔1〕

　　在此背景下，人们关于"涵摄"的观念亦发生了某种深刻的变化。恩吉施认为，Subsumtion 首先关心的是把一个具体的案件置于制定法的事实构成之下，但不同时对一个案件群或案件种类这么做。其次是把 Subsumtion 思考成一个新的，第一次的，因此不是作为纯例行采用的 Subsumtion，这种 Subsumtion 经常被用于同类案件。〔2〕因此，恩吉施在 Subsumtion 的通常含义上增加了等置的内容，且重在等置。恩吉施将涵摄界定为，把手头特定个案事实归属于成文法所涵盖的一组事实当中。将某一个案件事实涵摄于某规范的法律要素中，从原则上只是意味着我们将这个新事实跟该规范无疑所针对并进行处理的那些事实相比较。因而法律适用的核心要素是从相似性方面予以对比。〔3〕考夫曼在恩吉施的上述看法基础上提出了他所主张的与"推论模式"相对应的"等置模式"（Gleichset-zungsmodell）。〔4〕在事实与规范相互对应的观念下，考夫曼认为，"涵摄"在此即不能被理解为逻辑的三段论法，而应理解为在规范观点下对特定生活事实的筛选。〔5〕拉伦茨亦认为，作为法律适用基础的涵摄推论，其实并不是将外延较窄的概念涵摄于外延较宽的概念之下，"毋宁是将事实涵摄于法律描述的构成要件之下，至少看来如此"。"如果精确的审视就会发现不是事实本身被涵摄，（又如何能够呢？）被涵摄的毋宁是关于案件事实的陈述。"〔6〕相应地，法律人的才能主要不在于认识制定法，而在于有能力能够在法律规范的观点下分析生活事实。于是，涵摄是指法律适用者在具体化的法律规范与具体的事实状况之间建立一种联系。

　　总之，事实与规范的"来回穿梭"及其由此带来的涵摄观念的根本变化，构成了现今法学家关于法律适用的基本特征主流观点。事实与规范的关系亦不表现为事实备受规范宰制的局面，而是呈现为彼此互动、交融的格局。事实与规范相互对应（来回穿梭）之观念的确立对法律论证具有重要的理论意义。这主要表现为它在内部证成中的意义。阿列克西在谈内部证立时提到：〔7〕一种误解似乎是认为上面所陈述的模型没有足够地考虑到事实与规范之间的互动（关系）。

---

〔1〕　［法］雅克·盖斯旦、吉勒·古博：《法国民法总论》，陈鹏等译，法律出版社 2004 年版，第 40 页。
〔2〕　［德］卡尔·恩吉施：《法律思维导论》，郑永流译，法律出版社 2004 年版，第 60~61 页。
〔3〕　Hilgendorf, Eric, *On some problems of the theory of legal argumentation*, in Zenon Bankowski et al（eds）*Informatics and the foundations of legal reasoning*, Kluwer Academic Publishers, 1995, p. 162.
〔4〕　［德］卡尔·恩吉施：《法律思维导论》，郑永流译，法律出版社 2004 年版，第 60 页。
〔5〕　［德］亚图·考夫曼：《类推与事物本质》，吴从周译，学林文化事业有限公司 1999 年版，第 87 页。
〔6〕　［德］拉伦茨：《法学方法论》，陈爱娥译，商务印书馆 2003 年版，第 152 页。
〔7〕　［德］阿列克西：《法律论证理论》，舒国滢译，中国法制出版社 2002 年版，第 283 页。

也就是说，它太片面地从有待展开的规范出发，因而不能胜任'目光循环往复的游动'（Hin – und Herwandern Blickes）之要求。其实，情况根本不是这么回事。为了证立每个具体推导展开步骤所需要的规则，就必须既深入思考事实的特征，又深入思考规范的特性。这是外部证成所进行的事情，在这个证成活动中，所有法律论辩所允许的论述都是可能的。阿列克西进而认为，如果我们愿意的话，内部证成有待论述的规则即在规范与事实描述的鸿沟之间架起桥梁，而这些有待论述的规则可以被看作是这个以目光循环往复的游动形象为特征的过程之结果。由此可见事实与规范相互对应之观念对于内部证立的作用。而内部证立的问题过去一般是在所谓法学三段论法的概念下予以讨论。[1] 其实，内部证立的经典模型是亚里士多德的三段论（肯定式）：第一个前提包括了判决之"规范基础"，第二个前提则是"事实"。该推论之逻辑形式保证了结论从前提中得出。当且仅当从适用于该案的规范（P1）以及待决案件的事实之描述（P2）中推出，某法律判决（C）才更为简明的得以内部证立。根据传统的三段论逻辑，结论（C）可以从前提（P1）以及（P2）中推出：若前提为真，结论亦然。每个法律判决皆可事后以极为独立于其被发现的方式书写为三段论的形式。[2] 因此，在事实与规范相互对应的法律适用观念下，三段论推理继续在法律论证，尤其是在内部证立当中起作用。其理由如王鹏翔所论，演绎模式的说理所表达的只是对于法律论证最低限度的理性要求。任何一种忽略或违反演绎模式说理规则的论证都很难被视为是一个好的或成功的法律论证。因此，演绎模式对于法律说理的要求虽然比较弱，但这也正是它的长处所在。[3]

（三）三段论推理在内部证立中的运用

在上述背景下，如今人们对三段论推理的理解发生了深刻的变化。简言之，即从将其作为法律发现的最后阶段，转变到大、小前提的确定；从对确定性结论的探求，转变到对推理结构和过程的关注。在法律论证理论视域中，人们一般区分所谓发现的过程（context of discovery）与证立的过程（context of justification）。

---

[1] 阿列克西即曾谈到，与内部证成相关联的问题业已在"法律三段论"这个关键词下被多层面地加以讨论。参见［德］阿列克西：《法律论证理论》，舒国滢译，中国法制出版社 2002 年版，第 274 页。内部证立（成）与外部证立（成）作为法的"证立的过程"（context of justification），区别于作为心理学或社会学层面上的法的"发现的过程"（context of discovery）。

[2] Aulis Aanio, *Reason and authority: a treatise on the dynamic paradigm of legal dogmatics*, Aldershot, Hants; Brookfield, Vt.: Ashgate/Dartmouth, 1997, p. 197. 正是从此意义上，内部证立独立于法的发现过程（context of discovery）。

[3] 王鹏翔："论涵摄的逻辑结构——兼评 Larenz 的类型理论"，载《成大法学》2005 年第 9 期。

具体说来，前者涉及到发现正确的判决结果的过程，后者则涉及该判决结果的证立以及在评价该判决中所使用的鉴定标准；前者可以是一个心理学上的、抑或社会学上的过程。

西班牙法学家 Moreso 也谈到，当且仅当某一司法判决得自于适用于本案的规范，以及对本案件事实的描述，该判决即得以内部证立。依此，司法论证（JA）可采取如下形式：[1]

（1）如果 x 做出 A，那么 x 必须遭受制裁 S

（2）x 做出 A

_____

因此（3）x 必须遭受制裁 S

既然是作为（1）和（2）的演绎性结论，那么（3）就得以证立。虽然它已招致各种批判，不过，众所接受的是，演绎论证在内部证立中起到核心作用。因而，内部证立可被重构为一种逻辑推论。不过，上述内部证立与外部证立的区分，也很容易给人造成一种印象，即将内部证立等同于单纯的逻辑演绎，而认为法律论证的重点只在于前提的获得与证立，至于涵摄则只有技术上的意义：只要能够获得正确的前提，则要推出结论根本不是问题。王鹏翔对这种看法提出质疑。他认为内部证立所关心的虽然是论证的逻辑结构，但其并不只是单纯的逻辑演绎而已。[2] 其实，现代逻辑学的研究成果已经为法律论证的逻辑分析提供了细致的分析工具。法律适用再不能被简单化约为大前提（法律规范）、小前提（案件事实）和结论（判决）这三个部分。"只给三个部分留了位置的人，必须让超出这三者之外的东西发生。"[3] 如果说那种简单的三段论模式适合 2000 多年前的逻辑学状况，那么现代逻辑学所提供的工具则允许人们对推理的诸多前提进行区分，并将其用于司法判决的正当化过程。上述三段论法仅是涵摄的最简单形式，如果小前提的事实描述跟大前提之构成要件中所使用的概念并不一致的时候，即需透过诸如语义解释的手段来增进新的前提，直到使二者能够合乎逻辑地联结起来，才能使这个涵摄过程成为一个有效的推论，使整个论证过程完满。

当今逻辑学在很大程度上克服了传统方法论的缺陷与局限，已经从语形的研

_____

[1] Jose Juan Moreso, *Legal Indeterminacy and Constitutional Interpretation*, Kluwer Academic Publishers, 1998, p. 16.

[2] 王鹏翔："论涵摄的逻辑结构——兼评 Larenz 的类型理论"，载《成大法学》2005 年第 9 期。

[3] ［德］赫尔穆特·吕斯曼："法律论证理论"，张青波译，载郑永流主编：《法哲学与法社会学论丛》（7），中国政法大学出版社 2005 年版，第 108 页。

究逐渐扩展到对语义和语用的研究。尤其是在法律论证中，这一点显得更为重要。如哈贝马斯认为："一种承担这种任务的论辩理论不能够局限于从逻辑—语义学的角度来探讨法律商谈。按这种思路，当然可以解释逻辑推理规则，语义学规则和论辩规则。但是，这些规则中的最后一种已经指向了一种语用学的观念，因为它们包含着图尔明（图尔敏——引注）所研究的那些规则，亦即对于论辩具有重要意义的传递规则"[1]

以哈贝马斯的理论为重要思想渊源的阿列克西在法律论证理论中，内部证立的最简单形式（或者说法学三段论的逻辑结构）被形式化如下：

（J. 1. 1）(1)（x）（Tx → ORx）

(2) Ta

(3) ORa　　　　　(1)，(2)

阿列克西将这一图式看作是法学三段论的变体。其中，（1）是一个普遍规范，（2）是对规范所描述的法律后果的适用的实际情况的描述，而（3）则是判断，是有关法律后果的规范性陈述。"x"是自然人和法人范围内的个体变项；"a"代表着个体常项，如某个专有名称；"T"是任一复合谓词，它将规范（1）的事实前提概括为人的属性；"R"同样也是任一复合谓词，它表达的是规范所涉主体必须要做的事情。不过，（J. 1. 1）仅能适用于一些简单的法律问题，而不足以来解决所有更复杂的情形，比如一个规范包含多个可选择的构成要件特征之情形。于是阿列克西进而提出了适用范围更广的复杂的内部证立形式：

（J. 1. 2）(1)（x）（Tx →ORx）

(2)（x）（$M^1x →Tx$）

(3)（x）（$M^2x →M^1x$）

(4)（x）（Sx →M^nx）

(5) Sa

(6) ORa　　　　　(1) － (5)

王鹏翔认为，上述证立形式虽尚未考虑到含有多个构成要素或法律效果内部

---

〔1〕 ［德］哈贝马斯：《在事实与规范之间——关于法律和民主法治国的商谈理论》，童世骏译，三联书店 2003 年版，第 277 页。

的复杂形式，但其已将涵摄的逻辑结构清楚地表达出来。[1] 如果说（J.1.1）至少满足了阿列克西提出的可普遍化这一实践理性原则所规定的证立要求，那么阿列克西同时也为内部证立的复杂模式的（J.1.2）规定了两条规则：

1.（J.2.4）需要尽可能多地展开逻辑推导步骤，以使某些表达达到无人再争论的程度，即：它们完全切合有争议的案件。

2.（J.2.5）应尽最大可能陈述逻辑的展开步骤。

内部证立的复杂模式显示出，涵摄的过程往往不是简单的三段论形式，而是含有多个前提的推论，因此跟上述精确地表达了涵摄的逻辑结构的复杂模式相一致，即需要如上尽可能充分地展开逻辑推导步骤这样的证立要求。总体上，可以说，阿列克西是在承认三段论模式的基本论证结构的同时，在法律论证理论中进一步引入了实践论辩与实践理性原则。王鹏翔在重新检视传统的涵摄与法学三段论的基础上，亦主张运用更为精确的逻辑工具，来恰当地分析法律适用的逻辑结构，由此提出了"涵摄的演绎模式"。该模式代表了法律论证之内部证立的复杂形式。而这种内部证立除了逻辑推论（即具体的法律效果须从论证的前提合乎逻辑的推导出来）之外还有其他的要求，这些要求包括如下三点：[2]

1. 论证的前提必须一致无矛盾。

2. 论证的前提必须至少包含了一条普遍性的规范与一个描述具体案件事实的语句。

3. 如果案件事实的描述和法规范的构成要件之间存在裂缝，则必须引入语义解释来加以弥补，直到对于具体事实是否该当于构成要件没有疑义为止。

这三条可以简称为一致性要求、可普遍化的要求、完备性的要求。显然，这种观点来自于阿列克西的法律论证理论。其他论证理论家亦曾论及三段论形式在论证中的运用。如芬兰法学家阿尔尼奥在探讨法律解释之证立（正当化）时，以一个例子说明：[3] 成文法 L_i 表达了如下规范"如果 F_1，那么应当 G_1"。某法学者 A 就该成文法 Li 以下述方式提出观点：在 f 之情形，应为 G_1，我们且称此观点为解释 I_1，在此情形中一个自然的问题是：何以结论 G_1 应当只关乎事实 f？学者 A 可能回答说，法律文本中的 F_1 意指 f，并且也就如此。因此 A 给出了他的论证中的第一级论证。这部分推理可以事后写为三段论的形式：

---

〔1〕 王鹏翔："论涵摄的逻辑结构——兼评 Larenz 的类型理论"，载《成大法学》2005 年第 9 期。

〔2〕 王鹏翔："论涵摄的逻辑结构——兼评 Larenz 的类型理论"，载《成大法学》2005 年第 9 期。

〔3〕 Aarnio, Aulis, *The rational as reasonable, a treatise on legal justification*, D. reidel publishing company, 1987, pp. 120~121.

三段论 I

PR₁：法律文本 L_i 规定：如果 F_1，那么应 G_1

PR₂：$f \in F_1$

————————————

C：在 f 之情形，应为 G_1

前提 PR₂ 把法律文本 L_i 与其解释 I_1 联系起来。因此，在这个三段论中，第二个前提 PR₂ 有初级论证的作用（图表 1 中的 p_1）。讲话对象 B 可以追问，是否 $f \in F_1$ 以及为什么不是 $f' \in F_1$？为回答这个问题，A 必须引出支持这个陈述"$f \in F_1$"（PR₂）的论证。这部分论证也可以重构成三段论的形式：

三段论 II

PR₁：在 L_i 时，如果立法准备资料规定说"$f \in F_1$"，那 L_i 适当的解释是 I_1，比如即应"如果 f，那么 G_1"。

PR₂：立法准备资料规定说："$f \in F_1$"

————————————

C：根据立法准备资料，对 L_i 的解释就是："如果 f，那么应当 G_1"

在法律教义学的日常实践中，结论 C（I_1）常常担当某一独立论证的作用。某学者只援引成文法的立法史。不过，该论证的基础是上面提到的三段论。换言之，论证链条的每一步都总有一种内部证立。通常，在此论证链条中的每一步都应重构一个完整的、逻辑有效的论证。为使该链条完整，三段论 II 本身可被描述为一个次级论证（a second - level argument）。支持某个论证的其他各个论证同样可以三段论的形式来书写。从此意义上，内部证立和外部证立即彼此联系在一起了。[1]

三段论逻辑在内部证立中起作用，这一点为不少法学家所承认，但就外部证立能否被重构为逻辑有效的论述，则看法各异。阿列克西主张无论是内部证立还是外部证立，都应被重构为逻辑有效的论述。而在阿尔尼奥看来，关于法律解释的外部证立无法成为一个演绎有效的三段论或者一组演绎有效的三段论。"人们无法鉴别出法律共同体所接受的任何规则，并依此规则从某些三段论整体当中推出最终的结论。论证的链条中不同的三段论之间的内在三段论关系并不存在。这

————————————

[1] Aulis Aarnio, *On rational acceptability, some remarks on legal justification, in Law, interpretation, and reality: essays in epistemology, hermeneutics, and jurisprudence* / edited by Patrick Nerhot, Dordrecht; Boston: Kluwer Academic Publishers, 1990, p. 77.

里是整个法律解释的核心。外部证立根本不是三段论。"[1] 相反，法律解释总是可被理解为是一种对话。A 为某结论 I_1 提出某种赞同的论据，而 B 持有反对的立场。无论是赞同还是反对的立场，均可是个三段论，或者是基于这种推理。但是人们无法仅仅从作为前提的三段论当中演绎出最终的结论。外部证立本身不是三段论式的推理。它是个让对象 B 接受该最终结论 I_1 的问题。因而在阿尔尼奥看来，核心问题即转变到关于法律解释的接受和可接受性上了。

（四）三段论推理在法律论证中的理性重构

三段论推理的重心既然已经从对确定性结论的寻求，转向对做出决定或判断的过程与结构上来，那么这一过程或结构的合理性与可接受性何在？在具体的裁判中，又如何保证其合理性与可接受性。在阿尔尼奥看来，外部证立中，必须重构使三段论完整（在此，内部证立之前提已经得到支持）所需要的那种要素。一个完整三段论的论述之链的每一步都应当予以重构。依阿尔尼奥之见，完整三段论的所有隐含要素都应予以明晰。[2] 通过将某些隐含前提明晰化，这种复杂的论证结构可重构为逻辑有效的论证之链。它把原本被过分简化的三段论论证过程，通过这种理性重构的方式，在单纯的法律规范与案件事实的描述之外，加入了额外的前提。这样即把原本被隐含的诸多推理步骤凸显出来，从而将推理的过程精致化。法律论证中之所以需要进行理性重构，其中原因比较复杂。在西方法学家中，佩策尼克对此做过深入的理论分析和建构。佩策尼克的"法律转换理论"（theory of transformation in law）深刻地揭示出法律推理作为非演绎性"跨越"（jump）的观点。佩策尼克认为，所有的人类知识及其正当化的评价都立足于转换（transformation），即立足于从某一层面到另一层面的跨越（jump）。在法律领域，佩策尼克认为，当且仅当下列条件得到满足时，某一转换（跨越）得以发生：[3]

p 被提出作为 q 的理由和
p 并不演绎性地衍推出 q

[1] Aulis Aarnio, *On rational acceptability, some remarks on legal justification*, in *Law, interpretation, and reality: essays in epistemology, hermeneutics, and jurisprudence* / edited by Patrick Nerhot, Dordrecht ; Boston : Kluwer Academic Publishers, 1990, p. 78.

[2] Eveline T. Feteris, *Fundamentals of legal argumentation, a survey of theories on the justification of legal decisions*, Kluwer Academic Publishers, 1999, p. 194.

[3] 以下的论述主要参照了 Aulis Aarnio, Robert Alexy and Aleksander Peczenik, *The foundation of Legal reasoning*, in *Legal reasoning* / edited by Aulis Aarnio and D. N. MacCormick, Dartmouth Publishing Company, 1992.

在法律现实化过程中，虽然需要经历从法律理念到法律规范，以至法律判决的过程，但是从抽象层面的法律理念到具体层面的法律判决并不是可以直接地演绎出来，在此过程中存在着某种知识上的断裂。这就需要通过论证，对此断裂予以弥合。在法律领域中，从抽象的一般规范到具体的结论之间同样存在类似的断裂或跨越。依佩策尼克之见，各层次的证立中的隐含要素都应予以补足。首先，所有转换都应予以明晰。疑难案件中，从对事实与规则的描述到最终的判决结论之间存在一种跨越。通过完成某一转换，基于跨越的某一论证才能是演绎有效。法律论证旨在对这种跨越进行正当化。

运用"转换"之概念，佩策尼克试图回答如下问题，即在疑难案件中（即判决无法演绎性地由对事实以及相关规则的描述当中得出），某一司法判决如何予以证立。在他看来，某一判决只有当前提被普遍接受，结论才从前提中合乎逻辑地得出。由于对法律规则的解释或新建构的规则并非真实或被普遍接受，疑难案件中的判决并不合乎逻辑地从前提得出。因此，在疑难案件中，从对事实与规则的描述到最终的判决结论之间存在一种跨越。在此跨越中完成了某种转换，即原来的规则已经被改变，或者一种新规则已被建构出来。为了将该跨越证立（正当化），就需要表述某种转换规则，以使该论证完满并且演绎有效。[1]

在这种疑难案件中，判决并非演绎性地从前提中得出。而是要从事实（p）到判决（q）之间做出一种跨越。为此，法官需要完成一种转换（transformation）。法官在解释法律规则时，这种转换意味着该法律规则被改变。当法官创制了一个新规则，转换就意味着增加了一个前提。依佩策尼克，如果只有通过增加一个并非普遍接受的前提，才能使从法律规则和对事实的描述的步骤演绎有效，这就完成一个转换。[2] 通过完成某一转换，基于跨越的某一论证才能是演绎有效。这种转换包括了对一般前提的改变，或增加一个或多个前提，由此使论证完满。

佩策尼克给出了如下例子，以论证通过某一转换，可以进行演绎有效的跨越。[3] B 是位于某军事重镇地区一家旅店的老板。1940 年该地区跟外界封闭起来并有一支部队驻扎于此。依瑞典法律，国家对封锁该地区所造成的损失不予以赔偿。最高法院因此驳回了原告的赔偿请求。1950 年在一桩新的诉讼中，B 请

〔1〕 Eveline T. Feteris, *Fundamentals of legal argumentation*, *a survey of theories on the justification of legal decisions*, Kluwer Academic Publishers, 1999, p. 159.

〔2〕 Eveline T. Feteris, *Fundamentals of legal argumentation*, *a survey of theories on the justification of legal decisions*, Kluwer Academic Publishers, 1999, p. 140.

〔3〕 Eveline T. Feteris, *Fundamentals of legal argumentation*, *a survey of theories on the justification of legal decisions*, Kluwer Academic Publishers, 1999, p. 142～143.

求赔偿，此番并非因为封锁该地区而致损，而是由于无法营业，而这又因未经其许可动用其财产用于军事目的。最高法院判决国家有责任赔偿其部分损失。多数意见以为：尽管封锁该地区的措施本身使得不可能从事营业，虽然以前的判决拒绝对此损失予以赔偿，但"在对财产的军事征用……跟损失之间的因果关系是明显存在的，因此……国家有责任……来赔偿 B 的损失"。（NJA1953，p. 42）

依佩策尼克的见解，最高法院的论证可重构如下：

前提 1：f
前提 2：如果 g，那么 q
结论：q

在此论证中，前提 1：（f）表示国家行为，即军事征用是对于损失的多余的因果性因素。前提 2："如果 g，那么 q"是一成文法规范，依此，致损一方有责任予以赔偿。前提 3："如果 f，那么 q"是隐含的，是被最高法院添加出来的。也就是说，如果国家行为是对于损失的多余的因果性因素，那它就是个致损的理由。考虑到有关未经许可使用 B 的财产的不许可性，这一前提被进一步予以支持。最后，结论 q 是说，国家有责任赔偿该损失。这个论证即基于从"f"和"如果 g，那么 q"到"q"的跨越，因为它并非演绎有效。通过进行转换来补足如下前提，该论证即为演绎有效：

前提 3：（如果 f，那么 g）

依佩策尼克的观点，这个论证是基于一种跨越，因为补充的前提 3 并非普遍接受，而前提 2 是基于来自成文法的普遍接受的某法律规则。佩策尼克所讨论的转换和跨越之概念揭示出，尽管通过进行转换来补足有关前提，某一论证从整体结构上呈现出演绎有效的推导过程，但是因为补充的前提往往并非普遍被接受，因此，法律论证之进行，其实并不是一种单纯的逻辑推导关系。司法裁判中，三段论推理在法律论证中的重构又会呈现出复杂多样的模式。如美国法学家亚狄瑟区分了简略三段论与复合三段论。

简略三段论乃是省略某个前提或结论的论证形式。亚狄瑟认为，许多法律观念和司法意见都是简略三段论法（enthymeme，"缺省三段论"），因为其前提或结论是显而易见且被普遍了解的（或是被认为是显而易见且被普遍了解的）。而

且这种论证往往被压缩成一个句子，如 Blackmun 法官在"罗伊诉韦德"案中表示：[1]

不论隐私权是如我们所认为的由第 14 修正案中关于个人自由与对国家行为限制的概念所创立，或是如巡回法院所判定的是由关于人民权利保留的第 9 修正案所创立，都足以包含让一名妇女做出是否终止其怀孕状态的决定。

这个简略三段论法的推理中隐含了以下三段论法：

大前提：第 14（或第 9）修正案确保隐私权。

小前提：一名妇女做出终止其怀孕状态的决定是由隐私权所保障。

结论：因此一名妇女做出是否终止其怀孕状态的决定是由第 14（或第 9）修正案所保障。

但是，实际情形中的案件往往呈现出复杂的样态。法律规则与待决案件事实越复杂，法律三段论也会更为精致复杂。在多数情形中，不同的三段论可以某种方式相互连在一起，以至于三段论 1 的结论可成为三段论 2 的大前提。这就是复合三段论法。复合三段论法是一连串三段论，其中一个的结论是下一个的前提。在这一连串三段论中，当某三段论的结论成为下一个三段论的前提，这个三段论就被称为"前三段论"（prosyllogism）；若这个三段论的前提是前一个三段论的结论，那么该三段论就被称为"后三段论"（episyllogism）。如果这一连串三段论包括一个以上的三段论，那么除了第一个和最后一个以外的每个三段论都既是前三段论也是后三段论。[2] 裁判中的三段论重构最终将体现在判决书的判决理由当中。判决理由的证立模式在当今各国有不同的表现。和三段论的法律论证重构相关，有学者从证明的宏观结构或证明逻辑上进行分析，大体上可以概括为以下模式：[3]

1. 简单归摄模式。在简单归摄模式（simple subsumption）中，判决证明被归结为一种逻辑三段论架构。判决书仅仅陈述的是法律规则、相关的事实以及判决结论。以法国的判决书为代表。具体可以用如下符号表示：

大前提：Tx – Jx（所有满足构成要件的对象 x，有 J 的法律效果）

小前提：Ta（a 为某一满足构成要件 T 的对象 x）

〔1〕 ［美］亚狄瑟：《法律的逻辑》，唐欣伟译，商周出版社 2005 年版，第 83 页。

〔2〕 ［美］亚狄瑟：《法律的逻辑》，唐欣伟译，商周出版社 2005 年版，第 87 页。

〔3〕 张志铭：《法律解释操作分析》，中国政法大学出版社 1999 年版，第 204～206 页。

结论：Ja（法律结果 J 归属于 a）

2. 复杂归摄模式。在复杂归摄模式（sophisticated subsumption）中，法院判决提供一种更长、更详尽的证明。尽管判决仍然是从一定前提逻辑演绎的结果，但对前提的陈述复杂而详尽，这些前提由"次级前提"来证明。该模式广泛流行于德国、芬兰、意大利和波兰等大陆法系国家。复杂归摄模式的逻辑结构可以用符号表示如下：

大前提：Tx – Jx（所有满足构成要件 T 的对象 x，有 J 的法律效果）
小前提 1：T1x – Tx（对构成要件 T 的第一层次的解释）
小前提 2：T2x – T1x（对第一层次构成要件 T 的解释）
…………
小前提 n：Tnx – Tn – 1x（Tn 为构成要件 T 的最终层次的解释）
小前提：Tna（a 为某一满足对构成要件 T 的最终解释 Tn 的对象 x）
结论：Ja（法律结果 J 归属于 a）

这一模式反映了一种从权威—服从方式向对话—服从方式的转变，判决书被看成是对当事人提出的论点或主张的回答。

（五）三段论逻辑在法律论证运用中的局限性

本文在最后部分，对三段论推理在法律论证中的运用予以反思。前文的分析都是基于这样的前提，即肯定三段论推理在法律论证中的作用。不过，如果更为全面去审视的话，那么三段论推理的方法在法律论证中起作用的同时，其运用也是有一定局限性的。这是因为，三段论推理作为一种逻辑学的方法，毕竟仅是诸多法律论证方法当中的一种。它只能在自身合理的范围内发挥作用。一般而言，论证可以从两个方面进行研究：①涉及论证的一致性，这种一致性是通过逻辑进行检验的。②涉及到所提出的论据的可信度与说服力。[1] 三段论逻辑主要关乎法律论证的一致性和形式有效性。而对内容的可接受性与正当性则无法兼顾。因

---

[1] Hilgendorf, Eric, *On some problems of the theory of legal argumentation*, in Zenon Bankowski et al（eds），*Informatics and the foundations of legal reasoning*, Kluwer Academic Publishers, 1995, p. 161. 波斯纳同样认为存在两种基本的说服方法："一方面是逻辑，它不能用于决定困难和重要的案子；而在另一方面是修辞的伎俩。在逻辑说服和修辞说服这两个极端之间还有很多种方法可以取得合理真实的信念，这些信念仍然是理性的，尽管并不是严格的或者精确的。这就是实践理性的领地。"参见［美］理查德·A. 波斯纳：《法律与文学》，李国庆译，中国政法大学出版社 2002 年版，第 361 页。

此，就有人担心，逻辑的严格性将伤害到法律的适应性，妨碍法官在个案中发现公正的解决办法。德国法学家诺伊曼认为，一方面，逻辑在作为论证科学的法学中理所当然的必要，但是另一方面，"不应期待从逻辑演算运用中获得知识"。人们可以把逻辑理解为理性论证规则的重建，但它不能相反地被提升为理性论证的标准。[1] 诺伊曼同时认为："一如法律判决建立的逻辑结构很少与法律约束的相关，事实显示，违反法律（contra legem）的判决，也能以一个法律三段论的形式被重建。"[2] 可见，逻辑学的方法在分析、重构和评价法律论证中的作用有限。因为法律论证之合理性除了形式标准以外，还要求一定的实质标准。另外应指出的是，即便是在逻辑学的方法中，法律论证中运用的三段论逻辑也不过是其中运用到的一种逻辑形态。换言之，并非所有的论证都是作为三段论来进行分析，现代逻辑发展出不同的逻辑系统如命题逻辑、谓词逻辑等，用于对法律论证的重构。[3] 逻辑学方法的局限性还在于："形式逻辑无法用来评估用自然语言形式表达的某一论述是否有效。形式逻辑只能说明那种其论述是有效的证立的解释。"而且，"形式上的分析和评价只涉及作为'一种结果'的论证，涉及前提支持结论的方式，而不涉及论证的'过程'，即人们提出支持性或反对性的论据所进行的论辩。一种独白式的形式分析不会考虑那种论证得以发生以及论据和观点作为前提和结论来进行分析的论辩的语境。"[4]

总之，作为一种逻辑学方法的三段论形式对法律论证的形式分析和评价固然颇为重要，但是它并不提供那些用以评估法律论证实质方面和程序方面的规范。而这就是修辞、对话等其他法律论证方法的用武之地。

---

〔1〕 ［德］考夫曼等主编：《当代法哲学和法律理论导论》，郑永流译，法律出版社 2002 年版，第 339 页。

〔2〕 ［德］考夫曼等主编：《当代法哲学和法律理论导论》，郑永流译，法律出版社 2002 年版，第 332 页。

〔3〕 Eveline T. Feteris, *Fundamentals of legal argumentation, a survey of theories on the justification of legal decisions*, Kluwer Academic Publishers, 1999, p. 29.

〔4〕 Eveline T. Feteris, *Fundamentals of legal argumentation, a survey of theories on the justification of legal decisions*, Kluwer Academic Publishers, 1999, pp. 38～39.

第六章　裁判中的利益衡量

自 20 世纪初赫克创立利益法学以来，利益衡量就不断被人们所提起。到了今天，它已成了一个至少在私法领域被人们（不论是学术界还是实务界）广泛使用的方法。乃至于甲斐道太郎不无感慨地说道："今天，在进行法律解释的时候如果完全不使用利益衡量，简直让人无法相信。"[1] 比如在德国，关于"一般人格权"的界定问题，不论是学术界还是实务界都认为必须要在特定的程序上进行利益衡量，联邦法院的一个判决更是直言不讳地说到，这个利益权衡原则必须具有决定性意义。[2] 然而就是这个在今天看来的"平常之事"，在 19 世纪的欧洲人的眼里却是一个不被允许，甚至是不可思议之事。因为当时的欧洲正笼罩在概念法学的阴影之下，他们的理论包含有两个信条：①法官不许造法；②法官也不许在法律上沉默，即禁止造法和禁止法律沉默，在逻辑上必以第三种信条为前提，即制定的法律秩序是一个封闭的无漏洞之整体。[3] 带着这份自信，概念法学的法律解释的对象被严格限定在了实定法秩序之内，亦即只探求实定法秩序的客观意义，[4] 而将风俗、习惯、道德这些非实定法的其他社会规范全部排除在外，更妄谈对案件事实中诸利益的比较衡量了。因此，在概念法学或者实证法学者的法律解释那里，利益衡量不仅是无用的而且也是被禁止的。那么，利益衡量的思想是如何产生的呢？关于它的理论有哪些？利益衡量对法律解释而言是否必要？如有必要，作用是什么？它在法律解释中应该如何操作？就是本章所欲回答的问题。在论说之前，我们有必要先对利益衡量的意义做一个简单的界定，但这并不是一件很容易的事情，因为学界对此有很多不同的看法，但一般说来，所谓利益衡量，就是在解释、适用法律的时候着眼于当事人的利益状况的做法，[5] 亦即在裁判之时对案件及其相关的事实中所包含的各种利益进行比较衡

---

〔1〕［日］甲斐道太郎：《法の解釈と実践》，法律文化社 1977 年版，第 91 页。

〔2〕［德］梅迪库斯：《德国民法总论》，邵建东译，法律出版社 2000 年版，第 807 页。

〔3〕［德］考夫曼等主编：《当代法哲学和法律理论导论》，郑永流译，法律出版社 2002 年版，第 116 页。

〔4〕［日］峰村光郎："法解釈学と法社会学"，载加藤新平等编著：《法解釈学》，有斐阁 1962 年版，第 4 页。

〔5〕［日］大村敦志：《民法总论》，张利艳、江溯译，北京大学出版社 2004 年版，第 94 页。

量，做出何者应优先保护的决定。

一、利益衡量方法的知识背景

由亚里士多德所开创的逻辑三段论，通常被看作是法律适用的一般逻辑。亦即，法律规范是大前提，经确证的案件事实是小前提，然后经过逻辑推理得出结论。这表明一个法律判决的产生由三个因素决定——规范、事实和操作这一切行为的法官。对此三者倚重的不同，造成了不同的法理念，并对法学研究方法与司法裁判方法产生了重要的影响。按照李宜琛的说法，民法的研究方法大致有两种：法律学的方法和社会学的方法，[1] 划分的标准就是对此三要素的偏重程度的不同。重视法律者是法律学的方法，主要以实定法为研究对象，依文字解释与逻辑解释的方法，综合分析，以阐明法律之精义，表现在司法上就是严守三权分立的理论，强调法官对法律的忠诚，追求逻辑推演形式的完美，法官被囿于法律和案件两个客观的范围，就像自动贩卖机，从上面投入事实，在其中适用预先决定的所谓法律规定，然后从下面自动出来结论，整个过程不允许法官的任何主观判断。[2] 由萨维尼所开启的实证法学方法论，以及由此发展而成的概念法学、分析法学是其典型代表。该说在 19 世纪虽曾风靡一时，但诚如考夫曼所言，这是"一种纯粹的客观认知概念，此种对于法律创设的禁止或逻辑的前提，是以法律秩序毫无漏洞的理论为基础"[3] 的，现实却是人类限于理性的边界，根本不可能预先制定出毫无漏洞的法律，而且由于作为承载法律的符号——文字自身的局限，往往使法律陷入模糊不清的境地，这都使法官的价值判断或自由创造成了裁判的必需。要进行价值判断或自由创造，就必须要突破法律的局限，把视野扩展至决定裁判的其他两个因素：事实和法官。

19 世纪末 20 世纪初以来，对概念法学或者分析法学所展开的猛烈抨击，所依据的也正是从事实或者法官角度出发对法律的重新解读，新兴的社会法学、利益学、自由法学运动、美国的现实主义法学运动是其典型代表。尤其是自由法学的先驱——耶林主张社会才是真正的立法者，认为法与社会目的相连，并从社会目的中获得内容，[4] 从而把人们的视线从法律的逻辑构造，引向了社会，面向了事实。现实主义法学的卢埃林则呼吁把法律研究的重点从规则的研究转向对

---

[1] 李宜琛：《民法总则》，中国方正出版社 2004 年版，第 29 页以下。
[2] 梁慧星：《民法解释学》，中国政法大学出版社 2000 年版，第 313 页。
[3] ［德］考夫曼：《法律哲学》，刘幸义等译，法律出版社 2004 年版，第 40 页。
[4] ［德］考夫曼等主编：《当代法哲学和法律理论导论》，郑永流译，法律出版社 2002 年版，第 166 页以下。

司法人员（特别是法官）的实际行为的研究，认为司法人员在解决纠纷时的行为就是法律本身，从而使法官重新走入了法学研究的视野。这两个视野的转变，再加上他们都不约而同地对裁判目的和个案正义的强调，都使法律构成从中心被放逐到了边缘的位置。这种对事实的关注，以及对法官价值判断的承认都促使了利益衡量理论的产生。事实的内容有很多，但成为法之对象的，却通常只是某些利益的对立和冲突，因为只有它们才构成了作为裁判对象的纠纷。另外，价值判断在实践中的突出表现就是利益衡量。法官对事实中利益的价值判断就是司法衡量。于是一种被称为利益衡量的方法伴随着赫克利益法学的创立在 20 世纪初被人们所提起，在上世纪 60 年代中期的日本更是出现了一种被称为利益衡量论的新思想，在日本的学界和司法实务界产生了极大影响。从德国和日本学者对这两种知识下的利益衡量的比较来看，[1] 德国的利益衡量和日本的利益衡量论有着很大的不同，形成了两种关于利益衡量的知识，有对它们进行梳理、比较的必要。

（一）作为方法的利益衡量

19 世纪末，耶林以对主观权利的重新界定为契机，首次把人们的视线从原先只对法律概念的迷恋，转向了对社会事实本身中利益的关注，指出习惯上被理解为"意思力"的主观权利乃是法律所保护的那些存在于法律之外的利益，[2] 而不是此前人们所普遍认为的权利就是从自由意志理念中做出的逻辑推演。在 1877 年出版的《法的目的》一书中，他进一步明确指出，"目的是整个法的创造者"。他把目的作为了解释法律的最高准则。耶林由此而开创的目的法学对当时的学界及以后的学风影响深远，一些较为年轻的学者也翕然从风，纷纷对传统法学尤其是概念法学提出批评，由此产生了所谓"自由法运动"，强调法律往往因立法者的疏忽、未预见或情况的变更，而发生许多漏洞，此时法官应自由地去社会关系中去探求活的法律。[3]

赫克的利益法学就是在这种背景下产生的，和目的法学、自由法学一样，赫克的矛头也指向了 19 世纪的传统法学尤其是概念法学，把视角从法律转向了社会事实，权威地论述了实践科学以及法学和司法对生活的影响，强调法律的工作不是为了维护法律符号的完美，而是最终应为生活服务，从而使司法过程中逻辑

---

〔1〕　比如，Guntram Rahn, Rechtsdenken und Rechtsauffassung in Japan, 1990；［日］能见善久：《法律学·法解釈の基礎研究》，《日本民法学の形成と課題（上）》，有斐阁 1996 年版等。

〔2〕　［德］魏德士：《法理学》，丁小春、吴越译，法律出版社 2003 年版，第 239 页。

〔3〕　杨仁寿：《法学方法论》，中国政法大学出版社 1999 年版，第 64 页。

的优先地位被对生活的研究和评价所排斥。但与耶林不同的是，赫克进一步把"目的"明确为"利益"，把法律看成了所有法律共同体中相互对峙且为得到承认而互相争斗的物质、民族、宗教和伦理方面的利益的合力；把法律规范理解为立法对需要调整的生活关系和利益冲突所进行规范化的、具有约束力的利益评价。[1]

在法律漏洞问题上，赫克也继承了"自由法运动"中所提出的法律存有漏洞的理论，但在对补充法律漏洞的方法问题上，他却反对自由法学者所提出的通过自由地发现活法来予以补充的方式。理由是法官也是常人，限于自己的经验及人生观，进行自由裁量的漏洞补充，不能为生活所要求的安定性提供保障。但他更加反对以概念法学为代表的保守分子所主张的保护的限定，亦即将法官的工作限定于逻辑的作业，遇到法律无规定的事项，视为立法者不予保护的诸利益。理由是这种方式虽可维持法的安定性，但却很容易使这些利益因而落入法空虚的空间，导致公平性的丧失，使应受保护的利益得不到应有的保护。在他看来，补充法律漏洞的最好方法乃是从属的命令补充，具体说来就是允许法官补充法律漏洞，但不能依法官自己的价值判断，而应受到立法者各种意图的拘束。[2] 这个拘束就是立法者对社会上何种利益应优先保护的评价，亦即法官在适用法律的时候，不仅应尊重法条的文字，还应兼顾立法者的意旨。在遇有法无规定的场合，应自觉地把自己看作是"立法者的助手"，通过现行法来探求立法者所欲促成或协调的利益，亦即探求立法者若在今日对各种利益所有可能进行的取舍，然后以此为标准去对该待决案件中诸冲突利益进行利益衡量，以补充漏洞，得出结论。这就是我们所说的利益法学派所主张的利益衡量。

利益法学派所主张的利益衡量基本上是一种作为补充法律漏洞的方法。其具体操作是透过现行法探寻立法者对利益取舍的评价，并以此为标准来衡量当下案件中相互冲突的诸利益，在尽可能不损及法的安定性的前提下谋求具体裁判的妥当性。通过不是盲从，而是顺从历史上立法者对利益冲突的立法者意思来衡量当下案件中的利益冲突，以做出最后的判决。因此，从某种意义上讲，这种利益衡量的方法很类似于民法解释学中的立法解释的方法，只不过是把立法解释的视角，限定在了对立法者关于利益取舍或者利益评价之上而已，强调对立法者关于利益评价的探求，并以此为标准对当下案件中的诸冲突利益进行比较衡量。

---

〔1〕 ［德］魏德士：《法理学》，丁小春、吴越译，法律出版社 2003 年版，第 240 页以下。

〔2〕 梁慧星：《民法解释学》，中国政法大学出版社 2000 年版，第 70 页。

（二）作为方法论的利益衡量论

日本学者水本浩把利益衡量做了一个广义和狭义的区分，认为前者是任何民法解释中都用到的作为方法的利益衡量，后者则是日本民法解释学所独有的一种法学方法论。[1] 其核心思想是认为民法解释的决定者只应该考虑利益衡量，也就是说，在对某个问题有 A、B 两种解释的场合，决定解释者做出选择的只有利益衡量，既存的法规或者法律构成并不能起到基准的作用。对这种思维方法做出整理、总结的倡导者是加藤一郎和星野英一，下面将两人的主张简要地介绍如下。介绍之前有一点需要说明，那就是虽然在事实上加藤一郎和星野英一的观点就像星野英一自己所说的那样[2]，有着很大的不同，但他们却通常被概括地看作是利益衡量论的共同倡导者，原因就在于他们在如下问题上达成了最基本的一致，而这也正是利益衡量论的核心精神所在。

1. 他们两人都坚持裁判过程中的实质决定论，认为得出裁判结论的不是法律的构成，而是法律之外的其他实质性因素。其具体操作就是主张在形成法律解释抑或法的判断的时候，应该和法条法规、法的构成（理论构成）、法的原则相分离，基于具体的事实做出当下的利益衡量或者价值判断。加藤一郎在这一方面表现的最为明显。他在文章中直言："在最初的裁判过程中，应该有意识地排除既存的法规，在一个全然白纸状态下，考虑这个事件的应然解决。"[3]

2. 关于利益衡量的标准，他们大都主张是法律外在的标准或者超越法律的标准。比如，星野英一就主张用实体法之外的正确的法（自然法）来评价实体法。近年来，日本学界中有人提出把"事件平息的优良"甚至是"现实的合理性"当作价值判断的形式标准更是引人注目。[4]

3. 两人都沿袭日本学者的传统，非常重视在衡量过程中对国民意志以及社会进步潮流的考察，主张在进行利益衡量或者价值判断的时候，应采取普通人的立场，而不是法律家的立场，而且衡量的结果不能违背常识。[5]

4. 两人都主张由利益衡量所得出的结论，并非是最终的结论，而只是一个

---

〔1〕　〔日〕水本浩：《现代民法学の方法と体系》，创文社 1996 年版，第 136 页。

〔2〕　〔日〕星野英一：《民法の焦点》，有斐阁 1996 年版，第 97 页以下。

〔3〕　〔日〕加藤一郎：《民法における论理と利益衡量》，有斐阁 1974 年版，第 25 页。

〔4〕　〔日〕竹下贤："比较法视野下的法律论证理论"，载日本法社会学学会编著：《法社会学》（总第 45 号），有斐阁 1993 年版。

〔5〕　〔日〕星野英一："民法のしかたとその背景"，载星野英一：《民法论集》（第 8 卷），有斐阁 1996 年版，第 204 页。

在随后的理由附随过程中必须要进行检验的一个假设结论。[1] 所谓理由附随就是要在现有的法律法规中找寻法律上的依据，并且要把通过利益衡量得出的结论按照仿似是依据法律做出判决般地说出。因此，他们都明确表示，对于法的判断，除了上面实质的理由以外，还应该附有基于法规做出判断的形式理由。至于如何把结论和法规相结合，亦即法律解释或者理论构成的方法，他们两人都没有展开详细的论述。只是加藤一郎曾经指出，同一个结论有可能会从复数的理论构成得出，应该从它们中间选择哪一个，是"由哪一个理论构成最适合实际情况，以及最具有说服力等因素来决定的"。[2] 这样先经过利益衡量得出结果，然后再用理论构成对其进行验证，通过两者之间不断的试错过程，最终达至了最后的判断。

可见，以加藤一郎和星野英一为代表的日本学者所提出的利益衡量论，并不仅仅是一个关于如何通过对立法者的利益评价的探寻来补充法律漏洞的法律解释方法，而是一个指向整个裁判过程的法学方法论。其核心精神是，强调决定裁判的实质因素不是法律的构成，而是裁判者对案件事实中诸冲突利益所进行的利益衡量。具体操作是先在一种与现行法规相隔离的状态下，以普通人的立场，依据超越法律的标准，对案件事实中诸冲突利益进行比较衡量，得出一个初步的决断。然后带着这个决断回到现行法律法规中，其目的一方面是为了寻找现行法律上的依据，增加自己决断的说服力；另一方面也是为了用现行的法律法规来对自己先行得到的决断进行检测，经过两者之间不断的试错过程，最终得出尽可能合理、合法的判决。

（三）两者的比较

关于利益衡量的两种知识的相似点有如下几个方面：①无论是利益法学派所主张的利益衡量还是日本学者所主张的利益衡量论，都发端于对概念法学的批判，批判的焦点都是对概念法学所主张的法律的自足性的怀疑，认为法律是存有漏洞的，单靠法律是无法解决所有社会冲突的；②作为解决方案，它们都主张把视角从法律转向社会事实本身，尤其是转向社会冲突背后作为实质的利益的冲突，指出对社会冲突的解决从根本上讲就是对案件中相互冲突之利益的调和，因此都强调利益衡量在裁判过程中具有决定性意义。但是，在论及应如何进行利益衡量的时候，两者却在利益衡量的标准、立场等问题上发生了严重的分歧。正是这些分歧，以及这些由分歧所体现出的法意识、法理解的差异，才使它们变成了

---

〔1〕 ［日］加藤一郎：《民法における论理と利益衡量》，有斐阁1974年版，第27页。

〔2〕 ［日］加藤一郎：《民法における论理と利益衡量》，有斐阁1974年版，第21页。

两种完全不同的知识。具体说来，这些不同主要有以下几点：

1. 两者的知识来源不同。利益法学的知识来源主要是耶林的目的法学以及由此而带来的"自由法学运动"的主张，而日本的利益衡量论的产生则主要受美国现实主义法学的影响，因此它带有一种强烈的规则怀疑主义情结，推崇那种不首先考虑规则，而应根据问题来探讨结论的思维方式。这是两者的根本差异之所在。

2. 两者的产生背景不同。利益法学产生于当时的学者对作为自身传统的概念法学的批判与反思，而日本的利益衡量论虽然从表面上看，也是对从德国继受来的概念法学的批判，但其更深层次的原因则是从石坂音四郎以来日本学者对自身法律移植的反思。和所有法律移植的国家一样，作为舶来品的西方法律思想、法律制度，也与日本自身的传统、社会构造以及市民的法意识产生了激烈的冲突。由此而带来的一系列社会问题，曾使日本法学一度陷入了深深的困惑与忧郁之中。为了解决这些问题，早在石坂音四郎全面导入德国法学的时候，日本的学者就开始了对与日本实际生活不相适应的注释法学的批判和克服。尤其是从大正10年开始，以末弘严太郎为首的新生代学者，更是对日本过去的法律移植展开了猛烈的批判和反思，矛头直指已经在日本确立了统治地位的德国法学。他们主张探索一种新的法律解释方法创建真正的日本法学，以缓解因单纯的继受所带来的一系列的社会矛盾和冲突。这就是日本民法学史上著名的"民法学的转折和新展开"。[1] 从此，探索真正适合于日本的民法解释学就成了几乎每个日本民法学者的共同志向。20 世纪 60 年代所产生的利益衡量论就是这一志向的产物。因此，拉恩认为日本的私法学、法学方法论是从他国进口文化的变态，这种变态有其从无批判的继受，发展为独自理论的积极侧面，[2] 这与德国的利益衡量的产生背景截然不同。

3. 两者所主张的利益衡量的标准不同。利益法学所主张的利益衡量的标准是，立法者关于为保护特定社会上的利益，而牺牲其他利益的想法。精炼了利益法学的评价法学则更加直接的认为，重要的不是立法者的优先利益，而是立法者所进行的对利益的评价。由于他们认为"在该当规范脉络中，立法者如何评价不同的利益、需求，其赋予何者优先地位，凡此种种都落实在他的规定中"[3]。因此，他们都强调对现有法律法规进行立法者意思的解释，由此而获得的利益衡量的标准自然就是法律内部的标准。而日本学者所主张的利益衡量的标准则是法

---

〔1〕　〔日〕水本浩、平井一雄：《日本民法学史·通史》，信山社 1997 年版，第 169 页以下。
〔2〕　段匡：《日本的民法解释学》，复旦大学出版社 2005 年版，第 363 页。
〔3〕　〔德〕拉伦茨：《法学方法论》，陈爱娥译，商务印书馆 2003 年版，第 1 页。

律之外，或者超越法律的标准，因为它所获得的方式不是对法律法规中所呈现出的立法者意思的揣摩，而是对国民意识以及社会潮流的考察，且都必须要指向与一般人的感觉相一致的公平、正义的判决。这是利益衡量论遭到德国学者批判最多的地方，因为在他们看来，用超越法律的标准来进行利益衡量，很容易导致法官的恣意判决。

4. 两者所主张的利益衡量的立场不同，这是前述两者利益衡量标准不同的必然。如果把衡量的立场分为普通人的立场和法律人的立场的话，德国的利益衡量所坚持的立场是法律人的立场，而日本的利益衡量论所坚持的立场则是普通人的立场。基于两种不同的立场进行利益衡量，所得到的结论也往往是不同的。更为关键的是，两种不同立场的背后折射出的是两种不同的思维模式，亦即坚持法律人立场的德国的利益衡量所体现的是德国人传统的法律至上的法治的思维模式；坚持普通人立场的日本的利益衡量论所体现的则是日本具体的、直观的传统思维模式，以及注重功利和强烈的社会拘束感。[1]

5. 两者在对法律漏洞的认识以及填充漏洞的方法上不同。德国的利益法学或者精炼了利益法学的评价法学把法律漏洞区分为了未超出立法者计划的法律漏洞和超出了立法者计划的法律漏洞两种；其中，前者又进一步分为了开放的漏洞（亦即就特定类型事件，法律虽然欠缺适用规则，但是依其目的本应包含之的情形）和隐藏的漏洞（亦即就某类事件，法律虽然包含含有得以使用的规则，但该规则在评价上并未虑及此类事件的特质，因此依其意义及目的而言，对此类事件并不适宜的情形）。并且对这不同的法律漏洞提出了不同的补充方法，具体说来，填补开放的漏洞的方法主要是类推适用，填补隐藏的漏洞则通常依靠目的论限缩或者目的论扩张的方法，这些都不属于利益衡量的方法。只有在填补超出了立法者计划外的法律漏洞的时候，才使用利益衡量的方法。而日本的利益衡量论者，则根本未对法律漏洞作如此细致的区分，在他们看来法律欠缺的场合就意味着法官自由裁量权的存在，法官就可以不受拘束地利用利益衡量论的方法进行裁判。[2]

6. 两者在利益衡量上的不同，还直接影响了他们在法律论证风格上的不同。虽然在判决的大体构造上，德国和日本一样都是由主文、事实和理由三部分组成，但是，德国最后的理由部分的书写，还规定要由以下三部分组成：①比如"该诉讼所附加的理由"这样的"结论"；②"根据 BGB 第 823 条第 1 项，原告拥有有效的请求权"这样的"法律规定的提示"；③和这个法律规定的旨意相关

---

〔1〕 段匡：《日本的民法解释学》，复旦大学出版社 2005 年版，第363页。

〔2〕 ［日］能见善久：《日本民法学の形成と课题》，有斐阁1996年版，第41页以下。

联的"个别的理由附随"。在判决的这种阶段性理由附随中，我们可以清晰地看到论据被依次展示的论说方式。这被A·舒瓦茨归纳为："德国的法律人在解决问题的时候总是'一步三回头'地做到尽可能的合理，尤其忌讳直线式的行进方式。"更为重要的是，在德国判决中的论据提示里面强调对法律规定的提示，也正是因为此，论证才可以被称为法学的构成。但在德国学者看来日本判决的特征在于对这个法学构成的不重视，所谓要件事实的事实陈述部分（事实的再现）占据了判决的大半部分，法学的构成亦即法的论证显得相当稀薄。另外，拉恩还给日本的判决加上了apodiktisch – behauptend的特征。这个词很难翻译，或许可以理解为是根据公理的判决，如神谕一般想当然的单方判决，背后对判决起实质性作用的不是法律构成而是对该案件事实的利益衡量。[1]

（四）小结

通过对德国和日本的利益衡量的梳理和比较，我们发现，虽然两者在对概念法学的批判以及对事实的重视上有着很多相似之处，但在利益衡量的基本理念和具体操作上有着很大差异。这种差异用一句话来概括，那就是德国的利益衡量是一种固属于西方法治传统的，关于民法解释的一种方法，它始终强调法律或者法律构成在裁判中的决定性作用，追求法律上的正义。而日本的利益衡量论则带有明显的淡化法律在裁判中作用的倾向，更强调国民的意志、社会的评价以及对案件事实本身中诸利益的衡平，更多地追求一种社会的正义。

为什么会造成这种差异？我们认为一个根本的原因就在于，德国的利益衡量知识是德国的利益法学派对其自身法学传统进行批判和反思的产物，它没有推翻德国传统的法学方法论，而只是在批判的基础上提出了一个新的法律解释的方法而已，因此它的知识属性是一种关于方法的知识，或者更准确地说是一种关于如何补充法律漏洞的法学方法的知识。而日本的利益衡量论则是日本学者为了解决过去因盲目继受他国的法律、法学和法学方法论而带来的一系列社会问题，而立志探索出一条真正适合日本的法学之路的产物。因此，它的问题意识就不仅仅限于对法律漏洞进行补充的方法的探寻，而是扩展到了对法以及法与日本社会之间如何认识、如何协调等一系列问题的全面思索，作为这些思索的成果，最终形成了一个完全迥异于他国、充满了东方智慧、具有日本特色的法学方法论。因此，从知识属性看，它属于一个崭新的法学方法论而非单纯的法学方法，这也正是人们习惯地称它为利益衡（考）量论，而非利益衡量的原因所在。

---

〔1〕　［日］竹下贤："比较法视野下的法律论证理论"，载日本法社会学学会编著：《法社会学》（总第45号），有斐阁1993年版。

二、利益衡量方法的必要性证明

利益衡量是否必要，是我们接下来需要讨论的问题。概念法学对此问题的回答是否定的，因为它们把法律解释的对象严格限定在了实定法秩序之内，亦即只探求实定法秩序的客观意义，[1] 而将风俗、习惯、道德这些非实定法的其他社会规范全部排除在外，更妄谈对案件事实中诸利益的比较衡量了。在概念法学或者实证法学的法律解释那里，利益衡量不仅是无用甚至是被禁止的。因此，利益衡量论者首先面对的问题就是要对利益衡量的必要性、合法性、合理性进行证明。在最初的利益衡量的倡导者那里（不论是德国的利益法学者，还是日本的利益衡量论倡导者），对利益衡量的必要性的证明都是通过对概念法学的批判而建立起来的。下面我们结合对概念法学的批判，从三个方面对裁判中利益衡量的必要性进行证明。

（一）法意模糊、残缺的需要

概念法学的"法官不许造法"和"法律不许沉默"两个信条，必然会带来"法律体系完结性"的第三个信条。这里面含有两层含义：①法律体系的逻辑完结性，亦即法无漏洞；②国家法源的唯一性。前者把法官的价值判断等因素排除在外，只考究法律的因素，结果是造成了对利益衡量以及法官价值判断的排斥，认为裁判纯粹是法律推演的结果。后者，则进一步把法律的范围严格限定在了国家成文法之内，独尊国家法源，将习惯、风俗等一些活生生的作为"社会活法"的法源排除在外。然而由于社会的复杂性、流动性以及人类理性的局限性等原因，人类根本不可能造出对人之生活无所不包的法秩序，[2] 已是人所共知。因此，概念法学的这一观点受到了利益衡量论者的猛烈批判，更是有人一针见血地指出，概念法学家犯了把法律混同于正义的错误，是一种缺乏对法律批判精神的表现。[3]

法律既然有漏洞，有些社会纠纷就无法直接通过法律的推演来解决。此时，所能依靠的就只能是法官的自由裁量。裁量也需要依据，从现有的法律中找不到，就只能转向对案件事实本身的分析。因为纠纷的实质多是各种利益的冲突，

---

〔1〕 ［日］峰村光郎："法解释学と法社会学"，载加藤新平等编著：《法解释学》，有斐阁1962年版，第4页。

〔2〕 ［日］来栖三郎："法の解释适用と法の遵守"，载长谷川正安编著：《法学の方法》，安阳书房1972年版，第149页。

〔3〕 ［日］来栖三郎："法の解释と法律家"，载《私法》第11号，有斐阁1954年版，第20页。

因此对案件事实的分析也就多是对案件事实中诸冲突利益的衡量，解决纠纷的实质也就成了通过利益衡量对诸冲突利益做合乎公平、正义的安置。因此，从这个意义上讲利益衡量对裁判来说是必要的。但这仅限于法律存有漏洞的场合，在法意清楚、法无漏洞的时候，又是如何呢？

（二）裁判主观性的需要

按考夫曼的说法，实证主义包括自然法在内，都致力于客观主义的认识概念、实体本体论的法律概念和封闭体系的观念。[1] 概念法学更是把这种对法律与事实客观认识的确信发展到了极至。首先是法律，虽然他们也认为作为三段论法大前提的法规并非是法典中所书写的法条自身，而是经过解释的法律或者从法规中解释出来的裁判规范。但是，由于概念法学把法律解释仅仅理解为是对实定法规中内存意义的阐明。因此，这里的解释受到了法规语言的严格限制。作为解释的方法仅限于明晰法规文字意义的文言解释和源自法律体系逻辑整合性、一贯性要求的逻辑解释两种，除此以外，排斥一切实质的考量。[2] 受此影响，在进行法律解释的时候，他们的头脑中往往会有这样的意识，那就是经由自己的解释所得出的判断，是对客观法规认识的结果，里面不含任何自己的主观与意志，[3] 并且"当面对法的由于个人的不同而不同时，总是以存在客观、唯一、正确的法律解释为前提，并且认为自己的解释就是那个正确的答案，于是就把这个当作了对法规客观认识的结果"。[4] 来栖三郎对此进行了猛烈地批评，认为"这种观念一方面是一种形而上学，另一方面是想把自己的主观以客观的名义加以主张，无非是借虎皮来拉大旗的权威主义"。[5]

这个批判无疑是正确的，因为按诠释学的观点，解释是一种带着"前见"的"视域融合"。所以，"理解一直都同时是客观与主观的，理解者带着客观与主观进入'理解世界'……它不是简单地按照法律对案件进行'推论'，自己完全置身于这个过程之外，而是在那个所谓的'法律适用'中，发挥着积极的创建作用。一如在诠释性理解过程之外，去寻找法的'客观正确性'是徒劳的，

〔1〕 ［德］考夫曼等主编：《当代法哲学和法律理论导论》，郑永流译，法律出版社2002年版，第143页。

〔2〕 ［日］加藤一郎：《民法にぉける论理と利益衡量》，有斐阁1974年版，第7～9页。

〔3〕 ［日］来栖三郎："法の解释适用と法の遵守"，载长谷川正安编著：《法学の方法》，安阳书房1972年版，第137～138页。

〔4〕 ［日］来栖三郎："法の解释と法律家"，载《私法》第11号，有斐阁1954年版，第20页。

〔5〕 ［日］来栖三郎："法の解释と法律家"，载《私法》第11号，有斐阁1954年版，第20页。

每一种在理解科学之中，将理性与理解的个人性分离的企图，注定要失败"[1]
从理论上讲，对同一个法条有多少"前见"，或者有多少"解释者"，就有多少
解释的结果，法律在这里只起了一个凯尔森所谓"框架"的作用，在这个"框
架"之内，解释的结果常常是复数的，而非概念法学所宣称的唯一、客观、正
确的。而且就连这个"框架"本身从法律解释的实际来看，也并非总是明确不
动的。[2] 这种解释的复数，在外观上常常表现为因解释方法的不同而带来的解
释结果的不同。

　　比如，梁慧星在《裁判的方法》中所给我们举的例子，[3] 对《民法通则》
第 122 条运用不同的解释方法就会得出完全不同的结论。《民法通则》第 122 条
是这样规定的："因产品质量不合格造成他人财产、人身损害的，产品制造者、
销售者应当依法承担民事责任。"关于产品制造者所应依法承担的责任，使用文
义解释的方法得出的结论是过错责任，使用体系解释得出的结论则是完全相反的
无过错责任。前者的理由是，第 122 条中说到"产品质量不合格"，从它的文义
解释来看，这表明存在一个衡量产品是否合格的标准，既然如此，制造者就有义
务使自己的产品符合这个标准，否则，自己的"产品质量不合格"就意味着制
造者违反了这个义务，而按照关于过错判断的客观过错理论，违反义务就是有过
错。因此，根据"产品质量不合格"这句话做文义解释，就会得出《民法通则》
第 122 条乃采取过错责任的结论。但是如果采取体系解释方法，则会得出一个完
全不同的结论——无过错责任。理由有两个：根据关于侵权行为的分类，民法通
则关于侵权行为，分为一般侵权行为和特殊侵权行为。前者采过错责任原则，后
者则否。《民法通则》第六章第一节是关于民事责任的一般规定，其中第 106 条
第 2 款规定："公民、法人由于过错侵害国家的、集体的财产，侵害他人的财
产、人身的，应当承担民事责任"。条文中明文揭示了"过错"这个构成要件，
显而易见，这是关于一般侵权行为的规定。所谓特殊侵权行为，属于民法一般侵
权行为规则之例外，须由法律做出特别的规定，《民法通则》将其规定在第六章
第三节的第 121 条以下。按照民法通则关于一般侵权行为和特殊侵权行为这个逻
辑关系，如果说产品责任是一般侵权行为，属于过错责任的话，它就属于第 106
条第 2 款的适用范围，立法者就不需要再在第 106 条第 2 款之外再规定一个第
122 条了。换言之，按照民法通则关于一般侵权行为与特殊侵权行为的这个逻辑

---

〔1〕 ［德］考夫曼等主编：《当代法哲学和法律理论导论》，郑永流译，法律出版社 2002 年版，第 145
　　 页。
〔2〕 ［日］来栖三郎："法の解釈適用と法の遵守"，载长谷川正安编著：《法学の方法》，安阳书房 1972
　　 年版，第 141 页。
〔3〕 梁慧星：《裁判的方法》，法律出版社 2004 年版，第 90~91 页。

关系，既然《民法通则》第122条专门规定了产品责任，其合乎逻辑的结论就是第122条不是一般侵权行为，不属于过错责任，而是无过错责任。其次，从第122条与前后相关条文的关系来看，前面规定国家机关和国家机关工作人员的侵权责任的第121条，和后面规定高度危险作业侵权责任的第123条、规定环境污染侵权的第124条，以及规定公共场所、通道挖坑造成他人损害的侵权责任，都属于无过错责任。这决非偶然，而只能是立法者对这些无过失责任的一种刻意地罗列，由此也能得出第122条也是无过错责任的结论。可见，使用不同的解释方法就会得出不同的解释结果，而这些结果都在《民法通则》第122条的"框架"之内。因此，都是"正确"的解释。

至于作为三段论法小前提的事实，情形也大致如此，概念法学者也通常将其看作是一种客观认识的产物，可事实上对案件事实的理解也如同对法律的理解一样，都是一种解释者"前见"的"视域融合"。因此，也决非是客观、确定的。弗兰克由此把三段论法从 R（rule，法律规则）× F（fact，事实）= D（decision，判决）这个被其称之为"神话的公式"，修正为了现实中的 R（规则）× SF（subjective fate，主观事实）= D（判决）。[1] 另外，概念法学对事实认识的一个更严重的错误在于坚守法律的主导地位，没有认识到从事实到法律事实，从来都是一个以法律为依据进行筛选、重述的过程，在这里面大量的真实被扭曲、忽略，或者被无限地放大，这也是造成个案非正义的一个重要原因。

其实，对法律的偏爱以及对事实的忽视，几乎是所有法律人的共同"疾病"，就连霍姆斯在给波洛克的一封信中都直言不讳地写道："我痛恨事实"。还有美国法院所采用的对抗制，就将案件中的事实争议基本上被排除在了法官和法学的思考之外。[2] 只不过，在概念法学那里这一问题表现的更为明显而已，它更多地表现为一种作为符号的、抽象的法律构成，对活生生现实的统治。最典型者莫过于德国物权法中备受争议的物权行为无因性理论，它完全置活生生的现实生活于不顾，凭空把"买卖"这样一个简单的活动，想象成了如下三个复杂的行为：①买卖合同即债权行为；②双方当事人达成物权合意；③交付行为。并且这种完全不符合现实的纯粹的想象还被写入法典，摇身一变成了统治现实的法规，成为了规范物权变动行为的标准，由此而带来了很多不公正的判决，基尔克直接将其怒斥为一种完全不顾国民生活感情的对实际生活的凌辱。[3]

---

〔1〕　沈宗灵：《现代西方法理学》，北京大学出版社2003年版，第303页。

〔2〕　苏力：《送法下乡——中国基层司法制度研究》，中国政法大学出版社2002年版，第156页。

〔3〕　关于物权变动无因性理论的内容，及学者对它的批判，可参见梁慧星主编：《中国物权法研究》，法律出版社2001年版，第148页以下。

在笔者看来，这种法律决定事实的观念，仍然是一种法律权威主义的表现，正确的应是事实决定法律，而非法律决定事实。因为，法律究其根源形成于社会，而且法律只是调整社会关系的工具，而非目的；裁判的目的是依据每个纠纷的具体情景解决冲突，而非去追求法律逻辑上的完美。就像星野英一所说的，"法律解释毕竟是以使用现在的法律来规范社会关系、解决纠纷为前提，因此，应该考虑现在如何解释才是恰当的问题。这时，只有经过利益考量的程序，最终通过价值判断来决定"。[1]

（三）实质决定论的需要

既然承认裁判的实质是法官的主观判断，那么对同一案件、同一法规的解释就并非客观的一个，有复数解释的可能性。加之，利益衡量论者否认这复数解释中的任何一个具有天然的权威（比如星野英一，甚至否认法官的解释具有权威性，认为法官的解释也只是众多解释可能性的一种而已，"在利益衡量或价值判断的场合，法律家并没有什么特别的权威……法律家也只是一个市民或者仅仅是一个人而已"。[2] 这就否定了关于价值判断的法律家的专门的权威，树立了一个市民法律家的形象）。但是，由于裁判的结果必须是唯一确定的。因此，就逼迫我们必须要从复数解释结果中选择一个自认为正确的答案。选择何者？如何选择？这是形式的法律构成所无法完成的任务，就像拉德布鲁赫所哀叹的那样，"为强迫沉默的法律开口说话，所有用来刑讯逼供的解释方法都任由法律工作者支配：文学解释、扩张解释、限制解释、类似的推论（类推）、反证（argamen-tum a contrario）；可惜就缺少一个能够列出何处应使用何种方法的规则了"。[3] 在举出了一个对同一规定使用不同的解释方法得出不同结果的事例之后，拉德布鲁赫得出了解释总是追随在结论之后，在确定结论之后，才能选出解释方法的结论。这是一个有意思的结论，它表明在司法裁判中，不是形式的法律决定结论，而是其他因素决定结论，然后结论又决定法律的形式。

其实在实践中法官们的裁判也正是如此，虽然我们总是宣扬法学判断是这样形成的：事实×法规＝判决。但是，实际的裁判却不是如此，而是结论先行的。那些假装法官本身在问题上完全没有任何意见或任何价值判断，至少没有将这些意见或价值判断载入裁判中的，都是十足的表象论证。事实是，每个人通常都有

---

〔1〕 ［日］星野英一："民法のしかたとその背景"，载星野英一：《民法论集》（第8卷），有斐阁1996年版，第202页。

〔2〕 ［日］星野英一："民法解释论序说"，载《民法论集》（第1卷），有斐阁1970年版，第7页。

〔3〕 ［德］拉德布鲁赫：《法学导论》，米健等译，中国大百科全书出版社1997年版，第106～107页。

是非感,有些相当积极的成分。[1] 即该事件如何处理是好,原告与被告谁应该取胜,判断者(陪审员或者裁判官)的感触是先行的,然后,该结论以事实×法规的形式被赋予理由,使其具有说服力。[2] 这种先行的感触,经常被称为"法感"、"直觉"或者"是非感"之类的东西,意指裁判者(陪审员或者法官)对该事件应如何处理,以及原、被告何者应胜诉之类事情的感触,[3] 或者法官凭直觉所得出的认为公平的解决方案。[4]

这就把现实中的裁判的过程区分为了两个阶段,用我妻荣的话说,就是形成判断的"事实上的心理过程"和依据三段论法的法律适用过程,前者做出判断,后者给其穿上法律判断的外衣。进一步说,通过前面过程中所进行的具体理想的探究以及作为判断对象的社会关系的研究,就完全能够完成对具体事件的妥当解决,法律适用的三段论法仅仅是将其化妆成法律的判断而已。[5] 在德国学者那里我们也能发现很多与此相类似的观点,比如拉德布鲁赫在1907年的一篇文章中写道:"是非感预先采取了结论,法律则事后为此提供理由及其界限"。[6] 法国人也认为,在事实和法律因素不够确定的时候,法官常常会从他的直觉认为公平的解决方案出发,只是到了司法决定的形式起草阶段才使用三段论推理。[7] 三者同把结论的得出归结于非法律的实质理由,而将法律仅仅看作是作为一种表述的技巧,只不过日本学者将其称为"决断先行论",或者"实质决定论",德国人将其称为游离于四个传统解释规则之外的"结果取向的法律解释",法国人将其称为倒置的、上升式的,或者逆推式的三段论而已。

可见,裁判的过程通常可分为"事实上的心理过程"和依据三段论法的法律适用过程两个阶段。前者先行,并在实质上产生结论,且决定后者法律适用的内容,亦即从复数的解释中选择其一,构成大前提,然后通过三段论法的形式将其表述出来。"事实上的心理过程"中的主要工作是法官对事实的考察,其主要方法就是本文所言的利益衡量。为什么是利益衡量?原因就在于法是解决社会现象中发生的纷争而做的标准,成其为对象的纷争,无论从何种意义上讲都是某些利益的对立和冲突。因此,对被认为是基于解释者关于这些纷争的价值判断,而

〔1〕 [德]考夫曼:《法律哲学》,刘幸义等译,法律出版社2004年版,第75~84页。

〔2〕 段匡:《日本的民法解释学》,复旦大学出版社2005年版,第257页。

〔3〕 [日]加藤一郎:《民法における论理と利益衡量》,有斐阁1974版,第14页。

〔4〕 [法]雅克·盖斯旦等:《法国民法总论》,陈鹏等译,法律出版社2004年版,第41页。

〔5〕 [日]瀬川信久:"民法の解释",载星野英一编著:《民法讲座·别卷1》,有斐阁1990年版,第13页。

〔6〕 [德]考夫曼:《法律哲学》,刘幸义等译,法律出版社2004年版,第85页。

〔7〕 [法]雅克·盖斯旦等:《法国民法总论》,陈鹏等译,法律出版社2004年版,第41页。

定立妥当解决纷争基准的法律解释而言，对这些对立利益的比较衡量就当然成了必不可少的需要。[1] 这里面包含两层意思：①构成裁判大前提的法律自身具有社会性的一面；②称为裁判对象的纠纷实质在于利益的纷争。所以，对法律解释来说利益衡量是必要的。那么，其具体操作又是如何呢？这就是我们接下来所要探讨的问题。

三、利益衡量方法的运用

（一）利益衡量的起点

利益衡量应起于何时，学者对此存有争论。即使在作为利益衡量论代表人物的加藤一郎与星野英一之间也有分歧，那就是利益衡量究竟是从裁判的一开始就进行，还是在先进行完文义解释、逻辑解释等法律解释以后再进行。加藤一郎赞同前者，星野英一支持后者，我们首先来看加藤一郎。加藤一郎的观点集中体现在他在昭和 41 年发表的一篇论文——"法解释学中的逻辑和利益衡量"里面[2]，在文中他"主张在最初的裁判过程中，应该有意识地排除既存的法规，在一个全然白纸状态下，考虑这个事件的应然解决"[3] 与之相反，星野英一则强调裁判应首先从对法条的解释出发，而且"作为条文解释的方法和顺序，首先，以重视文义解释和逻辑解释为出发点。其次，要尽可能地调查立法者或者起草者的想法，并有对他们尊重的必要。第三，必须要考虑何者是当下适当的解释，在这种场合要进行利益考量，通过关于哪个利益更应该受到保护的价值判断来决定"[4]

两者的分歧为什么会有如此之大？星野英一自己的解释是，因为他们二者所讨论对象的场景不同。加藤一郎所讨论的不是抽象的法律解释的方法，而是在具体的事件中适用法律时的方法，在这种场合下，主张首先从对两当事人的利益衡量出发。与此相对，星野英一所讨论的则是专门在解释民法条文，或者法条欠缺的场合，应该如何处理的问题。[5] 另外，还有一个重要的原因就是加藤一郎理

---

〔1〕 ［日］甲斐道太郎：《法の解释と实践》，法律文化社 1977 年版，第 91 页。
〔2〕 该文最早发表在岩波讲座"现代法 15"里面，后收录于加藤一郎著《民法にぉける论理と利益衡量》（有斐阁 1974 年）里面，本文的引文来自后者。
〔3〕 ［日］加藤一郎：《民法にぉける论理と利益衡量》，有斐阁 1974 年，第 25 页。
〔4〕 ［日］星野英一："民法のしかたとその背景"，载星野英一：《民法论集》（第 8 卷），有斐阁 1996 年版，第 194 页。
〔5〕 ［日］星野英一："民法の解释をめぐる论争についての中间的觉书"，载星野英一：《民法论集》（第 7 卷），有斐阁 1989 年版，第 77 页。

论受到美国现实主义法学的强烈影响，因此有一种强烈的规则怀疑主义情结，推崇首先不考虑规则，而应根据问题来探讨结论的思维方式。而星野英一并没有受到美国现实主义法学的多大影响，尽管他的这种理论构思来自何处还不十分清楚。但是，里面必定有法国民法学的影响已是学界的共识。20 世纪的法国民法学，自普拉尼奥以来一直致力于说明制度宗旨，受此影响的星野英一自然较之受美国现实主义法学影响的加藤一郎，更加重视制度、法律本身的界线和价值。他的问题意识集中在："这个制度是为了什么而制定的？为什么会这样？"其解释自然要源起于对法条的解释，而且起点必须是文义、逻辑解释[1] 另外，水本浩还曾指出，两人在利益衡量起点上的不同，究其实质是代表了两种不同类型的利益衡量论，加藤一郎的理论是关于"法律解释"的方法论，而星野英一的理论则是关于"法律解释学"的方法论[2] 大村敦志也表达了相类似的观点，认为加藤一郎的理论属于事例—问题指向型，主要适用于法律欠缺的场合；而星野英一则属于规范—制度指向型，主要适用于法律重复的场合，但他们两者都属于与教义论相反的决疑论[3]

　　如何评价两者的分歧？在笔者看来，加藤一郎的主张更加彻底地体现了前面我们已经论证的"实质决定论"和"决断先行论"，坚持了裁判过程中"事实上的心理过程"与依据三段论法的法律适用过程的严格区分，且其指向是对具体事例的具体裁判。而星野英一的理论则只贯彻了"实质决定论"，并没有严格区分裁判过程中的两过程，而是认为裁判应从文义、逻辑解释出发，经由立法者（起草者）的意思的解释，在出现了复数解释结果或者复数解决方案的时候，才主张经过利益考量的程序，最终通过价值判断来决断[4] 其问题域只是"以在书写教科书的时候，大体应如何进行思考这样的目的来论述的东西"[5] 两者相较，我更倾向于前者，理由是它最有利于利益衡量的进行。前面我们已经花了很多笔墨来证明法律解释中利益衡量的必要，得出了结论先行与实质决定的结论，既然如此，何者最能通过利益衡量得出最可能正确的结论就成了我们评价两种理论孰优孰劣的标准。显然，加藤一郎的理论更符合这一标准。因为，就像加藤一

---

[1]　[日] 大村敦志：《民法总论》，张利艳、江溯译，北京大学出版社 2004 年版，第 97 ~ 98 页。

[2]　关于何为"法律解释的方法论"和何为"法律解释学的方法论"，水本浩随之进行了解释。详细论述请参见水本浩：《现代民法学の方法と体系》，创文社 1996 年版，第 19 页以下。

[3]　[日] 大村敦志：《民法总论》，张利艳、江溯译，北京大学出版社 2004 年版，第 94 页以下。

[4]　[日] 星野英一："民法のしかたとその背景"，载星野英一：《民法论集》（第 8 卷），有斐阁 1996 年版，第 202 页。

[5]　[日] 星野英一："民法のしかたとその背景"，载星野英一：《民法论集》（第 8 卷），有斐阁 1996 年版，第 202 页。

郎所说的那样，只有在裁判之初就有意识地排除既存法规，在一个全然白纸状态下，对案件事实中的诸利益进行衡量，才能最大可能地消除法律对裁判者的束缚，防止裁判者陷入作为法律人视角的偏见，使案件得以真正妥当的解决。[1]

因此，我们主张利益衡量应开始于裁判之初，就应努力排除既存法规，在一种全然白纸状态下，进行利益衡量，因为只有这样，才能最充分地就事实本身进行利益衡量，获得最大可能正确的结论。但需注意的是，由此得出的结论并非是裁判的最终结论，而只是一个暂时的假设性结论，在随后的理由附随中还必须要接受法律构成的检验。

(二) 利益衡量的立场

在各种教科书或者法学专著里面，我们最常见到的是对法官中立立场的要求，亦即要求法官既不偏向原告也不偏向被告，而要尽量从一个中间立场出发做出公正的判决。在笔者看来，这是一种"非人"的要求，因为人都是有立场的人，对事物的看法也总是随着人们立场的不同而不同，在裁判中更是如此。比如，同样对《消费者权益保护法》，商家与消费者之间的解读往往会大相径庭。法官也有他的立场或者说是偏见，而且法官的立场或偏见、喜好对裁判的影响，越来越被人们所提起和重视，尤其是美国现实主义法学的代表人物卢埃林，更是直接把法官解决纠纷的行为看作了真正现实的法律，主张法院判案，所依据的不仅仅是规则，更是法官的智慧、理性和环境感。[2]

因为个体的出身、经历、信仰等方面存在差异，法官之间的立场也往往不同，但他们都有一个共同的立场——法官自身的立场，亦即法官作为法官的立场，或者法律人的立场。与之相对应的是作为非法律人的普通人（或者"外行人"）的立场。两者差别很大，前者是一种法律的思维，其对事件评价的标准多是法律的构成，且常以维护法律的权威与形式的完美为目标。而后者则是一种社会大众的思维，其对事件评价的标准多是某一时空下的传统、风俗、习惯、道德，或者一句话——社会的一般性常识，其目标仅是为了争得社会一般性常识下的正义。两者在很多情况下，表现为一种强烈的差异，尤其对作为法律移植国家的中国而言，更是如此。比如，有一个事件：甲欠乙钱，到期未还，在以后的2年内，乙未向甲以任何形式主张权利，甲也未曾向乙表示承认义务。从法官的立场所得出的结论应该是乙将丧失请求法院保护其债权的权利，因为《民法通则》第135条明确规定："向人民法院请求保护民事权利的诉讼时效期间为2年，法

---

〔1〕 〔日〕加藤一郎：《民法における论理と利益衡量》，有斐阁1974年，第25页。
〔2〕 付池斌：《现实主义法学》，法律出版社2005年版，第109页。

律另有规定的除外"。按照法律的思维与理念，必然会得出如上的结论。但从普通人的立场看，尤其对中国人而言，得出的结论却应该是无论到什么时候甲都应该偿还乙的债务，且在对方拒不偿还的场合，有权进行私力救济。因为，在中国人的意识里面，"欠债还钱，天经地义"，而且还有"父债子还"之说，何况区区2年！面对这样的场合，法官究竟应该采取哪种立场呢？我的回答是普通人的立场，这也是加藤一郎和星野英一的观点，理由如下。

从上面对法官立场与普通人立场的分析可以看出，它们分别代表了两种不同的评价标准。对一个外行的普通人来说，在行为之时肯定很少会想到法律的评价，他的行为动机多半出自道德、习俗等一些社会性常识影响下的情感、欲求。只有在感觉自己的行为违反了这些社会性常识的情况下，才会作为惩罚性的后果想到法律，至于法律究竟会给他带来什么样的惩罚，他也是全然模糊的。可见，普通市民的普通生活一般是处在社会性常识的世界里。然而，当纠纷发生之时，法治社会的做法却是对行为结果的评价使用了另外一个标准——法律的标准。这是很值得商榷的，因为它会带来如下两个危机——裁判可预测性危机和法律有效性危机。

1. 法治使裁判具有可预测性，无疑是法律人宣扬法治最有力，也是最具诱惑性的口号。然而从上面的分析我们已经看出，这个可预测性仅仅是对具有专业法律知识的人来说的，对不懂法律的普通人来说，这完全是一句空话。因为，法律知识的专业性，使非法律人的外行人根本无法做出准确的预测，而且在多数情况下基于法律知识所做出的裁判结果往往大大出乎他们行为之时基于社会一般性常识所做的预测。就像前面我们所举的那个例子，当乙向法院提起诉讼的时候，我相信他的预测肯定是法院会责令甲偿还债务，并赔偿损失，可实际的结果却是与之完全相反的法院以已过诉讼时效为由，驳回了乙的请求。这是一个可怕的"意外"，它不仅没能带来法律清晰的可预测性，反而使原本清晰的预测，因法律这样一个新评价因素的介入而变得扑朔迷离。

而这一切也都是伴随着十一二世纪西方法律传统的形成而出现的新情况。在此之前的欧洲中世纪的人们虽然也生活在"天国之城"与"世俗之城"两个世界里面，亦即评价行为与结果的标准也主要有两个——世俗的和宗教（基督教）的。但是这两个世界或者两个评价标准都在同一部《圣经》或者同一个信仰里面，它们只是形式的区分，在实质上却是相通的。因此，那时通过基于基督信仰的社会常识所做出的预测在一般情况下与同样基于基督信仰的法律所做出的裁判往往是一致的。而在遥远的古希腊、古罗马时期，由于法律人意义上的法律还没有与其他社会控制力量区分开来,[1] 因此大体上人们生活在一元的世界里面,亦即人们的行为标准与行为结果的评价标准是统一的,那时裁判的结果几乎是完全可以预测的。

然而到了十一二世纪,当人们（最初是教士）用经院主义的方法对罗马法进行研究的时候,法律渐渐从原来与之混杂在一起的宗教、道德、风俗、习惯、传统中脱颖而出,成了一个引人注目的、只掌握在少数人手中的具有高度专业性的知识,预测成了只有少数法律人才能操作的事情。作为普通人行为标准的社会一般性常识与作为行为结果裁判标准的法律知识之间的彻底分离,使人们开始生活在了世俗与法律的二元世界里面。但是两者之间已经没有了宗教作为沟通的桥梁,取而代之的是由律师、法官、法学家等一些法律人共同建造的一个"诉讼之桥",而且规定所有的"过桥人"都要向他们交费。在笔者看来,这是一个阴谋!①它迫使人们选择了诉讼这样一个成本昂贵的纠纷解决方式,因为它排斥了其他几乎所有私力救济的手段;②它还诱惑很多人想要走过这座桥来寻求法律的解决,因为在行为和结果评判标准一元,或者即使是二元但却有"免费"的宗教桥梁沟通的时代,预测是普通人就能进行的,既然如此,自然就很少有人会去寻求法律上的解决,因为结果已经知道了。但是现在,通过这座"桥"的方法成了一个被法律人所垄断的专门的知识,普通人很难预测此岸现实世界中的事件在彼岸法律世界中会得到什么样的评价。由于结果往往出乎他们的预料,裁判就成了一个让普通人觉得扑朔迷离的东西,抱着一种"必胜"或者"侥幸"的心理,在遇有纠纷的时候,往往倾向于聘请律师通过诉讼一搏,这是今日诉讼日渐增多的缘故。可是"过桥"是要收费的,而且这个成本是昂贵的,而这恰恰是在"桥"边收费的法律人们最高兴看到的一幕。

2. 完全忽视普通人的立场还容易带来法律有效性的危机。按哈贝马斯的说法,法律的有效性涉及两个方面:"一方面是根据其平均被遵守情况来衡量的社会有效性,另一方面是对于要求它得到规范性接受的那种主张的合法性"[2] 这里面有个核心的思想就是,法律的有效性在很大程度上就是法律的被接受性,而为使法律被接受,一个重要的方法就是主体间开放式的商谈。新近兴起的法律论证（或者法律议论）理论就准确地把握住了这一点,强调对形成结论理由的说明,以使自己的判决成为具有说服力的判决。这其实是一种回归,回归于亚里士多德的一种看法,即法学的思考方式并非一种直线式的推演,而是一种对话式的

---

〔1〕 ［美］庞德:《法理学》（第 1 卷）,邓正来译,中国政法大学出版社 2004 年版,第 27 页。
〔2〕 ［德］哈贝马斯:《在事实与规范之间》,童世骏译,三联书店 2003 年版,第 37 页。

讨论[1]，法律有效性的根本应是裁判的结果具有说服力，被大众所接受，而不应该是国家强制力的存在，因为那是一种"法律的暴政"，而非法治的和谐。而要使判决让多数人接受最好的方法就是在裁判的过程中，要尽量采取，至少是要尊重普通市民的立场。因为，法律是解决纠纷的手段，普通大众既是法律调控的对象，也是承受裁判结果的受体，真正站在他们的立场上来考虑问题的解决，理所当然。

因此，在利益衡量之时我们应该采取普通人或者国民的立场，由此立场所获得的对个案事实与法律的评价，才是我们所渴求的法治，它使我们真正生活在了可预测的世界里，降低了博弈和诉讼的成本。最后，我想用星野英一的一句话来结束我们对这一问题的讨论："我和加藤一郎博士的共通点是，都主张即使是价值判断，也最好应该做出能够导向按一般人的常识所进行的判断来看是妥当的解决方案的解释，都强调常识论。我依旧认为，法律不是，也不应该是法律家秘传的技艺，对一般社会人之间的纷争，应做出让当事者及其周围的人最大可能接受的解决，因此，常识的结论非常重要"[2]。

（三）利益衡量的事实

在我们一般人的观念里面，案件中的事实仅限于案件本身中的事实，法官在裁判之时，只需对这些事实进行考究即可，而且考究的角度也通常是法律的角度。但是，下面的案件却让我们必须要对这种传统的观念做出反思。

1996 年 12 月，中国福建国际经济技术合作公司（以下简称"中福公司"）与中国工商银行福州市闽都支行（以下简称"闽都支行"）的前身中国工商银行福州市分行第二营业部签订两份《人民币短期借款合同》，约定借款金额 4210 万元。贷款到期后，中福公司未能偿还。1998 年 7 月 28 日，营业部与中福公司签订一份《还款协议书》，约定：贷款由中福公司分期归还，并提供福建九州集团股份有限公司（以下简称"九州公司"）和福建省中福实业股份有限公司（以下简称"中福实业公司"）作为承担连带责任的还款保证人。中福实业公司属于上市企业，中福公司是中福实业公司控股股东。中福实业公司在提供担保时有中福实业公司董事会关于提供担保的决议文件。1999 年 12 月，闽都支行向法院起诉，请求判令中福公司偿还所欠贷款本金和利息，中福实业公司和九州公司承担连带责任。一审法院裁判认为，各方当事人自愿签订《还款协议书》及《保证

---

〔1〕　颜厥安：《法与实践理性》，中国政法大学出版社 2003 年版，第 87 页。
〔2〕　［日］星野英一："民法のしかたとその背景"，载《民法论集》（第 8 卷），有斐阁 1996 年版，第
204 页。

合同书》，不违反法律，应认定有效。遂判决，中福公司偿还闽都支行贷款本金及利息；中福实业公司、九州公司对中福公司的还款义务承担连带责任。此后，作为第二被告的贷款担保人——中福实业公司不服，上诉至最高法院请求终审裁定《还款协议书》规定的担保无效。2001年11月17日，最高法院作为二审法院裁判认为：《中华人民共和国公司法》（此为旧公司法，以下简称《公司法》）第60条第3款（该款规定："董事、经理不得以公司资产为本公司的股东或者其他个人债务提供担保"）对公司董事经理以本公司财产为股东提供担保进行了禁止性规定，中福实业公司的公司章程也规定公司董事非经公司章程或股东大会批准不得以本公司资产为公司股东提供担保，因此，中福实业公司以赵裕昌为首的5名董事通过形成董事会决议的形式代表中福实业公司为大股东中福公司提供连带担保责任保证的行为，因同时违反法律的强制性规定和中福实业公司章程的授权限制而无效，所签订的保证合同也无效。被上诉人闽都支行答辩主张《公司法》第60条第3款的规定系禁止董事、经理个人以本公司财产为股东提供担保，并非针对公司董事会。最高法院认为：《公司法》第60条第3款的禁止性规定既针对公司董事，也针对公司董事会。这符合我国公司法规范公司关联交易、限制大股东操纵公司并防止损害中小股东利益的立法宗旨。中福实业公司对董事的无效行为应当承担过错责任。保证合同无效，闽都支行也有过错，遂判决为：保证合同无效，中福实业公司仅向债权人承担债务人中福公司不能清偿债务部分二分之一的赔偿责任。该判决一出，立刻引来激烈争论，金融实务界更是忧虑地认为这会影响到中国整个银行业至少2700亿信贷资产的安全。[1]

单纯从案件本身来看，二审的裁判事实认定清楚，法律适用正确，没有任何问题。可为什么会招致如此的批评呢？原因就在于在这个裁判中，法官的事实视野仅限于了本案的事实，忽略了另外一个社会的事实，那就是像中福公司这样抵押贷款的事件在中国有很多很多。乍看起来，这个事实似乎与本案无关，但是由于现代法治的基本精神是相同或相似的情景应获得相同或相似的处置，此谓司法的平等原则，因此既然法院裁判中福实业公司为大股东中福公司提供的连带担保责任保证合同无效，那么，在目前我国大量存在的以同样方式进行贷款的保障合同只要有人提起诉讼，法院也应该同样地判定无效，这就是造成上面所说2700亿信贷资产不安全的根本原因。可见，任何裁判从应然意义上讲，都既是旨在解决纠纷的行为，又是形成新的经济制度规则的行为，尤其对最高院来说，后者表

---

[1] 曹士兵："公司为其股东提供担保的法律效力分析"，载《中国民商审判》2002年第1卷，法律出版社2002年版；"最高法院一本新书危及银行2700亿资产的安全"，载《财经时报》2002年11月29日。

现的更为明显，甚至有人主张最高法院应当或主要应当成为一个公共政策制定的法院（policy court），而不是或主要不是一个审判案件的法院（trial court）。[1] 这就要求我们在裁判之时，考察的事实范围不应再仅仅局限于个案的事实之内，而应将之扩展到整个与之相关联的"类"社会事实范围内，在这样一个宏大的视角下，展开对这个事实范围内诸冲突利益之间的比较衡量，只有这样，才能很好地完成时代对裁判诉求的两个任务：既解决个案纠纷又形成社会规则。

另外，关于利益衡量的事实问题，还需注意对事实认定之时的立场问题，一定不要拿着法律的构成去认定事实，这样获得的只是非真实的"法律事实"，而非真实的"事实"，前者只是我们在最终裁判书写时的事实内容，后者才是我们据以做出裁判的依据。因此，正确的做法应是如前面加藤一郎所言，在一种刻意忘掉法律的空白状态下，去认定事实，这样才能获得对事实最大可能地客观、正确的认识，根本的是事实决定法律，决定法律事实，而不是法律决定事实。

（四）利益衡量的标准

利益衡量是对以案件为中心的事实中的诸利益进行比较衡量，衡量就需要标准。这里涉及三个问题：衡量标准的类型问题、衡量标准的立场问题，以及衡量的标准究竟是什么。

1. 关于衡量标准的类型。我们按照大村敦志的分法，将其分为内在型与超越型两种。所谓内在型，就是民法如此这般地进行判断，那么这里也应该如此这般地进行判断的观点。与此相对，所谓超越型，就是不考虑民法，解释者从自己的立场出发来建议就该问题、该规定，进行一定处理的观点。[2] 简而言之，前者进行利益衡量的标准是法律内在的标准，后者则是超越法律的法律之外的标准。德国的利益法学以及后来的评价法学是前者的代表；日本的利益衡量论是后者的代表。

究竟应该采取什么样的标准，超越型还是内在型？本文赞同后者，因为这与前面我们所主张的利益衡量应始于裁判之初相一致，在一种全然白纸状态下对案件本身做出基于国民大众立场的裁判，这时利益衡量的标准自然不会是法律的，而应是存于社会中的评价标准。但是，在进行后面理由附随的工作的时候，却必须要重视对所要适用法条内部所存在的利益衡量标准，亦即要重视法条文义、逻辑中所表象的利益保护的倾向，以及立法者立法之时所体现的对诸种利益保护的

---

〔1〕　候猛："最高法院规制经济的实证研究"，载《中外法学》2005年第2期。
〔2〕　具体论述请参见［日］大村敦志：《民法总论》，张利艳、江溯译，北京大学出版社2004年版，第96页以下。

轻重度，这是由理由附随的目的所决定的。

2. 衡量标准的立场问题。立场有两种——相对主义与绝对主义。相对主义，比如加藤一郎，认为利益衡量的所有标准都是一种主观的价值判断，都是相对的，那些认为利益衡量的标准是客观的"基于正确的世界观所得出的正确的解释"，或者"历史的进步方向"之类的人，忘记了评价这些标准正确与否的标准是没有的，其本身也是主观的，因此所有的解释都不过是复数可能性解释中的一个，我们所寻求的不该是正确的结论或者正确的解释，而毋宁是妥当的结论或妥当的解释。[1] 与之相对，星野英一则站在新自然法论的立场，采取了价值绝对主义。认为，即使是持相对主义（主观说）的学者也应该去证明不存在客观的价值，如果他没有去做，那就意味着他想承认那个价值自身的客观妥当性[2]。"历史上就不断出现各种为人们所接受的价值，最终也无人（除非是疯了）能够去将它们否定。人类的尊严、平等、精神的自由等，就是这众多例子中的几个。"[3] 基于此，星野英一就想构筑自己的价值（判断命题）体系，并主张在法学界也应该展开有关价值论的讨论。在星野英一看来，人类的尊严、精神的自由等普遍的价值是第一等级，是所有价值的基础，其次是"交易安全"等次级价值，再次是更加细致的价值（判断的基准）。当然星野英一也清醒地认识到，即便建立起了这样一个价值的等级序列，也不能说在进行民法解释的时候，只有唯一正确的答案，因为"在民法中，一个极其微妙的变化，就有可能引发利益调整、价值调和等问题，对此，仅仅依靠人类的尊严、近代化等这样一些抽象的理论，在很多情况下根本无法选择出适用于具体问题的正确的解释"[4]。

利益衡量或者价值判断应采用相对主义（主观主义）还是绝对主义（客观主义）？这的确是一个永无休止的争论，笔者也无力在此做出评判，只是想表明一个基本的态度，那就是，星野英一等人代表的是一种人性中所固有的对终极关怀的追求，他的价值在于他时刻在提醒着我们永远也不能逾越的界限——人类的尊严、自由、平等……这些在历史中沉淀下来的基本价值。而相对主义的贡献则在于他们表明了一种"去权威"的、开放的姿态，那就是任何判决都只是一个尽可能"妥当"，而非绝对正确的结论，这让我们保持了一种难能可贵的批判

---

〔1〕 〔日〕加藤一郎：《民法における论理と利益衡量》，有斐阁 1974 年，第 30 页。

〔2〕 〔日〕星野英一："民法解释论序说"，载星野英一：《民法论集》（第 1 卷），有斐阁 1970 年版，第 42 页以下。

〔3〕 〔日〕星野英一："民法解释论序说"，载星野英一：《民法论集》（第 1 卷），有斐阁 1970 年版，第 44 页。

〔4〕 〔日〕星野英一："民法解释论序说"，载星野英一：《民法论集》（第 1 卷），有斐阁 1970 年版，第 46 页。

精神。

3. 利益衡量的标准。在我看来，利益衡量的标准不是星野英一所谓的自由、民主、平等、人格尊严……这些基本价值，因为它们的作用只是为我们划定了一个禁止违背它们的界限，只是说我们不能违背这些基本价值，而对究竟应该依据什么标准，却没能做出回答。而且事实证明一切价值的排序都是无用的，因为各种价值的轻重是由具体案件本身所决定的，而非学者们预先排好的。至于其他学者所提出的诸如"历史进步的方向"、"国民大众的意志"之类的标准，其本身就是含糊不清、充满异议的，在具体实践中根本起不到任何作用。[1]

看来，一切试图从内容上规定利益衡量标准的企图都是徒劳的，只会引发究竟是相对论还是绝对论的新的争议而已。不是内容，只能是形式。所以笔者提出把利益衡量的标准规定为"结论的可接受程度的大小"。亦即，决定优先保护哪个或者哪些利益的标准，是由其而出的结论哪个更具说服力来决定的。理由有二：①结论的可接受性已经越来越成为了法律有效性的重要依据，近年来法律论证思想的兴起就是这一精神趋势的产物；②将结论的可接受程度作为利益衡量的标准，也与前面我们所主张的利益衡量时所应采取的大众立场相一致，具体理由前文已言，不再赘述。因此，我们给了利益衡量一个形式的标准——说服力的大小，从而回避了对这个标准内容的回答，将其交由案件的特定时、空、受众，以及案件本身的具体情况决定。

（五）利益衡量的理由附随

在通过如上利益衡量的方法，得出实质的判断结论以后，还有一项重要的工作要做，那就是理由附随，亦即要给这个结论附上实质的利益衡量的理由和形式的法律构成的理由。为了完成这个任务，我们就必须要回到现有的法律法规中去，按加藤一郎的说法，此之目的有三：检验结论的妥当性、明确结论适用的范围，以及增加结论的说服力。[2]

1. 检验结论的妥当性。我们虽然主张决定裁判的实质是法官的利益衡量，但也清醒地认识到：①人类理性的界线以及情感等非理性的困扰，往往会使单凭利益衡量获得的结论陷入偏见的不公；②法律虽然有抽象、模糊甚至是残缺的缺陷，但却是客观的、公平的正义模本，因此，带着由利益衡量所得出的结论，重新回到法律法规中进行检验，实属必要。检验的层次有两个：a. 是否和现行法律的形式规定相符；b. 是否和法律的价值取向、精神实质相符。检验的结果有

〔1〕［日］加藤一郎：《民法における论理と利益衡量》，有斐阁1974年，第69页。
〔2〕［日］加藤一郎：《民法における论理と利益衡量》，有斐阁1974年，第31页。

四种：①a、b 都相符；②a 不相符，但 b 相符；③a 相符，但 b 不符；④和 a、b 都不符。

第一种情形表明我们主观的价值判断和客观的实定法规一致，从某种程度上保证了我们结论最大可能的正确性，可直接把利益衡量的结论按照逻辑三段论的言说方式，将其表达出来即可。

第二种情形有些复杂，需要我们使用更为高明的语言技巧，运用限缩解释、体系解释等法律解释的方法，在不违背现代法治精神的前提下，扩大、限缩或者改变现有法律规定的适用范围或者法律构成，使之与实质的结论相符，最后再用逻辑三段论的言说方式将其表达出来。

发生第三种情形的话，一般表明这个法规的规定存有问题，但是即便如此，我们在裁判中也不能将其简单、粗暴地否定，而应进行大量、严谨、细致地论证，通过某种语言的技巧，找寻出这个法文意义的另一面，以支持自己的判断，或者一个更聪明的办法是直接回避该条文的适用，而如"曲线救国"般地从其他法律条文中寻求其新的法律支持。比如法国法官对错误问题的处理，就采用了这种方法。众所周知，《法国民法典》第1110条对无效的错误类型作了严格地限制，加之19世纪法国正统学理对主要性质及当事人资格作纯粹物质的、客观的解释，使得错误法的适用范围变得十分狭窄，[1]给司法实践带来了很多难题，法官们在意识到这一点以后，很快就将其抛弃，转而求助法典第1101条关于"合同是一种合意……"的规定，把未作规定的有关行为性质的错误和有关对象的错误等错误，看作是妨碍合意成立的错误（或者障碍性错误），以绝对无效作为制裁，使其具有了和1110条所规定的事物实质性的错误相同的效力，从而使那些1110条没有规定的错误类型，得到了应有的救济。

至于第四种情形，则需要我们必须做两件事情：①要重新回到案件事实本身中去，反思自己的利益衡量；②要反思我们现在的法律规定，在对两者的交相反思顾盼中，通过对两者的不断修正，最终得出孰是孰非的结论。但要注意的是，即使这样在最后的判决书中，也一定要按照逻辑三段论法的言说方式进行陈述，所不同的只是需要更高的语言技巧、更多的解释方法和更充分的法律论证而已。为什么要这样做？一个重要的原因就是增加结论的说服力，这是接下来我们要谈的理由附随的第二个目的。

2. 增强结论的说服力。结论的可接受性是现代法治所主张的法律有效性的重要依据，法律是现代社会的强势话语，惟有用法律的说话方式把判决说出才具有无法辩驳的权威与说服力。因此，在选择了法治进路的社会里，增强裁判结论

---

〔1〕 李永军：《合同法原理》，中国公安大学出版社1999年版，第236页。

可接受性的最好方法就是理由附随，使利益衡量的结论如同直接通过逻辑三段论法由法律规定所推导出的一样说出。星野英一直言不讳地说，结论和法规的结合并不是法律解释中的一项不可缺少的工作，但由于裁判应该依据一定的法规来进行是现在我国的一项基本原则，才不得不为之，而且法官在现实中也非常重视法规和法的构成，因此，为了加强解释的说服力，结论和法规的结合就成了人们的期待，理由附随也就成了利益衡量的必需〔1〕

3. 明确结论的适用范围。通过与现有法律规定的对照以及解释，还可以明确该裁判结论的适用范围，这对具体的案件处理来说虽然没有直接的作用，但是作为法律论而言，却是必须要考虑的。另外，通过它还能对最初的结论进行再检讨。比如，对某条法规的适用范围加以扩大，扩大导致其适用的界限难以形成，如果从裁判的管理和案件的处理出发，不希望如此的话，你就必须放弃这种扩大。〔2〕

总之，理由附随对利益衡量而言是必要的，但与传统法学将其作为实质的理由陈述不同，利益衡量论者更多地把它看作是一种作为技巧的形式理由的粉饰，属于川岛武宜所言法的二要素〔3〕里面的"语言的技巧"的因素，实质的"价值判断"的因素则是在裁判之初就先行的利益衡量。

(六) 利益衡量的类型化处理

按照传统观点，以上五种方法或者五个步骤对个案的司法裁判来说已经足够了，但是由于我们认为裁判不仅有解决个案纠纷的任务，还有设立规则的效应，因此在形成上面判断的时候，有将其类型化的必要。具体说来，就是要对这个个案里面相互对立的诸利益进行详细精密的分析，以确立一个在这种情形下应优先保护何种利益的基准或者裁判的框架，以使其在以后相类似的案件中起着演绎的作用。比如，由加藤氏所倡导的"容忍限度论"，就通常被看作是通过对多个具体案例进行观察，从中归纳出诸个要素而类型化处理的产物。〔4〕

至于为什么要进行类型化的处理？加藤氏的回答以法律处理相互间的平衡和思考经济为重点，而星野氏则以明确利益状态的差异和法律的大众化（要件和

---

〔1〕 ［日］星野英一："民法解释论序说"，载《民法论集》（第1卷），有斐阁1970年版，第12页以下。

〔2〕 ［日］加藤一郎：《民法における论理と利益衡量》，有斐阁1974年，第31页。

〔3〕 川岛武宜关于法的二要素——价值判断要素和语言的技巧——的论述，可参见川岛武宜：《现代化与法》，申政武等译，中国政法大学出版社2004年版，第241页以下。

〔4〕 关于"容忍限度论"的详细展开，参见段匡：《日本的民法解释学》，复旦大学出版社2005年版，第295页以下。

效果能让普通人也能看懂）为关键。可见，通过这种类型化处理所获得的如何解决某一类型的利益冲突的理论，只是为了减少以后的司法成本而建构的一个可供参考的模型而已，它为法官判决的形成所提供的仅仅是一个框架的限度，一旦定立的基准在具体的纷争适用中出现了不妥当结果的时候，就必须要对其进行修正，基准和现实之间的互动是毋须多言的。

第七章　法律漏洞补充方法

法治理念对司法权对立法权的僭越始终保持着高度警惕。虽然法学界早有耶林对此提出异议，但毕竟因势单力薄而未根本动摇法学传统意识形态的根基，尽管这一根基也许在耶林之后继者们的不断努力中有所松动。此后虽则历经美国现实主义法学及后现代法学的强劲冲击，这一法治理念在两位大师级人物——英语世界之德沃金、德语世界之考夫曼——的强势捍卫下，似乎依旧生机盎然。而在笔者看来，始终伴随这一学术论争过程的问题在实质上可归结为：法律有漏洞吗？如果法律存有漏洞，法官该当何为？法律漏洞的产生原因及其表现样态如何？如果法官在漏洞面前必须有所作为，他的工具是什么，或者说，他需要借助什么样的方法？本文的目标，就是试图对上述问题进行回答。

一、法律漏洞的语境分析

（一）法律是什么——前提性讨论

我们所欲解决的问题与"法律是什么"这一法哲学领域中的斯芬克斯之谜密切相关。因而，从对这一问题的简单回顾中开始我们的讨论是有益的。从总体上说，自古希腊开始到近代西方人本主义思潮的兴起与扩张之前，自然法思想一直占据着法学意识形态中霸权话语的位置。然而伴随着霍布斯的现代自然法理论而来的法实证主义，在近代自然科学伟大成就的助威声中以迅猛的态势步入法哲学的理论前台。[1] 自此以后，法哲学实际上被自然法和法实证主义所垄断，并在此消彼长的理论交锋中，双方都在各自的理论系谱内变幻着不同的面孔，以期获得霸权。为避免一种单纯的历史性叙述，以自然法和法实证主义在当代的两位杰出代表德沃金和哈特的理论为基础，对与我们的讨论有关之问题进行考察也许是一个不错的策略选择。

尽管学界有人对德沃金的学术系谱存有不同看法，[2] 但从其理论整体来看，

---

[1] 颜厥安：《法与实践理性》，允晨文化实业股份有限公司1998年版，第252~271页。

[2] ［美］博登海默：《法理学——法律哲学与法律方法》，邓正来译，中国政法大学出版社1998年版，第127页；林立：《法学方法论与德沃金》，中国政法大学出版社2002年版，第81页。

笔者同意我国学界将其归入新自然法学派的观点,[1] 这一点在其所苦心经营的"原则立法论"以及万能的"赫克里斯"法官中得以体现。在德氏看来,法律并不仅仅是一套规则系统,与此同时,法律还包括原则和政策。在《认真对待权利》中,他对原则和政策作了如下界定:"我把这样的准则称为'政策',它们规定一个必须实现的目标,一般是关于社会的某些经济、政治或者社会问题的改善(虽然某些目标是消极的,在这样的目标中,它规定当前社会的某些特点需要保护,以防止相反的改变)。我把这样一个准则称为一个'原则',它应该得到遵守,并不是因为它将促进或者保障被认为合乎需要的经济、政治或者社会形势,而是因为它是公平、正义的要求,或者是其他道德层面的要求"。[2] 依靠原则和政策,德沃金提出了"规则—非规则标准—道德、文化、社会理想—赫克里斯式的法官"的法律概念。德沃金认为,在具体案件面前,一条规则面临两种命运:有效或无效。如果是前者,就必须按照规则的具体要求去做。一般而言,法官在判案时最常用到的是规则。但在疑难案件中,如果缺乏指导审判的严格限定的规则,原则就须粉墨登场,并被用来对某一意义并不明确的规则进行证立以应用于个案。当原则之间发生冲突时,哪一原则能被使用将取决于这些原则在个案中的强度,而对此做出正确鉴别的,将是全能的"赫克里斯"法官,但即使这样的法官,他也不享有根据个人关于良好政策的观点去创制新法律的自由裁量权,因为无论如何,这些原则本身都是法官在现有法秩序内通过个案对法律的发现,因而并不存在法官造法问题。易言之,法律自身并无漏洞,所有案件都有一个"唯一正确答案"。

德沃金可谓在法律适用中继承了自然法思想的精髓。依照自然法传统,实在法律都是以演绎的方式来自于超验的自然法,如果实证法律违背了人类理性、神意或事物本质的要求,运用这些自然法原则对实证法律进行修正就是法官的当然义务。因而,在法律本体论上,自然法思想在大体上都坚持一种空洞的实质正义,即使其不反对实证法律的有效性,但这些实证法律必须能被自然法所涵摄,这使其在本体论上带有明显的二元论色彩。在认识论上,自然法思想钟情于主、客对立的认识论模式,相信人类的无限理性能力。对德沃金而言,他与传统自然法思想的显著差别主要体现在法律本体论上。他抛弃了传统自然法为寻求实质正义而为实证法律设置的自然法原则屏障,转而将自然法与实证法熔于一炉,将维护实质正义的权力委托给对现行法秩序具有非凡洞察力的"赫克里斯"法官来

[1] 这在吕世伦先生主编的《现代西方法学流派》中得以体现。参见吕世伦主编:《现代西方法学流派》,中国大百科全书出版社 2000 年版。

[2] [美]德沃金:《认真对待权利》,信春鹰、吴玉章译,中国大百科全书出版社 1998 年版,第 41 页。

操持。但在认识论上，他没有也不可能超越主、客对立的认识论模式。虽然德氏强调一种诠释性的法律概念，但这一诠释过程在本质上，与拉德布鲁赫、考夫曼等人所倡导的类型思维相比较，区别仅在于前者把类型的决定权交由"事物本质"来掌管，而后者则被所谓的法律体系内的原则所统辖。不过，拉德布鲁赫的"事物本质"在体系上与考夫曼的"事物本质"存有差异，前者把事物本质定位于漏洞补充的场合，后者对此则持否定见解，认为即使是最简单的案件也须运用类型思维，而所有类型都来源于事物本质。[1] 对德氏而言，他显然是对拉氏和考氏理论的一种综合，即一方面他认为原则仅用于疑难案件，另一方面又认为原则本身也是法体系内的元素。不过从总体上看，德氏的理论更接近于考氏的理论。当考氏宣称"法学思维在本质上是一种类型思维"并将事物本质当成是类型的决定性因素时，他也就潜在地指出了法律自身并无漏洞。虽然考夫曼宣称他在走一条超越自然法和法实证主义的第三条道路，但也许像其老师拉德布鲁赫基于对"纳粹的罪恶"的警惕一样，他的理论中仍带有难以祛除的自然法情结。不过必须说明的是，考氏和德氏的理论都已经不是纯粹的自然法理论，尤其是考氏一再声称所有的法律都是实证的，并提出一种关于法的"关联本体论"，[2]而德氏的理论体系也带有分析法学派的痕迹。但在否认法律存有漏洞这一问题上，他们却与自然法思想保持着同一立场。

作为对自然法思想的反动，19 世纪是属于法实证主义的时代。然而，作为法实证主义之分析法学派的当代领袖，哈特在许多方面背叛了其前辈们所设定的学术标准。尽管对法实证主义的实质性命题在不同学者的思想中有着不同的理解，但其中"法与道德的分离"则是法实证主义的核心命题。哈特基本坚持此一立场，但他与拉兹所倡导的柔性法实证主义中所包含的"最低限度的道德性"，已经使得他们背离了其前辈凯尔森的"纯粹法学"的立场。而且，在法律体系的建构上，哈特已经不再奢望建立一个如概念法学所倡导的封闭性概念体系，而是站在语言分析哲学的立场，认为法律规则存在着空缺结构，因而，尽管"法院常常否认任何这种创制职能并强调解释法规和适用判例的任务分别是探寻'立法机关意图'和已经存在的法律"，但"法律的空缺结构意味着的确存在这样的行为领域，在那里，很多东西需留待法院或官员去发展，他们根据具体情况在互相竞争的、从一个案件到另一个案件份量不等的利益之间做出平衡"[3] 不过，正是在法官的自由裁量问题上，哈特的理论体系存在着一个悖论：法律是一

〔1〕　［德］考夫曼：《类推与事物本质》，吴从周译，学林文化事业有限公司1999年版。
〔2〕　［德］考夫曼等主编：《当代法哲学和法律理论导论》，郑永流译，法律出版社2002年版，第19页。
〔3〕　［英］哈特：《法律的概念》，张文显等译，中国大百科全书出版社1996年版，第134～135页。

个规则体系，但又允许原则对规则进行补充。虽然哈特在《法律的概念》第2版所附的后记中指出原则也可以包含在他的理论模式中，而且一个原则是否属于一个法律体系，亦可由系谱的方式来判断。但德沃金对此进行了批评，认为如果主张系谱中亦可包含实质价值标准（原则），就必须放弃承认规则，这也等于放弃了法实证主义的立场。因而，哈特还是未能处理与规则并存的衡量的理论意义。[1] 从德沃金对哈特的批判中，我们不难发现，原本的法实证主义并不允许在法律适用中做出实质的价值判断，它必须要遵循一种形式上的系谱策略，这是法实证主义的一贯立场。对此，考夫曼也站在与德沃金德相同的立场，对法实证主义试图透过一种纯粹的形式来获取法的内容进行了尖锐的批判。[2] 在考夫曼看来，原本的自然法思想和法实证主义在认识论上都钟情于主、客对立模式，相信依靠人类的无限理性能力能够从最高的绝对法律原则推导出实证的法律规范、从实证的法律规范可推导出法律判决。[3] 所以，按照自然法和法实证主义的逻辑，法律本无漏洞。不过正如前述，当代的自然法思想和法实证主义都在各自向对方靠拢，严格意义上的自然法思想和法实证主义都已不复存在。但正因如此，在法律是否存有漏洞问题上，我们失去了一个问题讨论的出发点。

正如开篇所言，法律有否漏洞与"法律是什么"密切相关，但关于该问题，通过上面的讨论，我们似乎不可能有一个确定性的答案，因为在这个世界上确定性的东西本来就不多，即使在恩吉施（Engisch）看来唯一确定性的东西——数字——也必须在具体的语境中才能确定它的意义，单纯的数字并不带有任何实质性内容。"因此，在回答'法律是什么'这一问题时，似乎应该首先回答：我们的姿态是什么？"[4] 同样的，在回答"法律有否漏洞"这一问题时，我们也似乎应该首先回答：我们的立场是什么？

（二）法律漏洞的问题域——分析法学的叙事立场

法律是否存有漏洞问题的出发点是以近代法治观念的确立为前提的，在人治的语境中不可能发生法律漏洞问题。易言之，如果我们仅仅像自然法学那样追求一种在内容上无法摆脱虚无的实质合理性，而忽视法律形式合理性的重要特征，法律漏洞这一概念本身就无存在之必要。但这样说的结果可能留下一个将法律漏洞问题建立在一个先验的预设——法律本来就是指实证的法律规范——之上的疑

---

〔1〕 颜厥安：《法与实践理性》，允晨文化实业股份有限公司1998年版，第237~335页。
〔2〕 ［德］考夫曼：《后现代法哲学——告别演讲》，米健译，法律出版社2000年版。
〔3〕 ［德］考夫曼：《类推与事物本质》，吴从周译，学林文化事业有限公司1999年版，第35页。
〔4〕 刘星：《法律是什么》，中国政法大学出版社1998年版，第304页。

问。为此，对这一立场的证成就成为在此无法逃避的问题。

当我们问法律是否存有漏洞时，问话者实际上已经隐含地表达了他的一种价值倾向：法律是明确的。但法律是否如法治主义者所期望的那样具有明确性呢？对此，我们可以通过对传统的三大法学流派的核心观点的简单分析，在阐明上述问题的基础上，为我们的立场进行辩护。按照自然法学的立场，法律是人类正义的体现，任何实在法都必须反映自然法的要求。但何谓正义？谁之正义？在此，一切可以肯定的东西仅是存在一种空洞而形式化的原理。因而，虽然自然法学在价值领域为法学的发展做出了贡献，但它却严重忽视了法学作为一种实践理性的学术品格。依照自然法思想，人类的命运并不能由人类自己把握，这一权力被一种绝对观念所把持。而既然这样一种绝对观念具有不可把握性，一个世俗的权威作为这一观念的代表就成为治理社会所必需。因而，自然法思想在实质上就成为人治理论的庇护所。自然法学的这一立场在近世以来受到了严厉的批判，要求法律具有明确性几乎成为欧洲近代启蒙思想家的共同愿望。以此为契机，分析法学派逐渐成为法学研究中的主要阵地。根据分析法学派的观点，法是出自文明社会占统治地位的政治权威性规则，法的意思只能从实在的法律规定中引出而不能从抽象的正义和道德引出；法律制度是一个封闭的逻辑体系，正确的判断可以用逻辑方法从预先规定的法律规则中推断出来[1]。但面对社会法学派的攻击，传统的分析法学派逐渐有些难以招架了，于是，哈特的新分析法学开始对其前辈们的观点进行系统的重整，承认法律确实存在着空缺结构并因而具有其阴影区域，但法律的空缺结构并不影响法律在大体上的明确性，否则，法律也就不成其为法律了。哈特的理论在笔者看来是求实的。毕竟，如果我们摆脱了学者们在书斋中的形而上学的沉思而面对社会现实，法律也许并没有如学者们的刻意修饰所显现出来的神秘。当我们说人类社会已经离不开法律时，这里所指的法律显然就是指法律规则。虽然说"法治就是规则之治"未免有些极端，但离开了规则，法律什么也不是，更无从奢望法治了。当社会法学派将目光专注于实然，从法律规则的不确定性出发，认为只有在社会中法律才能够真正发挥作用，有实际效果的法律规则才是法律时，法律已经失去了它的独立品性，成为政治的玩偶，法官将被从忠诚于法律的卫士异化为政治派别的代言人。

站在法治的立场，我们只有选择分析法学。自然法学所倡言的一般正义离个案太遥远。依此在实践领域我们无法摆脱价值相对主义；社会法学又使得我们失却对法律相对确定性的心理预期，如此我们将失去对社会秩序的控制。分析法学虽然有其自身的理论缺域，但如果我们在坚持以规则为核心建构法律体系的同

---

[1]　陈金钊："认真地对待规则"，载《法学研究》2000年第6期。

时，将法学作为一种实践理性，倡导在敞开的体系中论证，从而克服传统分析法学在法律体系上的封闭性，突破概念法学的藩篱，使法律规则与事实之间形成一种互动的关系，在动态中探究法律规则的意义，就可能在一定程度上避免传统分析法学的弊端。这样一种立场，将把法律规则作为法学的主要研究对象，但并不把法律规则作为一种僵化的教条；它承认由法律社会学所揭示的法律规则在疑难案件中的不确定性，但又反对极端的规则怀疑论。这样的立场，对维护法治来说，其意义起码体现为如下几个方面：①它在宣扬法治理念的同时，又在实践层面使法治具有技术上的可操作性。而正是在可操作性上，自然法学和法社会学存在着致命的缺陷。②它在维护法律科学自身的独立品性的同时，又在为法学方法论的生成和展开提供理论前提上的支持。[1] 一方面，自然法学在实质上涉及的主要是政治学和伦理学的问题，它甚至可被当作这两门学科，尤其是伦理学的分支学科；而在社会法学的旗帜下，法学则成为了一个无处栖身同时却又无处不在的弃儿。另一方面，自萨维尼以来，发源于德国的法学方法论已日益成为法学领域中的显学，它为近代法治理念在实践领域的展开提供着强大的技术支持，而法学方法论只有在分析法学的层面才有存在的余地。③它使得法律与传统的法观念产生契合，为法治的实现提供舆论上的声援和群众基础。在人类历史上，作为社会治理主要手段的从来都是规则，在中国所谓的"王子犯法，与庶民同罪"，古希腊苏格拉底以生命来践行法律，无不体现出规则在人们心目中的地位。分析法学恰恰以规则作为研究的中心，倡导在认真对待权利之前，首先要认真对待规则。尤其是在宪政主义下，"如果要主张某种法治，要认为法治仍然是有意义的，那么就要采取反对唯实论者及其后裔（笔者按：主要指法律经济分析学派和后现代法学）的立场。甚至在民主化的过程中，也必须 taking rules seriously at first，即使那些规则可能是内容上相当糟糕的规则"。[2] 不过需要说明的是，对规则的这种态度主要是要表明一种法治的姿态。而实际上，在现代宪政的框架下，"内容上相当糟糕的规则"并非常态，即使果真出现，法官运用熟练的法律方法，通过整个法律体系的协调，从多元的法律渊源中，也并不是不可能找到一个可以被接受的的解决方案。

（三）法律漏洞的产生——以法律解释学为视角

在分析法学的视野中，法律漏洞是否存在？前文对哈特新分析法学的讨论，已指出在其理论体系内存在着系谱上的不一致性。虽然其采取如颜厥安所言之补

---

[1] 陈金钊："认真地对待规则"，载《法学研究》2000 年第 6 期。
[2] 颜厥安："规则、理性与法治"，载《台大法学论丛》第 31 卷第 2 期。

强策略，试图将法律原则纳入其理论体系当中以解决疑难案件，但终因论证不力而无法回应德沃金的指责。[1] 但如果不将法律原则纳入法体系中，我们又以何为据来判断实证的法律规则存有漏洞？站在分析法学的立场，我们不应把规则仅仅理解为一个个孤立的法条，每一法条只有在整个法体系中才能显示其意义。因此，笔者同意黄茂荣的下述看法："各个法条只有当其取向于一定之价值标准，针对一定之生活类型被组合成一套规定以后，它对系争生活类型之意义才能被相对的确定下来，也同时才产生其规范功能。所以，法条只是组成各种法律规定之成员；而法律规定则又是组成法规范之单位"。[2] 因而，分析法学虽然以规则为研究重心，但它的直接研究对象则是法规范。法规范是指向生活类型的。按照"相同事物相同处理"的原则，可归属为同一类型的事物就应当具有相同之法律效果。但由于类型是存在于立法者与法律形成之前的事物，我们无法对之定义，只能描述，[3] 这时，立法者的局限性就暴露无遗了。因为以描述的方式，立法者不可能在法律文件中穷尽可能发生的所有案件事实。为了达到法律的规范目的，他不得不用抽象的概念来表述类型。但概念却具有封闭性的特点，它距离类型的需要还很远。于是，就在立法者出于无奈而不得不止步的地方，法官开始了他的创造性活动。

为建构类型，法官必须对法律进行解释以释放它的意义。但法官用来解释法律的东西来自何处？虽然哲学解释学恢复了解释者偏见的合法地位，但这是否意味着法官的解释不受约束？问题至此，我们就有必要对与法律适用密切相关的法律渊源（司法的实体法渊源）问题进行简单说明。根据格雷的说法，法律渊源是指法官在制定那些构成法律的规则时通常所诉诸的某些法律资料和非法律资料。站在司法的立场，笔者基本同意格雷的看法，认为司法的实体法渊源是指被法官用来对之所作的法律解释进行合法性证成的各种资料。正是这些资料的存在，为法官解释法律提供了一种参照，规定了法官发现法律的大致场所。

当然，我们有义务对司法之实体法渊源与法律漏洞间的关系做进一步的说明，因为，当我们做出前述判断时，将很难避免如下质问之产生：司法之实体法渊源是如何与法律漏洞产生关联的？这可能涉及到对司法之实体法渊源具体内容的理解问题。我们以为，除了国家法中的法律规范之外，司法之实体法渊源主要包括法典当中明文规定之部门法原则、没有被法典明示但却属于该部门法之基本价值追求以及法官在判例中所发现的规范与事实对接后所呈现的事物类型。而这

---

〔1〕 颜厥安：《法与实践理性》，允晨文化实业股份有限公司 1998 年版，第 237～335 页。

〔2〕 黄茂荣：《法学方法与现代民法》，中国政法大学出版社 2001 年版，第 106 页。

〔3〕 ［德］考夫曼：《类推与事物本质》，吴从周译，学林文化事业有限公司 1999 年版，第 103～127 页。

样一来，司法之实体法渊源的意义射程将远远大于法规范确定性意义的范围。换言之，法规范所可能包摄的模糊意义，只可能在实体法渊源的范围内找到位置。当依靠简单的文义解释不能在事实与规范之间建立起有效的涵摄关系时，法官就必须在案件事实及法律精神的指引下，在司法之实体法渊源中寻找一个可用于当下案件的规范，而这一规范的建立是通过事实与规范的交流，而对司法之实体法渊源的个案化表达。当然，由于这一个案化表达形式实际上具有规范性的特征，或者说是对"母规范"进行解释后的一个"子规范"[1]，那么按照类似情况相同处理的原则，该"子规范"将应当对以后类似案件具有约束力。

正如前文对自然法学的分析所指出的那样，在自然法思想中，上述司法之实体法渊源实际上就是法的本来组成部分，而这样一来，法律没有漏洞也就成为当然的逻辑推论。但正如我们所分析的那样，自然法思想显然与近现代法治的理念存在重大冲突。虽然在一定意义上说自然法思想也许是迄今为止最理想的法治追求，但它毫无疑问并不具备实现的各种条件，因而，我们只能转向分析法学。而分析法学的典型特征是对规则的崇拜甚至情有独钟，当我们仅仅依靠规则来处理形式繁杂的案件事实时，我们就不得不求助于司法的诸多实体法渊源，来扩张或限缩法律规则的意义射程。

当然，我们的上述结论也许会遭到如下质问：所谓法律漏洞是指法律本来应该有所作为，但由于各种原因而未加作为才产生的法律自身的不圆满或不协调，它与司法之实体法渊源根本就没有联系。我们相信，持这种看法的人在数量上一定不少。但我们要说的是，当批评者说"法律本来应该有所作为"时，所谓"应该"的标准是什么？易言之，凭什么说法律本该如此如此？而对这个问题的

---

[1] 此处所言之母规范和子规范之间的关系可以作如下理解：母规范乃是法官发现的可能适用与当下案件的规范，但该规范的意义是如此模糊，以至于法官不得不利用司法之实体法渊源对之进行论理解释，以使解释后的该规范具有更大或更小的包摄性。譬如，"以暴力形式占有他人财物者，构成抢劫罪"，这是一个母规范；但以麻醉形式占有他人财物是否可被包摄在前述规范之下？通过目的解释后，如果答案是肯定的，那么一个逻辑推理形式将以下列形式展现出来：大前提一："以暴力形式占有他人财物者，构成抢劫罪"，大前提二：麻醉是一种暴力形式；小前提：某人以麻醉形式占有他人财物；结论：某人构成抢劫罪。在这个推理形式中，如果将大前提二为一，则可以这样表述：以包括麻醉在内的暴力形式占有他人财物者，构成抢劫罪（子规范）。显然，与"以暴力形式占有他人财物者，构成抢劫罪"这一母规范相比，子规范"以包括麻醉在内的暴力形式占有他人财物者，构成抢劫罪"在实际上扩大了母规范的适用范围。因而，当我们说解释前和解释后的具体规范之间是母规范与子规范的关系时，并不意味着母规范在内涵上就必然比子规范丰富。当然，在有些情况下，通过限缩解释，有的子规范在内涵上就可能小于母规范。在这个意义上，我们仅仅是在发生学的意义上借用了"母"、"子"概念，因为按照前述分析，子规范的建立在时间上显然在母规范之后。至于二者内涵与外延范围之大小，则需视具体案件事实而定。不过，需要说明的是，前述分析只是在法律方法论的语境中才有意义。

回答，我想恐怕必须得借助于司法之实体法渊源。也正是在这个意义上，当我们以司法之实体法渊源来观照法律规范时，法律规范自身意义的不圆满性才暴露出来。因而，在我们看来，法律漏洞问题的产生，是以司法之实体法渊源为参照的，没有后者，也就无所谓前者。

另一个问题是，虽然我们大体上限定了司法之实体法渊源，而且主张对法律规范的解释应在这些实体法渊源中寻找支持材料，但同时，我们还应声明，就解释而言，每一法律规范必然都有一个意义边界。如果一个案件事实通过对相应规范和该事实本身的解释以后并无法建立对应关系，但在法律精神的指引下，该事实本来应当具有某种法律意义，那么，如果以"法官不能拒绝裁判"为理由要求法官必须做出裁决，那么，这时候就不再是法律解释问题，而是法官造法的问题了。

上述分析的结果，将迫使我们做出如下结论：在法律规则的意义射程内，依据司法之实体法渊源对法律规则的意义进行扩张或限缩，并不涉及法律漏洞问题。因而，所谓法律漏洞，是指当我们以司法之实体法渊源为参照，认为某一案件事实应当具有某种法律意义，但却无法在其意义射程内通过对相关法律规则的解释获得一个有效的司法三段论推理之大前提，同时法官又没有正当理由拒绝对该案件做出裁判时，所彰显的法规范的不圆满性。

毫无疑问，我们对法律漏洞存在范围之限定要远远小于学术界在该问题上的通常见解。譬如，在德国，对法律漏洞通常的定义是：法律漏洞是以整个现行法律秩序为标准的法律秩序的"违反计划的非完整性"。以此为基础，并从不同的视角，他们将法律漏洞划分规范漏洞、法律漏洞、冲突漏洞、法漏洞或领域漏洞，对前述漏洞的进一步划分，又有例外漏洞、公开漏洞、隐蔽漏洞、评价漏洞、"纯粹的"和"非纯粹的"漏洞、"实质的"和"形式的"漏洞、"批判性的"和"正义漏洞"，等等。[1] 在我国大陆，学术界在该问题上一般借鉴了我国台湾地区学者们的见解，认为法律漏洞"指关于某一个法律问题，法律依其内在目的及规范计划，应有所规定，而未设规定。法律漏洞的基本特征在于违反计划"。[2] 其他对法律漏洞的表述虽形式各异，但实质内容并无多大差别。至于

---

〔1〕　[德] 魏德士：《法理学》，丁小春、吴越译，法律出版社 2003 年版，第 362～372 页。

〔2〕　王泽鉴：《法律思维与民法实例》，中国政法大学出版社 2001 年版，第 251 页。另参见黄茂荣：《法学方法与现代民法》，中国政法大学出版社 2001 年版，第 293 页。

有关法律漏洞的分类问题，由于我国学术界与德国学术界的传承关系，[1] 我们也基本上承继了前述德国学者的见解。

如果把本文关于法律漏洞的界定与前述学术界的通常见解进行比较，那么一个显而易见的差别是，我们所指的法律漏洞仅仅存在于通过合法性和妥当性之解释后无法获得一个可用于当下案件事实的规范的场合。而学术界的一般看法则是，只要在传统的合法性框架内无法获得一个有效的法律推理大前提，而按照法律之基本精神又必须要求法官做出裁断，那么因该项事实而显露的法律规范之不圆满性，即法律漏洞。不过，这里又涉及到一个更为麻烦的问题：本文意义上的合法性与传统意义上的合法性是否是同一概念？妥当性又所指为何？

对这个问题的详细讨论，可能会大大增加本文的篇幅，而且，由于笔者已经在其他地方对该问题有过详细讨论[2]，因而在此仅仅表明我们的基本看法：本文意义上的合法性，是指以类型思维，在法官"目光来回往返"于规范与事实之间的基础上，在法律共同体之间所达致的最大程度的合意。亦即，①实现规范与事实的"合意"，②在法律共同体之间达成合意。而妥当性则是指超越法律共同体对法律规范的可能意义所"划定"的界限，为在个案中实现利益平衡和满足一般人对法律的心理需求，而对法律规范的意义进行"非法"扩张或限缩，在最广泛的主体之间所达致的一种合意。但同时，我们还强调，对法律规范和事实的合法性与妥当性解释，在其边界上必须被控制在法律规范可能的意义范围之内。否则就无所谓解释问题，而成为典型的法官造法。

当我们把法律解释的合法性与妥当性理解为一种双重合意时，那么我们所言的合法性与妥当性就绝对不再是一个抽象的概念，它们的实体内容都通过具体案

---

[1] 大陆学术界对德国法学的自主研究是近几年以来的事情。此前，我们对德国法学的了解，一般都以我国台湾地区学者的研究为中介。另一个需要指出的问题是，对法律漏洞问题的研究，只是在成文法国家才能作为一个重大问题而受到关注，而在英美国家，虽也存在着对法律漏洞问题的研究，但由于传统的原因，法官造法在英美国家所遭受的指责要远远小于其在大陆法系所面临的困难。而且实际上，许多影响深远的判例，恰恰是通过法官造法而完成的。因而，在对法律漏洞问题的研究上，我们当然应将更多目光投向大陆法系，尤其是以严谨著称的德国。

[2] 吴丙新："司法的真相：在法律解释的合法性与妥当性之间"，载《法制与社会发展》2006 年第 2 期。

件中事实与规范的对接而以判决的形式具体地显现出来[1] 这显然与传统的合法性标准存在重大区别。因为，至少是在当前法学研究的语境中，合法性从来没有一个可操作的标准，学术界也都是在抽象意义上适用合法性这一概念。即使是在法律方法论的语境中，对法律适用的合法性分析也仅仅是停留在观念层面。譬如，当我们把合法性标准描述为"以事实为根据、以法律为准绳"时，至少从法律方法论的角度来看，它并没有为法官带来多少帮助。因为这里的对事实与法律本身的理解可能还存在许多疑问，抑或说，什么是事实？什么是法律？前提的迷惑，将使得上述口号仅仅具有象征意义。进一步来说，即使我们在法律方法论上认为合法性"强调法律意义的固定性，不能溢出法律的可能范围去解释法律"[2]，那么对"法律的可能范围"之限定仍然需要一个进一步的标准。实际上，至少是在法律方法论的语境中，如果我们仍然坚持对合法性问题做实体与程序的区分，那么我们就永远无法获得一个对司法实践有真正意义的合法性指导标准。易言之，我们只有在接受了考夫曼"法是当为与存在的对应"的命题，并充分吸纳来自哈贝马斯以及阿列克西等人的法律商谈和论证理论，将实体问题与程序问题在司法操作中"毕其功于一役"时，我们才能够获得一个具有实际操作可能性的合法性概念。

上述讨论看起来似乎已经远离了本文的主题，不过这对于明确我们的写作意图是有益的。因为，上述讨论将有助于我们进一步区分本文意义上的法律漏洞与学术界通常所言之法律漏洞。而之所以对该问题不惜笔墨，主要基于这样一种考虑：在本书的语境中，对法律漏洞存在范围的考察，将决定着下一步我们对漏洞补充之方法的选择，而对法律方法的详细考察，则是本书的核心工作。因而，前述讨论实为我们后续研究的基础和前提。

二、法律漏洞的成因分析

法律漏洞何以产生？对此，自从概念法学破产以后，该问题似乎已经不再是

---

[1] 按照笔者的看法，合法性与妥当性的区分仅仅涉及听众范围的大小问题，也正因此，笔者在上引文章中指出，合法性与妥当性都具有客观性的特征。同时，笔者提出妥当性概念的主要目的是为了克服学术界对合理性、合目的性以及正当性的模糊适用，而学术界在讨论法律解释的原则问题时，往往将合法性与合理性、合目的性以及正当性看作是并列关系，这样一来，虽然我们对合法性与妥当性的区分极可能被误认为类似于学术界对合法性与合理性、合目的性以及正当性的区分，但至少按照笔者的本意，本文意义上的合法性与妥当性实际上都是对学术界关于合法性标准的具体化。因而，下文关于本文意义上的合法性与传统意义上的合法性的比较，在基本结论上亦可当然地适用于妥当性与传统合法性的比较。

[2] 陈金钊：《法律解释的哲理》，山东人民出版社1999年版，第96页。

一个问题了，[1] 以至于学术界可以异口同声地对产生法律漏洞的原因作如下概括：①法律调控对象的复杂多变，使得法律具有天然的滞后性特征。这可能又包含两层含义：一是人们关于法律的思考之历时性变化，使得原有法律存在一种时代的不适应性；二是新生事物的不断诞生，又使得原有法律显得力不从心。②法律所具有的抽象性、概括性和不确定性，使其无法满足具体个案的需要。③人类理性能力的局限性，使得立法者永远不可能制定出一部完美的法典。不过，我们必须清楚，前述观点是以对法律漏洞的传统界定为前提的。由于本文对法律漏洞做了一种似乎与众不同的理解，那么如果以此为前提审视前述观点，除了对其中的个别所谓法律漏洞之产生原因表示怀疑之外，即使我们在结论上也许可以勉强接受其他原因，但它们也仅仅是在一定条件下才可成立。

1. 法律所具有的概括性和模糊性是否是产生法律漏洞的原因？当前我国学术界几乎异口同声地对此做出了肯定回答。但果真如此吗？毫无疑问，虽然自法律产生以来法律家们一直在铸造着法律确定性的神话，但法律的历史已经宣告了这一神话的破产。尤其是在法社会学及其后裔现实主义法学和后现代法学的极力渲染下，法律的不确定性大有一统天下的气势。但这无疑是相对于法律确定性神话的另一个极端。因为，至少从符号学的角度而论，作为人类重大发明之一的语言文字，在很多时候都有其相对确定的意义。即使在具体的语境中可能其意义有所差别，但当其作为传达信息的工具时，其意义的不确定性就被限制在一定范围之内。因而，我们赞成哈特关于该问题的观点，认为语言在其意义中心是确定的，只是在其边缘地带存在着意义的不确定性。不过，站在本文的立场，正是法律文本自身的不确定性，才使得解释者可以在对法律规范的合法性与妥当性解释中充分发挥其自由裁量权。而只要这种解释并没有超出规范自身可能的意义边界，也就并不存在漏洞补充问题。正如拉伦茨所言，在这个时候，"多数涉及的是用语不明确的问题。换言之，仅是解释的问题，而非关漏洞补充"[2]。虽然按照拉伦茨的说法，"法律解释与法官的法的续造并非截然不同之事，毋宁应视为同一思考过程的不同阶段"[3]。但在笔者看来，我们绝不可以此为理由来否认二者的实质性区别，毋宁说，拉伦茨仅仅是想告诉我们，法律解释和法的续造都是法律适用的具体方法，但它们却是针对不同情况下而对法律方法进行的不同选

---

[1]　也许正是因为这个原因，在笔者所掌握的德国学者的著作中，关于法律漏洞或"法外空间"的讨论中很少有人对其产生的原因进行专门分析，而是将这一分析置于对法律漏洞类型之划分过程中。至于在英美国家，由于众所周知的原因，他们对法律漏洞的关心程度要远低于以德国为主要代表的大陆法系国家，因而至少是在这个问题上，我们似乎可以将研究目光专注于大陆法系。

[2]　[德] 拉伦茨：《法学方法论》，陈爱娥译，五南图书出版有限公司1997年版，第288页。

[3]　[德] 拉伦茨：《法学方法论》，陈爱娥译，五南图书出版有限公司1997年版，第277页。

择：在法律规范之可能意义范围内，法官可以通过解释完成其任务，但在经过解释后发现无法可用时，法官就必须通过对漏洞的补充来进行法的续造工作。这样一来，虽然法的续造离不开法律解释（离开后者，法的续造就失去了程序上的正当性），但法的续造却又明显溢出了法律解释的边界。因而，我们认为，因法律之概括性和模糊性而导致的法律的不确定性，显然并不是产生法律漏洞的原因。而且，正是法律规范的这种模糊性，才丰富了法律解释问题的研究对象，并使法律解释学作为规范法理学的一个分支学科成为可能。因而，在这个话题下，我们深信恩吉施的话是对的："当立法者通过不确定的规范性概念，或者又通过一般条款和裁量条款延续了一个决定的活动余地时，我不想再谈论漏洞。因为这里我们只涉及有计划地松动制定法的约束，尤其是出于决定适应于具体案件的特殊情形和适应于法律共同体的变化的观念这一目的。另外，制定法在这里为决定权毕竟标出了一定的指南和界限"[1]。

2. 法律的抽象性特征是否必然是法律漏洞产生的原因？所谓抽象性，虽然在很多时候是与概括性和模糊性联结在一起的一个概念，但笔者认为，抽象性更多的是涉及到价值问题，而后两者则主要与语言的表达有关。在这个意义上，作为具有普适性的规范性法律文件，它只能在抽象的层面上谈论价值问题，而如此一来，在文本之语言表达上，就当然地会出现概括性和模糊性。不过，法律价值之抽象性虽然是法律文本之概括性和模糊性的原因，但它们并不是其唯一的结果。也就是说，法律的抽象价值有一部分是可以通过对具有概括性和模糊性特征的法律规范进行解释而得以具体化，但如果在合法性与妥当性的语境中无法通过解释实现法律价值，那么才可能有法律漏洞的产生。在我们看来，虽然法律之抽象性应当为法律漏洞的产生负一定之责任，但在特殊情况下，如果立法者能够通过更具包容性的语言来表达法律的这些抽象价值，则法律漏洞的出现范围就可能被大大地压缩。

3. 客观世界之复杂多变以及人类理性能力之局限，的确使得立法者没有能力制定出一部完美的法典。而按照学术界一般的看法，所谓完美之法典就是能够明确囊括一切可能具有法律意义的事实，法官于是只需要在事实与规范之间对号入座。这显然是一种误解。实际上，我们认为，客观世界之复杂多变以及人类理性之局限之于法律的影响，主要体现在观念上，而非主要表现为立法技术问题。因为，在某一法律价值观念之指引下，立法者完全有能力，而且也有权利适用较强模糊性的语言，来适应社会变迁之需要。因而，除非某一社会发生剧烈的思想

---

[1] [德] 卡尔·恩吉施：《法律思维导论》，郑永流译，法律出版社 2004 年版，第 172 页。相同见解，参见 [德] H. 科殷：《法哲学》，林荣远译，华夏出版社 2002 年版，第 223～224 页。

变革，一个高明的立法者完全有能力制定出一部成功的法典——虽然它也许并不完美，但在绝大多数情况下却可以通过法官的解释在法典中寻找到一个可用的规范。当然，要达到这个目标，立法者必须具有很强的"类型"意识以及把握"类型"的能力。

如果前述分析是可接受的，那么，虽然受制于客观及主观因素的制约，法律将在人们的观念无法把握的范围内不可避免地存在漏洞，但只要我们改变了关于"完美法典"的认识，并强调类型观念之于立法和司法的重要意义，那么，本文意义上的法律漏洞就将被控制在一个尽可能小的范围内。也因而，当前学术界至少是夸大了主、客观因素对法律漏洞产生之原因的估计。也就是说，我们在原则上承认学术界的一般看法，但在对该问题的分析以及法律漏洞的存在范围上，却对传统观点持有相当程度的保留意见。

对前述观点进行评析的目的，当然在于为我们提出法律漏洞产生的原因提供一个分析问题的思路。也就是说，对法律漏洞产生原因的分析，必须在本文对法律漏洞界定之语境下进行。结合上述评析，我们认为，除了在特定语境下上述原因可以成立之外，还有下列三个更为重要的原因对法律漏洞之产生负有责任：

1. 法律意识形态的多元化。意识形态的多元化已成为我们这个时代的显著特征，法律意识形态的兼容并包性也日益受到关注。[1] 多元的法律意识形态在释放大众话语的同时，又潜在地增加了法官解释法律的负担。由单一的立法者的法律意识形态向司法中多元法律意识形态的转变，将可能使原本完美的法律体系在具体实践当中出现难以避免的漏洞。

2. 立法者对司法者的不信任。正像本文开篇所言，自法律现代化以来，立法权时刻保持着对司法权的警惕，与此同时，法学界也对二者的权限进行了精确的划分。反映在立法上，除非不得已，每一位立法者都试图用更为精确的语言，来框定其通过法律所欲规范的事物范围。这样做的结果就是，随着法律的日益精确，法律规范的弹性却在逐渐收缩，而法律漏洞也就在这时候当然地产生了。当然，我们在此并非对法律文本的精确性本身表示怀疑，问题仅仅是，无论在任何时候，立法者都必须为法官行使自由裁量权留有一定的空隙。立法者可以通过精确的，甚至以精密列举的方式来划定法律的调整范围，并以此来保证立法权的不可侵犯，但同时，他必须要采取一种更为策略性的表述，为法官发挥主动性留有适当之余地，以免因此而引火烧身。譬如，在精确列举之后，立法者完全有能力对隐藏在所列举事项后的事物类型进行概括，并以此作为对所列举事项的性质定位。而有了这个"类型化"的概念后，立法者既可以通过前述列举达到了其防

---

[1] 季卫东：《宪政新论》，北京大学出版社 2002 年版，第 106 页。

备司法权扩张的目的，同时又可以避免因表述方式的过于确定，来避免为自己招致诸如"立法者无能"的指责。因为，只要立法者明示了某种法律所欲规范的事物类型，那么法官就可以运用类型思维，来合法地解释和适用法律，从而当然地克服了法律僵硬的缺陷。就此而言，如果以法治作为终极目标，那么立法权大可不必对自己的"领地"安全保持高度警惕，更为策略的做法则是，只要有利于实现法律之精神，立法者明智的退让也许是实现法治的一个更好选择。

3. 法官对事物类型把握能力之欠缺。按照本文的思路，一个优秀的法官虽然不必拥有德沃金笔下"赫克里斯"般的超人智慧，但却必须对法律之精神了然于胸，同时还必须具有良好的法律知识储备和丰富的司法经验，否则，它将很难发现隐藏在相关法律概念背后的事物类型。如果法官不具备这种能力，那么在很多时候，原本在法律解释的范围内就可完成的任务，都将可能被错误地归结为法官造法。因而，在严格意义上，法官能力的欠缺并不是法律漏洞产生的真正原因，但实践中的许多所谓法律漏洞，却是因此而产生。因而，将法官能力问题看作产生法律漏洞的原因虽然在本文的理论脉络中也许并不协调，但考虑到实践领域中的问题，那么这样一种概括也许不会遭致太多反对。

三、法律漏洞的种类

（一）魏德士关于法律漏洞的分类及对该分类的评价

德国学者伯恩·魏德士将法律漏洞分为：①规范漏洞。某个规范是不完整的或者不清楚的。其下又可能包括公开漏洞与例外漏洞（目的漏洞）。②法律漏洞。从立法者的评价计划来看，在某个法律中缺少必要的规则。该漏洞又可细分为有意识漏洞与无意识漏洞。③冲突漏洞。如果某个法律的两条规则可能涵摄同一个事实，并且因此导致相反的法律效果，那么就存在"冲突漏洞"。④法漏洞或领域漏洞：法律对某一生活领域完全没有做出规定，而这一领域根据法律往来的结果和法律共同体的期待必须在法律上有所规定，那么人们就说存在"法漏洞"或"领域漏洞"。而通常所言之初始漏洞（原本的漏洞）与嗣后漏洞（派生的漏洞），既可能是规范漏洞、法律漏洞，亦可能是领域漏洞。[1] 由于本文此前在讨论法律漏洞的范围时已经对该问题进行过简单探讨，因而在此不必赘述。我们所关心的问题是，以上述观点为参照，在本文的语境中，对法律漏洞的种类应当如何划分？

---

〔1〕 ［德］魏德士：《法理学》，丁小春、吴越译，法律出版社 2003 年版，第 365 ~ 371 页。

1. 规范漏洞在本文中并不能被称为漏洞。因为，规范的不完整或者不清晰，完全可以依照法律之精神，并通过体系性的解释达到完整和清晰。譬如，依魏德士的引证，《德国民法典》第904条之2规定了财产所有人在攻击性紧急避险的情况下享有赔偿请求权，但却没有规定赔偿义务人。根据通说，"如果危险不是受益人引起的，那么引起危险的人就是赔偿义务人"[1]很显然，如果这里的"通说"真的具有通说的资格，那么在立法技术上，立法者根本没有必要再去规定赔偿义务人。因而，法典的这种规定就该条而言可能存在漏洞，但在整个法典体系中，却并不能被视为漏洞。因而，对这些所谓之规范漏洞而言，体系解释方法将是最好的武器。而当我们说运用体系解释来解决问题时，借用魏德士的说法，"我不想再谈论漏洞"。

2. 冲突漏洞在本文中也不是真正的漏洞。当同时有两条规则涵摄同一事实但却导致相反结论时，这仅仅是一个立法技术上的失误，在这种情况下，立法者意识到对某一事实必须有所规制，但在规范结论上却违背了法典体系的融贯性。此时，只需要依据法之精神，对该两条规则进行融贯性解释即可完成任务，因而根本不存在本文意义上的漏洞问题。

3. 法律漏洞也并非全部是本文意义上的漏洞。不管是有意识的漏洞还是无意识的漏洞，都存在通过合法性及妥当性解释即可获得一个可用于当下事实的规范之可能。在这种情况下，当然无所谓漏洞问题。反之，只有法官无法通过解释获得一个可用规范的时候，始有进一步讨论漏洞问题之必要。

4. 至少是在前述关于法律漏洞的分类中，惟有法漏洞或领域漏洞才是真正意义上的法律漏洞。[2]当然，我们必须声明，在对这类漏洞的定义中，所谓"完全没有规定"，是指无论通过体系解释，还是通过本文意义上的合法性与妥当性解释，都无法获得一个可用规范的情形。也就是说，从现行法的规定来看，没有任何迹象表明，立法者试图对某类或某个事实进行规制。而按照当下的法观念，这类事实却应当具有某种法律意义。

---

〔1〕 ［德］魏德士：《法理学》，丁小春、吴越译，法律出版社2003年版，第366页。

〔2〕 不过，需要注意的是，拉伦茨对"法漏洞"概念本身提出了质疑，认为其与法律漏洞之"违反计划的不圆满性"思想不能配合。"因为只有个别法律才有计划或特定的规整目的可言，对法秩序整体则不能如是说法……"参见［德］拉伦茨：《法学方法论》，陈爱娥译，五南图书出版有限公司1997年版，第286页。不过，笔者以为，拉氏的反对意见是建立在学术界对法律漏洞做"违反计划的不圆满性"界定之基础上，但由于本文并不赞成学术界的上述看法，并提出了我们关于法律漏洞的基本看法，因而，这样的批评显然并不适用于本文关于法律漏洞的类型划分。

（二）本文关于法律漏洞分类的基本看法

对前述观点的简单评价，无疑进一步表明了我们在法律漏洞存在范围问题上的基本立场。以此为基础，本文将尝试在借助原有关于法律漏洞分类概念的基础上，提出本文关于法律漏洞分类的基本看法。

1. 以漏洞形成原因为标准，法律漏洞可分为价值漏洞与技术漏洞。前者是指因法律观念之变迁而导致的、立法者对某些事实没有在法律上予以规制，而按照司法时的价值观念有必要对该类事件予以规制时所产生的法律规范的不圆满性。后者则是指虽并不涉及价值失却问题，但由于立法技术上的失误而导致的对相关事实进行法律规制上的欠缺。

2. 考虑到漏洞形成的时间，法律漏洞可分为初始漏洞与嗣后漏洞。前者是指基于价值选择或技术表达而造成的"先天性"漏洞，而后者则是指因时代之变迁而造成的、因价值选择变化所导致的漏洞。

3. 以漏洞之表现形式观之，法律漏洞可分为明显漏洞与遮掩漏洞。[1] 前者是指在以明确列举之方式表示立法者价值诉求的法律规范中明显缺乏对当下事实的规制而出现的漏洞。后者则是指经过对一些极具模糊性的规范表达进行合法性和妥当性解释后仍然无法获得一个可用规范时所体现的法规范之不圆满性。

四、法律漏洞之填补

在一定意义上，法律漏洞是否存在与漏洞填补之间并不存在必然的因果关系。这需要根据一定法律之价值追求来决定：在对公权力表示高度警惕的公法领域，尤其是在对国家权力表示最高戒备的刑事司法当中，为保障犯罪嫌疑人权利不受任何非法限制和干涉，对本文所言之法律漏洞绝无进行补充之必要。相反，在实行"法官禁止拒绝裁判"的私法领域[2]，法官就必须充分利用其智慧，对法治之网的漏洞进行织补。

---

〔1〕 本来，按照中文的一般表达，此处称这两种漏洞为公开漏洞与隐藏漏洞似乎更能被人接受，但考虑到学术界在对公开漏洞与隐藏漏洞的界定上与本文的看法存在重大差别，因而为了避免误解和指责，这里采用这种也许不能更好地被人接受的表达，并希望能够获得大家之谅解。

〔2〕 譬如，《法国民法典》第 4 条规定："审判员借口没有法律或法律不明确、不完备而拒绝受理者，得依拒绝审判罪追诉之。"转引自 ［德］H. 科殷：《法哲学》，林荣远译，华夏出版社 2002 年版，第 222 页。此外，学术界在论及该问题时也常常以瑞士民法典的类似规定为例。该法第 1 条规定："法律问题，在文字上及解释上，法律已有规定者，概适用法律，法律所未规定者，依习惯法。无习惯法者，法院应遵照立法者所拟指定之原则予以裁判。"转引自杨仁寿：《法学方法论》，中国政法大学出版社 1999 年版，第 144 页。

毫无疑问，对法律漏洞的圆满填补并不是一项简单的任务。因为，尽管有些法律也许明确赋予了法官造法的权力，但在法治理论的背景中，法官的任何"造法"行为都会当然地引起更多人，尤其是案件当事人及学术界的高度关注。因而，对于法官而言，他必须要为自己的判决提供足够的理由，并以此获得案件当事人和学术界的接受。而要做到这些，法官必须具备下列良好的职业素质：①他对法律之精神了然于胸。②他能够熟练驾驭已经成熟的或被人们所广泛接受的法律方法。在这两条基本要求中，如果说前者处于隐蔽状态并因此更多地被人们所忽视或遗忘的话，那么法官在造法时所适用的法律方法则时常暴露在造法的过程当中，并因而受到来自行家的更多关注。由是，对于前一个条件的讨论也许是一个务虚性的研究，这似乎不是我们所特别关注的问题。而从本书的写作目的而言，对法官进行漏洞补充时所可能运用的法律方法的讨论，就成为我们无法回避的工作。因而，在对学术界关于漏洞补充的方法进行反思性研究的基础上，展开我们对漏洞补充方法的讨论，就是本文接下来的主要任务。

（一）漏洞补充方法理论评析

拉伦茨认为，对法律漏洞的填补主要借助于下列方法：①填补开放的漏洞，通常以类推适用，或回归法律所包含的原则之方法。②填补隐藏的漏洞，需通过目的论的限缩方法来完成。③对于冲突漏洞的填补，法益衡量方法则是法官的最优选择。④当前述方法都无法为法的续造提供技术支持时，借助于判决先例则能够最大限度地降低法官的职业风险。[1] 魏德士则将漏洞填补的方法总结为类推、反向推理、目的性限缩、目的性延展、事物的本质以及自由的法官造法。[2] 恩吉施在论及漏洞填补时，列举了下列几种经常被用来进行漏洞填补的方法或者说原则：类比推理、反向推理、相似的论证、根据法的一般原则、法律秩序的精神、领导阶层的评价、正确的法、自然法及事情的本性、为达到合适的目的的合适的手段，以及法官的创造性个人评价。[3] 杨仁寿将填补漏洞的方法概括为类推适用、目的性限缩、目的性扩张以及创造性补充。[4] 梁慧星则认为，依照习惯、类推适用、目的性扩张、目的性限缩、反对解释、比较法方法、直接适用法律原则、直接创设法律规则等都是填补漏洞的可用方法。[5] 至少在笔者所掌握的材料中，其他学者对法律漏洞填补方法的概括与论述，大体上是在前述范围内

---

〔1〕 ［德］拉伦茨：《法学方法论》，陈爱娥译，五南图书出版有限公司1997年版，第281～341页。

〔2〕 ［德］魏德士：《法理学》，丁小春、吴越译，法律出版社2003年版，第381～399页。

〔3〕 ［德］卡尔·恩吉施：《法律思维导论》，郑永流译，法律出版社2004年版，第177～197页。

〔4〕 杨仁寿：《法学方法论》，中国政法大学出版社1999年版，第146～160页。

〔5〕 梁慧星：《裁判的方法》，法律出版社2003年版，第153～182页。

进行。因而，我们有必要对前述具有代表性的观点进行一个简单的总结，并以此作为我们表达关于法律漏洞填补方法的一些思考的理论前提。

综合上述学者们的观点，法律漏洞之填补方法不外以下几种：类推适用、目的性限缩或扩张、根据法律原则补充漏洞、依据法律之精神补充漏洞、法益衡量方法、根据事物本质补充漏洞、法官的创造性个人评价等。在对这些方法的详细考察中，笔者发现，由于学术界对法律漏洞的定义与本文关于法律漏洞的定义存在重大差别，这就导致一些被学术界视为是漏洞补充的最基本方法与本文关于漏洞补充的思考难以达致协调，其中最为典型的当属类推适用和依据事物本质进行漏洞补充方法。当然，我们有责任对这一判断进行简单之论证。

实际上，类推适用与依据事物本质本来乃一种方法的不同层面的表达，或者说，事物本质——依据考夫曼的看法——乃类推适用的最终根据。因为，关于事物本质的思维在实质上乃一种类型思维，而类推适用正是类型思维的最典型表现。[1] 因而，对这两种方法的讨论，似乎可以置于一个同一的分析过程中进行。

我们认为，将类推适用看作漏洞补充的最基本方法之一，与我们长期以来所惯常的概念式思维有关。从司法操作的过程来看，绝大多数法律适用中的疑难问题都是由相关法律概念的意义模糊所引起，而学术界在这些意义模糊的概念面前，似乎显得束手无策。实际上，如果我们并不是按照传统的对法律概念的非此即彼式思维来解释相关模糊性法律概念，而是将这些概念理解为一种事物类型，并以类型思维去发现蕴含在这些概念中的法律意义，那么，类推思维——至少在本文的语境中——在很多时候实际上就成为法律解释，而非漏洞补充的最常用的方法之一。当然，我们必须进一步对这一判断进行证明。

依辞海解释，所谓类型，是指按照事物共同性质、特点而形成的类别。按照这个对类型的一般定义，我们首先获得的就是类型的强烈客观性特征。而且，根据这一定义，类型与概念间的区分似乎是显而易见的。亦即，对不同概念本质上的认同，构成了某一具有共同特征的类型。然而，当我们从法学方法论的角度试图对二者做出区分时，却发现这一工作并非如其概念所表明的那样简单。尤其是，当我们把法律概念理解为"基于法律共同体的约定而承载法律价值的制定法上的最小语言单位"时，二者间的界限就愈发模糊。因为，法律思维每时每刻都伴随着法律适用者的价值判断，对法律概念进行具体操作的实质，无非是发现该概念的意义射程。而在这一寻求概念之意义射程的过程中，传统意义上非此即彼的概念式思维根本无法满足理解者的需要。在很多时候，他们往往根据对案件事实的解读，为某一概念设定一个能够实现意义扩散的关键点。而这一思维方

---

〔1〕 ［德］考夫曼：《类推与事物本质》，吴从周译，学林文化事业有限公司1999年版。

式已经是一种不折不扣的类型思维了。举一个简单的例子，在我国刑法所规定的危险犯罪中，什么是"危险方法"？虽然我们通常都将其作为一个概念来看待，但实际上它却是一个不折不扣的类型。在与案件事实遭遇之前，我们仅仅知道它是一种类似于放火、投毒、决水等可能造成不特定多数人的生命和财产权利受到损害的行为。但这仅仅是它的核心特征，法官的任务无非是运用这一特征对当下案件事实进行归类，以决定可否将某一具体行为定性为危险方法。这显然是一种类型思维。

因而，在我们看来，概念与类型间的区分并不是显而易见的。当一个概念的意义相对确定，并且当下案件所涉及的事实完全可以由这一概念所涵摄，我们就无需费力地运用类型思维为法律适用的合法性进行论证。然而，当一个概念的内涵并非清晰、当下案件涉及的主要事实又不能顺理成章地被制定法上的概念所涵摄，那么，为了实现法律解释的合法性，就必须对这一概念的意义射程进行分析，而这一分析过程实际上往往演变为一个类推的过程。正如拉伦茨转引莱嫩所言："虽然法律中适用的大多数概念具有一个稳定的意义内核，但同时也具有一个'边缘领域'。如何给一个概念的适用范围划定界限呢？在'边缘领域'内部，也只能通过解释才可确定其界限。在许多情况下，法律看上去是给某个概念下了定义，但实际上只是对某种类型进行了限定。"[1] 这样一来，虽然我们仍然宣称我们是以合法的概念式思维为法律的具体适用找到了根据，但这充其量仅仅是一种姿态，而这一姿态背后，恰恰是悄悄进行着的基于利益衡量的类推，正所谓明修栈道、暗渡陈仓是也。

基于上述认识，当弗里特约夫·哈夫特说"法是历史的，在方法论的法之发现过程之外，不可能存在法的客观正确性。法的概念不应通过概念性的是—否思维（Ja – Nein – Denken），而应通过类型学的多—少思维（Mehr – oder – Minder – Denken）来理解"时[2]，我们是否可以说，在法学方法论的角度，大多数法律概念本质上都是一种事物类型？这种认识将不可避免地触犯法学研究中的意识形态，因为，在公法领域，基于对公权力的警惕，为了所谓的保障人权，类推一直被当作法律适用上的禁忌。但即使我们不考虑法律的特性，而仅从对概念与类型的一般理解上看，这两者着实存在着明显的亲缘关系。亦即，二者都是从现象中抽象出的本质。如果说二者有不同的话，也仅仅体现在抽象化的等级上。易言之，概念是对客观对象的抽象，而类型是对概念的抽象。因而，类型无非是人

---

〔1〕 ［德］拉伦茨：《德国民法通论》，王晓晔等译，法律出版社 2003 年版，第 102 页。

〔2〕 ［德］考夫曼等主编：《当代法哲学和法律理论导论》，郑永流译，法律出版社 2002 年版，第 303 页。

类为减少思维负担而发明的一个概念，有了它，我们可以将许多概念依我们的需求进行归类，从而减少一些不必要的重复劳动。但从其形成过程看，二者本无实质差别。而且，在法学这样的实践理性当中，对法律的具体适用者而言，他们的思维负担不是对概念与类型的抽象，而是如何使这一抽象变得具体起来。要完成这一复杂任务，法官仅仅需要把握住隐藏在概念和类型后的所谓事物本质，而无所谓概念与类型的区分。因而，至少在法学方法论的层面，概念与类型的区分完全没有必要。进一步说，这种区分不仅没有必要，而且往往会形成不利于法律适用的法学意识形态，虽然这种意识形态本身不过是自欺欺人的闹剧。对此，拉伦茨也许为我们提供了一个佐证："如立法者尝试，尽可能精确地以概念来容纳典型的生活事实，司法裁判'为适当解决生活事实，就必须再度突破这些概念'。然而，'逆向的发展过程'随即开始，其结果是对概念重新作'改良'的定义，而其不久之后又会显得过于狭隘。由是，在法秩序的实现过程中，我们所作的是'一再地闭合、开放及再次的闭合法律概念'"[1] 而当博登海默说"法律概念可以被视为是用来以一种简略的方式辨识那些具有相同或共同要素的典型情形的工作性工具"[2] 时，也许从另一个角度支持了我们的判断。

当我们将概念与类型看作性质相同的思维形式时，一个清晰的结论呈现在我们面前：法律概念的意义是开放的。当近代理性主义试图通过对概念的严格定义来实现法学的科学品性时，法律的实践性特征被淹没了。不过，近代理性主义的幻想随着目的法学的诞生似乎已经被宣告破产了。因为，且不说概念所具有的先天模糊性特征，"在立法过程中必须有计划地使用不确定的法律概念和一般条款，换言之，概念的'不确定性'是预料中的事。通过这种方式，就能够为相应的法律规则确立比较大的适用范围和裁量空间，法律也因此具备了灵活性。借助于法律概念的这种'开放性'和不确定性，既可以将法律适用于新的事实，又可以适用于新的社会与政治的价值观"[3] 考夫曼也精辟地指出："单一概念是从未在一个真实的判决中出现的——它甚至不应该是这样的，否则它没有办法满足它的功能，也就是将在法律理念中的张力——平等、法律安定性、衡平加以调和。"[4]

上述论述是想说明，在本文的脉络中，类推思维——除非一种类推已经超越了某一概念的意义射程——实际上并不关涉漏洞补充问题，它实际上是一种

〔1〕 ［德］拉伦茨：《法学方法论》，陈爱娥译，五南图书出版有限公司1997年版，第17页。
〔2〕 ［美］博登海默：《法理学——法律哲学与法律方法》，邓正来译，中国政法大学出版社1999年版，第484页。
〔3〕 ［德］魏德士：《法理学》，丁小春、吴越译，法律出版社2003年版，第88页。
〔4〕 ［德］考夫曼：《法律哲学》，刘幸义等译，五南图书出版有限公司2000年版，第124页。

"正常"的法律解释活动。而作为漏洞补充方法的类推，仅仅在极少数情况下才可能出现。换句话说，我们所言之类推思维在基本逻辑推理形式上仍是一种演绎推理，不过，与典型的演绎推理相比，这里的类推思维在大前提和小前提的形成上也许经过了第二或更多层次的论证，但这似乎并不影响我们在最终获得一个可信的法律推理三段论。因而，在接下来关于漏洞补充方法的讨论中，我们将类推适用排除在研究视野之外，而将精力主要集中在目的性限缩或扩张和利益或价值衡量两种方法上。而之所以采取这样的叙事方式，乃源于如下考虑：尽管我们从法律方法论的角度可能罗列出一长串关于漏洞补充的方法，但究其实质，无非是基于对事物类型的把握而进行的利益衡量。易言之，所有的对漏洞补充的最终依据，都将回归到在现有法律秩序内对各种利益的不同安置。因为，在一定意义上，我们似乎可以说法律本身就是对利益或价值的适当安排。

（二）漏洞补充方法

1. 目的性限缩或扩张。首先需要说明的一个问题是，尽管目的性限缩或扩张与限缩或扩张解释在很多时候并非容易区分[1]，但学术界一般认为这两者之间存在实质性差别。譬如，尽管拉伦茨对此存有疑问，但他还是指出："目的论的限缩藉添加限制性的规范，限缩解释则藉采取一种较为狭窄的字义，而限缩规范的适用范围"[2]。梁慧星亦认为，"限缩解释是依据条文的立法本意即本来所设想的适用范围，而目的性限缩所依据的是立法目的"[3]。至于扩张解释与目的性扩张的区别，原理大致相同，在此不再赘述。不过，正如拉伦茨所言，目的性限缩或扩张与限缩或扩张解释间的区别的确很不清晰，而根据梁慧星对二者的区分，我们似乎并没有获得一个明确的结论。譬如，梁氏所言作为限缩解释根据之"立法本意"和作为目的性限缩根据之"立法目的"之间的区分是什么，似乎仍有进一步澄清之必要。

当然，本文之所以仍将目的性限缩或扩张看作漏洞补充的方法之一进行考察，乃基于以下考虑：不管是限缩或扩张解释，还是目的性限缩或扩张，只要这种扩张或限缩已经超出了某一法律规范的意义射程，那么它们就溢出了法律解释问题的范围，而超越法律解释的范围而对案件所作的任何处理，在本文意义上都已经步入漏洞补充的范畴，除非这种超越法律的法律适用在实质上是非法或者不

---

〔1〕 拉伦茨指出："个别案件中，究竟是否仍为限缩解释，抑或已构成目的性扩张，有时不无疑问。"见 ［德］拉伦茨：《法学方法论》，陈爱娥译，五南图书出版有限公司1997年版，第301页。

〔2〕 ［德］拉伦茨：《法学方法论》，陈爱娥译，五南图书出版有限公司1997年版，第300～301页。

〔3〕 梁慧星：《裁判的方法》，法律出版社2003年版，第164页。

必要的。

目的性限缩或扩张的根据是什么？在该问题上，笔者并不同意学术界将其归结为立法目的一般看法，因为，在笔者看来，立法目的究竟是什么，这根本没有一个确定的答案。[1] 我们认为，目的性限缩或扩张的最直接根据，仍在于对事物类型的把握。在某一法律概念所反映的事物类型内。如果对该法律概念能够通过合法与妥当性的解释而获得一个可资适用的法律推理大前提，则与目的性限缩或扩张毫无瓜葛。相反，如果对此类概念的解释已经超越了该概念可能的意义射程，但这种超越的解释仍是在此一类型观念的关照下进行的，那么目的性限缩或扩张就可派上用场。

不过，将上述分析适用于目的性扩张似乎不会招来太多的麻烦，但当将这一分析适用于目的性限缩时，我们将面临着一个似乎是非常有理的质疑：对某一法律条文过宽的文义进行限缩解释，怎么会出现超越该规范意义射程的情况？该问题看似非常棘手，但当我们注意到前文对法律概念与类型关系之分析时，对该问题的回答就不会显得如想象中的那样麻烦。因为，任何一个法律概念都承载着某种价值诉求，而该价值诉求从表面上看似乎是通过对这些概念的文义解释在个案中得以实现的，而且对许多简单案件而言也的确如此，但一旦这类概念与一个复杂的案件遭遇，那么对这些概念真实意义的发现必须回溯到由这些概念所反映的事物类型。也就是说，决定这些概念真实含义的，是隐藏在这类概念背后的事物类型，而非该概念本身。当我们以事物类型作为解释某一概念真实含义的根据，并且发现该概念的通常意义射程已经超越了由该概念所反映的事物类型所允许的意义射程时，依据事物类型而对这一概念的目的性限缩，就已经不再是法律解释的问题。为了使前述解释更清晰，我们借助梁慧星所提供的一个案例再对之进行分析。原告张承志诉被告世纪互联通讯技术有限公司侵犯其著作权，诉称被告未经许可擅自将其长篇小说在网上刊登。被告辩称，根据《著作权法》第 32 条第 2 款之规定，[2] 被告仅仅存在未支付报酬的问题，并不构成侵权行为。法官判决原告胜诉，认为"并非所有在报刊发表的作品都适合于转载，那些篇幅较长、

---

[1] 这可能涉及到法律解释的目标问题。建立在传统解释学基础之上的"立法者意图说"在哲学解释学的强大声势下，似乎正在面临着前所未有的生存危机。而我们通常所言的立法目的，常常与立法者意图紧紧地联系在一起。在笔者看来，立法目的尽管并非如哲学解释学所宣称的那样根本是子虚乌有，但它同时也绝非如传统观点所言是一种能够透过文本而体现出来的客观存在。因而，与对立法目的的尊崇相比，我们更愿接受由文本自身所体现出来的法律的客观意义。详细论述见吴丙新："刑法解释的基本思想和主体"，载《现代法学》2001 年第 3 期。

[2] 《著作权法》第 32 条第 2 款的内容为："作品刊登后，除著作权人声明不得转载、摘编的外，其他报刊可以转载或者作为文摘、资料刊登，但应当按照规定向著作权人支付报酬。"

能够独立成书的小说不应当包含在法律许可的范围之内，否则不利于对著作权的保护"。[1] 在该案中，争议的焦点当然是对"作品"的理解。从字面意思而言，长篇或短篇文学作品当然都可被称为"作品"，问题是，从著作权法的基本精神而言，长篇文学创作是否应当被包含在该法条所言之"作品"当中？就该案而言，隐含在"作品"当中的事物类型——从著作权的基本精神考虑——显然应是除法官在判决中所言除"篇幅较长、能够独立成书的小说"之外的其他文学作品，因为，按照梁慧星的解释，该款立法目的，是对于短篇作品，法定许可其他报刊转载摘编。当然，一个麻烦的问题是，法官凭什么可以裁定立法目的的内容？按照本文的理论脉络，当然是法律共同体基于对著作权法精神之领会所达致的一种合意。如果前述分析是可接受的，那么对"作品"意义的限缩就显然不再是通常所言的法律解释问题，而是典型的法官造法了。

2. 利益或价值衡量。严格言之，在法律方法论的体系中，利益衡量和价值衡量也许并非同一个概念。[2] 不过，正如段匡所言，"利益衡量乃至把价值判断放在中心位置的法解释方法论都被称为广义的利益衡量论"[3]。拉伦茨在谈及作为解决原则及规范冲突之利益衡量时亦认为："一旦冲突发生，为重建法律和平状态，或者一种权利必须向另一种权利（或有关的利益）让步，或者两者在某一程度上必须各自让步。于此，司法裁判根据它在具体情况下赋予各该法益的'重要性'，来从事权利或法益的'衡量'，然而，'衡量'也好，'称重'也罢，这些都是形象化后的说法；于此涉及的并非数学上可得测量的大小，毋宁是评价行为的结果……之所以必须采取'在个案中之法益衡量'的方法，如前所述，正因为缺乏一个由所有法以及法价值构成的确定位阶秩序。"[4] 在拉伦茨看来，所谓之利益衡量，始终伴随着法官的价值评判。如果说拉伦茨对利益衡量和价值衡量关系之表达还不够明确，那么杨仁寿则毫无遮掩地表达了在该问题上的见解，杨氏认为"利益衡量乃在发现立法者对各种问题或利害冲突，表现在法律秩序内，由法律秩序可观察而得之立法者的价值判断。发现之本身，亦系一种价值判断"[5] 我们认为，从"利益"和"价值"的本来含义而言，利益衡量和价值衡量确实立基于不同的理论基础，对此，我们赞同前引魏治勋的见解。但

---

〔1〕 梁慧星：《裁判的方法》，法律出版社 2003 年版，第 167～168 页。

〔2〕 有学者曾撰文专门研究了司法过程中利益衡量与价值衡量的区别，指出前者更多的基于实用主义的策略，而后者则倾向于历史悠远的自然法传统。详细论述参见魏志勋："司法过程中的利益衡量批判"，载《学习与探索》2006 年第 2 期。

〔3〕 段匡：《日本的民法解释学》，复旦大学出版社 2005 年版，第 253 页。

〔4〕 ［德］拉伦茨：《法学方法论》，陈爱娥译，五南图书出版有限公司 1997 年版，第 313 页。

〔5〕 杨仁寿：《法学方法论》，中国政法大学出版社 1999 年版，第 175～176 页。

是，如果我们并不是纠缠于法哲学的形而上学思考，而是在法律方法论的语境中讨论问题，那么二者之间的界限就立刻因司法的任务而变得模糊难辨，因为，所有的价值衡量，在最终意义上都可转化为对利益的不同考量。譬如，所谓之正义，如果不通过个案中的利益权衡来实现，那么正义——至少是在法律实践中——就变得一文不值。以刑事司法为例，假如依据正义观念必须判处某人死刑，那么当法官这样做时，他首先想到的是，如果不判处该人死刑，那么将引起民众对法律正义性之怀疑，进而将导致人们对法律信仰的动摇，而这显然对培育法治环境极为不利。当法官这样思考问题的时候，原本的价值衡量已经悄悄地成为了利益衡量——法官必须要关注他的判决所造成的社会效果。这样一来，纠缠于法哲学上的理论思辨还是否有意义？况且，至少是在本文的语境中，当我们试图摆脱自然法和法实证主义的纠缠，而试图寻找超越二者的第三条道路时，利益衡量和价值衡量间的区别就更显得微不足道，因为，按照我们的策略，所有的价值或者利益都必须通过个案得以实现，而在个案中，这二者如何才能界限分明？因而，在接下来的论述中，我们将把精力集中于利益衡量，而即将展开的分析过程，在基本思路上亦大体可适用于价值衡量。

不过，我们还必须澄清另一个问题。与前述拉氏、杨氏和梁慧星的见解不同，我们并不同意利益衡量仅仅发生在解决冲突规范的场合[1]。因为，按照笔者前文的看法，规范冲突并非本文意义上的法律漏洞，对冲突规范的选择乃一个法律解释的过程。同样，我们也不赞成有学者干脆否定利益衡量作为漏洞补充和法官造法方法之资格的看法[2]。我们的看法是，至少在疑难案件中，利益衡量方法渗透在法律适用的整个过程当中，而且，正如前述学者们的看法，许多传统的法律方法，实际上都伴随着法官的利益衡量。但同时，利益衡量并非仅仅发生在法律解释的过程当中，法官对任何一个法律漏洞进行织补的原因，在终极意义上乃是一种利益衡量的结果，尽管有时我们是以价值衡量作为直接理由。而既然原因于一种利益衡量，那么对这些漏洞的织补就必须服从于利益分配的安排。

面对法律漏洞，利益衡量如何进行？对这个问题的回答，恐怕还得从发现漏洞说起。因为，当我们说存在法律漏洞时，意味着法官此前已经对法律应当如何进行了实质的价值判断。于是，问题的关键将演化为，认为法律存在漏洞的标准是什么？对这个问题，笔者在前述涉及法律漏洞的产生原因时已经有过交代，在此不再

---

[1] ［德］拉伦茨：《法学方法论》，陈爱娥译，五南图书出版有限公司1997年版，第312～320页；梁慧星：《裁判的方法》，法律出版社2003年版，第186～196页。

[2] 胡玉鸿从发生原因、活动依据和最终结果三个方面比较了利益衡量与法的创造的不同，并得出"利益衡量是一种法律的解释方法而非法的创造"。参见胡玉鸿："关于利益衡量的几个法理问题"，载《现代法学》2001年第4期。

赘述。需要说明的仅仅是，作为漏洞补充方法的利益衡量产生的直接原因是，对该漏洞的忽视，将引起法律应当关注之利益在分配上的重大不公。对这一点，学术界应该不会有太多争议。一个比较麻烦的问题是，利益衡量本身是否有一个客观的标准？从前文的叙事脉络中，读者也许已经发现，在涉及到价值判断问题时，笔者更多地倾向于实用主义的立场。易言之，只有在个案中，利益衡量才可能成为一种有价值的方法。而个案中的利益衡量，无非是考虑到对该案的处理所可能涉及的个人利益和社会利益的分配。这样一来，对利益衡量所采取的个案性策略，将很可能导致所谓之价值相对主义。也就是在这个时候，新近流行的法律论证理论将登上利益衡量的前台，因为，法律论证理论的精髓，在于以合意取代任意。只要对某种利益的安置能够在一定范围之主体之间达成共识，那么对利益的个案性分配就是客观的，并因而也就不存在相对主义的问题，尽管，在抽象价值的层面，这样一种看法并不能消除来自反相对主义者的指责。但问题是，在法律实践领域，仅仅作为一种姿态的抽象价值是否真的能够满足法律为生活服务的需要？对此，我们要说，包括利益衡量在内的任何一种漏洞补充方法，只要他能满足法官对个案和法与妥当的处理，它就是可行的，甚至还可以说，它就是客观的！

基于上述考虑，本章并不打算在一般意义上对各种利益之重要性进行排序。尽管"试图为法律制度确立一种长期有效的或刚性的价值等级序列并没有什么助益"，而"人的确不可能依凭哲学方法对那些应当得到法律承认和保护的利益做出一种普遍有效的权威性的位序安排"，但在各种可衡量利益之间建立一个合适的位阶顺序似乎一直是法治主义者的梦想，而学术界在该问题上似乎也已经有了一个大致明确的结论，不过，这种排序至少是对漏洞补充而言并无实质性帮助。因为，"对相互对立的利益进行调整以及对它们的先后顺序予以安排，往往是依靠立法手段来实现的。然而，由于立法是一般性的和指向未来的，所以一项成文法规可能会不足以解决一起已经发生的利益冲突的具体案件。如果这种情况发生，那么就可能有必要确定相关事实并就相互对立的主张中何者应当得到承认的问题做出裁定"。[1] 尤其是，就像庞德所主张的那样，当我们站在一种实用主义的立场上来对法律漏洞进行织补时，对各种利益的衡量必须依赖于一种个案情景，法官需要考虑的仅仅是，如何能够保证利益最大化，并把利益间的冲突与摩擦减小到最低限度。

这样一来，关于利益衡量的具体操作，我们的观点已经非常清晰：以获得特定商谈主体的合意为前提，任何有利于利益最大化的方法，都可在利益衡量中获得自己的话语权，而利益衡量方法本身，不过是对这些方法的综合。

---

[1] [美] 博登海默：《法理学——法律哲学与法律方法》，邓正来译，中国政法大学出版社 1999 年版，第400页。

第八章　法律拟制方法

一、法律拟制方法纵论

（一）法律拟制概述：隐没的冰山

法律拟制是法学研究中一个并不显著的领域，但是却仍然发挥着重要的作用。这种对法律拟制研究的忽视首先表现在对其含义理解的模糊上，各种法律词典都对法律拟制进行了定义，但是这些定义之间就存在着严重的分歧。[1] 由于法律拟制的特殊性质，人们总是将其与"虚构"、"假设"等观念相联系，在现实主义和实证主义思潮越来越显示其强势地位的时候，像法律拟制这样与之不太合拍的观念自然就越发地受到忽视。例如，梅因就曾说："我现在应用'法律拟制'这一个用语，是要用以掩盖、或目的在掩盖一条法律规定已经发生变化这一事实的任何假定，其实法律的文字并没有被改变，但其运用则已经发生了变化"。[2] 很明显，这种有些反实证主义色彩的观念在世俗社会中对现实利益的追求面前显得有些苍白。

对法律拟制的忽视甚至漠视，在一定程度上还有社会心理的原因。①法律主体问题是法律拟制发挥作用的重点领域，因为法律拟制强调意志的存在很大程度上决定着相应的对象能否成为法律主体，"法律义务在义务人方面，不包含任何意志的运用，因为法律义务的存在，义务人并不需具有意志；但为法律权力得以实现，意志却是必要的，故一如法律权利之实现所关涉之程度，主体必须具有意志"。[3] 进而人们就会担心法律拟制的主体会危及自然人的地位，"法律上的拟制人的出现是人类理性的产物，应然的作用是辅助与便利人的生存与发展及日常生活，但实际的情况是组织的无处不在使得个人的一切依赖于组织。这样历史的退隐在个体表现为记忆的失却，个人主体在个人主义甚消沉上的社会背景下，逐

---

〔1〕 卢鹏："法律拟制正名"，载《比较法研究》2005 年第 1 期。
〔2〕 ［英］梅因：《古代法》，沈景一译，商务印书馆 1959 年版，第 16 页。
〔3〕 ［美］格雷："法律主体"，龙卫球译，载许章润主编：《清华法学》第 1 卷，清华大学出版社 2003 年版，第 232 页。

步走向衰落。"[1] ②法律拟制通常在法治社会心理中在潜意识层面发挥作用，考夫曼就认为法律拟制是一种"隐藏的指示"[2]，"即使如今，拟制甚至也并不为那些控制拟制的人们完全了解。这一过程在很大程度上是无意识的，或者几乎是无意识的。那些法院自我谈论的目的，那些指导法院的理由和动机，常常只是为人们含混地感知，直觉地或者几乎是直觉地把握，而很少有明确的表述"[3]。这就是说，法律拟制在实质上适用范围很广，但是，这种适用总是存在于人们的潜意识之中，并没有在直接意识中明确地表达出来。这样就造成了法律拟制的现实状态：虽然在实质上适用很广，但却缺乏直接的系统论述。这正符合了著名的"冰山理论"：冰山的 1/10 露出了水面而为人所知，但是其 9/10 却仍在水面以下。法律拟制方法的 9/10 还等待着我们去发掘。

虽然仍然面临着各种混乱，但是对法律拟制的概念和含义的梳理还是必要的。有的学者认为法律拟制可以从三个层面上分析，即①拟制是法律实现层面的一种决断性虚构。②拟制是法律制度形成层面的一种决断性虚构。③拟制是制度解释层面的一种决断性虚构。[4] 应当说，这种对"决断性虚构"的认识是相当准确的，法律拟制最核心的含义就是法律人对社会生活的一种决断性虚构。笔者认为，这种"决断性虚构"可以从宏观和微观两个层面上展开。

1. 法律拟制在宏观层面上的意义指的是在法律与社会的关系中对社会作为整体的一种判断。这种意义上的法律拟制以梅因的观点为典型代表。梅因将法律拟制视为协调法律与社会之间的矛盾关系的手段之一（其他两种手段为"衡平"和立法），他将法律统治下的社会与法律拟制相连，这就是在社会进步的宏观意义上推崇法律拟制的作用。另一个法律拟制的典型代表是"理性人"的假设，虽然这种假设是整个近代社会科学中普遍存在的，但是仍然在法律领域中发挥重要作用，也是法律拟制作用的体现。例如，在私法中，"理性人"被普遍地用作认定过错或检验违约方对违约损害是否有预见的标准，其界定应当是法律所拟制的、具有同一类型人的技能和处事能力，能够独立承担民事责任的人。[5] 而《牛津法律大辞典》给理性人下的定义是："理智的人，一种拟制的人，其预见力、注意力、对伤害的谨慎防范及对伤害的觉察能力等类似的假想特性和行为常

---

[1] 黎桦、刘超："试论环境法上的'人'"，载《法学评论》2005 年第 4 期。
[2] [德]考夫曼：《类推与"事物本质"》，吴从周译，学林文化事业有限公司 1999 年版，第 57 页。
[3] [美]卡多佐：《司法过程的性质》，苏力译，商务印书馆 1998 年版，第 72 页。
[4] 卢鹏："法律拟制正名"，载《比较法研究》2005 年第 1 期。
[5] 刘云升："论私法责任制度上的'理性人'"，载《河北师范大学学报（哲学社会科学版）》2001 年第 3 期。

被用作判断具体被告人的实际预见力和注意力等的参考标准。"[1] 在宏观视角中，法律拟制所得以最充分体现的，应该属于国家了，"虽然国家的创立最终是忠诚和意志的一种转变过程，但就最初的工作而言，则是形成除去暴力和欺诈就别无所靠的精英集团"[2]。世界各国在当今普遍推崇法治，而国家本身实质上就是一个法律拟制的产物，虽然国家的产生先于法律，但是法律拟制却使得国家自身就具有了法治意义上的"合法性"，国家也成了具有一定人格的法律主体。正是在法律拟制意义上，有的学者才将民族国家称为"想象的共同体"[3]。

2. 法律拟制也有微观上的含义，这种含义主要在部门法中得以展现。在此，法律拟制就是将原本不同的行为按照相同的行为处理，或者说将本来并非如此规定的某种行为也按照该规定处理。也就是说，尽管立法者明知 A 与 B 在事实上并不完全相同，但仍然将 B 赋予与 A 相同的法律上的效果，并进而在司法者的权力范围内得以实现。拉伦茨认为："法学上的拟制是：有意地将明知为不同者，等同视之。拟制与错误地一体化及错误的涵摄，其不同处正在于：为拟制者明知，被等同视之者实际上不同之处。"[4] 很显然，这是一种微观意义上的"决断性虚构"，因为法律拟制的对象已经转变为具体部门法中的对象。这种部门法中的法律拟制通常以"视为"作为其表现形式，例如，《合同法》在第 45 条第 2 款规定了条件成就和不成就的拟制："当事人为自己的利益不正当地阻止条件成就的，视为条件已成就；不正当地促成条件成就的，视为条件不成就"。再如，《刑法》中的"转化犯"问题。该第 267 条第 2 款规定："携带凶器抢夺的，依照本法第 263 条的规定定罪处罚。"携带凶器抢夺与《刑法》第 263 条规定的抢劫罪在事实上并不完全相同，或者说，携带凶器抢夺的行为原本并不符合抢劫罪的构成要件，但立法者将该行为赋予与抢劫罪相同的法律效果。如果没有《刑法》第 267 条第 2 款的法律拟制，对于单纯携带凶器抢夺的行为，只能认定为抢夺罪，而不能认定为抢劫罪。另外，《刑法》第 238 条第 3 款、第 241 条第 5 款以及第 384 条第 2 款等也是这种法律拟制的表现：行为人实施某一较轻的犯罪行为，因为这一行为具有特定情形而使得该行为的性质发生了变化，一般是变成了更重的罪，而不以原行为性质来定罪也不实行数罪并罚。这种特定的情形在刑法中有特别的明确规定，并不具有普适性。如果没有明确的规定，就不能根据法律拟制进行定罪量刑。由此也可以看出，从规范层面来认识和理解"刑法上

---

〔1〕 ［英］沃克：《牛津法律大辞典》，邓正来等译，光明日报出版社 1988 年版，第 751 页。

〔2〕 ［美］诺内特等：《转变中的法律与社会》，张志铭译，中国政法大学出版社 2002 年版，第 37 页。

〔3〕 ［美］本尼迪克特·安德森：《想象的共同体》，吴叡人译，上海人民出版社 2005 年版。

〔4〕 ［德］拉伦茨：《法学方法论》，陈爱娥译，商务印书馆 2003 年版，第 142 页。

的行为"的内涵是：立法者基于一定原则所作的法律拟制，是以对某种法益的保护为核心而人为设置出的规范要素的集合体。[1] 法律拟制在程序法中也有所表现，当事人诉讼地位的平等在实质上也是法律拟制的产物，因为"'法律面前人人平等'原则的潜台词就有'人人平等'为法律所拟制、期望、规定，就是法律现实和事实拟制的综合表现"。[2]

法律拟制在两个层面上的不同含义也对其整体的体系产生了一定的影响，这种影响首先表现在法律拟制的分类上。①从宏观上，根据耶林的观点，法律拟制可以分为历史拟制和独断拟制。[3] 前者是将新法添加到旧法中而毋需改变旧法形式的一种策略。这种拟制在程序领域有其巨大的运作空间，其要件是，就一个人或一物与其真实情况不同（或者出现了一个实际上并未出现的一个事件）加以假设，意图在于，由此对一个原本非属原有类型之人，或就一件原本不落在原有诉讼界定范围之物，提起一项法律上的诉讼。而后者是作为帮助均称分类而被提出和应用的，它是将所认识到并确立起来的原则置于最便利的形式之下。在笔者看来，在耶林的这一分类中，前者解决的是法律拟制的实体性问题，而后者则是将这一实体问题用妥善的程序或者特定形式予以表现的问题。虽然耶林本人对法律拟制并不欣赏，甚至称之为"逻辑病态的描述词"（dyslogistic epithet），但是，这并不妨碍他对法律拟制问题得出精辟的研究结论。②在微观层面中，法律拟制的分类主要是根据各个部门法中的具体对象进行的，其中主要包括：对行为的拟制、对思想状态的拟制和对身份地位的拟制，对原则的拟制和对规则的拟制，刑法中的拟制和民法中的拟制，等等。例如，就行为而言，刑法中的"不可罚的前后行为，从其字义上来说，'不可罚'就是指与主行为一起而被处罚。这种行为现象的存在，是由于犯罪行为本身在现实中的错综表现所致。若单独对它们予以分析的话，是可以独立成罪的，但是，由于主行为的存在，它们不再属于独立犯罪行为。对其之所以不罚，一方面，是因为行为人基于一个犯罪故意的支配下实施的，且不可罚的前后行为未对主行为侵害的法益予以加深或扩大，未侵害新的法益；另一方面，是因为法律对主行为的处罚，足以涵摄其不法内涵。因此，由于不可罚的前后行为与主行为之间的这种特征关系，法律把它们作为一个整体拟制为行为单数"。[4] 就身份和资格而言，"辨认能力和控制能力虽然是

〔1〕 肖怡："转变思维方式重识刑法中的'行为'概念"，载《山东科技大学学报（社会科学版）》2004 年第 3 期。

〔2〕 张世全："当事人诉讼地位平等的程序原理"，载《山东社会科学》2004 年第 2 期，第 64 页。

〔3〕 ［美］格雷："法律主体"，龙卫球译，载许章润主编：《清华法学》第 1 卷，清华大学出版社 2003 年版，第 234～238 页。

〔4〕 游伟、谢锡美："论不可罚的前后行为"，载《华东政法学院学报》2002 年第 2 期。

刑事责任能力的基本内容，但辨认能力、控制能力与刑事责任能力之间应该有严格的区别：前者是事实意义上的；后者是法律意义上的。无刑事责任能力可以归结为丧失了辨认能力或控制能力，但丧失了辨认能力或控制能力却不一定能归结为无刑事责任能力。其关键在于刑事责任能力具有法定性，是法律拟定的抽象资格"。[1] 以上的几种分类主要是规范层面上的，还有一些学理上的分类，例如，拉伦茨将拟制分为作为立法技术的手段、作为判决理由的手段以及应用于学术中的拟制。[2]

当然，微观意义上的法律拟制还可以从它与其他相近概念的区分中进行分析，而法律拟制与这些概念的复杂关系也是导致在法律拟制的含义上认识不同的原因，这种情形突出地表现在法律拟制与注意规定和推定（尤其是结论性推定）之中。就法律拟制与注意规定的关系来说，刑法是二者联系的主要领域，基于适用条件的不同、是否具有排他性以及混淆产生的风险，[3] 注意规定与法律拟制应有区分的必要，而针对具体条款做出区分的标准主要包括：是否存在设立注意规定的必要性；是否存在做出法律拟制的理由；条款内容是否与基本条款的内容相同；在法益上是否存在重大区别；条款是否具有特殊内容，等等。[4] 就法律拟制与法律推定的关系来说，问题就更具有复杂性。一般认为，广义上的法律推定包括不可进行反证的法律拟制，而狭义的法律推定则不包括。而且，法律拟制和法律推定在形式上非常相似：都是由一个事实的证明而推及另一个事实的存在。但是二者在性质上的不同决定了有着不同的适用场所和条件：法律拟制主要是一种立法上的技术，基于法律的直接规定而不可反证；而法律推定则主要适用于司法领域，特别是在证据制度之中；由此也可以看出，二者在证明责任分配中也发挥着不同的作用。我国的理论中主张严格地对二者进行区分。[5] 这种法律拟制与法律推定的区分也对具体分类中的对比产生了一定影响。[6]

（二）法律拟制的原因：法律人的世界观

在上文的论述中可以看到，在法律拟制问题上出现了一定程度上的混乱，那么这里需要解决的问题是：既然如此混乱，那么法律拟制能够成立并被适用的原则何在呢？由于部门法中对微观意义上进行法律拟制的原因已经有所涉及，这里

---

〔1〕　孟伟、房绪兴："论刑事责任能力的性质"，载《中国青年政治学院学报》2004 年第 4 期。
〔2〕　[德] 拉伦茨：《法学方法论》，陈爱娥译，商务印书馆 2003 年版，第 142～144 页。
〔3〕　吴学斌："我国刑法分则中的注意规定与法定拟制"，载《法商研究》2004 年第 5 期。
〔4〕　张明楷：《刑法分则的解释原理》，中国人民大学出版社 2004 年版，第 257～261 页。
〔5〕　李浩：《民事举证责任研究》，中国政法大学出版社 1993 年版，第 195～196 页。
〔6〕　卢鹏："论结论性推定与拟制的区别"，载《同济大学学报（社会科学版）》2003 年第 1 期。

主要从法理学的角度在更广阔的领域内分析进行法律拟制的原因。

由于在宏观上法律拟制涉及法律与社会的关系问题，那么分析法律拟制的原因也可以从这个角度入手。作为社会的产物，法律必然具有一些社会属性，社会生活使得法律必然具有现实性的特征，毕竟，法律也要反过来为社会服务。但是，法律并不是社会实践的完美复印，而是有自身独特的观点和视角。如果说自然科学追求的是对客观世界的本质和规律，而带有明显的现实主义倾向，那么社会科学则不同，它在现实的基础上必然带有一定的虚拟或者虚构的特征。这是从自然科学和社会科学的区别来说，具体到法律领域也是如此：作为在事实与规范之间的媒介，法律不仅有现实性的一面，也有超越现实的虚拟的一面。这种虚拟的方式是人类社会发展的自有规律，这也使得人类社会区别与纯粹的客观世界。而法律拟制正是这种虚拟性的集中体现，从这个角度出发，很多关于法律与社会关系的经典论述中都含有宏观意义上的法律拟制的色彩。例如，罗尔斯的"无知之幕"的假设就是对社会的初始状态进行的拟制，这种拟制具有似真性：以客观现实为基础，但是并不完全是客观现实本身。这种"无知之幕"的理论在分析社会问题中的广泛用途就足以证明虚构在社会生活及其研究中能够发挥重大作用。"为了形成制度和秩序，那些在缺乏事实或无法确定事实时所制造的虚构的事实和关系，在真正的事实出现或被证明后，也不受到影响，因为拟制是不以事实为基础的，不顾事实是拟制的固有属性，现实的需要和价值上的考虑才是其真正的基础。这些虚构或拟制不是作为认知实验才有意义，而是其本身就具有实践意义和终极价值。"[1]

从对法人作为法律主体的讨论中就可以说明这种虚构的意义和作用。在法人基于何种原因成为法律主体这一问题上，法人拟制说和法人实在说是两种针锋相对的观点。"'法人拟制说'的出发点是，法人在其本来意义上仅仅是（自然）人的一种表现。他们把法人看作是一种法律技术的产物，是把不相同的东西看作相同，但并没有回答，法人的本质是什么，以及从这种本质出发它在哪些方面和多大程度上与自然的人是相同的。而'法人实在说'则避而不谈作为自然界生命体的和在伦理意义上的（自然）人与那些由法律所规范的社会世界的产物间所存在的差别。"[2] 在笔者看来，法人拟制说和法人实在说的分歧从根本上说是相对主义和绝对主义的二元对立引起的。拟制说反映了法治的视角，因为它用一种有限的方法将无限丰富的社会生活的相关方面简化了，其中起着关键作用的就是所谓的"意志"。而实在说则是表现了对绝对主义的追求，解决实体问题也成为

---

[1] 卢鹏："拟制：一种政治艺术"，载《吉首大学学报（社会科学版）》2005年第1期。
[2] ［德］拉伦茨：《德国民法通论》（上册），王晓晔译，法律出版社2003年版，第134页。

其最终目标，但是这种绝对化的倾向在现实中总是要碰壁的。"尽管事实上没有生命，没有道德思维，但在法律设计上，只要法律思维认为有必要这样做，法律便可以不只唯一尊重有智慧的人，而是视团体像一个真的人那样有利益需要、思维、观点、痛苦和幸福，对它像对一个具体的人那样，就其道德生活的若干方面提出质问。"[1]

从更深层次的大众社会心理的角度来看，法律拟制依然有非常充分的理由。如果继续上文中对法人本质的讨论，对于法人来说，"这种抽象事物是所有感官都不能感觉到的，但它却以人作为其可见的组织机构，而且尽管其本身没有意志和激情，却可以将人的意志和激情归属于它——是人类天性中最奇妙的能力。即使说不是天性中的必有东西，这种能力也是人类看起来被发现并无困难加以运用的一种能力"[2]这种能力是内在于人类自身的心理深处的，"无论立法或法律解释如何发展，人类所具有的还原或'返祖'的心理倾向是不会泯灭的。无论科学和技术如何发展，知识的有限性和事实局限性是不会消失的。无论人类理性思维和形式逻辑如何发展，非理性思维和人文逻辑的价值是不可取代的。只要存在事实的有限性、相对性与秩序的紧迫性、必要性之间的矛盾，拟制的决断性功能就是不可取代的；只要存在规范的应然性、法律的呆板性与社会的发展性、变化性之间的矛盾，拟制的协调性功能就是不可替代的"[3]值得注意的是，尽管边沁对法律拟制并不推崇，但是，他却认为，"某些时候，记忆给我们带来某种快乐，不是因为我们按照原来的顺序安排它们，而是因为我们按照我们自己的愿望以一种不同的方式排列它们，并且在这种排列过程中，我们加进了引起我们心向往之的最愉快的情节，无论这些情节是发生在我们自己的生活中还是发生在其他人的生活中。此即为想象力的快乐"[4]由此可见，边沁对人类想象力带来的快乐是十分推崇的，而法律拟制以及其所带来的益处已经被广泛证明了（如公司制度），那么明显的结论是这种想象力带来的快乐足以成为支持法律拟制的理由。尽管这与边沁的直接观点并不符合，但是，却也从反面说明了即使是在表面上反对法律拟制的理由，也在隐含地支持着法律拟制。

从以上的论述中可以看出，法律拟制深刻地反映了法律与社会之间的复杂关系，而能够掌握这种复杂关系并将其合理地运用于处理法治国家中的各种社会问题的就是法律职业群体（法律人），而这一群体也是能够形成并操作法律拟制的

---

[1] 江平、龙卫球："法人本质及其基本构造研究"，载《中国法学》1998 年第 3 期。

[2] ［美］格雷："法律主体"，龙卫球译，载许章润主编：《清华法学》第 1 卷，清华大学出版社 2003 年版，第 243 ~ 244 页。

[3] 卢鹏："法律拟制正名"，载《比较法研究》2005 年第 1 期。

[4] ［英］吉米·边沁：《立法理论》，李贵方等译，中国人民公安大学出版社 2004 年版，第 31 页。

主体。从历史上看，英国司法改革也曾经以法律拟制为手段扩大了法院的管辖权。Vaihinger 的拟制论甚至认为，根本没有任何知识存在，所有所谓的知识实际上都是拟制，亦即，都是为了掌握现实的恣意和有意的错误观念，都是一些非"真实的"观念，但仍然具有一种"效用价值"。因此，基于实用的、经济的、生物学的或者其他的理由，它们看来是合乎目的的。[1] 虽然这是一种比较激进的意见，但是其对法律拟制的推崇以及借此来审视社会的观点还是具有积极意义的。正是从这个意义上说，法律拟制就是法律人的世界观，法律人根据这种基于现实并超越现实的观点而成为法治社会中的精英，进而引导社会大众共同推进社会中的法治进程。具体而言，这种法律人的姿态可以从以下几个方面进行分析。

1. 终极意义上的客观事实是不可能达致的，这为法律拟制的适用创造了前提条件。一方面，虽然科学主义能够在一定程度上证明案件中的客观事实，但是它仍然不能完全证实所有的客观事实，卡尔·波普的证伪理论就足以证明这种客观知识是不可能实现的。另一方面，即使已经明确了一定范围内的客观事实，但是，针对那些真伪不明的状态，法官不可能具有充分的时间来等待理论和实践中的突破来证明，只能根据一定的依据来对所谓的"案件事实"进行判断，进而形成司法决定。更重要的是，法律拟制能够形成"社会的"而非"科学的"判断。例如，拟制血亲就是这种情形的典型代表：从纯粹的科学角度而言，血亲只有血缘意义上的，拟制血亲根本就不应该存在。但是，世界各国对拟制血亲的普遍接受却以事实来证明了法律拟制的巨大作用，虽然各国对拟制血亲得以成立的具体原因各有分析，但是结果都指向对法律拟制的肯定却是无可置疑的。如果一项命题能够得到社会中广泛的承认和接受，那么这种经验性事实本身就是对这一命题成立的最佳理由，法律拟制就是如此，虽然在科学的意义上并不正确，但是在社会意义上却是可接受的。

2. 法律拟制是为现实问题所催生出来的。这一原因可以从前一段对法律事实的探讨中得出有益的结论，也可以由其他方面来确证。从适用法律解决纠纷的角度来说，任何当事人都存在着事实上的不同，而通过宏观意义上的法律拟制就能够在诉讼过程中首先实现地位上的平等，"冲突主体在从不平等的社会实存状态进入诉讼领域后，抹去了一切不平等，以同一身份，即诉讼当事人，步入一个法律拟制的空间。诉讼当事人实质上是诉讼空间虚拟的概念，过滤了包括不平等因素在内的实质内容"。[2] 这种法律拟制意义上的地位平等为纠纷的解决创造了前提条件。在实践中，法律拟制也通常是针对现实问题而出现的，近代以来经济

〔1〕 ［德］考夫曼：《类推与事物本质》，吴从周译，学林文化事业有限公司1999年版，第55页。
〔2〕 张世全："当事人诉讼地位平等的程序原理"，载《山东社会科学》2004年第2期。

的巨大发展导致了公司的出现，而整个公司制度的原初设计就是建立在法律拟制的基础之上的，试想，如果当初没有针对社会实际而运用法律拟制，那么公司制度的发展也许要经历更多的曲折。法律拟制在实践中的运用在英国得到最充分的展示，利用法律拟制扩大法院管辖权而进行司法改革就是典型例子，此外还有其他因法律拟制而得以创生和运行的制度，如英国信托制度的发展，"受托人和受益人虽然各自都在一定程度上保留了所有权的形式，但任何一方对信托财产都不再拥有完整的所有权。这实质上使信托财产在受托人和受益人之间获得独立。我们说信托财产独立性得以凸显，正是基于信托财产所有权的分割性而法律拟制的结果"[1]　原有的法律理念是所有权至上，而法律拟制将其变形为分割形态，在继承原有观念的前提下进行了创新，适用了当时英国社会发展的需要。同样的情形发生在侵占罪的设立上，英美侵占罪的设立是经济发展导致大量新型背信行为无法为偷盗罪调整的结果，其构成要素大体包括前提要素、行为要素、主体要素和心理要素四个方面。在长期的实践过程中法院创造了不少法律拟制，使得侵占罪与偷盗罪、诈骗罪之间的界限日益复杂而模糊。[2]　从这些事实中可以得出两个结论：①在社会问题出现而相应的立法还没有得到完善的时候，法律拟制是协调二者关系的重要手段。②法律拟制毕竟是在司法实践中进行的，面对新的问题在处理上肯定存在难以统一的困难，如果任其发展则将导致法治的统一性受损。此时，立法就应当在积累司法实践经验的基础上及时完善和修正，进而统一司法实践中的判断标准。

　　3. 法律拟制能够满足社会的特定需要。这是法律拟制出现的根本原因，其理由从以上两点的论述中也有所体现。这种对社会需要的满足是在梅因意义上对法律拟制而言的。梅因在《古代法》中论及关于使"法律"和社会相协调的媒介时，提出三个手段，即"法律拟制"、"衡平"和立法，并认为英国的"判例法"和罗马的"法律解答"都是以拟制为其基础的。在这两种情况下，法律都已经完全变更了，而拟制它仍旧和改变以前一样。"社会的需要和社会的意见常常是或多或少走在'法律'的前面的。我们可能非常接近地达到他们之间缺口的接合处，但永远存在的趋势是要把这缺口重新打开来"[3]　而法律拟制正是在这种缺口的接合和打开两种相反趋势的协调者：在法律和社会之间的矛盾状态是不能被长久容忍的，同时，在法治稳定性的要求下，在司法中进行变通是比较能够接受的选择，而法律拟制就是这样一种制度，因为它已经对没有变化的规则进

〔1〕　王舒："论信托财产的独立性"，载《中国地质大学学报（社会科学版）》2002年第3期。

〔2〕　邓斌、王晓晗："英美刑法的侵占罪"，载《行政与法》2003年第5期。

〔3〕　[英]梅因：《古代法》，沈景一译，商务印书馆1959年版，第15页。

行了变化的解释和适用。这种社会需要的满足也可以从微观和宏观两个角度分析：前者已经由上文的一些例子证明；后者的代表是法律拟制对英国《大宪章》的解读。《大宪章》中很多内容仍然带有强烈的封建色彩，而在 13 世纪以后，英国司法改革中经过法官不断地解读和适用，其中很多具体条款的内容已经被充实了很多适应新的社会条件的内容。这无疑是具有宪政意义的法律拟制。

4. 法律拟制体现着法律职业群体特有的法律思维。"传统法学上，往往存在一种思维倾向，即轻易地就把法律思维的作用拿掉，不仅将社会现实当作是法律现象的真正的决定理由，认为现实与法律的关系中，具有优先地位的是社会现实，而且还认为每一个法律现象，都直接受动于它关联的社会现实，有何种社会现实就有何种法律现象。"〔1〕那种简单地将社会现实等同于法律现实的观点实质上也是强调绝对主义而忽视了相对主义，尤其是相对合理主义。这与作为法律思维基本特征的"合法性优于客观性"以及"形式合理性优于实质合理性"〔2〕等内容是相违背的。具体而言，法律拟制是司法者遵循立法者的规定，其合法性要优于纯粹科学意义上的客观性；法律拟制也是通过诉讼程序进行的，适用的是明文规定的法律，具有正当的形式合理性，也应当优于众说纷纭的实质合理性。那些对终极的实质问题的回答，不是法律拟制所能完成的，甚至也不是立法和司法能够完成的。

总之，在纯粹的客观事实无法达致的前提下，法律拟制是法律职业群体的法律思维的体现，同时又能够满足社会的不同层次的需要，这些因素都决定了法律拟制对法律人和法治社会来说都是不可或缺的。

（三）法律拟制的方法：从不确定走向确定

在对法律拟制一些本体性质的问题进行探讨之后，进而应当讨论的就应当是如何进行法律拟制的问题。从前文中所举出的法律拟制的具体实例可以看出，虽然整个法律制度的建构在某种意义上都可以说是法律拟制的产物，但是，如何进行微观层面的法律拟制仍然是一个很难确定的问题。"在很大程度上，正是关于法律规则的知识，指导着我们从纷繁芜杂的事实和事件中做出选择的，当然这种选择无疑是高度局部性和选择性的。"〔3〕由于社会实践本身的纷繁芜杂，而司法又是在整个法律制度中直接面对社会实践的部分，在这种状况下努力使法律与社会形成一致无疑是具有很大困难的。至于是否以及在何种条件下进行法律拟制，

---

〔1〕 江平、龙卫球："法人本质及其基本构造研究"，载《中国法学》1998 年第 3 期。

〔2〕 郑成良："论法治理念与法律思维"，载《吉林大学社会科学学报》2000 年第 4 期。

〔3〕 ［英］麦考密克：《法律推理与法律理论》，姜峰译，法律出版社 2005 年版，第 44 页。

就成为一个难以确定的问题。从法律拟制发展的历史上看，虽然梅因意义上的法律拟制的作用得以广泛承认，但是，在具体操作层面上仍然留给了特定时代条件下的法官以很大的自由裁量的空间。例如，拟制交付制度的出现就是典型例证。[1] 在这种制度最初的形成时期，即使是立法者也难以预期其今后的发展状态，在司法进行了反复的实践之后，立法者在此经验积累上才能够进行有效的立法。虽然此时的立法工作有些"事后诸葛亮"的味道，但却不可否认法律拟制在实践中的地位和作用。如果司法中的反复实践能够形成比较一致的意见，那么立法者在斟酌各种综合因素就可以依据这种意见而进行对法律的设定或者修正，现存的很多法律拟制的制度就是这种设定或者修正的产物；而如果司法中进行的法律拟制并没有形成一致的意见，一方面原因可能是一致意见尚在形成之中，另一方面也可能是这种社会关系和问题并不适合于法律调整。这与前文中的"冰山理论"也是内在一致的：能够流传并继续维持的法律拟制的制度就是形成了统一意见的制度，而更多尚未（或根本不可能）形成统一意见的制度（或问题）就淹没在人们的视野之外成为"隐没的冰山"。

虽然微观意义上的法律拟制的适用对象和条件在形成过程中带有很大的不确定性，但是仍然需要强调其中法律方法所起到的作用。虽然对象是不确定的，但方法却应当是确定的。整个法律方法论体系就是定位在司法领域之中的，而针对错综复杂的各种社会案件和问题，只有在一定的方法论的指导之下，法官才能够以符合法治理念的方式进行处理。如果能够在法律方法论的体系中，通过各种具体的法律方法的应用而形成比较一致的意见，那么这对法律拟制的进行将是十分有利的。尽管历史上的许多法律拟制的制度在表面上并没有法律方法的参与，但是，在实质上都运用了法律方法，只是这种运用还没有以法律方法的名义明确提出，当时的法官们也只是通过潜意识中的、与法律方法一致的观念进行了法律拟制的工作。

在形成法律拟制过程中另一个能够确定的因素就是主体——法官。尽管最终明确提出制度的是立法者，但是，正如前文所述，如果没有司法者的实践经验，立法者对法律拟制的制度进行规定就成了无源之水。从这个意义上说，司法者才是对"合法性"有着最深刻理解的法律职业群体，美国联邦最高法院评述自身的合法性的时候评论道："同个人的品格一样，法院的合法性需要经过时间的考验才能确立。一个渴望生活在法治原则下的国家的人民的品格肯定也是如此。他

---

〔1〕 所谓拟制交付，是指让与人将法定的物权凭证移转给受让人，以代替实物交付的行为。拟制交付是物权证券化的结果。原因一方面是为了加速商品流转，另一方面是弥补占有与观念交付的公示缺陷。参见王立兵："拟制交付与指示交付辨析"，载《哈尔滨学院学报》2004年第1期。

们崇尚法治的信仰与他们对本法院的认识是密不可分的，因为他们赋予本法院决定其宪法案件的权力以及在所有其他人面前表达其宪法理想的权力。如果本院的合法性受到损害，那么国民实现其宪法理想的能力也将受到损害。本法院对合法性的关注并非是为了法院本身的利益，而是为了它应负责的国家"[1] 如果说在错综复杂的社会中进行法律拟制是一种冒险的话，那么最值得信赖的领路人就是法官，毕竟，立法主要表现的是一种政治艺术，而行政更是直接的政治权力的体现。这种从司法到立法的过程在英美法系国家确立的"缔约过失"制度中体现的相当明显。[2]

二、法律拟制对司法的意义

法律拟制的形成过程首先是从社会条件变化而引起的相应社会需要开始的，进而这种变化的需要与原有的社会条件之间产生的冲突积累到一定程度就会引发特定的纠纷，而解决这种纠纷的最重要的途径之一就是司法。而司法实践经验的积累又会推动相关的立法上的改革，立法上的改革反过来可以统一具体的司法判断，从而间接地对社会产生影响。这就是法律拟制从社会中来又最终还原于社会的整个过程，这个过程可以简化为"社会条件变化——社会需要变化——纠纷产生——司法实践——立法改革——司法判断——社会现实"。正是在这个否定之否定的循环过程中，法律拟制对司法的意义得以体现。总体上而言，法律拟制能够使得司法在最大限度地维持既定社会秩序的前提下在一定程度上缓和法律（主要表现为明确的制定法）和社会条件变化之间的矛盾。"法律必须稳定而又不能一成不变"已经得到广泛地承认，但是如何将这种二难矛盾在现实中妥善处理是司法过程中非常棘手的问题，法律拟制就是解决这一问题的一种相对完备的手段。具体而言，法律拟制对司法的意义可以从以下几个方面来进行分析。

1. 法律拟制能够使得司法过程借助立法者的权威，进而树立整个法律制度的权威。虽然在形成过程中，法律拟制首先发生在司法领域之中，但是在应用的时候，却是法官将明确的立法规定针对个案进行裁判，而且在法律拟制的形成过程中，司法者也是以不违背立法的字面规定为名义的。这样，法官在裁判具体案件的时候仍然是按照立法者的意志进行的（起码表面上如此）。这就意味着司法者能够借助立法者的权威对个案形成判断。因为，在法治社会之中，权力制衡的

---

〔1〕 郑成良、陈海光："论法官职业思维方式的养成"，载《法律适用》2002 年第 12 期。

〔2〕 王培韧：《缔约过失责任研究》，人民法院出版社 2004 年版，第 18～29 页。应当说明的是，大陆法系的缔约过失制度虽然最早是由法学家所确立的，但是，这同样是来源于司法案件裁判的实践，而绝不是法学家的空穴来风。

制度设计要求司法者应当遵守立法者以法律明文表现出来的意志，而且，立法者一般是人民主权的代表，在一般社会民众心中具有很高的权威，司法者正是在遵循这种权威的名义下进行的法律拟制。这在实质上仍然涉及上文中所论述的法律思维的特征：合法性优于客观性，形式合理性优于实质合理性。法律拟制正是法官以遵循既定立法的形式来调和法律与社会的紧张关系，恰恰做到了形式合理性和实质合理性的结合。更重要的是，在借助立法权威的同时又能够对复杂的个案予以妥善解决，那么司法的权威也因此而得以加强。这样，整个法律制度的权威性都由于法律拟制的操纵和运行而得以增强。

2. 法律拟制能够因其在事实问题上的贡献而促进司法过程更好地完成自身任务。司法裁判中的法律事实既不是作为主体的人对曾发生的事态的直接描述，当然也不是主体心灵任意构造的产物，它是在主体、法律规范及过去的事态共同作用下对过去重构的结果。[1] 就法律拟制来说，立法中对法律拟制的直接规定很多都是客观事实难以查清，或者本来就与客观事实不同而具有社会意义的事实（如拟制血亲），这种条款实质上是将法律（及其精神）与一定的事实相结合的产物，而不再是纯粹的规范。"既然法官思维是以法律适用作为基本内容，也就决定了法官的思维形式应该是逻辑推理，因为法律规范的结构就是一种逻辑结构，法律规范与具体个案之间的关系也是一种逻辑推理的关系，即以法律规范为大前提，以案件事实为小前提，两者结合，推出案件的处理结论。"[2] 在这种经典的三段论仍然是现今司法判断的主要模式的前提下，如何有效地构建事实，特别是司法裁判过程中对最终判断有着直接影响的事实，就成为司法过程的重要任务之一，而法律拟制就是能够建构这种事实的有效方法，因为它体现了法律职业群体（直接表现立法者）在对特定问题上的法律规定与客观事实之间的关系的界定。"法律是被创造出来的，而且，它是在不同的时间、地点和场合，由不同的人群根据不同的想法创造出来的。人在创造他自己的法律时，命定地在其中贯注了他的想象、信仰、好恶、情感和偏见。"[3] 同时，传统的三段论在当前受到一定程度的攻击，[4] 其原因之一就是其执着于事实与规范的严格二分。而在笔者看来，法律拟制却是将二者能够妥善结合的制度设计，因为它本身就包含着事实对规范的渗透。

3. 法律拟制还能够提高司法运行的效率。由于法律拟制已经直接规定了法

---

〔1〕 陈景辉："事实的法律意义"，载《中外法学》2003 年第 6 期。
〔2〕 王纳新：《法官的思维——司法认知的基本规律》，法律出版社 2005 年版，第 90 页。
〔3〕 梁治平："法律的文化解释"，载梁治平主编：《法律的文化解释》，三联书店 1994 年版，第 54 页。
〔4〕 焦宝乾：《法律论证导论》，山东人民出版社 2006 年版，第 82 页。

律规范与社会事实相结合的情形和结果。这样，在对具体案件进行裁判的时候，在这些环节上就能够直接运用法律拟制的规定而发生相应的法律效果，而无需过于复杂的论证。这对于维护简洁的司法裁判是非常必要的，而且在当今中国的社会实践中仍然有进行法律拟制的需要。"为什么各种不同形式的拟制特别适合于社会的新生时代，这是不难理解的。它们能满足并不缺乏的改进的愿望，而同时又可以不触犯当时始终存在的、对于变更的迷信般的嫌恶。在社会进步到了一定阶段时，它们是克服法律严格性最有价值的权宜办法。"[1] 在中国当前处于社会转型期的特殊前提下，立法的稳定性往往受到社会急剧变革的冲击而难以维持，朝令夕改的情形经常出现；这样，司法的能动主义就越发显得重要，而为了维持现有的权力制度结构，又不能使得司法权明显地影响立法权。在所有这些条件的限制之中，法律拟制的作用无疑应受到重视，毕竟，它在名义上不违背立法意志，同时又通过对立法意志的各种解释和解读适应着社会对法律的需要。在司法实践中，这种对法律拟制的需要表现在很多方面。例如，与前文讨论的公司法人的主体地位相关，有的学者提出在其破产的时候实行"相对破产模式"：在法院受理破产申请后于破产宣告前，将破产企业整体视为法律拟制的债权人的破产财产，由兼并人与债权人依照市场规则进行交易的模式。这种将兼并楔入破产程序的制度设计，其特殊功效在于：将破产企业的债拟制成为可操作的博弈状态，这既可使制度系统功能开放以及市场主体地位回归，又可提升破产内在利益驱动机制，还可从理论上解决债的一般价值与特殊形态的互补与转换等问题。[2] 由于整个公司法律制度在一定意义上说就是建立在法律拟制的基础之上的，而公司法及其相关制度的发展在我国的历史并不长，还有很多中国特定情况中的特殊问题有待解决，如何充分挖掘法律拟制的力量并将其运用到公司法律制度的设计和完善之中，是目前经济法学内的重要问题。同样的情形也发生在其他部门法领域，如证据法中的"拟制的自认"[3] 以及被有的学者称为"中国式的诉辩交易"的刑事简易程序[4]等。从理论的角度来看，法律拟制能够避免司法过程中无谓的终极性追问。为了保证司法过程的严谨，缜密的推理过程通常是必需的，但是，建构各种前提的时候总是难以避免对前提的前提进行的递归追问。这种追问在理论上是有意义的，但是，其终极化的倾向在司法实践中却是影响司法效率和权威的。而法律拟制则以直接明文规定的方式来对这种可能的无限递归进行了终结，

---

〔1〕 ［英］梅因：《古代法》，沈景一译，商务印书馆1959年版，第16页。

〔2〕 张怡："相对破产立法模式"，载《现代法学》2001年第1期。

〔3〕 刘学在："论拟制的自认"，载《法学评论》2005年第5期。

〔4〕 张南日："被'拟制'的法律"，载《政治与法律》2001年第4期。

即以法律职业群体的观点作为推理的终点，而无论这种观点与所谓的客观事实是否真正一致。

4. 法律拟制能够促进法律方法的适用。虽然法律拟制在法律职业群体之中得到了广泛的认同，但是，对于社会来说，这种与客观事实并不一致甚至正好相反的观点却是很难接受的。这样，如何使得法律拟制得以正当化（证立）就成为法律职业群体必须面对的问题。而要解决这一问题，就需要综合运用各种法律方法（包括法律解释、法律论证、法律推理等），正是在这个意义上说，法律拟制有助于促进法律方法的应用。卡多佐说："今天，拟制已经不大使用了；而一旦拟制被掩藏起来，司法活动的原动力也就被封闭了。"[1] 他所说的"今天"是当时美国的历史条件，而从社会发展的特定阶段来看，目前的中国与最初法律拟制在英国盛行的时候有着一定的相似性：社会都处于急剧的转型时期，司法的能动主义逐渐有着实质意义上的强势倾向，法律拟制也有着很大的活力。而如果缺少了法律拟制这一手段，司法活动的原动力虽然不可能像卡多佐说的那样"封闭"，起码也在很大程度上受到压制。从当前很多具有创新精神的司法判决和制度设计中就可以发现这种动力所在，[2] 而如果这些判决能够恰当地运用法律方法使得结果得以证立，那么将使得案件所体现的积极意义因"扩散效应"而得以更好地展现和发挥。例如，在法律解释中的目的解释方法具有重要的地位，而"由于拟制这种善意的错误，旧规则和新规则之间的鸿沟常常得以跨越。在此，令我们关注的事情是，只要当目的的重要性居于支配地位就会有这种跨越"[3] 这就说明目的解释方法在适用法律拟制的过程中具有首要的意义，充分利用目的解释就能够保证法律拟制向着法律职业群体所预期的方向前进。再如，法律推理中的类推，考夫曼认为法律拟制的内在理由就是构成要件上的类似性，而这也正是进行类推的出发点，"拟制的本质是一种类推：在一个已证明为重要的观点之下，对不同事物相同处理，或者我们也可以说，是在一个以某种关系为标准的相同性中（关系相同性，关系统一性），对不同事物相同处理"[4] 这些具体方法都从理论层面上说明了法律拟制与法律方法的密切联系。

尽管法律拟制对司法过程有着重大意义，但是，我们仍然需要警惕法律拟制的局限性及其对司法过程产生的消极影响。由于法律拟制本身的含义存在宏观和微观两个层面，对于局限性的分析也可以从这两个视角进行。就宏观方面而言，

---

〔1〕　［美］卡多佐：《司法过程的性质》，苏力译，商务印书馆1998年版，第72页。
〔2〕　徐安住主编：《司法创新——从个案到法理的展开》，中国检察出版社2004年版。
〔3〕　［美］卡多佐：《司法过程的性质》，苏力译，商务印书馆1998年版，第72页。
〔4〕　［德］考夫曼：《类推与事物本质》，吴从周译，学林文化事业有限公司1999年版，第59页。

司法权和其他几种权力之间的制衡从某种意义上说也是法律对权力制度进行的拟制，毕竟权力是一种人类理性抽象的产物，而"权力制约表现为一种制约主体根据法律规定的标准、程序，对其他权力主体行使权力行为的控制、约束、阻止。权力制约离不开法律上的拟制，但拟制本身并非制约"。[1] 也就是说，一旦这种权力的运行出现了与原初的法律拟制相背离的情形，所引起的紧张关系就有可能影响既定的权力运行结构，进而引起社会秩序的紊乱。在司法权内部，"在法条形式主义占据统治地位的司法实践中，法律价值与事物本质往往被排斥在法条形式之外，当然也就很难在构成要件符合性判断中占据一席之地。法定拟制的核心内涵是将明知为不同者等同视之。在把握法定拟制的核心内涵时，有两点是必须明确的：①法定拟制将明知为不同者等同视之是有强烈的立法目的的，这个目的就是为了实现法律的正义价值。这种法律的正义价值在刑法中的具体价值标准就是罪刑相适应。②实现法定拟制所追求的正义价值，并不意味着法定拟制法条形式下的外延是没有边际的。法定拟制法条形式下的外延受法定拟制所追求的正义价值的制约"。[2] 正是基于以上地谨慎考虑，我们才需要特别强调将法律方法运用于法律拟制正当化的过程之中，以保证法律拟制的外延不会扩张到违背正义价值的范围之内。也许正是由于对法律拟制的范围难以控制的担心，梅因才会说："我们现在已不值得要去用像法律拟制这样一种粗糙的方式以求达到一个公认为有益的目的。我不能承认任何变例都是合法的，如果它只有使法律更难解，或者是更难按照和谐的顺序排列起来，因为，法律拟制是均称分类的最大障碍"。[3] Patrick Devlin 勋爵在《论法官》中也说到："法律拟制是危险的，因为它们总有扩张的趋势。"[4] 而从微观的角度来看，法律拟制的很多规定与现实的情况并不相同，虽然拟制能够符合一定的目的，但是，它也只是尽可能地实现预先设想的目的，并不能完全保证其目的一定能够实现，毕竟，社会中的复杂因素远远不是一个单一法律拟制能够解决的。例如，拟制血亲制度虽然能够满足一定的社会需要，但是，其并非真正血亲的本质也有可能引发一定的道德风险，这是我们必须正视的问题。[5] "当法律的结果取决于与现实世界有关的事实之际，法律的自足性和客观性就受到了威胁，因为这些事实可能有争议，或者是与创造或

---

〔1〕 胡玉鸿："'以法律制约权力'辨"，载《华东政法学院学报》2001 年第 6 期。

〔2〕 吴学斌："我国刑法分则中的注意规定与法定拟制"，载《法商研究》2004 年第 5 期。

〔3〕 ［英］梅因：《古代法》，沈景一译，商务印书馆 1959 年版，第 16 页。

〔4〕 Bryan A. Garner 主编：《牛津现代法律用语词典》，法律出版社 2003 年版，第 357 页。原文是：Lord Devlin's caution is an apt one："Legal fictions are dangerous because they have a tendency to spread." Patrick Devlin, The Judge 162（1979）.

〔5〕 孙品玉："拟制亲属关系保险利益道德风险防范"，载《保险研究》2002 年第 4 期。

解释规则相关的社会事实或伦理事实。"[1]

总之，法律拟制对整个司法过程的运行有着重大意义，但是，我们不应满足于此，更不应忽视法律拟制本身所具有的局限性。只有这样，才能使得法律拟制发挥其最大的效用。

三、法律拟制方法的个例分析

（一）转化犯研究及其缺陷

就目前法律拟制适用的领域来说，关于法律主体及其人格的问题已经被重点论述了。从上文的很多论述中就可以发现，特别是其中关于公司的法律主体地位更是成为重中之重，就无需在这里重复了。以下以刑法中的转化犯为例来对法律拟制进行一些具体分析。

转化犯是我国刑法中特有的概念，在外国的刑法中几乎没有论述。这一概念一经提出，就得到很多学者的赞同，但是，对如何定义转化犯学者们并没有形成一致的意见。这些分歧有以下代表观点：①转化犯是指行为人在实施基本罪的危害行为过程中，由于出现特定的犯罪情节，而使基本罪的性质发生改变，转化为某一重罪，并且按重罪定罪量刑的犯罪形态。[2] ②转化犯是指某一违法行为或者犯罪行为在实施过程中或者非法状态持续过程中，由于行为者主客观表现的变化，而使整个行为的性质转化为犯罪或转化为更为严重的犯罪，从而应以转化后的犯罪定罪或应按法律拟制的某一犯罪论处的犯罪形态。[3] ③转化犯是行为人在实施某一较轻的犯罪时，由于连带的行为又触犯了另一较重的犯罪，因而法律规定以较重的犯罪论处的情形。[4] ④转化犯是指行为人在实施某一较轻犯罪（基本罪）已在未遂或既遂后，由于其特定的不法行为，而使轻罪转化为某一重罪，法律明文规定以转化后的重罪定罪量刑的犯罪形态。[5] ⑤转化犯是指行为人在实施某一较轻的故意犯罪过程中，由于行为人的行为的变化，使其性质转化为更为严重的犯罪，依照法律规定以重罪定罪处罚的犯罪形态。[6] ⑥转化犯是行为人出于某一犯罪故意，行为在实施过程中发生了性质的转化而改变罪名的犯

〔1〕 ［美］波斯纳：《法理学问题》，苏力译，中国政法大学出版社 2002 年版，第 51 页。

〔2〕 金泽刚："论转化犯的构成及立法例分析"，载《山东法学》1998 年第 4 期。

〔3〕 杨旺年："转化犯探析"，载《法律科学》1992 年第 6 期。

〔4〕 陈兴良："转化犯与包容犯：两种立法例之比较"，载《中国法学》1993 年第 4 期。

〔5〕 赵鬼："论转化犯"，载《法制与社会发展》1997 年第 6 期。

〔6〕 王彦等："试论转化犯的概念与基本特征"，载《国家检察官学院学报》1999 年第 1 期。

罪形态。[1] ⑦转化犯罪是指行为人实施一个故意犯罪（本罪）的同时，或者在本罪造成的不法状态持续过程中，由于行为人实施了特定行为，而这一特定行为与其本罪行为的结合足以填充另一故意犯罪（转化罪）的构成，从而使行为人的行为符合转化罪的犯罪构成，并根据刑法的规定以转化罪定罪处罚的犯罪形态。[2]

以上的概念是从 1997 年的新刑法中总结出来的。虽然在一些具体刑法条文是否是转化犯还存有一些疑问，但是，一些转化犯集中体现的条文还是得到了较为广泛的认同，例如，《刑法》第 238 条第 2 款规定的非法拘禁他人，"使用暴力致人伤残、死亡的，依照本法第 234 条、第 232 条的规定定罪处罚"。《刑法》第 241 条第 5 款规定的"收买被拐卖的妇女、儿童又出卖的，依照本法第 240 条的规定定罪处罚"。《刑法》第 247 条规定的"司法工作人员对犯罪嫌疑人、被告人实行刑讯逼供或者使用暴力逼取证言，致人伤残、死亡的，依照本法第 234 条、第 232 条的规定定罪从重处罚"。《刑法》第 248 条规定的"监狱、拘留所、看守所等监管机构的监管人员对被监管人进行殴打或者体罚虐待……致人伤残、死亡的，依照本法第 234 条、第 232 条的规定定罪从重处罚"。

《刑法》第 253 条第 2 款规定：邮政工作人员私自开拆或者隐匿、毁弃邮件、电报而窃取财物的，依照本法第 264 条的规定定罪从重处罚。《刑法》第 269 条规定的"犯盗窃、诈骗、抢夺罪，为窝藏赃物、抗拒抓捕或者毁灭罪证而当场使用暴力或者以暴力相威胁的，依照本法第 263 条的规定定罪处罚"。《刑法》第 292 条第 2 款规定的"聚众斗殴，致人重伤、死亡的，依照本法第 234 条、第 232 条的规定定罪处罚"。同时，值得注意的是，有的学者认为这种转化犯的情形不仅出现在刑法的条文之中，在与之相关的司法解释中也有转化犯的情况[3]，例如，最高人民法院《关于审理偷税抗税刑事案件具体应用法律若干问题的解释》（2002 年 11 月 4 日）第 6 条："实施抗税行为致人重伤、死亡，构成故意伤害罪、故意杀人罪的，分别依照《刑法》第 234 条第 2 款、第 232 条的规定定罪处罚"。最高人民法院、最高人民检察院《关于办理组织和利用邪教组织犯罪案件具体应用法律若干问题的解释》（1999 年 10 月 9 日）第 4 条："组织和利用邪教组织制造、散布迷信邪说，指使、胁迫其成员或者其他人实施自杀、自伤行为的，分别依照刑法第 232 条、第 234 条的规定，以故意杀人罪或者故意伤害罪定罪处罚。"

---

[1] 储槐植："论罪数不典型"，载《法学研究》1995 年第 1 期。
[2] 肖中华："论转化犯"，载《浙江社会科学》2000 年第 3 期。
[3] 杨新京："论转化犯"，载《国家检察官学院学报》2004 年第 4 期。

　　根据以上的认识，对于转化犯的特征，学者们也进行了概括，例如，①基本危害行为的犯罪性，这是转化犯成立的前提条件。②基本罪与转化罪的异质性。③转化的法定性，即必须由刑事法律明文规定，这是罪刑法定原则的当然要求。[1] 当然，还有学者对转化犯与其他的犯罪形态（如牵连犯、想象竞合犯等）的关系进行了分析。[2]

　　应该说，以上就是当前对转化犯研究的主要情况。这里需要注意的是，对于为什么在立法中规定这种转化犯的情况，无论是官方的文件还是学者们的研究，涉及的都非常少。这显然成为转化犯理论研究上的一个较为重大的缺陷。具体而言，这种在原因上的理论缺失可能造成以下几个方面的危害和偏差。

　　1. 转化犯研究中原因的缺失将对现有的刑法理论，特别是犯罪构成理论造成一定地冲击。虽然理论的变革和进步总是从受到攻击开始的，但是，在目前犯罪构成理论已经成为我国刑法的主流理论并在实践中发挥巨大作用的前提下，对其进行维护还是很有必要性的。转化犯从其立法规定来看，在某一行为并没有完全符合特定罪名的犯罪构成的情况下，就按照这一罪名进行了处理。例如，《刑法》第269条规定的"犯盗窃、诈骗、抢夺罪，为窝藏赃物、抗拒抓捕或者毁灭罪证而当场使用暴力或者以暴力相威胁的，依照本法第263条的规定定罪处罚"。依据这一情况，盗窃的行为如果再有抗拒抓捕或者毁灭罪证而当场使用暴力或者以暴力相威胁的，那么就将按照抢劫罪来处理，很明显，这种情况与抢劫罪的犯罪构成并不一致，甚至有很大出入。如果某一行为并不非常符合特定罪名的犯罪构成要件，却要按照这一特定罪名处理，那么，犯罪构成理论的作用和地位将很明显受到威胁。这里实质上涉及的是刑法理论的独立性问题，"刑法理论应该是一种高居于刑事立法、刑事司法之上的具有理性指导意义的理论体系，它不能、也不应随着刑事立法和刑事司法改变固有的轨道而放弃自己的理论阵地。而传统的犯罪客体理论恰恰在这里暴露出了它的随意性，刑法稍有变动，它也向'变色龙'一样随之发生变动，这就无法逃避被人怀疑其理论成分和理论价值合理性的结局"。[3] 转化犯的情况与以上的犯罪客体相类似：虽然转化犯问题已经得到了一定程度的关注，但是，这并不意味着它能够仅仅凭借立法上的规定而大规模地改变原有的理论体系，特别是犯罪构成理论。我们需要做的就是如果将犯罪构成理论和转化犯的研究相结合，这样，如果没有对规定转化犯的原因进行深入研究，二者之间的裂痕将难以得到弥合。与之相关的理论是罪数理论，特别是

---

〔1〕　王俊平："转化犯及相关立法研究"，载《河南省政法管理干部学院学报》2002年第1期。

〔2〕　冯哲："转化犯之犯罪罪构成分析"，载《福建公安高等专科学校学报》2004年第1期。

〔3〕　杨兴培：《犯罪构成原论》，中国检察出版社2004年版，第94页。

转化犯与牵连犯和想象竞合犯等罪数形态的复杂关系。限于篇幅关系，在这里无法逐一说明，但是下面的观点是值得关注的，"在罪数中，我提倡以构成要件为标准，即有充分满足一次构成要件的事实就是一罪，有充分满足两次构成要件的事实即为二罪，以此类推"。[1] 虽然对"充分满足一次构成要件"有争议，但是其以构成要件理论为考量中心的观念还是应当得到强调的。

2. 转化犯研究中原因的缺失在一定程度上造成了刑法分则的体系混乱。刑法的目的是要预防犯罪，保护公民的利益，而这种利益很大程度上是通过特定罪所针对的客体而得以表现的。具体而言，刑法分则的各个罪名都各自针对着一定的客体及其利益，而由于转化犯直接依据立法规定而将一个罪的确定转向了另一个罪，这就在一定程度上造成了刑法分则的体系混乱。虽然明确的规定能够将这种混乱的程度降低，但是，毕竟已经引起了消极的影响。这种情形与国际私法中的"转致"制度有些相似，都是经历了从一个规范到另一个规范的转化。而转致制度的一个消极作用就是直接导致了法律适用上的不确定性增加，而这对于转化犯来说同样如此：如果要确切地确定罪名，就必须对整个刑事法律有着充分和完整地把握，否则很可能因为对转化犯的相关立法规定地忽视而造成不必要的"错误"。虽然这种对法律体系的掌握是对法官的要求之一，但是，从司法效率等方面进行考量，还是尽量减少这种因素为佳。在立法已经对转化犯有所规定的情况下，要引起人们（特别是法官）对转化犯的充分重视，就需要对转化犯规定的原因进行充分剖析。在明确了目的性之后，才能够形成更强的动力。这样，了解转化犯的原因将有利于其规定得到更好的执行。有的学者从技术层面上对这种体系上的混乱进行了分析："现行规定至少有两方面的问题：①部分立法例与其转化罪条文之间存在协调性不够的技术性欠缺；②还有部分立法例作为转化犯的理论根据不足。转化犯立法有其积极的意义，但是法定刑配置不协调，必然导致罪与刑的不均衡和实质上的不公正；部分立法例设置根据的不足，也给转化犯理论本身带来一定程度的混乱。"[2]

3. 转化犯在原因上的缺失可能导致当事人在理解上的偏差。在大众和精英的界线不再明显的时候，当事人（在刑法中主要是犯罪嫌疑人）也会对与之关系密切的刑法罪名予以特别的关注。在这种情况下，可能产生的问题就是所谓的"正当性追问"：对于适用转化犯的情形来说，如果对于由一个罪向另一个罪的转化及其原因没有充分的解释，那么，这就很容易造成犯罪嫌疑人对判决结果的

---

[1] [日] 小野清一郎：《犯罪构成要件理论》，王泰译，中国人民公安大学出版社 2004 年版，第 190 页。

[2] 周少华："现行刑法中的转化犯之立法检讨"，载《法律科学》2000 年第 5 期。

不满。进而，如果这种不满达到了其无法接受的程度，那么，他就会有足够的动力要求进行进一步的审判程序（主要是二审程序），显然，这种情形仍然对于司法的效率是一种消极因素。反之，如果能够对转化的原因进行解释，无论这种解释是来源于学者或者在诉讼过程中来源于法官，那么，这将有利于犯罪嫌疑人更加清楚地了解自身的行为和刑法的规定之间的关系，进而有利于其对裁判结果的接受。当然，这种追问的情况只是可能出现的，我们不能奢望仅仅依靠对转化原因的解释就能够必然防止司法资源的浪费，但是，这种解释毕竟是一种高效经济的方式。

（二）法律拟制视角下的转化犯

对于转化犯的原因，学者们已经有所论述，但是，诸如"有利于加强刑法的科学性"[1]之类的观点总是显得有些笼统。笔者认为，从总体上说，转化犯也是一种法律拟制，这种观点能够解决转化犯的原因问题。具体而言，可以从以下几个方面通过法律拟制的视角来解读转化犯。

1. 从形式上看，转化犯符合法律拟制的特征。法律拟制在形式上的一个基本特征是在已经明知 A 和 B 不同的情况下，将 A 仍然认为和 B 在地位和效果上相同。这与转化犯中的"转化"是内在一致的：尽管 A 罪和 B 罪在犯罪构成上并不完全相同，甚至存在很大差异，但是，在特定的事实条件出现的前提下，就认为 A 罪转化为 B 罪，简而言之，A 罪 + 特定行为或者事实条件 = B 罪。在这里，对 B 罪的认定同样是以明知 A 罪和 B 罪不同为前提。这样，转化犯就在形式上与法律拟制保持着一致性。

2. 转化犯特别强调"法定性"，这也是法律拟制的中心内容。在各种对转化犯的研究中，几乎都认定"法定性"是转化犯最主要的特征之一。正如上文所述，鉴于"转化"所带来的不确定性，对其法定性的强调几乎是必然的。而从法律拟制的发展过程可以看出，从最初的司法实践，到立法的明确规定，再到用于指导新的司法实践构成了一个循环过程，而转化犯的法定性正是在这个整体性循环中的第二个阶段。正是在司法实践中形成的较为一致的认识才能够形成立法规定（从 A 罪转化为 B 罪），进而得到司法应用。

3. 满足社会的特定需要成为规定转化犯的核心原因，同样也是法律拟制在微观层面上的原因。对"转化"的正当性追问是整个转化犯原因的核心问题，而这一问题的解答通过法律拟制可以得到较好地完成。从法律拟制的宏观原因来说，法律人的世界观是形成法律拟制的主要特征；而法律人中的立法者通常也是

---

[1] 陈兴良：《刑法适用总论》，法律出版社 1999 年版，第 669 页。

主权者或其代表，那么"转化"的正当性从宏观上来说可以归结为立法的正当性：立法者能够成为立法者原因在于公民的授权，那么公民在这个意义上就应当充分信任其代言人的观点或者做法，这就为立法的正当性提供了依据，进而言之，在刑法中的"转化"也借助于立法的正当性依据而获得了相应的正当性。当然，这种正当性只是宏观意义上的，立法的正当性也并非必然能够为每个细节规定（如转化犯）提供证明。虽然"一项法令的真正制定者，不是立法者个人，而是群体，立法者不过是这个群体的忠诚或不够忠诚的代言人而已"[1] 但是，群体的意志肯定无法在诸如刑法分则的具体罪名这样的细节问题上达成高度一致。这就需要具体到每个转化犯的条文中从微观视角来探寻该"转化"是如何满足社会的需要的。以《刑法》第238条第2款的规定为例：非法拘禁他人，"使用暴力致人伤残、死亡的，依照本法第234条、第232条的规定定罪处罚"。非法拘禁他人，使用暴力导致他人伤亡的，就按照故意伤害罪、故意杀人罪来定罪。在非法拘禁过程中，使用暴力致使他人伤亡这种严重的后果，用原有的非法拘禁的惩罚措施已经显得不适当，那么，适用故意伤害罪和故意杀人罪来定罪量刑在这里就显得是非常正当的了。这种"转化"不仅有利于贯彻"罪刑相当"原则，更是对相应犯罪行为的惩罚，进而是对社会需要的满足。如果出现了以上的严重危及社会的行为而仍然按照非法拘禁罪予以惩罚，那么这是社会所很难接受的。

如果说"社会需要"还显得过于笼统的话，那么具体到刑法中，社会需要就可以具体化为刑法的目的（任务）：惩罚和预防犯罪，保护公民的权利。[2] 转化犯的"转化"都是以达到这一目的为出发点的。"社会需要"也可以具体到刑事政策之中。在转化犯的主要特征中，从较轻的罪转化为较重的罪也是其中重要的一点，这里包含着某种刑事政策上的考虑：在我国当前的形势下，适当侧重于较重的刑罚是有利于刑法更好地发挥其社会效果的。例如，《刑法》第269条规定的"犯盗窃、诈骗、抢夺罪，为窝藏赃物、抗拒抓捕或者毁灭罪证而当场使用暴力或者以暴力相威胁的，依照本法第263条的规定定罪处罚"。盗窃等行为如果加之暴力，那么就构成了加重的行为，对于这样的情况，立法可以选择在盗窃等罪名之中直接规定相应的处罚，也可以将其作为量刑情节加以考虑。而现行的立法将其"转化"为抢劫罪，不但在罪名上产生了变化，而且相应地在惩罚方式和程度上也有所增加。这种规定相对于前述的两种选择无疑是更加严厉

---

〔1〕 ［法］布律尔：《法律社会学》，许钧译，上海人民出版社1987年版，第71页。
〔2〕 《中华人民共和国刑法》第2条规定："中华人民共和国刑法的任务，是用刑罚同一切犯罪行为作斗争，以保卫国家安全，保卫人民民主专政的政权和社会主义制度，保护国有财产和劳动群众集体所有的财产，保护公民私人所有的财产，保护公民的人身权利、民主权利和其他权利，维护社会秩序、经济秩序，保障社会主义建设事业的顺利进行。"

的。当然，这种严厉也是有着现实的考虑的，而不是任意的规定。因为使用暴力毕竟在社会危害性上更大。

4. 同法律拟制一样，转化犯同样有着自身的局限性。在总体上，转化犯的研究中，对于如何转化已经有较为明确的立法规定，但是，对于如何证明（至少说明）转化犯的正当性还较少涉及。这种正当性追问不仅是对学术研究的要求，也是现实的需要。在微观视角中，对于现行立法中的转化犯的具体条文，有的学者也提出了一些疑义，[1] 例如，无论是从国内立法完善、法律适用的角度，还是从国际反酷刑公约发展的要求考察，《刑法》第 247 条都是值得怀疑的。[2] 这些研究都表明，转化犯同样有着自身的局限性，在为什么以及如何设定"转化"这一核心问题上，还需要在通盘考虑之下进行深入探究。这种局限性与法律拟制的局限性相比较，是特殊和一般的关系：法律拟制的"决断性"必然带有一定的风险，可能产生良好的社会效果，也可能产生消极的社会影响；转化犯的"转化"在这里因其缺乏相应的正当性证明（或说明）同样带有强烈的"决断"色彩，在现实中的效果也需要经历社会的考验。而如何使之能够在社会中发挥最大的积极效用，需要包括法律人在内的多方面共同努力，当然，对其局限性的批判也是属于这种努力之中的。

从以上的论述中可以看出，从法律拟制的视角来解析转化犯，不仅能够给转化犯进行较为准确的定位，而且能够指导如何对待转化犯的态度。回顾研究的发展也可以看出，以前也出现了相类似的观点，例如，有学者将转化犯分为两种形态：标准转化犯；法律拟制转化犯。其中，标准转化犯并不要求法律特别规定，拟制转化犯则要求法律特别规定。[3] 对此学者们提出了广泛的批评，认为转化犯均具有法定性，不存在所谓并不要求法律特别规定的转化犯。在笔者看来，法定性的确是转化犯的核心特征之一，之所以原来提出法律拟制的转化，仍然是没有对拟制进行深入研究的结果，没有明确狭义上法律拟制的法定性。甚至有的学者认为犯罪形态理论是不局限于法定情形的开放体系，以此为基础，转化犯不能囿于法定视野，要将事实转化的情形纳入其中，建立广阔视野下的转化犯。[4] 这实质上是从司法评价的角度对转化犯进行了解读，属于广义的法律拟制。这些研究的成果都表明，在学术探索不断深入的今天，在对法律拟制的理解更为深入的前提下，利用法律拟制能够给转化犯研究带来新的启示。

〔1〕　周少华、李霞："罪的转化与刑法规范的协调"，载《甘肃政法学院学报》2003 年第 6 期。
〔2〕　王文华、孟庆华："质疑刑法第 247 条转化犯的立法价值"，载《人民检察》2004 年第 6 期。
〔3〕　杨旺年："转化犯探析"，载《法律科学》1992 年第 6 期。
〔4〕　范德繁："转化犯的新视野"，载《法制与社会发展》2003 年第 1 期。

第九章　法律分析方法

——以法律关系为例

　　近些年，中国法学界以"法律分析"为名的文章如汗牛充栋、数不胜数，但对于法律分析的内涵作明确界定的却少之又少，大都在不同的含义上使用法律分析的概念，大家并未形成一个较为一致的看法。针对这一现状，陈金钊在对"法理分析"与"法律分析"两概念进行对比的基础上，认为"法律分析主要的是运用法律原理、概念、原则对事实进行分析与论证，其主要目标在于厘清法律关系，确定权利义务以及明确法律关系背后的法律责任"。[1] 这一判断实际上是从司法视角观察如何利用既有的法律知识解决个案纠纷，完成这一过程的主要分析工具就是法律关系，即运用法律关系理论对案件事实进行分析，找出与之"适应"的法律规范并据以解决纠纷。究竟这一理论上的判断是否成立？论者在"中国学术期刊全文数据库"之"法理、法史及国际法学"项目下，包括法学理论、国际法、各国法律、中国法制史及案例分析，进行相关文章的检索，检索范围是从 1994 年至 2006 年的全部期刊，以"篇名"为检索项，以"法律分析"为检索词，进行精确匹配检索。共检索到冠以"法律分析"的文章 100 篇，其中针对个案纠纷进行法律分析的涉及 35 篇，其他非个案的法律分析文章 65 篇。在对个案进行法律分析的 35 篇文章中，对案件所涉及的法律关系进行分析或对法律关系中的某一要素如主体、客体或权利义务关系进行分析的有 28 篇，占对个案进行法律分析的文章总数的 80%。可见，如果将"法律分析"定位于司法方法论的视角，针对个案纠纷的法律分析就是对案件纠纷之法律关系诸构成要素的分析，将法律关系视为法律分析的工具，这个判断基本可以成立。

---

[1]　陈金钊等："关于'法理分析'和'法律分析'的断思"，载《河南省政法管理干部学院学报》2004 年第 1 期。

一、法律关系的根源及其重要性

（一）法律关系的根源

从伦理学的角度观察，法律关系产生于对人的"尊严"的尊重，它与权利的概念密不可分。人之所以成为"人"，源自人自身具有一种价值：人具有自身的尊严。人作为主体性存在，必须服从这样一条规律：不论是谁在任何时候都不应把自己和他人仅仅当作工具，而应该永远看作自身就是目的。[1] 由这一理论基础，我们可以显而易见的推论出如下观念：每一个人都有权要求其他任何人尊重他的人格、不侵害他的生存（生命、身体、健康）和他的私人领域；相应地，每个人对其他任何人也都必须承担这种尊重他人人格及不侵害他人权利的义务。权利、义务以及二者之间相互关系等内容构成了"法律上的基础关系"。[2] 当伦理学上的人的概念被移植到法律领域后，在私法领域，权利成为无可争辩的核心概念，德国法学家图尔于1910年写道："权利是私法的核心概念，同时也是对法律生活多样性的最后抽象"。[3] 人在伦理学领域受他人尊重的价值，在法律领域表现为享有各种权利。《德国民法典》将"权利能力"视为法律意义上的人的本质属性。[4]

权利的最初形态是所有权。当伦理学意义上的人意识到自己首先是"这个人"、是一个个体存在时，而不仅仅是某个家庭或团体成员的这种情况下，开始产生这样一种需求：要由自己来构筑自己的环境，将某种物据为己有，并根据自己的需要来处分。为满足这种心理上的需求，法律上承认和保护人对某些物的排他性支配权，所有权开始得到法律上的认可。我们可以鲁宾逊为例来说明这种意识的产生。当鲁宾逊自己一个人在那个孤岛上时，他就没有什么所有权，他也不需要所有权，因为在那个岛上没有人与他就物的归属和使用发生纠纷。但是，当岛上出现第二个人时，一种关于物的排他性支配权的意识马上就会出现在两个人身上，在两个人之间产生一种关于谁可以拥有某一特定物的关系。

---

〔1〕 ［德］康德：《道德形而上学原理》，苗力田译，上海人民出版社2002年版，第28页。
〔2〕 拉伦茨将这种相互尊重关系称为"法律上的基础关系"，它是人们在某个法律共同体中共同生活的基础，也是每一项具体的法律关系的基础。参见［德］拉伦茨：《德国民法通论》（上册），王晓晔等译，法律出版社2003年版，第47页。对于这个基础关系，黑格尔有简洁的表述："所以法的命令是：成为一个人，并尊敬他人为人"。参见［德］黑格尔：《法哲学原理》，范扬、张企泰译，商务印书馆1961年版，第46页。
〔3〕 ［德］梅迪库斯：《德国民法总论》，邵建东译，法律出版社2001年版，第62页。
〔4〕 ［德］拉伦茨：《德国民法通论》（上册），王晓晔等译，法律出版社2003年版，第48页。

所有权是人在法律上的最基本的权利，反映了伦理学上对人的价值的最基本的尊重。人为了维护自己的尊严、充分发展自己的人格，并便于与他人的交往，要求法律许可其在一定的范围内处置自己的所有权的权能，法律制度便赋予每个人在一定的范围之内，通过一定的法律行为来调整相互之间的关系，这就是"私法自治"。于是，产生了大量的、至少在两个主体之间的合同或契约关系，所有权之外的其他各种私法上的权利也开始出现。这种私法上的契约关系，也就是债权债务关系在罗马法中被形象地称为"法锁"：在"债"的关系中有两方当事人，一方是得请求他人为一定给付的债权人，另一方则是应请求而为一定给付的债务人，双方的这种关系又依国家的法律得到保护，从而成为约束双方当事人的"法锁"。[1] 由于罗马法规则能够提供"完整的概念和思维方式"，[2] 在文艺复兴期间，欧洲各国纷纷出现"罗马法继受"的运动。15世纪开始继受罗马法的德国，其继受程度远大于英国和法国。实践中对罗马法规则的需要引起学术研究上的重视，生活在18世纪末至19世纪初的萨维尼（F. C. von Savigny，1779~1861）将其主要精力放在对罗马法史的研究上，先后发表了《中世纪罗马法史》（1815~1831）和《现代罗马法制度》（1840~1849），从罗马法中债的关系引申出法律关系的概念，在文字表述上的"法律关系"概念正式出现。其后很长一段时间，法律关系概念仅出现在德国和法国的民法教科书中，至19世纪中期，严格意义上的法理学著作出现，大陆法系才初步形成法律关系的一般理论。

我们在文中所言的法律关系，都是指私法领域某一种特定的法律关系，或是所有权关系，或是债权债务关系，租赁关系、合伙关系等。在实体法中可以如此逐一表述各种具体的法律关系，但在程序法中，当原告认为由法院确认某种法律关系对其具有非常之重要性时，他可以向法院提出确认该法律关系成立与否的诉讼。此时，"法律关系"具有了更为广泛的意义，它可以意指所有法律上的关系。我们以下的具体论述即在这层意义上使用"法律关系"一词。

（二）法律关系的重要性

萨维尼在提出法律关系概念之时，即从立法学角度赋予其重要意义，将其视为建构民法体系的基础性概念。他将法律关系限定在私法领域使用，并在此概念基础上循序渐进地建构了民法体系的各个部分。[3] 各个法律关系，就是由法律

---

〔1〕 江平、米健：《罗马法基础》，中国政法大学出版社1991年版，第206页。

〔2〕 张乃根：《西方法哲学史纲》（增补本），中国政法大学出版社2006年版，第239页。

〔3〕 何勤华：《西方法学史》（第2版），中国政法大学出版社1996年版，第241~243页。

规定的人与人之间的关系，这句话的本质是划定个人的意思所能独立支配的范围，即由法律规范来明确个人权利所能支配的范围大小。根据个人意思作用对象的不同——本人、无自由意思的自然、他人，法律关系可为三种：①人自出生起就拥有的权利，称为"原权"，如思想的自由、人的不可侵犯性等，与后天从他人处取得的权利相对而言。②后天取得的权利，包括与自然的关系和与他人的关系，前者中能够为人所支配的那部分自然界称为"物"，关于物的权利即所有权；后者形成人与人之间的债权关系。债权和所有权之间可以相互转换，且债权都是以取得所有权或一时利用所有权为目的，在此意义上，可将这些关系的总体称为财产，关于财产的所有法律关系称为财产法。③由人的婚姻、生殖又产生其他一系列关系，如夫妻、父母子女及家族、亲戚关系等，调整此类关系的法律体系构成另一法律部门——亲族法。如此则在法律关系概念的基础上构成了民法的三大基础法律部门——亲族法、物权法和债权法。

其后德国民法典的潘德克顿体系就是严格按照法律关系的内在逻辑展开的，是对萨维尼式民法体系的丰富与发展。[1] 其总则—分则模式：总则分为权利主体、权利客体、权利的变动、法律行为（变动的原因）；分则为法律关系具体内容的展开，即各种法律权利。曾有国内学者断言法律关系对于掌握民法体系的重要性："熟练掌握了民法的法律关系，就能够深入理解整个民事权利的逻辑体系。"[2] 也有民法学者从市民社会的角度，讨论民事法律关系在民法规则产生与民法秩序建构中的作用，将民事法律关系置于民法哲学核心范畴的地位，指出市民社会的基本运动规律是民事法律关系的运动规律，"民法要是讲民法哲学的话，民法的核心就是民事法律关系"[3] 德国学者比尔林（E. R. Bierling，1841～1919）则在法理学层面表述了法律关系概念的重要性，认为"一切法律规范都表述为法律关系（即被授权人和受约束人之关系）的内容"[4] 以上是

---

[1] "Pandekten 是希腊语文摘的意思，即《民法大全》的一部分"可参见〔德〕N. 霍恩：《法律科学与法哲学导论》，罗莉译，法律出版社 2005 年版，第 113 页。潘德克顿作为一个理论上的法学概念最早出现在胡果 1805 年《潘德克顿法学》一书中。而萨维尼的私法学理论主要集中在《现代罗马法体系》一书中，该书自第 1 卷 1840 年出版始，至第 8 卷 1849 年出版止。可见，作为一个法学概念，潘德克顿法学早于萨维尼的私法理论。只是在萨维尼之后，他的学生普赫塔 1841 年在其《制度教程》第 1 卷中建立了完整的"概念金字塔"，创建概念法学，将潘德克顿法学发展到了极限。故此，"19 世纪中叶以后，历史法学开始转变为'潘德克顿法学'"。萨维尼的理论，为 19 世纪德国资产阶级的法律改革、民法典的制定以及民法学的诞生奠定了基础。参见何勤华：《西方法学史》（第 2 版），中国政法大学出版社 1996 年版，第 243～245 页。

[2] 王利明："民法案例分析的基本方法探讨"，载《政法论坛》2004 年第 2 期。

[3] 杨立新："民事法律关系的民法方法论地位"，载 http://www. civillaw. com. cn/weizhang/default. asp? id=13331.

[4] 张文显：《法理学》，高等教育出版社、北京大学出版社 1999 年版，第 110 页。

从民法的视角观察，法律关系是建构民法典的基础。若从更宽泛的视角，法律关系在立法过程中对于法典的建构作用具有一定的普遍意义。法律关系论者认为：整体的法秩序乃是由无数的法律关系所组成[1] 考夫曼亦认为法律关系是法典得以成立的基础，他指出："某些形式的多数法律关系，则会汇集成法律制度。多数的法律制度形成法律材料。最后，多数的法律材料，会形成法典"[2]

从司法的视角看，在实践中有些法官凭借前见或法感可以大致确定案件的判决结果，却难以清晰地表达令人信服的逻辑思维过程，陷入一种知其然、却不知其所以然的困境。当然，我们可以认为这些法官可能是缺少法律思维、法律方法的训练所致，但是，我们认为，这一现状与我们对所熟知的法学概念——法律关系缺少方法论意义的研究有很大关系。那些被称为法院系统"办案骨干"、"办案能手"的法官之所以能够得出令人信服的结论，就在于他们能够在个案中清晰地描述争议主体之间的法律关系，并依此寻找恰当的法律规范、确定主体的权利义务之内容。

从理论研究的层面上，也可以看到不少关于法律关系重要性的见解。在学习过程中，掌握一个庞大的知识体系，准确地理解它的基础性概念或称为线索性概念尤为重要。在法律知识体系中，法律关系或许可以称得上是一个基础性概念，其重要性如我国台湾地区民法学者郑玉波所言：盖法律规定，无论其范围之大小，总不外乎法律关系，而法律关系之构成，总不外乎上述之要素。整个民法之内容，不外乎法律关系之主体、客体、权利义务及其变动和变动的原因，民法典的每一编及每一特别法之内容，亦不外乎此，不过各有详略而已[3] 理论研究，一方面是为其自身体系的建构和发展而存在，更重要的是，理论是为指导实践的发展而存在。作为社会学科之一的法学，实用性是其学科特点之一，[4] 关注理论研究与实践操作的互动作用理应是学人努力的方向，从方法论的视角将法律关系视为一种分析工具并加深理论研究对实践领域有积极的指导意义。我们的工作起点，自然应从对传统法律关系理论的考察开始。

在讨论作为法律分析工具的法律关系理论之前，我们必须面对这样一个诘问：为什么选择法律关系作为一种法律分析的工具，而不是权利？如前所述，在私法领域，权利是无可争辩的核心概念；在《德国民法典》中"权利能力"是法律意义上的人的本质属性。萨维尼在建构民法体系时即在等同意义上使用法律

---

[1] 张锟盛："行政法学另一种典范之期待：法律关系理论"，载《月旦法学杂志》2005 年 6 月第 121 期。

[2] ［德］考夫曼：《法律哲学》，刘幸义译，法律出版社 2004 年版，第 158～159 页。

[3] 梁慧星：《民法总论》，法律出版社 2001 年版，第 62 页。

[4] 陈金钊："法学的特点与研究的转向"，载《求是学刊》2003 年第 2 期。

关系和权利两概念的。在我们现今法律职业群体中存在的一些习惯性思维也是来源于此：一提到法律关系，马上就会想到其基本内容就是权利和义务，一提到权利，马上就会意识到这至少会涉及到两个法律上的主体之间的关系。权利概念在私法体系中如此重要、权利和法律关系的联系如此密切，在这种背景下，选择法律关系而不是权利作为法律分析工具的原因如下：①选择法律关系作为分析工具，并不意味着放弃以权利作为思维手段。要使某个人所负有的法律义务得以实现，最有效的手段就是赋予另一个人享有一定的请求权（权利），没有权利存在的义务仅是一句空话。权利作为思维手段有其存在的必要性，但仅依靠权利作为思维手段是不够的。[1] ②法律关系的内容包括权利和义务两项要素，以其作为分析工具，也为权利人的义务留下了空间，而且在保护个体权利状态的同时，也保护了法律共同体成员为达成共同目的而进行合作的组织。所以，近现代以来，越来越多的学者对权利的核心地位提出批评，主张以法律关系取代权利。[2] ③随着对法律关系理论研究的深入，发现法律关系的内容并非如最初的只表现为权利—义务关系，霍菲尔德将权利概念分解为八个更细致的概念，并指出这八个概念之间存在的关联关系和对立关系。所以，并不能以权利—义务关系完全指代法律关系，它只不过是法律关系诸种逻辑模型中的一种情况而已。

二、法律关系的一般理论

有学者判断，中国的法理学研究正从"宏大叙事"转向"微观论证"，[3]理论研究方向的转变促使我们的理论研究更多关注与实践的结合。但是，任何新事物的产生都离不开传统知识的支持，创新更是离不开传统，挖掘法学概念的方法论意义，以其作为一种分析工具，必须建立在对既有理论知识充分认识、充分利用的基础上。从方法论视角研究法律关系概念，应当建立在对已有的关于法律关系一般理论知识充分认识的基础上。在我国的法理学课程中，多数的法理学教材以专门章节重点介绍法律关系问题，可见该概念在我国法理学中的重要性，法律关系事实上构成了法理学的核心范畴和理论基点[4]。因此，深化对法律关系的研究，具有不可忽视的理论和实践意义。传统法理学对法律关系的研究主要涉及概念、构成要素、分类及运行四个方面。

---

〔1〕 ［德］梅迪库斯：《德国民法总论》，邵建东译，法律出版社 2001 年版，第 64～65 页。
〔2〕 ［德］梅迪库斯：《德国民法总论》，邵建东译，法律出版社 2001 年版，第 64 页。
〔3〕 谢晖："法理学：从宏大叙事到微观论证"，载《文史哲》2003 年第 4 期。
〔4〕 谢晖、陈金钊：《法理学》，高等教育出版社 2005 年版，第 232 页。

（一）法律关系的概念

传统法理学大多认为法律关系是一种社会关系，但又不是一般意义上的社会关系，是一般的社会关系受法律规范调整后而形成的一种特殊的社会关系，"法律关系是根据法律规范产生的，以主体之间的权利与义务关系的形式表现出来的特殊的社会关系"[1]。张文显认为："法律关系是法律规范在指引人们的社会行为、调整社会关系的过程中所形成的人们之间的权利和义务联系，是社会内容和法的形式的统一。"[2] 他从六个方面对这一概念进行解析：①法律关系是由法或依法形成的社会关系。法律规范是法律关系存在的前提，没有法律规范的存在，就不会产生相应的法律关系，一般的社会关系只有经过法律规范调整之后才可能成为法律关系。②法律关系是人际相互关系。法律关系是受法律规范调整之下的人与人之间的关系，即复数主体之间的相互联系，这种相互联系具有相关性、对称性、可逆性，及双向作用性的特征，这"四性"是检验法律关系的标准。③法律关系是人们之间的权利和义务关系。人们之间的一般事实关系经法律规范调整之后，成为一种肯定的、明确的权利义务关系，这是法律关系区别于依据习惯、道德、宗教等行为规范而形成的社会关系的主要之点。④法律关系是社会内容和法的形式的统一。法律关系是人们的社会关系的一种表现形式，它以人们的社会活动和实际联系为内容和载体，表现为一种权利和义务的外壳形式。⑤法律关系是由国家强制力保障的社会秩序。法律关系得以产生的前提之一是有相关法律规范的存在，法律规范具有国家强制力保障实现的特征，因而根据法律规范产生的法律关系也受到国家的保护。⑥法律关系具有思想意志关系的属性。法律关系的内容虽然是事实上存在的物质社会关系，但其形成和实现要通过国家的、当事人的意识和意志，则又具有了一层思想意志关系的属性。这是我国法理学较为普遍接受的法律关系的概念表述。

也有学者在对社会关系作了本源性社会关系和调整性社会关系的分类的基础上，指出本源性社会关系是基于人的本质指令的产物、调整性社会关系是规则指令的产物，从而将法律关系纳入调整性社会关系的范畴。谢晖认为"法律关系是主体因为一定利益需要而在交往中形成的社会关系被纳入国家法律规范体系后形成的以权利和义务为内容的社会关系"[3]。法律关系作为一种特殊的社会关系，其本质属性在于法律的调整性。作为调整性社会关系的法律关系的特征表现

---

〔1〕　孙国华主编：《法理学》，法律出版社1995年版，第373页。

〔2〕　张文显：《法哲学范畴研究》（修订版），中国政法大学出版社2001年版，第96页。

〔3〕　谢晖、陈金钊：《法理学》，高等教育出版社2005年版，第236页。

为如下几方面：[1]　①法律关系的前提是通过法律的调整。对本源性社会关系进行调整的方式各种各样，有法律的、道德的、宗教的、政策的、纪律的、风俗的等，其中，通过法律的调整后表现为法律关系，自近代以来成为主要的社会关系调整方式。②法律关系以权利义务为内容。一般社会关系经法律规范调整后成为以权利义务为内容的法律关系，其表明，法律关系是一种既包含权利，又包含义务的社会关系，不同于习俗关系、道德关系或宗教关系那样偏重于规定主体义务的特征。③法律关系的保障来自自觉法律意识和国家公权力量。法律规范能否得到良好遵守，一方面来自主体的自觉法律意识，另一方面来自国家公权力量的强制保障，法律关系所体现的权利义务内容能否实现，也受这两方面因素的影响。④法律关系在属性上是一种调整性社会关系。

（二）法律关系的构成要素

对法律关系的构成要素的认识是一个历史的、渐进的过程，由萨维尼的两要素说发展至今天的三要素说。萨维尼在深入研究罗马法史的基础上，较早提出了法律关系概念。他认为"任何一项法律关系都是由法律规则规定的人与人之间的关系"[2]，其本质是划分个人意思所能独立支配的范围。在自然界，作为个体的人是最重要的因素，人的一般品性决定了他是权利的主体和核心，在许多重要场合下有自由行动的权利，为了生存，每个个体必然要与他人发生各种各样的关系，当这种关系由法律来调整时，就产生了法律关系。[3]　任何法律关系可以区分为两部分：事实要素和形式要素。[4]　事实要素就是关系本身，即划定个人的意思所能独立支配的范围，而关于该事实关系的法律规定，即法律规范对事实关系进行评价而得出的结论就是法律关系中的形式要素。在萨维尼以后，温德夏特（R. Windscheid，1817～1892）、比尔林对萨维尼的法律关系"两要素说"进行补充，法律关系在原先的主体和权利义务的"两要素说"基础上添加了客体（物）这一因素，形成了现代意义上的法律关系三要素说：主体、客体、内容。

1. 法律关系主体。法律关系是由法律规定的人与人之间的关系，其基本属性是受法律的调整性，法律的调整对象是主体与主体之间的关系，而不是主体与

---

[1]　谢晖、陈金钊：《法理学》，高等教育出版社 2005 年版，第 237～240 页。

[2]　［德］萨维尼："萨维尼论法律关系"，田士永译，载《法哲学与法社会学论丛》（7），中国政法大学出版社 2004 年版，第 4 页。

[3]　［德］萨维尼：《法律冲突与法律规则的地域和时间范围》，李双元等译，法律出版社 1999 年版，第 6 页。

[4]　［德］萨维尼："萨维尼伦法律关系"，田士永译，载郑永流主编《法哲学与法社会学论丛》（7），中国政法大学出版社 2005 年版，第 5 页。

客体之间的关系。也有学者认为，如环境法律法规、一些技术性的法律法规，调整的是作为主体的人与作为客体的自然之间的关系。我们认为，这种关系仅是一种表象的关系，这些法律规定实质上仍是在调整人与人之间的关系，只不过环境法律规则在深层意义上调整的是群体性的现代人与后代人之间的关系，并非是直观意义上的两个个体的人之间的关系。因此，法律关系主体概念是法律关系理论中重要的内容。主体和客体原本是哲学上的概念，属于哲学认识论的范畴。在哲学上，意识是主观的，意识以外的东西都是客观存在的、是意识认识的对象。人是唯一具有意识的个体，所以只有人是认识主体，其他物体，包括自然由于没有意识，只能是作为认识的客体存在。法学借鉴哲学认识论中主体和客体的概念，形成法律关系主体和法律关系客体的概念，其意义在于："在法律关系理论中引入主体概念，主要不是探究主体之本性，也不是为了探究主体与客体之间的关系，而是为了探讨在法律关系中，权利义务、财产与行为等究竟因为谁（主体）而被分配、处理"。[1] 一般认为，法律关系主体"是指法律关系的参加者，即法律关系权利的享有者和义务的承担者，或享有权利并承担义务的人或组织"。[2] 也有学者从更为微观的层面表述法律关系主体，认为"凡是在法律调整下享有权利、承担义务的人（包括自然人、法人和其他组织）都是法律关系主体"。[3] 实践中，根据我国现行法律规定，法律关系主体主要包括以下几种：①个体主体，即自然人，指基于人的自然生理功能出生的一切人，包括三类：本国人、外国人和无国籍人。民事法律关系中，个体工商户、农村承包经营者和个人合伙视为自然人。②集体主体，包括国家机关和一般社会组织。前者是指各种国家机关，这些机关在其职权范围之内可以成为多种公法法律关系如宪法关系、行政法关系、诉讼法关系的主体，在其职权范围之外可以成为私法如民法关系的主体。后者是指法人和非法人组织，包括营利法人如各种公司、企业等，非营利法人如各类学校、社会团体等，以及不具有法人资格的其他社会组织。他们既可以成为公法法律关系主体，也可成为私法法律关系主体。③国家作为一个特殊的法律关系主体，既可以作为主权者对外成为国际公法关系主体，或在外贸关系中作为债权人和债务人，也可以参与国内法律关系，如在国有经济法律关系、国家管理关系等法律关系中以主体身份出现。

公民和法人[4]须具备一定的资格和能力才能够实际成为法律关系的主体，

〔1〕 谢晖、陈金钊：《法理学》，高等教育出版社2005年版，第245页。

〔2〕 张文显：《法哲学范畴研究》（修订版），中国政法大学出版社2001年版，第100页。

〔3〕 谢晖、陈金钊：《法理学》，高等教育出版社2005年版，第245页。

〔4〕 此处法人代指法律关系主体中的集体主体，包括机关、法人及非法人组织。

即权利能力、行为能力和责任能力，它们是主体在法律关系中能够独立存在的基本要求。权利能力是指法律关系主体依法享有一定权利和承担一定义务的法律资格。法律关系主体之各种具体权利的产生须以其权利能力为前提，权利能力"是能够引起各种具体权利产生的最一般的，最基本的权利"。[1] 一般来讲，自然人的权利能力分为一般权利能力和特殊权利能力，一般权利能力是所有自然人普遍具有的从事一般的法律活动的资格，始于自然人出生，终于自然人死亡。特殊权利能力指达到一定条件才具有的权利能力，如达到法定结婚年龄才具有结婚的权利能力。法人的权利能力始于其成立、终于其消灭。行为能力是法律关系主体能够通过自己的行为实际取得权利和履行义务的能力。对于自然人，其行为能力与权利能力并非同时产生，权利能力是行为能力的前提，但具有权利能力并不必然具有行为能力。各国法律一般是按照年龄和精神健康状况将自然人分为无行为能力人、限制行为能力人和完全行为能力人，各自可以进行与其年龄和精神状况相适应的法律行为。对于法人，其权利能力和行为能力同时产生、同时消灭，法人成立时，同时具有权利能力和行为能力，法人消灭时，权利能力和行为能力同时消灭。责任能力是行为能力在保护性法律关系中的特殊表现形式，指因违法行为或法律规定的事件引起的法律关系主体承担法律责任的能力。在多数法律关系中，责任能力无需特别规定，有行为能力即有责任能力。但在刑事法律关系中，自然人的刑事责任能力具有独立的意义，强调主体对自己行为的社会意义的认识和对自己行为的自控能力，一般按照自然人的年龄和精神健康状况分为完全责任能力、限制责任能力和无责任能力，具有相应的责任能力是自然人承担刑事法律责任的前提。

2. 法律关系客体。哲学中客体是主体的认识对象，但在法学中法律关系的客体指法律关系主体之间权利和义务所指向的对象。哲学意义上的客体欲成为法律关系客体，须具有客观性、满足主体需求、能够被主体控制或利用、且在法律调整下等条件。法律关系客体是法律关系主体的活动对象，是法律关系内容——权利和义务——物化、具体化的承载物，只有存在法律关系客体，法律关系中观念形态的权利义务才能具体化为实际的权利义务。一般认为，法律关系客体大致可以分为以下几类：物、非物质财富和行为。也有学者认为法律关系具体客体是无限多样的，将它们抽象化可以分为国家权力、人身人格、行为、法人、物、精神产品及信息七大类别。[2] 法律关系客体是一个历史的概念，其趋势是随着生产力的发展，范围和种类不断扩大和增加。法律关系客体范围的扩大意味着法律

---

〔1〕　孙国华主编：《法理学》，法律出版社 1995 年版，第 383 页。
〔2〕　张文显：《法哲学范畴研究》（修订版），中国政法大学出版社 2001 年版，第 107～109 页。

可调整范围的扩大。

3. 法律关系内容。依传统观念，法律关系内容指法律关系主体所享有的权利和承担的义务。它是法律规范的内容在实际社会生活中的具体落实，是法律规则在法律关系中实现的一种状态。法律规范通过对人们权利和义务范围的确定，来调整人与人之间的社会关系，使人们在处理与他人的关系过程中有行为标准。

法律权利是指法律主体依法从事或不从事某种行为或要求他人从事或不从事某种行为的法律资格，法律义务是指法律规定人们应当从事或不得从事某种行为的界限。权利和义务的关系表现在以下几方面：[1]

（1）历史发展上的离合关系。原始社会，权利与义务完全结合在一起，无所谓权利和义务的区分。进入阶级对立社会后，人们在经济、政治上地位的不同，权利和义务随之分离并对立起来。在社会主义法律制度下，实行权利义务相一致的原则，权利和义务实现了新阶段的有机结合。

（2）结构上的对立统一关系。在法这一事物中，权利和义务是相互对立、相互排斥的两个因素，一个表征利益，另一个表征负担；一个是主动的，一个是被动的。同时两者又是相互依存、相互贯通的，一方的存在和发展都必须以另一方的存在和发展为前提，二者在一定条件下可以相互渗透、相互转化。

（3）数量上的等值关系。就整个社会而言，其权利总量和义务总量是相等的；就某一具体法律关系而言，权利的限度就是义务的界限，义务的范围就是权利的界限。

（4）功能上的互补关系。法律以宣告权利的方式来确认和维护某种利益，但是单纯的权利宣告并不足以实现其价值目标，必须通过义务的设定保障价值目标的实现。权利的功能在于通过利益诱导和激励机制调整社会关系，义务的功能在于通过防范和约束机制维护社会秩序。

（5）价值上的主从关系。在具体法律关系中，就法律调整的取向而言，权利和义务具有主从关系，有些法律关系中权利居于主导地位，如所有权关系；有些法律关系中义务处于主导地位，如税收法律关系。就一个社会整体法律关系的价值取向而言，也有权利和义务的主从之分，如在某些古代法律制度像奴隶制法律制度、封建制法律制度主要为占社会绝大多数的下层民众设定义务而存在，可视为是义务本位的法律制度；现代法律制度主要是为确认和保障主体的权利，可以视为是权利本位的法律制度。

上述法律权利和法律义务的关系是从宏观上进行表述的，呈现出多种可能性；但在具体的法律关系中，主体的权利和义务是清晰的、确定的，而且任何一

---

〔1〕 徐显明主编：《法理学教程》，中国政法大学出版社 1994 年版，第 263～265 页。

种可以称得上是具有法律意义的社会现象都可以化解为若干简单的、单一的法律关系，我们可以据此厘清主体之间的权利义务关系，以达到解决纷争、维护社会秩序的目的。

（三）法律关系的分类

对于法律关系的类别，从不同的角度有不同的划分。有的学者认为法律关系可以分为根本性法律关系和一般性法律关系，第一性法律关系和第二性法律关系，平权型法律关系、隶属型法律关系和混合型法律关系；[1] 有学者认为法律关系可以分为宏观的、中观的和微观的法律关系，多边的和双边的法律关系，平权型和指令型的法律关系，调整性和应矫正法律关系，公法和私法关系，程序法和实体法关系。[2] 在多样的分类中，我们择其与本文主题有关的、具有一定方法论意义的阐述如下。

1. 抽象法律关系和具体法律关系。依据法律关系的存在形态，可以分为抽象法律关系和具体法律关系。前者是以法律设定、宣告的模式形态存在的法律关系，其主体是抽象的某一类法律主体，如自然人、法人、国家机关等，权利和义务并没有具体的享受者和承担者；后者是法的实践主体根据法定的法律关系模式而建立起来的，以具体的，即可感受的、可认知的、人格化的权利和义务联系为内容的法律关系，其权利义务主体具体化、权利义务内容确定化，如在某一货物买卖的法律关系中，主体和内容都是明确的、具体的。我们认为，对法律关系作这种分类的方法论意义在于：①抽象法律关系是立法者通过立法的手段规定在制定法中，具有普遍的效力，可以作为标准检测、评价具体法律关系的合法性和效力；②具体法律关系是主体根据法律规定应用于社会实践的结果，具有实践性特征，以其解决纠纷、调整社会秩序的实际效果检测、评价抽象法律关系的合理性和实效。

2. 第一性法律关系和第二性法律关系。从法律关系之间的因果联系看，可以分为第一性法律关系和第二性法律关系。前者是主体基于遵守法律和执行法律的合法行为而形成的权利义务关系，如合同关系、婚姻关系等，又可称为调整性法律关系。后者是在第一性法律关系受到非法侵犯、破坏的情况下形成的旨在对第一性法律关系起补救、保护作用的权利义务关系，如侵权法律关系、违约法律关系等，也称为保护性法律关系。这种分类方式可以用来评价一个社会法律秩序的好坏。一个社会中，第二性法律关系的数量越少，表明这个社会中主体的对法

〔1〕　徐显明主编：《法理学教程》，中国政法大学出版社 1994 年版，第 253～254 页。

〔2〕　谢晖、陈金钊：《法理学》，高等教育出版社 2005 年版，第 240～245 页。

律的遵守程度越好，亦即法律中规定的权利义务在现实中得到实现的程度越好；反之，第二性法律关系的数量越多，则表明这个社会中主体的守法意识不强，违反法律规定的比率较高，整体法律秩序较差。

（四）法律关系的运行

所谓法律关系的运行就是指由于法定或约定的原因使法律关系产生、变更、消灭的过程。研究法律关系的运行具有重要意义：①从宏观的意义上讲，在法律中规定的抽象权利义务只有通过法律关系的运行，才能够具体化为法律主体之间现实的权利义务。法律关系的运行是法律权利向现实权利转化的桥梁，没有法律关系的运行，法律上的权利不会转化为现实中的权利。②在微观意义上讲，法律关系的运行是法律关系主体权利或义务得以实现的基本形式，主体权利义务内容的变化都是通过法律关系的产生、变更、消灭的方式进行的。主体权利义务关系的变化是内容，而法律关系的运行是形式。

法律关系运行包括三方面的内容：①法律关系的产生，即一定原因使主体之间形成某种权利义务关系，如结婚行为使男女双方产生夫妻权利义务关系；②法律关系的变更，指一定原因使已形成的法律关系主体、客体或内容发生相应的变化，如债权转让使权利义务主体发生变更，引起债的法律关系变更；③法律关系的消灭，指一定的原因使法律关系终止，如清偿债务使债的法律关系消灭。法律中规定的，能够引起法律关系产生、变更、消灭的原因，称为法律事实。根据是否以主体意志为转移，法律事实可以分为法律事件和法律行为两类。法律事件是指由法律规范规定的不以人的意志为转移的客观事实，它又可以分为自然事件如地震、海啸，社会事件如罢工、战争。法律行为是指与主体意志有关的，法律主体所进行的能够引起法律关系产生、变更或消灭的作为或不作为。准确理解法律事实的含义，有助于我们确定某一社会事实是否具有法律意义、其发生或存在是否能够引起主体之间权利义务关系的变化，进而可以确定主体的实际权利义务状况，以解决纷争、维护秩序。

（五）小结

上述关于法律关系的传统认识，仅在法律关系的内部观察它的运行过程及其影响因素，却未曾跳出法律关系的范围，从外部总体上将其视为一个分析工具观察其在解决个案纠纷时所发挥的作用。基于此，关于法律关系的传统理论存在以下不足：

1. 仅从本体论视角论述，缺少方法论视角的研究。长期以来，我国的法学理论多从本体论视角研究法律是什么、法律的本质是什么、法律的作用是什么等内容，而较少从方法论视角研究法律如何运行、如何运用法律解决实践中的问题，缺少关于法律方法的研究。受此影响，关于法律关系的理论研究也只是在本体论层面上观察法律关系是什么、法律关系的构成要素是什么等内容，虽然也涉及法律关系的运行，但也仅是把法律关系的运行当作它自身的一种存在方式来研究。至于在对法律关系逻辑结构充分认识的基础上，进一步考察其在整个法律体系的建构过程中起到什么作用、是否在司法裁决过程中有积极意义等，则是无人问津。

2. 多是建构式、少有分析。"宏大叙事"的研究方式连接的必定是建构式思维，法学体系是由诸如自由、效率、公平、正义等宏大价值理念所支持的框架，缺少精细化法学概念的内容补充。就如一间房屋只搭起了空荡荡的支架，却少有坚实的填充物的支持。法律关系理论也将其内容简单地归结为权利和义务两要素，再无进一步的分析式概念作支撑。我们并非是反对对公平、正义等概念的建构式研究，这种研究方式在一国法学体系建立初期的研究阶段是必要的。当我们的研究方向不再是过多地关注宏大的法学体系的建构，而是倾向于面对实践中微观问题的解决之时，作为一种分析工具，现有法律关系概念则显得力不从心，例如，中国的《公司法》颁布前后，一些法学家以"所有权"的概念界定股权的性质，一种所谓的股权的"双重所有权"的理论一度流行，然而，这一理论既未能揭示股权的内在结构，也未能说明股权的基本关系，反而为公司法学平添了许多混乱。[1]

3. 关于法律关系的传统理论知识多注重建构式、本体论的视角的研究，缺少分析式、方法论视角的关怀。早在萨维尼提出法律关系概念之时起，就认定"任何一项法律关系都是由法律规则规定的人与人之间的关系"，其定义表明，法律关系并非是基于人类本质的事物存在，而是作为主体的人主观建构的、用以调整主体间关系的产物，其本质是为调整主体之间事实关系、维持社会秩序的一种方法。将法律关系视为一种分析工具，挖掘其方法论意义是其本来面目的回归。

三、法律关系的逻辑模型

欲将法律关系看作一种分析工具，应当建立一个法律关系的逻辑模型。我们认为，法律关系逻辑模型的大致结构是：法律关系的本体结构——主体、客体、内容，以及法律关系的动态运行——产生、变更、消灭。若想更进一步认识并完

---

〔1〕 王涌："法律关系的元形式——分析法学方法论之基础"，载 http：//211. 100. 18. 62/fxsk/
FXKW/articleshow. asp？ fid＝308.

善此逻辑模型，需要了解法律关系的规范来源——法律规范。法律规范既为法律关系提供了实质内容的来源，又规定了法律关系逻辑结构的诸构成要素。法律规范是法律关系的规定性，它决定了法律关系的存在、内容和性质。由于任何一项法律关系都是由法律规则规定的人与人之间的关系，没有法律规则（规范），任何具体的社会关系都不会具有法律关系的形式。因此，法律关系的形成、变更和消灭以相应的法律规范的存在为前提；法律关系本身的内容来自法律规范直接规定；法律关系的性质决定于法律规范的性质。

（一）法律关系逻辑模型的规范来源——法律规范的构成

法律关系作为法的基本构成要素之一，与法律原则、法律概念相对应，法律规范又称法律规则。[1] 传统法理学多从国家阶级意志论的角度对其进行定义，认为"法律规范是由国家制定或认可，反映掌握国家政权阶级的意志，具有普遍约束力，以国家强制力保证实施的行为规则"。[2] 也有学者从较为中性的意义上确定法律规范的含义，"规则是指具体规定权利和义务以及具体法律后果的准则，或者说是对一个事实状态赋予一种确定的具体后果的各种指示和规定"。[3] 对法律规范内涵定义的不同，源于定义者法律观念或法律价值取向的不同。前者是基于解放后偏重阶级分析的立场，以马克思主义法学为指导，对法律进行社会学的分析，认为法反映统治阶级的整体意志和国家意志。在此背景下，法律的意识形态化观念不可避免，作为法的基本构成要素的法律规范自然也是反映国家统治阶级的意志，是一种以国家强制力保证实施的行为规则。而后者，则是在近10年来，人们不断认识到法律同多种社会关系联系密切，还应多角度去认识法律价值的多元化，法律的本质惟有体现统治阶级意志的认识显然是有历史局限性的。我们的目的不在于讨论对法律规范的不同定义体现不同的价值立场，而是从这种差异中发现法律规范内容的多元性。若从不同的价值立场出发，则会对法律规范的内容的应然或实然有不同的认识与理解，而法律规范自身的严密逻辑结构是消除法律规范在遵守和适用时可能出现的模糊和不确定的有效手段。

关于法律规范有何种逻辑结构，理论上有如下几种观点：①三要素说。又可分为三种不同的认识：第一种观点认为法律规范在逻辑上包含假定、处理、制裁三要素；第二种观点认为法律规范由行为模式、条件假设（假定）和后果归结

---

〔1〕 凯尔森曾对法律规范与法律规则作了区分，认为法律规范的功能是为人们规定义务，是规定性的概念；法律规则则是指在一个法律体系中存在的法律规范，是叙述性的概念。［奥］凯尔森：《法与国家的一般理论》，沈宗灵译，中国大百科全书出版社1996年版，第49页以下。

〔2〕 徐显明主编：《法理学教程》，中国政法大学出版社1994年版，第219页。

〔3〕 张文显：《二十世纪西方法哲学思潮研究》，法律出版社2006年版，第327页。

三部分组成；第三种观点则认为法律规范的构成要素有条件预设、行为导向和处置措施三个方面。②二要素说。认为法律规范由行为模式、法律后果两部分构成。三要素结构说中含有不必要的内容重复。无论是"处理"、"行为模式"，还是"行为导向"，无非是表达了法律对人的行为的三种评价态度：可以、必须、不得。而在"后果"或"制裁"要素里，大都认同分为肯定性后果和否定性后果两类。一个法律规范，表达的是立法者对人们行为的评价态度，要么是对行为的肯定，要么是否定，这个评价态度存在于后果要素中。而行为模式的类型——可以这样行为、必须这样行为或不得这样行为——中，不恰恰也是表达立法者对人们行为的肯定或否定的评价态度吗？如果法律规范正如三要素说所认为的那样构成，这恰与法律应当简约的原则相违背。同理，在二要素说中，如果行为模式表示可以、必须或不得三种，法律后果表示肯定或否定的要求的话，毫无疑问是对同一内容的重复，仅表示了法律的评价态度，而无法确定在什么条件下、对什么人、什么事情进行评价，无法确定评价目标或评价对象，这种无评价对象的空泛评价是不可能产生作用的。而法律在事实上却发挥着评价、约束人们行为的作用。这说明二要素说与事实状况存在着矛盾，这种认识也是不可取的。

魏德士认为，法律规范的结构"由对适用条件（法定的事实构成）的描述性规定及当为与行为规定（法律效果）组成"，[1] 这恰恰反映了立法者制定法律规范的思维过程：首先描述特定的事实类型，即法定的事实构成，而后赋予该事实构成某个法律后果，表达立法者对此类事实的评价态度。因此，法律规范的逻辑结构由法定的事实构成和法律效果构成，说得通俗些，就是假定和处理两要素。

假定是法律规范中关于适用该规范的条件的规定，是以描述性语言来表达对某种特定事实类型的界定，作为法律对此类事实进行评价的标准或条件，包括时间条件、空间条件、主体条件和客体条件，为法律关系的主体要件和客体要件提供了实质内容的支持。时间条件要求，只有在法律规范规定的时间条件到来时，法律规范才有可能发生效用，如禁渔期、禁猎期、紧急状态期等特定时间段的要求构成某些法律规范得以发挥效用的前提条件。空间条件同样要求特定的空间条件具备时法律规范才发生效用，如禁渔区、禁猎区、公共场所、战区等特定空间范围构成某些法律规范发挥效用的前提条件。假定中的时间条件和空间条件要求虽然并不构成法律关系构成要素中的内容，但是，为法律关系的成立设定了某些特定的前提条件。主体条件和客体条件是法律规范中预设的另两个假定条件，法律规范的适用必须与其所假定的主体条件和客体对象相吻合，否则该规范不得适

〔1〕　〔德〕魏德士：《法理学》，丁小春、吴越译，法律出版社2003年版，第62页。

用。法律关系对主体要件的要求既有相应的权利能力、行为能力和责任能力的基本要求，在某些特定的法律关系中，又要求主体具有相应的身份条件，如国家机关工作人员、教育工作者、经营者、消费者的身份对于某些法律关系的成立是必须的。法律关系客体在法律规范中的预先规定，表明了法律关系主体活动对象的范围，也表明了人类活动所指向的物客体的范围大小。法律关系对于主体要件、客体要件的特定要求必须预先规定在法律规范的假定要素中，法律规范中关于主体和客体的规定构成法律关系中主体、客体要件的基本内容。

处理就是法律赋予某个事实构成的法律效果。任何一个法律规范中，立法者都要对某个典型的生活事实做出法律评价，这个法律评价就包含在法律规范的法律效果中，实际上就是法律在法定事实构成条件下关于人们权利义务状况的安排，体现在法律关系逻辑模型中，即法律关系的内容之要素。

在表明法律规范的结构由法定事实构成和法律后果构成之后，魏德士强调了在事实构成和法律后果之间的"链接"的重要性，[1] 却没有指出"链接"的具体内容是什么。但在下文中，魏德士指出法官的活动就是"将有争议的某个事实涵摄（归纳、吸纳）到事实构成之下"，[2] 在将法律规范适用于某个事实之时，如果事实满足规范中的法定事实构成，生活事实被涵摄于该规范之下，就可以得出该规范的法律后果。也有学者将这一连接过程称为"等置"，然而等置如何可能？案件与规范都可以被看作是判决过程中的"原材料"，两者处于不同的层面：规范是抽象的、普遍的应然层面之事理，案件是具体的、特殊的实然层面之事实，若未经加工，两个不同性质之事物如何能够"适应"？"事实行为与规范必须通过一个积极的创立性行为被等置。这种等置从未仅是决定和推论，也不仅是解释（而也是建构），它只是在这种前提下方为可能，即案件与规范虽不相同，然而却相似，即在法之意旨这个具体点上是相似的。为了能等置规范与案件，必须存在意义关系中的同一性。"[3] 考夫曼曾提出"事物本质"的概念作为架接规范与案件的桥梁，实现两者意义关系中的同一、等置。然而，什么是事物本质？如何把握事物本质？在理论研究中尚且难以把握这一抽象概念，让诸多法官在实践中去利用其进行断案更是距离遥远。与其求助于生涩的抽象概念，不如利用已被法律人所熟知的法律关系模式解决现实生活中纷杂的争执。

通过分析我们看到，法律关系理论模型无论从形式构成要素上，还是从实质

---

〔1〕 ［德］魏德士：《法理学》，丁小春、吴越译，法律出版社 2003 年版，第 63 页。

〔2〕 ［德］魏德士：《法理学》，丁小春、吴越译，法律出版社 2003 年版，第 63~64 页。

〔3〕 ［德］考夫曼等主编：《当代法哲学和法律理论导论》，郑永流译，法律出版社 2002 年版，第 184 页。

内容上，都可以从法律规范中找到根源，法律规范承担着法律关系的渊源作用。如果仅如传统法律关系理论中的表述——其构成要素包括主体、客体、内容三方面，内容涉及权利和义务，那么，这种表述也就没有多少意义，因为它与法律规范的构成及内容没有什么区别，以其作为分析工具、搭建生活事实与法律后果的"链接"桥梁甚至成了多此一举。[1] 应该进一步分解、细化权利义务概念，完善法律关系的内容之构成要素，使之具有几种基本的类型模式，它一端可用以分析多样的生活事实，另一端可以引至相应的法律规范，以此承担从生活事实到法律规范的"链接"作用。也就是说，法官可以通过法律关系基本类型的工具分析作用，完成从生活事实寻找相应法律规范的过程。

（二）法律规范逻辑模型的内容补充——权利概念的解析

英美法系中法律关系的概念出现较晚。它是在规范分析法学语境下产生的一个概念，同大陆法系的法律关系概念相比，具有迥然不同的风格。19 世纪初，建立在新康德主义哲学、经验主义哲学和语义分析哲学基础上的规范分析法学兴起，[2] 人们开始通过研究法律术语来探究法律命题在逻辑上的相互关系，对法律术语进行语言分析成为英美法学研究的一种方向。19 世纪中期，奥斯丁在探讨法律权利和法律义务关系时间接论及法律关系这一概念并将其引进法理学领域。[3] 1913 年和 1917 年，霍菲尔德在《耶鲁法学季刊》上发表两篇同名论文《司法推理中应用的基本法律概念》，使法律关系一词成为英美法系法学理论中的一般概念。他对法律关系各概念的分析充分展示了规范分析法学中语言分析哲学的传统。

霍菲尔德认为，分析法学的目的之一是对法律推理中应用的基本概念获得准确的理解，而法律关系作为一种手段，其目的是帮助法院和律师发现问题并以其

---

〔1〕 此处应当提及的一个问题是，陈金钊认为："在刑法领域，典型的法律分析是运用犯罪构成理论分析案件，而在民法领域，典型的法律分析是运用法律关系理论分析事实，找出解决问题的方案"参见陈金钊等："关于'法理分析'和'法律分析'的断思"，载《河南省政法管理干部学院学报》，2004 年第 1 期，第 128 页。将犯罪构成理论和法律关系理论分别置于刑法领域和民法领域作为分析工具，二者是一种并列关系。但是，通过与法律规范的对比过程中，我们发现，在法律关系理论中既包含主体和客体要素——法律规范的假定之要素，又包含权利义务关系的配置——法律规范的处理之要素；但在犯罪构成理论中，其主体、客体、主观方面、客观方面都应当归结为法律规范的假定之要素，在该理论中并未涉及法律关系的处理之要素，这是犯罪构成理论与法律关系理论在逻辑结构上的不同之处。两者是否都可以作为一种法律分析工具，将生活事实"连接"之法律规范？两个逻辑构成并不一致的理论，是否可以同样作为从事实到规范的中介点？论者仅是提出问题，并未深入思考。至于问题是否成立，还有待讨论。

〔2〕 喻中："法学方法论视野中的规范分析方法及其哲学基础"，载《新疆社会科学》2004 年第 3 期。

〔3〕 ［英］奥斯丁：《法理学的范围》，刘星译，中国法制出版社 2002 年版，第 305～312 页。

进行法律推理，"基本法律概念并不是抽象地存在的，而是具体地应用在法院和律师日常事务的实际问题中"。[1] 他将法律概念的分析定位于司法推理层次的同时发现，人们常运用含义不确定的术语，从而导致法律体系的混乱，如人们经常将作为法律概念的"权利/义务"与非法律意义的"权利/义务"概念混淆。对法律问题的明确理解、透彻陈述和真正解决的最大障碍之一就是来自这样一种假定："所有法律关系都可以归结为'权利'和'义务'。"[2] 这实际上是模糊的、不严谨的在使用"权利/义务"概念。所以，有必要寻求法律的基本概念，即所谓的法律概念的"最小公分母"。

霍菲尔德认为，人们常使用的"权利/义务"概念实际上是一对非常复杂的概念，法律中的权利和义务至少可以分为八个相互关联的概念，包括权利（狭义）（right）、无权利（no‐right）、特权（privilege）、义务（狭义）（duty）、权力（power）、无能力（disability）、豁免（immunity）和责任（应当）（liability）。为准确理解这八个概念，不能孤立的看待某一个法律概念，而应当把它们放在两组关系，即相互关联（correlative）和相互对立（opposite）关系中进行理解。八个概念之间的关系如下：在相互关联关系中，权利（狭义）和义务（狭义）关联、特权和无权利关联、权力和责任（应当）关联、豁免和无能力关联；在相对关系中，权利（狭义）和无权利对立、特权和义务（狭义）对立、权力和无能力对立、豁免和责任（应当）对立。

1. 关联关系。在霍菲尔德这里，"关联"的概念是指两个相辅相成、缺一不可的概念。[3] 两个关联的法律概念分别组成一个"对子"或者"对偶"。[4] 为清晰表述这种对偶关系，我们预先假设 x、y 分别代表两个法律主体，p 代表一种法律行为。关联关系的权利（狭义）和义务（狭义）之间的关系可以表述为：x 具有要求 y 做出某种行为 p 的权利，与之相对应，y 有向 x 做出某种行为 p 的义务。用公式表示为：

$$\text{right} (x, p, y) \longleftrightarrow \text{duty} (y, p, x)$$

其含义为："x 有权利要求 y 做出行为 p"和"y 有义务向 x 做出行为 p"在逻辑上是等值的。这里，权利和义务是在狭义概念下使用的，二者形成一个对偶

〔1〕 沈宗灵：《现代西方法理学》，北京大学出版社 1992 年版，第 131 页。
〔2〕 沈宗灵："对霍菲尔德法律概念学说的比较研究"，载《中国社会科学》1990 年第 1 期。
〔3〕 沈宗灵："对霍菲尔德法律概念学说的比较研究"，载《中国社会科学》1990 年第 1 期。
〔4〕 陈锐：《法律推理论》，山东人民出版社 2006 年版，第 313 页。

关系，不同于大陆法系下权利和义务是一种综合性概念。霍菲尔德曾举过一例说明这种严格的权利和义务的含义：在 x 与 y 之间的法律关系中，y 具有离开土地的义务，与此相关的是，x 具有要求 y 离开其土地的权利。他这种严格的权利和义务关系，和我们通常所讲的狭义的权利和义务关系是一致的，可以用来解释简单的法律关系，如简单的货物买卖关系可以化解成两个严格的权利和义务关系：甲方有要求乙方支付价金的权利，等值于乙方有向甲方支付价金的义务；乙方有要求甲方交付货物的权利，等值于甲方有向乙方交付货物的义务。狭义概念下，权利和义务相辅相成，任何一方没有了另一方就不可能存在。

第二组关联关系特权和无权利。可以公式化为：

$$privilege\ (x,\ p,\ y)\ \longleftrightarrow no-right\ (y,\ p,\ x)$$

其含义为："x 有特权要求 y 做行为 p"和"y 无权利要求 x 做行为 p"是在逻辑上等值的。这种关联关系指在 x 与 y 之间，x 不必须做什么或不做什么，即 x 可以做什么或不做什么。此种法律关系，对于 x 即为特权，对于 y 即为无权利。如在紧急避险状态中，x 可以损害 y 的财产，即 x 有损害 y 的财产的特权，y 无权利要求 x 在紧急避险状态中不损害其财产，此一法律关系是 x 有特权、y 无权利。霍菲尔德的特权类似于自由的概念，指一个人在法律上不受他人干涉的作为或不作为，而他人则无权利要求他不作为或作为。如我有呼吸的自由，我有在马路上散步的自由，他人无权利干涉我的自由。

特权不同于狭义的权利，特权仅关系到特权者本人的行为，他人只要不干涉即可实现行为者的特权；而狭义的权利则关系到他人的行为，指权利者有权要求他人作为或不作为，狭义的权利的实现依赖于存在他人负有作为或不作为的义务。这说明：一个"特权"没有一个"义务"与之相对应，而"权利"必须有"义务"与之对应。[1]

第三组关联关系是权力和责任（应当）。权力是一法律主体通过某种作为或不作为来改变某种法律关系能力，而另一法律主体必然存在与之相关联的法律上的责任。用公式表示即：

$$power\ (x,\ p,\ y)\ 和\ liability\ (y,\ p,\ x)$$

其意思为：x 有权力要求 y 做行为 p，等值于 y 有责任为 x 去做行为 p。实际

---

[1]　陈锐：《法律推理论》，山东人民出版社 2006 年版，第 315 页。

上，权力就是指 x 与 y 之间存在一种法律关系，x 能够通过自己的行为创设 x 与 y 或 y 与他人之间的法律关系的能力。责任是指 y 应当承受 x 通过自己行为所创设的 x 与 y 之间或 y 与他人之间的法律关系的后果。法律关系的改变来自两种情况：①不受人们意志控制的事件，②受人们意志控制的行为。就第二种情况而言，占有优势意志的人就拥有改变法律关系的权力。如代理关系即将权力授予了代理人、为被代理人创设了责任，代理人可以通过自己的行为为被代理人与他人创设法律关系，被代理人有责任承受这种后果。所有权保留合同中，买受人获得的就是一种权力，他可以通过付清价款的行为创造他对合同标的的所有权。合同法中的要约行为即将权力赋予了受要约人，他可以通过承诺在自己和要约人之间创设合同关系，而要约人有责任承受这一合同关系。同时应当指出的是，法律主体承担另一法律主体行使权力为其创设的法律责任并不一定是法律上的不利益，以此与义务相区别。如在出租车与旅客之间的关系中，旅客就具有一种权力在他与出租车司机之间创设法律关系，出租车司机具有一种承受这种法律关系的责任，不得拒绝载客。但出租车司机承受的这种责任，对他来讲，所带来的并非是法律上的不利益，反而是收益，不同于义务是法律上的不利益或利益的丧失。

第四组关联关系是豁免和无能力或无权力。如 x 是一片土地的所有者，y 无能力处分 x 的土地，x 可以对抗 y 的处分其土地的行为，此即"豁免"。以公式表示即：

immunity（x, p, y）和 disability（y, p, x）

意为"x 豁免于 y 的行为 p"等值于"y 无能力要求 x 做行为 p"，以王涌的理解就是，所谓无权力—无责任（豁免）关系，指在甲与乙之间，甲不能够通过自己的行为创设、变更或消灭乙与甲或乙与其他人之间的特定的法律关系。此种法律关系，对于甲即为无权力，对于乙即为无责任（豁免）。[1]

2. 对立关系。八个概念中还存在着对立关系，指两个相互冲突和矛盾的概念[2]。具有相对关系的两个概念不能在同一个法律关系中同时为真。

权利（狭义）和无权利对立，如果 right（x, p, y）为真，即"x 有权利要求 y 为行为 p"，则 no-right（x, p, y）为假，即"x 无权利要求 y 为行为 p"为假，因为它与前者是矛盾关系。

---

〔1〕 王涌："法律关系的元形式——分析法学方法论之基础"，载 http：//211. 100. 18. 62/fxsk/FXKW/articleshow. asp？ fid = 308.

〔2〕 沈宗灵："对霍菲尔德法律概念学说的比较研究"，载《中国社会科学》1990 年第 1 期。

特权和义务（狭义）对立，如果 privilege（x，p，y）为真，即 "x 有特权向 y 为行为 p"，则 duty（x，p，y）为假，即 "x 有义务向 y 为行为 p" 为假。

权力和无能力对立，如果 power（x，p，y）为真，即 "x 有权力要求 y 为行为 p"，则 disability（x，p，y）为假，即 "x 无能力要求 y 为行为 p" 为假。

豁免和责任（应当）对立，如果 immunity（x，p，y）为真，即 "x 免除为 y 做行为 p 的责任"，则 liability（x，p，y）为假，即 "x 有责任为 y 做行为 p" 为假。

霍菲尔德认为，每种法律关系都可以归结为某种双边关系，因而也就都有下面三个因素：甲、甲影响乙或乙的法律关系的行为或不行为、乙。[1] 如此一来，任一法律关系是两个主体之间的关于某一行为的单一关系，而不是一个法律主体与多个法律主体或多个法律主体与多个法律主体之间的复合关系。霍菲尔德在分析法律关系八个基本概念的基础上，重新解读了奥斯丁所言的传统的对物权和对人权概念。[2] 在奥斯丁那里，对物权又称对世权，即对一般人的权利，对人权是指对特定人的权利。若从最基本法律关系的层次讲，对物权或对世权只不过是一个财产所有人与社会上所有其他人之间的关系的叠加。例如，土地所有人 A 的对世权，不过是 A 分别对 B、C、D 或其他许多人的大量基本上类似的权利的一个统称，所以，一般而言，对人权只有少数几个 "伙伴"，而对物权却总有许多 "伙伴"。

（三）法律关系逻辑模型的建构

自萨维尼明确提出法律关系的概念之后，大陆法系对法律关系的内涵似乎并没有太多的发展，仍旧认为 "法律关系是法律所规定的人与人之间的关系"，只不过在内容上将其发展成为一个综合体结构："大多数法律关系并不是由某种单一的关系组成，而是一个由各种法律上的联系组成的综合体；它是一个整体，是一种 '结构'，它的具体要素有权利、权能、义务和拘束等多种多样的形式"。[3] 从而将法律关系的内容——权利和义务——弄成两个杂货筐式的概念，权利表征的是 "各种狭义的权利、权能、权限、取得的利益" 等各种法律利益的总和，义务表征的是 "狭义的义务、屈从、职责、负担" 等各种法律负担的总和。这种定义方式，在立法过程中有较强的涵括、归纳功能，可以对大量类似的生活事实关系进行归纳、抽象为规范的表述，其建构性的积极意义是无法估量

---

〔1〕　沈宗灵："对霍菲尔德法律概念学说的比较研究"，载《中国社会科学》1990 年第 1 期。

〔2〕　吕世伦主编：《现代西方法学流派》（上卷），中国大百科全书出版社 2000 年版，第 183 页。

〔3〕　［德］拉伦茨：《德国民法通论》（上册），王晓晔等译，法律出版社 2003 年版，第 262 页。

的。但是当以规范评价事实时，从规范向事实的"还原"过程中，依然使用含义如此复杂、如此含混不清的概念，则会显得捉襟见肘，前述将股权性质界定为"双重所有权"就是一例。在当前中国法学逻辑体系———般规范理论——本身并不是非常精确的状况下，理论的贫乏则在司法实践中折射出更严重的情形：法官无力于精确的法律分析，转而借助混沌的道德感觉，决断讼案。在这样一个过程中，所谓的法治也渐渐脱去了法治的真髓，法治终不成其为法治了。[1] 我们在立法中继承关于法律关系的既有知识传统的同时，应当关注司法中对法律关系概念作精确分析的发展趋势。

反观霍菲尔德的法律概念理论，我们看到，当任何一种法律关系都可以归结为双边关系时，任何一个法律关系都可以化解为若干个双方主体之间的关于某一行为或某一物的单一的法律关系。霍菲尔德所提出的法律概念的几种关联关系，实际上构成了传统法律关系理论中内容要素——广义权利义务的进一步精细化。以霍菲尔德的四种关联关系取代（广义）权利和义务，将其置于传统法律关系逻辑结构中，则会形成以下四种基本的法律关系逻辑模型。

1. 法律关系逻辑模型一：

主体甲——（狭义）权利←客体→（狭义）义务——主体乙

在这个单一法律关系逻辑模型中，两个主体甲和乙，以某一客体为承载物，传递两者之间的具体法律关系：（狭义）权利← →（狭义）义务关系。

2. 法律关系逻辑模型二：

主体甲——特权←客体→无权利——主体乙

在这个逻辑模型中，主体甲和主体乙，以某一客体为承载物，传递两者之间的法律关系：特权← →无权利关系。

3. 法律关系逻辑模型三：

主体甲——权力←客体→责任——主体乙

在这个逻辑模型中，主体甲和主体乙，以某一客体为承载物，传递两者之间

---

[1] 王涌："法律关系的元形式——分析法学方法论之基础"，载 http：//211. 100. 18. 62/fxsk/FXKW/articleshow. asp? fid＝308.

的法律关系：权力←　→责任关系。

4. 法律关系逻辑模型四：

主体甲——豁免←客体→无能力/无权力——主体乙

在这个逻辑模型中，主体甲和主体乙，以某一客体为承载物，传递两者之间的法律关系：豁免←　→无能力关系。

四种基本的法律关系逻辑模型，既具有传统法律关系的某些特征，同时具有自己特有的某些特征：

1. 法律关系逻辑模型具有三项构成要素：主体、客体和内容。这和传统法律关系的逻辑构成相同，但其内容要素却与传统法律关系大不相同。传统法律关系的内容要素笼统地归结为权利和义务，容易造成人们在使用上的混乱。而法律关系逻辑模型以四种基本关系取而代之，能够更加清晰、准确的解析各种复杂的法律关系。

2. 法律关系逻辑模型中的客体，既可以指向行为，也可以指向物。这一点和传统法律关系客体的范围并无太大区别，但需要明确的一点是，法律关系客体可以单纯指向行为，在指向物时，必定有相关的行为与之相伴发生，因为两主体之间的基本法律关系若没有行为，则不会发生产生、变更或消灭。

3. 法律关系逻辑模型中，一方主体享有法律利益，另一方主体必定承担法律负担，任何一方都不可能单独存在。法律利益包括（狭义）权利、特权、权力和豁免，法律负担包括（狭义）义务、无权利、责任和无能力。

4. 法律关系逻辑模型仅涉及两个主体之间的基本法律关系，任何复杂的、多重主体之间的法律关系都可以化约为若干基本的法律关系逻辑模型。法律关系逻辑模型的分析功能即在于此，可以将任何复杂的法律现象分解为若干基本的法律关系，以清晰观察各主体之间的法律上的利益和负担之关系。

（四）法律关系逻辑模型的方法论体系定位

上述法律关系逻辑模型的建立，使法律关系理论作为分析工具面对具体案件时具有更强的分析力和解释力。但问题是，有了这个精确的分析工具后，司法者是否可以仅进行简单的"合乎逻辑的概念计算"[1]就可以解决事实纠纷？

法律工作者在其实践工作中总是从一个具体的法律关系出发，或者用法律对

---

〔1〕 姜朋："穿马褂与扒马褂：对法律关系主客体理论的初步反思"，载《法制与社会发展》2005 年第3期。

未来进行规范，或者用法律的方式对过去事件中所出现的矛盾进行裁决。[1] 前者显然是立法者的行为，后者则是司法者的任务：以案件为出发点寻找法律规范。分析案件的第一步是基于一般的法律知识对案件有一个初步的了解，考虑哪些法律规范可能适用于这个案子？针对所欲适用的法律规范，司法者需要提炼其所蕴含的法律关系逻辑模型，有经验的法官应当熟知该法律关系逻辑模型的具体构成要件——主体、客体、内容及其运行条件各是什么，并与需要裁决的案件中的事实关系逐一对照，两者能够相互"适应"的，则选择该法律规范作为案件的裁判规范予以适用。如果现实世界的纠纷都能够按照法律规范所规定的法律关系模型之构成要件而"理想化"的发生，那么，法官就会像萨维尼所预想的那样是司法机器，仅进行"合乎逻辑的概念计算"就可以裁决案件。但应当清醒地看到，法官进行合乎逻辑的概念计算必须基于如下的前提：①法律规范在逻辑上能够涵括所有的事实纠纷；②各个法律概念都有清晰、确定的意义范围，彼此间不得冲突。只有基于这样的严格条件，通过检验一个特定的法律关系（小前提）是否通过一般的、抽象的法定构成要件（作为规范的一部分＝大前提）得到表述，才能够完成霍恩所谓的"归纳"过程：一个简单的、合乎逻辑的、三段论式的推论过程。[2]

我们不否认在少数理想化情形下，可以通过简单的法律关系构成要件的对照，完成规范与事实的"适应"。但多数情况下，以法律关系为分析方法时，法律解释等方法的协同使用是必不可少的。法学作为规范学科，并非只针对事实，同时也针对行为规则及规则效力而为陈述。因此，"法理论所为之陈述并不单纯只是逻辑的推论，而是同时也存在着一定价值的推导关系"。[3] 多数情况下，总是有多个规范对一个案例适用，并且共同构成归纳的大前提，对这些规范之间的复杂关系，必须通过一般解释规则和教义—系统化的观察角度来推导。[4] 另一方面，某一法律概念在法体系中并非都是同一意义。如"人"这一概念，从一般意义上讲，在民事法律关系中分娩完成即具有主体资格，但在刑事法律关系中，若处于被害者位置则在分娩开始之时即具有主体资格，因在分娩过程中小孩即应免受侵害。如 Wittgenstein 所指出的："法律概念的意义，取决于法关系所需的内涵"。[5] 这说明法律概念的意义，取决于其所遇到的具体关系之类型。这时

---

〔1〕 ［德］N. 霍恩：《法律科学与法哲学导论》，罗莉译，法律出版社 2005 年版，第 126 页。

〔2〕 ［德］N. 霍恩：《法律科学与法哲学导论》，罗莉译，法律出版社 2005 年版，第 124～125 页。

〔3〕 张锟盛："行政法学另一种典范之期待：法律关系理论"，载《月旦法学杂志》2005 年 6 月第 121 期。

〔4〕 ［德］N. 霍恩：《法律科学与法哲学导论》，罗莉译，法律出版社 2005 年版，第 128 页。

〔5〕 ［德］考夫曼：《法律哲学》，刘幸义译，法律出版社 2004 年版，第 151 页。

候人们对案件和规范进行思维靠拢，必须对规范的法定构成要件做出恰当的解释，对法律关系的表述，必须使人能够清晰地看出其中符合或不符合其法定构成要件的特征。有了解释，价值衡量、漏洞补充、法律论证等方法也会随之而来。法律关系逻辑模型作为分析方法在案件裁决中只是一种基本方法，只能在少数简单、典型案件中单独完成从规范到事实的还原作用，多数情况下需要法律解释等方法的协同作战。

四、个案演示——根据法律关系原理的分析

如上文所述，传统的广义权利义务概念难以精确描述比较复杂的事实关系，应当把作为综合体的法律关系概念分解为基本的法律关系逻辑模型，并以此作为基本单位，评价法律事实是否符合基本法律关系的构成要件。这个过程实际就是为已确认的法律事实寻找能够涵摄它的法律规范，即建构裁判规范的过程。使用基本的法律关系逻辑模型描述事实关系，利于我们从规范视角更为清晰地观察现实世界的事实关系，也利于更清晰地了解主体在法律上应当享有的法律利益和应当承受的法律负担。下面我们以"物之所有权"为例，阐述使用基本法律关系逻辑模型作为分析工具的便利之处。

秉承传统观念上的"所有权"概念，一般认为所有权的权能可以分解为占有、使用、收益和处分四种形式，所有权人与其他人的权利义务关系可以表述为：所有权人有占有、使用、收益、处分其所有物的权利，其他人有尊重并不得干涉所有人行使其权利的义务。传统的理论知识对所有权关系的表述到此为止，并未继续描述所有权人在行使四项权能时与他人的具体关系状况。若结合使用霍菲尔德的基本法律关系概念，所有权概念呈现的却是另一种景象。

所有权表征的是一个法律主体与其他一切人即多个法律主体的关系，依基本的法律关系逻辑模型理论，这种关系可以分解为若干个一对一的简单法律关系，即所有权人与每一个其他人之间的关系，多元主体之间的复杂关系化解为简单的法律关系。分解后的所有权人与其他每一个人之间的最基本法律关系可作如下表述：[1]

1. 所有权人——（狭义）权利←所有物→（狭义）义务——每一个其他人。所有权人有权利要求每一个其他人不侵占其财物、不妨碍其对于财物的任意行为（如占有、使用甚至损毁行为），每一个其他人都有义务不侵占其财物、不妨碍所有权人对于其财物的任意行为。但在相邻关系中，所有权人处在义务方。

---

[1] 王涌："法律关系的元形式——分析法学方法论之基础"，载 http：//211. 100. 18. 62/fxsk/ FXKW/articleshow. asp? fid＝308.

2. 所有权人——特权←所有物→无权利——每一个其他人。所有权人有特权对其财物进行任意行为，每一个其他人都无权利阻止所有权人行为。但在紧急避险的情形中，所有权人却处在无权利方。

3. 所有权人——权力←所有物→责任——每一个其他人。所有权人有权力任意处分其所有物，每一个其他人都有责任承受因所有权人的处分行为而产生的法律关系。但在善意取得情形中，所有权人却是责任方，第三人有权力消灭所有权人的所有权。

4. 所有权人——豁免←所有物→无能力/无权力——每一个其他人。任何其他人无能力/无权力处分所有权人的所有物，其他人的处分行为对所有权人不产生法律效力，所有人具有对抗他人处分行为的豁免（权）。但在破产清算时，所有人无权力处分财产。

在以上对所有权关系作法律关系逻辑模型的分析中，可以使我们更为清晰地从规范视角了解所有权人在法律上可享有的利益以及应承担的法律负担，可以为已被确认的法律事实寻找恰当的裁判规范。例如，在每一种基本法律关系之中都会存在某些例外情况，在萨维尼法律关系概念下，这些例外情况也被考察，但仅停留在"对所有权绝对性的限制"的层面，但此一例外情况直接对抗的是所有权的哪一种具体权能却是语焉不详。在霍菲尔德法律关系概念下，我们可以清晰地观察到例外情况能够阻却哪一种基本法律关系的成就，知道所有权人的什么法律利益受到限制，利于选择法律规范、建构适合当下案件的裁判规范。

在此分析思路下，我们选取几个案例，尝试以法律关系分析方法对其进行分析，以展示法律关系逻辑模型在案例分析过程中的便利之处，以及作为一种分析方法与法律解释等其他方法的衔接。

案例一：A 粮食收储公司与 B 面粉厂签订小麦购销合同，约定 A 公司向 B 面粉厂提供优质小麦100 吨，价款15 万元，货到 10 日后付款。A 公司依约供货 1 个月后，B 面粉厂仍以资金短缺为由拒绝付款，后 A 公司诉至法院。

本案情节简单、权责分明，凭借法律关系逻辑模型的分析方法可以确定双方的权利义务关系。初步确定适用有关货物买卖合同的法律规范，货物买卖的法律关系可以分解为两个法律关系逻辑模型：

B 面粉厂——（狭义）权利←小麦→（狭义）义务——A 公司
A 公司——（狭义）权利←货币→（狭义）义务——B 面粉厂

依上述法律关系逻辑模型的构成要件逐一对照本案事实关系：经查明，A 粮食收储公司和 B 面粉厂均是依法登记的企业法人，具有完全民事行为能力，购销粮食产品均在二者经营范围之内，符合买卖法律关系主体要件的要求；本案法律关系客体系小麦和货币，在当地，小麦是完全市场流通物，客体亦符合法定要求；内容涉及两对（狭义）权利—（狭义）义务关系：A 公司承担向 B 面粉厂提供 100 吨优质小麦的义务，与此相关，B 面粉厂享有收取货物的权利；B 面粉厂承担向 A 公司支付 15 万元货款的义务，A 粮食收储公司享有收取货款的权利，双方对此权利义务关系均无异议。综上所述，A、B 之间货物买卖关系完全符合货物买卖法律关系的法定构成要件之要求，属合法民事行为，A、B 之间的法律关系受到法律保护，B 面粉厂应当承担向 A 公司支付货款的义务。在此基础上，以有关货物买卖合同的法律规范为大前提，案件事实为小前提，用三段论的推理方式可以得出结论：法院判决支持 A 公司的权利请求。

案例一在理论上属于典型案件，主体合格、权利义务关系明确，单纯使用法律关系逻辑模型分析案件，即可令人清晰地观察到案件中的买卖关系符合法定构成要件的特征，然后使用三段论推理得出合法的判决结论。这种典型案件在司法实践中争议较少，多数情况下，争执双方的法律利益和法律负担关系并不那么清晰，需要司法者的解释以明确法律关系所涉及的相关内容，而后再做出判断。

案例二：赵某将一辆小轿车停放在范某的私有房地产所在的停车场。四个小时之后，范某将该车拖走。赵某向警方报告了偷窃，数天后才找到该车。赵某要求范某赔偿由于剥夺自己汽车使用权所带来的损失。

本案中法律关系的主体、客体并无争议，赵某和范某都是完全民事行为能力人，客体针对的是赵某的小轿车。问题在于内容方面，范某作为停车场所有人和占有人，是否可以通过拖走赵某的车来对抗赵某？范某的拖车行为与赵某的停车行为是关联行为，可以分别表述为两个法律关系逻辑模型：

针对于赵某的停车行为，在赵某与范某之间形成一个"特权—无权利"的关系：

范某——特权←在范某停车场停车的行为→无权利——赵某

其意思是：赵某无权利在范某停车场停车，范某无义务允许赵某使用自己的停车场，赵某的行为显然超出了自己的权利范围，侵犯了范某的特权/自由（允许他人在停车场停放车辆的权利）。

针对范某的拖车行为，在两人之间又产生另一个"特权—无权利"的关系：

赵某——特权←对赵某小轿车的拖动或使用的行为→无权利——范某

其意思是：范某无权利处分或限制赵某对小轿车的使用权，赵某无义务承担范某对小轿车的处分结果，范某的行为侵犯了赵某的特权／自由（对小轿车的使用权）。

此时，赵某和范某在两个基本法律关系中各自的法律利益和法律负担昭然若揭，二人的行为分别侵犯了对方的法律利益，法官必须详细解释二人各自在法律上的利益和负担，而后对比各自行为对另一方法律利益的侵犯程度，以判断范某是否可以通过拖走车辆来对抗赵某。至于结果如何，则属于法官自由裁量或曰价值衡量的范围，不属于我们讨论之义，本文旨在揭示法律关系分析方法不能之处恰是其他方法用武之地。

前文对法律关系司法视角的方法论意义进行表述时，将其定位于法律解释的前奏，我们是在这样一个层面上作此判断的：只有较少数情况下可以仅在使用法律关系分析方法的基础上便对案件进行三段论推理，多数情况下可能有多个规范对同一案例适用，单纯依赖法律关系分析方法不能解决问题，需要司法者进行解释并做出价值选择，方能清晰地观察到法律关系的各构成要件。所以，本文所言"法律关系分析方法是法律解释的前奏"并非是在时间上的排序，在法律判断的思维过程中，两者毋宁是交叉进行的，对法律关系构成要件之内涵的不同理解可以反过来影响法律规范的选择，可能将案件置于另一法律关系的诸构成要件中进行对照。

案例三：马某于4月1日将其汽车以5万元的价钱卖给李某。4月5日，他又将同一部汽车以6万元卖给了王某，并立即将汽车交付给了王某。当李某于4月8日前去取车时，车已不在。

此案例涉及法条竞合，也即存在两种类型的法律关系逻辑模型可以适用于案件，选择何者有赖于法官对法律关系的构成要件进行解释并做出价值选择而定。本案涉及两个法律领域：债权法和物权法，法官应当首先选择确定马某和李某之间是违约关系还是侵权关系，选择何者，依赖于对客体性质的解释与认定。主体——马某和李某均是成年人，具有完全民事行为能力；客体——汽车性质的认定对案件的处理至关重要，直接影响法律关系的选择与适用，并决定主体的法律上利益与负担的具体内容。详言之，本案关键是马某4月1日将汽车卖给李某之行为是否发生汽车所有权的转移，若未发生转移，则汽车仍是马某所有，其后马某又将汽车卖于王某的行为，仅构成其先前与李某所签订的汽车买卖合同的违反，马某与李某之间属于违约关系，两主体法律上的利益与负担则依此关系模式而定：

李某——（狭义）权利←交付汽车的行为→（狭义）义务——马某

马某与李某签订汽车买卖合同，马某应当承担向李某交付汽车的义务，李某享有接受马某交付的汽车的权利。如果马某不能向李某按时交付汽车，则构成向李某交付汽车之期待义务的违反。如果违约行为得到确认，则在李某与马某之间形成保护性法律关系：

李某——权力←交付汽车的行为/赔偿行为→责任——马某

李某既有权力要求马某继续进行交付汽车的行为或进行相应的赔偿行为，也可以放弃要求马某交付汽车或进行赔偿的权力，则李某有权力改变他与马某之间的法律关系，而马某只有被动接受李某选择结果的责任。

若汽车所有权在马某与李某签订合同时发生转移，则汽车为李某所有，其后马某将汽车再卖于王某的行为构成对李某所有权的侵犯，马某与李某之间是侵权关系，二人法律上的利益与负担依侵权关系模式而定：

李某——豁免←处分汽车的行为→无能力/无权力——马某

李某对汽车享有所有权，任何其他人无权力处分李某作为所有权人的所有物，其他人的处分行为对所有权人不产生法律效力，所有人具有对抗他人处分行为的豁免（权），马某无能力/无权力对李某的汽车进行处分行为，李某具有对抗马某处分行为的豁免权。若李某对汽车的合法所有权得到确认，则在李某和马某之间产生新的保护性法律关系：

李某——权力←归还汽车的行为→责任——马某

李某有权力决定是否让马某履行归还汽车的责任，或者放弃这个要求，马某承担必须接受李某的选择的责任。

至于我们对这个案件进行法律关系逻辑模型分析的前提条件——4月1日马某和李某的合同行为是否发生汽车所有权的转移，或依法律的明确规定，或依法官对所要保护利益对象的选择，这需要法官的解释，其后则又会产生法律证立的义务有待法官完成。

作为一章的结语，我想重申的是，本文的写作目的，是立足于既有的关于法律关系的传统理论知识，这是一种概念法学思维背景下的知识体系，结合英美法学中分析法学的知识传统，试图挖掘传统法学概念的方法论意义。在目前中国尚未建立自己的法学"一般规范理论"的境况下，我们既不能完全依赖既有知识体系解决问题，也不能完全颠覆传统知识，在一片空白之上展望中国法学的未来。那么，立足传统，结合新知，充分挖掘既有概念的方法论意义，使之作为一种分析工具在司法领域充分发挥作用，不失为一种较为妥当的进展思路。

第十章 法律推理与逻辑分析方法

所谓推理是一组命题序列，根据某些规则，其中一些命题能由另一些已经确定的命题得到断定。那些自身已经确定，而又作为根据断定其他命题的命题是推理的前提，而有待确定的命题是推理的结论。推理是人类理性思维的基本方法和形式之一，但在不同的领域，因为推理的任务和目的不同，推理表现出不同的性质和规则要求，例如，根据前提断定结论的推理机制、对前提和结论的要求在不同领域存在差异。有一种观点认为所谓推理便是逻辑推理，各领域的推理是逻辑推理在该领域中的运用，法律推理也不例外，这是因为逻辑学所研究的推理形式和方法具有普遍性，其揭示的推理规则和规律在所有领域都应该被遵守，但这种观点的局限性也是很明显的，因为逻辑推理只是根据命题的真假[1]而断定其他一些命题的真假，这种推理又叫形式推理。至于说其他领域命题的真假需要根据该领域的规定性给予不同的语义揭示，具体到法律领域，一个命题的真就是合法、正当。要做到推理正确必须保证两点：①推理形式有效。②推理的前提正确、充分。要保证推理形式有效，就必须遵守逻辑学所揭示的推理规则；要保证推理前提的正确、充分，就必须和具体领域里的认识活动相结合，与形式推理相对应，这种推理方法可以称之为实质推理。法律推理是形式推理和实质推理的统一，它既要遵守逻辑推理的一般规则，又要遵守该领域特定的规定性。需要注意的是形式推理与实质推理只是法律推理的两个方面，而不是说存在形式推理和实质推理两种独立的推理方法。

一、法律推理的含义和特点

（一）法律推理的含义

目前学界关于法律推理的定义大致有两种观点：①认为"法律推理就是法律工作者从一个或几个已知的前提（法律事实或法律规范、法律原则、判例等

---

[1] 逻辑真是一个非常复杂的问题。"它既与一般真理观相关，又与分析命题和综合命题、必然命题和偶然命题、先验命题和后验命题等传统哲学区分相关"参见陈波：《逻辑哲学》，北京大学出版社2005年版，第71页。当不对它进行元逻辑的研究时，通常被理解为一种真值赋值。

法律资料）得出某种法律结论的思维过程"。[1] ②认为"法律推理是指特定法律工作者利用相关材料构成法律理由，以推导和论证司法判决的证成过程或证成方法"。[2] 很显然，这两种观点都肯定法律推理的推导功能，而分歧点在于当法律工作者进行法律推理时，是否需要对据以推理的前提以及推导出的结论进一步论证。之所以出现这种分歧是因为推理本身就是一个有多重含义的概念。推理一词的英文词源是 Reasoning, Inference，即"推理，推论；论证、论据"，它的词根是 reason，作动词使用时指"推理、推想、思考、辩论、讨论"等，作名词使用时主要指"理由"。《韦氏新大学词典》对"推理"（reason）的解释是①按逻辑的方法而思维，或者以论据和前提之理由而推考或按断。②支以理由；解释以及论辩（argument）证明之，折服之，或感动之。可见"它不仅包括了逻辑的推导关系，而更强调了理由的列举与说明，突出了论证与论据的过程，着力于折服与感动的效果。"[3] 也就是说，推理的概念不仅包括逻辑学中关于推理的内容，还包括论证的内容。另外，从历史的发展来看，推理也有其广泛的含义。在亚里士多德之前一两百年，古希腊的文化已是非常繁荣，社会政治生活中演讲论辩的风气甚为盛行，为能在论辩中取胜，促使人们研究论辩中如何才能有效地证明和反驳，思维应当怎样正确、合理的问题，从而促使了人们对推理的研究。亚里士多德奠定了推理学说的基础，亚里士多德对推理的表述包含两方面的意义：①必然推理；②辩证推理。他认为"推理"是一种论证，并把推理分为证明的推理、论辩的推理和争执的推理三种形式。当推理的前提是真实和原初的，或者当我们对于他们的最初知识是来自于某些原初的和真实的前提时，这种推理是证明的。从普遍接受的意见出发进行的推理是辩证的推理。从似乎是普遍接受但实际上并非如此的意见出发，以及似乎是从普遍接受的意见或者好像是被普遍接受的意见出发所进行的推理就是争执的，因为并非一切似乎被普遍接受的意见就真的是被普遍接受了。[4] 当代西方哲学中广泛探讨的形式推理、实践理性、辩证推理以及对话（商谈）都可以在这里找到一些线索。我们倾向于后一种法律推理的定义。事实上，从严格的角度来讲，论证并不是一种独立的思维形式，而是多种思维方法的一种综合运用，尤其与推理有着密切的关系。证明[5]与推理的联系表现在：证明必须使用推理，推理为证明服务，没有推理也就没有证明。具体来

---

〔1〕 张文显：《二十世纪西方法哲学思潮研究》，法律出版社1996年版，第16页。

〔2〕 解兴权：《论法律推理》，中国社会科学院研究生院1998年博士论文，第8页。"证成"这个概念译自英语 justification，具有理由正当、合法理由和辨明的意思。

〔3〕 Webster's *New Collegiate Dictionary*, G. &C. Merriam Company, 1973, p. 962.

〔4〕 郑文辉：《欧美逻辑学说史》，中山大学出版社1994年版，第29~30页。

〔5〕 一般来说，论证包括证明和反驳，但有时候论证和证明又被作为同义词使用。

说，证明的论题相当于推理的结论，证明的论据相当于推理的前提，论证的方式（论证方式）相当于推理的形式。证明与推理的区别在于：①思维过程的方向不同，推理是从前提到结论；而证明则总是先有论题，然后才引用论据对论题加以证明。②逻辑结构的复杂程度不同。证明往往是由一系列各种各样的推理构成；而推理比较简单。③断定命题的真实性不同。证明要求必然地断定论据与论题的真实性；而推理只是推断前提与结论之间的逻辑关系，并不必然地断定前提结论的真实性。证明是由断定一个或几个命题的真实性，进而断定另一个命题的真实性；而推理只是根据一个或几个命题得出另一个新命题，却不考虑这些命题的真实性如何。总之，任何证明都要运用推理，但并非任何推理都是证明，这是证明和推理的最本质的联系和区别。〔1〕但这种区别和联系只是就思维形式的层面而言的，法律推理不只是根据确定的法律规定和案件事实作为前提得出法律结论的逻辑演绎的过程，而是要涉及到对法律规定的选择，对案件事实的剪裁和对法律结论的合法性、合理性、综合性进行平衡的过程，只有这样才能保证推理前提的合法、真实，并通过推理将前提的这一属性传递给结论，这一过程是法律推理不可缺少的一个环节，因此，我们可以说："推理是论证型的思维过程。所谓论证，就是以证据作为前提来进行推理，从而推论出一定的结论"〔2〕并且法律推理的思维方向也不只是从前提到结论单向性的，而是从前提到结论，再从结论到前提的双向性的多重反复的过程，所以，我们很难区分一个法律结论是根据法律推理推导出来的，还是根据法律论证论证出来的。如果仅仅视法律推理为一个根据前提推导结论的思维过程，那么，这样一个过程将只是形式推理过程，并且和一般的逻辑推理没有什么本质区别，也就是说法律推理作为一个概念将失去存在的依据。

（二）法律推理的基本特征

根据以上对法律推理含义的阐述，我们认为法律推理具有以下基本特性：

1. 法律推理是一个知识创新的过程。知识创新是推理的本质属性之一，法律推理以已知的前提（法律规范、法律原则、判例等法律材料和法律事实）为依据，通过一系列的思维加工和法律行为得出一个法律判决结果。伯顿说："就每个问题案件提出一个新的法律问题而言，每个判决都是创造性的。"〔3〕而这一

———————————

〔1〕 李振江主编：《法律逻辑学》，郑州大学出版社 2004 年版，第 259～260 页。

〔2〕 ［日］末木刚博：《逻辑学——知识的基础》，孙中原等译，中国人民大学出版社 1984 年版，第 102 页。

〔3〕 ［美］史蒂文·J. 伯顿：《法律和法律推理导论》，张志铭、解兴权译，中国政法大学出版社 1998 年版，第 132 页。

特征得益于法律推理的推导功能。需要特别注意的是我们必须对"知识创新"的含义有正确的把握，因为根据法律推理得出的结论可能是本已隐含在原有的法律体系之中，法律推理的作用不过是把它揭示出来，也可能是这个结论是由法律主体通过理性思维逻辑地创造出来的，实现了新知识的增长。根据演绎推理的特点，它不可能促进知识的增长，而是通过推理使本已蕴涵在前提中的某些命题被挑选出来，得以揭示和凸显，这一点符合形式主义法学通过逻辑推理保证法律确定性、稳定性的要求，但也是被指责导致法律僵化的主要原因。例如，波斯纳在解释为什么三段论推理："所有的人都会死；苏格拉底是人；因此苏格拉底会死"的有效性时，曾做过一个隐喻：结论之所以令人完全信服"只是因为这个结论，即苏格拉底会死，是把包含在大前提对'人'的界定中了。这个前提实际上说的是：这里有一个贴了标签'人'的箱子，箱子里有一些东西，其中每一个都'会死'。小前提则告诉我们，箱子里的东西都有个名字牌，其中有一个牌子上写的是'苏格拉底'。当我们把苏格拉底拿出箱子时，我们就知道他是会死的，因为箱子里唯一有的东西都是会死的。因此，我们拿出来的不过是我们预先放进去的东西"。[1] 当我们从特定箱子里拿出某物，只不过是从众多的东西中选择特定的一个成为我们注意的对象，这个对象当然具有其所在箱子上所贴标签的属性，所以说我们并没有做出什么新的断定。但事实上，法律推理的难点不是把什么东西从贴着标签的箱子里拿出来，而是把现实中错综复杂的事物放进众多的贴着不同标签的箱子中去，这时候我们往往发现，有的事物可以放进不同的箱子中，而有的事物放进任意一个箱子中都不合适。当我们把特定对象放入一个箱子，并断定它具有箱子标签所规定的属性时，我们所得出的结论已超出了原有知识的范围，也就是有了知识的创新。法律作为一般调整的特点决定了它不可能事先就把错综复杂的现实和未来分门别类地依次放入不同的箱子（法律规范）中，而是抽象地规定出不同箱子容纳不同东西的条件和要求（要件构成），在案件审理时，几乎每一个案件都需要按照这个条件和要求进行具体分析，以决定把它放入哪一个箱子中去。所以，我们认为波斯纳这个隐喻并不恰当。

2. 法律推理具有内在的逻辑性。作为一种复杂的思维活动，法律推理必须遵循形式逻辑的一般规律，否则其推理的真理性和有效性就必然遭到怀疑，并且，无论在法律推理的过程中采用了什么样的推理方法，其从前提到得出结论在表现形式上总是表现出一定的逻辑性、必然性。但是，关于法律推理是否具有逻辑性是法律推理理论中争论最激烈的话题之一，形式主义法律推理理论把法律推理仅仅局限于形式的演绎推理，把法律推理视为形式逻辑在法学领域的简单应

---

〔1〕 〔美〕波斯纳：《法理学问题》，苏力译，中国政法大学出版社2002年版，第49页。

用，势必造成法律推理的简单化、机械化，并有可能因过分地追求形式的正义而造成法律判决实质的非正义；规则怀疑主义则完全否认法律推理的逻辑性，认为决定案件的审理、案件审判结果的是法官个人的经验和意志，所谓的逻辑原则，只不过是判决之后为使判决看起来更明确合理而硬套上去的外壳。这一理论虽然避免了形式主义法律推理理论的僵化模式，有助于法官采取灵活多样的法律推理方法，使判决更富有实质的合理性。但是，因其脱离了逻辑规律的起码要求，势必要坠入法律虚无主义的陷阱。我们说，这两种观点各自发展到极端的根源是错误地把推理的逻辑性仅仅局限于形式逻辑的结果。法律推理的逻辑是一个区别于形式逻辑的完整系统。"在这个系统中，各种法律推理的方法都可以视为广义的逻辑方法，如演绎逻辑、归纳逻辑、类比逻辑、概率逻辑、模糊逻辑、辩证逻辑，乃至实践理性的经验逻辑等"[1]。佩雷尔曼认为："逻辑不仅指形式逻辑，而主要是指价值判断。这也就是说，逻辑学已不仅是指研究思维规律的科学，不仅是从形式方面去研究概念、判断和推理，而主要是研究它们的实质内容。"[2]很显然，这里的逻辑不只是局限于一般意义上的形式逻辑，一些所谓的非逻辑法律推理实际上是指非形式逻辑法律推理。

3. 法律推理是一种正当性证明的推理。自然科学和数学研究中的推理是一种寻找和发现真相和真理的推理。而法律领域中的推理不但要从前提出发得出一个结论，还要为推理前提的确立和结论的得出提供合理、充分的理由，并为结论的正当性提供论证，这是法治区别于人治的根本标志之一。法律工作者"不仅要善于思考，而且还要懂得怎样使别人信服他说的话是真实可靠的，信服他的看法是对问题的适当解答，信服他的意见按照法律界惯常的评价是正确的"[3]。

4. 法律推理具有实践性。法律推理不仅仅是一系列的纯粹理性思维活动，从其出发点、推理过程和最终结果来说都具有社会实践性，法律的调整对象是社会生活中形形色色的复杂的社会关系，其目的在于探求最佳的社会纠纷解决方案。在法律事实简单，法律规则明确具体的时候，法律推理通常表现为演绎推理的模式，但法律并不具有严格的明确性、一致性和完备性，在法律规则存有矛盾或者相互竞争的情况下，演绎的推理方法往往就无能为力了，而是常常要诉诸于社会正义、公平、惯例等社会的标准，对不同的法律理由和可能的推理结果通过辩论、评价、裁断的方式，做出一个法官本人认为最好的结果，这使得法律推理比其他的推理包含着更直接的目的性和现实性。当然，法律推理最本质的属性是

---

〔1〕 张保生：《法律推理的理论与方法》，中国政法大学出版社 2000 年版，第 84 页。
〔2〕 沈宗灵：《现代西方方法理学》，北京大学出版社 1992 年版，第 451 页。
〔3〕 ［波］齐姆宾斯基：《法律应用逻辑》，刘圣恩等译，群众出版社 1988 年版，第 352 页。

其合法性。法律推理是以法律规范为中心的推理活动，是对法律规范的推理过程，"推理前面加上法律的限制并不是任意之举，法律推理并不是指任何推理在法律领域中的运用，它仅意味着只要是法律推理，其大前提就应当是法律"。[1]在有明确的法律规定的情况下，法律推理就必须以法律规定作为推理的前提，不允许在法律规定之外再去寻找所谓的裁判依据。当法律规则不确定或者存在法律冲突的现象，法官必须选择或解释出可适用的规则。

法律推理还具有以下属性，例如，它必须考虑以一种或另一种方式做出裁决结果，即法律推理是结果论的推理模式；它关注结果的可接受性和不可接受性，即它在内在方面是评价性的；在对法律理由和推理结果进行评价和裁断时，可以有多重标准，这些标准的最终确立除了受约束于特定的法律背景，还受法官本人的思想、经验、价值观等方面的影响，导致不同的法官由于对裁决标准持有不同的倾向而对同一案件做出不同的判决，因此，法律推理具有一定的主观性。在法律推理的众多属性中，有些是区别于其他推理如科学推理等形式的属性，如它的实践性，它是实践理性在法律领域中的应用；有些是人们对法律本身的要求，如它的证明的正当性。而其本质属性应是它的属概念"推理"的属性，即推导性和证明性，它区别于其他与它同属概念的属性即种差是它的法律属性：它的推理主体是特定的法律工作者，它所推理的内容，包括所依据的推理前提，所推出的结论都属于法律的范围。

二、法律推理的逻辑基础

逻辑是一切理性思维的基础，而建立在现代理性主义基石之上的法治更是与逻辑有着密不可分的关系，即使倡言"法律的生命不在于逻辑，而在于经验"的美国大法官霍姆斯也曾说过"律师受到的训练就是在逻辑上的训练。类推、区分和演绎的诸过程正是律师们最为熟悉的。司法判决所使用的语言主要是逻辑语言"。[2]但是，我们也不宜过分抬高逻辑在法律领域中的作用，而应对它有一个清晰而中肯的把握。

在法律的实践活动中，涉及到的法律推理方法很多，如演绎推理、归纳推理、类比推理等，但最常见的是三段论推理。"三段论的推理非常有力，又为人熟知，因此，渴求自己的活动看上去尽量客观的律师和法官都花费了很大力气使法律推理看上去尽可能像是三段论。"[3]"多数法律问题却还是以三段论方式解

---

〔1〕 陈金钊主编：《法理学》，北京大学出版社 2002 年版，第 437 页。
〔2〕 OliverWendell Holmes, Jr., "The Path of the Law", *Harvard Law Review* 10 (1897), p. 465.
〔3〕 ［美］波斯纳：《法理学问题》，苏力译，中国政法大学出版社 2002 年版，第 50 页。

决的。"[1] 我们就以这种推理形式为例分析法律推理的逻辑基础。三段论推理是一个形式公理系统,其公理是:一类事物的全部具有或不具有某一属性,那么这类事物中的部分也具有或不具有该属性。即:如果对一类事物中的全部有所断定,那么对它的部分也就有所断定。

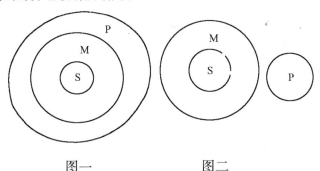

图一　　　　　图二

图一告诉我们,M 的全部都是 P,S 是 M 中的一部分,所以,S 也是 P;图二告诉我们,M 的全部都不是 P,S 是 M 中的一部分,所以 S 也就不是 P。从中我们可以看到三段论的构成和特点:它由三个性质命题组成:两个前提,一个结论。包括三个不同的项:中项(M)、小项(S)、大项(P),每个项分别出现两次。并且根据该公理可以确定三段论推理有以下推理规则:①有且只有三个不同的概念。②中项至少周延一次。③前提中不周延的项,结论中不得周延。④两个否定的前提没有必然的结论。⑤如有一否定前提,结论必否定;如结论否定,必有一否定前提。这些规则既可以使我们方便地判定一个三段论推理是否形式有效,也可以指导我们怎样建构有效的推理模式,为复杂问题提供简便的方法。简便的可操作性可以说是,为什么三段论推理成为常见的推理模式的重要原因。法律由个别调整发展到一般调整,就是想用简单方法解决复杂的问题。问题再复杂,法官、律师等人也得解决,其途径就是把复杂的问题转换成简单的问题。该公理也直观地揭示了三段论推理之所以被人所信赖,是因为它建立在概念与概念之间涵摄的逻辑基础之上,而这种涵摄关系是因为大小前提之间可以进行某种同质的类型思维。这成为三段论推理首先应该解决的前提条件。只有在大前提与小前提之间寻求到具有涵摄关系的共性,推理才能进行下去。但问题的关键在于,我们如何把握法律推理中的涵摄关系呢?数学推理,乃至于一般的科学推理的概念都可以以集合的形式揭示出它的外延,因此,基本上可以不考虑推理的具体内容就能保证推理形式的有效。而法律推理不同,构成法律规范的概念一般是通过

─────────

[1] [美] 波斯纳:《法理学问题》,苏力译,中国政法大学出版社 2002 年版,第 54 页。

人为建构的形式给出的，出于一般治理的需要，这些概念通常是通过内涵的形式加以界定的，而在司法实践中面对的案件却是以外延形式表现出的个体，因此作为一般的法律与作为个体的案件在思维形式上并不相溶，而必须通过具体的法律分析，才能实现法律三段论推理的大小前提在思维形式上的同质，然后根据法律规范与法律案件是否存在涵摄关系，最终才能确定在二者之间能否建立起逻辑推理关系。我们应清楚的是："作为规范性法律从演绎推理的角度讲确实不能直接调整事实，因为，它们属于不同质的事物，因而，现实主义法学很容易找到法律与事实的不同。但是，关于法律推理的研究，恰恰不是寻找他们的不同，而是寻找法律与事实的共同点——具有法律意义的事实。法律能直接调整的是人的思维，正是在思维中我们才能发现事实的一致性，然后通过法律推理调整社会关系。这正是法治在哲学上能站得住脚的根据。法律推理过程绝不是从一般到特殊，而是从一般到一般。是通过思维来解决现实生活中的纠纷。"[1]

以上分析使我们清楚的认识到法律推理三段论和逻辑三段论在形式上的同构性，但是在建构三段论的时候法律三段论又表现出与逻辑推理明显的不同，就是法律三段论的大、小前提往往是不明确的，尤其在一些疑难案件中，一个案件裁判最难的不是进行推理，而是为推理创造条件：即发现究竟什么是这个案件中的事实，什么是这个案件可以适用的法律规范，而这些任务显然不是单靠逻辑推理就能解决的，而必须依赖法律解释、价值判断等方法来解决。法官究竟选择一个怎样的价值评判立场，作为法律推理的出发点来对规范进行解释，对事实进行裁剪，必须建立在法律主体对法律的理解的基础之上，由于这些工作的重要性，而在操作上往往比逻辑的推理更棘手，所以更能吸引人们关注的目光。陈金钊认为这些工作只是在为法律推理作前提准备，本身并不是法律推理。这种观点实际上是说，法律推理就是逻辑三段论。

我们认为这种观点是值得商榷的。因为即使假设把法律推理视为三段论推理这样的认识是没有错的，我们也会发现法律推理所赖以进行的三段论推理也不是纯粹形式的逻辑推理模式。所谓形式推理模式是指，只要根据其推理规则即可以判定一具体推理是否有效。当然，要做到这一点的前提条件是规则本身是形式化的。三段论推理有五条规则，其中，前三条规则都不能满足这个条件。①我们分析第一条规则。逻辑三段论从规则上规定两个前提必须有一个共同的概念，否则就会犯"四概念"的逻辑错误，至于说一个具体的三段论推理是否遵守了这一规则，传统逻辑学是无法判定的，这也是传统逻辑学的一个局限性，当然，这个局限性不是说逻辑学不研究思维内容的局限性，而是说它不能对一个推理是否有

---

〔1〕 谢晖、陈金钊：《法理学》，高等教育出版社 2005 年版，第 483 页。

效进行形式上的独立判断。例如："钢铁是物质；物质是不灭的；所以，钢铁是不灭的。"这个推理形式上是无效的，因为第一句话中的"物质"是一个物理学概念，第二句话中的"物质"是一个哲学概念，因此就犯了"四概念"错误，但是，必须具有一定哲学、物理学知识的人才能够认识到这一点，而单从形式上无法予以判定，之所以如此是因为："只有具体地对表达概念的用语进行分析，分析它到底是什么意思，才能区别到底是三个概念还是四个概念。因此，这种分析完全是内容方面的分析，而不是形式方面的操作"〔1〕 ②我们分析第二、三条规则。这两条规则都涉及到"周延"这个核心概念，这个概念同样是非形式化的，判定一个概念是否周延也必须进行具体内容的分析，如果这个概念是非形式化的，那么，这两条规则也就无法提供形式判断的功能。〔2〕需要指出的是，在现代逻辑学中，三段论推理只是一条普通的规律，并且通过精确的形式化语言避免了包括以上分析在内的诸多缺陷，而之所以能够如此的一个重要原因在于现代逻辑中的每一个概念都能够以一个集合予以表示，而对于每一个集合来说，它的元素都是确定的，这也许对于立法、司法实践有一定的启迪意义，但我们认为在法律领域是无法做到这一点的。

　　以上分析旨在说明法律推理必须涉及到具体内容的分析，这种分析贯彻法律推理过程的始终。现代法理学研究表明在建构法律推理的大、小前提的过程中，规范与事实的交流不是"单向"的，而是"双向交流"、"循环往复"的。一方面我们要清楚了解某一个规范的确切含义，就必须依照一定的事实对其进行解释；另一方面，对于赖以进行法律推理的案件事实究竟是什么，又有赖于我们对规范的理解和把握。这两方面相互依赖的工作只有在法律推理的框架下才能展开，如同根据大、小前提的涵摄关系进行逻辑推理一样，大、小前提的建构是法律推理整个过程的不可分割的环节。当然，我们可以把法律推理分为形式推理和实质推理两个方面分别加以研究，但是，这也仅仅是为了研究的方便，而不是法律推理真的可以分为形式推理、实质推理两个独立的方法。

三、法律推理理论的历史考察

　　法律推理只是法律理论体系的一个组成部分，它以法律理论的基本理论如法律的概念、性质、价值、目的等作为理论预设，不同的法律理论流派对于法律推理的认识也是不同的。国内法律推理理论的研究多是在译介欧美法律理论的基础上进行的，因而造成了不必要的混乱，为更好地理解法律推理，我们有必要对欧

---

〔1〕 王路：《逻辑的观念》，商务印书馆 2000 年版，第 101 页。
〔2〕 王路：《逻辑的观念》，商务印书馆 2000 年版，第 94～101 页。

美不同的法律推理理论作一简单梳理。

1. 形式主义的法律推理理论。法律推理作为一种司法制度的确立是在近代西方资本主义制度的建立之后，第一个制度形态的法律推理理论是形式主义法律推理。它既是一种法律推理实践，是对封建社会以前的法律决定的随意性、非理性的一种抑制或否定的制度实践，又是一种法律推理的理论、学说或方法。这一理论以英国法学家奥斯丁开创的分析法学为代表，其后又经过了哈特、凯尔森、拉兹、麦考密克等人的修正和发展，并且这些人的法律推理理论之间也有极大的分歧，但作为西方的主要法学流派之一，他们有着一些彼此赞成赏识的东西，这一流派的主要特点是：①以法治为基础，第一次确立了作为制度形态的法律推理的自主性。②在法律推理标准上，法律推理要求使用内容明确固定的规则，并将其法典化，裁判者根据纠纷中各方实质上的是非曲直做出决定，追求形式正义和正当性。它把一致地适用普遍的规则看作是正义的基石，并认为只有独立于相互冲突的价值观而选择的标准或原则，其推理结论才具有真正的有效性。③在推理方法上以逻辑推理为主导形式。这种观点认为，一切法律问题都可以通过应用明确的、不变的规则而做出决定，因此，一切法律问题的答案都是在人们的意料之中，唯一可用的法律推理方法就是逻辑的演绎三段论。在这种模式中，法律规则是大前提，案件事实是小前提，法官只需通过逻辑的演绎推理便能得出明确的法律判决结果。[1] 这样一个观点建立在以下理论设计之上。①每一项具体的法律决定都是某一抽象的法律命题对某一具体"事实情景"的适用。②在每一具体案件中，都必定有可能通过逻辑的方法从抽象的法律命题中导出判决。③法律必须实际上是一个由法律命题构成的"无空隙"（gapless）的体系，至少也要如此被看待。④所有不能用法律术语合理分析的东西都是与法律无关的。⑤人类的所有社会行为都必须构成或者是对法律命题的"适用"或"执行"，或者是对它的"违反"，因为法律体系的"无空隙性"必然导致对所有社会行为的无空隙的"法律排序"（legal ordering）。但是，事实证明，这种认定制定法律完整无缺、法律和事实严格对应、法官如同"自动售货机"的法治观念，不过是一种幻想，一种"法律神话"（legal myth）。1912 年《瑞士民法典》对法律缺漏以及法官补

---

[1] 这方面的成就之一是 1804 年《法兰西民法典》，按照拿破仑的观点："将法律化成简单的几何公式是完全可能的，因此，任何一个能识字的并能将两个思想连接在一起的人，就能做法律上的裁决"。转引自沈宗灵：《现代西方法理学》，北京大学出版社 1992 年版，第 329 页。

缺作用的明确承认，则是对这种法治观念的彻底否认。[1] 分析法学的法律推理最大限度地保证了判决结果的确定性和一致性，从而满足了人们对法律的这方面的要求，并且这一理论建立在分权的政治基础之上，而数学、科学在推动社会进步方面的巨大作用也诱使人们把数学、科学领域所运用的推理方法扩张到社会科学、人文科学包括法学的研究中来，因此，奥斯丁为代表的分析法学的法律推导理论成为近现代最为重要的法律推理理论之一。[2] 但是这一理论的缺陷也是显而易见的，法律规则常常是模糊不清的，甚至是相互矛盾或者存在一些漏洞，因此在法律推理过程中往往存在着实质的争辩和驳难，在这些情况下，形式主义推理理论的僵化和无奈就暴露无遗，使逻辑在法律推理中的作用日益受到挑战，法律推理中的道德和社会价值等实质性问题受到重视。特别是被称为"概念法学"的理论在德国兴起，其理论的片面性，以及它实际上为希特勒纳粹政府所利用的

---

〔1〕 《瑞士民法典》第1条第2、3款规定：如本法没有可为适用之规定，法官应依据习惯法，习惯法也无规定时，法官应根据其作为法官阐发的规则判案，在此他要遵循业已公认的学说和传统。它以鲜明的语言表达了自形式主义法学衰微以来人们普遍承认的一个事实：法律存在漏洞，需要法官通过创制活动予以填补。法国法学家 Geny 说："也许这是现代立法者第一次以一般规定正式承认法官在立法上的不可缺少的作用。"该法典的做法代表了大陆法系国家以后的立法走向。转引自张志铭：《法律解释操作分析》，中国政法大学出版社1999年1月版，第28页。

〔2〕 这一理论在我国也有广泛影响，一些以法律逻辑命名的教材和一些法理学教材中多采用此观点，如沈宗灵编著的《法理学》中所述："推理通常是指人们逻辑思维的一种活动，即从一个或几个已知的判断（前提）得出另一个未知的判断（结论）。这种思维活动在法律领域中的应用就泛称为法律推理（legal reasoning），它'大体上是对法律命题运用一般逻辑推理的过程'"参见沈宗灵主编：《法理学》，高等教育出版社1994年版，第436页。而人们所接受的法律推理理论教育和训练更多地是来自法律逻辑学这门课程，吴家麟主编的《法律逻辑学》认为："法律逻辑学是一门应用性质的形式逻辑分支"。"法律逻辑学不是法学的一个部门，而是形式逻辑学的一个部门；它是处于形式逻辑学下面一个层次的逻辑分支学科"。"它的任务在于把形式逻辑一般原理应用于法学和法律工作的实际，探索在法律领域应用形式逻辑的具体特点，因此，法律逻辑学并没有与传统形式逻辑不同的特殊对象，研究的还是属于思维领域的现象"。逻辑学以推理的有效性为其主要研究任务，对法律逻辑性质的定位决定了对法律推理性质的定位，因为作者认为法律推理就是推理的一般原理和规则在法律领域中的应用，逻辑学（形式逻辑）关于推理的定义就是法律推理的定义，所以在该教材中，根本没有对法律推理下一个明确的定义，只是在讲述形式逻辑推理的一些基本内容之后，在各章节后加上一些推理在审判或犯罪侦查中的应用等内容，作者认为这就是法律推理了吧。需要指出的是，在我国出版的以《法律逻辑学》命名的教材不少，基本上都遵循了这一观点和体例。近几年的一些法律逻辑教材对这一观点进行了一定的反思和改革，如1999年出版的由雍琦主编的《实用司法逻辑学》指出："法律逻辑有着它特有的研究视角和内容，特别是在法律推理的构造，即大、小前提的建立和推理方式上，都有别于普通逻辑；法律逻辑不是简单的形式逻辑推理的观点，已成为法学家们的共识"。但是，正如编者所说："本书不是真正意义上的法律逻辑"。所以，该教材仍基本上采用了传统的观点和体例。这也反映出了当代法律逻辑学研究者的心态和处境，即认识到法律逻辑和法律推理应该有自己的研究特点和对象，但至于怎样把握这一体系，理论建设方面并不成熟。

历史，使它在第二次世界大战以后为人们所摒弃，传统的分析法学也因此蒙上了阴影，被认为是不顾法律的道德性，为专制和暴政辩护的法学理论的代名词，受到强烈的责难和批判。直到以哈特为代表的新分析法学才重新获得声誉。自20世纪初以来，法理学者尤其是美国的法理学者，对法院审判案件的推理方式进行了广泛而深刻的批判性研究。在这些研究中，产生了各种各样的理论。"这些理论都在讨论司法判决过程中，常常模糊性地被称为'逻辑'的东西的实际或恰当的地位，其中大多数属于怀疑论。怀疑论者试图表明，尽管表面上演绎推理和归纳推理起着重要作用，但实际上它们仅起着次要作用。一般来说，这种理论倾向于主张，虽然司法判决过程的表面特点表现为逻辑方法和逻辑形式，但这种过程的真正特点表现为'经验'、'形式主义'或'合理的直觉'。根据这种理论的某些变种理论，虽然演绎推理和归纳推理意义上的逻辑不起什么作用，但仍有法院在判案中确实或应当遵循的其他法律推理程序或理性标准；而根据较为极端的变种理论，法院判决基本上是任意的。"[1]

2. 现实主义法学的法律推理理论。其代表人物是弗兰克、霍姆斯等人。这一流派以经验为武器对形式主义推理理论进行了全面的批评。霍姆斯法官的格言"法律的生命并不在于逻辑而在于经验"成为这一理论最鲜明的旗帜和引用频率极高的一句话。这里的经验指的是："可感知的时代必要性、盛行的道德和政治理论、公共政策的直觉知识，甚至法官及其同胞所共有的偏见。"[2] 该理论认为，所谓的法律就是法官的行为和对法官行为的预测。"官员们关于争端所作的……即是法律本身"，从根本上否定了分析法学所坚持的"法官必须依照现存的法律规则做出法律决定"的观点。这一理论认为形式主义的法律推理所赖以成立的大前提法律规则和小前提法律事实都具有不确定性，因此，"对许多法律判决的细致分析表明，它们是基于不确定的事实、模糊的法律规则或者不充分的逻辑做出的"。在这方面最为突出的是美国法学家卡尔·卢埃林的规则怀疑理论和杰罗姆·弗兰克的事实怀疑理论，卢埃林认为：①法律规则只是观念的逻辑，它对指导法院将如何判决几乎没有价值。②即使规则是正确的，它的具体含义也是因时因地而定的，离开具体的时空，法律只是一纸空文。③法律规则只有依靠法官才能成为确定的，而法官不但是一位法律工作者，同时又是一个普通的人，因此，他们的意志也和常人一样，受到社会环境、价值观念、心理偏好的左右，

---

[1] ［英］哈特："法律推理问题"，刘星译，载《法学译丛》1991年第5期。

[2] ［美］霍姆斯：《普通法》，转引自张保生：《法律推理的理论与方法》，中国政法大学出版社2000年版，第43页。

每一个法官对同一事实同一规则的看法都可能不同，都要打上法律之外的其他烙印。[1] 弗兰克认为：法律判决所依赖的是"主观事实"，而主观事实区别于客观事实，这是因为法官对事实的认定往往受到各种当事人、证人、鉴定人以及个人好恶的错误引导。在法律审判过程中，"有做伪证者，有心怀偏见的证人，有错误的了解或回忆事实的证人，有的证人失踪或死亡，有的证物灭失或被毁；有为非作歹和愚蠢透顶的律师；有愚蠢透顶或心不在焉的陪审官；有愚蠢、固执的和对证词心怀偏见和漫不经心的陪审员，等等。所有这些情况都使客观事实难以确定，使确定事实成为主观的、非理性的活动，因而也就不可能对判决进行预测"。[2] 弗兰克认为：把法律视为一个绝对的、崇高的、成文的、统一的、不变的、严格一致的确定的规则，只不过是普通人对法律无知幻觉的神话。他认为在案件审理中，法官的个性起着关键的作用。法律推理的过程是法官在接收事件的刺激以后，根据个人的主观评判先得出结论，然后再去寻找有关法律规则，这个推理过程的公式是：刺激＋法官个性＝判决。在审理疑难案件时，靠法官"拍脑门"定案并非什么新奇的事情。现实主义法学在对形式主义法律推理理论进行批判时走向了另一个极端，从而导致了法律怀疑主义的法律推理观，它主张"应该把法律视为一种政治，那么，法官将依据他们自己的社会正义观来裁判案件，……这种怀疑态度把司法权扩大到了前所未有的范围，并且把法官设想为没有有效法律约束而治理的哲学王。它放弃了法治，寄希望于法官将发现具有广泛基础的可令人接受的社会正义"。"官员的个性、政治因素或各种偏见对判决的影响比法律要大。"[3] 因而，具有普遍性的一般法律规则是不存在的，所谓法律只不过针对具体案件的具体权利义务的法律规定。怀疑主义的法律推理理论虽然强调了法律推理的灵活性，从而摆脱了形式主义法律推理观的僵化性、机械性，但是它所强调的法律只存在于具体的判决之中，根本不存在法律推理所必须遵循的标准的思想，最终将导致人们法律信仰的危机，这一点成为怀疑主义者难以圆满解决的难题。

　　3. 新实用主义法学的法律推理观。与现实主义法学一样，新实用主义法学的法律推理理论也是建立在对形式主义法律推理理论进行批判的基础之上的，并且将法律推理定位于关于法律内容的实质推理。比利时哲学家佩雷尔曼认为形式主义的法律推理建立在法律的明确性、一致性和完备性的基础之上，当不具备这三个条件时，法官必须首先要消除法律中的模糊和矛盾，必要时还要填补法律中

---

〔1〕　刘全德主编：《西方法律思想史》，中国政法大学出版社1996年版，第225页。

〔2〕　张保生：《法律推理的理论与方法》，中国政法大学出版社2000年版，第44页。

〔3〕　［美］伯顿：《法律和法律推理导论》，张志铭、解兴权译，中国政法大学出版社1998年，第4页。

的空隙。这些手段是法律逻辑而不是形式逻辑，因为问题涉及法律的内容而不是形式推理，形式逻辑不能帮助消除法律中的矛盾或填补法律中的空隙。1968 年，他提出了被称之为新修辞学（New Rhetoric）的实践推理（practical reasoning）理论，佩雷尔曼的新修辞学继承并发展了亚里士多德的古代辩证法、修辞学和实践理性理论，是指通过语言文字对听众或读者进行说服的一种活动。他认为形式逻辑只是根据演绎法或归纳法对问题加以说明和论证的技术，所以它属于手段的逻辑，新修辞学要填补形式逻辑的不足，它是关于目的的辩证逻辑，是推理讨论、辩论或选择根据的逻辑，它不仅可以使人们说明和证明他们的信念，而且可以论证其决定和选择，因而是进行价值判断的逻辑。法律推理就是在法律领域运用新修辞学的方法，通过对话、辩论来说服听众或读者，使他们相信、同意自己所提出的观点的价值，在持有不同意见的公众中争取最大限度的支持。与佩雷尔曼的新修辞学方法相比较，美国法学家对法律推理的"实践理性"的解释更被人们所熟悉，1990 年波斯纳出版了《法理学问题》，系统地阐述了"实践理性"的法律推理理论，与现实主义法学对逻辑推理学说的批判不同，波斯纳充分肯定了演绎逻辑的三段论推理对于维护法律的确定性和法治原则所起的重要作用。然而，波斯纳认为形式主义的法律推理方法只有在简单案件中才起作用，对于疑难案件和一些涉及伦理问题的案件，逻辑推理的作用是极其有限的。在法庭辩论等场合，仅凭逻辑演绎不能决定对立的主张中哪一个是正确的，这一问题需要实践理性的方法来承担，所谓的实践理性实际上是指当逻辑方法用尽时人们所使用的多种推理方法，它是相对于逻辑推理的"纯粹理性"方法、注重行动、实践的方法。纯粹理性决定一个命题的真假，一个命题的有效或无效；实践理性则是人们用以做出实际选择或者伦理的选择而采用的方法，它包括一定行为的正当化论证和相对于一定目的的最佳手段的确定。其中，起决定作用的因素是经验智慧。实践理性不同于实践感性或生活感情，但又不拘泥于法律规范的机械理解，而是以推理主体对法律条文与法律价值的内在联系的深刻领悟为基础；它不是以刻板的形式逻辑为手段，而是以灵活的辩证逻辑为手段，因此，实践理性既体现了法律的实践性，又体现了法律推理主体的能动性和创造性。[1] 这一点同辩证唯物主义认识论关于"行动、实践是逻辑的'推理'，逻辑的格"[2] 的思想是一致的。

4. 新分析法学的法律推理。虽然分析法学派的理论受到了广泛的批判，但是，这一理论所倡导的实证分析的方法的作用是十分重要的，任何国家只要具有

---

[1] 张保生：《法律推理的理论与方法》，中国政法大学出版社 2000 年版，第 49～51 页。

[2] 列宁：《哲学笔记》，人民出版社 1974 年版，第 233 页。

自己的法律，就必然存在对这种法律的解释和适用，而这种对法律的解释就是最原始意义的分析，所以，分析法学在消沉了一段时间后，经过对自身部分理论的改造和修正，又逐渐地耀眼起来，该学派代表人物是哈特、拉兹、麦考密克等。

（1）哈特的法律推理观。针对现实主义法学指责法律规则模糊性而对分析法学的发难，英国法学家哈特认为构成法律规则的语言既有"意思中心"（core of meaning），也有"开放结构"（open texture）。意思中心是指语言的外延涵盖具有明确的中心区域，在此中心区域，人们不会就某物是否为一词所致之物产生争议。开放性结构是指语言的外延涵盖具有不肯定的边沿区域。在这种情况下，人们会争论语言的意思、内容和范围。由于语言具有意思中心和开放结构的双重特点，所以，由语言所表达的法律规则也具有明确性和模糊性的双重特点，并且，语言本身的含义虽然在不同的语境中会有不同的理解，但在确定的语境中会有相同的理解，那么，人们就有必要遵循这些规则，而不是以法律规则的模糊性为借口规避法律的要求。而法官在法律的适用中也应该并且也有可能遵循法律规则进行法律推理。但是，并非所有的法律争论都和语言的模糊性有关，有时在法律规则的意思中心，人们同样会产生争议，例如，一规则规定：任何车辆不得进入公园，假如在公园内有一病人需要急救，救护车是否可以进入公园？在公园内发生了火情，消防车是否可以进入公园？人们不会争论救护车、消防车是否为车辆，但会争论根据规则它们是否当属禁止之列？显然，哈特的理论并没有解决怎样解决这些涉及到法律推理中广泛涉及到的法律原则、政策及政治道德准则问题。哈特自己也意识到了这一问题。他认为："语言哲学方法……不适于解决或澄清反映不同基本观念、价值或背景理论的不同思想的争论，不适于解决或澄清与规则冲突或不完善有关的争论。"[1] 他甚至提出，法律制度本身就存在一种病状，也就是说法律本身存在着"空缺"，这种空缺渊源于人类语言本身的空缺。法律存在着不一致性和不一贯性，当适用于具体案件时也存在着不确定的情况，因而为法官留下了广泛的自由裁量的机会和权利。这实际是一个"选择"的问题。哈特认为："无论它们（指判例和立法）怎样顺利地适用于大多数普通案件，都会在某一点上发生适用上的问题，将表现出不确定性；它们将具有人们称之为空缺结构的特征。"[2] 由于对这一特征的解释不同，产生了两种法律推理理论的根本对立，①坚信规则的形式主义的法律推理理论，②拒绝规则的现实主义法律推理理论，特别是规则怀疑主义的法律推理理论。哈特认为这两种理论都过于极端，但都不无裨益，而真理就在他们之间。

---

〔1〕　［英］哈特：《法律的概念》，张文显等译，中国大百科全书出版社1996年版，第6页。
〔2〕　［英］哈特：《法律的概念》，张文显等译，中国大百科全书出版社1996年版，第127页。

（2）拉兹的法律推理理论。同哈特一样，拉兹也承认法律体系中存在着空缺，因此，"法官的自由裁量权普遍的存在着，在不存在适用任何法律规则的义务的情况下，法官的行为是不可捉摸的，将会导致极端的不确定性和不可预测性，法律将成为一种绝对的自由裁量系统"。[1] 然而，拉兹据此并没有同意规则怀疑主义的主张，他认为恰恰是法律的存在将这一问题予以解决。拉兹认为，法律在本质上是对法律适用机关自由裁量权的限制，它不但指引私人的行为，而且也指引法律适用机关的行为。法官不具有绝对的自由裁量权，他们必须遵守法律所确定的行为标准。即使他们不认为这些标准是最好的也不能根据自己的主观好恶来断案。拉兹将法院管辖的案件分为两个基本类型，所运用的法律推理方法也有不同，①法律有规定的案件，它们不需要法官使用裁量权来解决，也就是说法官的法律推理必须以法律规则或判例为依据。②法律未规定的案件，这些案件都归因于语言和意图方面有意或无意的不确定性，这些不确定性是由法律概念所使用的标准的模糊性，或者是由在它们的适用中几个标准之间的相互冲突导致的。产生不确定性的另外一个原因是法律规则的冲突，存在相互冲突的规则，但缺乏解决冲突的规则的情况，会使规则的选择无所适从。对于法律未规定的案件，法官在审理过程中势必要使用裁量权，甚至造法也是不可避免的。但是，即使在这样的情况下，法官也必须受到法律的限制，法官造法的行为不仅是创法行为，而且也是法律适用行为，受到他所适用的法律的限制和指引。

（3）麦考密克的法律推理理论。麦考密克是与拉兹齐名的英国法学家，是制度实证主义的创始人之一。在其法学理论体系中，法律推理占据着重要地位。他认为法律推理就是法官行为的正当化，逻辑演绎的推理方法在法律推理中有着重要地位，但也存在着不足，因为法律推理也体现了实践理性在行为正当化过程中的形式——目的论的辩证过程，这一过程依赖于实践理性的方法。因此，他把法律推理分成两个层次：第一层次的法律推理，即演绎推理。第二层次的法律推理，即实践理性的推理。麦考密克认为，在司法审判过程中，存在着一定的基本预设：法官有责任做出正当的判决，而且法官做出的判决必须是正当的，他们不仅要进行法律推理，而且必须公开地陈述和阐明法律推理所使用的理由，以及理由与判决之间的联系。他们在审理案件的时候有责任适用可以适用的法律规则。

〔1〕 李桂林、徐爱国：《分析实证主义法学》，武汉大学出版社 2000 版，第 269 页。

每一个法律制度[1]都包括一系列可以通过共同的承认标准加以确认的规则；构成一个法律制度的承认标准的那些规则是法官共同接受的，他们的职责就是适用可借助于这些承认标准加以确认的规则。演绎推理是从亚里士多德以来就被确定为一种证明一定结果为"真"或"正确"的有效工具，因此，某些案件是可以应用严格意义的演绎推理的。但是，麦考密克认为演绎的法律推理的局限性也是显而易见的，形式逻辑本身不能够确认或保证前提的真实性，前提的真实性属于规范和经验领域考察的范围。在运用演绎推理的时候，它面临着以下难题：①"相关（relevancy）"问题，即在什么法律规则同案件相关的问题上发生争论；②法律解释（interpretation）问题，即法院在法律用语含糊不明而必须在两种不同解释中做出选择的情况；③事实"分类"（classification）问题。而这些问题是经常出现的，它们涉及到如何在相互矛盾或竞争的裁决间进行选择的问题，此时，纯粹的演绎推理就不足以解决法律决定的正当化，而必须借助于第二层次的法律推理。这一层次的法律推理包含两个因素：①它涉及到法律推理实质上的评价性和主观性。他要考虑各种裁决结果的社会效果的可接受性，因此是结果论的推理形式；对裁决结果的社会可接受性的评价有多重标准，包括正义、常识、公共福利、方便、功利等，法官对各种可能的裁决结果按照这些标准进行评价，选择那种他认为最好的结果，因此，这一推理又是评价性的；法官在评价相竞争的可能性裁决结果是可以给予不同的评价标准以不同的份量，这一选择带有主观性。②法官做出的判决与现有的法律制度必须保持一致性和一贯性。法律作为一种规则体系，诸多的法律规则遵守着共同的价值和目的上的一致性和一贯性，法官在一定程度上具有一定的裁量权，但这种权力又必须受到法律的限制，即法官必须依法裁判，他所做出的裁决必须以法律上的理由为根据，这一根据包括法律的价值、法律目的和法律原则。麦考密克认为："实践推理可以而且应该在不同的层次上进行。在行为理由相互冲突时，一个理智的行为人必须进入到第二序列或层次上进行推理，以便解决第一层次上的矛盾。"[2]

需要指出的是，在新分析法学领域，许多人运用了20世纪逻辑科学的尖端工具，如德国的乌尔里克·克格卢和奥地利的伊尔玛·塔曼鲁，他们通过不懈的努力建构了一种以大量运用数学符号为特点的法律逻辑体系。这一理论虽然有

---

[1] 制度是社会科学领域广泛采用的概念，它既容纳人们的组织或机构；亦指相对稳定的规范和行为模式。其中包括社会习惯、宗教教规及法律等。麦考密克认为，与法律相关的制度与社会制度既有区别又有联系。这里的制度"存在于规则和规范的背景中，并为规范或规则而存在，这些规范或规则（以复杂的组合形式）各自对人在社会背景中的行为赋予意义，使之合法，加以管理甚至予以认可"。参见［英］麦考密克、［奥］魏因贝格：《制度法论》，中国政法大学出版社1994年版，第20页。

[2] ［英］麦考密克、［奥］魏因贝格尔：《制度法论》，中国政法大学出版社1994年版，第230页。

助于我们对法律规则体系的逻辑结构更清楚的把握。然而，这一成就的前提是将法学上的实质问题剔除了出去，因它的纯粹而疏离了法律现实本身，以至于他们不得不从其他方面对其理论予以补充。例如，塔曼鲁就是通过仔细思考法律有序化的实质性问题，尤其是正义问题来增补他的逻辑研究的。[1] 我们认为这样一种评价也是可以商榷的。分工是现代学术发展的一个重要特点，对于同一个问题从不同角度进行分析，从而获得片面的真理也是推进学术不断发展的重要手段。如同我们前面所分析的，许多法律逻辑问题事实上就是由于传统逻辑的局限性所导致的，要更深刻地揭示法律推理的逻辑结构和推理特性，如它的可废止性、非协调性、非单调性等，就必须借助于现代逻辑，特别是现代哲学逻辑的工具才能实现。[2]

以上我们简单列举了一些不同流派的法学家的法律推理理论，[3] 各法学学派从不同侧面对法律推理的过程、性质、功能、局限性等予以阐述、辩驳，虽然没有形成一种令人普遍接受和认可的理论体系，但是，他们不懈的努力所取得的成果有助于我们对法律推理基本性质的把握。

四、法律推理的过程

法律推理只是法律制度运行的一个环节，按照弗里德曼用信息论的观点对法律制度运行的一般过程的分析，法律制度的运行至少要经过以下几个环节：①输入。即从制度一端输入进来原料，例如，法院要等某人提出控告，开始起诉，才开始工作。②加工。法院工作人员和当事人开始对输入的材料进行加工。法官和官员们行动起来，他们有秩序的加工原料。他们考虑、争辩、下命令、提交文件，进行审理。当事人和律师也各自起作用。③输出。法院做出判决或裁决。④反馈。"输出有时可能被置之不理，影响可大可小。有些影响的信息流回体系，这过程被称为反馈。"[4] 其中，第二个阶段主要是对第一阶段输入的法律信息进行处理和思维加工的过程；第三个阶段是法律理由论证和判例法惯用的书面法律

---

〔1〕　Tammelo, *Justice and Doubt*（Vienna, 1959）；Tammelo, *Rechtslogik and Materiale Gerechtigkeit*（Frankfurt, 1971）, pp. 50～83, 149～155；*Tammelo, Survival and Surpassing*（Melbourne, 1971）. 转引自〔美〕博登海默：《法理学——法哲学与法律方法》，邓正来译，中国政法大学出版社 1999 年版，第127 页。

〔2〕　张传新："法律逻辑研究的三个纬度"，载《重庆工学院学报》2006 年第 7 期。

〔3〕　法律推理理论是法学理论中最重要的组成部分之一，它受整个法学理论的基本观点所统一，又为其他部分提供佐证和说明。芬兰法学家阿纽尔说："在法理学中大多数目前最激动人心、最直接的争论是有关法律推理本质的问题。"

〔4〕　〔美〕弗里德曼：《法律制度》，李琼英、林欣译，中国政法大学出版社 1994 年版，第13～14 页。

推理过程。在弗里德曼看来，这样一个过程完全如同在一个黑箱子里操作，让人不可捉摸："变为要求的社会势力从制度的一端输入，判决和规则从另一端流出。我们应该把多少功归于中间的黑盒子？机器如何操作，做些什么？它是否像力通过薄膜那样而不改变形状？"[1] 这样一个操作流程从形式上看像一台绞肉机，上面投入条文和事实的原料，下面输出判决的馅儿。加上人们对判决一致性和确定性的要求，所以，人们对法律推理的认识最初就是演绎的三段论。"谈到法律推理，人们头脑中最初的表象也许是公式化的"法律规则＋案件事实＝判决结论"。的确，法官受理公诉人和原告方的控诉，听取被告方律师的辩护，检验各种证据材料，寻找一般法律规定并思考它们与特殊案件事实之间的一致性和差别，通过法律规则的解释权衡有关罪名能否像"帽子"一样戴在被告"头上"，最后做出适合该案件的判决。这个认定事实和适用法律的过程，反映了法官在诉讼活动中用得最多的可能是演绎推理。对于这样一个推理过程，人们进行了类似逻辑三段论的刻划模式。例如，西南政法大学教授雍琦将其刻画为：

L——法律规定

F——确认案件事实

J——裁决、（定性）判处结论[2]

奥地利法哲学教授魏因贝格尔则将其概括为：

法律规则

事实认定

法律后果[3]

我国台湾地区的民法学者王泽鉴对此虽采用了不同的表述方式，做出的也是类似上述那样的刻画："若以法律规范（T）为大前提，以待决案件事实（S）为小前提，以特定法律效果之发生为其结论"，他将法律适用的逻辑结构表述为：

T→R（具备 T 构成要件者使用 R 法律效果）

S＝T（待决案件事实符合 T 构成要件）

---

[1]　［美］弗里德曼：《法律制度》，李琼英、林欣译，中国政法大学出版社 1994 年版，第 16 页。

[2]　雍琦：《审判逻辑简论》，四川人民出版社 1990 年版，第 11 页。

[3]　［英］麦考密克、［奥］魏因贝格尔：《制度法论》，周叶谦译，中国政法大学出版社 1994 年版，第 54 页。

S→R （该待决案件事实适用 R 法律效果）[1]

在 18 和 19 世纪，许多西方法学家把法律推理看成逻辑三段论的运用，但这种机械的法律推理理念在 19 世纪末期、特别是 20 世纪初期，就遭到了各种法学派别的批判，因为这些法律推理，即使在形式上表现得同形式逻辑的演绎推理极为相似，但是，其推理形式不像逻辑学家们要求的那样严格，更不能简单地用相关的推理规则作为判定它是否有效的标准，事实上，很难将这类推理从形式上归结于何种具体的演绎推理形式。构成法律推理的大、小前提都包含有某些不确定的因素，"除了事实认定方面，使用法律也往往是颇费踌躇的，究其理由，或者成文法的条文语意暧昧、可以二解，或者法律规范之间互相抵触、无所适从，或者对于某种具体的案件无明文，或者墨守成规就有悖情理、因而不得不法外通融，如此等等、不一而足"。"即使在法律原文明确的场合，法律家也不可能像一架绞肉机，上面投入条文和事实的原料，下面输出判决的馅儿、保持着原汁原味。"[2] 这表现为，法官在审理案件时需要对模糊的法律概念、法律规则做出具体的解释；在法律规则存有漏洞的情况下，需要依据法律原则、社会政策等对法律做出补充；在法律规则存在竞争的情况下，在不同的法律理由和可能的判决结果中做出选择。这样的推理不可能是简单的形式逻辑推理的操作。因此，对法律推理形式的刻画最多也只能走这么远。

另有一部分法学家以分析实证的方法，从具体的司法判决的实际中考察法律推理的模式。司法判决是依照法律的要求认定事实，适用法律以解决纠纷的过程，这一过程通常以书面的形式予以表达，即司法判决书，它不但要宣布一个判决结果，更重要的内容是判决结果的得出过程和正当性证明，也就是法律推理的过程。由于政治法律制度、法律文化传统、法律职业状况等方面存在差异，虽然司法判决的功能相似，但在不同的国家表现出不同的形式和风格，也反映出在不同的法律制度下，法律推理过程的不同特点。在这里我们直接引用国外的一项研究成果，把这些差异作如下对比：[3]

系列 1	系列 2
（1）认为只有一种可能的答案，不公开承认存在解释争议或对制定法的不同解释	（1）认为可能的答案不只一种，公开承认存在解释争议或对制定法的不同解读

---

[1] 王泽鉴：《民法实例演习·基础理论》，转引自梁慧星：《民法解释学》，中国政法大学出版社 1995 年版，第 191 页。

[2] 季卫东："追求效率的法理（代译序）"，载波斯纳著，苏力译：《法理学问题》，中国政法大学出版社 1994 年版。

[3] 张志铭：《法律解释操作分析》，中国政法大学出版社 1999 年版，第 214 页。

系列 1	系列 2
（2）高比例的法条主义的专门语言	（2）低比例的法条主义的专门语言
（3）抽象、一般的性质	（3）具体、决疑的性质
（4）间断、概要的判决	（4）详尽、扩展的判决
（5）从权威前提出发的逻辑演绎模式如三段论归摄	（5）对话合理性选择模式
（6）实体理由对形式理由的比例较低	（6）实体理由对形式理由的比例较高
（7）不承认司法裁判具有评估和创造性质，在本质上是裁判为认知、确定和适用现存法律的过程	（7）承认司法裁判具有评估和创造性质
（8）整体上的权威色彩	（8）整体上的论证和对话色彩

其中系列 1 以大陆法系的法国为典型代表，系列 2 以普通法系的美国为典型代表，其他国家则居其中，总体上说是法国比较孤立，而且偏离法国以及朝向另一极已成为一种趋势。这些差异基本上反映了在两大法系和不同法律制度的法律推理的特点，大致包括以下几种推理模式：

1. 简单归摄模式。在这一模式中，判决证明被归结为一种逻辑三段论结构，判决书中陈述的仅仅是法律规则、相关的事实以及判决结论，这一模式大致可表示如下：

大前提：Tx－Jx（所有满足构成要件 T 的对象 x，有 J 的法律效果）
小前提：Ta（a 为某一满足构成要件 T 的对象 x）
结论：Ja（法律结果 J 归属于 a）

2. 复杂归摄模式。该模式仍是从一定前提逻辑演绎的结果，但对前提的陈述复杂而详尽，因为这些前提又有"次级前提"来证明，这一模式的结构可表示如下：

大前提：Tx－Jx（所有满足构成要件 T 的对象 x，有 J 的法律效果）
小前提 1：T1x－Tx（对构成要件 T 的第一层次的解释）
小前提 2：T2x－T1x（对第一层次构成要件 T 的解释）
…………

小前提 n：Tnx – Tx – 1x（Tn 为对构成要件 T 的最终层次的解释）

小前提：Tna（a 为满足对构成要件 T 的最终解释 Tn 的对象 x）

结论：Ja（法律结果 J 归属于 a ）

3. 对话、选择性证明的模式。在这一模式中，最终判绝不是作为一定前提的逻辑结果出现，而是作为按照解释论点和优先规则所作的司法选择的结果出现。这种模式的主要特点是，陈述和讨论在每个相关争点上相互冲突的解释论点，辨别可能的选择方案，然后做出公开选择并陈述理由。在这里，常常会出现一些实体方面的思考或对有关价值的讨论。

然而，实际的法律推理过程和方法的分歧也许没有这么大，两大法系在司法判决中所表现出的差异更多的是司法判决书制作风格上的差异，虽然对不同的推理模式各有侧重，但并不意味着法律推理过程和方法有绝然的对立。当遇到简单案件时，如一条法规规定："一个人盗窃属于另一个人的动产，他就犯有盗窃罪"。如果法院查明的事实表明，甲出于占有乙的汽车的意图而偷了乙的这辆汽车，那么，一位法国的法官固然以演绎推理的方式做出甲犯了盗窃罪的逻辑结论，一位美国的法官也不必要借助于正义、公平等抽象的法律原则，运用实践理性推理的方法进行长篇幅的法律理由的论证后，才做出甲犯有盗窃罪的结论。当遇到疑难案件时，如法无明文规定、规则模棱两可，或者多个法律规则相互竞争的情况下，法院制作的法律判决书可能就表现出不同的风格。如，法国的判决书中形式的理由占据了主导地位，几乎没有法律适用方面的决疑性思考，紧扣制定法原文，把法律事实划分为"属于"和"不属于"一般的法律规则，然后宣告一个判决结果。而美国法官制作的法律文书则详述对问题的争论，实体理由占据了很大的篇幅，显示出法律判决的公开创造性和评价的色彩。那么，是不是就表明法国的法官的推理过程是形式推理过程，而美国的法官的推理过程是实质推理呢？并非如此，这一差异只能说明司法判决中不同意见展示方式和要求不同。在法国，虽然在疑难案件的推理过程中运用了实质推理的方法，但这一过程在司法判决书中依然以一定的法律规则为依据，使判决看起来是从法律事实和法律规则的前提中运用逻辑演绎的方法必然地得出。作为制定法国家，我国的司法判决书同法国有极大的相似性，很少有法律理由和法律推理过程的展示，在我国的司法判决书中，一般首先陈述原被告双方的诉讼请求、对案件事实的陈述和有关证据，然后，经过一句"本院经审理认为"的过渡，便直接宣告原告或被告的理由不成立，法院不予支持，最后依据某条或几条法规做出判决。但是，这只是公开展示的一面，实际推理的过程却被视为案件审理的秘密不对外公布，但却记录在合议庭笔录、审判委员会的笔录中，在这里，合议庭、审委会成员尽可以表达对案件事实、适用法律规则、不同法律理由及可能判决结果的意见，并相互论辩，最后做出一个多数人认可的判决结果。这一过程可能才是法律推理的真实过程，这一推理过程表明，即使在判决书中展示的是演绎的推理形式，但在实际的推理过程中却涉及到了很多的实质性推理方法。所谓的形式推理和实质推理的区分，不过是法学家为了理论研究的方便而进行的人为的区分，在实际的法律推理过程中，二者是相辅相成，同时发挥作用的。因此，企图从形式方面揭示法律推理的过程，或者仅从实质性方面揭示法律推理的过程都必然具有一定的局限性。

我们认为：①法律推理从形式上看是一个类似的三段论，它应该遵循形式逻辑推理的一般原理和原则。②无论是法律规定还是法律事实都具有多种规定性，法律推理的大、小前提间存在着多重的推导关系，因此可能导致多个推理结论，这些结论是对立统一的，不能通过形式推理的方法加以区别。③无论是法律事实的认定，还是法律规范的选择都包含着多重的思维过程，也就是说法律推理的过程表现为一个复杂的推理系统，而不是一根从前提到结论的直线。④法律规定、法律事实、推理主体都是包含多种属性的对立统一体，对于如何从一法律体系中选择相关的法律规定（不仅仅指白纸黑字的法律规范、法律原则）、如何把客观事实加工成法律事实，建构一法律理由，如何对众多的法律理由进行权衡、抉择，保证做出的判决的合理、有效，不是推理形式所能解决的问题，这样一个推理结论可能是对矛盾或竞争的法律规范、法律原则、法律价值权衡的结果，也可能是出于社会政策的考虑，甚至法官的法律信念、判案经验、道德倾向都有可能成为左右法官做出判决的影响因素，但更多的时候却是多种因素对立统一的结果。这样一个结果不是演绎推理的必然、确定的推出，而是综合力作用的结果，这样的推理有人称之为实践理性，有人称之为实质推理，也有人称之为辩证推理。⑤在法律的推理过程中，形式法律推理与实质法律推理是相互联系、相互渗透的，形式推理保证推理形式的有效性，实质推理保证推理实质的合理正当性。在简单案件中，虽然多表现为形式推理的过程，但也不可避免对法律概念、法律规则的解释，涉及到实质推理的方法。在复杂案件中，实质推理的方法占据了重要地位，但在总的推理形式上仍然表现出一个演绎推理的过程。特别是像我们这样的实行成文法的国家，不仅很少单纯运用形式法律推理的情形，而且也极少有单纯运用实质逻辑推理的情形，就以法院对刑事案件的审理来说，即使是通过审理表明，某项刑法条款明显地、毫无争议地可适用于所审理的某一具体案件，一般看来，在这种场合下似乎只需要运用形式法律推理，便可以自然而然地、逻辑地演绎出来一判处结论——人们通常也容易把这样的判决实例描述为一个简单的三段论推理形式。其实，深究起来却并非如此，因为，"法院判决时面对的实际情况不是在真空中，而是在以一套现行的法规运作中出现的……在这种运作中，根据实际情况而做的各种考虑，都可以看作是支持判决的理由。这些考虑范围是广泛的，包括各种各样的个人和社会的利益，社会的和政治的目的，以及道德和正义的标准"。[1] 因此，对于实际的法律推理，正如博登海默所指出的那样："我们不应当做这样的假定，即人们必须在推理的分析形式与辩证形式之间做出抉择，也就是使用一种形式就排除采用另一种形式。经常发生的情况是，推论的两种方式在同一审判的各个方面都是以某种混合形式出现的"。[2] 因此，努力把法律推理的过程描述为一个形式的过程，或者描述为一个实质的过程的方法都有一定的局限性。下面我们尝试着从另一个角度对法律推理的过程进行分析。

（一）法律推理是一个对立统一的过程

在以辩证思维为主导思维的今天，法律推理的主要表现也应该是辩证思维，其过程必然表现出对立统一的特点。作为社会调控的一种形式，法律功能的实现途径之一就是对社会既有矛盾的化解，达致社会关系的一定和谐。然而，这一体系本身也是一个包含了众多矛盾的体系：法律案件产生的直接原因表现为人们对法律理解的不同而产生的分歧；法律的众多价值目标、原则经常性的如同鱼与熊掌不可兼得；法律规则和法律原则、法律规范、法律概念都是对立统一的矛盾体。法律推理所依赖的事实材料不是客观的事实，而是经过处理和认定的法律事实，法律事实本身及认定的过程也表现出对立统一的性质；而徒法不足以自行，法律推理的过程表现为法律客体与推理主体间的对立统一。这些因素决定了法律推理的过程的本质是对立统一。

1. 法律推理的本质是化解对立，走向统一。法律纠纷的产生根源于人们现实生活中利益的冲突，冲突的解决有多种手段和途径，将争端起诉至法院，并希望法官从中裁断做出判决时便形成了一个案件。在当事人之间产生纠纷时，当事人及其律师便开始了自觉或自发的法律推理活动。他们会根据案件的事实寻找与此相联系的法律规定，并做出案件判决的预测。但是，由于对案件事实、法律规定理解的分歧，对判决结果的预测也会有所不同。并且当此分歧不可调和时，他们才会将案件诉至法院，而法官的使命便是根据双方对案件事实的陈述，从自己掌握的法律体系中寻找和选择与此相关的法律规定，经过法律推理做出判决。因为法律体系是一个对立统一体，包含着许多的矛盾，而案件事实也不是简单的客观事实，是按照法律构成进行处理过的法律事实。在对客观事实的处理过程中会

---

[1] ［英］哈特："法律推理问题"，刘星译，载《法学译丛》1991 年第 5 期。

[2] ［美］博登海默：《法理学——法哲学与法律方法》，邓正来译，中国政法大学出版社 1999 年版，第 484 页。

有主观因素的参与，判决结果也要考虑双方利益、社会政策、社会效果、社会价值倾向等多方面的因素，因此，这样一个过程既要遵照一般的逻辑思维规律，又要在对立中追寻统一。我们可举一实例对此进行分析：

　　　　一名破产者 A 想拍卖个人财产以筹钱还债。被拍卖物品是 A 珍藏多年的一幅油画。一名参与拍卖的投标者 B 以 100 美金的叫价成交。当 B 让他人给这幅油画估价时，得知自己买得一副失窃多年的世界名画，价值数百万美金，由此欣喜若狂。数天后，A 从其他地方得知此消息，便向法院起诉要求撤销成交契约。一审法院判决准许。

　　在上诉审中，A、B 双方充分论说了各自的理由。A 认为，如果在买卖中双方对买卖物存在着"误解"（如误解其真实价值），则买卖是无效的。在拍卖交易中的确存在"误解"，因此应予撤销。A 引证美国舍沃德诉沃尔克（Sherwood v. Walker）案作为判例，说明自己的法律理由。在该判例中，一农民卖给另一农民一头牛，买卖是双方都认为这头牛是不能生育的。但后来牛被证实可以生育，卖者便要求撤销合同且被准许。A 认为，判例和本案是类似的，他和 B 当时都认为是在买卖一幅价值不高的油画，双方对买卖标的性质都有误解。由于这个误解对交易来说是实质性的，A 认为一审判决是正确的。

　　B 认为，本案不属"误解"性质的案件。B 引证美国沃德诉鲍伊恩顿（Wood v. Boynton）作为案例。在此判决中，一妇女将一块小石头卖给珠宝商，得 1 美元，在买卖时，双方无人知道这类石头是什么。但事后双方得知，这是一块天然钻石，价值 700 美元。妇女以双方都有误解为由要求撤销契约。但法院认为契约有效，认定由于双方都知道各自在就一个不知价值多少的石头而讨价还价，因而不存在误解。因为，A、B 双方都知道交易中的油画是一个价值不明的作品，B 认为一审判决错误。

　　在 B 引证的判例中，法律原则是：契约法的一个基本目的是鼓励人们在交易中自我依赖自我谨慎，任何人均可自由的达成有约束力的协议（无论口头，还是书面），并因此而负责任。人们可以认为，原告 A 有机会让他人对油画做出估价，如果他谨慎，便可发现油画的真价，因此应认定契约有效。在 A 引证的判例中，法律原则是：契约法的基本目的是确保当事人公平的交易。由此人们可以认为，B 在本案中是以 A 的不幸为代价获得了大笔意外收入。因此应认定契约是无效的。[1]

　　在该案中，我们可以看出，该纠纷产生的根源是对油画拥有所有权主张的分歧，但之所以成为一个案件，是因为人们在充满矛盾的法律体系中选择了不同的

---

〔1〕　刘星：《法律是什么》，中国政法大学出版社 1998 年版，第 216～217 页。

判例和法律原则，据此进行推理所得出了矛盾的结论。假如说，A 和 B 都认为该案件属于"误解"案件，应遵循的原则是：契约法的基本目的是确保当事人公平的交易。那么，解除该无效契约即可。或者说，A 和 B 都认为该案件不属于"误解"案件，应遵循的法律原则是：契约法的一个基本目的是鼓励人们在交易中自我依赖自我谨慎，任何人均可自由的达成有约束力的协议（无论口头还是书面），并因此而负责任。那么，A 就只能自认倒霉，不会向 B 提出什么要求。在这两种情况下，虽然仍存在利益冲突，但不会形成案件。法官受理该案件后，首先是对 A 和 B 陈述的事实进行分析综合，以求有一个全面、客观地了解，在分析综合时，法官会不断地和他掌握的法律规定相对照，认定一定的法律事实并选择相应的法律规定建立起法律推导关系，做出相应的判决，这一过程涉及的多种因素，包括案件事实、法律概念、法律规则、法律原则、法律价值、法律目标等都具有对立统一的特点，法律推理的过程便是对这些矛盾对立的因素加以分析综合，从而建立起合理的法律推导关系。而做出的法律判决也是在相互对立的众多可能的推理结论中，裁断出一个尽可能公正、合理的结论，这一结论不是建立在单一的推导关系基础之上，而是众多结论相互作用的结果。假如真要把法官比作一部机器的话，那么这部机器应是一部高智能的机器，他会对输入的原料加以鉴别和选择，他也会针对不同的原料和社会的旨趣选用不同的配方，从而做出不同风味的产品，这样的一部机器与一般绞肉机的区别是，它甚至有着自己的思维和意志，那么，这还是一部一般意义上的机器吗？

2. 法律体系本身是一个对立统一体。尽管法律存在着太多的缺陷和弊端，但人们依然寄予其过多的价值负载，如正义、秩序、和平、民主、自由、公平、效率等，这些价值最终都依赖于众多的法律原则和法律规则来实现，但这些目标和价值并不是完全协调统一的，例如，法律的目的之一是保护人们的自由和财产，但其直接的表现却是对自由的限制和对财产的剥夺；对于正义的追求要求法官尽可能地按照客观事实审判，而对效率的追求则要求法官必须在一定的期限内将案件审结……这些价值目标之间的矛盾对立也使得众多的法律原则、法律规则间存在着矛盾对立，如前案例中体现的契约自由原则和公平交易原则的矛盾冲突。依赖该法律体系进行的法律推理便表现为在众多的法律原则和规则中加以协调和平衡，从而在矛盾中寻求适当的平衡。

3. 法律规范、法律概念本身的对立统一。法律推理的进行有赖于更基本的思维形式：法律规范、法律概念。不但不同的法律规范、法律概念间是对立统一的，即使是同一个法律规范、法律概念也是对立统一的。首先，作为推理的大前提的法律规范，虽然都表现为命题形式，并有着各自不同的逻辑结构，但它总是以某种法律概念为中心而展开，甚至是表面看来是非常确定的法律概念，其外延界限也并不如其想象的那么清晰，它的边缘情况往往是不明确和模糊的。因为人们在制定法律概念并对之加以规定的时候，通常考虑的都只是、也只能是能够说明这个特定概念的最为典型的情形。实际上，正如美国法哲学家博登海默所说："在法律的各个领域中，我们都发现了棘手的难以确定的两可情况，甚至像'糖果'这类术语，虽然说第一眼看上去似乎相当具体、明确，但它在其中心含义和含义模糊不清之处也会产生解释上的困难"。[1] 并且，法律概念、法律规则总是高度抽象、概括的，这与个体案件的具体性、多样性形成了矛盾。但一定的法律概念和法律规范的中心意思又必然是明确的，在具体的时空背景下，它的意思是具体、明确的。例如，一条法律规定："任何车辆不得进入公园"，而在现实生活中有不同种类的车辆，汽车、卡车是车辆，救护车、救火车也是车辆，但这些车辆包括在该条法律规定之中吗？当一名游客驾驶着一辆卡车进入公园游玩时，该辆卡车属于被禁止范围，当一名工人受公园管理者的委托，驾驶着该辆卡车将公园内枯死的树干拉出去时，守门人员能够以该条规定为依据拒绝该车的进入吗？

　　4. 法律事实是案件客观事实和法律规定的对立统一。虽然我国法律规定了："以事实为根据，以法律为准绳"的法律适用原则，但是，案件的客观事实具有时间上的不可逆转性，也不可能像科学实验那样，通过对各因素的控制，对同一现象进行多次的模拟，从而发现真相，掌握规律。因此，无论是法官还是律师都不可能亲身经历，而需要通过一系列的取证、质证和认证的活动来确定，案件审理的一项重要工作就是通过当事人、证人等对实物的观察和叙述查证案件事实的真实情况。比如，证人证言是法律确定的最主要和最常见的证据种类之一，但在司法实践中，证言通常是相互矛盾的，造成这一情况的原因有很多，现实主义法学家弗兰克先生认为：①事实需要通过人来确认。②证人的记忆力是有限的。③法官对证人证言的认识在很大程度上受证人和法官的个人因素的影响，因此法律上认定的事实与客观的事实总有一定的距离。[2] 一些国外学者通过实验和分析认为，证人对事实的了解一般经过三个阶段：认知事实；通过记忆保存事实信息；检索并复述事实信息。在每一个步骤中，都不可避免地存在大量导致证人证言偏离事实的因素和可能。"首先认知事实的过程不是一个简单的被动记录事实的过程，而是一种建设性的过程。其次，在头脑中储存的有关事实的信息在不断

---

〔1〕 ［美］博登海默：《法理学——法哲学与法律方法》，邓正来译，中国政法大学出版社1999年版，第487页。

〔2〕 J. Frank：Law and The Modern Mind, 1949，摘自 Lloyd's Introduction to jurisprudence, pp. 680 ~ 682.

地被改变，自觉或不自觉地使原有印象和信息适应新出现的与事实有关的信息；同时另外一些情节则被忘记。最后，从记忆中检索信息的方式几乎总是歪曲记忆中已有的印象和信息。十分常见的情况是，有强大诱导力然而又被令人无法察觉的精巧设计包装起来的体温决定着最终的检索结果。"[1] 由此可见，那种把证人证言比做录音机的理论基本上是站不住的。有人曾把对案件事实的发现过程比喻为考古发现，法官只能利用现有的一些线索，对可能的情况进行最大程度的符合客观事实的描述，但这种描述永远不可能就是客观事实，并且，在这种复原中不能排除一些人为因素的干扰。因此，不同的证人证言对于确定案件事实不可能是协调一致而又充分的，而是表现出错综复杂的相互抵触的关系，法官必须对众多的证人证言予以必要的分析、综合、判断。另外，案件事实的认定绝对不是一个简单地断定的过程，总得有其认定的理由和根据，而任何一个具体案件，在事实方面总是生动、具体的，不同的法官因个人方面各种因素的不同，或者出自不同的考虑，即使对于同一案件也会侧重于选择不同方面的事实。

（二）法律推理是一个由抽象上升为具体的过程

法律推理的重要表现是法律规定的抽象性和适应对象的具体性之间的矛盾。"法律是应适用于个别事件的一种普遍规定。"[2] 它所调整的对象是一般的行为，因而，具有抽象性和概括性。但法律推理的对象却是具体的案件，具有前者无法加以涵盖的复杂性和多样性。根据概念的内涵与外延的反变规律，"在可比较的概念之间，如果一类概念的外延愈大，而它的内涵就愈少；如果一类概念的外延愈小，它的内涵就愈多"[3]。一法律概念规范的范围越广，其内涵就必然越少，也就必然更抽象，更难以把握；而一个概念越具体、精确，它所规范的范围也越窄。当我们用词把这样形成的抽象观念固定下来的时候，我们就有发生错误的危险。抽象概括的表述和具体事物之间不存在精确有序排列的对应关系。关于这一点早在古希腊的时候就已成为人们讥垢法律的一个口实，柏拉图认为："法律绝不可能发布一种既约束所有人同时又对每个人都真正最有利的命令。法律在任何时候都不可能完全准确地给社会的每个成员做出何谓善德、何谓正当的规定。人之个性的差异、认知活动的多样性、人类事务无休止的变化，使得人们无

---

[1] 王晨光："从'错案追究制'谈法律运行中的不确定性"，载梁治平编著：《法律解释问题》，法律出版社 1998 年版，第 257～258 页。

[2] ［德］黑格尔：《法哲学原理》，范扬、张企泰译，商务印书馆 1961 年版，第 223 页。

[3] 河南大学"普通逻辑学"编写组编著：《普通逻辑学》，中国国际广播大学出版社 1993 年版，第 30～31 页。

论用什么技术都无法制定出在任何时候都可以绝对适用于各种问题的规则"[1]
柏拉图认为，法律的原则是由抽象的、过于简单的观念构成的。然而，简单的原
则是无论如何也不能用来解决复杂纷繁的事务状况的。这一问题同样被亚里士多
德意识到，法律规则的一般性和刚性可能会使法官无法将该规则适用于个别案件
的解决。

　　"法律的基本作用之一乃是使人类为数众多、种类纷繁、各不相同的行为与
关系达致某种合理程度的秩序，并颁布一些适用于某些应予限制行为的行为规则
和行为标准。为能成功地完成这一任务，在形成一般规则时，预期并提出各种将
来可能产生的情况组合，是不可能的。这就产生了法律规则和判例的相对模糊
性。任何规则无论怎样加以精确描述，总会遇到关于某些具体情况是否属于其规
定范围的问题。而解决这些问题，又无法求助于语言规范，求助于法律解释规
则，甚至参考明确的或假定的立法目的，也是无济于事的。在这种情况下，规则
就会模糊不清或模棱两可。如果两个规则可适用于一种具体情况，同时又包含
'合理的'或'实质性的'等不确定术语，那么类似的模糊性也会产生。要解决
这些问题，只能依靠一些方法，这些方法的合理性不在于结论和前提之间具有逻
辑关系。"[2] 这样，法律推理就表现为将抽象的法律概念、法律规则上升为具体
概念、具体规则的过程，例如，在法律规定中，关于"死亡"的定义是非常抽
象的，而在具体的法律推理时，必须将其具体化。假如某人因患有奇怪的疾病，
最后变成了植物人。其已没有能力思维，但心脏和肺仍具有正常的功能，那么，
对该人是否死亡的认定就必须依赖于对"死亡"概念的具体化，假如法律规定
只要没有了思维能力，便可认定为死亡。那么，在多大程度上可以认定为没有了
思维能力呢？事实上，对于死亡的标准可以从不同的方面进行认定，每一个人的
死亡都是具体的死亡。法律规定："被继承人死亡之时继承开始。"假如 A 的后
代 B 提出了继承财产的要求，理由是 A 已经"去世"。A 的律师可以认为：①在
一般意义上说 A 死亡了是有道理的，因为人作为真正意义上的人，便在于具有
意识。现在 A 已停止了意识，显然已失去人的存在的基本特征。但不可忽视的
是 A 仍可以呼吸，心脏具有正常的功能，人们不能忽略其本身的利益，正如不
可忽略没有基本意识的胎儿和缺乏正常思维能力的精神障碍者的利益一样。②随
着医学的发达，存在 A 有朝一日恢复意识的可能。因此，不能断定 A 已死亡，
也可以据此做出驳回 B 的财产继承请求。而 B 的律师认为：①允许 B 继承遗产

<hr />

[1]　[美]博登海默：《法理学——法哲学与法律方法》，邓正来译，中国政法大学出版社1999年版，第
　　9页。
[2]　[英]哈特："法律推理问题"，刘星译，载《法学译丛》1991年第5期。

并不意味着不保障 A 的利益。当 B 继承遗产后，可以更好的在其财产状况改善的条件下为 A 提供更好的治疗。②在目前即可预料的时间内，A 不可能恢复意识。这意味着 A 将一直保持现状直至停止呼吸。在法律上，之所以规定继承，原因之一便在于人死亡之后不能再有效支配自己的财产，而如果是财产控制处于"真空"状态，便是一种资源的浪费。因此，应做出支持 B 请求的判决。[1] 因此，不同的人对于什么是"死亡"的理解是不同的，不同的人在不同的时候对于什么是"死亡"的理解也是不同的，法官在做法律推理时，必须将抽象的法律规定上升为对案件的具体规定，从而做出相应的判决。而有些概念比"死亡"这类的概念更难以认定，例如，法律禁止制造、贩卖淫秽物品，那么什么是淫秽物品呢？事实上，尽管法律有更具体的规定，但在进行具体的法律适用时对什么是淫秽物品的认定是极其困难的，以至于有法官说：对于什么是淫秽物品，只有我亲眼看到后才能认定。

五、法律推理的目标

法律推理的目的是依据一定的法律前提得出一个合法、正当的判决结果，这有赖于推理形式有效，推理前提合法、正当两个条件的满足。这一目标也体现了法律推理与逻辑推理之间的区别。对于一般逻辑推理来说，只要不违背推理的形式规则，这个推理就是有效的，而对于法律推理来说，推理的形式有效性要求是不言而喻的，判定一个法律推理是否有效的关键是看该推理是否具有实质有效性。[2] 它采用一种宽泛的合理性标准，合理性注重的是推理结果的可信服性、可接受性，它强调解决纠纷、实现法律价值的现实的普遍接受性。作为思维一般规律的逻辑性要求，是一切思维保证其正确的基本要求，违背形式有效性要求的推理必然是错误的推理，法律推理也不例外。但是，在现实的法律实践中，如果只是遵守推理的形式要求，做出的判决很可能背离法律的一般价值诉求。怎样兼顾法律推理的形式有效性和实质的有效性成为法律实践和理论的重要的难题之一。

（一）法律推理的有效性依赖于推理形式和内容的对立统一

长期以来，我国以"以事实为依据，以法律为准绳"的基本原则为审判取向，坚信"法网恢恢，疏而不漏"，但对于法律推理中的"事实"、"法律"以

---

〔1〕 刘星：《法律是什么》，中国政法大学出版社 1998 年版，第 291 ~ 293 页。
〔2〕 实质有效性这一术语也许是不太恰当的，因为只有逻辑推理才有形式是否有效的问题。这里之所以提出实质有效性这一概念，只是为了行文的方便。

及怎样从法律推理的前提中得出审判结果缺乏深层次的思考。近年来，随着我国法制建设力度的加大，法律推理理论逐渐被纳入人们关注的视野，但总的来说并没有出现一种较成熟的法律推理理论，其主要表现就是很难将法律推理的形式有效性和实质有效性统一起来。我们认为法律推理的过程既表现为推理形式上的形式逻辑性，又表现为实质内容上的辩证性，是形式和内容的对立统一，形式上的要求保证法律推理的明确性、一致性、必然性，而内容的要求则保证推理的合理性、正当性。不顾法律推理过程中众多因素的对立统一，只强调法律推理的逻辑要求，虽然可以得到明确、唯一的法律判决，但这一判决却可能是不公正、不合理的，从而背离法律的原有目标，使法律成为奴役人类的"暴君"。相反，如果从对形式主义的批判走向另一个极端，认为法律推理完全是非理性的结果，违背思维的形式规律、原则要求，那么，人们对法律判决的明确性、一致性、必然性要求就要落空，它所追求的公正、合理的价值目标也不可能实现，反而却有极大可能陷入法律虚无主义的泥淖，使法律成为某些人翻手为云、覆手为雨的工具。我们认为法律推理的形式要求和实质要求虽然存在一定的对立，但这种对立是有一定统一基础和目的的对立。要实现法律推理实质正义的目的就必须遵守一定的形式要求，遵守一定的形式要求有助于实现实质正义、合理的目的。同时，实质正义的实现也有助于使法律形式的明确、一致，达到更高层次的统一，这依赖于法律推理的形式有效性和实质有效性。

（二）法律推理的形式有效性

推理的有效性是逻辑学研究的最重要的课题之一，根据前提是否蕴涵结论，可以将推理分为必然性推理和非必然性推理。凡前提蕴涵结论者叫必然性推理，凡前提不蕴涵结论的就叫非必然性推理。对于形式主义的法律家来说，法律推理必然是必然性推理。例如，如果法律中确实有杀人者偿命的规定，张三又确实杀了人，那么，在判决结果中就应该判定张三应该偿命。如果在法律中没有规定杀人者应该偿命，或者张三没有杀人，那么，在判决中就应该判定张三不应该偿命。决不允许做出"张三或者偿命，或者不偿命"这样的判决，并且，不管是谁杀了人，出于什么目的、采用了何种手段杀了人，杀人者都应该偿命。按照逻辑学对有效推理形式的要求，"一个必然性推理是否为有效的推理，并不决定于前提的真假，而是决定于它是否具有有效的推理形式。什么叫有效的推理形式（简称为有效式）？就是如果赋予这种推理形式一真前提，按照这种形式进行推理，它的结论就必然为真的；反之，如果赋予某种推理形式一真前提，按照这种推理形式进行推理，结论并不必然是真的（既可能真，也可能假），这种推理形式就是非有效的（简称非有效式）。普通逻辑研究必然性推理就在于研究必然性推理的有效性问题"。[1] 法院判决时所面对的实际情况不是在真空中，而是在一套现行的法规的运作中出现的，这一点十分重要。在这种运作中，根据实际情况而做出的各种考虑，都可以看作是支持判决的理由。这些考虑范围是广泛的，既包括制定法，也包括各种各样的个人和社会的利益，社会的和政治的目的以及道德和正义标准。他们一般可以用原则、政策和准则这样的术语表达出来。在某些案件中，也许只有某个考虑是相关的，它可以像一条法律规则一样明确地作为判决的根据。但是在许多的案件中并非如此，法官也许会将这些考虑结合起来加以思索，安排其先后，并以为这样就足以支持他做出判决，尽管每项单独的考虑做不到这一点。根据实际情况做出的考虑经常是相互冲突的，法院不得不权衡它们以确定何者为优先。[2] 正如我们前面对波斯纳关于三段论推理的隐喻所作的分析，这使得我们很难看清各个箱子大小、形状和上面贴的标签上的文字，有时候我们也不知道该把我们的东西应该放到哪一个箱子里去。

从这些表述中我们看出：①法律推理作为一种复杂的理性思维活动，必须遵循一般的逻辑思维规律才能保证其结果的有效性。有逻辑错误的法律推理是不正确的，因而也是无效的。②在普通逻辑学研究中，对于推理形式是否有效的判定仅仅局限于它的形式，即真的前提必然导致真的结论，但对于前提是否为真并不予以判定。但在法律推理的实际过程中，法律法规也许是模糊不清的，而案件事实更可能是错综复杂的，在推理的前提都模糊不确定的情况下，即使推理形式是完全有效的，也难保推理结论的正确性。③什么样的命题是真的，什么样的命题是假的，普通逻辑本身并不进行研究，也就是说保证法律推理的实质的有效性不是普通逻辑学研究的范围。

（三）法律推理的实质有效性

形式推理只能保证推理的形式有效性，但不能保证法律推理的实质有效性，从而也就不能保证整个推理结论的有效性。如前面对法律推理过程的分析，法律推理的大前提法律规则、法律原则、判例等，法律推理的小前提法律事实都具有多样性，根据不同的大、小前提可以建构不同的推导关系。因此，从理论上来说，法律判决也会是多样的。但是，在司法实践中，法律判决又必须是明确的、唯一的。这里就存在一个选择问题。法院不可能通过普通逻辑的方法解决问题，而必须借助于运用正义观念、利益原则、社会政策等价值尺度，对其选择之合理性进行价值评价和论证，以保证做出的判决的合理、正当。因此，法律推理比其

---

〔1〕 河南大学"普通逻辑学"编写组编著：《普通逻辑学》，中国国际广播出版社 1993 年版，第 140 页。

〔2〕 ［英］哈特："法律推理问题"，刘星译，载《法学译丛》1991 年第 5 期。

他推理活动更需要通过辩论、证明或论证，以达到弄清事实真相、做出公正判决的目的并发挥以理服人的教育作用。丹尼斯·劳埃德曾论证说，法官所做的选择，"并不符合从特定前提中用归纳方法推知结论的逻辑，但它却有一种自身的逻辑。这种逻辑是建立在理性考虑基础之上的，而这就使它同无端的判断完全区别开来"〔1〕尽管我们必须承认，人类能够达致的这种推理论证的客观性还存在诸多限度。但是，这比认为法律推理只是普通逻辑的推理形式和规律在法律领域的运用或者认为法律推理是非理性的选择的观点更为可取。

　　这主要是因为：①这种观点是同日常语言用法相一致的，它拒绝把理性判断的范围局限于那些只能借助于传统逻辑的帮助下才能得到的东西，具有更广泛的运用领域和价值。②那种认为法律推理只能是普通逻辑的演绎推理的观点，必然留下大量的演绎推理不能解决的问题。这些问题的判断和结论必然要依赖感觉、情感和专断等形式，不能解决法律推理的必然性和有效性问题，从而动摇整个法律大厦的稳定。严格说来，这些判断和推理实属理性范围。③这种推理的特征在于它的实质性，而不是它的形式性，它对于普通逻辑关于推理有效性的要求是有益的补充。它能使我们对疑难情形进行透彻的探究，以揭示某个具体问题的所有方面并将他们置于关注的中心，进而发现解决问题的合理的方法。

　　一个法律推理的实质有效性包括：①推理所依据的前提和推出的结果必须同该法律制度保持一贯性和一致性。实质推理意味着赋予法官不同的自由裁量权。这种裁量权有可能被滥用，必须加以约束。约束的方法除了法官的自律和制度的监督外，还必须对法律推理本身提出严格的要求。法律体系是一种具有一贯性和一致性的规范体系，对它的遵守能够确保我们实现某些值得珍视的目标。这就要求无论是对大前提的确定，还是对不同法律理由、裁判结果的选择都必须"依法做出"，即不论法官本人认为自己所持的价值观如何的正确合理，也不论其做出的结论如何的具有可接受性而令人向往，他在进行法律推理时必须以实在法为依据，以法律上的理由为理由，而不是随心所欲。②司法裁判的结果必须合理正当。无论是大前提的确定、法律理由的形成、不同理由的裁断选择都必须以一定的价值标准进行选择，这些标准包括正义、善风良俗、公共政策等。③以上两点并不存在矛盾，因为法律的创制并非是立法者心血来潮的制作，而是诸多的法律规定共同遵循着特定的价值和目标。法官在司法裁决中保持依法裁判和自由裁量权的平衡也许是有困难的，但必须以此为追求目标。

　　一般来说，我们可以把法律推理分为形式推理和实质推理两个方面予以分

---

〔1〕　［美］博登海默：《法理学——法律哲学与法律方法》，邓正来译，中国政法大学出版社 1999 年版，第 500 页。

析。对于日常生活中发生的许多案件，如果不是过分地强调其特殊性的情况下，与之相适应的规则能很容易地被识别出来，而案件事实又比较简单，这时的法律推理就表现出鲜明的形式逻辑性特点。但是，更多地吸引人们关注的是那些所谓疑难案件，这些案件或者事实比较复杂，或者法律存有漏洞，很难将特定的案件和一定的法律规则对应起来，或者做出的判决与社会的一般价值原则有冲突。这时候法律推理表现出模糊法律概念的解释，多元的法律规则、原则、价值，甚至是社会政策等的竞合以及判决结果合理、正当性的证明。在这种情况下纯粹的逻辑推理的局限性就突出地暴露出来，法律推理更多地表现出内容的实质性特点。但是，简单案件和疑难案件是很难区分的，所有的法律推理，形式逻辑是作为平等、公正执法的重要工具而起作用的。它要求法官始终如一和不具偏见地执行法律命令。即使在疑难案件中，一般的逻辑规律依然是法律推理的基础和必须遵守的前提。同样，即使是最简单的案件也表现出内容的具体性、特殊性，同一般的法律规定存在着冲突和矛盾需要法官思考、衡量。因此，作为实践理性的法律推理要真正的有效就必须实现形式有效和实质有效的有机结合，既要遵守一般的逻辑规律，又要使做出的判决合理正当。

第十一章　对法律方法论的反思

——以法律论证为例

一、法律论证从何而来？

司法判决如何获得正当性依据？千百年来这个问题一直是西方法哲学讨论的主题。理论家们关心的问题远不止于判决是否有法律依据，更让他们感兴趣的是，判决的法律依据能否经得起道德哲学关于正当性标准的检验，以及标准本身能否经得起进一步的追问，尤其是，当不同判决方案所依据的正当性标准发生冲突时，又如何根据更高的正当性标准来决定取舍。理论家们认识到，如果对一个判决方案刨根问底，那么以下三种结果必具其一，或者出现循环论证，或者遭遇无穷递归，或者在某个环节上断然终止论证过程。这正是汉斯·阿尔伯特的著名隐喻——"明希豪森三重困境"。[1]

起初，理论家们希望能够寻找到一个普遍永恒的正义标准来终结无穷的追问。倘若所有的法律规则和道德原则都能够直接或间接地从一个终极性的客观正义标准推演出来，它们就找到了各自的存在根基，并且可以共同组成一个逻辑严谨的规范性体系。理论家们相信，客观正义标准就位于整个规范性体系的最顶端，与神灵和星辰同在。这种观点激发了奔涌的学术想象力，寻找客观正义标准的智识努力也经历了无数次的尝试与挫折。后来，一部分理论家开始改变了看法：世界上没有与星辰同在的客观正义标准，如果确有某种正义标准的话，也只可能存在于人们的心灵之中，是人类思维的统一性决定了正义标准的确定性。倘若不是基于"人同此心、心同此理"的假设，普遍永恒的正义标准就只能是个空中楼阁。事实上，当后现代理论家企图分解人类思维统一性的时候，正义标准的确定性基础确实岌岌可危了。正如后现代理论家所主张的，在一个文化多元、道德异质、阶层分化、利益频繁冲突的社会中，所谓思维统一性完全是个虚构的神话。现实的境况是"人不同心、心不同理"，一部分人的正义可能是另一部分

---

〔1〕 〔德〕H. 阿尔伯特：《批判理性论》，图宾根1968年版，第13页。转引自〔德〕阿列克西：《法律论证理论》，舒国滢译，中国法制出版社2002年版，第223页。

人的邪恶，正如一个人的垃圾可能是另一个人的财宝。

哈贝马斯意识到问题的严重性，面临正义标准的确定性基础（即人类思维的统一性）被瓦解的危险，他承担了"理性重建"的学术使命。在哈贝马斯看来，要完成这一使命，就必须通过促进人与人之间的真诚对话来消除（至少是缓解）人们在观念上的四分五裂状态。基于"交流可以消除分歧"的假设，哈贝马斯提出了他的理性交流理论，并设计了相应的交流（辩论）规则。他相信，只要人们按照理性的程序性规则在"理想的辩论情境"之中参与对话和辩论，由此达成的共识就可以被视为符合正义标准的结果。而所谓"理想的辩论情境"，则是指任何人可以在免于干扰和强制的条件下参与辩论，只有这样，才能够使参与者获得平等机会去真诚表达自己的主张和理由。[1] 哈贝马斯企求"无强迫的共识"，他的理论目的仅仅是要保证关于正义探讨的程序条件，而不是企图预知正义探讨的结果。他的正义标准是程序性的，他认为规范性命题的正当性取决于辩论程序能否满足"理想辩论情境"的要求。尽管哈贝马斯不关心"正义标准"实际上究竟是什么，但他却自信知道正义标准肯定不是什么，那些未经所有人潜在同意的片面观念，或者违反理性辩论程序而出现的虚假共识，就必然是与正义标准不相容的。早期的哈贝马斯将其设计的理性辩论程序限定在道德哲学（"普遍实践"）领域，他曾经认为法律实践仅仅是一种策略行动，并不以追求理性共识为目标，并因此应当被排除在理性交流行动的范围之外。[2] 但当阿列克西将哈贝马斯的理性辩论理论扩展到法律实践领域之后，哈贝马斯改变了他原来的观点，开始把法律实践看作是交流行动的一个组成部分。[3]

在阿列克西看来，尽管在法律辩论（尤其是法庭诉讼）中，当事人的最终目的仅仅是争取一个对自己有利的判决，但由于当事人总需要提出一些正当的理由来支持他的主张，并且判决的正确性归根到底要取决于诉讼程序对理性辩论规

---

[1] 哈贝马斯的这些观点集中于《交往行动理论》（1981）、《道德意识与交往行动》（1983）以及《交往行动的研究与结论》（1984）几部著作之中。简要的评述可参见［德］阿列克西：《法律论证理论》，舒国滢译，中国法制出版社 2002 年版，第 128～172 页；以及 Eveline T. Feteris, *Fundamentals of Legal Argumentation: A Survey of Theories on the Justification of Judicial Decisions*, Kluwer Academic Publishers, Dordrecht/Boston/London 1999, pp. 62～72.

[2] ［德］哈贝马斯：《社会理论抑或社会技术学？》，哈贝马斯、卢曼：《社会理论抑或社会技术学？》，法兰克福 1972 年版，第 200～201 页。转引自［德］阿列克西：《法律论证理论》，舒国滢译，中国法制出版社 2002 年版，第 270 页。

[3] See Eveline T. Feteris, *Fundamentals of Legal Argumentation: A Survey of Theories on the Justification of Judicial Decisions*, Kluwer Academic Publishers, Dordrecht/Boston/London 1999, p. 68. 然而，当哈贝马斯写作《在事实与规范之间》的时候，他又一次改变了看法，并对阿列克西将哈贝马斯的理性辩论理论扩展到法律实践领域提出了批评。参见［德］哈贝马斯：《在事实与规范之间》，童世俊译，三联书店 2003 年版，第 281～286 页。

则的满足程度，所以阿列克西把法律辩论看作是道德辩论（普遍实践辩论）的一种特殊情形。[1] 阿列克西认为，法律辩论主要涉及法律决策的证成。这一任务可以分为两个层面：即"内部证成"和"外部证成"。前者的目的是保证从大小前提到判决结果的推理过程合乎逻辑；后者——作为法律论证理论的主题——的目的是给前提本身提供正当性依据。因而，当法律辩论从"内部证成"延伸到"外部证成"的时候，就必然要突破实在法的约束范围而进入到道德辩论领域，正是在这种意义上，阿列克西把道德辩论视为法律辩论的基础。既然如此，在阿列克西看来，①哈贝马斯设计的道德辩论规则完全可以适用于法律辩论，②法律辩论又因其特殊性——即受实在法的约束——而需要在普遍实践辩论的基础上补充一些额外的辩论规则。就法律论证理论而言，阿列克西相对于哈贝马斯的创造性工作就主要体现在后一方面。

在许多规范性法律论证理论的倡导者之中，阿列克西是最具代表性的，这也是本文选取他的理论作为主要批评对象的原因。阿列克西关于法律论证的论述集中于他的《法律论证理论》一书，该书讨论的核心问题是，通过设计理性辩论规则来调节司法程序并为法律决策提供正当性依据，在他看来，只要司法过程满足了理性辩论规则的程序性条件，那么由此获得的判决方案就可以被视为"公正的"。[2] 由此，人们可以根据司法过程对于理性辩论规则的满足程度来评价司法程序和判决方案的合理性。与哈贝马斯一样，阿列克西注重程序的正当性，并以此取代传统的正义标准。阿列克西的法律论证理论在西方法哲学界产生了广泛的学术影响，也同时招致了许多批评，批评者认为，阿列克西将理性交流理论延伸到法律实践领域缺乏经验基础，他设计的理性辩论规则完全不适合于司法程序。[3]

至少在我看来，这些批评基本上是中肯的。尽管阿列克西精心设计了一些令人眼花缭乱的法律辩论规则，但他却从未试图让他的理论去接受现实的检验，他甚至没有分析评价过一个具体的司法过程，也没有列举出一个通过理性辩论获取的共识来化解道德争议和法律争议的成功案例。对此，阿列克西也许会争辩说，他设计的理性辩论规则是用来检验现实司法过程的，并因此可以不必接受现实司法过程的检验。然而，这种争辩成立的前提是，现实的司法过程必须以努力接近理性辩论规则为目标。相反，如果现实的司法过程追求另外的理想目标，那么理

---

[1]　[德] 阿列克西：《法律论证理论》，舒国滢译，中国法制出版社 2002 年版，第 263～274 页。

[2]　[德] 阿列克西：《法律论证理论》，舒国滢译，中国法制出版社 2002 年版，第 22 页。

[3]　舒国滢："罗伯特·阿列克西法律论证理论评述"，载戚渊等：《法律论证与法律方法》，山东人民出版社 2005 年版，第 57～60 页。

性辩论规则就必然要遭到冷遇甚至是驱逐。

阿列克西设计的理性辩论规则完全是一种空想。如果按照理性辩论规则去组织一次法庭辩论，司法程序就会彻底陷入僵局。不仅如此，理性辩论规则也无力为评价司法程序和司法判决提供合理性标准，它不是司法追求的理想目标，恰恰相反，在特定情形下，它还是司法努力逃避的陷阱。然而，我不关注理性辩论规则本身的技术性缺陷，我的批评对象是这种学术进路本身，我甚至怀疑阿列克西在企图设计理性辩论规则之前就已经误入歧途了，因为他（与哈贝马斯及其他规范性法律论证理论的倡导者共同分享）的理论预设——"交流可以消除道德分歧"——就是完全错误的。凡是与阿列克西分享同一理论预设的规范性法律论证理论都在本文的批评范围之内。

鉴于中国法学界关于法律论证的学术研究已经悄然兴起，也鉴于阿列克西的《法律论证理论》一书经舒国滢教授的译介已经开始在中国法学界产生学术影响，本文的写作宗旨就是要提醒法学研究者对于一种没有希望的学术进路应当保持足够的警惕——有些学术理论就像纸老虎，外表森然可怖，里面空空如也。我将借助于一个轰动性案例引发的争论来展开下文的讨论，与阿列克西关注理想的（实际上是他空想的）法律论证不同，我更感兴趣的是现实的法律论证。

二、案件争议中的法律论证

2005 年 9 月 4 日，新华社发布的一篇题为《死囚王斌余心酸告白》（下文简称"《告白》"）的报道向公众披露了一起罕见的故意杀人案。案犯王斌余（男，27 岁）"数次讨要工钱无果，他愤怒之下连杀 4 人，重伤 1 人，后到当地公安局投案自首。6 月 29 日，宁夏石嘴山市中级人民法院判处王斌余死刑"[1]。这篇报道的重心不是介绍案情，而是让王斌余"坦露他的内心世界"。借新华社记者之笔，王斌余讲述了他苦难的生活经历：17 岁背井离乡进城打工，低廉的工钱，繁重的工作，随处可见的歧视，包工头的颐指气使，以及讨要工钱时遭受的挫折和侮辱。显然，记者企图通过报道一个死囚犯的悲惨生活经历来引起社会各界对农民工生活境遇和权利保障等问题的关注。

新华社的这篇报道激起了公众对王斌余的强烈同情，也随之引发了"放王斌余一条生路"的热切呼吁。围绕着是否应当判处王斌余死刑，平面媒体和网络媒体的争论文章迅速涌现、络绎不绝且相互转载。一时间，公众舆论汹涌如潮，在"百度"和"谷歌"上以"王斌余"为关键词都可以搜索到几万条信

---

[1] 载 http：//www. qglt. com/bbs/ReadFile？whichfile＝27953&typeid＝41&openfile＝1，2005－09－06．

息。舆论几乎是一边倒的，要求法院"免王斌余一死"的呼声占了绝对优势，〔1〕以至于有评论者提出，公众对王斌余的普遍"同情"这一事实本身就可以成为不判王斌余死刑的理由。〔2〕在王斌余提起上诉期间，媒体评论开始质疑法院判决以及法律本身的合理性，〔3〕并试图给二审法院的可能改判寻找法理依据，〔4〕还有评论做出乐观预测，认为二审法院迫于舆论压力极有可能"刀下留人"。〔5〕王斌余案的轰动效应让做出一审判决的宁夏石嘴山市中级法院始料未及，他们没有想到这起看起来没有任何悬念的故意杀人案竟会成为 2005 年度全国最轰动的案件之一。以下是法院认定的案件事实简介。

> 2003 年 8 月起，甘肃农民王斌余到陈继伟承包的工地打工。2004 年初和 2005 年初，王斌余分别结清了上年的工资。打工期间，王斌余曾与一同打工的被害人吴华、苏志刚在工作中产生矛盾。5 月 11 日，王斌余提出辞工，并为付清 2005 年的工资到所在区人事劳动保障局投诉。经调解，与代表陈继伟的吴新国达成 5 日内结清工资的协议。吴新国提出王斌余不能继续在工地吃住，调解主持人要求吴新国先支付部分生活费。后吴新国给付生活费 50 元，王斌余嫌少未要。当日晚，王斌余回工地宿舍见房门被锁，便到吴新国住处索要生活费，与闻讯赶来劝阻的苏志刚因过去的纠纷发生争吵。随后赶到的苏文才责问并打了王斌余一耳光。王斌余掏出携带的折叠刀，先后将苏志刚、苏文才捅倒在地。王斌余不顾其弟王斌银劝阻，又将在场的吴华、苏香兰捅倒在地。吴新国妻子汤晓琴搀扶被刺倒在地的苏志刚，也被王斌余捅成重伤。王斌余持刀追杀吴新国未果，返回现场后又对已被刺倒在地的苏志刚等人接连补刺，致苏志刚、苏文才、吴华、苏香兰当场死亡。汤晓琴经送医院抢救，脱离危险。王斌余于当晚到当地公安机关投案自首。〔6〕

---

〔1〕 网络媒体和平面媒体上主张"免死"的评论文章明显多于持反对性意见的评论文章；网络论坛的公众言论更是清一色的"免死"之声。

〔2〕 高一飞："同情可以是不判王斌余死刑的理由"，载 http：//www. tecn. cn/data/detail. php？id = 8619，2005 - 09 - 09。

〔3〕 如以下评论文章：白广勇："法律的缺憾"，载《甘肃政法成人教育学院学报》2006 年第 1 期；东海松："法律不能为王斌余的死刑蒙羞"，载 http：//www. lajiaocity. com/publishhtml/4/2005 - 09 - 17/20050917143206. html，2005 - 09 - 17；童德华："道德缺场的刑法及其补救"，载 http：//law - thinker. com/show. asp？id = 2875；高一飞："对王斌余判处死刑违背法理"，载 http：//xz. bokee. com/97/2005 - 09 - 18/35326. html，2005 - 09 - 18。

〔4〕 例如，季卫东："王斌余的罪与罚"，载 http：//law - thinker. com/show. asp？id = 2875；高一飞："有必要判王斌余死刑吗？"，载《新京报》，2005 年 9 月 7 日。

〔5〕 "王斌余讨薪杀人案"，载 http：//bbs. muwen. com/topic372/372079. htm，2005 - 09 - 23.

〔6〕 载 http：//www. chinacourt. org/public/detail. php？id = 181959，2005 - 10 - 20，来源《人民法院报》。

从法院认定的案件事实来看，这确实是一起"手段极其残忍，情节特别恶劣，犯罪后果极其严重"的故意杀人案。2005 年 6 月 16 日，宁夏回族自治区石嘴山市中级人民法院一审判处王斌余死刑。[1] 王斌余不服，提出上诉。10 月 19 日，宁夏回族自治区高级人民法院对王斌余故意杀人一案做出终审裁定，驳回上诉，维持原判，并核准王斌余死刑。王斌余已于宣判后当日执行死刑。

倘若从阿列克西关于"内部证成"的观点来看，两级法院对王斌余案的裁决无疑具有充分的事实依据和法律依据，没有任何迹象和理由表明法院的审判过程和判决结果出现了差错。我国刑法规定了 68 个死刑罪名，除故意杀人罪之外，其他可以判处死刑的犯罪，法定刑都是从轻到重排列的。唯独故意杀人罪的法定刑是由重到轻排列——"故意杀人的，处死刑、无期徒刑或者 10 年以上有期徒刑"（刑法第 232 条）。这种立法表述明显体现了对故意杀人罪应当首先考虑判处死刑的立法意图。在我国司法实践中，故意杀人罪只要没有法定从轻情节，一般都会判处死刑。然而在王斌余的辩护律师提出的三条辩护理由（激愤杀人、自首情节以及认罪服法）之中，只有自首属于法定的从轻情节，但与王斌余造成的严重后果（4 人死亡、1 人重伤）相比，这一法定从轻情节显得微不足道。更何况，法院否认王斌余"激愤杀人"是出于合理的理由。法院认为："此案虽然发生在王斌余向吴新国索要生活费的过程中，但案发前，王斌余 2003 年和 2004 年的工资已结清，2005 年工资支付问题经当地人事劳动保障局调解已经达成 5 日内付清的协议，案发时王斌余随身携带 1452 元，并非生活无着落。"[2] 刑法学家陈兴良和周光权均表示，倘若把视野限定在法律制度的框架之内（即从阿列克西所说的"内部证成"的观点来看），判处王斌余死刑是没有疑问的。[3]

尽管有不少评论文章质疑法院的判决，但质疑的理由都明显超出了现行法律制度的约束范围。确切地说，质疑的目标不是法院判决，而是法律本身。关于王斌余案的大多数评论文章就具有阿列克西所谓的"外部证成"的性质，这些评论文章宣称"对王斌余判处死刑违背法理"，是一个"法律的缺憾"，认为"王斌余的生死考验刑法的道德品性"，并且呼吁"法律不能为王斌余的死刑蒙羞"。当法律本身成为辩论的对象时，按照阿列克西的观点，法律辩论就从"内部证

---

〔1〕 《人民法院报》报道的一审判处王斌余死刑的时间与新华社"告白"一文的报道不同，但这对本文的分析没有任何影响。

〔2〕 载 http：//www. chinacourt. org/public/detail. php？ id = 181959，2005 - 10 - 20，来源《人民法院报》。

〔3〕 赵继成："王斌余杀人案"，载《新京报》2005 年 9 月 19 日；"该不该免王斌余一死？"，载《检察日报》2005 年 9 月 14 日。

成"延伸到了"外部证成",但也许这才是真正意义上的法律辩论,因为在前提确定的情况下寻找结论并不困难,真正的困难在于寻找并论证前提。"内部证成"相当于根据法律的辩论,而"外部证成"则大致是关于法律的辩论。阿列克西认为法律辩论与道德辩论的区别就在于前者要受实在法的约束,[1]但他没有考察这种约束(分别对"内部证成"和"外部证成"而言)的程度和范围。当法律辩论从"内部证成"延伸到"外部证成"的时候,如果阿列克西仍然坚持作为辩论对象的实在法反过来还要约束辩论过程,就是一种很奇怪的观点了。

当人们企图对法律说三道四的时候,就必然要依据一个更高的标准,传统上,这个更高的标准是一些抽象的道德原则。它们有时被称为"法理依据",这不奇怪,传统法学确实乐于接受道德哲学的教诲,其基本假设是,道德高于法律,法律应当接受道德的检验,道德则可以为法律提供评价标准和合理性依据。然而,阿列克西并不赞同这种观念,与那些自然法学家相比,他的理论已经摆脱了一些形而上的色彩。他很清楚,道德原则本身就是不确定的,并且相互冲突,将一个争议案件的判决方案立足于抽象的道德原则,就好比让一个自身难保的人去承担拯救他人的使命。阿列克西从哈贝马斯的交流理论那里获得了启迪——既然客观意义上的合理性依据捉摸不定,就只能将希望寄托于通过理性辩论而达成的共识。基于"交流可以消除道德分歧"的假设,阿列克西认为,倘若人们能够在遵循理性辩论程序的前提下,就某个争议案件的判决方案取得了共识,那么所有的问题就全部解决了。然而,这种设想首先面对的质疑却是,"交流"真的"可以消除道德分歧"吗?

三、交流可以消除道德分歧吗?

道德理论不同于科学理论,两者的差别之一是后者具有征服其反对性见解的力量。许多曾经引发争议的科学结论——比如,地球围绕太阳旋转,人类和猿类具有进化论意义上的亲缘关系,以及人类的许多行为特征是遗传基因决定的——如今都已经获得了人们的普遍认同。科学辩论之所以能够消除分歧,是因为就解释和预测一些经验事实而言,科学的意见总是比其反对意见更加有效。[2]然而,道德理论却缺乏处理经验事实的技术,也无法从经验事实那里获得可靠的检验结论。不仅如此,在目的确定的情况下,关于选择手段的分歧比较容易达成共识,而如果分歧就发生在如何确定目的的问题上(道德辩论正是如此),达成共识的希望就很渺茫了,不同的目的(比如公平和效率)在道德理论中被认为是不可

---

〔1〕 〔德〕阿列克西:《法律论证理论》,舒国滢译,中国法制出版社 2002 年版,第 263 页。
〔2〕 〔美〕波斯纳:《道德与法律理论的疑问》,苏力译,中国政法大学出版社 2001 年版,第 60 页。

通约的。正因为如此，当两种对立的道德主张在竞争人们思想观念的时候，任何一种主张都不具有压倒性优势，尽管任何一种主张都能找到大量的理由和论据。诚如波斯纳所说的："科学话语趋向于合流，而道德话语则趋向于分流。"[1] 就我们所知道的牵涉道德两难选择的法律争议而言——例如，是否应当废除死刑？是否应当取消强制婚检？是否应当保护行乞权？是否应当保护第三者接受遗赠的权利？通奸是否应当受到法律制裁？安乐死可以合法化吗？卖淫呢？强制拆迁呢？——我们从来没有发现交流可以取得共识的情形。

这么说并不意味着一个社会永远无法确立任何一种道德共识。在我们的社会中存在大量的道德共识，比如，我们都认为谋杀是不道德的行为，但这些道德共识却不是道德辩论的结果，更与我们是否了解道德哲学关于"生命神圣"或"天赋权利"的教义毫不相干。没有人怀疑生命安全是人类最基本的需要，人类群体内部长期的成员互动会使他们获得如下经验（尽管这些经验并不必然表现为清醒的意识）：禁止谋杀可以避免人们在做任何事情时都要全副武装，避免人们因过多操心自我保护而精力耗尽。另外，国家的统治者也会发现，由于每个人都是潜在的纳税人，禁止谋杀可以为国家的财政收入提供最基本的保证;[2] 并且，由于暴力是野生权力的温床，所以国家垄断暴力的使用权就可以消灭潜在的竞争对手[3] 为什么我们普遍认为谋杀是不道德的？可以接受的答案是：这是社会成员长期博弈的结果，也是国家权力持续运做的结果，甚至还是生态竞争的结果（那些没有建立这种道德共识的社会肯定很早就消亡于内乱和灾荒，或被其他社会摧毁了），但肯定不是道德辩论的结果。许多动物种群在进化过程中也发展出了禁止族内攻击性行为的先天性社会规则,[4] 但这些动物种群里没有道德哲学家，更从未组织过任何意义上的道德辩论。

道德辩论不具有促成道德共识的功能。我们很少发现已经接受了某种道德主张的人又被其反对者说服了的情况，即便偶尔被说服了，也很少能够归功于阿列克西所说的理性论证。就改变人们的道德信仰而言，权力的运作、煽情的演说、宗教式的沉思、洗脑式的教育以及其他格式塔式的转换（比如催眠术）都是远比论证更为有效的手段。帕斯卡尔曾经从概率论的角度提出了一个说服大家信仰

〔1〕 ［美］波斯纳：《道德与法律理论的疑问》，苏力译，中国政法大学出版社 2001 年版，第 74 页。
〔2〕 ［美］波斯纳：《正义/司法的经济学》，苏力译，中国政法大学出版社 2002 年版，第 211 页。
〔3〕 桑本谦：《私人之间的监控和惩罚》，山东人民出版社 2005 年版，第 143 页。
〔4〕 ［奥］康罗·洛伦兹：《攻击与人性》，吴雪娇译，作家出版社 1987 年版，第 5～10 章。

上帝的理由，然而这个理由甚至没有能够说服他自己。[1] 与宗教信仰一样，道德信仰也是根植于人们的内心情感（甚至受控于人类的遗传基因），而情感对于论证并不敏感。这一事实常常把法律论证理论推向尴尬的境地，在王斌余案中的情形就是如此。

"免王斌余一死"的主张者确实提供了许多理由。高一飞援引了"期待可能性"的概念，[2] 季卫东提出了"自救理论"，[3] 陈兴良则认为法院可以开创"激愤杀人"免死的先例。[4] 然而，这些理由都是出于为"免死"提供法律依据或法理依据的需要。主张不是论证的结果，恰恰相反，是主张本身决定了如何去论证。如果绝大多数支持"免王斌余一死"的公众在了解这些理由之前就已经打定了主意，就说明关于王斌余案的公众舆论其实更多是一种情绪化反应，它发自于公众对王斌余的强烈同情，而不是来源于某个先验的道德判断，更不是根据法学家提供的理由推演出来的。新华社《告白》一文显然不是一个论证性的文献，然而正是这篇报道激发了呼吁"免死"的公众舆论，而随后出现的评论文章则充其量只是给呼吁"免死"的公众增加了一些智识上的自信而已。

主张"免死"的评论文章也很难驳倒那些反对者。即使将主张"免死"的理由综合在一起，也不见得能够彻底压倒一个反对性见解——"免死"的判决会给人们在生活濒临绝望的时候使用暴力创造一个危险的激励。在王斌余案中，我们无法获得（实际上是没有理由期待获得）阿列克西所说的共识。更让阿列克西沮丧的是，交流和辩论不但不能消除分歧，反而会使分歧加深。关于王斌余案的争论范围从法律依据延伸到法理依据，又扩展到道德依据，在短时间内迅速升级，但我们没有发现分歧缓解的任何迹象。正如一位评论者指出的，伴随着争论的升级，"王斌余案将我们撕裂成了两半"。[5]

查尔斯·拉摩尔发现，我们越是把争议当作深层道德问题来探讨，我们的分歧就越大。为了支持他的发现，拉摩尔提出了一个让贝叶斯统计学家认可的观点：我们对某个问题的信仰，不仅取决于我们对这个问题的论证程度，而且取决

---

〔1〕 帕斯卡尔在其《思想录》（何兆武译，商务印书馆1986年版）中提出了关于信仰上帝存在的赌博论证。意思是说，上帝是否存在是个概率性事件，人们可以选择相信上帝存在，也可以选择相信上帝不存在，如果必须做出选择，就等于下赌注。赌上帝存在时，如果上帝存在，信奉上帝的人会获全胜，收益无限。如上帝不存在，也无多大损失。然而，作为数理学家的帕斯卡尔至死也没有获得信仰，这成为他终生的遗憾。

〔2〕 高一飞："有必要判王斌余死刑吗？"，载《新京报》2005年9月7日。

〔3〕 季卫东："王斌余的罪与罚"，载 http://law-thinker.com/show.asp?id=2875.

〔4〕 赵继成："王斌余杀人案：底层群体罪与罚的正义之辩"，载《新京报》2005年9月19日。

〔5〕 顾昀："王斌余案将我们撕裂成了两半"，载《中国经济时报》2005年9月15日。

于我们先前的信仰。先前的信仰越有分歧，事后的论证就越不可能汇合。[1] 假设你对某个道德判断（比如，"免王斌余一死是正确的"）的确信程度是95%，而我对相反的道德判断（"判处王斌余死刑是正确的"）的确信程度也是95%。如果你找到一些论据来支持你的立场，并且完全打消了你的疑惑，那么，即使你的论证让我的疑惑加倍了，结果也只是，我90%地肯定判处王斌余死刑是正确的，而你则是100%地肯定"免王斌余一死"是正确的。我们的意见还是有分歧。更糟糕的是，你的论证很可能会刺激我寻求额外论据来支持我的主张，而我这么做也会反过来激励你继续寻找新的论据去支持相反的主张，一旦如此，我们之间的分歧就必然要进一步加深。[2] 辩论双方可以类比为市场上的竞争对手，辩论本身就像一种竞争性投资，没有哪一方会轻易改变自己立场（即使认识到自己确实错了），因为这将意味着过去的投资在还没有产生收益的时候就被全部抛弃了。学术争论不是这样吗？阿列克西设想的理性辩论似乎是独立于辩论参与者的切身利益的，然而，什么样的辩论才可能与辩论参与者的利益无涉呢，在我们所熟悉的学术争论中都无法实现，就更别提法庭上的辩论了。

在阿列克西设想的法律辩论情境之中，辩论参与者的目的就是合作寻求真理，而除此之外的其他动机则全部被"中立化"了。[3] 然而事实上，法律辩论（尤其是法庭辩论）的背后常常是尖锐的利益冲突，辩论参与者的目的是争夺利益，而不是合作寻求真理。尽管他们会努力提出一些可能赢取共识的论据，但这种做法在本质上仍是策略性的。[4] 在法庭上，纠纷的根源往往不是观念上的分歧，而是利益上的冲突。因此不管他们如何论证，双方的利益冲突在尚未化解之前都必然要导致论证上的对立。在法庭上，更加常见的情况是论证服务于利益，而不是相反。这还意味着，形成共识未必能够解决纠纷，思想和表达不一致的情形在法庭上很常见。即使王斌余的辩护律师打心里认为法院应当判处王斌余死刑，他在法庭上也肯定会做出相反的论证。这种做法当然违反了阿列克西设想的一条辩论规则——"任何一个言谈者只许主张其本人所相信的东西"[5]，然而，有什么办法能够阻止这种情况吗？

---

〔1〕 See Charles Larmore, *The Morals of Modernity*, Cambridge University Press, 1996, p. 173.

〔2〕 ［美］波斯纳：《道德与法律理论的疑问》，苏力译，中国政法大学出版社2001年版，第74页。

〔3〕 ［德］阿列克西：《法律论证理论》（德文1978年版），第3页。

〔4〕 阿列克西承认当事人"在主观上只想追求自己的利益"，但他仍然认为"正确性要求并非由此而无效"。参见阿列克西：《法律论证理论》（德文1978年版），第266页。但问题的关键是，对于当事人而言，究竟是"正确性要求"必须服从于"追求利益"，还是"追求利益"应当服从于"正确性要求"，倘若是前者，那么法庭辩论的策略性本质就不应受到怀疑。

〔5〕 ［德］阿列克西：《法律论证理论》，舒国滢译，中国法制出版社2002年版，第234页。

交流不足以消除道德分歧这一事实不仅质疑了阿列克西的法律论证理论，还对作为其基础的理性交流理论构成了挑战。当辩论双方无法取得共识时，哈贝马斯就寄希望于双方通过谈判能够达成利益上的妥协。哈贝马斯没有认真区分共识和妥协的区别，事实上他是把妥协当作共识的一个子集来看待的。然而，二者之间确实存在质的差别，只是这种差别由于语言的错误混用而被大大淡化了。共识意味着辩论各方就争议问题形成一致的看法，其目的是消除分歧；而妥协则是讨价还价的结果，是谈判各方基于相互强制而做出的相互承诺，其目的在于实现互利。既然妥协离不开强制，那就必然与"理性辩论规则"以及"理想辩论情境"相冲突。[1] 对此，哈贝马斯企图通过"在公平角度下调节谈判的程序"来解脱理论困境。在他看来，只要谈判各方拥有同等的谈判实力，获得平等的谈判机会，并因此受到同等程度的强制，那么妥协的结果就可以作为化解利益冲突的合理方案。[2] 然而，这种设想是极不现实的，在关于讨价还价的各种博弈模型之中，"实力界定权利"的公式已经获得了严肃的数理证明和经验证明，[3] 并已成为社会科学的基本常识。哈贝马斯不切实际的设想，暴露了他对近几十年社会科学（尤其是博弈论和产权经济学）知识的漫不经心。

在王斌余案中，对立双方不可能达成有意义的妥协，因为法院不可能把王斌余置于生死之间的过渡状态。"死缓"肯定不能作为妥协的方案，尽管"死缓"在名义上是死刑的一种执行方式，但就其执行结果而言，"死缓"和无期徒刑的差别并不大。因而，在"免王斌余一死"的主张者看来，"死缓"倒是一个可以接受的选项。在尖锐的利益冲突中，由于各种各样的原因（成本约束、信息阻碍、时间限制、利益的不可分割性以及纠纷当事人的心理作祟），往往难以达成妥协，博弈理论家把这种状况称为"非合作博弈均衡"。在共识和妥协双双落空的情况下，解决纠纷的唯一途径就是权力的干预，司法就是权力介入纠纷解决的结果。社会需要一个强有力的权威对各种是是非非做出最后的了断，否则，在既无法取得共识又不能达成妥协的地方，面对涉及到利益冲突和价值冲突的复杂社会问题，人们就被抛进了一片黑暗的"沙漠"。

无论是取得共识，还是达成妥协，都是要耗费成本的（主要是经济学家所说的"交易成本"）。①如果人们除了辩论和谈判之外，还要从事其他一些有价

---

[1] 对此，哈贝马斯就看得很清楚，他承认理性交流规则不能直接适用于讨价还价的过程。参见［德］哈贝马斯：《在事实与规范之间》，童世俊译，三联书店 2003 年版，第 203～204 页。

[2] ［德］哈贝马斯：《在事实与规范之间》，童世俊译，三联书店 2003 年版，第 204 页。

[3] See John Umbeck, "the California Gold Rush: a Study of Emerging Property Rights," 14 *Exploratiaon in Exnomic History*, 1977, pp. 197～226; John Umbeck, "Might Makes Right: A Theory of the Formation and Initial Distribution of Property Rights," 19 *Economic Inquiry*, 1981, pp. 38～59.

值的工作，那么时间的机会成本就不能忽略不计；②对于辩论和谈判的参与者来说，获取、处理以及传递信息都会产生信息成本，收集素材、设计辩论思路以及选择合适的语汇也常常是一些艰巨的智力工作；③为保证大范围辩论和谈判的顺利进行，需要建立的一个组织机构，以便执行阿列克西制定的辩论规则；④针对各种违规、舞弊、渎职以及集体辩论中的"搭便车"行为，还需要设计相应的监控和惩罚措施，这些都牵涉到高昂的管理成本。更加棘手的任务还在以下两个问题上：①必须保证辩论和谈判的参与者都是真诚的，这就需要对所有参与者的真诚程度进行检验（由于目前还不具备相应的技术和设施，所以除了检验费用之外，科研开发的巨额投入肯定无法避免）。②必须保证辩论和谈判过程免受内部和外部各种强制因素的干扰，对此，大概无论采取什么措施、无论支付多么高昂的成本都是无济于事。阿列克西没有考虑这些问题，在他的眼里，辩论和谈判都是无成本的。为什么阿列克西阐述了一系列理性辩论规则却没有讨论如何保障这些规则的执行？原因就在于，这些理性辩论规则因受阻于高昂的交易成本而根本无法执行。阿列克西的理论只适合于一个交易成本为零的世界。

四、"理性辩论规则"可以检验司法程序吗？

关于王斌余案的网络言论可谓众说纷纭。法律职业者之间虽然存在意见分歧，但他们的言论总还能围绕着法律依据或法理依据展开，而普通公众的言论就有些漫无边际了，有些人是根据自己的道德直觉发表意见，有些则完全是意气用事。[1] 网络论坛提供了目前看来最能够接近"理想辩论情境"的言论空间。人们在网络上可以匿名发言，发言者无须承担任何责任，这就最大限度地排除了各种强制和干扰。然而在关于王斌余案的网络言论中，却让我们发现了一个令人沮丧的事实——越是在接近"理想辩论情境"的言论空间里，取得共识的希望就越渺茫。没有任何约束的公众言论就像从桶里倒出去的水，它们流向四面八方，如果把他们汇集起来，就需要一个容器、一个沟渠或是某种向心力。在法庭辩论

---

〔1〕 例如，网络论坛上有人发言说："有那么多贪官污吏不去杀，法律为什么非要和王斌余过不去呢？"更有甚者，某些热血青年把王斌余的滥杀无辜描述成了反抗压迫、奋起还击的英雄行为。参见网络文章："王斌余：苦难的英雄！"，载 http：//www. blogwhy. net/jsl001/e_ 2173. html，2005 - 10 - 14. 还有位高中生根据新华社的那篇报道把王斌余的生活经历和犯罪过程改编成了章回小说，其中第 8 回的题目竟然是"吴新国仗势施淫威/王斌余挥刀惩凶顽"，载 http：//www. zawen. net/html/wwz/2005 - 09 - 12 - 11 - 13 - 57. htm，2005 - 09 - 13.

中，阿列克西希望诉讼参与人都能从"法官的视角"去论证自己的主张，[1] 但他似乎没有意识到，当诉讼参与人这么做时，他们就不是在"真诚地"表达他们自己的主张了，因为法官（实际上是法律）已经对他们的思考构成了某种隐形的强制。法律职业者之所以通常能够就某个争议案件的判决取得共识，其原因就在于法律约束了他们的思考。

我曾经做过一个简单的测试。我们将新华社发布的《告白》一文提供给 11 位从事刑事审判的法官，并向他们提出一个问题："假如由你来审理王斌余案，你是否会判处王斌余死刑？"结果是，11 位法官全部做出了肯定的答复。之后，我又将问题转换为，"假如你不是法官，并且你处理这个案件可以不受法律的约束，你是否还会判处王斌余死刑？"结果就有 3 位法官改变了主意。显然，在法律制度的约束范围之内，11 位法官就王斌余案的判决方案能够形成共识，但在摆脱法律的限制之后，共识就消失了。这个简单测试的结果似乎表明，在共识与强制之间存在某种亲缘关系。如果这个结论能够成立，那么理性交流理论就被推到了自我否定的地步，因为清除辩论过程中的强制因素就是在破坏形成共识的条件。彻底的自由与完美的共识常常是不相容的。

长期接受某种强制会钝化人们被强制的感觉（身处强制之中却浑然不觉），此时对行为的强制已经内化为对思维的强制。在乔治·奥威尔的小说《一九八四》所描述的噩梦般的世界里，每个人的灵魂都处于牢笼之中，统治者不用法律而是通过洗脑式的教育就获得了全部人口毫不犹豫的服从。阿列克西不会欣赏这样的社会，更不会欣赏这种强权之下的共识。然而，阿列克西似乎没有考虑到，即使在一个思想开放、个性独立的自由社会之中，也常常能够发现人们的思想受到某种控制的情形。当一个激进的性自由主义者（比如李银河）在真诚地发表他自己的见解时，他可能完全没有意识到，他说出来的也许只是他曾经阅读过的另外一个人（比如米歇尔·福科）的作品里已经说过的话。哈贝马斯曾经告诫，要警惕共识掩盖下的知识分子发言人对其他人思想的支配，[2] 此外，还要约束传媒的力量，[3] 因为他知道，传媒的歪曲性或选择性报道经常会误导公众的舆论。然而针对这两项建议，他都没有提出任何可实施的方案。

关于王斌余案的公众舆论就明显受到了传媒的影响。新华社《告白》一文

---

[1] Robert Alexy, "Zur Kritik des Rechtspositivismus", R. Dreier, ed., *Rechtspositivismus und Wertbezug des Rechts*, Stuttgart, 1990. 转引自 [德] 哈贝马斯：《在事实与规范之间》，童世俊译，三联书店 2003 年版，第 283 页。

[2] [德] 哈贝马斯：《在事实与规范之间》，童世俊译，三联书店 2003 年版，第 628 页。

[3] [德] 哈贝马斯：《在事实与规范之间》，童世俊译，三联书店 2003 年版，第 545 页。

是引发公众舆论的原始材料，尽管该文不能算是一个歪曲性报道，[1] 但它提供的与案件相关的大量事实（它们全部出自于王斌余的一面之词）却明显是选择性的。等待二审判决的王斌余自然不会借记者之笔向公众披露对其不利的信息，事实上，在这个命运攸关的时刻，王斌余（也许是下意识地）设计了一种很成功的发言策略：他着重讲述了自己苦难的生活经历（以引起人们的同情），以及讨债时受到的挫折与屈辱（以激发人们对受害人的愤怒），他对自己的犯罪过程仅仅是轻描淡写（以便于分散和转移人们的注意力），他恰当地暗示了自己并非凶神恶煞（因为从《告白》中可以看出他对父亲很牵挂），他把自己的命运与整个农民工群体的生活境遇联系在一起（这就巧妙利用了人们对社会不公平现象的怨气），他还呼吁全社会要关注农民工群体的权利保障问题（这就使他自己承担了一个代言人的角色）。[2] 采访王斌余的记者并没有意识到，在某种意义上，这篇报道本身就是对受害人及其亲属的不公平对待，因为受害人的亲属并没有获得同样的，向公众"心酸告白"的机会。可以推测，如果新华社发布的是一篇关于受害人亲属"心酸告白"的报道，公众舆论的情形肯定会截然不同，也许还会招来一片喊杀之声。

然而，根据我们的测试结果，与一般公众，甚至与部分法学研究者相比，从事刑事审判的那 11 位法官似乎更容易避免传媒的影响。他们了解案情的渠道同样是新华社的那篇报道，但他们做出的判断却与主流公众舆论恰恰相反。原因大概与他们的职业经验有关，长期从事刑事审判工作会使他们对当事人的一面之词保持足够的警惕，也许在他们眼里，这种类型的"心酸告白"是司空见惯的。作为法官，他们能够从传媒报道提供的大量信息中区分出法律意义上的"要件事实"。媒体关注的焦点事实往往不是法官关注的"要件事实"，这是传媒和司法之所以屡屡发生冲突的许多原因之一。新华社《告白》一文提供的关于王斌余生活经历的许多信息——17 岁外出打工、低廉的工钱、繁重的工作、随处可见的歧视、包工头的颐指气使，以及讨要工钱时遭受的挫折和侮辱——并非法律意义上的"要件事实"，尽管这些信息足以激发公众的同情心，但却不能进入司法程序。因而看起来，该文披露的案件事实与法官认定的案件事实（载于《人民法院报》）之间竟然存在很大的差距。

倘若与案件相关的所有信息都可以进入司法程序，审判工作就要承担极度高

---

[1] 由于报道本身就是王斌余的"告白"，所以王斌余怎么说，记者就怎么写，记者只是保证记述本身的真实性，但却没有声称，王斌余的"心酸告白"都经过了记者亲自核实，在这里，记者实际上是把判断王斌余"心酸告白"真实性的任务推给了读者。

[2] 载 http：//www．qglt．com/bbs/ReadFile？whichfile＝27953&typeid＝41&openfile＝1，2005－09－06．

昂的信息费用。司法程序因此必须发挥过滤器的功能，它强制性地规定了辩论参与人的资格、可辩论事项的条件、启动辩论程序的条件、辩论的时间限度以及起点和终点。司法程序的终点一旦来临，尚未完结的辩论过程就被武断地终止。在无限的因果链条之中，司法程序仅仅截取了与争议事实最相接近的其中一段，漫无边际的价值争议也因此暂时被束之高阁。[1] 司法程序的这些限制性规定是为了保证能以合理成本取得确定的判决结果，阿列克西承认这些限制性规定是必需的，[2] 因为他很清楚，"理想辩论情境"不能保证取得共识，他设计的理性辩论规则也不一定能解决问题，但阿列克西却大大低估了这些限制性规定对于司法程序的重要价值。他没有意识到，如果没有这些限制性规定，仅仅服从于"理性辩论规则"的司法程序只能是竹篮打水。司法程序的限制性规定在阿列克西的理论中没有醒目的位置，然而事实上它们构成了司法程序的主要内容。

在阿列克西看来，尽管无法按照"理性辩论规则"去组织一个现实的法庭辩论过程，但"理性辩论规则"仍可以为衡量司法程序的正当性提供一个评价标准，也就是说，司法程序应以努力接近"理性辩论规则"为目标。然而，阿列克西没有考虑到，越是接近他所说的"理性辩论规则"，司法程序耗费的交易成本也越高。倘若司法程序满足了"理性辩论规则"的全部理想条件（无尽的时间、不受限制的参与、完美的信息、彻底的真诚、平等的发言权以及百分之百地无强制性），交易成本就会攀升到无法想象的地步，此时，"理性辩论规则"就彻底变成了一个噩梦。理论上，在司法程序努力接近"理性辩论规则"的过程中存在一个最佳点，在这个最佳点上，追求程序正义的边际成本与边际收益恰好相等（事实上，这才是真正的"理想辩论情境"）。但如果越过了这个最佳点，由于追求程序正义的边际成本会大于边际收益，司法过程继续接近"理性辩论规则"就是得不偿失了。此时，"理性辩论规则"就不再是司法程序追求的目标，而成为它努力逃避的陷阱。司法程序的限制性规定就是这个陷阱的防护栏，这些限制性规定为司法程序构建了一个相对封闭的时空，并使之与繁复庞杂、纷扰凌乱的生活世界隔离开来，复杂的社会状况在这里被简单化了，司法程序的交易成本也因此被控制在一个合理的程度之内。阿列克西没有意识到，司法程序的限制性规定与"理性辩论规则"是不相容的，相反，他认为这些限制性规定必须服务于理性辩论规则所追求的目标，并且还要最终接受理性辩论规则的检验。阿列克西太渴求完美了，他完全没有意识到，完美本身意味着高昂的成本，因而，现实的司法程序在一定意义上是拒绝完美的，这就叫做"抱残守缺"。司法

---

[1]　季卫东：《法治秩序的建构》，中国政法大学出版社1999年版，第22～23页。

[2]　[德] 阿列克西：《法律论证理论》，舒国滢译，中国法制出版社2002年版，第353～362页。

服从现实的逻辑，按照这种逻辑，对于正义的追求不能独立于追求正义的成本。

更何况，司法的首要目的不是寻求正义，而是解决纠纷。纠纷得到解决的标志是当事人"服判"，"服判"有高低两个标准。"服判"的低标准仅仅要求当事人在行为上服从判决，"服判"的高标准则除了前者之外还要求当事人对判决"心服口服"。如果心理上"服判"与行为上的"服判"发生冲突，即如果出现当事人心理上"服判"但行为上"不服"或行为上"服判"但心理上"不服"的情形，那么司法宁愿接受的选择就是舍前而取后。解决纠纷如果能够达到"服判"的高标准当然是最理想的，司法之所以需要追求正义，当然是为了能够达到"服判"的高标准，但如果追求正义的成本超出了合理的限度，司法的现实目标就要被迫定位在"服判"的低标准上。显然，权力的强制性是司法满足这一现实目标可靠保障。判决如果不能"说服"当事人，司法就要被迫采取"压服"的手段。别忘了，正义女神除了拥有一架天平之外，手里还握着一把剑。司法过程之所以永远不可能消除其强制性的因素，乃是因为，司法是权力运做的结果，而不是其原因。阿列克西承认司法过程中的各种约束，但他的理想却是消除司法过程中的强制性因素，这个理想可以等同于消除司法本身。

在权力介入司法过程的条件下，法律论证就被边缘化了。从法院判决通常都需要强制执行的角度来看，法律论证在司法过程中的意义确实被其研究者夸大了。[1] 当然，由于"说服"总比"压服"的结果要好（前者可以降低执行成本并有助于美化司法的形象），所以法律论证还是非常有用的，然而，正是在这种意义上，法律论证本身也是策略性的，它不具有某种先天的超越性，并因此应当被置于与追求司法目标的其他策略（比如修辞和权力）平等竞争的位置上。

另外，权力介入司法也是以合理成本解决纠纷的一个方案。当几种不同的判决方案相互对峙的时候，"司法专断"可以通过终结辩论而节省交易成本。还必须看到，由于受时间限制或成本约束，在特定情况下，不恰当地解决纠纷也比不解决纠纷的结果要好得多。假设法院对于某个纠纷有两个备选的判决方案，方案 A 优于方案 B，二者之间的价值差是 L1，L1 因此可以表示错判（即错误地选择了方案 B）造成的实际损失。假设错判的概率是 P，避免错判的成本是 C，那么，如果 C > PL1，即如果避免错判的成本超过了错判的预期损失，错判就是可以容忍的。另假设纠纷每拖延 1 个月造成的损失是 L2，拖延的时间用 n 个月来表示，那么，如果 nL2 > PL1，即如果拖延判决的预期损失超过了错判的预期损失，错判同样是可以容忍的。"迟来的正义"之所以被视为"非正义"，其经济学理由就在这里。如果把偏离正义的成本称为"错判损失"，把避免错判的成本以及延

---

[1] ［德］阿列克西：《法律论证理论》，舒国滢译，中国法制出版社 2002 年版，第 30 页。

迟判决的成本都称为"交易成本"，那么司法的终极目标就可以被确定为追求社会总成本（即"错判损失"和"交易成本"之和）的最小化。阿列克西的法律论证理论只关注如何减少错判损失，而不考虑如何降低交易成本，这就使他的理论无力为衡量司法过程的正当性提供一个合用的标准。

五、不是共识，又是什么？

当法官从实在法范围内无法获得令人满意的结果时，即（按阿列克西的说法）当"内部证成"获取的共识又在"外部证成"的语境中受到广泛质疑时，司法判决应当从何处获得指导？阿列克西没有回答这个问题，事实上，仅仅依靠程序性的辩论规则根本无法回答这个问题。

假设关于某个争议案件存在两个备选的判决方案：方案 A 可以获得实在法较强的支持，方案 B 只能从实在法那里获得较弱的支持；另假设通过理性辩论达成的共识支持方案 B。那么这种情形并不棘手，也是阿列克西乐意看到的。法官可以依据共识做出判决（选择方案 B），并由此开创一个新的判例。借助于各种解释方法，法官还可以软化实在法的约束。即使法官被迫做出严格服从实在法的判决（选择方案 A），也不会构成理论上的麻烦，法律可以依据共识获得修正，麻烦的最终解决也仅仅是个时间和程序的问题。总之，只要存在共识，棘手的问题都可以迎刃而解。然而，正如前文的分析所揭示的，也正如在王斌余案中我们所看到的，如果没有共识呢？

现在我们假设另一种情形——这也是法官在王斌余案中遇到的情形——多数公众意见支持方案 B，而少数公众意见支持方案 A，法官应当做何选择呢？阿列克西当然能够考虑到这种情形，他可以借助于哈贝马斯提出的"潜在共识"的概念来做出回应，[1] 并可以相信"潜在共识"会通过理性辩论脱颖而出并在将来某个时刻转化成现实的共识。然而，麻烦在于，法官等不到将来那个时刻就必须做出判决。在理性辩论还没有结果的时候，法官根据什么标准去判断"潜在共识"呢？多数意见不见得会成为共识，因为真理可能掌握在少数人手里。要求法官根据"潜在共识"做出判决，就等于迫使法官去参与一次赌博。就算是赌博，法官也需要考虑哪种判决方案有较大概率会在将来某个时刻能够赢取共识。此外，还有一种情形——如果共识来自于公众的迷信、盲从、排他、短视、

---

[1] 哈贝马斯认为："命题真理的条件是其他所有人的潜在同意。"参见［德］哈贝马斯："对交往资质理论的若干准备性评说"，载哈贝马斯、卢曼：《社会理论抑或社会技术学？》，法兰克福 1972 年版，第 124 页。转引自［德］阿列克西：《法律论证理论》，舒国滢译，中国法制出版社 2002 年版，第 129 页。

偏见或情绪性反应，法官又该如何选择呢？这种情形阿列克西也考虑到了，为此他又接受了哈贝马斯给共识设置的一个限制条件，即所谓"有证立根据的共识"。[1] 然而，这一限制条件的设置却意味着阿列克西在理论防线上的全面撤退，因为他已经意识到，当法官必须判断一种共识是否拥有"证立根据"的时候，单纯的程序性标准就不能独当一面了。

不论程序性规则设计得多么精致，都无法掩盖司法过程中的实体性判断。[2] 法官必须做出判断，[3] 而不仅仅是维护辩论的秩序。对于法官而言，永远无法回避的任务是对各种备选的判决方案比较优劣。然而，阿列克西的法律论证理论却仅仅是关于辩论的理论，而不是关于决策的理论。绕了一个圈子还是要回到原来的位置，现在的问题是，法官应当根据什么标准来完成这种比较？不是共识，又是什么？关于这个问题，道德哲学和社会科学（主要是广义上的经济学）都伸出了援助之手。然而正如下文借助于王斌余案将要论证的，解决问题的恰当进路只可能来自社会科学。反对判处王斌余死刑的评论者提供了许多理由，尽管这些理由都能从道德哲学那里找到依据，但却经不起社会科学的检验。事实上，阿列克西的法律论证理论就是在发现传统道德哲学进路已经失败的前提下而另辟蹊径的产物。

在关于王斌余案的争论中，一种颇有影响力的观点认为，判处王斌余死刑是"同态复仇"的延续，而"随着人类文明的进步"，法律"已经越来越远离那种蒙昧的复仇规则"。如果罪犯已经对自己的犯罪行为真心忏悔，"那么对这样的人执行死刑就是残暴"！[4] 这种观点具有很强的道德色彩，但其经济学依据却是，既然犯罪造成的社会损失无论如何都无法挽回了（属于"沉淀成本"），如果罪犯已经改过自新，那么判处其死刑不但没有任何收益，反而会增加社会损失。由此推论，改过自新就不仅是免除死刑的理由，而且是免除任何刑罚的理由。这种观点完全忽略了刑罚的威慑功能。威慑的含义是建立并保持国家惩罚犯罪的信用，就像企业为了积累其信用而常常需要履行一份没有收益的合同一样，法律为了发挥它的威慑功能，也必须惩罚一些已经改过自新的罪犯。尽管这么做

〔1〕 哈贝马斯认为，只有"有证立根据的共识"才足以作为真理标准。参见［德］哈贝马斯："真理理论"，载 H. 法伦巴赫编著：《现实与反思：W. 舒尔茨祝寿文集》，普夫林根 1973 年版，第 239 页。转引自［德］阿列克西：《法律论证理论》，舒国滢译，中国法制出版社 2002 年版，第 141 页。

〔2〕 法学方法论的一种不切实际的理论雄心就是以程序性规则来缩小甚至是取代法律决策者的实体性判断。

〔3〕 阿列克西对此也很清楚，但他更加关心的问题是，法官的判断如何才能"理性地证立"。参见［德］阿列克西：《法律论证理论》，舒国滢译，中国法制出版社 2002 年版，第 7~9 页。

〔4〕 东海松："法律不能为王斌余的死刑蒙羞——呼吁高法为王斌余减轻死刑判决"，载 http://www.lajiaocity. com/publishhtml/4/2005－09－17/20050917143206. html，2005－09－17.

没有眼前收益，但却可以通过增加犯罪的预期惩罚成本来阻止未来的犯罪。[1]
这位评论者隐约看到了这一点，但他仍然乐观地认为，"留住王斌余并不会造就
其他的王斌余，因为这一个王斌余不是任何人可以有意模仿的，不是任何犯罪者
可以伪装出来的，甚至王斌余离开了那个特定的事由和时间条件，也不会重演这
一悲剧"。果真如这位评论者所认为的，世界上只有一个王斌余，那么判处其死
刑的确没有任何价值。然而事实并非如此，生物学意义上的王斌余确实只有一
个，但与王斌余类似的潜在罪犯却肯定不在少数。法律是以"类型"而不是以
"个性"来区分潜在罪犯的，如果法律试图区分每个潜在罪犯的独特个性，司法
和执法的信息费用就会攀升到让国家财政预算无法承受的地步。同样是由于信息
费用的问题，法律拒绝将"真心忏悔"规定为一个法定的从轻情节，因为以合
理成本鉴别罪犯"忏悔"是否出于"真心"的希望十分渺茫，更何况偏好风险
的潜在罪犯还可能因高估伪装成功率而产生侥幸心理。

　　另一种流行的观点认为，由于王斌余是在无法获得国家法律救济的情况下实
施犯罪的，国家和社会都有责任，而作为犯罪人的王斌余不应为此承担全部责
任。有位评论者就提出了这样的质疑："权利保障机制的低效能，是一种公共选
择的结果，为什么只由弱者承担相关的消极后果？当弱者走投无路时所产生的暴
力性、'非理性'的反弹行动，单方面地追究其责任，是否公平？"[2] 这种质疑
是站不住脚的，对于王斌余造成的悲剧，国家和社会确实应当承担责任，但犯罪
行为的法律责任却只能归诸于王斌余个人。法律是一个激励机制，法律责任的设
计宗旨是追求社会成本的最小化，将法律责任施加于能够以最小成本阻止灾难、
事故和伤害发生的主体是一种恰当的矫正性激励。责任连接着惩罚，实施惩罚需
要国家投入相应的资源，作为一种投资性活动，惩罚也应当追求效益最大化。法
律责任因此必须集中于特定的主体，弥散化的惩罚不仅没有效率，而且无法
执行。

　　还有一种观点是所谓的"自救理论"。有评论者认为："近现代法治禁止私
刑、报仇（私力救济的一类），是有前提的：公共权力能够足够有效地实现公平
正义。如果这个前提不具备，或者受动摇，那么惩罚私刑或报仇行为，就不具备

---

〔1〕　复仇的逻辑也同样如此。无论你对侵犯者施加多大的伤害，你自己遭受的伤害都毕竟无法挽回了。
　　　为了报复你将要承担的任何风险和成本，都只会增加你已经遭受的损失。由此看来，一个理性人不
　　　会实施报复。但是，如果理性人不会实施报复，就会使他受到更多的侵犯，因为在侵犯者看来，理
　　　性人的理性——让过去成为过去（用经济学家的术语说，就是忽略"沉淀成本"）因而不会对侵犯
　　　者进行报复——实际上是降低了侵犯者采取侵犯行为的预期成本。参见［美］波斯纳：《法律理论
　　　的前沿》，武欣等译，中国政法大学出版社 2003 年版，第 275 页。

〔2〕　陈步雷："由王斌余杀人案想起了蒋爱珍"，载《新京报》2005 年 9 月 9 日。

充分的正当性。"〔1〕这种道德论主张是凭空想象的。禁止私人暴力是国家维护社会秩序和统治秩序的一种策略,从来不以"公共权力能够足够有效地实现公平正义"为前提。私人暴力是"野生权力"的温床,国家要把"野生权力"消灭在萌芽状态,就必须垄断全部暴力的使用权。私人暴力还是一把双刃剑,作为一种侵犯手段,私人暴力会对公共安全构成威胁;而作为一种惩罚手段或防御手段,私人暴力还可以发挥重要的社会控制功能,这是私人暴力在相当有限的场合不被视为犯罪的缘由。〔2〕对于一些孱弱的政府而言,在国家暴力资源非常紧缺的情况下,保留一些私人暴力作为公共执法力量的一种补充是不足为怪的。相反,国家的财政基础越雄厚,暴力资源越充足,就越有条件缩小私人暴力的合法范围。如今,私人暴力可以合法使用的场合仅限于正当防卫了。由于警察很难阻止正在发生的暴力侵犯,所以承认正当防卫的合法性就是允许和鼓励受害人在危急情况下以私人暴力对抗暴力侵犯。王斌余的犯罪行为显然不是正当防卫,甚至连"假想的防卫"都算不上。自救理论在这里根本派不上用场。

最后一种需要批评的观点认为,法院可以因王斌余案开创一个"激愤杀人免死"的先例。〔3〕这种观点同样经不起推敲。与蓄谋犯罪相比,激愤犯罪确实应当处罚更轻一些(理由见下文)。然而,这不能成为"激愤杀人可以免死"的理由,在没有充分论证社会矛盾已经充分缓解、潜在激愤犯罪数量开始下降,或者抓获概率有大幅度上升之前,而仅仅从道德论角度去主张开创这样一个先例为时太早。更何况,即便"激愤杀人免死"可以固定为先例,也不应始于王斌余案,如果蓄谋杀死 1 人就要执行死刑,而激愤杀死 4 人却可以免死,故意杀人罪的量刑岂不乱了套?

至少在王斌余案中,我们可以看到,对于法律决策者来说,道德哲学的指导并不可靠。阿列克西看到了道德哲学进路的某些缺陷——道德原则的模糊性以及彼此冲突也常常导致模棱两可的结果,至于为什么可以将某种道德原则适用在某个具体问题上,这不是论证的结果,而是规定的结果〔4〕——但他没有发现道德哲学进路最致命的缺陷是,道德推理和道德论证缺乏经验基础,因而,在其与社会科学竞争对法律疑难问题的指导权时,显得十分软弱无力。

再举个与前文讨论相关的例子,受道德哲学支配的传统刑法学理论与关于犯

---

〔1〕 陈步雷:"由王斌余杀人案想起了蒋爱珍",载《新京报》2005 年 9 月 9 日。

〔2〕 决斗在中世纪的欧洲曾经是合法的。尽管决斗会造成伤亡,但它避免了因冲突升级而造成更大规模的伤亡,也避免了与司法程序相关的高昂费用。此外,以悬赏的方式抓获罪犯,也是国家利用私人暴力的一种方式。

〔3〕 赵继成:"王斌余杀人案:底层群体罪与罚的正义之辩",载《新京报》2005 年 9 月 9 日。

〔4〕 [德] 阿列克西:《法律论证理论》,舒国滢译,中国法制出版社 2002 年版,第 6~7 页。

罪和惩罚的经济学理论都支持对蓄谋犯罪要比激愤犯罪的惩罚更严厉一些，但传统刑法学理论是用"犯罪意图"的概念去区别两种情况，并认为后者要比前者缺少一些邪恶。但法律经济学家抛弃了这种道德论或精神论解释，在他们看来，蓄谋犯罪比激愤犯罪更可能成功，危害也更大；而且蓄谋罪犯更难以被抓获，其逃脱惩罚的可能性更大。无论在哪种意义上，刑罚的威慑理论都要求一旦将蓄谋罪犯抓获，就要对其处以更严厉的惩罚。[1] 此外，大多数激愤犯罪都涉及到受害人挑衅的因素，这也为对激愤罪犯处以较轻的刑罚提供了一条理由。[2] 进一步思考还会发现，由于蓄谋罪犯往往事先已经理解了其行为的全部成本和收益，包括预期惩罚成本，因此，法律对蓄谋罪犯的惩罚也会比对冲动罪犯的惩罚更有成效。

将以上两种解释稍作对比就会发现，经济学的解释更深入，而道德论的解释却更简洁。简洁可以看作是道德论解释的一个优势。法律决策者之所以经常（下意识地）借助于或满足于道德论的解释，其最重要的原因就在于道德论解释十分简单，而且——与此相关——容易被公众接受，也容易激发公众的情感共鸣。从经济学的角度看，这是节省解释成本和说服成本的一种策略。[3]

"实然判断"上升为"应然判断"的结果是，降低了判断的精确度，但同时也降低了判断的表述成本和传播成本。试想，如果把一个全称判断（比如"天下乌鸦一般黑"）转换成无数个单称判断（"乌鸦1是黑的"，"乌鸦2是黑的"，"乌鸦3是黑的"，……"乌鸦n是黑的"），结果会如何？显然，判断更加精确了，但同时也更加啰嗦了。判断的表述成本与判断本身的精确度常常是成正比的，当追求精确的表述成本和传播成本之和超过了追求精确的预期收益的时候，归纳概括或模糊判断就是合理的。哲学史上著名的"休谟问题"——"归纳如何可能的问题"或"实然判断如何可能上升为应然判断的问题"——由此可以获得一个经济学解释。立法者之所以能够容忍法律本身的模糊性，其原因就在于追求精确立法会使法律本身变得十分繁琐，并因此会增加立法、司法、执法和法

---

[1] See Richard A. Posner, "An Economic Theory of the Criminal Law," 85 *Columbia Law Review* 1193, 1985. pp. 1222~1223.

[2] See Alon Harel, "Efficiency and Fairness in Criminal Law: The Case for a Criminal Law Principle of Comparative Fault", 82 *California Law Review*, 1994, p. 1181. 尽管，对冲动罪犯处以较轻的刑罚会增加他对挑衅者实施犯罪的可能性（因为降低了犯罪的预期惩罚成本），但这么做也通过增加挑衅者的预期成本而减少了犯罪发生的可能性。攻击者的预期惩罚成本越小，挑衅者就越容易受到攻击，而事先了解这一点的人们就更不容易挑衅了。如果后一效果（通过抑制挑衅的发生而降低犯罪率）占优势的话，在挑衅的情况下降低刑罚的严厉性就会减少犯罪的数量。参见［美］波斯纳：《法律理论的前沿》，武欣、凌斌译，中国政法大学出版社2003年版，第238~239页。

[3] 赵继成："王斌余杀人案：底层群体罪与罚的正义之辩"，载《新京报》2005年9月9日。

律宣传的信息成本。

　　然而，归纳毕竟是要承担错误风险的，因为全称判断可能会遇到例外（对于"天下乌鸦一般黑"的全称判断来说，日本发现的白乌鸦就是一种例外），法律也会因遇到例外而出现"漏洞"。众所周知的是，对于法官来说，疑难案件就是法律规则的例外。但很少有人认识到的是，疑难案件同时也是道德原则的例外，因为道德原则比法律规则更加概括、更加抽象（这也同时给人们留下一种错觉，似乎法律是从道德那里派生出来的，并因此应当接受道德的评价）。正因为如此，当法律遇到疑难问题时，即当法官依据实在法无法获得令人满意的结果时，求助于比法律原则更加概括的道德原则的指导无疑是南辕北辙。恰当进路只能是回到问题本身，研究问题本身的经验要素，并在各种备选方案之间权衡利弊得失。这就是社会科学的进路。道德哲学无力为法律疑难问题提供决策方案，它只能为决策本身提供一种被公众认同的正当性论证。尽管这种论证很孱弱，但却能够大致满足公众寻找正当性依据的心理需求；并且由于这种论证很简单，也恰好迎合了公众惧怕繁琐的心理倾向。为什么道德哲学的论证在学术界和实务界都能保持一种生命力？其社会心理学的原因就在这里。许多学术理论不是为了解决实际问题而是为了满足人们的心理需要发展出来的，阿列克西的法律论证理论就是这样一种理论，它不具备解决实际问题的能力，但却可以消除或缓解人们（尽管只是其中很少一部分）在陷入所谓"明希豪森困境"时的心理恐慌。

六、问题还出在哪里？

　　如果把学术研究看作是一个服务行业，那么阿列克西的理论就没有服务对象，如果确实有的话，那也仅仅是与他的学术兴趣相近的同行。这些同行的作品是相互阅读的，其学术倾向体现了象牙塔里一种群体性的法学自恋，真正的法律决策者却很少对这些作品感兴趣。企图从这些作品中寻找一些有用的启示和指导，不仅希望渺茫，而且成本太高，因为它们确实深奥难解。原因之一是这些作品的词汇复杂、语言晦涩。由于一个作者的讨论往往来自于其他作者的讨论，一个作者使用的词汇往往来自于其他作者使用的词汇，所以如果读者企图理解一个作者的讨论和词汇就必须了解其他许多作者的讨论和词汇。不仅如此，这些作者经常会赋予日常词汇一些额外的意义，不同的作者还会在不同的意义上使用同样的词汇，他们还会相互误解对方的讨论并为澄清这些误解而耗费大量的文字。另一个原因来自理论本身，规范性法律论证理论在与现实法律决策过程对接的时候，经常显得捉襟见肘，每当遇到这种情形，作者们就必须——或是创造新的词汇，或是增加新的理论预设，或改变原来的理论预设，或是在回应一些击中要害的问题时闪烁其辞。当我们阅读这些作品时，我们就遭遇了一种词汇很多、但内容很少的文献。理论的功能之一是节省人们的思考，然而以阿列克西为代表的规范性法律论证理论却几乎不具有这种功能。

尽管阿列克西的理想是试图为强化司法程序和司法判决的正当性贡献些什么，但他对现实的司法过程并不十分了解，他没有从事法律实务的经验，在他的作品中也看不出他对法律实务有什么兴趣。他提出并讨论的问题来自于其他学者的作品，[1] 而不是来自于法律决策者的困惑。他提供了一种关于法律辩论的理论，然而法官真正需要的却是一种关于法律决策的理论。在我们曾经经历的某个场合里，我们费了很大力气才向一些法官们讲清了什么是"明希豪森困境"，然而法官们却说，我们从来没有身处"明希豪森困境"的感觉，倒是在企图理解你所说的"明希豪森困境"的时候，我们险些陷入了迷惑。

---

〔1〕　阿列克西在其《法律论证理论》一书中用接近 2/3 的篇幅完成对"若干实践论辩理论的反思"，他反思的理论包括哈贝马斯的真理共识论、埃尔郎根学派的实践商谈理论、佩雷尔曼的法律论证理论以及许多种道德分析哲学中的实践辩论理论。

图书在版编目(CIP)数据

法律方法论/陈金钊主编. —北京:中国政法大学出版社,2007.7
ISBN 978 - 7 - 5620 - 3061 - 4

Ⅰ.法…　Ⅱ.陈…　Ⅲ.法律 - 方法论　Ⅳ.D90 - 03

中国版本图书馆 CIP 数据核字(2007)第 099458 号

书　　名	法律方法论	
出 版 人	李传敢	
出版发行	中国政法大学出版社(北京市海淀区西土城路 25 号)	
	北京 100088 信箱 8034 分箱　邮政编码 100088	
	E - mail:zf5620@263.net	
	http://www.cuplpress.com　(网络实名:中国政法大学出版社)	
	(010)58908325(发行部)　58908285(总编室)　58908334(邮购部)	
承　　印	固安华明印刷厂	
规　　格	787×960　16 开本　25.75 印张　485 千字	
版　　本	2007 年 7 月第 1 版　　2007 年 7 月第 1 次印刷	
书　　号	ISBN 978 - 7 - 5620 - 3061 - 4/D·3021	
定　　价	42.00 元